Henrik Bispinck

Bildungsbürger in Demokratie und Diktatur

Quellen und Darstellungen zur
Zeitgeschichte
Herausgegeben vom Institut für
Zeitgeschichte

Band 79

R. Oldenbourg Verlag München 2011

Henrik Bispinck

Bildungsbürger in Demokratie und Diktatur

Lehrer an höheren Schulen in Mecklenburg 1918 bis 1961

Veröffentlichungen zur SBZ-/DDR-Forschung
im Institut für Zeitgeschichte

R. Oldenbourg Verlag München 2011

Gefördert durch Mittel der DFG

Bibliografische Information Der Deutschen Nationalbibliothek
Die Deutsche Nationalbibliothek verzeichnet diese Publikation in der Deutschen
Nationalbibliografie; detaillierte bibliografische Daten sind im Internet
über <http://dnb.d-nb.de> abrufbar.

© 2011 Oldenbourg Wissenschaftsverlag GmbH, München
Rosenheimer Straße 145, D-81671 München
Internet: oldenbourg.de

Umschlagentwurf: Dieter Vollendorf, Foto: Kollegium des Gymnasiums Fridericianum
Schwerin, 1928, Quelle: Stadtarchiv Schwerin

Gedruckt auf säurefreiem, alterungsbeständigem Papier (chlorfrei gebleicht).
Satz: Schmucker-digital, Feldkirchen b. München
Druck: Memminger MedienCentrum, Memmingen
Bindung: Buchbinderei Klotz, Jettingen-Scheppach

ISBN 978-3-486-59804-9

Inhalt

Vorwort

Das vorliegende Buch ist die leicht überarbeitete Fassung meiner Dissertation, die ich am 4. Dezember 2008 an der Fakultät für Geschichte, Kunst- und Orientwissenschaften der Universität Leipzig verteidigt habe. Die Arbeit entstand an der Berliner Abteilung des Instituts für Zeitgeschichte im Rahmen des von der Deutschen Forschungsgemeinschaft geförderten Projekts „Mecklenburg-Vorpommern im 20. Jahrhundert – Lebenswelten im Systemwandel". Sie wäre ohne die Unterstützung zahlreicher Personen nicht zustande gekommen. Mein Dank gilt zunächst meinem Doktorvater Prof. Dr. Hermann Wentker, der die Arbeit mit Augenmaß betreut hat und bei Fragen und Problemen stets ein offenes Ohr hatte. Er hat meinen wissenschaftlichen Werdegang von meinen Anfängen als studentische Hilfskraft am Institut für Zeitgeschichte über zehn Jahre lang begleitet und gefördert. Ebenfalls danke ich Prof. Dr. Günther Heydemann für das Zweitgutachten sowie Prof. Dr. Thomas Großbölting, der kurzfristig das auswärtige Gutachten übernahm. Mit ihm schloss sich für mich auch ganz persönlich ein Kreis, war er doch einer der Betreuer einer Exkursion, die ich in meinem ersten Semester an der Universität Münster ausgerechnet nach Mecklenburg-Vorpommern unternahm – nicht ahnend, dass mich Jahre später meine Dissertation wieder dort hinführen würde. Ganz herzlich danken möchte ich auch Prof. Dr. Dr. h.c. mult. Horst Möller, der als Direktor des Instituts für Zeitgeschichte die Arbeit über viele Jahre gefördert hat.

Wissenschaftliche Arbeit, so einsam sie oft erscheint, ist immer auch Teamarbeit. Daher danke ich meinen beiden Mitstreitern im Projekt, Dr. Peter Skyba, mit dem ich gemeinsam den Antrag erarbeitet habe, und ganz besonders Susanne Raillard, mit der ich alle Höhen und Tiefen des Doktorandendaseins durchlebt habe und die mich stets ermutigt hat, das Projekt zu einem guten Ende zu bringen. Peer Krumrey, Michaela Maria Müller, Ulrike Schulz, Hans Selge, Olga Sparschuh und Daniela Väthjunker haben als studentische Hilfskräfte im Projekt ebenso wie mehrere Praktikanten den Fortgang der Arbeit in vielfältiger Weise unterstützt. Meine Kolleginnen und Kollegen in der Berliner Abteilung des Instituts für Zeitgeschichte standen für Fragen und Gespräche stets zur Verfügung.

Bedanken möchte ich mich auch bei den Mitarbeiterinnen und Mitarbeitern der benutzten Bibliotheken und Archive sowie bei Ramona Ramsenthaler für die Überlassung von Material zur Geschichte der Schweriner Goethe-Schule. Waltraud Kuhnert sorgte für eine freundliche Aufnahme während meiner langen Rechercheaufenthalte in Schwerin. Dass aus dem Manuskript ein richtiges Buch wurde, dafür habe ich Dr. Katja Klee als Lektorin, Prof. Dr. Udo Wengst als Betreuer der Reihe sowie Gabriele Jaroschka vom Oldenbourg Verlag zu danken.

Meine Freunde haben den langen und oft mühsamen Entstehungsprozess dieser Arbeit mit Geduld, Nachsicht und viel Ermutigung begleitet. Stellvertretend nennen möchte ich Thomas Peter, der erfahren musste, dass es auch nach der Einreichung des Manuskripts noch ein langer Weg bis zum Abschluss des Verfahrens und zur Veröffentlichung ist. Ganz besonders danke ich Angelika Enderlein, Christiane Lafflör, Tobias Sander und Philipp Stiasny, die die Arbeit in unterschiedlichen Teilen gelesen und mir mit ihrer Kritik, ihren Anregungen und vor allem mit ihrem Zuspruch sehr geholfen haben.

Ein letzter Dank geht schließlich an meine Familie, die immer für mich da ist. Meine Geschwister haben die Arbeit in unterschiedlichster Weise unterstützt: Stefan besorgte den Transport meiner gesammelten Aktenordner von Berlin nach Münster und zurück, Freia stellte kurzerhand ihren Laptop zur Verfügung, als meiner seinen Geist aufgab, Anne half bei der Endkorrektur des Manuskripts und mit Julia verbrachte ich die Mittagspausen bei meinen vielen Aufenthalten in der Berliner Staatsbibliothek. Meine Eltern schließlich haben mir nicht nur mein Studium ermöglicht, sondern auch die Dissertation in vielfältiger Weise gefördert und unterstützt, nicht zuletzt dadurch, dass sie mir für die Abschlussphase in meiner Heimatstadt Münster „Asyl" gewährten, was die Fertigstellung der Arbeit nicht unerheblich beschleunigt hat. Ihnen ist dieses Buch gewidmet.

Berlin, Mai 2010   Henrik Bispinck

I. Einleitung

1. Zwischen Profession und sozialer Formation: Lehrer an höheren Schulen als Bildungsbürger im 20. Jahrhundert

Die Frage, ob und wie lange das Bürgertum als gesellschaftliche Formation im Deutschland des 20. Jahrhunderts existiert hat, ist in den vergangenen Jahren kontrovers diskutiert worden. Die beiden wichtigsten Forschungsgruppen, die sich in den 1980er und 1990er Jahren mit dem Bürgertum befasst haben, der Bielefelder Sonderforschungsbereich zur Sozialgeschichte des neuzeitlichen Bürgertums[1] und der an der Universität Frankfurt angesiedelte Forschungsschwerpunkt zum städtischen Bürgertum,[2] haben sich auf das 19. und das frühe 20. Jahrhundert konzentriert. Nur einzelne aus diesen Projekten hervorgegangene Studien gehen über die Zäsur von 1945 hinaus.[3] Während das 19. Jahrhundert als „Hochphase" des Bürgertums in Deutschland gilt, ist umstritten, ob und wie sich das Bürgertum für die Zeit nach dem Ersten Weltkrieg und insbesondere für die zweite Hälfte des 20. Jahrhunderts überhaupt noch als soziale Formation fassen lässt. Hans Mommsen, um die eine Extremposition zu benennen, geht davon aus, dass die Entwicklung in Deutschland schon seit dem ausgehenden 19. Jahrhundert „von der Tendenz zu einer fortschreitenden Aushöhlung der bürgerlichen Lebensformen und zur Auflösung des bildungsbürgerlichen Selbstverständnisses" bestimmt gewesen sei. In den zwanziger Jahren des 20. Jahrhunderts sei das Bürgertum „in antagonistische Lager, in unterschiedlich orientierte Interessenverbände und durch unterschiedliche Interessenlagen geprägte Berufsgruppen" zerfallen, so dass es zum Ausgang der Weimarer Republik als „relativ homogene sozialkulturelle Formation" nicht mehr existiert habe.[4] Demgegenüber plädiert Hannes Siegrist dafür, das Bürgertum im 20. Jahrhundert nicht in erster Linie unter dem Aspekt von „Krise, Untergang, Verfall und Auflösung" zu behandeln. Bürgerliche Strukturprinzipien, Rollenleitbilder, Organisationsprinzipien, Mentalitäten und Verhaltensweisen hätten sich über die Zäsur von 1945 hinaus zäh erhalten.[5] Inzwischen hat die Kontroverse um die Fortexistenz des Bürgertums im 20. Jahrhundert an

---

[1] Vgl. dazu die Einführung von Peter Lundgreen in dem von ihm herausgegebenen Sammelband Sozial- und Kulturgeschichte des Bürgertums (2000), S. 13–39, sowie die umfangreiche Bibliographie ebd., S. 341–375.

[2] Vgl. den ausführlichen Forschungsbericht von Mergel, Bürgertumsforschung (2001).

[3] Vgl. z. B. Ernst, Prophylaxe (1996); Siegrist, Akademiker als Bürger (1995).

[4] Mommsen, Auflösung des Bürgertums (1987), S. 288, 306, 308; jüngst auch Grewing, Mentalität des „neuen Bürgertums" (2008), S. 2, unter Berufung auf die – nicht näher spezifizierte – „historische [...] und soziologische [...] Forschung".

[5] Siegrist, Ende der Bürgerlichkeit? (1994), S. 582 f.; ähnlich argumentiert Tenfelde, Stadt und Bürgertum (1994).

Virulenz verloren. Es herrscht weitgehend Einigkeit darüber, dass sich die westdeutsche Geschichte auch über 1945 hinaus mit den Kategorien von Bürgertum
und Bürgerlichkeit beschreiben und interpretieren lässt.[6] Auch frühere Skeptiker
wie Hans-Ulrich Wehler konzedieren, dass man „um die Anerkennung bürgerlicher Kontinuität und bürgerlichen Aufstiegs nach 1945 nicht herum" komme,
wenngleich das Bürgertum einem „Formwandel" unterworfen gewesen sei.[7] Ungeachtet dieses Konsenses und trotz einiger jüngerer Ansätze[8] hat das Diktum von
Bernd Ulrich aus dem Jahr 2002, wonach die Reichweite der zahlreichen Thesen
zur Fortexistenz des Bürgertums im 20. Jahrhundert, insbesondere für die Zeit
nach 1945, „kaum mit einer entsprechenden Fülle geschichtswissenschaftlicher
Studien" korrespondiere,[9] nach wie vor Gültigkeit. Dies mag auch damit zusammenhängen, dass die Bürgertumsforschung in den vergangenen Jahren zunehmend vom neuen Paradigma der „Zivilgesellschaft" abgelöst worden ist.[10]
Wer sich mit der Frage der Kontinuität von Bürgertum und Bürgerlichkeit in
Deutschland über die Zäsur von 1945 hinaus beschäftigt, setzt dabei zumeist explizit oder implizit voraus, dass es lediglich um die Entwicklung in Westdeutschland gehen kann. Sofern die Frage nach der Kontinuität des Bürgertums in Ostdeutschland überhaupt gestellt wird, wird sie in der Regel verneint. In Ostdeutschland, so etwa Hans-Ulrich Wehler, sei eine Renaissance nicht möglich
gewesen, da hier „die Rote Armee und dann die deutschen Bolschewisten die Zerstörung des Bürgertums" fortgesetzt hätten.[11] Dieser pauschalen Aussage stehen
Ansätze gegenüber, auch in der Sowjetischen Besatzungszone (SBZ) und in der
frühen DDR, wenn nicht nach einem Wiederaufstieg des Bürgertums, so doch zumindest nach Restbeständen bürgerlicher Vergesellschaftung zu fragen, wobei zumeist auf das *Bildungs*bürgertum rekurriert wird. So geht Christoph Kleßmann
davon aus, dass das „Bürgertum als Sozialformation mit der revolutionären Umwälzung in den Jahren nach 1945 nicht verschwunden" war und die von ihm als
Protagonisten des Bildungsbürgertums untersuchten Berufsgruppen der Pfarrer
und der Ärzte „nach 1945 trotz sukzessiver sozialer Umgestaltung der Gesell-

---

[6] Vgl. Großbölting, Exklusives Bürgertum? (2004), S. 131; Hettling, Bürgerlichkeit (2005), S. 18f.
  Siehe auch Kleßmann, Zwei Staaten (1988), S. 30–43; Birke, Nation ohne Haus (1989), S. 114 f. Zur
  Diskussion vgl. Niethammer, Bürgerliche Gesellschaft (1990); Siegrist, Ende der Bürgerlichkeit?
  (1994); Conze, Bürgerliche Republik (2004). Jürgen Kocka sprach jüngst von der Geschichte der
  Bundesrepublik als einer „Geschichte schrittweise voranschreitender Verbürgerlichung". Vgl. Kocka, Bürger und Bürgerlichkeit (2008), S. 8.
[7] Wehler, Deutsches Bürgertum nach 1945 (2001), S. 633; Wehler, Gesellschaftsgeschichte 1949–
  1990 (2008), S. 135–146.
[8] Vgl. Hettling/Ulrich, Bürgertum nach 1945 (2005). Von den 14 Beiträgen des Bandes stellen jedoch
  lediglich ein Drittel genuine Untersuchungen zum Bürgertum dar (davon eine zur DDR); bei den
  übrigen handelt es sich um (auto-)biographische Annäherungen an einzelne, als „bürgerlich" ge-
  kennzeichnete deutsche Persönlichkeiten bzw. um etwas bemüht wirkende Versuche, die Kategorie „Bürgerlichkeit" auf verschiedene gesellschaftliche Gruppen und Bewegungen – von der Fach-
  arbeiterschaft über den Adel bis hin zu den Achtundsechzigern – anzuwenden.
[9] Ulrich, Zettelbotschaften (2002).
[10] Vgl. Hildermeier/Kocka/Conrad, Europäische Zivilgesellschaft (2000); Bauerkämper, Praxis der
  Zivilgesellschaft (2003); Gosewinkel u. a., Zivilgesellschaft (2003); Jessen/Reichardt/Klein, Zivilgesellschaft als Geschichte (2004). Zum Zusammenhang zwischen der Diskussion über die Zivilgesellschaft und der Bürgerumsdebatte vgl. Meißner, Zivilgesellschaftsdiskurs (2005).
[11] Wehler, Deutsches Bürgertum nach 1945 (2001), S. 618.

schaft eine auffällige soziale Kontinuität" aufwiesen.[12] Anna-Sabine Ernst kommt in ihrer Arbeit zu Ärzten und medizinischen Hochschullehrern in der DDR zu dem Ergebnis, dass eine „erneute, dem alten Bildungsbürgertum vergleichbare Formierung akademischer Berufe [...] in Ostdeutschland nach 1945" nicht festzustellen ist, das Bildungsbürgertum in Form „residuale[r] Milieus von Teilen der Akademikerschaft" jedoch „sehr wohl" fortbestand.[13] Ralph Jessen hat festgestellt, dass sich in Teilen der ostdeutschen Universitätsmilieus, insbesondere in den naturwissenschaftlichen und medizinischen Fakultäten, nicht nur das „traditionelle Berufsethos" bis in die frühen 1960er Jahre halten konnte, sondern auch „jener Habitus, den das egalitäre Programm der SED als ‚bürgerlich' verdammte". Auch sei nach dem Zweiten Weltkrieg die „soziale Umwälzung der Bildungselite in den ersten Jahren nur langsam vorangekommen".[14] Thomas Großbölting, der am Beispiel von Magdeburg und Halle sowohl das Wirtschafts- als auch das Bildungsbürgertum untersucht hat, konstatiert im Hinblick auf Letzteres, dass es in der DDR bis in die 1950er Jahre „vereinzelt bürgerliche Traditionsüberhänge" gegeben habe. Langfristig sei es jedoch zu einem „Abbruch der Tradierung des (bildungs)bürgerlichen Ideen- und Wertekanons" gekommen, nicht zuletzt deshalb, weil die ältere Generation der Bildungsbürger keinen Einfluss auf die Bildung der sozialistischen „Intelligenz" als neue Elite zu nehmen vermochte.[15]

Gegenstand der vorliegenden Arbeit sind die Lehrer an höheren Schulen, anhand derer Kontinuitäten und Wandlungen des Bildungsbürgertums im 20. Jahrhundert in einer ostdeutschen Region nachgegangen wird. Im Zusammenhang mit der Frage nach der Kontinuität bildungsbürgerlicher Sozialformationen im 20. Jahrhundert ist diese Berufsgruppe bisher kaum in den Blick genommen worden, obwohl die Bedeutung humanistisch geprägter Oberschulen als Kristallisationspunkte bürgerlicher Resistenz im Nationalsozialismus und in der DDR wiederholt betont worden ist.[16] Eine Ausnahme stellt die Untersuchung von Konrad Jarausch zu den deutschen „Professionen" dar, die bis 1950 reicht und neben Juristen und Ingenieuren auch die Lehrer höherer Schulen behandelt. Die ostdeutsche Nachkriegsentwicklung wird allerdings auch hier ausgeklammert.[17]

Als bildungsbürgerliche Berufsgruppe werden die Lehrer an höheren Schulen in Anlehnung an Ansätze von Konrad Jarausch und Peter Lundgreen gefasst. Beide definieren das Bildungsbürgertum als soziale Formation, das seine bürgerliche Existenz auf die Verwertung von an Gymnasium und Universität erworbenen Bildungspatenten gründet.[18] Kennzeichnend für das Bildungsbürgertum ist

---

12 Vgl. Kleßmann, Relikte des Bildungsbürgertums (1994), S. 255 f.; siehe auch Kleßmann/Ernst, Bürgerliche Traditionselemente (1990). Zusammenfassung des Forschungsstands bei Wehler, Gesellschaftsgeschichte 1949–1990 (2008), S. 227–230.
13 Vgl. Ernst, Prophylaxe (1996), S. 342.
14 Jessen, Akademische Elite (1999), S. 432–434.
15 Großbölting, SED-Diktatur (2001), S. 417, 249. Eine aktuelle Zusammenfassung seiner Forschungsergebnisse mit einem Ausblick auf die 1960er und 1970er Jahre bei Großbölting, Bürgertum, Bürgerlichkeit und Entbürgerlichung (2008).
16 So etwa von Kleßmann, Beharrungskraft (1991), S. 151; Wehler, Gesellschaftsgeschichte 1949–1990 (2008), S. 229 (mit Bezug auf die DDR).
17 Jarausch, Unfree Professions (1990).
18 Vgl. Lundgreen, Bildung und Bürgertum (2000); Jarausch, Unfreie Professionen (1995). Diese Definition ist zu unterscheiden von M. Rainer Lepsius' stärker mentalitätsgeschichtlich orientierter

darüber hinaus die gemeinsame Prägung durch die Absolvierung des gleichen Bildungsganges an Gymnasium und Universität. Im Kern handelt es sich dabei um den durch die neuhumanistische Bildungsreform transformierten „Gelehrtenstand" (Theologen, Juristen, Mediziner), der sich als solcher im Spätmittelalter und in der frühen Neuzeit herausgebildet hatte. Zum Bildungsbürgertum zählen somit die Angehörigen der klassischen akademischen Berufe: Ärzte, Rechtsanwälte, Pfarrer, Professoren sowie die akademisch gebildeten Lehrer der höheren Schulen – im Gegensatz zu den nur seminaristisch ausgebildeten Volksschullehrern.[19] Diese an der akademischen Ausbildung und der an sie gekoppelten Berufsausübung orientierte Definition ermöglicht es, die Kategorie Bildungsbürgertum nicht nur für die Weimarer Republik und den Nationalsozialismus, sondern auch für die DDR anzuwenden.[20] Zugleich rückt sie das Bildungsbürgertum in die Nähe des aus der angelsächsischen Forschungstradition stammenden Modells der „Professionen". Unter Profession wird ein Vollzeitberuf verstanden, der höhere Bildung und ein Examen voraussetzt und dessen Ausübung wirtschaftlichen Erfolg ermöglicht und mit hohem Sozialprestige verbunden ist. Weitere Kriterien sind eine relativ autonome Praxis der Berufsausübung, das Vorhandensein von auf die eigene berufliche Tätigkeit bezogenen Idealen – mithin eines „Berufsethos'" – sowie eine straffe Organisation in Berufsverbänden.[21] Zu Beginn des Untersuchungszeitraums erfüllt der Beruf des Gymnasiallehrers diese Kriterien in vollem Umfang. Inwieweit sie für den gesamten Untersuchungszeitraum der Studie tragen, wird zu überprüfen sein.

Der Gymnasiallehrer stellte gewissermaßen den Bildungsbürger „par exellence", den, so Jarausch, „symbolischen Kern des Bildungsbürgertums"[22] dar: Er hatte nicht nur wie alle Angehörigen des Bildungsbürgertums den gymnasialen Bildungsprozess durchlaufen, sondern war zugleich auch dessen Protagonist und Träger. Insofern kann er als Vermittler und damit gleichsam als „Sachwalter"[23] des

Begriffsbestimmung. Lepsius macht den Besitz von Bildungswissen unabhängig von Beruf oder Einkommen zum entscheidenden Kriterium der Zugehörigkeit zum Bildungsbürgertum. Da bei zahlreichen akademischen Berufen eine relativ große Affinität zwischen dem für die Berufstätigkeit erforderlichen „Leistungswissen" und dem „Bildungswissen" besteht, weist die mit dieser Definition erfasste gesellschaftliche Gruppe große Überschneidungen mit der oben skizzierten auf, ohne sich vollständig mit ihr zu decken. Vgl. Lepsius, Bildungsbürgertum (1992), S. 9 f. Im Anschluss an Lepsius vgl. Oyen, Zeitgeist und Bildung (2005), S. 20 f.

[19] Nicht hinzugezählt werden in der Regel Ingenieure und Betriebswirte, bei denen die Akademisierung der Bildung erst später und nur unvollständig einsetzte. Zu Ingenieuren vgl. Jarausch, Unfree Professions (1990); Sander, Doppelte Defensive (2009). Zu Betriebswirten vgl. Franz, Zwischen Markt und Profession (1998).

[20] In der DDR hatte der Begriff „Bildungsbürger" ebenso wie „bürgerlich" freilich abwertenden Charakter. Akademische Berufe wurden seit Anfang der 1950er Jahre unter dem Begriff „Intelligenz" zusammengefasst und je nach Ausrichtung mit Zusätzen wie „medizinische", „technische" oder „künstlerische" Intelligenz versehen. Die Oberschullehrer fielen nicht in die Kategorie der wissenschaftlichen, sondern der pädagogischen Intelligenz. Zum Intelligenzbegriff vgl. Ernst, Prophylaxe (1996), S. 16–20.

[21] Nach Jarausch, Krise des deutschen Bildungsbürgertums (1989), S. 187. Zum Zusammenhang von Professionalisierungs- und Bürgertumsforschung jetzt Sander, Professionalisierung und Bürgertum (2008).

[22] Jarausch, Krise des deutschen Bildungsbürgertums (1989), S. 189. Das Folgende nach ebd., S. 188 f.; Bölling, Sozialgeschichte (1983), S. 20–52.

[23] So Lundgreen, Bildung und Bürgertum (2000), S. 176. Oyen, Zeitgeist und Bildung (2005), S. 23, spricht vom Gymnasiallehrer als „Sachwalter des Bildungshumanismus".

bürgerlichen Bildungsgutes gelten. Das berufliche Selbstverständnis der Gymnasiallehrer war geprägt vom Anspruch auf Wissenschaftlichkeit; sie betrachteten sich in erster Linie als Wissenschaftler, nicht als Pädagogen – auch damit grenzten sie sich von den Volksschullehrern ab. Dieser Anspruch gründete sich auf ihre akademische Ausbildung und ihre wissenschaftliche Tätigkeit, die einige Gymnasiallehrer neben ihrem Hauptberuf betrieben und deren Ergebnisse in den Jahresberichten von Gymnasien oder den sogenannten Schulprogrammen, zum Teil aber auch in wissenschaftlichen Zeitschriften veröffentlicht wurden.[24] Zu Beginn des 20. Jahrhunderts legte zudem etwa die Hälfte der Lehramtsstudenten neben dem Staatsexamen auch die Promotionsprüfung ab. Aus ihrer als wissenschaftlich betrachteten Tätigkeit und ihrer breiten kulturellen Bildungsaufgabe leiteten die Gymnasiallehrer ein gehobenes Selbstbild ab, dem ein hohes Status- und Standesbewusstsein entsprach.[25] Dem stand ein verglichen mit den traditionellen akademischen Berufen der Juristen, Mediziner und Theologen anfänglich geringeres Sozialprestige gegenüber. Die Geschichte der Gymnasiallehrer seit dem ausgehenden 19. Jahrhundert ist daher auch von deren Bestreben gekennzeichnet, diese Lücke zu schließen und als den genannten Berufsgruppen gleichwertig anerkannt zu werden.[26]

Zu einem eigenen „professionalisierten" Beruf, zu einer Profession im Sinne der obigen Definition entwickelten sich die Gymnasiallehrer erst in der zweiten Hälfte des 19. Jahrhunderts.[27] Die Einführung einer eigenen wissenschaftlichen Staatsprüfung für das höhere Lehramt, zunächst in Preußen, schuf die Grundlage dafür, dass der Gymnasiallehrer sich als eigenständiger Beruf etablierte und die Kandidaten der Theologie aus den Gymnasien verdrängte. Die Ausweitung höherer Bildung und das damit verbundene Wachstum der Abiturientenzahlen führten zu einem enormen Anstieg der Gymnasiallehrerzahl in Deutschland, die sich zwischen 1870 und 1915 von gut 4000 auf mehr als 13 000 verdreifachte. Entsprechend einflussreich wurden die beruflichen Standesvertretungen der Lehrer an höheren Schulen, die Philologenverbände, die Anfang des 20. Jahrhunderts einen Organisationsgrad von über 90 Prozent erreichten. Durch intensive Lobbyarbeit gelang es ihnen nach und nach, den Rückstand der Gymnasiallehrer in Status und Einkommen gegenüber den übrigen höheren Staatsbeamten aufzuholen. 1909 erreichten sie die Angleichung der Lehrergehälter an die der Amtsrichter, 1918 die Verleihung des Titels „Studienrat" für Lehrer in Festanstellung, womit sie dem

---

[24] Keiner/Tenorth, Schulmänner (1981), S. 205, warnen allerdings davor, im Hinblick auf den wissenschaftlichen Anspruch „das Selbstverständnis der Philologen ungeprüft [zu] tradieren" und die „Differenzen von wissenschaftlichen Qualifikationen und den Wissensbeständen, die in der Ausbildung und Tätigkeit des Lehrers produziert werden" zu unterschätzen: „Bereits nach 1890 gibt es faktisch keinen Wechsel mehr zwischen den Philologen und den Wissenschaftlerkarrieren in den entsprechenden Fächern, und um 1900 hat für die Universitäten der Status philologischer Arbeit, wie ihn etwa die Jahresberichte der höheren Schulen bieten, den Charakter anerkannter Wissenschaft längst verloren."

[25] Kritisch dazu Keiner/Tenorth, Schulmänner (1981), S. 214: „Ihren eigenen Status und gesellschaftliche Anerkennung suchen sie [die Lehrer an höheren Schulen] dadurch zu sichern, daß sie die Bedeutung der Profession der Lehrenden und Erziehenden im gesellschaftlichen Kontext überzeichnen."

[26] Dazu jetzt umfassend Grewing, Mentalität des „neuen Bürgertums" (2008).

[27] Das Folgende nach Müller-Benedict, Das höhere Lehramt (2008).

Regierungsrat gleichgestellt wurden. Am Ende des Kaiserreichs waren die Gymnasiallehrer damit auf dem Höhepunkt materieller Absicherung und gesellschaftlicher Anerkennung angekommen.

An dieser Stelle sei kurz auf die Begriffsproblematik eingegangen, die sich hinter der etwas sperrigen Bezeichnung „Lehrer an höheren Schulen" verbirgt. Gegenstand dieser Arbeit sind Lehrer, die an einer zum Abitur führenden und damit zum Besuch einer Universität qualifizierenden höheren Schule unterrichteten. Da diese Schulen in den verschiedenen Zeiträumen der Studie unterschiedliche Bezeichnungen trugen, gilt dies für die Lehrer entsprechend. Seit dem ausgehenden 19. Jahrhundert führten in Deutschland Gymnasien, Realgymnasien und Oberrealschulen zur Hochschulreife; die hier unterrichtenden Lehrer werden der Einfachheit halber übergreifend als „Gymnasiallehrer" bezeichnet. Gebräuchlich war in dieser Zeit auch die Bezeichnung „Philologe", wie sie sich im Namen ihrer Standesorganisation, dem Philologenverband, niederschlug – in der sie sich bis heute gehalten hat. Der Begriff geht darauf zurück, dass bis in die zweite Hälfte des 19. Jahrhunderts die klassischen Philologen den Gymnasiallehrerberuf dominierten.[28] Zugleich kommt in dieser Bezeichnung die besondere Wertschätzung der klassischen Bildung gegenüber den modernen naturwissenschaftlichen Fächern zum Ausdruck. Der engeren Bedeutung des Begriffes zum Trotz schließen die Philologen die Lehrer der mathematisch-naturwissenschaftlichen Fachrichtungen ein. „Oberlehrer" und „Studienrat" sind demgegenüber keine Berufsbezeichnungen, sondern Titel, die an den Status eines Beamten im höheren Schuldienst gekoppelt waren.[29] Da in der SBZ der Beamtenstatus der Lehrer wegfiel und die Institution des Gymnasiums abgeschafft und durch die einheitliche Oberschule abgelöst wurde, entsprach dem Gymnasiallehrer bzw. Philologen in SBZ und DDR der Oberschullehrer. Im Folgenden finden alle genannten Begriffe Verwendung, soweit sie für den entsprechenden Zeitraum zutreffend sind.

2. Das Verhältnis von Herrschaft und Gesellschaft in Demokratie und Diktatur: Methoden und Fragestellungen

Ziel der vorliegenden Arbeit ist es, am Beispiel der Lehrer an höheren Schulen bildungsbürgerlichen Kontinuitäten im Deutschland des 20. Jahrhunderts über die Umbrüche von 1933 und 1945 hinweg nachzugehen. Im systemübergreifenden Längsschnitt werden die Weimarer Republik, die Zeit des Nationalsozialismus, die sowjetische Besatzungszone und die frühe DDR bis zum Beginn der 1960er Jahre behandelt. Der Bau der Berliner Mauer am 13. August 1961, dem „heimlichen Gründungstag der DDR" (Dietrich Staritz), stellt eine einschneidende politik- und gesellschaftsgeschichtliche Zäsur dar und markiert deshalb auch das Ende des Untersuchungszeitraums.

---

[28] Vgl. Bölling, Sozialgeschichte (1983), S. 22.
[29] In der DDR lebte der „Studienrat" als Ehrentitel für verdiente Lehrer weiter. Verbunden damit war ein monatlicher Gehaltsaufschlag von 100 Mark. Vgl. DDR-Handbuch (1975), S. 517.

Im Kern geht es erstens um die Frage nach den jeweils systemtypischen Bestrebungen politischer Durchdringung und Gestaltung eines Ausschnitts der Gesellschaft und zweitens darum, ob und wie diese Bestrebungen durch traditional- oder interessenbedingte Eigengesetzlichkeiten gesellschaftlicher Entwicklung gebrochen wurden. Die Untersuchung geht dabei von der Prämisse aus, dass das Verhältnis von politischer Herrschaft und Gesellschaft nicht als lineares Verhältnis von Steuerung und Umsetzung zu verstehen ist. Sie folgt vielmehr dem von Alf Lüdtke entwickelten und von Thomas Lindenberger für die DDR-Geschichte operationalisierten Modell von „Herrschaft als sozialer Praxis", das Herrschaft als „soziale Interaktion zwischen Partnern" betrachtet, auch wenn deren Machtressourcen, insbesondere in einer Diktatur, sehr ungleich verteilt sind.[30] Die Mitglieder der Gesellschaft treten dabei nicht nur als Objekte von Herrschaft, sondern auch als Akteure auf. Dabei darf indes weder die asymmetrische Verteilung von Macht aus dem Blick geraten, noch sollen die Unterschiede von Modi und Inhalten gesellschaftlicher und politischer Kommunikation sowie die fundamentalen Differenzen des Steuerungs- und Kontrollanspruchs und der Sanktionsdrohungen und -praxis zwischen pluralistischer Demokratie und Diktatur relativiert werden. Trotzdem ist auch in der Diktatur zwischen dem totalen Herrschafts- und dem davon abgeleiteten gesellschaftlichen Gestaltungs*anspruch* einerseits und der „durch vielfältige Grenzen der Diktatur beeinflusste[n] Herrschafts*wirklichkeit*" andererseits zu unterscheiden.[31]

Die „Grenzen der Diktatur"[32] zeigen sich keinesfalls nur in widerständigem Verhalten oder in politischer Opposition einzelner Personen oder bestimmter gesellschaftlicher Gruppen. Auch gesellschaftliche Beharrungskräfte, gewachsene soziale Strukturen und informelle Netzwerke, die Eigenlogiken bestimmter gesellschaftlicher Subsysteme, Konflikte innerhalb von Machtapparaten und nicht zuletzt innere Widersprüche und Zielkonflikte diktatorischer Umgestaltungsversuche können herrschaftsbegrenzend wirken. Dies bedeutet zugleich, dass auftretende Konflikte nicht grundsätzlich als Abwehrhaltungen zu interpretieren sind. Vielmehr ist zu überprüfen, ob sie tatsächlich einen Dissens von gesellschaftlichen Gruppen mit der jeweiligen Ausrichtung von politischer Herrschaft anzeigen oder ob sie nicht eher auf überkommene oder andere systemunabhängige gesellschaftliche Konfliktlinien deuten, die beispielsweise durch wirtschaftliche oder soziale Eigeninteressen bedingt sein können.[33] Der systemübergreifende Längsschnitt ist in besonderer Weise dazu geeignet, nach der Wirkung von institutionellen und gesellschaftlichen Traditionsüberhängen zu fragen.[34] Ohne dass die Untersuchung auf einen systematischen Vergleich von Nationalsozialismus und

---

[30] Vgl. dazu Lindenberger, SED-Herrschaft (2007), S. 30–33; Lindenberger, Diktatur der Grenzen (1999), S. 21–23. Zum zugrundeliegenden Konzept vgl. Lüdtke, Herrschaft als soziale Praxis (1991).

[31] Heydemann/Schmiechen-Ackermann, Vergleichende Diktaturforschung (2003), S. 23 (Hervorhebung im Original).

[32] So der Titel des Sammelbandes von Bessel/Jessen, Grenzen der Diktatur (1996).

[33] Vgl. dazu in Anlehnung an und Weiterentwicklung von Martin Broszats Resistenzbegriff Schwartz, Regionalgeschichte (1996).

[34] Zum Erkenntnispotential des systemübergreifenden Längsschnitts siehe auch Bispinck/Hoffmann/Schwartz/Skyba/Uhl/Wentker, Zukunft der DDR-Geschichte (2005), S. 555–557.

DDR ausgerichtet ist, kommen auf diese Weise auch diktaturvergleichende
Aspekte zum Tragen. Dabei sind die aus der diachronen Vergleichsperspektive
resultierende einseitige Aufeinanderbezogenheit der Systeme und etwaige historische Lernprozesse zu berücksichtigen.[35]

Die Gymnasiallehrer stellen in diesem Zusammenhang auch deshalb ein inte-
ressantes Untersuchungsobjekt dar, weil sie in der Dichotomie von Herrschaft
und Gesellschaft nicht vollständig aufgehen. Sie waren in gewisser Weise Subjekt
und Objekt von Herrschaft zugleich. Zum einen waren sie als Staatsbeamte und in
der DDR als staatlich Angestellte Repräsentanten des jeweiligen politischen Systems, die von diesem – mehr oder weniger eng – vorgegebene Unterrichtsinhalte
zu vermitteln und einen Erziehungsauftrag zu erfüllen hatten. Zum anderen stellten sie eine soziale Gruppe mit eigenen Interessen dar, die diese gegenüber den
Akteuren der jeweiligen Herrschaftsform auch artikulierte. Hier spielt das dem
Lehrerberuf inhärente Spannungsverhältnis zwischen beruflich-sozialer Abhän-
gigkeit als Staatsbeamte einerseits und relativer Autonomie in der Berufsausübung
andererseits eine Rolle.[36] Denn die konkrete Unterrichtspraxis im Klassenzimmer
ließ sich nur bis zu einem gewissen Grad bürokratisch kontrollieren.[37]

Der Untersuchungszeitraum ist für die Region Mecklenburg einerseits von der
raschen Abfolge dreier höchst unterschiedlicher politischer Systeme geprägt. Zugleich kennzeichnet ihn aber auch ein längerfristiger, die politischen Umbrüche
überdauernder Trend: die Zunahme von staatlicher Steuerung und Kontrolle sowie die wachsende politische Durchdringung des Lebens- und Arbeitsumfelds der
Lehrer. Parallel dazu lässt sich eine im Zeitverlauf steigende Tendenz zur Zentralisierung und Vereinheitlichung sowie zur Ökonomisierung des Schulbetriebs
feststellen. Vor diesem Hintergrund verfolgt die Studie zwei zentrale Fragestellungen: Sie fragt erstens nach Kontinuität und Wandel gesellschaftlicher Entwicklungen über die politischen Zäsuren hinweg und zweitens nach dem Verhältnis
von Herrschaft und Gesellschaft in unterschiedlichen politischen Systemen. Konkret lassen sich folgende Fragen formulieren:

– Welche Ziele verfolgten die verschiedenen politischen Herrschaftsträger im
  Hinblick auf das Schul- und Unterrichtswesen? Konnten sie diese Ziele erreichen?
– Wie wirkten sich die zu diesem Zweck eingeleiteten Maßnahmen auf den Schul-
  und Unterrichtsalltag aus und welche nicht intendierten Nebenwirkungen hatten sie?

[35] Dazu Heydemann/Schmiechen-Ackermann, Vergleichende Diktaturforschung (2003), S. 29. Einen Überblick über Ansätze, Chancen, Probleme und Kontroversen des Diktaturvergleichs bei
   Schmiechen-Ackermann, Diktaturen im Vergleich (2002).
[36] Mietzner, Enteignung (1998), S. 436, spricht von der „schwierigen Doppelrolle des Lehrers" von
   „Treueeid gegenüber dem Staat einerseits" und „Autonomieanspruch der Pädagogik" und „allgemeine[m] Bildungsideal" andererseits. Parak, Hochschule und Wissenschaft (2004), S. 42, konstatiert ein ähnliches „Spannungsfeld von beruflicher Autonomie und staatlicher Einflußnahme" für
   die Hochschullehrer.
[37] Keiner/Tenorth, Schulmänner (1981), S. 204, überschätzen die Heteronomie der Lehrer, indem sie
   den Beamtenstatus als Ausdruck einer „dominant politisch interpretierte[n] Tätigkeit der Lehrer"
   deuten, die deren „Handlungs- und Deutungsspielraum" schon am Ende des 19. Jahrhunderts auf
   Methodenfreiheit eingegrenzt habe.

- Wie reagierten die Lehrer auf regulierende und kontrollierende Eingriffe in den Berufsalltag?
- Wie gingen die Lehrer mit den unterschiedlichen an sie herangetragenen (politischen) Erziehungsaufgaben um? Konnten sie diese mit ihrem traditionellen Selbstverständnis als Träger und Vermittler des humanistischen Bildungsgutes vereinbaren?
- Inwieweit vermochten die Lehrer der höheren Schulen den zu Beginn des Untersuchungszeitraums erreichten sozialen Status zu halten?
- Welche Rolle spielten in diesem Zusammenhang berufsbezogene organisatorische Zusammenschlüsse der Lehrer? Dienten sie zur Durchsetzung ihrer Interessen oder fungierten sie als verlängerter Arm politischer Herrschaft?
- Wie hoch war das Maß an institutioneller und personeller Kontinuität an den Schulen und im Bereich der Schulverwaltung über die Zäsuren von 1918, 1933 und 1945 hinweg?

Die verbindende Klammer für die angerissenen Fragestellungen bilden das angesprochene berufliche Selbstverständnis und das Standesbewusstsein der Lehrer an höheren Schulen als Teil des Bildungsbürgertums. Vor diesem Hintergrund geht die Studie von der Hypothese aus, dass die Lehrer an höheren Schulen als bildungsbürgerliche Berufsgruppe über ein relativ hohes Maß an Beharrungskraft verfügten und bei der Durchsetzung unterschiedlicher politischer Ziele im Hinblick auf die höheren Schulen als retardierender und zum Teil herrschaftsbegrenzender Faktor wirkten.

3. Region – Stadt – Schule: Herangehensweise und Gliederung

Erkenntnisse über die Funktions- und Wirkungsweise von politischen Systemen, insbesondere von Diktaturen, lassen sich besonders gut auf der mittleren Ebene der Region gewinnen. Dies hat nicht zuletzt das Pionierprojekt „Bayern in der NS-Zeit" gezeigt.[38] Die Fokussierung auf die Mesoebene trägt auch dem oftmals beklagten Desiderat der „Erforschung einer Region [in] der langfristigen Perspektive, der langen Dauer"[39] Rechnung. Mit dem Land Mecklenburg wurde eine Region ausgewählt, in der auf die nationalsozialistische Diktatur nicht, wie in Westdeutschland, eine parlamentarische Demokratie, sondern eine Diktatur unter umgekehrten ideologischen Vorzeichen folgte. Die Konzentration auf eine eigenständige politische Einheit, die Mecklenburg für den überwiegenden Teil des Untersuchungszeitraums zumindest formal darstellte, ermöglicht es, gegebenenfalls landespolitische Spezifika herauszuarbeiten.[40] Schließlich soll eine Fortsetzung

[38] Vgl. Broszat, Bayern in der NS-Zeit (1977–1983). Zum Projekt und dem aus ihm hervorgegangenen neuen Widerstandskonzept vgl. Kershaw, Bayern in der NS-Zeit (1999).
[39] Wirsching, Nationalsozialismus in der Region (1996), S. 26.
[40] Innerhalb des Untersuchungszeitraums hat die Region mehrere räumliche und verwaltungsmäßige Umbildungen erfahren. Den Referenzrahmen für diese Untersuchung bildet 1933 der Freistaat Mecklenburg-Schwerin, ab 1934 das vereinigte Mecklenburg, das aus dem Zusammenschluss von Mecklenburg-Schwerin und dem kleineren Mecklenburg-Strelitz entstand, und ab 1945 das neugegründete Land Mecklenburg (-Vorpommern), das nun den größten Teil Vorpommerns und die

der in der historischen Bildungsforschung, insbesondere im Hinblick auf die Geschichte der höheren Schulen, zu konstatierenden Fokussierung auf Preußen vermieden werden.

Auf der regionalen Ebene des Landes Mecklenburg werden Schulverwaltung und schulpolitische Maßnahmen sowie die Reaktionen der Lehrer auf diese Steuerungsversuche, soweit sie über intermediäre Organisationen, den auf Landesebene organisierten Lehrerverbänden bzw. Massenorganisationen, vermittelt wurden, untersucht. Regionale Besonderheiten werden mit berücksichtigt, stehen aber nicht im Zentrum des Erkenntnisinteresses, zumal sie im zeitlichen Verlauf von sehr unterschiedlicher Relevanz waren: Zur Zeit der Weimarer Republik und in den ersten Jahren nach dem Zweiten Weltkrieg spielten sie eine größere Rolle als im Dritten Reich und in der DDR.

Zur Region tritt als zweite Ebene die lokale bzw. mikrogeschichtliche, auf der die Lehrerschaft zweier städtischer Gymnasien bzw. Oberschulen näher betrachtet wird: Das Gymnasium Fridericianum (ab 1949 Goethe-Oberschule) in Schwerin und die Große Stadtschule Rostock. Die Konzentration auf zwei Schulen ermöglicht es, die Schnittstelle in den Blick zu nehmen, an der der politische Steuerungsanspruch auf das konkrete Berufs- und Lebensumfeld der Lehrer traf. Dieser Bereich ist als Handlungs- und Konfliktfeld zwischen Politik und Gesellschaft zu analysieren. Für die Wahl der beiden Schulen war ausschlaggebend, dass sie als traditionsreiche humanistische Gymnasien in einem mittelstädtischen Umfeld angesiedelt sind, das über eine relativ breite bürgerliche Schicht verfügt.[41] Dafür boten sich die ehemalige Residenz- und spätere Landeshauptstadt Schwerin als Verwaltungszentrum sowie die Universitätsstadt Rostock als geistiges und wirtschaftliches Zentrum des Landes an. Die beiden Schulen sind somit nicht repräsentativ für die höheren Schulen in Mecklenburg insgesamt, sondern stehen für den Typus des alten, auf eine lange Tradition zurückblickenden humanistischen Gymnasiums, an dem sich bildungsbürgerliche Kontinuitäten besonders gut verfolgen lassen. Voraussetzung war überdies ein Mindestmaß an institutioneller Kontinuität auch über die Zäsur von 1945 hinaus, das bei höheren Schulen im ländlichen und kleinstädtischen Raum häufig nicht gegeben war. Schließlich sprachen die relativ dichte Überlieferung und die gute Zugänglichkeit der Quellen für die beiden Schulen.

Die Gliederung der Arbeit orientiert sich an den bekannten politikhistorischen Zäsuren. Die Weimarer Republik, das Dritte Reich sowie SBZ und DDR werden jeweils in eigenen Kapiteln behandelt. Innerhalb der Kapitel werden zunächst die politischen und verwaltungsmäßigen Rahmenbedingungen für die Entwicklung des höheren Schulwesens skizziert. Bei der Analyse des Verhältnisses von Herrschaft und Gesellschaft sind die Schwerpunkte je nach Epoche unterschiedlich gesetzt. So nimmt die Darstellung der Tätigkeit des mecklenburgischen Philologen-

---

Insel Rügen einschloss. 1952 wurde das Land in die Bezirke Neubrandenburg, Rostock und Schwerin aufgeteilt, von diesen finden nur die letzteren beiden Berücksichtigung, in denen die zwei exemplarisch untersuchten Schulen liegen.

[41] Klaus Tenfelde zufolge „erscheint die Klein- und Mittelstadt viel eher als ein Ort von Kontinuität in Bürgertum und Bürgerlichkeit als die Großstadt." Vgl. Tenfelde, Stadt und Bürgertum (1994), S. 339.

verbands in der Zeit der Weimarer Republik relativ breiten Raum ein. Eine ähnlich bedeutende Rolle als Interessenvertretung vermochten weder der Nationalsozialistische Lehrerbund im Dritten Reich noch die Lehrergewerkschaft in der DDR zu spielen. Angesichts des langen Untersuchungszeitraums können die Entwicklungen zudem nicht für die gesamte Zeit in gleicher Dichte und Ausführlichkeit behandelt werden. In den Fokus rücken daher die Zeiträume, die den Umbrüchen von 1918/19, 1932/33 und 1945 unmittelbar folgen oder solche im Umfeld bedeutender Ereignisse innerhalb der einzelnen Phasen. Fluchtpunkt und zugleich Schwerpunkt der Arbeit ist die Entwicklung in SBZ und DDR – ohne dass dabei die vorangegangenen Zeiträume lediglich als Vorgeschichte behandelt würden. Sie steht am Ende eines von wachsender politischer Steuerung und Kontrolle geprägten Prozesses, und hier wurden die tiefgreifendsten Einschnitte in den Beruf des Lehrers und seinen Arbeitsplatz, die höhere Schule, vorgenommen. Entsprechend konflikt- und ereignisreich war diese Periode. Zudem ermöglicht die Vielzahl der Quellen, einschließlich geheimpolizeilicher Unterlagen, für diese Zeit eine besonders dichte Darstellung und Analyse der Geschehnisse.

4. Höhere Schulen im 20. Jahrhundert und ihre Lehrer: Forschungsüberblick und Quellengrundlage

Die Literatur zur Geschichte des Lehrerberufs und der höheren Schulen im Deutschland des 20. Jahrhunderts ist mittlerweile so umfangreich und beschäftigt sich mit so vielen unterschiedlichen Teilaspekten, dass an dieser Stelle kein umfassender Forschungsbericht geleistet werden kann. Im Folgenden werden daher die Haupttendenzen der Forschung skizziert, die sich nach wie vor überwiegend an politikhistorischen Zäsuren orientieren. Insgesamt ist zu konstatieren, dass die Geschichte der Lehrer an höheren Schulen im 20. Jahrhundert, im Gegensatz zu der anderer Professionen, bei Historikern auf eher geringes Interesse gestoßen ist. In erster Linie haben sich mit diesem Thema Erziehungswissenschaftler und Soziologen beschäftigt. Weiterhin lässt sich feststellen, dass gerade epochenübergreifende Darstellungen die Lehrer der höheren Schulen selten gesondert betrachten. Auch das Handbuch der deutschen Bildungsgeschichte enthält weder für die Zeit von 1918 bis 1945 noch für die SBZ und die DDR eigenständige Beiträge zu den höheren Schulen und ihren Lehrern.[42] Schließlich ist die gesamte Forschung zu diesem Thema stark auf die Entwicklung in Preußen fokussiert.

Für die Weimarer Republik ist insbesondere die Schulpolitik recht gut erforscht, wobei sich die meisten Veröffentlichungen auf die frühe Phase konzentrieren, in der die Reformbestrebungen zwischen Reich und Ländern sowie zwischen den Parteien heftig umstritten waren.[43] Bei den Darstellungen zu den Lehrern der höheren Schulen handelt es sich für die Zeit der Weimarer Republik in der

---

[42] Vgl. Müller-Rolli, Lehrer (1989) und Zymek, Schulen (1989) für die Weimarer Republik und die NS-Zeit sowie Baske, Allgemeinbildende Schulen (1998) für SBZ und DDR.
[43] Vgl. Führ, Schulpolitik (1970); Becker/Kluchert, Bildung der Nation (1993); Müller, Höhere Schule Preußens (1977). Für die Endphase vgl. Küppers, Weimarer Schulpolitik (1980).

Hauptsache um Verbandsgeschichten, die sich mit der Politik des Deutschen Philologenverbandes befassen. Sie verfolgen überwiegend einen ideologiekritischen
Ansatz und stellen die Nähe der Philologen zu national-konservativen Positionen
und ihre Affinität zum Nationalsozialismus heraus.[44]

Für die nationalsozialistische Schulpolitik nach wie vor grundlegend ist das äl-
tere, vorrangig als Institutionen- und Intentionsanalyse angelegte Buch von Rolf
Eilers, das wichtige Informationen zu Schulverwaltung und -organisation, zu den
Lehrerverbänden sowie zu Lehrplänen und Unterrichtsinhalten liefert.[45] Barbara
Schneiders jüngere Studie zur „Höheren Schule im Nationalsozialismus" ist rein
ideengeschichtlich angelegt und beschränkt sich ausschließlich auf die weltanschaulichen und ideologischen Hintergründe höherer Schulbildung.[46] Speziellere
Untersuchungen zu höheren Schulen im Nationalsozialismus lassen sich in drei
Kategorien einteilen: Zum einen sind die Studien zu einzelnen Unterrichtsfächern
zu nennen, die aus fachdidaktischer oder pädagogischer Perspektive geschrieben
sind und hauptsächlich auf zeitgenössischen Schulbüchern und Lehrplänen basieren.[47] Zum zweiten finden sich zahlreiche Fallstudien zu einzelnen Gymnasien,
die häufig auf lokale Aufarbeitungsinitiativen oder das Interesse von Schülern und
Lehrern an der nationalsozialistischen Vergangenheit ihrer eigenen Schule zu-
rückgehen oder im Rahmen von Gesamtdarstellungen aus Anlass von Schuljubiläen entstanden.[48] Die Qualität dieser Untersuchungen ist naturgemäß sehr hete-
rogen, trotzdem können sie für Einzelaspekte als Vergleichsfolie herangezogen
werden. Zum dritten ist auf die Arbeiten hinzuweisen, die sich mit dem Einfluss
der Hitlerjugend an den höheren Schulen befassen; hier sind die Untersuchungen
von Michael H. Kater und Michael Buddrus hervorzuheben.[49]

Zur Schulpolitik in SBZ und DDR, zu ihren institutionellen Rahmenbedingungen sowie zur Struktur und Entwicklung des Schulwesens liegen grundlegende
Studien von Oskar Anweiler und Gert Geißler vor.[50] Auf besonderes Interesse
sind die für die frühe DDR typischen „Neulehrer" gestoßen, die allerdings nur in

---

[44] Vgl. Hamburger, Lehrer zwischen Kaiser und Führer (1974); Laubach, Politik des Philologenverbandes (1986); Kunz, Höhere Schule (1984). Demgegenüber hat die Arbeit von Fluck, Gymnasium (2003), S. 60–104, die im Auftrag des Philologenverbandes entstanden ist, tendenziell apolo-
getischen Charakter. Zu anderen Lehrerverbänden in der Weimarer Republik vgl. Heinemann,
Lehrer (1977); Krause-Vilmar, Lehrerschaft (1978); Seeligmann, Politische Rolle (1990).
[45] Vgl. Eilers, Schulpolitik (1963). Siehe auch Nyssen, Schule (1979); Scholtz, Erziehung und Unterricht (1985). Eine jüngere Zusammenfassung des Forschungsstandes bei Keim, Erziehung unter
der Nazi-Diktatur, 2 Bde. (1995/1997).
[46] Schneider, Höhere Schule (2000).
[47] Vgl. z. B. Flessau, Schule der Diktatur (1979); Schausberger, Intentionen des Geschichtsunterrichts
(1980); Bernett, Sportunterricht (1985). Vgl. auch die Beiträge in Dithmar, Schule und Unterricht
(1989), die sich mit den Fächern Deutsch, Geschichte, evangelische Religion, Musik, Sport, Physik, Mathematik, Biologie sowie mit dem alt- und neusprachlichen Unterricht befassen.
[48] Aus der Fülle der Veröffentlichungen beispielhaft Popplow, Schulalltag im Dritten Reich (1979);
Geudtner/Hengsbach/Westerkamp, „Ich bin katholisch getauft und Arier" (1985); Lehberger/Lo-
rent, „Die Fahne hoch" (1986); Ortmeyer, Schulzeit unterm Hitlerbild (1996); Jacobmeyer, Paulinum (1997); Brodesser, Spuren der Diktatur (2000); Prade, Reismann-Gymnasium (2005).
[49] Kater, Hitlerjugend (1979); Kater, Hitler Youth (2004); Buddrus, Totale Erziehung (2003). Siehe
ferner Stachura, Drittes Reich und Jugenderziehung (1980).
[50] Hier seien jeweils die wichtigsten Werke genannt: Anweiler, Schulpolitik (1988); Anweiler,
Bildungspolitik (2001); Anweiler, Bildungspolitik (2005); Geißler/Wiegmann, Pädagogik und
Herrschaft (1996); Geißler, Geschichte des Schulwesens (2000). Zum Forschungsstand vgl. Geiß-
ler/Wiegmann, Bildungshistorische Forschung (1998); Ammer, Die „sozialistische Schule" (2003).

Ausnahmefällen an höheren Schulen unterrichteten.[51] Dagegen finden sich für die Oberschulen und die an ihnen tätigen Lehrer nur wenige eigenständige Untersuchungen. Die strukturelle Entwicklung des höheren Schulwesens stellt der jüngste Band des Datenhandbuchs zur deutschen Bildungsgeschichte dar.[52] Hannelore Berg beschäftigt sich in ihrer 1969 an der Humboldt-Universität zu Berlin entstandenen Dissertation mit der Neuorganisation des höheren Schulwesens in der SBZ, der Entnazifizierung der Lehrer und der Schulreform. Trotz interpretatorischer Einseitigkeit liefert sie dabei wichtige Erkenntnisse und geht auch auf die Probleme der SED bei der Durchsetzung ihrer Schulpolitik an den Oberschulen ein.[53] In einem instruktiven Aufsatz hat sich schließlich Gerhard Kluchert mit der „Neubestimmung der Berufsrolle des Oberschullehrers" in der SBZ und der DDR beschäftigt.[54] An seine These, dass die Oberschullehrer aufgrund ihres tradierten beruflichen Selbstverständnisses eine verhältnismäßig geringe Bereitschaft zeigten, dem neuen Rollenbild des Lehrers als „Aktivist" zu entsprechen, kann im Rahmen dieser Studie angeknüpft werden. Ulrike Mietzner hat das höhere Schulwesen der DDR am Beispiel einer Oberschule in Mecklenburg auf der Grundlage von Archivquellen und von lebensgeschichtlichen Interviews mit ehemaligen Lehrern untersucht. Sie kommt dabei zu dem Ergebnis, dass sich die politischen Veränderungen für die Mehrheit der Lehrer an den Oberschulen „langsamer durchgesetzt" haben, als für andere Teile des Bürgertums.[55] Obwohl sich das humanistische Bildungsideal in der DDR zunächst noch gehalten habe und die Oberschullehrer sich eine „gewisse Autonomie des Handelns" bewahrten, seien sie langfristig als Subjekte gleichsam „enteignet" und letztlich auf ihre Rolle als Funktionär des Staates bzw. der Staatspartei SED festgelegt worden.[56]

Systemübergreifende Darstellungen, die sich speziell mit den *höheren* Schulen im Deutschland des 20. Jahrhunderts befassen, liegen kaum vor. Zahlreiche handbuchartige Überblickswerke behandeln das Schulwesen insgesamt und klammern die ostdeutsche Entwicklung nach 1945 sämtlich aus.[57] Andere Untersuchungen wie Volker Müller-Benedicts Beitrag zur Entwicklung des höheren Lehramts enden Mitte des 20. Jahrhunderts.[58] Eine Ausnahme bildet die Untersuchung von Margret Kraul, die sich aus soziologischer Perspektive mit der Geschichte des deutschen Gymnasiums im 19. und 20. Jahrhundert im Spannungsfeld von pädagogischen Ideen, bildungspolitischen Interessen und Verwaltungshandeln befasst. Am Beispiel eines westdeutschen Gymnasiums kommt dabei auch die Spiegelung

---

51 Vgl. die überwiegend auf veröffentlichten Quellen basierenden Untersuchungen von Mertens, Neulehrer (1988) und Hohlfeld, Neulehrer (1992), Hohlfeld, „Kommunisten-Lümmel" (1997) sowie die auf Archivquellen und biographische Interviews gestützten Veröffentlichungen von Gruner, „Laien" im Lehrerberuf (1999), Gruner, Schlüsselsymbol (2000).
52 Datenhandbuch zur deutschen Bildungsgeschichte IX (2008), S. 38–46.
53 Berg, Entwicklung der Oberschule (1969).
54 Kluchert, Oberschullehrer als Aktivist (1999).
55 Mietzner, Enteignung (1998), S. 435.
56 Mietzner, Enteignung (1998), S. 444.
57 Vgl. beispielsweise Lundgreen, Sozialgeschichte der deutschen Schule II (1981); Bölling, Sozialgeschichte (1983); Enzelberger, Sozialgeschichte des Lehrerberufs (2001); Herrlitz/Hopf/Titze, Deutsche Schulgeschichte (1998).
58 Müller-Benedict, Das höhere Lehramt (2008). Vgl. auch Zymek, Entwicklung des Schulsystems (1987); Zymek, Strukturwandel (1990).

bildungspolitischer Vorgaben im Schulalltag in den Blick – die Entwicklung in der
DDR bleibt hier indes ebenfalls außen vor.[59] Bernd Zymek konzentriert sich in
seiner systemübergreifenden und vergleichenden Untersuchung am Beispiel
Westfalens und Mecklenburgs auf den Wandel lokaler Schulangebotsstrukturen,
ohne auf die konkreten Unterrichts- und Erziehungsverhältnisse an den Schulen
einzugehen.[60] Letzteren hat sich Stefan A. Oyen in seiner vergleichenden Studie
zu Abituraufsätzen in Ost- und Westdeutschland in der Nachkriegszeit angenommen, in der er auch die Berufsbiographien einzelner Lehrer und den Schulalltag
von der Weimarer Republik bis zum Ende der 1940er Jahre verfolgt. Oyen argumentiert, dass Resistenz oder Widerstand gegen die politische Umgestaltung der
Schulen im Nationalsozialismus und in der SBZ/DDR nicht aus dem Festhalten
an den Idealen des Bildungshumanismus, sondern vielmehr aus den spezifischen
religiösen und politischen Überzeugungen der einzelnen Lehrer zu erklären ist.[61]
Andererseits hätten sich „Formalkriterien des Bildungshumanismus" als stabil
erwiesen – wie etwa das Leistungsprinzip bei der Beurteilung von Schülern unabhängig von sozialer Herkunft und politischer Orientierung. Trotzdem sei es, so
Oyen, schließlich zu einem „Niedergang humanistischer Schulkultur an den
DDR-Oberschulen" gekommen.[62]

Speziell zur Entwicklung der höheren Schulen in Mecklenburg liegen, neben
den genannten Untersuchungen von Mietzner und Zymek, einige Publikationen
vor, auf die für die vorliegende Arbeit zurückgegriffen werden konnte. Die schulpolitischen Diskussionen über das höhere Schulwesen im Mecklenburg-Schwerinschen Landtag in der Weimarer Republik hat Margret Seemann eingehend untersucht.[63] Für das Dritte Reich liegt eine Studie zur Gleichschaltung der Lehrerschaft[64] sowie ein Band von Hermann Langer vor, der sich vor allem auf Einzelaspekte der Ideologisierung und Militarisierung der Schule konzentriert.[65] Für die
Zeit nach 1945 sind kleinere struktur- und institutionengeschichtliche Untersuchungen[66] sowie Fallstudien zu einzelnen Schulen erschienen. Georg Herbstritt
hat, vornehmlich auf der Basis von Akten des Ministeriums für Staatssicherheit
und Interviews, Konflikte um die Schweriner Goethe-Schule in den frühen 1950er

---

[59] Kraul, Gymnasium (1984). Vgl. auch den systemübergreifenden kollektivbiographischen Ansatz
am Beispiel eines Gymnasiums in Mannheim von Kluchert, Biographie und Institution (2006).
[60] Zymek, Schulentwicklung (1997). Aus dem an der Abteilung Historische Erziehungswissenschaft
des Instituts für Erziehungswissenschaften der Humboldt-Universität zu Berlin angesiedelten
Forschungsprojekt „Schule und Sozialisation in unterschiedlichen politischen Kontexten.
Deutschland von den 1920er bis zu den 1960er Jahren" sind, abgesehen von den publizierten Interviews mit ehemaligen Schülern (Leschinsky/Kluchert, Zwischen zwei Diktaturen [1997], siehe
auch Kluchert/Leschinsky, Schule in der Transformation [1998]), bisher fast ausschließlich Veröffentlichungen zur Nachkriegszeit hervorgegangen. Vgl. z.B. Kluchert/Leschinsky, Schwierigkeiten (1997); Henning/Kluchert/Leschinsky, Interessenartikulation (1997); Kluchert/Leschinsky/
Henning, Erziehung (1999). Ein seit längerem angekündigter Band zum Vergleich von Nationalsozialismus und DDR ist bisher nicht erschienen.
[61] Oyen, Zeitgeist und Bildung (2005), S. 510, 512.
[62] Oyen, Zeitgeist und Bildung (2005), S. 511, 528.
[63] Seemann, Schulpolitische Auseinandersetzungen (1990). Vgl. auch Rakow, Ständische und bürgerliche Schulpolitik (1962).
[64] Langer, Gleichschaltung (1997).
[65] Langer, „Kerle statt Köpfe!" (1995).
[66] Rakow, Mecklenburgisches Volksbildungsministerium (1962); Rackow, Einheitlichkeit (1990).

Jahren nachgezeichnet.[67] Zu den höheren Schulen in Rostock liegen Veröffentlichungen über in der SBZ und DDR verfolgte Schüler aus Zeitzeugenperspektive vor.[68] Auch die anlässlich von Schuljubiläen erschienenen Festschriften enthalten vor allem Erinnerungsberichte von Zeitzeugen.[69]

Quellenmäßig kann sich die Untersuchung auf eine breite Basis stützen, wobei die Überlieferungsdichte für die drei Zeiträume sehr unterschiedlich ist. Für die Landesebene ist im Zeitraum bis 1945 der Bestand des Mecklenburg-Schwerinschen (ab 1934 Mecklenburgischen) Ministeriums für Unterricht, geistliche und Medizinalangelegenheiten im Landesarchiv Schwerin zentral. Da er lückenhaft ist, bedurfte er der Ergänzung durch veröffentlichte Quellen. Als sehr ergiebig erwies sich der Bestand des Mecklenburgischen Philologenvereins, der für die Verbandspolitik des Vereins und seine Gleichschaltung im Nationalsozialismus wichtig ist und darüber hinaus einige in den staatlichen Akten nur bruchstückhaft überlieferte Zusammenhänge erhellen konnte. Dünn und für diese Themen wenig ergiebig sind hingegen die Überlieferungen des Nationalsozialistischen Lehrerbundes und des Reichserziehungsministeriums im Bundesarchiv.

Für die Zeit nach 1945 stellte sich eher das Problem einer (zu) großen Fülle und Redundanz von Unterlagen aus staatlicher und aus SED-Provenienz, aus der relevantes Material herausgefiltert werden musste. Insgesamt erwies sich die staatliche Überlieferung, in erster Linie die Bestände des Mecklenburgischen Ministeriums für Volksbildung im Landeshauptarchiv Schwerin, als ergiebiger als die der SED.[70] Von letzteren wurden die ebenfalls im Landeshauptarchiv lagernden Hinterlassenschaften der Mecklenburgischen Landesleitung sowie der Schweriner Kreis- und Bezirksleitung herangezogen. Im Landesarchiv Greifswald wurden die entsprechenden Bestände der Rostocker Kreis- und Bezirksleitung ausgewertet. Innerhalb dieser Bestände aufschlussreich waren insbesondere Revisionsberichte, Jahresarbeitspläne sowie Unterlagen zu Personalangelegenheiten und zur Entnazifizierung. Ergänzend wurden auch die Bestände des Ministeriums für Volksbildung der DDR im Bundesarchiv herangezogen. Hier fanden sich unter anderem Berichte über die DDR-weiten Oberschulrevisionen der Jahre 1949 und 1950.

Die Akten der beiden untersuchten Gymnasien bzw. Oberschulen befinden sich überwiegend in den Stadtarchiven von Schwerin und Rostock. Auch hier zeigten sich im zeitlichen Verlauf Unterschiede in der Überlieferungsdichte. Während der Bestand der Schweriner Oberschule für die Weimarer Republik und den Nationalsozialismus nur mäßig ergiebig war, lag für die Zeit nach 1945 sehr umfangreiches Material vor; bei der Großen Stadtschule in Rostock verhielt es sich umgekehrt. Von Interesse waren neben Personalakten vor allem Jahresberichte,

---

67 Herbstritt, „… den neuen Menschen schaffen" (1996). Diesen Konflikten hat sich auch ein Schülerprojekt am heutigen Goethe-Gymnasium angenommen, aus dem eine Ausstellung und eine CD-ROM hervorgegangen sind. Vgl. dazu Lemcke/Ramsenthaler, „Tatort Goethe-Schule" (2004). Siehe auch Bispinck, Schweriner Goethe-Oberschule (2009); Boese, Zur Entwicklung (1989).
68 Kausch u.a., … sie wollten sich nicht verbiegen lassen (2006); Münter, Konflikt (1997).
69 Zu Rostock: 425 Jahre Große Stadtschule (2005); 75 Jahre Schule am Goetheplatz (2005). Zu Schwerin: Von der Fürstenschule (2003); Jahrbuch des Johann-Wolfgang-von-Goethe-Gymnasiums (1999).
70 Hier bestätigte sich die von Geißler, Schulpolitisches System (1996), S. 3 f., im Hinblick auf die Zentralebene geäußerte Einschätzung auch für die Landesebene.

Konferenz- und Mitteilungsbücher sowie Protokolle der Pädagogischen Räte und Berichte über Unterrichtshospitationen. Ausgewertet wurden in den Stadtarchiven darüber hinaus die Akten der Volksbildungsabteilungen des Magistrats bzw. der Stadtverwaltungen von Rostock und Schwerin.

Ein bei der Bundesbeauftragten für die Stasi-Unterlagen (BStU) gestellter Forschungsantrag förderte sehr unterschiedliche Ergebnisse zu Tage. Zur Schweriner Goethe-Oberschule sind umfangreiche Unterlagen vorhanden. Mit diesen Akten konnten nicht nur Widerstandsaktionen und ihre geheimdienstliche Aufdeckung nachvollzogen werden, die IM-Berichte ermöglichten auch Einblicke in den Unterrichtsalltag und die politische Haltung von Lehrern und Schülern. Für die Rostocker Oberschulen konnte hingegen nicht ein einziger Vorgang ermittelt werden. Dies dürfte mit dem unterschiedlichen Bearbeitungsstand der Überlieferung in den Außenstellen der BStU zusammenhängen.[71]

Neben Archivmaterial wurden verschiedene veröffentlichte Quellen herangezogen. Wichtige Basisinformationen zur Schulverwaltung und -entwicklung in Mecklenburg während der Weimarer Republik und im Dritten Reich liefern die Mecklenburgischen Staatshandbücher bzw. Staatskalender sowie das Philologen-Jahrbuch für die Lehrer an höheren Schulen (Kunze-Kalender). Darüber hinaus wurden zeitgenössische Periodika ausgewertet, welche die Lücken in der Archivüberlieferung zumindest zum Teil zu schließen vermochten. Für die Zeit vor 1945 ist vor allem das Mecklenburgische Philologenblatt, die Zeitschrift des regionalen Philologenverbandes, zu nennen, für die Entwicklung in der SBZ und der DDR wurde in erster Linie die Zeitschrift „die neue schule" (ab April 1954 „Deutsche Lehrerzeitung") herangezogen. Punktuell ausgewertet wurden darüber hinaus einige Tageszeitungen. Hinzu kommen die – allerdings nur sporadisch erschienenen – Jahrbücher der untersuchten Schulen.

5. Gymnasium Fridericianum Schwerin und Große Stadtschule Rostock: Portrait zweier humanistischer Gymnasien in Mecklenburg

Das Gymnasium Fridericianum und die Goethe-Oberschule in Schwerin

Das Gymnasium Fridericianum in Schwerin feierte im Jahr 2003 sein 450-jähriges Bestehen und gehört damit zu den ältesten höheren Schulen Mecklenburgs.[72] Es geht zurück auf die erste Fürstenschule des Landes Mecklenburg, die im Jahr 1553 im Zuge der Einführung der Reformation in Mecklenburg von Herzog Johann Albrecht I. gegründet wurde. Im Sommer 1576 wurde die Fürstenschule mit der 1565 eingerichteten Stiftschule zur Domschule vereinigt, die als Vorgängerin des späteren Gymnasiums anzusehen ist. Die Domschule hielt sich bis ins 19. Jahrhundert als einzige öffentliche Schule Schwerins. Im Jahr 1818 wurde sie in ein

---

[71] Nach Auskunft der Behörde waren zum Zeitpunkt der Antragstellung für die 1950er Jahre erst etwa 50 Prozent der Akten sachthematisch erschlossen.

[72] Angaben zur Geschichte der Schule nach Stuhr, Geschichtlicher Rückblick (1903); Aus der Geschichte (1994); Von der Fürstenschule (2003), S. 17–66.

Schulgebäude des Gymnasiums Fridericianum Schwerin am Pfaffenteich
Quelle: Stadtarchiv Schwerin

modernes humanistisches Gymnasium umgewandelt und in Gymnasium Frideri-cianum umbenannt, womit auf die besondere landesväterliche Fürsorge des dama-ligen Großherzogs Friedrich Franz I. für die Schule hingewiesen werden sollte. Mit der Umwandlung begann auch der schleichende Prozess der Verstaatlichung der Lehranstalt. Zu dieser Zeit (1827) besuchten rund 300 Schüler die Schule, die von zwölf Lehrern in sieben Klassen unterrichtet wurden. Die unteren drei Klas-senstufen wurden ab 1835 in einer vom Gymnasium abgezweigten großherzogli-chen Bürgerschule unterrichtet, so dass im Fridericianum der Unterricht erst mit der Quarta begann. Am Gymnasium verblieben acht Lehrer, die etwa 120 Schüler unterrichteten. Die seit Mitte des 19. Jahrhunderts – wie fast überall in Deutsch-land – stark ansteigenden Schülerzahlen machten im Oktober 1870 einen Umzug von den Schulgebäuden am Dom in einen am Pfaffenteich gelegenen Neubau er-forderlich, in dem die Schule bis 1970 untergebracht war.[73] Am 1. April 1920 fand mit der Aufhebung des Scholarchats der Prozess der Verstaatlichung der Schule seinen Abschluss. Die Schule unterstand nunmehr direkt und ausschließlich dem Mecklenburg-Schwerinschen Unterrichtsministerium.

---

[73] Zur Architektur und zur Baugeschichte des Schulgebäudes am Pfaffenteich vgl. Bartels, Der Architekt Hermann Willebrand (2001), S. 72–75; Dräger, Albrecht-Stil (1995), S. 130–132.

Nach dem Ende des Zweiten Weltkriegs bestand das Fridericianum noch für ein Jahr als Gymnasium weiter. Im Zuge der Schulreform in der SBZ wurden dann ab Herbst 1946 die vier oberen Klassen des Fridericianums mit denen des ehemaligen Realgymnasiums und der ehemaligen Oberrealschule zur „Oberschule für Jungen" zusammengelegt, an der in einem altsprachlichen, einem neusprachlichen und einem naturwissenschaftlichen Zweig unterrichtet wurde. 1949 erhielt die Schule aus Anlass des Goethe-Jahrs den Namen „Goethe-Oberschule Schwerin". Ein Jahr später begann ein Austausch von Lehrern und Schülern mit der in „Goethe-Oberschule II" umbenannten bisherigen Oberschule für Mädchen, der den Beginn der Koedukation in Schwerin markiert. Schüler- und Lehrerschaft durchmischten sich in den folgenden Jahren zunehmend; 1958 fusionierten die beiden Schulen zur „Goethe-Schule – Erweiterte Oberschule Schwerin". Als solche blieb die Schule bei mehreren Umzügen bis zum Ende der DDR bestehen.

Seit dem Ende der DDR und der Vereinigung der beiden deutschen Staaten wird die Tradition des Gymnasiums Fridericianum bzw. der Goethe-Oberschule in Schwerin von zwei Schulen fortgeführt. Die Goethe-Oberschule besteht seit 1991 als Goethe-Gymnasium am alten Standort in der Weststadt weiter. Das Gymnasium Fridericianum wurde 1991 unter diesem Namen und im alten Gebäude am Pfaffenteich neu gegründet und versteht sich als Rechtsnachfolger des alten Fridericianums.[74] 1996 zog die Schule in das Gebäude des ehemaligen Lyzeums am Totendamm um.

Die Große Stadtschule in Rostock

Die Große Stadtschule Rostock gehört ebenfalls zu den ältesten höheren Schulen Mecklenburgs.[75] Sie wurde im Jahr 1580 in den Räumen des Johannisklosters eröffnet, das für die kommenden 250 Jahre als Schulgebäude dienen sollte.[76] Bis in die zweite Hälfte des 18. Jahrhunderts bildeten Latein und Theologie die Grundlage des Unterrichts. Seit Ende des 18. Jahrhunderts schlug sich der allgemeine Wandel in den Anschauungen von Bildungszielen und Unterrichtsmethoden auch an der Großen Stadtschule nieder. In Rostock konnten sich die Befürworter einer rein humanistischen Gelehrtenschule nicht durchsetzen, so dass in der 1828 erlassenen neuen Schulordnung ein für die kommenden Reformen grundlegender Kompromiss gefunden wurde: Die Schule öffnete sich dem Humanismus Humboldtscher Prägung, ohne sich den praktischen Erfordernissen der Zeit zu verschließen und wurde so den Bedürfnissen einer Stadt wie Rostock gerecht, die zugleich Universitäts- und Handelsstadt war. Als städtische Einrichtung unterschied sie sich damit von den großherzoglichen Anstalten Mecklenburgs, die sich als typische Gymnasien preußischer Prägung zu Bildungsanstalten für künftige Gelehrte und Staatsbeamte entwickelten. Praktisch umgesetzt wurde der Kompromiss, indem die städtische Realschule organisatorisch mit dem Gymnasium verbunden wurde. Im Jahr 1834 umfasste die Schule über 600 Schüler und 28 Lehrer und zog aus dem Johanniskloster in das neue Gebäude am Rosengarten um. Auf-

---

[74] So die telefonische Auskunft der stellvertretenden Schulleiterin vom 6. 10. 2005.
[75] Das Folgende nach Kolz, Zur Geschichte (1992); Neumann, Große Stadtschule (1930).
[76] Zur Vor- und Frühgeschichte der Schule vgl. auch Dopp, Aktenstücke (1890); Timm, Gründung (1880).

grund zunehmender Überfüllung – 1865 besuchten über 1000 Schüler die Anstalt –, wurde 1867 eine selbstständige lateinlose Bürgerschule von der Großen
Stadtschule abgezweigt, aus der sich später die Oberrealschule entwickelte. Die
mit dem Gymnasium verbundene Realschule wurde zu einer 9-klassigen Anstalt
ausgebaut und 1884 – nach preußischem Vorbild – in Realgymnasium umbenannt.
Trotz getrennter Klassen, Lehrpläne und Kollegien verblieben Gymnasium und
Realgymnasium in den folgenden Jahren noch in einem gemeinsamen Gebäude
und unterstanden einem gemeinsamen Direktorat. Erst 1911 zog das Realgymna-
sium in einen Neubau an der Lindenstraße ein und erhielt einen eigenen Direktor.
Mit dem Beschluss des Mecklenburg-Schwerinschen Landtags, alle höheren
Schulen zu verstaatlichen, endete am 5. April 1923 die fast 400 Jahre währende
Schulhoheit der Stadt. Ihren Status als humanistisches Gymnasium behielt die
Große Stadtschule dagegen auch über die Einführung der einheitlichen Ober-
schule durch die Nationalsozialisten im Jahr 1937 hinweg. Nach der durch das
Kriegsende bedingten mehrmonatigen Einstellung des Schulbetriebs wurde die
Große Stadtschule im Oktober 1945 wiedereröffnet; in ihrem Gebäude wurden
zusätzlich alle übrigen Jungen-Oberschulen der Stadt untergebracht. Mit der
Schulreform wurden die Rostocker Oberschulen in ihrer bisherigen Form aufgelöst. Unter der Bezeichnung „Große Stadtschule" firmierte nunmehr die vierklas-
sige Oberstufe mit der von den früheren Oberschulen übernommenen Einteilung
in einen altsprachlichen, einen neusprachlichen und einen mathematisch-natur-

wissenschaftlichen Zweig. Jeder dieser Zweige erhielt einen Direktor; gemeinsam unterstanden sie dem bisherigen Oberstudiendirektor der Großen Stadtschule als Oberdirektor. 1948 wurde diese Einheit wieder aufgelöst und die Goethe-Oberschule als eigene Anstalt ausgegliedert. In den Folgejahren kam es zu weiteren kurzfristigen Umstrukturierungen und Ausgliederungen. In den 1950er Jahren repräsentierten die Goethe-Oberschule und die Große Stadtschule I[77] das höhere Schulwesen Rostocks, bevor sie am Ende des Jahrzehnts zur „Erweiterten Oberschule" (EOS) zusammengelegt wurden. 1991 wurde die „Große Stadtschule" als Gymnasium wiedergegründet und in den alten Schulgebäuden untergebracht. Es führte seither die Tradition der früheren Großen Stadtschule von Rostock fort, bis im Jahr 2005 die Große Stadtschule und das Goethe-Gymnasium zum „Innerstädtischen Gymnasium" fusionierten.

---

[77] Die Große Stadtschule wurde im Schuljahr 1951/52 zweigeteilt. Während die Große Stadtschule I weiterhin zum Abitur führte, handelte es sich bei der Großen Stadtschule II um eine Zehnklassenschule, die zum Studium an Ingenieurschulen und ähnlichen Bildungseinrichtungen berechtigte.

II. Zwischen Beharrung und Reform:
Die Gymnasiallehrer in der Weimarer Republik

1. Zur strukturellen Entwicklung des höheren Schulwesens in Mecklenburg 1918–1933

Die höheren Schulen

In der wenig dicht besiedelten, ländlich-agrarisch geprägten Region Mecklenburg waren höhere, zum Hochschulstudium berechtigte Schulen im Vergleich zum übrigen Deutschen Reich dünn gesät. Doch hatte sich auch hier in der Zeit bis zum Ersten Weltkrieg die für die Wilhelminische Ära bestimmende dreigeteilte Schultypologie im höheren Schulwesen herausgebildet: das klassische humanistische Gymnasium mit den Pflichtfremdsprachen Lateinisch, Griechisch und Englisch, das Realgymnasium, auf dem von den alten Sprachen nur noch Latein obligatorisch war, dafür neben Englisch zusätzlich Französisch unterrichtet wurde, und die Oberrealschule, die sich ganz auf den neusprachlichen und naturwissenschaftlichen Unterricht konzentrierte. Dies spiegelte, wenn auch auf insgesamt geringer entwickeltem Niveau, die im gesamten Reich gewandelten Bildungsbedürfnisse von klassisch-humanistischer zu stärker naturwissenschaftlich-technischer und modern-fremdsprachlicher Ausbildung wider.[1] Für einen strukturellen Überblick über die höheren Schulen Mecklenburgs in der Weimarer Republik muss berücksichtigt werden, dass es neben den staatlichen höheren Schulen auch staatlich anerkannte städtische und private sowie – vor allem im Mädchenschulwesen – zahlreiche nicht anerkannte private Schulen gab. Die Unterscheidung zwischen staatlichen und städtischen höheren Schulen wurde 1923 obsolet, da in diesem Jahr alle staatlich anerkannten städtischen höheren Schulen verstaatlicht wurden.[2] Zu unterscheiden ist darüber hinaus zwischen den sogenannten Vollanstalten – zum Abitur führenden Schulen – und Nichtvollanstalten, die nicht zum Hochschulstudium berechtigten, wie etwa Realschulen oder Lyzeen.

Zu Beginn der Weimarer Republik gab es in Mecklenburg-Schwerin insgesamt 20 höhere Schulen, davon 14 Vollanstalten, an denen insgesamt rund 5150 Schülerinnen und Schüler unterrichtet wurden.[3] Es dominierten – wie auch in den übrigen Staaten des Reiches – in dieser Zeit noch die humanistischen Gymnasien, die

---

[1] Zu dieser Entwicklung vgl. Kraul, Das deutsche Gymnasium (1984); Müller-Benedict, Das höhere Lehramt (2008).
[2] Nach dieser Reform verblieben in Mecklenburg nur noch vereinzelt städtische Schulen, die aber nicht staatlich anerkannt waren. Wenn im folgenden Zahlen genannt werden, beziehen diese sich daher auf staatliche oder staatlich anerkannte städtische Schulen, da nur an diesen Schulen akademisch gebildete Lehrer als Beamte beschäftigt werden konnten.
[3] Angaben nach Mecklenburg-Schwerinsches Staatshandbuch (1923).

genau die Hälfte der 14 zum Abitur führenden Schulen ausmachten, und die auf dem Vormarsch befindlichen Realgymnasien, von denen es sechs gab. Dem stand nur eine einzige lateinlose Oberrealschule gegenüber.[4] Fünf der 20 höheren Schulen in Mecklenburg-Schwerin waren Mädchenschulen, von denen nur zwei, die Lyzeen mit Studienanstalt in Rostock und Schwerin, zum Abitur führten.[5] Die Schulen konzentrierten sich in den größeren Städten sowie in den ehemaligen Residenzen wie Schwerin, Rostock, Güstrow und Ludwigslust. Im deutlich kleineren Mecklenburg-Strelitz bestanden Anfang der 1920er Jahre acht höhere Schulen, von denen vier zum Abitur führten und zwei Mädchenschulen waren. Hier wurden insgesamt etwa 1170 Schüler unterrichtet.[6] Zehn Jahre später, 1931, hatte sich die Zahl der staatlichen höheren Schulen in beiden mecklenburgischen Staaten um jeweils zwei erhöht. Bei drei von ihnen handelte es sich um verstaatlichte, zuvor nicht anerkannte Realgymnasien und Oberrealschulen. Nur eine war eine Neugründung: die „Deutsche Oberschule" in Neukloster; 1927 gegründet, war sie die erste Einrichtung dieses neuen Schultyps in Mecklenburg.[7] Der eingangs skizzierte Trend hin zu einer verstärkt neusprachlich und naturwissenschaftlich ausgerichteten schulischen Bildung setzte sich in der Weimarer Republik somit fort. Die Schülerzahl der höheren Schulen stieg in Mecklenburg-Schwerin zwischen 1921 und 1931 um ein knappes Viertel auf 6320, in Mecklenburg-Strelitz stagnierte sie nahezu. Mit einem Gesamtanstieg um etwa ein Fünftel auf gut 7500 Schüler lagen die mecklenburgischen Staaten weit über dem durchschnittlichen Zuwachs an Schülern der höheren Schulen im Reich, der im gleichen Zeitraum nur etwa acht Prozent betrug.[8]

Die Lehrer

Für die als Oberlehrer bzw. Studienräte an den höheren Schulen Mecklenburgs beschäftigten Lehrkräfte war eine akademische Ausbildung Voraussetzung. Vorgeschrieben war ein achtsemestriges Studium zweier oder mehrerer Fächer, von denen mindestens drei Semester an der Universität Rostock, der einzigen Universität des Landes, absolviert werden mussten. An die erste Staatsprüfung schloss sich eine zweijährige praktische Ausbildung an einer höheren Schule an, die mit der pädagogischen Staatsprüfung (Assessorenprüfung) abgeschlossen wurde, wonach den Absolventen der Titel „Studienassessor" zuerkannt wurde.[9] Der Ausbildungsgang entsprach damit weitgehend dem in Preußen und in den meisten übrigen Staaten des Reiches.[10] Knapp die Hälfte der Lehramtsstudenten schloss das Studium zusätzlich mit einer Promotion ab. Die Staatsprüfungen berechtigten lediglich zum Führen des Titels „Studienassessor"; ein Anspruch auf eine Anstellung im staatlichen höheren Schulwesen war damit nicht verbunden. Zu Beginn der Weimarer Republik erhielten jedoch die meisten Assessoren relativ rasch eine

---

[4] Datenhandbuch Bildungsgeschichte II/1 (1987), S. 198 f., 224 f., 249 f.
[5] Angaben nach Mecklenburg-Schwerinsches Staatshandbuch (1923).
[6] Angaben nach Mecklenburg-Strelitzsches Staatshandbuch (1920).
[7] Vgl. Zymek, Strukturwandel (1990), S. 38, 41.
[8] Datenhandbuch Bildungsgeschichte II/1 (1987), S. 163.
[9] *Verordnung vom 15. 10. 1918 über die Ordnung der Lehramtsprüfung sowie die Ordnung der praktischen Ausbildung*, in: RBl., Jg. 1918, Nr. 178, S. 1373–1411.
[10] Dazu Müller-Benedict, Das höhere Lehramt (2008), S. 188–191.

Festanstellung. Im Laufe der 1920er Jahre führten die zunehmende Überfüllungskrise im Lehramt und insbesondere die Landespersonalabbauverordnung von 1924 zu immer längeren Wartezeiten für die Assessoren. Längst nicht alle fanden eine auch nur befristete Anstellung. Viele mussten sich jahrelang mit stundenweiser Hilfslehrertätigkeit, mit schlecht bezahlter Arbeit an Volksschulen oder privaten Schulen oder mit privatem Nachhilfeunterricht über Wasser halten.[11] Die Lage der Assessoren verbesserte sich bis zum Ende der Republik nicht; erst in der zweiten Hälfte der 1930er Jahre kam es zu einer Entspannung des Arbeitsmarktes.

Nicht alle Lehrer, die an den höheren Schulen Mecklenburgs unterrichteten, waren akademisch gebildet und zählten damit zu den Philologen. An fast jeder höheren Schule gab es zwei oder drei Lehrer, die nur eine seminaristische Ausbildung genossen hatten. Diese Ausnahmen betrafen vorrangig die sogenannten technischen Fächer (Gesang, Zeichnen, Handarbeit), zum Teil auch die Leibesübungen. In manchen Fällen wurden seminaristisch ausgebildete Mittelschullehrer in den unteren Klassenstufen auch für andere Fächer eingesetzt.

Zählt man nur die akademisch gebildeten Lehrer, um die es hier geht, einschließlich der Assessoren mit Vollbeschäftigung, stieg ihre Zahl in den beiden mecklenburgischen Staaten zwischen 1922 und 1933 von etwa 350 auf gut 380, also um etwa zehn Prozent.[12] Dieser Zuwachs konnte den Anstieg der Schülerzahlen aber bei weitem nicht kompensieren, weshalb sich die Schüler-Lehrer-Relation zunehmend ungünstiger gestaltete. Hauptgrund für den relativen Rückgang war die Tatsache, dass Mecklenburg im Unterschied zu anderen Staaten des Reiches den Personalbestand nach dem umfangreichen Abbau von 1924/25 nicht wieder aufstockte. Für die Lehrer bedeutete dies eine Erhöhung des Stundendeputats und der Klassenfrequenzen und damit eine Zunahme der Arbeitsbelastung.

2. Weitgehende Kontinuität: Die Auswirkungen von Krieg und Revolution auf Schulverwaltung und Lehrerschaft

a) Schulverwaltung und -verfassung am Ende des Kaiserreiches

Bis zur Novemberrevolution waren die beiden mecklenburgischen Großherzogtümer ebenso wie das Reich und die übrigen Gliedstaaten (mit Ausnahme der Hansestädte) erbliche konstitutionelle Monarchien. Als einzige aber besaßen sie noch eine auf das Mittelalter und die frühe Neuzeit zurückgehende ständestaatliche Verfassung, die oft als Indiz für die viel beschworene „Rückständigkeit" der mecklenburgischen Staaten innerhalb des Deutschen Reiches angeführt wird.[13] Die Stände – Landesherrschaft, Ritterschaft und Landschaft – hatten in allen ihre Interessen berührenden Gesetzgebungsverfahren ein Mitspracherecht. Ihnen kam

---

[11] Vgl. die Daten in: Philologen-Jahrbuch, 15. Jg., 1918, bis 30. Jg., 1933/34.

[12] Eigene Berechnungen nach Philologen-Jahrbuch, 29. Jg., 1922/23, und 40. Jg., 1933/34.

[13] Vgl. z. B. van Melis, Einleitung (1999), S. 9 f.; Schwabe, Zwischen Krone und Hakenkreuz (1994), S. 5 f. Mit Bezug auf die Bildungspolitik vgl. Schulz, Rostock, Hamburg und Shanghai (2009), S. 40.

bei der Durchführung der allgemeinen Landesverwaltung und somit auch im Hinblick auf die Organisation des Schulwesens eine „entscheidende Rolle" zu.[14] Eine einheitliche Schulaufsicht war unter diesen Bedingungen nicht möglich.[15] Erhebliche Unterschiede bestanden nicht nur zwischen den landesherrlichen Schulen einerseits und den städtischen Schulen andererseits, sondern auch zwischen den einzelnen städtischen Schulen.

Landesherrliche und städtische Schulaufsicht

Die landesherrlichen Lehranstalten wie das Schweriner Gymnasium Fridericianum standen vollständig unter der Aufsicht und dem juristischen Reglement des Großherzoglichen Mecklenburg-Schwerinschen Ministeriums für Justiz, Abteilung für Unterrichtsangelegenheiten. Als intermediäre, lokale Aufsichtsbehörde fungierte das Scholarchat, dem in der Regel der Schuldirektor und der örtliche Superintendent, bisweilen zusätzlich noch der Bürgermeister und ein oder mehrere Pfarrer angehörten. Faktisch besaß das Scholarchat seit dem Ende des 19. Jahrhunderts nur noch sehr geringen Einfluss; es war „ein aus früheren Zeiten übernommenes Institut mit lediglich historischen Rechten und sekundärer Bedeutung"[16], das in Mecklenburg-Schwerin jedoch im Gegensatz zu Preußen bis zum Ende des Kaiserreiches nicht abgeschafft worden war. Formal behielten damit auch die Kirchen Einfluss auf das höhere Schulwesen.

Gegenüber den städtischen höheren Schulen wie der Großen Stadtschule Rostock besaß das Großherzogliche Ministerium dagegen nur ein *Ober*aufsichtsrecht. Hier hatte der Magistrat der Stadt das alleinige Patronat inne und damit verbunden die Rechtssetzungsbefugnis für alle Schulen des Stadtgebietes. Dies schloss das Berufungsrecht für die Lehrer, die Polizei- und Disziplinargewalt in allen schulischen Angelegenheiten, Einflussnahme auf die Zusammensetzung des Schulvorstands sowie die Verantwortung für die Unterhaltung und Verwaltung der höheren Schulen ein.[17] Die Reichweite des ministeriellen Oberaufsichtsrechtes variierte in der Praxis je nach Stadt erheblich. An den meisten städtischen Schulen verfügte das Unterrichtsministerium über Bestätigungsrechte beim Scholarchat oder bei der Einstellung von Lehrern. Fast überall mussten zudem die von den Schuldirektoren aufgestellten Lehrpläne vom Ministerium genehmigt werden. Dagegen genossen die mit besonderen Privilegien ausgestatteten ehemaligen Hansestädte Rostock und Wismar ein freies Schulregiment. Hier lagen beispielsweise Lehrpläne und Prüfungsordnungen in der Zuständigkeit der Stadtverwaltung. Die Schulvorstände, die dort als lokale Schulbehörden fungierten, verhandelten aber darüber mit dem Ministerium, um die Ausstellung von landes- und reichsweit anerkannten Abschlusszeugnissen zu ermöglichen.

---

[14] So Koch, Staatsrechtliche Veränderungen (1988), S. 220.
[15] Vgl. hierzu und zum Folgenden Mierau, Gelehrtenschulen (1998), S. 28–34.
[16] So Schnell, Heinrich: Die Verwaltung und Beaufsichtigung des städtischen höheren Schulwesens im Großherzogtum Mecklenburg-Schwerin, Dresden/Leipzig 1913, zitiert nach Mierau, Gelehrtenschulen (1998), S. 31.
[17] Hierzu und zum Folgenden Mierau, Gelehrtenschulen (1998), S. 29 f.; Seemann, Schulpolitische Auseinandersetzungen (1990), S. 9 f.

Stellung der Lehrer und Direktoren

Die Stellung der Lehrer an den höheren Schulen war durch ihren Status als Staatsbeamte geprägt, durch den sie eng an die staatliche Obrigkeit gebunden und von ihr abhängig waren. Andererseits besaßen sie das Privileg, praktisch unkündbar zu sein. Dies galt allerdings nicht für Studienassessoren und für die wissenschaftlichen Hilfslehrer, die zeitlich befristet angestellt waren und daher eine weitaus unsicherere Stellung hatten. Die Rechte und Pflichten der Lehrer waren an den verschiedenen höheren Schulen Mecklenburg-Schwerins sehr ähnlich gestaltet, wiesen aber im Detail Unterschiede auf. Einheitlich waren sie für die Lehrer an den staatlichen Schulen geregelt, für die die „Dienstanweisung für die Direktoren und Lehrer an den Großherzoglichen höheren Lehranstalten" vom 15. Dezember 1913 maßgeblich war. Jeder zukünftige Lehrer musste die Einhaltung der Vorschriften mündlich beeiden und durch Unterschrift auf seiner Anstellungsurkunde beglaubigen.[18]

Die Dienstanweisung wies den Direktoren an den höheren Schulen eine starke Stellung zu.[19] Der Direktor war verantwortlich für die gesamte Unterrichtsplanung und Verteilung, ernannte die Klassenleiter (Ordinarien) und entschied allein über die Aufnahme neuer Schüler. Er besaß das Recht zu unangekündigten Hospitationen und durfte direkt in den Unterricht eingreifen. Die Einberufung und Leitung von Konferenzen lag allein in seiner Hand. Nur wenn ein „erheblicher Teil der festangestellten Mitglieder des Lehrerkollegiums schriftlich mit genauer Angabe der Gegenstände" eine Konferenz beantragte, hatte der Direktor die Pflicht, sie entweder binnen acht Tagen einzuberufen oder das Ministerium über die Gründe der Ablehnung zu informieren. Für die Lehrer ist demgegenüber in der Dienstanweisung kaum von Rechten, sondern fast ausschließlich von Pflichten die Rede. Als Klassenlehrer waren sie für „die wissenschaftliche und sittliche Entwicklung" ihrer Schüler verantwortlich. Die Lehrer unterstanden dem Direktor und hatten seine Anordnungen auszuführen. In Streitfällen konnten sie sich zur Klärung an das Scholarchat oder das Ministerium wenden. In den Gesamt-, Fach- und Klassenkonferenzen waren alle fest angestellten Lehrer stimmberechtigt.

An den städtischen höheren Schulen waren Stellung und Kompetenz von Direktor und Lehrerschaft in den jeweiligen Schulordnungen festgelegt. Sie unterschieden sich nur unwesentlich von denen an den staatlichen Lehranstalten, in erster Linie hinsichtlich des Grades der Mitspracherechte der Lehrerschaft bei direktorialen Entscheidungen. Am weitesten ging in dieser Hinsicht die Dienstanweisung der Großen Stadtschule Rostock, in der der Direktor als „erster Lehrer der Anstalt" bezeichnet wurde.[20] Hier sollte ganz offensichtlich ein kollegialerer Leitungsstil gepflegt werden. Im Unterschied zu den staatlichen Anstalten waren

---

18 Vgl. Seemann, Schulpolitische Auseinandersetzungen (1990), S. 13.
19 Vgl. hierzu und zum Folgenden die „Dienstanweisung für die Direktoren und Lehrer an den Großherzoglichen höheren Lehranstalten", LHAS, 5.12–7/1, Nr. 4752.
20 Dienstanweisung für Direktoren und Lehrer an den städtischen höheren Lehranstalten zu Rostock, Ostern 1915, AHRO, 1.1.21.1, Nr. 232. Weitere Einzelheiten zu den Unterschieden zwischen den Dienstanweisungen und Schulordnungen der verschiedenen städtischen höheren Schulen bei Seemann, Schulpolitische Auseinandersetzungen (1990), S. 14 f.

überdies die Direktoren nicht dem Ministerium direkt, sondern dem Schulvor-
stand bzw. dem Magistrat der jeweiligen Stadt verantwortlich.

b) Die Novemberrevolution in Mecklenburg-Schwerin und ihre Folgen für Schulgesetzgebung und -verwaltung

Die Novemberrevolution führte im Deutschen Reich zur Schaffung einer parlamentarisch-demokratischen Republik und schuf somit auch die Voraussetzungen
für eine Demokratisierung des Bildungswesens. Sozialdemokratische und linksli-
berale Kräfte hofften, im neuen System ihre Vorstellungen von einer umfassenden
Reform des Bildungs- und Schulwesens reichsweit durchsetzen zu können. Denn
die am 11. August 1919 verabschiedete Weimarer Reichsverfassung behielt zwar
die föderative Struktur des alten Reiches im Prinzip bei, sah aber für die Gestaltung des Schulwesens einheitliche Grundsätze für das gesamte Reich vor. Hatte es
im Kaiserreich überhaupt keine übergeordnete Reichsbehörde für das Bildungswesen gegeben, setzten die sozialdemokratischen und bürgerlich-demokratischen
Parteien gegen den Widerstand einzelner Länder nun die reichsrechtliche Zuständigkeit für diesen Bereich durch.[21] Die Grundsatzgesetzgebung im Hinblick auf
das Schulwesen lag nach Artikel 10 der Weimarer Verfassung in den Händen des
Reiches. Verbindlich festgelegt wurde die Ausschließlichkeit der staatlichen
Schulaufsicht, womit die Aufsichtsrechte der Kirche, die bis dahin auf Ortsebene
zum Teil noch bestanden hatten, vollständig beseitigt wurden. Die Schulaufsicht
beinhaltete die Kontrolle der äußeren (Einrichtung, Unterhaltung, Ausstattung
etc.) und der inneren Schulangelegenheiten (Unterricht, Lehrplan, Methode,
Schulbesuch, Schulzucht etc.). Privatschulen bedurften der staatlichen Genehmigung; der Religionsunterricht blieb ordentliches Lehrfach. Zur Schulorganisation
enthielt die Verfassung nur die beiden Sätze: „Das öffentliche Schulwesen ist or-
ganisch auszugestalten. Auf einer für alle gemeinsamen Grundschule baut sich das
mittlere und höhere Schulwesen auf."[22] Die Bestimmung blieb so unverbindlich,
weil die Parteien sich über diesen Minimalkonsens hinaus nicht einigen konnten;
die Regierungsparteien Zentrum und SPD vertraten hier gänzlich inkompatible
Auffassungen.[23] Nach den Grundsätzen eines Reichsgesetzes sollten die Länder
nähere Bestimmungen erlassen.

Das Reich kam seiner verfassungsmäßigen Verpflichtung zur Schaffung einer
einheitlichen Schulgesetzgebung jedoch nicht nach. Der Reichsschulausschuss,
der sich aus Vertretern des Reiches und der Länder zusammensetzte, arbeitete
zwischen 1919 und 1923 zwar zahlreiche Gesetzesentwürfe aus. Von diesen wurde
jedoch nur ein einziger, die Grundschulen betreffender Entwurf tatsächlich als
Gesetz vom Reichstag verabschiedet.[24] Die übrigen Vorschläge scheiterten an den

---

[21] Vgl. hierzu und zum Folgenden Eggers, Bildungswesen (1985), S. 353–355.
[22] Die Verfassung des Deutschen Reichs vom 11. August 1919, RGBl., Teil I, Jg. 1919, Nr. 152, S. 1383–1418, hier S. 1410.
[23] Am leidenschaftlichen Streit um den Schulartikel wäre um ein Haar der gesamte Grundrechtsteil der Verfassung gescheitert. Vgl. Winkler, Der lange Weg I (2002), S. 406; Boldt, Weimarer Reichs-verfassung (1988), S. 58.
[24] Zur Zusammenarbeit von Reich und Ländern im Reichsschulausschuss vgl. Führ, Schulpolitik (1970).

unüberbrückbaren Gegensätzen der Parteien, insbesondere in der Frage der Bekenntnisschule, oder am Widerstand der Länder.[25] Daher blieb die konkrete Ausgestaltung der bildungspolitischen Vorgaben der Reichsverfassung bis zum Ende der Weimarer Republik letztlich Sache der Länder. Entscheidende Instanz für die höheren Schulen in Mecklenburg-Schwerin blieb somit das zuständige Landesministerium.

Etwa zeitgleich mit den Ereignissen auf Reichsebene vollzog sich auch in Mecklenburg-Schwerin bei Kriegsende die Revolution:[26] Am 8. November konstituierte sich der zentrale Schweriner Arbeiter- und Soldatenrat als legislatives Organ des Landes und bewegte Großherzog Friedrich Franz IV. zur Entlassung seiner Minister und zum Einsatz einer neuen Regierung unter Ministerpräsident Hugo Wendorff (DDP). Nach der Ausrufung Mecklenburg-Schwerins zum Freistaat in der Nacht vom 13. zum 14. November dankte der Großherzog ab und ging ins dänische Exil. Die ersten Maßnahmen der neuen Regierung, die Aufhebung der Stände, die damit verbundene rechtliche Gleichstellung aller Bürger und die Einführung des allgemeinen Wahlrechts zielten auf eine rasche Ablösung der ständischen Verfassung. Am 20. Mai 1920 schließlich verabschiedete der verfassunggebende Landtag eine neue, parlamentarisch-demokratische Verfassung. Der Verwaltungshistoriker Thomas Klein charakterisiert den raschen Wandel folgendermaßen:

„Einschneidend wie nirgends sonst in Deutschland waren die Veränderungen von Verfassung und Verwaltung infolge der Revolution von 1918 in den beiden mecklenburgischen Staaten. Erst jetzt verloren die Länder ihren mittelalterlich-frühneuzeitlichen ständischen Charakter und wurden zu modernen Staaten. Die gefundenen Lösungen waren oft originell, teilweise in betontem Gegensatz zum Vergangenen sehr freiheitlich, vor allem in Mecklenburg-Schwerin."[27]

Die Mecklenburg-Schwerinsche Verfassung und Gesetzgebung bildeten jetzt die entscheidenden gesetzlichen Grundlagen für das höhere Schulwesen im Freistaat. Diese wies gegenüber derjenigen in Preußen und den meisten übrigen Ländern des Reiches einige Besonderheiten auf. Denn während die Mehrzahl der Länder einschließlich Preußens die Verfassungsvorgaben des Reiches direkt übernahmen, formulierte die Verfassung Mecklenburg-Schwerins, die am 17. Mai 1920 gegen die Stimmen der DNVP verabschiedet wurde, eigene schulpolitische Bestimmungen.[28] Danach sollte das Unterrichts- und Erziehungswesen nach dem Grundsatz der öffentlichen Einheitsschule sowie der Unentgeltlichkeit des Unterrichts und der Lehrmittel geregelt werden. Festgelegt wurde zudem das alleinige Aufsichtsrecht des Staates über das Schul- und Unterrichtswesen. Der Religionsunterricht wurde an allen nicht bekenntnisfreien Schulen garantiert; er unterlag jedoch der

---

[25] Vgl. Schenk, Auseinandersetzungen (1986); Eggers, Bildungswesen (1985), S. 357f.
[26] Das Folgende nach Koch, Politik in Mecklenburg (1995), S. 308–311. Zu den Ereignissen im Reich Kluge, Deutsche Revolution (1997); Winkler, Weimar (2005), S. 33–68.
[27] Klein, Freistaat Mecklenburg-Schwerin (1985), S. 613.
[28] Auch die Verfassungen von Bayern, Baden, Braunschweig, Mecklenburg-Strelitz und Oldenburg formulierten eigene Bestimmungen für das Schulwesen. Vgl. Bäumer, Deutsche Schulpolitik (1928), S. 13–18.

Freiwilligkeit.[29] Mit dem Votum für die Einheitsschule und dem vollständigen Ausschluss des Privatschulwesens ging die mecklenburgische Verfassung über die des Reiches hinaus. Die Bestimmungen trugen eindeutig die Handschrift der den verfassunggebenden Landtag dominierenden Parteien SPD und DDP.[30]

Die Aufhebung der Stände machte nicht nur eine neue Verfassung, sondern auch eine umfassende Verwaltungsreform notwendig. Obwohl die ersten Maßnahmen vorrangig die vor allem auf dem Land stark zurückgebliebenen Volksschulen betrafen,[31] hatte die Verwaltungsreform auch Auswirkungen auf die Organisation des höheren Schulwesens, wenngleich sie zum Teil erst verzögert wirksam wurden. Mit der Aufhebung der ständestaatlichen Ordnung waren die Voraussetzungen dafür geschaffen, das Kompetenz- und Gremienwirrwarr in der Schulaufsicht zu entzerren und diese neu zu ordnen. Ein erster wichtiger Schritt auf diesem Weg war die Aufhebung des Scholarchats an den staatlichen Schulen im Februar 1920.[32] Damit verlor der örtliche Superintendent das Recht zur Hospitation mit Ausnahme des Religionsunterrichts; auch mussten ihm die neuen Direktoren bei der Amtseinführung nicht mehr vorgestellt werden.[33] Die Abschaffung des bereits vor der Revolution als überholt geltenden Scholarchats stellte insofern auch eine Maßnahme zur Trennung von Staat und Kirche dar. Die staatlichen Schulen, ihre Lehrer und Direktoren unterstanden nunmehr auch formal direkt dem Unterrichtsministerium. An den städtischen Schulen wie der Großen Stadtschule in Rostock blieben die Schulvorstände dagegen als lokale Verwaltungsbehörde zunächst bestehen, und auch die Kirche behielt ihre dortigen Vertreter; das Ministerium fungierte hier auch nach der Revolution nur als Oberaufsichtsbehörde. Drei Jahre später, im Februar 1923, wurde das gesamte höhere Schulwesen des Landes verstaatlicht, womit die Schulvorstände auch an den städtischen höheren Lehranstalten ihre Funktion verloren. Die Verantwortung für Anstellung, Versetzung und Entlassung der Lehrkräfte ging von den Magistraten der jeweiligen Städte auf das Land über. Die Landesregierung übernahm damit auch die Personalkosten der Schulen, während die Sachkosten weiterhin von den Städten getragen wurden. Aufsichtsbehörde war nun wie bei den anderen höheren Schulen das Mecklenburg-Schwerinsche Unterrichtsministerium.[34] Darüber, dass alle höheren Lehranstalten verstaatlicht werden sollten, bestand zwischen allen im Mecklenburg-Schwerinschen Landtag vertretenen Parteien von Anfang an Kon-

---

[29] Landesverfassung für Mecklenburg-Schwerin vom 17. 5. 1920, §§ 18–21, RBl., Jg. 1920, Nr. 92, S. 654–671.

[30] SPD und DDP hatten bei der Wahl zum verfassunggebenden Landtag am 26. 1. 1919 zusammen eine satte Mehrheit von über 75 Prozent der Stimmen erzielt. Vgl. die Landtagswahlergebnisse in: Falter/Lindenberger/Schumann, Wahlen und Abstimmungen (1986), S. 98. Siehe auch Schoon, Wählerverhalten (2007) S. 59.

[31] Dazu Klein, Freistaat Mecklenburg-Schwerin (1984), S. 617; Nörenberg, Zur Entwicklung (1987); Nörenberg, Zur Neuregelung (1988).

[32] Vgl. den Erlass vom 25. 2. 1920 und die entsprechenden Antworten der Schulen, LHAS, 5.12–7/1, Nr. 4922.

[33] Vgl. *Scholarchats-Ordnung für die Großherzoglichen Gymnasien in Doberan, Güstrow, Parchim und Schwerin und das Realgymnasium in Schwerin*, in: Seemann, Schulpolitische Auseinandersetzungen (1990), S. A10–A13.

[34] *Gesetz über die Verstaatlichung der anerkannten städtischen höheren Lehranstalten vom 5. 4. 1923*, in: RBl., Jg. 1923, Nr. 51, S. 286–288; *Gesetz über die Unterhaltung und Verwaltung der staatlichen höheren Schulen vom 16. 7. 1924*, in: RBl., Jg. 1924, Nr. 39, S. 226–230.

sens. Für die Verzögerung der Umsetzung dieses Vorhabens waren fiskalische und parteitaktische Gründe verantwortlich.[35] Die Mehrheit der Lehrer an den städtischen Schulen begrüßte diesen Schritt, da auf diese Weise eine Angleichung ihrer zumeist niedrigeren Gehälter an die der staatlichen Schulen erfolgte. Dagegen beklagten die Städte den Verlust der jahrhundertealten Selbstständigkeit ihrer Schulverwaltungen.[36]

Auf ministerieller Ebene blieben die strukturellen und personellen Veränderungen gegenüber der Zeit vor der Revolution gering. Zwar war für das Schulwesen nun nicht mehr das Justizministerium, sondern das neu geschaffene eigenständige Ministerium für Unterricht, Kunst, geistliche und Medizinalangelegenheiten zuständig, doch entsprach das Profil der neuen Regierungsbehörde weitgehend dem der ehemaligen Abteilung für Unterricht innerhalb des früheren Justizministeriums.[37] Zum neuen Unterrichtsminister ernannte der noch regierende Großherzog am 11. November den liberalen Reichstagsabgeordneten und pensionierten Oberlehrer am Lehrerseminar in Lübtheen, Hans Sivkovich.[38] Unterhalb der ministeriellen Leitungsebene war die Schulverwaltung hingegen von personeller Kontinuität geprägt. Die zuständigen Ministerialräte, Landesschulrat Johannes Maybaum sowie die überwiegende Zahl der Mitglieder der Prüfungsbehörde für Lehramtskandidaten an höheren Schulen blieben auf ihren Posten.[39] Dies entsprach der Politik der postrevolutionären Regierung im Reich, die das Gros des bisherigen Beamtenapparates übernahm, weil sie ansonsten einen Zusammenbruch der Verwaltung befürchtete. Auf diese Weise blieben die mehrheitlich konservativen höheren Beamten, von denen viele der Republik skeptisch bis ablehnend gegenüberstanden, im Amt.[40] Dies galt für den Verwaltungsapparat ebenso wie für die verbeamteten Direktoren und Lehrer der höheren Schulen, bei denen es ebenfalls zu keinen politisch motivierten Entlassungen kam.

Auch die um die Jahrhundertwende fixierten Regelwerke für die höheren Schulen Mecklenburgs, die Schulordnungen und Dienstanweisungen, behielten über die Zäsur von 1918 hinaus ihre Gültigkeit. Allenfalls zaghafte Ansätze in Richtung einer inneren Demokratisierung der höheren Schulen sind zu erkennen. So entschied die Rostocker Schulbehörde im Herbst 1919, dass zu Probelektionen von Lehramtsanwärtern künftig ein Vertrauensmann aus dem Kollegium der betreffenden Schule hinzuzuziehen war.[41] Ebenso wie die Revolution in der Minis-

---

[35] Zur parlamentarischen Debatte um die Verstaatlichung der höheren Schulen vgl. Seemann, Schulpolitische Auseinandersetzungen (1990), S. 56–61.
[36] Für das Beispiel Rostock vgl. Neumann, Geschichte der Großen Stadtschule (1930), S. 91 f.
[37] Vgl. Rakow, Ständische und bürgerliche Schulpolitik (1962), S. 27. Siehe auch die Aufstellung der Abteilungen in: Mecklenburg-Schwerinscher Staatskalender (1917) bzw. Mecklenburg-Schwerinsches Staatshandbuch (1923).
[38] Vgl. bei der Wieden, Mecklenburgische Regierungen (1978), S. 7, 60.
[39] Vgl. Mecklenburg-Schwerinscher Staatskalender (1917), S. 82, 331 f.; Mecklenburg-Schwerinscher Staatskalender (1918), S. 87; Mecklenburg-Schwerinsches Staatshandbuch (1923), S. 43, 129 f.
[40] Die Entscheidung der Reichs- und der Länderregierungen, den Beamtenapparat praktisch unangetastet zu lassen, wird in der Forschung unterschiedlich bewertet. Während Winkler, Der lange Weg I (2002), S. 382, und Kluge, Deutsche Revolution (1997), S. 79 f., diesen Weg für alternativlos halten, ist Peukert, Weimarer Republik (1997), S. 41, der Ansicht, dass eine Demokratisierung der Verwaltung zumindest hätte versucht werden müssen.
[41] Schulbehörde der Stadt Rostock an Rostocker Philologenverein, 3. 2. 1922, AHRO, 1.1.20.2, Nr. 6.

terialbürokratie und der Lehrerschaft keine nachhaltigen personellen Wirkungen
zeitigte, blieb auch hinsichtlich der Rechtsnormen unterhalb der Ebene von Gesetz und Verwaltung praktisch alles beim Alten. Im höheren Schulwesen bestand
diesbezüglich auch deshalb noch kein Handlungsbedarf, da die höheren Rechtsnormen erst in Umwandlung begriffen waren. Während die Schulverwaltung somit einige Jahre nach der Revolution vereinheitlicht und modernisiert wurde,
blieben die Dienstanweisungen und die Schülergesetze aus dem Kaiserreich noch
bis zum Ende der 1920er Jahre verbindlich. Unmittelbar nach der Revolution auf-
keimende Anregungen zu einer Demokratisierung der Schulleitung wurden –
nicht zuletzt aufgrund der Einflussnahme des Mecklenburgischen Philologenvereins[42] – zunächst nicht verwirklicht.

An der rechtlichen und beruflichen Stellung der Lehrer an den höheren Schulen
Mecklenburg-Schwerins sowie an der Struktur der Schulverwaltung änderte sich
in der Weimarer Republik gegenüber dem späten Kaiserreich nichts Grundsätzli-
ches. Die einzige wesentliche Änderung bestand darin, dass seit der Verstaatlichung der ehemals städtischen höheren Schulen Anfang 1923 nunmehr alle Lehrer
direkt der Landesregierung und damit dem Unterrichtsministerium unterstanden,
das dadurch in allen die Lehrer betreffenden Fragen zur entscheidenden Instanz
wurde. Damit war ein wichtiger Schritt zur Vereinheitlichung der Schulverwaltung getan. Dem Philologenverein stand künftig bei Auseinandersetzungen um
die Schulreform und um Besoldungsfragen somit nur noch ein Verhandlungspartner gegenüber.

3. Berufsständische Interessenvertretung in der Demokratie:
Der Verein Mecklenburgischer Philologen

Es waren hauptsächlich zwei Themen, die in der Weimarer Republik die Diskussionen zwischen der höheren Lehrerschaft und der Landesregierung beherrschten:
zum einen die Schulreform, zum anderen die Besoldung der Philologen. Beide Fragen betrafen das berufliche Selbstverständnis und das Standesbewusstsein der Lehrer unmittelbar. Schon im Kaiserreich war über diese Fragen heftig gestritten worden; hier war man am Ende aber zu einvernehmlichen Lösungen gekommen.[43] Das
dreigliedrige System der höheren Schule und die herausgehobene Stellung des
Gymnasiums blieben erhalten, und die Philologen hatten 1909 nach jahrelangem
Kampf in der Besoldung die Gleichstellung mit den Juristen erreicht. Damit waren
sie zu einem einheitlichen, gegenüber den Volksschullehrern deutlich abgegrenz-
ten Berufsstand geworden. Der Statusgewinn manifestierte sich auch in der Verleihung des Titels „Oberlehrer" (seit 1887) bzw. „Studienrat" (seit 1918).[44]

---

[42] Der Verein hatte beim Ministerium für Unterricht (MfU) Richtlinien für das zu verabschiedende
      Verwaltungsgesetz eingereicht, in denen er u. a. für ein Festhalten an der autoritativen Schulleitung
      plädierte. Mitt. VMPh, Jg. 1923, Nr. 2, S. 11.
[43] Vgl. dazu Kunz, Höhere Schule (1984), S. 122–157, 352–395. Zu den Diskussionen um die Gestal-
      tung des höheren Schulwesens und das Berechtigungswesen im Kaiserreich vgl. Kraul, Gymna-
      sium (1984), S. 100–126; Albisetti, Secondary School Reform (1983).
[44] Dazu Fluck, Gymnasium (2003), S. 30–33, 54–57.

In der Weimarer Republik wurden nun die Karten neu gemischt. Die sozialde-mokratischen und liberalen Parteien hofften, in der neuen parlamentarisch-demo-kratischen Staatsform mittels einer umfassenden Schulreform endlich ihre Vor-stellungen von der Einheitsschule durchsetzen zu können. Die konservativen Par-teien und das katholische Zentrum opponierten gegen dieses Vorhaben, so dass sich die Frage der Schulreform zu einem dauernden Zankapfel der Weimarer Par-teiendemokratie entwickelte.[45] Darüber hinaus zwang die aus Kriegsreparationen, Hyperinflation und Wirtschaftskrise resultierende Finanznot den Staat immer wieder zu Sparmaßnahmen, von denen die gesamte Beamtenschaft und damit auch die Lehrer an höheren Schulen betroffen waren. Diese wehrten sich gegen die Einsparungen auf ihre Kosten auch deshalb, weil sie dadurch ihren sozialen Status als „Bürger" gefährdet sahen.

Als Beamte verfügten die Philologen nicht über das für andere abhängig Be-schäftigte zentrale Arbeitskampfmittel des Streikrechts und waren daher auch nicht gewerkschaftlich organisiert. Sie waren darauf angewiesen, ihre Interessen auf anderem Wege durchzusetzen und suchten daher, über Verbände Einfluss auf Parteien und Parlamente zu nehmen. Die auf Reichsebene wichtigste Lobbyorga-nisation der höheren Lehrerschaft war der Deutsche Philologenverband (DPhV), der bei einem Organisationsgrad von über 95 Prozent faktisch eine Monopolstel-lung besaß.[46] Dies galt auch für dessen mecklenburgischen Ableger, den Verein Mecklenburgischer Philologen (VMPh), in dem etwa 90 Prozent der mecklenbur-gischen Oberschullehrer organisiert waren.[47]

Der VMPh wurde am 4. Oktober 1872 in Güstrow als „Verein Mecklenburgi-scher Schulmänner" gegründet.[48] Ursprünglich diente der Verein dem Ausbau von Kontakten zwischen den höheren Schulen Mecklenburgs und ihren Lehrern. Die jährlichen Versammlungen trugen anfänglich den Charakter von Direktoren-konferenzen, auf denen die Mitglieder fast ausschließlich fachliche, didaktische und schulpädagogische Fragen erörterten. Dies änderte sich auch nach der Neu-konstituierung des Verbandes im Jahre 1886 zunächst nicht, in deren Zuge ein ständiger Vorstand eingerichtet wurde und sich an den einzelnen Schulstandorten Ortsvereine konstituierten: In den Statuten war die Berücksichtigung und Vertre-tung der materiellen Interessen der Lehrer nicht einmal als Nebenzweck vorgese-hen. Erst 1898 entschloss sich der Verein, auch als Interessenvertretung zu agieren

---

[45] Schon in der Nationalversammlung war um den Schulartikel der Weimarer Reichsverfassung der „leidenschaftlichste Streit" entbrannt. So Winkler, Der lange Weg I (2002), S. 406.

[46] Fattmann, Bildungsbürger (2001), S. 171, gibt einen Organisationsgrad von rund 90% an. Ähn-liche Angaben bei Jarausch, Unfree Professions (1990), S. 240, und Bölling, Organisationsgrad (1977), S. 130f. Laubach, Politik des Philologenverbandes (1977), S. 249, Anm. 1, geht sogar von einem Organisationsgrad von nahezu 100% aus.

[47] Zwischen 1917 und 1933 schwankte der Anteil bei den Lehrern der Knabenschulen zwischen 82,2% (1919) und 99,1% (1928, 1931) bei grundsätzlich steigender Tendenz; bei den Mädchen-schulen bewegte er sich zwischen 51,8% (1918) und 96,4% (1925) bis Mitte der 1920er Jahre zu-, danach abnehmender Tendenz. Nimmt man beide Schulformen zusammen, kommt man auf Werte zwischen 87,2% (1917) und 95,8% (1927). Vgl. Philologen-Jahrbuch, Jg. 1917/18–1933/ 34.

[48] Zur Geschichte des Verbandes vgl. Schmidt: *Die Geschichte des Vereins Mecklenburgischer Philo-logen*, in: MPhBl, Jg. 1930, Nr. 3, S. 9–16. Der etwas merkwürdig anmutende ursprüngliche Name diente der Unterscheidung vom bereits existierenden „Mecklenburgischen Landeslehrerverein", in dem die Volksschullehrer organisiert waren.

– zunächst in der Regel mittels Petitionen an die Großherzogliche Regierung. Diese neue Aufgabe verankerte der nun in „Verein Mecklenburgischer Philologen" umbenannte Verband schließlich in seiner 1907 verabschiedeten neuen Satzung, in der als Vereinsaufgabe zusätzlich zur „Förderung des höheren Schulwesens" nun auch die Vertretung der Mitglieder in „Wirtschafts- und Rechtsfragen" genannt wurde.[49] Dem 1903 als Dachorganisation gegründeten „Verband der Vereine akademisch gebildeter Lehrer" (ab 1921 „Deutscher Philologenverband" [DPhV]), der von vornherein in erster Linie standespolitische Interessen verfolgte,[50] hatte sich der VMPh von Anfang an angeschlossen. Die Entscheidung, den Kampf um materielle Verbesserungen in den Vordergrund der Verbandsarbeit zu rücken, wirkte sich positiv auf die Mitgliederzahlen aus: Während bis 1898 erst 123 Lehrer dem VMPh beigetreten waren, gehörten ihm am Vorabend des Ersten Weltkriegs „wohl alle in Frage kommenden Lehrerkollegien [...] vollständig an."[51]

In der Weimarer Republik unterstand der VMPh zusätzlich dem Mecklenburgischen Beamtenbund, dem Landesverband des 1918 gegründeten, liberal-demokratisch orientierten Deutschen Beamtenbundes.[52] Auch über seine Dachorganisation DPhV, die dem ebenfalls Ende 1918 gegründeten „Bund höherer Beamter" angehörte, war der VMPh an den Beamtenbund gebunden.[53] Wegen dessen Beteiligung am Generalstreik gegen den Kapp-Lüttwitz-Putsch im März 1920 spaltete sich jedoch der Bund höherer Beamter vom Beamtenbund ab und gründete sich 1922 als „Reichsbund höherer Beamter" neu.[54] Als der DPhV sich diesem neugegründeten Reichsbund anschloss, entstand die paradoxe Situation, dass der VMPh über den Mecklenburgischen Beamtenbund einerseits an den Deutschen Beamtenbund, über den DPhV hingegen an den Reichsbund höherer Beamter gebunden war. Verschärft wurde die Situation dadurch, dass Letzterer im Januar 1924 eine gleichzeitige Mitgliedschaft im Beamtenbund ausgeschlossen hatte.[55] Der VMPh musste sich daher entscheiden, welchem übergeordneten Berufsverband er angehören wollte, zumal er sich Kündigungsdrohungen zweier Ortsvereine ausgesetzt sah, die ihren Verband auf diese Weise dazu zwingen wollten, sich ge-

---

[49] Satzung des Vereins von 1907, LHAS, 10.65–1, Nr. 1.
[50] Drei Ziele des Verbandes wurden auf der Gründungsversammlung in Halle formuliert: Erstens die „Vereinheitlichung des gesamten deutschen Schulwesens", zweitens die „Schaffung eines nach Vorbildung, Dienstbezeichnung und Rangstellung einheitlichen Oberlehrerstandes" und drittens die „Gleichstellung der akademisch gebildeten Stände in Rang und Gehalt". Zitiert nach Kunz, Höhere Schule (1984), S. 366f. Zur Gründung vgl. ebd., S. 365–368; Fluck, Gymnasium (2003), S. 44–47.
[51] Schmidt: Die Geschichte des Vereins Mecklenburgischer Philologen, in: MPhBl, Jg. 1930, Nr. 3, S. 9–16, hier S. 15; zur Entwicklung der Mitgliederzahlen vgl. ebd., S. 11.
[52] Die Gründung des Landesverbandes ging maßgeblich auf die Initiative des Direktors der Schweriner Studienanstalt, Dr. Spencker, zurück. Vgl. Brief des VMPh an Geheimrat Dr. Mellmann vom DPhV, 4. 2. 1929, LHAS, 10.65–1, Nr. 11.
[53] Der Bund höherer Beamter nahm innerhalb des Deutschen Beamtenbundes eine Sonderstellung ein, da dieser grundsätzlich horizontal, das heißt nach verschiedenen Berufssparten, organisiert war, während der Bund höherer Beamter eine berufssparten übergreifende Organisation von ausschließlich höheren Beamten war. Zur Gründung des Bundes höherer Beamter und seiner Stellung innerhalb des Deutschen Beamtenbundes vgl. Fattmann, Bildungsbürger (2001), S. 139–150.
[54] Zu diesen Vorgängen vgl. Fattmann, Bildungsbürger (2001), S. 147–159, 189–192.
[55] Fattmann, Bildungsbürger (2001), S. 169.

schlossen dem Reichsbund anzuschließen.[56] Schwere Auseinandersetzungen innerhalb der Verbände folgten. Sie führten zum Rücktritt des Generalsekretärs des
Mecklenburgischen Beamtenbundes, Cohnen, und schließlich zum Austritt des
VMPh aus dem Beamtenbund und seinem Beitritt zum Reichsbund.[57] Damit
wurde, wie zuvor schon auf Reichsebene, auch in Mecklenburg dem „Sonderinteresse der Philologenschaft als höhere Beamte Vorrang gegenüber dem Gesamtinteresse als Beamte eingeräumt."[58] Für die Diskussionen um die Schulreform und
die Status- und Besoldungsfragen bedeutete dies, dass die Philologen sich vorrangig nicht vom allgemeinen Interesse des gesamten Schulwesens leiten ließen, sondern sich von den nicht akademisch gebildeten Lehrern abzugrenzen suchten und
sich fast ausschließlich auf das höhere Schulwesen konzentrierten. Dieses „klassenspezifische" Denken entsprach der Haltung der meisten höheren Beamten.

Als offizielle Standesvertretung der Lehrer höherer Schulen erkannte das Unterrichtsministerium den VMPh nicht an, da diese Funktion den Beamtenbünden
vorbehalten war.[59] Doch zeigt die Tatsache, dass hochrangige Ministerialbeamte
wie der zuständige Staatsminister, der Landesschulrat und der Oberschulrat regelmäßig an den Vorstandssitzungen und Mitgliederversammlungen des Verbandes
teilnahmen, dass die Regierung ihn als kompetentes Organ und Verhandlungspartner ernst nahm. 1918 wurde damit begonnen, zwischen Ministerium und Verein eine beratende Ebene aufzubauen. Die Initiative dazu ging freilich vom Verein
aus.[60] Auch zum Landtag, insbesondere zu den Fraktionen der liberalen und
konservativen Parteien, bestanden enge Kontakte.[61] Von diesen Voraussetzungen
ausgehend, versuchte der Verein mit wechselndem Erfolg mittels Petitionen, Expertisen, Stellungnahmen und direkter Gespräche mit Ministerialbeamten und
Parlamentariern Einfluss auf die Bildungs- und Schulpolitik der Mecklenburg-
Schwerinschen Regierung zu nehmen.

a) Einheitsschule oder frühe Differenzierung? Zur Frage der Schulreform

Was die „Schulreform", deren Notwendigkeit nach der Novemberrevolution allerseits immer wieder betont wurde, eigentlich konkret beinhaltete, ist schwer auf
den Punkt zu bringen, da die verschiedenen Parteien und Interessenverbände ganz

---

[56] Rostocker Philologenverein, i. A. Otto Mehr, an VMPh, Schwerin, 12. 10. 1923, LHAS, 10.65–1,
Nr. 13.
[57] Der Beschluss zum Austritt aus dem Mecklenburgischen Beamtenbund erfolgte einstimmig und
wurde begründet mit der Haltung der Mehrheit des geschäftsführenden Vorstands des Beamtenbundes, nach der Generalsekretär Cohnen quasi auf Lebenszeit eingestellt werden sollte, was nach
Auffassung des VMPh „weder aus äußeren noch aus inneren Gründen für die Meckl[enburgische]
Beamtenschaft tragbar ist." *Zur Hauptversammlung vom 27./28. September 1924*, in: Mitt. VMPh,
Jg. 1924, Nr. 1, S. 1 f.
[58] So Seemann, Schulpolitische Auseinandersetzungen (1990), S. 126 f. Ungeachtet der Tatsache, dass
der VMPh sich „mit Nachdruck gegen die häufig ausgesprochene Ansicht wandte […], die in der
Befolgung von Sonderinteressen den Grund zu unserem Austritt zu sehen glaubt", und seiner Beteuerung, dass er die „Zusammenarbeit aller Beamtengruppen aus sozialen, praktischen und erzieherischen Gründen für notwendig" halte (*Zur Hauptversammlung vom 27./28. September 1924*,
in: Mitt. VMPh, Jg. 1924, Nr. 1, S. 1 f.), ist Seemann in dieser Einschätzung zuzustimmen.
[59] Geschäftsverkehr zum Landtag, LHAS, 5.11–2, Nr. 253, Bl. 7–13.
[60] Vgl. die Schreiben des Vereinsvorstands an das MfU vom 14. 11. 1918 (LHAS, 10.65–1, Nr. 5a),
vom 30. 11. 1918 und vom 7. 12. 1918 (LHAS, 10.65–1, Nr. 10a).
[61] Schriftwechsel des Vereins mit den im Landtag vertretenen Parteien, LHAS, 10.65–1, Nr. 15.

Unterschiedliches darunter verstanden. Hier seien zunächst die drei Aspekte genannt, die aus Sicht der Sozialdemokratischen Partei, der entschiedensten Befürworterin einschneidender Reformen, die wichtigsten waren. Dies war zunächst das Ziel der Verstaatlichung des gesamten öffentlichen Schulwesens, zum zweiten die Schaffung der Einheitsschule und drittens die innere Umwandlung der Schule in Anlehnung an reformpädagogische Vorstellungen.[62]

Die Haltung der mecklenburg-schwerinschen Regierung zur Frage der Schulreform während der Weimarer Republik hing von der jeweils regierenden Parteienkoalition ab.[63] Zwar befürworteten alle im Landtag vertretenen Parteien die von der Verfassung geforderte Einheitsschule, doch bestanden höchst unterschiedliche Auffassungen darüber, was unter dem Begriff „Einheitsschule" konkret zu fassen sei. Gemeinsam war allen Parteien das Ziel, die Unterhaltung und Verwaltung aller höheren Schulen zu vereinheitlichen und sie der direkten Aufsicht des Staates zu unterstellen. Auch die berufsrechtliche Stellung der Lehrer, die Lehrinhalte und die Organisation der Schulen sollten einheitlich gestaltet werden.[64] Darüber hinaus gingen die Ansichten weit auseinander. Die beiden Arbeiterparteien verstanden unter der Einheitsschule ein nicht gegliedertes Schulwesen, das vom Kindergarten bis zur Universität vertikal aufgebaut war. Um eine ausschließlich an der Begabung und nicht an sozialer Herkunft orientierte Selektion zu garantieren, sollten Schulgeld- und Lehrmittelfreiheit gewährleistet sein. Die SPD wollte das Bildungswesen aber im Gegensatz zur KPD auf dem Boden der Verfassung reformieren. Die liberale DDP teilte die Auffassung der Sozialdemokraten über die Einheitsschule, doch wollte sie in stärkerem Maße die Interessen der höheren Schulbildung berücksichtigt wissen, während die SPD die Reform des Landschulwesens als dringlicher erachtete. Die Parteien des rechten Spektrums, die rechtsliberale DVP und die konservative DNVP, unterstützten zwar das Streben nach Vereinheitlichung des höheren Schulwesens und seine Unterstellung unter staatliche Aufsicht, wollten abgesehen davon jedoch am bisherigen System festhalten. Das Vor- und Privatschulwesen sollte nach ihrer Auffassung ebenso beibehalten werden wie die Dreigliederigkeit des höheren Schulwesens unter Beibehaltung des Primates der gymnasialen Ausbildung und die differenzierte Grundschule. Auch die Standesunterschiede zwischen Ober- und Volksschullehrern sollten bestehen bleiben. Eine Trennung von Staat und Kirche im Bereich des Schulwesens lehnten sie zudem ab.

---

[62] Vgl. Karl Schneeberg: *Zehn Jahre moderne Schulpolitik in Mecklenburg*, in: MSchZ, 60. Jg., 1929, Nr. 2, S. 21–25, hier S. 21.

[63] Koalitionsregierungen aus DDP und SPD wechselten in rascher Folge mit DVP/DNVP-Koalitionen, großen Koalitionen und SPD-Minderheitsregierungen ab. Knappe Mehrheiten waren die Regel. Vom 1919 gewählten verfassunggebenden Landtag abgesehen, gelang es den einzigen in Mecklenburg uneingeschränkt staatstragenden Parteien DDP und SPD nie, eine parlamentarische Mehrheit zu erlangen. Vgl. Kasten, Bürgerliche Parteien (2005); Kasten, Regierung Schröder (1995); Inachin, Durchbruch (2004), S. 41–84.

[64] Zu den schulpolitischen Konzeptionen der im Mecklenburg-Schwerinschen Landtag vertretenen Parteien vgl. Seemann, Schulpolitische Auseinandersetzungen (1990), S. 34–42. Zur SPD vgl. Schwabe, Zwischen Krone und Hakenkreuz (1994), S. 156–172. Zu den schulpolitischen Konzeptionen der Parteien auf Reichsebene vgl. Führ, Schulpolitik (1970), S. 19f.

Die Haltung des Philologenvereins

Wie standen nun die Mecklenburgischen Philologen, also die Betroffenen selbst, zur Frage der Schulreform? Ihre Grundpositionen lassen sich anhand einer frühen Stellungnahme des VMPh aus dem Jahr 1922 verdeutlichen. Bezugspunkt dafür bildeten die Diskussionen zur Schulreform auf Reichsebene, die im 1919 einberufenen Reichsschulausschuss geführt wurden,[65] sowie ein Gesetzentwurf zur Schulreform des Mecklenburgischen Landeslehrervereins,[66] in dem die Volksschullehrer organisiert waren. Acht Studienräte und -direktoren des Landes äußerten sich im Namen des Vereins in einer Denkschrift zu einzelnen die höheren Schulen betreffenden Aspekten der geplanten Schulreform.[67] Im Vorwort signalisierte der Wismarer Studienrat Wiegandt zunächst grundsätzlich Aufgeschlossenheit gegenüber einer Reform, für die „nur pädagogische Erwägungen […] das entscheidende Wort sprechen" dürften.[68] Wiegandt sprach sich dafür aus, den „notwendige[n] soziale[n] Zug" an den Schulen zu verstärken; keinesfalls dürfe das Schulwesen „zugunsten einzelner Klassen aufgebaut" sein. Auch zur Einheitsschule äußerte er sich vordergründig positiv, allerdings derart geschraubt und schwammig, dass zunächst offenbleibt, was genau er unter dem Begriff versteht. Im weiteren Verlauf wird deutlich, dass er eine Einheitsschulkonzeption nach dem Muster von SPD und DDP dezidiert ablehnt: Ziel dürfe nicht die „Schaffung einer möglichst hohen Gesamtbildung des gesamten Volkes" sein; vielmehr müsse die höhere Schule „aus der Masse des Volkes die Begabungen herausholen". Notwendig sei es daher, dass eine Differenzierung „möglichst früh und möglichst vielseitig" erfolge. Wiegandt ist bemüht, die Gemeinsamkeiten zwischen den Auffassungen der Philologen und denen der von der SPD unterstützten Volksschullehrer zu betonen, macht aber zugleich auf die Unterschiede aufmerksam:

> „Die Notwendigkeit sozialer Einstellung der gesamten pädagogischen Einrichtungen ist das, was uns Philologen mit den Volksschulpädagogen in ihrer Mehrheit eint; stärker als jene betonen wir dagegen die Notwendigkeit der Differenzierung entsprechend den verschiedenen natürlichen Begabungen und den verschiedenen Bildungsidealen."

In den weiteren Aufsätzen der Broschüre wird die von Wiegandt formulierte grundsätzliche Haltung des VMPh zur Schulreform anhand der verschiedenen Schultypen konkretisiert. So begrüßt der Schweriner Studienrat Dr. Kleiminger grundsätzlich die Einführung der einheitlichen vierjährigen Grundschule, fordert aber, dass „besonders befähigten [Schülern] die Möglichkeit gegeben ist, schon nach drei Jahren das Ziel der Grundschule zu erreichen."[69] Für diese frühe Differenzierung macht er in erster Linie pädagogische Gründe geltend, führt aber auch

---

[65] Dazu Führ, Schulpolitik (1970), S. 40–54.
[66] *Entwurf eines Gesetzes betr. die Organisation des mecklenburgischen Schulwesens*, in: MSchZ, 58. Jg., 1927, Nr. 27, S. 330 f.; vgl. dazu Alexander Vietze: *Zur Schulreform in Mecklenburg*, in: DPhBl, 38. Jg., 1922, Nr. 18, S. 442 f. Zur Geschichte des Lehrervereins vgl. Heinz, Mecklenburgische Schulgeschichte (1996).
[67] Schulreform und höhere Schule in Mecklenburg, hrsg. vom Verein Mecklenburgischer Philologen, Schwerin o. J. [1922].
[68] Diese und die folgenden Zitate aus Wiegandt: *Schulreform*, in: Schulreform und höhere Schule (1922), S. 5 f.
[69] Dieses und die folgenden Zitate aus Kleiminger: *Die vierjährige Grundschule*, in: Schulreform und höhere Schule (1922), S. 6–8.

wirtschaftliche Aspekte an. Die aktuelle wirtschaftliche Situation zwinge dazu, „ökonomisch mit der Lehrzeit der uns anvertrauten Jugend umzugehen." Der Güstrower Studienrat Dr. Schnell spricht sich in seinem Beitrag gegen die Auffassung aus, die Mittelschule könne auch als Vorbereitungsanstalt für die höhere Schule dienen und auf diese Weise eine spätere Differenzierung ermöglichen.[70] Allenfalls „einzelne große Geister" könnten den Anschluss zu einer zum Abitur führenden Schule „erkämpfen". Schnell betont die grundsätzlichen Unterschiede zwischen Mittel- und höherer Schule, deren „leitende Idee" es sei, „daß Lehrer, die in einem Fach selbständige Gelehrte sind oder gar etwas Produktives geschaffen haben, ihre Schüler zu wissenschaftlicher Arbeit" anleiten und in ihnen den „Forschertrieb" wecken. Indem er so die Wissenschaftlichkeit des Unterrichts zum entscheidenden Unterscheidungskriterium macht, verweist er auf den von den Philologen immer wieder hervorgehobenen Unterschied zwischen den akademisch gebildeten Lehrern an höheren Schulen und den seminaristisch ausgebildeten Lehrern der Volks- und Mittelschulen.

Der Neustrelitzer Oberstudiendirektor Duncker plädiert für den Erhalt des „reinen" humanistischen Gymnasiums.[71] Duncker hebt die Vorzüge einer umfassenden Menschenbildung gegenüber einer ausschließlich an praktischen Erfordernissen und materiellen Interessen orientierten Ausbildung hervor. Erstere könne nur das humanistische Gymnasium garantieren: Wer überzeugt sei,

„daß die Schule nicht irgendwelcher Berufsausbildung vorgreifen, sondern Fähigkeiten auf breitester Grundlage entwickeln, gleichzeitig den Schüler auf eine möglichst hohe Warte führen und ihn umfassend und großzügig in eine Welt von tiefgreifenden sittlichen Maßstäben einführen, dem engbrüstigen Materialismus gegenüber die lebendigen Werte eines starken Idealismus pflegen soll, der muß doch [...] ein ganz lebendiges Interesse nehmen an der Erhaltung des Gymnasiums".

Insbesondere betont Duncker die Bedeutung des Studiums der alten Sprachen, das sich nicht auf das Einpauken grammatikalischer Stoffe konzentrieren, sondern zu einem „wirkliche[n] Hineinleben in die Werke der großen Geistesheroen" führen solle, um auf diese Weise das geschichtliche und staatsbürgerliche Denken zu befördern. Jegliche Reform an den bisherigen Anstalten lehnt Duncker ab. Im Gegenteil, die „Eigenart" des Gymnasiums müsse „künftig noch stärker herausgearbeitet" und sein neunjähriger Lehrgang beibehalten werden, was eine geringe Durchlässigkeit zu anderen Schulformen bedeutete und damit dem Grundgedanken der Einheitsschule diametral entgegenstand.

Auch die übrigen Autoren der Broschüre zielen darauf, im Grunde genommen alles beim Alten zu belassen: Der Rostocker Studienrat Otto Mehr spricht sich für eine Beibehaltung der bisherigen Oberrealschulen und Realgymnasien und gegen die Ersetzung von Französisch bzw. Latein als erste Fremdsprache durch das Englische aus.[72] Sein Güstrower Kollege Zimmermann äußert zur Idee der Schaffung

---

[70] Dr. Schnell: *Die Mittelschule*, in: Schulreform und höhere Schule (1922), S. 9–12. Hieraus auch die folgenden Zitate.
[71] Dr. Duncker: *Das humanistische Gymnasium*, in: Schulreform und höhere Schule (1922), S. 16–21. Hieraus auch die folgenden Zitate.
[72] Dr. Mehr: *Die höheren Schulen realistischen Charakters*, in: Schulreform und höhere Schule (1922), S. 22–25.

einer „Deutschen Oberschule", auf der die Deutschkunde im Zentrum des Unterrichts stehen soll, diese müsse in „engster Verwandtschaft zur Oberrealschule stehen" und der Mathematik und den Naturwissenschaften genügend Raum lassen, wenn sie als vollwertige, zur Hochschulreife führende Höhere Lehranstalt anerkannt werden wolle.[73]

In seinem Schlusswort hebt der Schweriner Studienrat Friedrich Spencker noch einmal die besondere Leistungsfähigkeit des höheren Schulwesens hervor, das nicht „ohne Not" verändert werden solle, „wenn wir nicht Besseres an die Stelle setzen können."[74] Die Dreigliederung des Systems solle daher ebenso beibehalten werden wie die frühe Differenzierung nach einer vierjährigen Grundschule. Lediglich im Hinblick auf die Verbesserung der Durchlässigkeit zwischen den verschiedenen Schultypen macht Spencker vage und nicht sehr weitgehende Vorschläge. Den Terminus „Einheitsschule" verwendet er zwar, jedoch in einer Auslegung, die dem eigentlichen Sinn des Wortes Hohn spricht:

„Wenn wir ein großes höheres Schulwesen dieser Art bauen, dann werden wir die eine Einheitsschule haben, d. h. eine Schule, in der jedes Kind seiner Begabung gemäß fortschreiten kann, und es wird nicht nötig sein, unser blühendes höheres Schulwesen unter Aufgabe bewährter notwendiger Formen von Grund aus umzubauen"

Der sozialdemokratische Schulreformer und Dezernent im Unterrichtsministerium Rudolf Puls kritisierte die Stellungnahme der mecklenburgischen Philologen in einem Zeitungsartikel scharf: Die Philologen betrachteten jede Neuerung lediglich als „unangenehme Störung" und verführen einzig nach dem Grundsatz, zu „verhindern, daß etwas geschieht." Grund dafür sei die „Rückständigkeit ihrer Anschauungen" und ihre mangelnde geistige Beweglichkeit. Jede „wirkliche Schulreform", so Puls' Resümee, könne daher nur gegen den Philologenverein gemacht werden.[75]

Die frühe Stellungnahme des VMPh markiert die Grundposition des Verbandes, die sich im Laufe der Weimarer Republik nicht mehr entscheidend veränderte. Sie stellte die Basis für alle weiteren Argumentationen im Hinblick auf die Gestaltung des höheren Schulwesens in Mecklenburg dar. Darüber hinaus ist zweierlei erwähnenswert: Alle Autoren begründen ihre Position mit pädagogischen, seltener mit ökonomischen Argumenten. Standespolitische Interessen werden nicht erwähnt. Mit Ausnahme von Duncker bemühen sie sich außerdem, die Differenzen zwischen ihrer Position und der des Landeslehrervereins und der regierenden Parteien SPD, DDP und DVP argumentativ zu nivellieren. Zudem wollen die Philologen unbedingt den Eindruck vermeiden, sie würden mit ihrem Festhalten am bisherigen System einer sozialen Auslese das Wort reden.[76]

---

[73] Zimmermann: *Die deutsche Oberschule*, in: Schulreform und höhere Schule (1922), S. 12–15.

[74] Dr. [Friedrich] Spencker: *Schlußwort*, in: Schulreform und höhere Schule (1922), S. 28–30. Hieraus auch das folgende Zitat.

[75] Rudolf Puls: *Die beiden ungleichen Brüder. Zur Schulreform in Mecklenburg*, in: Mecklenburgische Volks-Zeitung, Nr. 163, 15. 7. 1922. Gegen den polemisch zugespitzten Artikel, der sie als „greisenhaft" bezeichnete und ihnen „geistiges Parvenütum" und „überlegene Wichtigtuerei" vorwarf, protestierten die Philologen. Siehe das Schreiben des Rostocker Philologenvereins, i. A. Mehr, an die Rostocker Schulbehörde, 14. 9. 1922, AHRO, 1.1.20.2, Nr. 6.

[76] Wie scheinheilig diese Versicherung ist, wird besonders am Beitrag von Studienrat Zimmermann zur Aufbauschule deutlich, der zunächst wortreich die geringen Chancen auf dem Lande lebender

Anfang 1923 wurde die „Vereinbarung der Länder über die gegenseitige Anerkennung der Reifezeugnisse der höheren Schulen"[77] veröffentlicht. Sie legte unter
anderem eine einheitliche Dauer des Lehrgangs an den höheren Schulen von neun
Jahren sowie die allgemeinverbindlichen Lehrfächer der verschiedenen Schultypen (Gymnasium, Realgymnasium und Oberrealschule) fest. Die Vereinbarung
bildete die Grundlage für die konkrete Ausgestaltung neuer Lehrpläne durch die
einzelnen Länder. In Mecklenburg-Schwerin begannen die Überlegungen zur
Lehrplanreform erst ein Jahr nach der Veröffentlichung der Ländervereinbarung,
im Frühjahr 1924, nachdem das Reichsministerium des Innern eine Denkschrift
zur Neuordnung des höheren Schulwesens vorgelegt hatte.[78] Im Gegensatz zum
preußischen Unterrichtsministerium, das bereits im Oktober 1924 neue vorläufige Lehrpläne erlassen hatte,[79] ließ sich der Mecklenburg-Schwerinsche Unterrichtsminister Martin Otto Stammer (DVP) damit Zeit. Die Stellungnahmen des
VMPh zur Lehrplanreform vom Ende des Jahres beziehen sich daher auf den
preußischen Entwurf und kreisen um die Frage, ob und inwiefern dieser auch für
Mecklenburg-Schwerin übernommen werden sollte. In ähnlicher Weise und zum
Teil mit den gleichen Autoren wie bei der zwei Jahre zuvor veröffentlichten
Denkschrift nahm der mecklenburgische Philologenverein zum „Bildungsideal"
der preußischen Schulreform und zu den einzelnen Schultypen und ihren Lehrplänen Stellung.[80] Die Philologen bewerteten den preußischen Entwurf kritisch
und warnten vor einer direkten Übernahme für Mecklenburg-Schwerin. Studienrat Schnell kritisierte die Verkürzung des grammatischen und mathematischen
Unterrichts und die Aufwertung der kunst- und kulturkundlichen Fächer und betonte zwei Hauptforderungen der Philologen: Die Einheitlichkeit der höheren
Schule in Deutschland sollte gewährleistet und die Lehrer in die Planungen einbezogen werden: „Ohne Mitarbeit und Mehrarbeit der Lehrer keine Reform!"[81]
Helmuth Gaedt bemängelte die geplante Reduzierung der alten und neuen Sprachen an den Gymnasien zugunsten der Naturwissenschaften und der deutsch-
kundlichen Fächer. Das Gymnasium verlöre damit sein „Rückgrat, die formale
Bildung", und könne, sollten die Vorschläge der preußischen Denkschrift umgesetzt werden, sein ursprüngliches Ziel, die „allseitige Bildung", nicht mehr erfüllen. Entsprechend düster fiel sein Resümee aus: Die preußische Lehrplanreform
raube dem Gymnasium „seine besten Waffen, um den Verstand zu schulen und

---

Kinder auf höhere Bildung beklagt, den von ihm propagierten Verzicht auf ein *differenziertes* Auf-
bauschulwesen letztlich aber damit begründet, dass von dem ohnehin „verhältnismäßig kleine[n]
Teil" der „erkennbar besonders Begabten" an den Landschulen wiederum nur ein geringer Teil
„wirtschaftlich dazu in der Lage" sei, die Aufbauschule zu besuchen. Zimmermann: *Die Aufbauschule*, in: Schulreform und höheres Schulwesen, S. 15 f.
[77] *Vereinbarung der Länder über die gegenseitige Anerkennung der Reifezeugnisse der höheren Schulen*, in: Reichsministerialblatt 1923, S. 13–15, abgedruckt bei Führ, Schulpolitik (1970), S. 289–292.
Frühere Fassungen der Vereinbarung vom April 1922 finden sich in: LHAS, 5.12-7/1, Nr. 4701.
[78] Vgl. Sachse, Entwicklung der Bildungsorganisation (1933), S. 407.
[79] Neuordnung des preußischen höheren Schulwesens (1924); *Richtlinien für die Lehrpläne der höheren Schulen Preußens*, in: Zentralblatt für die gesamte Unterrichtsverwaltung in Preußen, 67. Jg.,
1924, Nr. 8, Beilage. Vgl. dazu Müller, Höhere Schule Preußens (1977), S. 318–320.
[80] Vgl. *Die preußische Schulreform*, in: Mitt. VMPh, Jg. 1924, NF, Nr. 1, S. 2–8. Zu den bereits an der
Schrift „Schulreform und höhere Schule in Mecklenburg" beteiligten Lehrern Schnell, Kleiminger
und Spencker trat der am Schweriner Gymnasium Fridericianum tätige Studienrat Helmuth Gaedt.
[81] Prof. Lic. Dr. Schnell: *Das Bildungsideal der Reform*, in: Mitt. VMPh, Jg. 1924, NF, Nr. 1, S. 2.

den Willen zu stärken. Rückständig und weichlich, so scheint es, wird es dem Siechtum verfallen."[82] In die gleiche Richtung, wenngleich weniger drastisch formuliert, zielte die Kritik an den Vorschlägen zum Realgymnasium. Friedrich Spencker kritisierte die Reduzierung des lateinischen und des mathematisch-naturwissenschaftlichen Unterrichts. Sie sei mit dem Ziel des Realgymnasiums, „Menschen heran[zu]bilden, die sich auf allen Gebieten des vielgestalteten modernen Lebens zurechtfinden, die zu allen auftauchenden Fragen [...] selbständig Stellung zu nehmen vermögen", nicht zu vereinbaren.[83]

Die in den Beiträgen der Philologen für die Denkschrift von 1922 und in ihren Stellungnahmen zur preußischen Schulreform zwei Jahre später erkennbare Stoßrichtung, die humanistische Bildung gegenüber einer stärker an praktischen Erwägungen orientierten *Aus*bildung zu verteidigen, ist eine von mehreren Konstanten, die die Schulreformdiskussion der Weimarer Zeit durchziehen. In diese Richtung weist auch die Kritik an der Schwerpunktverlagerung in den preußischen Richtlinien zum Geschichtsunterricht, in der die Einsparungen in der Alten Geschichte zugunsten der Neueren und Neuesten Geschichte bemängelt wurden.[84] Die Vorstellungen des Verbandes wurden bei der Aufstellung der neuen Lehrpläne 1925 berücksichtigt. Walther Neumann, Direktor der Großen Stadtschule Rostock, stellte befriedigt fest: „Man darf sagen, daß hier [in Mecklenburg-Schwerin] der Typus der humanistischen Bildungsanstalt reiner gewahrt geblieben ist als in Preußen."[85] Die Frage nach einer grundsätzlichen Schulreform war damit aber noch nicht vom Tisch.

Aushandlungsprozesse zwischen Verband und Ministerium

Gegenüber der Ministerialverwaltung erneuerte der Verband seine grundsätzlich gleichbleibenden Forderungen hinsichtlich des organisatorischen Aufbaus des höheren Schulwesens in den Folgejahren immer wieder. Um sie auch durchsetzen zu können, bat der Verband darum, in die Entscheidungen des Ministeriums einbezogen und von diesem vor der Verabschiedung von Gesetzesentwürfen angehört zu werden. Die Philologen argumentierten dabei weniger mit ihrem nachvollziehbaren Interesse an der Schulreform, als vielmehr damit, dass es für die Unterrichtsverwaltung von Vorteil, ja sogar notwendig sei, auf die Kompetenz der Lehrer zurückzugreifen. Die Mitarbeit von Fachleuten, also Gymnasiallehrern, bei der Ausarbeitung neuer Lehrpläne sei unerlässlich.[86] Jegliche Aufoktroyierung von Seiten des Ministeriums lehnten sie entschieden ab:

„Wir wünschen eine viel engere Zusammenarbeit mit den Regierungsorganen. [...] Wir wünschen, dass die Herren Landesschulräte an unseren Konferenzen teilnehmen [...]. Mit Forderungen und Verordnungen allein ist es nicht getan."[87]

---

[82] [Helmuth] Gaedt: *Das alte Gymnasium*, in: Mitt. VMPh, Jg. 1924, NF, Nr. 1, S. 2–4.

[83] Studiendirektor Dr. [Friedrich] Spencker: *Das Realgymnasium*, in: Mitt. VMPh, Jg. 1924, NF, Nr. 1, S. 4f.

[84] Dr. G. Ringeling: *Historismus – oder historische Vertiefung?*, in: MPhBl, Jg. 1927, Nr. 1, S. 3–8, hier S. 3.

[85] W. Neumann: *Die neuen Stundentafeln in Mecklenburg-Schwerin*, in: DPhBl, 33. Jg., 1925, Nr. 9, S. 137.

[86] Dr. W. Neumann: *Zur Lehrplanarbeit*, in: MPhBl, Jg. 1925, Nr. 6, S. 51.

[87] Dr. G. Ringeling: *Historismus – oder historische Vertiefung?*, in: MPhBl, Jg. 1927, Nr. 1, S. 3–8, hier S. 8.

Auf einer Besprechung des geschäftsführenden Vorstands des Vereins mit führenden Beamten des Unterrichtsministeriums im Oktober 1926 sicherten diese zu, „daß der Philologenverein zur Mitarbeit bei der Durchführung der Schulreform herangezogen wird."[88] Gleiches galt für die neuen Lehrpläne, die Schulordnungen und die Reifeprüfungsordnung.[89] Staatsminister Richard Moeller (DDP), selbst Oberschullehrer, hob auf der Hauptversammlung des VMPh im September 1928 die Bedeutung der Ansichten des Verbandes für Entscheidungen des Ministeriums hervor. Die „Front der Pädagogik", so betonte er, sei „die Praxis". Daher würde die Unterrichtsverwaltung Gedanken, die aus der Praxis kommen, „gerne prüfen, um ihnen, wenn auch langsamer, zu folgen."[90] Diese Aussage war nicht bloße Rhetorik, vielmehr berücksichtigte das Ministerium die Vorschläge und Wünsche der Philologen durchaus, was der Verein auch anerkannte. Anlässlich der Veröffentlichung der neuen Prüfungsordnungen und Versetzungsbestimmungen an den höheren Schulen im Sommer 1928 stellte der Vorstand fest: „An mancher der Bestimmungen bemerkt man – was dankbar anerkannt wird –, dass das Unterrichtsministerium auch auf Anregungen und Vorschläge des Philologenvereins eingegangen ist."[91]

In den Argumentationen der Philologen zur Schulreform lassen sich drei Grundzüge ausmachen: ein konservativer Grundzug im Sinne eines Festhaltens am Bestehenden, ein elitärer, sowohl bezüglich der Philologen selbst als auch hinsichtlich der Schüler der höheren Schulen, sowie ein nationaler.

Die konservative Stoßrichtung äußerte sich in der – trotz behaupteter Aufgeschlossenheit gegenüber einer Schulreform – Ablehnung fast jeglicher Neuerung im Hinblick auf Schulorganisation und Unterricht. Das bezog sich nicht nur auf das Festhalten an der Dreigliedrigkeit des höheren Schulwesens. Auch die Koedukation wurde entschieden abgelehnt. Sie würde „furchtbare […] Folgen" haben, zur „sittlichen Verwahrlosung" führen und die „naturhaften und volksnotwendigen" Geschlechterunterschiede missachten. Gepaart war diese Argumentation mit anti-amerikanischen Ressentiments und Spitzen gegen die „einseitig übertriebene Frauenrechtlerei", durch die die männlichen Lehrkräfte aus den Mädchenschulen verdrängt würden.[92] Letzteres macht deutlich, dass hier auch eigennützige berufliche Interessen im Spiel waren.

Auch in unterrichtsmethodischer Hinsicht wollten die Philologen am Gewohnten festhalten. Die Einführung des Arbeitsunterrichts, in dem der Lehrervortrag gegenüber dem freien Unterrichtsgespräch zwischen Lehrern und Schülern zurücktritt, war aus Sicht von Sozialdemokraten und Linksliberalen ein Kernstück der ausstehenden Schulreform. Die Philologen standen diesem reformpädagogischen Ansatz mehrheitlich skeptisch gegenüber. Ein Studienrat kriti-

---

[88] VMPh, Bericht des geschäftsführenden Vorstands über die Zeit vom 1. 10. bis 28. 11. 1926, LHAS, 10.65–1, Nr. 3.

[89] Jahresbericht des Vorstands, in: MPhBl, Jg. 1928, Nr. 5, S. 33 f.; VMPh, Wiegandt, Vorstandsbericht, o. D. (Januar 1929), LHAS, 10.65–1, Nr. 3.

[90] VMPh, Protokoll der Hauptversammlung am 29./30. 9. 1928 in Schwerin, LHAS, 10.65–1, Nr. 7b.

[91] Jahresbericht des Vorstands für das Jahr 1928, o.D. LHAS, 10.65–1, Nr. 3.

[92] Dr. Hermann Hadlich: *Die Gefahr der Gemeinschaftserziehung*, in: MPhBl, Jg. 1928, Nr. 1, S. 6 f.

sierte den Arbeitsschulgedanken als „babylonische Verwirrung",[93] ein anderer beklagte, dass dies ein unzulässiger Eingriff in die Autonomie des Lehrers im Unterricht sei: Die „Art, wie der Lehrer den Stoff mit seiner Klasse durchnimmt",
müsse grundsätzlich dem Praktiker überlassen bleiben, und die „lebendige Persönlichkeit des Lehrenden" dürfe nicht „dressiert" werden.[94]

Die elitäre Grundhaltung der Philologen kommt besonders deutlich in ihrer
Forderung nach früher Differenzierung zum Ausdruck. Schulreformer hatten
schon lange die Abschaffung der privaten dreijährigen Vorschulen gefordert, da
durch sie eine frühe Bildungsselektion zugunsten sozial privilegierter Kinder erfolge. Die Philologen wollten sie hingegen beibehalten. Sie konnten zwar nicht
verhindern, dass die privaten Vorschulen 1924 abgeschafft wurden und die staatliche vierjährige Grundschule für alle Kinder verbindlich wurde, doch setzten sie
eine Ausnahmeregelung durch. Walther Neumann begrüßte eine entsprechende
Verfügung der Mecklenburgischen Unterrichtsverwaltung, nach der besonders
begabte Kinder bereits nach dem dritten Grundschuljahr auf die höhere Schule
kommen konnten.[95] Vier Jahre später bat der Verband auf einer Lehrplankonfe-
renz im Ministerium für Unterricht unter Verweis auf die guten Erfahrungen mit
Schülern, die die Grundschule in drei Jahren absolviert haben, „die jetzige Ordnung nicht zu ändern."[96] Ergänzt wurde dies durch die Forderung, dass den Direktoren der höheren Schulen die „alleinige Entscheidung über die Aufnahme von
Schülern aus der Grundschule auf die höhere Schule zufällt."[97] In der Verfügung
des Unterrichtsministeriums vom 17. Januar 1927, diese Entscheidung dem Schulrat statt den Direktoren zu überlassen,[98] sah der Verband eine „nicht gerechtfer-
tigte Zurücksetzung der höheren Schulen".[99] Frühe Selektion, bestimmt durch die
höheren Schulen selbst, war das Credo der Philologen, das mit einer an die Verfechter der Eugenik gemahnenden Argumentation begründet wurde: „Nur wenn
man der Schule selbst die Möglichkeit gibt, Ungeeignete zur rechten Zeit auszu-
scheiden, kann man das, was wirklich ungesund ist, heilen."[100] Eine Erhöhung der

---

[93] H. Schmidt: *[Rezension zu] Theodor Litt: Die Philosophie der Gegenwart und ihr Einfluß auf das
Bildungsideal*, in: MPhBl, Jg. 1926, Nr. 4, S. 22 f.

[94] N.: [Rezension zu] *Zwanzig Jahre Arbeitsschule in Idee und Gestaltung. Gesammelte Abhand-
lungen von Prof. O. Scheibner*, in: MPhBl, Jg. 1928, Nr. 2/3, S. 23. Immerhin konzedierten andere
Autoren, dass man sich mit der Idee der Arbeitsschule auseinandersetzen müsse, bevor man sie ab-
weise. Vgl. die abgewogene Besprechung des Handbuchs des Arbeitsunterrichts für höhere Schulen von Fr. A. Jungbluth durch den Studienrat Otto Burmeister, in: MPhBl, Jg. 1926, Nr. 4, S. 26,
sowie die Diskussion um „Arbeitsschule und Lernschule" zwischen dem Rostocker Studienrat Dr.
Niepage und dem Warener Studienassessor Hannemann, in: MPhBl, Jg. 1925, Nr. 6, S. 55–57. Im
Ferienkursus wurden 1929 erstmals Probelektionen zum Arbeitsunterricht in verschiedenen Fächern abgehalten. Programm des Ferienkursus am 30. 9./1. 10. 1929, in: MPhBl, Jg. 1929, Nr. 3,
S. 13.

[95] W. Neumann: *Übergang von der Grundschule auf die höhere Schule zu Ostern 1924 in Mecklenburg-Schwerin*, in: DPhBl, 32. Jg., 1924, Nr. 4, S. 46.

[96] VMPh, Vorstandsbericht, o. D. (Mai 1928), LHAS, 10.65–1, Nr. 3.

[97] VMPh, Tätigkeitsbericht des Vorstands für das Jahr 1927, o. D., LHAS, 10.65–1, Nr. 3.

[98] RBl., Jg. 1927, Nr. 6, S. 17.

[99] Der Verband beantragte daher, entweder den bisherigen Zustand wiederherzustellen oder eine gemeinsame Entscheidung von Schulrat und Studiendirektor zu ermöglichen; bei Uneinigkeit sollte
das Ministerium entscheiden. Vgl. VMPh (gez. Wiegandt) an MfU, 9. 1. 1927, in: MPhBl, Jg. 1927,
Nr. 2, S. 12.

[100] *Philologentag in Erfurt am 28. und 29. Mai (Fichte-Korrespondenz)*, in: MPhBl, Jg. 1926, Nr. 4,
S. 23 f.

Durchlässigkeit zwischen den einzelnen Typen der höheren Schule, wie sie im Rahmen der Schulreform angestrebt wurde, lehnte der Verein konsequenterweise ab.[101] Auch bezüglich der Ausbildung der Gymnasiallehrer wandte sich der Verein gegen jegliche Nivellierung. Die 1929 tagende Hauptversammlung war sich „darin einig, daß keine Herabsetzung der Anforderungen im Staatsexamen bei einer Neuregelung erfolgen" dürfe.[102] In typisch dramatisierender Rhetorik warnt ein Artikel im mecklenburgischen Philologenblatt vor den Folgen des „immer steigenden Stroms auf unsere höheren Schulen", durch welchen das „Niveau unseres Schülermaterials [!]" und damit die wissenschaftlichen Leistungen sinken würden.[103] Eine „Verflachung der Bildung" sei die Konsequenz, „die mit Notwendigkeit zu einer Aushöhlung unserer Kultur führen" müsse. Denn: Alle Bildung „ist ihrem Wesen nach eine aristokratische Erscheinung." Deutlicher lässt sich ein elitäres Verständnis von Bildung kaum formulieren.

In diesem Aufsatz findet sich noch ein weiterer Aspekt, der in obigem Zitat schon anklingt. Die Argumentation für ein elitäres Bildungsverständnis mündet letztlich im Nationalen, in der Beschwörung der deutschen Bildung und Kultur, was im pathetisch formulierten Schluss des Aufsatzes besonders deutlich wird:

„[E]s geht uns um das Höchste und Letzte, was unserm [!] Beruf Sinn und Seele gibt, um das, was in der ehrwürdigen Lebenskette von Geschlecht zu Geschlecht als lebendiges Gut weitergegeben wird: um unsere deutsche Bildung!"

Die Betonung des Nationalen diente den Philologen sowohl als Argument für den Erhalt des höheren Schulwesens in seiner bisherigen Form, als auch für das vom Verband vertretene Erziehungsideal. Ähnlich hatte es wenige Jahre zuvor bereits der Oberstudiendirektor Duncker formuliert: „Höchstes und letztes Ziel unseres Schulunterrichts ist immer das Hineinleben und Hineinwachsen in unsere deutsche Kultur, in deutsche Gesinnung und deutsches Volkstum." Duncker hob in diesem Zusammenhang die Bedeutung des Gymnasiums für den Weg zur deutschen Einigung von 1871 hervor: „Das Gymnasium hat seinen sehr lebendigen Anteil an alledem, was die großen Jahre von 64, 66 und 70 geschaffen haben."[104] Das nationale Argument, das er hier im Rückgriff auf die Geschichte verwendet, diente in diesem Falle dazu, das Festhalten am bestehenden System zu begründen, wie noch deutlicher die Aussage des Studienrates Spencker zeigt:

„Wenn Deutschland in den Jahrzehnten vor dem Weltkrieg in Wissenschaft und Kunst, in Handel, Industrie und Landwirtschaft eine hervorragende Stellung einnahm, andere Nationen, die ihm Jahrhunderte hindurch voraus waren, eingeholt oder auch auf vielen Gebieten überflügelt hatte, so verdankt es diese Erfolge vor allen Dingen seinem wohl ausgebauten, leistungsfähigen höheren Schulwesen."[105]

---

[101] VMPh, Bericht über Besprechungen im Unterrichtsministerium, o.D. (Januar 1930), LHAS, 10.65–1, Nr. 3.

[102] VMPh, Protokoll der 49. Hauptversammlung in Rostock, o.D. (Oktober 1929), LHAS, 10.65–1, Nr. 7c.

[103] Dieses und die folgenden Zitate aus Dr. G. Ringeling: *Historismus – oder historische Vertiefung?*, in: MPhBl, Jg. 1927, Nr. 1, S. 3–8, hier S. 7f.

[104] Dr. Duncker: *Das humanistische Gymnasium*, in: Schulreform und höhere Schule (1922), S. 16–21, hier S. 21.

[105] Dr. [Friedrich] Spencker: *Schlußwort*, in: Schulreform und höhere Schule (1922), S. 28–30, hier S. 28.

Die Berufung auf das Nationale, auf die deutsche Kultur, war freilich nicht nur für die mecklenburgischen Philologen, sondern für den Berufsstand insgesamt charakteristisch. Auf dem neunten Philologentag in Heidelberg im Juni 1925 appellierte der Vorsitzende des DPhV, Paul Mellmann, an die Versammlung, sich um die „Erhaltung der kulturellen Einheit des deutschen Volkes" zu bemühen. In drastischen Worten warnte er vor bildungspolitischen Alleingängen einzelner Länder, die „durch überstürzte Einführung von neuen Schultypen die innere Einheit des deutschen Volkes" auseinanderreißen könnten.[106] Noch weiter ging auf der gleichen Veranstaltung der hessische Staatsrat Dr. Bloch, für den die deutsche Schule „Mittel- und Sammelpunkt aller Bestrebungen" sein sollte, die darauf ausgehen, „in der ganzen Welt deutsches Leben vor der Vernichtung zu bewahren."[107] Wer solche Formulierungen gebrauchte, konnte sich „lebhafte[n]" bzw. „[n]icht enden wollenden Beifall[s]" sicher sein, was die hohe Integrationskraft des Appells an das Nationalbewusstsein für die Philologen unterstreicht.

Sowohl in ihrer inhaltlichen Ausrichtung als auch in ihrer argumentatorischen Unterfütterung entsprechen die Forderungen der Mecklenburger Philologen bezüglich des höheren Schulwesens weitgehend denen ihrer Kollegen in Preußen und auf Reichsebene. Auch die Kernforderungen des DPhV waren der Erhalt des dreigliedrigen Schulsystems, der neunjährigen Dauer der höheren Schulen und der frühen Auslese sowie die staatliche Unterstellung aller höheren Schulen bei einheitlicher Besoldung ihrer Lehrer und die Bewahrung der Exklusivität bezüglich der akademischen Ausbildung der Philologen. Die zentrale Tendenz der schulpolitischen Aktivitäten des DPhV war, so Franz Hamburger,

„das höhere Schulwesen in seiner überkommen Struktur zu bewahren und in der inneren Gestaltung an den Werten der Vorkriegszeit wiederanzuknüpfen. Notwendige Voraussetzung dafür ist die Alleinzuständigkeit der Philologen für die höhere Schule, denn sie garantiert – auf Grund der großen Homogenität der Philologenschaft – die Verhinderung ungewollter Reformen. Diese sollen nur so weit gehen, daß der bestehende Modernisierungsrückstand aufgeholt wird; die von den Philologen durch ihre Interessen definierten Grenzen sollen dabei nicht überschritten werden."[108]

Unterschiede zwischen dem Regionalverband und seinem Dachverband finden sich lediglich im Detail. So hielt der VMPh stärker am humanistischen Ideal, am Unterricht in den alten Sprachen und an der Betonung der Antike im Geschichtsunterricht fest. Auch betonte er, bei allem postulierten Bekenntnis zur Einheitlichkeit des höheren Schulwesens im Deutschen Reich, stärker die Eigenheiten Mecklenburg-Schwerins. Die preußische Schulreform, die für das gesamte Reich Leitbildfunktion besaß, wollten die Mecklenburger Philologen nicht unverändert

---

[106] *[Bericht zum] 9. Philologentag in Heidelberg (2.–6. Juni 1925)*, in: Mitt. VMPh, Jg. 1925, Nr. 4, S. 33–35, hier S. 33. Ähnlich der Preußische Philologenverband, der sich auf seiner Tagung in Erfurt im Mai 1926 gegen die in Preußen drohende Kommunalisierung der städtischen höheren Lehranstalten wandte und dies mit der „Sorge um die Erhaltung einer einheitlichen deutschen Bildung" begründete. Vgl. *Philologentag in Erfurt am 28. und 29. Mai (Fichte-Korrespondenz)*, in: MPhBl, Jg. 1926, Nr. 4, S. 23 f.

[107] *9. Philologentag in Heidelberg (2.–6. Juni 1925)*, in: Mitt. VMPh, Jg. 1925, Nr. 4, S. 33–35, hier S. 33.

[108] Hamburger, Lehrer zwischen Kaiser und Führer (1974), S. 179.

übernehmen.[109] Insgesamt aber bestätigt sich, was bereits zu Beginn der Weimarer Republik im Deutschen Philologenblatt formuliert wurde, nämlich, dass „die gesamte Philologenschaft bis auf wenige Ausnahmen in den wichtigsten Fragen der Schulreform eine durchaus einheitliche Stellung einnimmt."[110]

Fazit

Betrachtet man den Stand der Schulreform bezüglich der höheren Schulen am Ende der Weimarer Republik, so lässt sich feststellen, dass er den Vorstellungen der Mecklenburgischen Philologen weitgehend entsprach. Ihr wichtigstes Ziel, die Verstaatlichung aller höheren Schulen und damit einhergehend eine einheitliche Besoldung, hatten sie erreicht. Darüber hinaus bestanden ihre Ziele im Wesentlichen in der Verhinderung grundlegender Reformen. Auch damit hatten sie weitgehend Erfolg. Zwar hatte es Neuerungen wie die Einführung der Deutschen Oberschule, den Ausbau von Reformanstalten sowie Überarbeitungen von Lehrplänen, Prüfungsordnungen und Schülergesetzen gegeben, doch war man hier noch hinter den ohnehin schon bescheidenen preußischen Reformen zurückgeblieben. Vor allem aber wurden die grundsätzlichen Prinzipien des dreigliedrigen Aufbaus, der frühen Differenzierung und der verhältnismäßig geringen Durchlässigkeit zwischen den verschiedenen Schultypen nicht angetastet. Die Exklusivität der Philologen hinsichtlich ihrer akademischen Ausbildung blieb ebenfalls erhalten. Bestrebungen der Volksschullehrer, ihre Ausbildung zu akademisieren und sich damit rangmäßig auf eine Stufe mit den Lehrern an den höheren Schulen zu stellen, wurden abgewehrt. Von der ursprünglichen Idee der Einheitsschule, die am Anfang der Weimarer Republik noch so erfolgversprechend zu sein schien, blieben nur rudimentäre Ansätze übrig. Ihre standespolitischen Interessen hatten die Philologen verteidigt.

Dass die Philologen ihre Interessen so erfolgreich zu vertreten vermochten, ist nicht allein auf die Stärke ihres Verbandes zurückzuführen. Hier spielen weitere Faktoren eine Rolle. Zu nennen ist zunächst die Tatsache, dass viele der von SPD und DDP angestrebten Reformen sich schon auf parlamentarischer Ebene nicht durchsetzen ließen. Die zahlreichen Regierungswechsel und die Notwendigkeit der zwischenzeitlich amtierenden Minderheitsregierungen, die Wünsche der Opposition zu berücksichtigen, verhinderten eine kontinuierliche Schulpolitik und damit eine konsequente Durchführung der Schulreform nach sozialliberalem Muster. So wurde etwa das Verstaatlichungsgesetz von der SPD/DDP-Koalition auf den Weg gebracht, seine Verabschiedung blieb aber aufgrund des Regierungswechsels den – den Philologen näherstehenden – konservativen Parteien DVP und DNVP überlassen, die es in ihrem Sinne modifizierten. Reformfreudige Minister wie Hans Sivkovich und Richard Moeller konnten ihre Vorstellungen kaum durchsetzen. Ein zweiter wichtiger Aspekt bestand darin, dass die Kontinuität in der Ministerialbürokratie unterhalb der politischen Ebene sowohl zwischen Kai-

---

[109] *Bericht des Vorstands über die Hauptversammlung des VMPh in Wismar am 25.–26. September 1926*, in: MPhBl, Jg. 1926, Nr. 6, S. 37 f.; *Geschäftsbericht. 1. Oktober 1925–30. September 1926*, in: MPhBl, Jg. 1926, Nr. 6, S. 38–42, hier S. 39.
[110] E. H. Vollprecht: *Zur Neugestaltung des öffentlichen Schulwesens Deutschlands*, in: DPhBl, 27. Jg., 1919, Nr. 36, S. 476–480, hier S. 480.

serreich und Weimarer Republik als auch innerhalb der Weimarer Zeit sehr groß war. Zudem rekrutierten sich die für das Schulwesen zuständigen Beamten zum Teil selbst aus der höheren Lehrerschaft. Das führte dazu, dass die direkten Verhandlungen zwischen Standesvertretung und ausführenden Regierungsorganen von dem Bemühen um Konsens, um die Suche nach Kompromissen geprägt war. Zuletzt ist zu erwähnen, dass manche Ziele der Reform sich in den 15 Jahren nach dem Ende des Ersten Weltkriegs schon aus fiskalischen Gründen nicht durchsetzen ließen. Eine Anpassung der Besoldung der Volksschullehrer an die der Philologen hätte die finanziellen Ressourcen des Staates ebenso überfordert wie die vollständige Abschaffung des Schulgeldes oder die Durchsetzung der Lernmittelfreiheit.

b) Der Kampf um den sozialen Status: Einkommens- und Arbeitsverhältnisse

Die mecklenburgischen Gymnasiallehrer befanden sich in der Weimarer Republik im ständigen Kampf gegen den sozialen Abstieg. Die Wirtschaftskrise Anfang der 1920er Jahre hatte die Lehrer besonders hart getroffen. Wie das Bildungsbürgertum und die gehaltsabhängigen Mittelschichten der Angestellten und Beamten insgesamt waren sie vom Verlust von Kriegsanleihen und Sparguthaben weit stärker betroffen als Unternehmer und Landwirte, die über Sachwerte bzw. Grundbesitz verfügten.[111] Auch deshalb war der zweite Hauptgegenstand der Auseinandersetzungen zwischen Ministerium und Philologen ihre Besoldung und ihre soziale Absicherung. Dabei ging es nicht allein um das Einkommen, sondern auch um Stundendeputate, um Einstellungs- und Beförderungsbedingungen sowie um die Stellung der nicht verbeamteten Lehrer und der Anwärter an den höheren Schulen. Letztere waren finanziell besonders schlecht abgesichert. Die Besoldungsfrage wurde dabei stets im Verhältnis zu anderen Beamtengruppen betrachtet, da sie immer auch eine Standesfrage war. Es ging darum, den Status der eigenen Berufsgruppe auf einer Höhe mit als gleichwertig erachteten anderen Berufen – in diesem Falle mit den Amtsrichtern und den höheren Verwaltungsbeamten – zu halten und sich von „niedrigeren" Ständen – hier vor allem den Volksschullehrern – abzugrenzen. Die Diskussionen und Verhandlungen drehten sich nicht in erster Linie um die Höhe der Besoldung innerhalb der einzelnen Besoldungsgruppen (die weitgehend durch das Reichsbesoldungsgesetz festgelegt waren), sondern um die Einstufung der verschiedenen Lehrertypen in die Besoldungsgruppen und um die Anzahl der Beförderungsstellen.

Gehaltseinstufung und Besoldung

Gegen Ende des Kaiserreichs lag das jährliche Grundgehalt der Oberlehrer an den staatlichen höheren Schulen des Großherzogtums bei 3500 bis 7000 Mark.[112]

---

[111] Vgl. Peukert, Weimarer Republik (1997), S. 75f. Siehe auch Mommsen, Auflösung des Bürgertums (1987); Jarausch, Krise des deutschen Bildungsbürgertums (1989); Lundgreen, Bildung und Bürgertum (2000). Zusammenfassung des aktuellen Forschungsstandes bei Wehler, Gesellschaftsgeschichte 1914–1949 (2008), S. 76f., der von „verheerende[n] Spuren" spricht, die der Krieg im Bildungsbürgertum hinterlassen habe.

[112] Vgl. Philologen-Jahrbuch, 24. Jg., 1917/18, S. X–XVI. Bei Gehaltsangaben bezeichnet jeweils die erste Zahl das Einstiegsgehalt und die letzte Zahl das Endgehalt, das durch mehrere in unregelmä-

Hinzu kamen unterschiedlich hohe Wohngeldzuschüsse.[113] Im Vergleich der 21 norddeutschen Bundesstaaten lag Mecklenburg-Schwerin damit lediglich an 18. Stelle.[114] Mit dem Reichsbesoldungsgesetz von 1920 wurde das Besoldungswesen bei den Beamten grundsätzlich neu geordnet; es waren nunmehr 13 Gehaltsgruppen für Beamte vorgesehen. Lehrer mit seminaristischer Vorbildung und Volksschullehrer wurden in Gruppe VII, Mittelschullehrer in Gruppe VIII, Assessoren aller Art sowie geprüfte Zeichen- und Musiklehrer in Gruppe IX, Oberlehrer (später Studienräte), die das Gros der Philologen darstellten, in Gruppe X, Gymnasialprofessoren (später Oberstudienräte) in Gruppe XI und Direktoren in Gruppe XII eingestuft.[115] Die Philologen fühlten sich durch diese Neuordnung zurückgesetzt, da sie damit ihre erst rund zehn Jahre zuvor erworbene Gleichstellung mit den Richtern erster Instanz (Amtsgerichtsräte) verloren. Zudem schrumpfte der besoldungsmäßige Abstand zu den Volksschullehrern auf seinen bisher niedrigsten Stand – diese erhielten 74 Prozent des Grundgehalts der Studienräte.[116]

Nach der Verabschiedung des Gesetzes konzentrierten sich die Forderungen des Verbandes auf die Schaffung von entsprechenden Beförderungsstellen (nach XI und XII) und die Einführung einer Aufstiegsregelung nach Dienstalter (Anciennitätsprinzip). Derartigen Wünschen, deren Erfüllung den Staatshaushalt erheblich belastet hätte, stand die Regierung erwartungsgemäß reserviert gegenüber. Für den „mehr oder minder offenen Widerstand [...]" gegen die „gerechten Forderungen des Vereins" machte dieser aber den „überwiegende[n] Einfluß der Juristen im Unterrichtsministerium" verantwortlich und erneuerte daher seine Forderung, endlich „Fachleute", also Philologen, im Ministerium einzustellen.[117] Auch in den Beiträgen des Philologenblatts tauchen immer wieder Seitenhiebe auf die Juristen auf. So heißt es in einem Bericht über den Philologentag im Juni 1925, der „Abbau" des höheren Schulwesens sei nur aus der Tatsache erklärlich, „daß dabei nicht die Fachleute, sondern die außenstehenden Verwaltungsjuristen entschieden" hätten.[118]

Im August 1924, nach Überwindung der Inflationskrise, wurde das Besoldungsgesetz reformiert und wieder ein größerer Abstand zwischen akademisch und seminaristisch ausgebildeten Lehrern hergestellt: Das Grundgehalt eines Volksschullehrers betrug nun mit jährlich ca. 2300 RM nur noch knapp 60 Pro-

---

ßigen Abständen erfolgende Erhöhungen zustande kam. An den städtischen Anstalten wichen die Gehälter zum Teil erheblich von den oben genannten Beträgen ab. Am höchsten waren sie an den höheren Schulen Rostocks (3500 bis 8000 M), am niedrigsten am Realgymnasium Malchin, an den Realschulen in Grabow und Teterow (3000 bis 6500 M) sowie an der Realschule in Ribnitz (2500 bis 6000 M).

[113] Vgl. Müller-Benedict, Das höhere Lehramt (2008), S. 196 f. Der besseren Übersichtlichkeit und Vergleichbarkeit halber werden im Folgenden lediglich die Grundgehälter genannt.

[114] Während etwa die Lübecker Oberlehrer in 25 Dienstjahren jährlich durchschnittlich 6000 Mark Gehalt bekamen, lag der Durchschnitt bei den Lehrern an den landesherrlichen Schulen Mecklenburg-Schwerins nur bei 4000 Mark. Vgl. Seemann, Schulpolitische Auseinandersetzungen (1990), S. 16.

[115] Beamtenbesoldungsgesetz vom 19. 5. 1920, in: RBl., Jg. 1920, Nr. 81, S. 571–573.

[116] Vgl. Bölling, Sozialgeschichte (1983), S. 118.

[117] Umschau, in: Mitt. VMPh, Jg. 1923, Nr. 1, S. 2 f.

[118] 9. Philologentag in Heidelberg (2.–6. Juni 1925) (Fichte-Korrespondenz), in: Mitt. VMPh, Jg. 1925, Nr. 4, S. 33–35, hier S. 35.

zent des Grundgehalts eines Studienrates, das bei 4000 RM lag.[119] Die Hoffnung der Philologen, dass mit der Verstaatlichung der Schulen auch eine Aufrückung in die Besoldungsgruppe XII, die eigentlich den Schuldirektoren vorbehalten war, ermöglicht würde, erfüllte sich hingegen nicht. Immer wieder erneuerte der Verband diese Forderung, zumeist mit dem Verweis auf Preußen, wo „schon jede Anstalt einen Oberstudienrat" und größere Anstalten einen Oberstudiendirektor hätten.[120] Für die Ablehnung verantwortlich gemacht wurde nicht das Unterrichts-, sondern das Finanzministerium. Der Verband warf der Regierung vor, das Finanzministerium müsse „mit einer Art diktatorischer Gewalt ausgestattet" sein, da es ansonsten nicht zu begreifen sei, „warum Mecklenburg mit den Aufrückungsstellen nach XII wieder einmal hinter allen deutschen Staaten hinterdreinhinkt."[121] Dass dieser Rückstand ganz offensichtlich der besonders prekären Finanzlage des Landes geschuldet war, konnten oder wollten die Philologen nicht erkennen.

Das Unterrichtsministerium unterstützte hingegen ab Mitte der 1920er Jahre dieses Anliegen, das im Übrigen auch mit dem Antrag des Reichsbunds der höheren Beamten, die Zahl der Stellen in der Besoldungsgruppe XII insgesamt zu erhöhen, korrespondierte.[122] Trotz dieser Unterstützung und eines entsprechenden Antrags des Landesverbandes der höheren Beamten an das mecklenburgische Finanzministerium vom März 1927[123] wurde die Einführung von Beförderungsstellen nach Gruppe XII für Studienräte abgelehnt.[124]

Eng im Zusammenhang mit der Forderung nach Beförderungsstellen stand die nach der Einführung des Titels „Oberstudienrat". Bereits 1923 hatte zu diesem Thema eine Urabstimmung der Vereinsmitglieder stattgefunden. Diese favorisierten einen Vorschlag, nach dem nicht das Besoldungsdienstalter ausschlaggebend sein sollte, sondern „wissenschaftlich bedeutende Vertreter" des Philologenstandes, die zusätzliche Aufgaben an den Schulen übernahmen, zu Oberstudienräten befördert werden sollten – ein klares Votum für das Leistungsprinzip.[125] An einigen städtischen Oberschulen wurde Anfang der 1920er Jahre – fast fünf Jahre, nachdem die Laufbahnbezeichnung von Oberlehrer in Studienrat geändert worden war – selbst der Titel eines Studienrats nicht verliehen. Der Bürgermeister von Grabow lehnte einen entsprechenden Antrag der Lehrer der örtlichen Ober-

[119] Genannt sind jeweils die Einstiegsgehälter. Vgl. *Bekanntmachung über die neue Fassung des Besoldungsgesetzes vom 28. 8. 1924*, in: RBl., Jg. 1924, Nr. 47, S. 263–280.
[120] *Herbstversammlung am 27. September in Rostock*, in: Mitt. VMPh, Jg. 1925, Nr. 6, S. 51 f.
[121] *Gehaltsfragen*, in: Mitt. VMPh, Jg. 1923, Nr. 3, S. 17. Auch in Preußen wurde der „Hauptwiderstand" gegen Forderungen des Philologenverbandes im Finanzministerium ausgemacht. Preußischer Philologenverband: *„Die barbarische Überlastung der Philologen"*, in: DPhBl, 36. Jg., 1928, Nr. 9, S. 129.
[122] Dr. Wiegandt: *Mitteilungen des Vorstands*, in: MPhBl, Jg. 1926, Nr. 4, S. 21. Die Zahl der Stellen in der ersten Beförderungsgruppe (XII) sollte mindestens ein Sechstel der Zahl der höheren Beamten der zwölf Gruppen X bis XII insgesamt betragen.
[123] MPhBl, Jg. 1927, Nr. 2, S. 12 (26. 3. 1927).
[124] VMPh, Dr. Wiegandt, Vorstandsbericht, 17. 5. 1927, LHAS, 10.65–1, Nr. 3.
[125] Ergebnis der Urabstimmung in: Mitt. VMPh, Jg. 1923, Nr. 1, S. 3. Der „Vereinsverband akademisch gebildeter Lehrer Deutschlands", der Vorläufer des DPhV, hatte bereits Anfang 1920 reichseinheitliche Amtsbezeichnungen für die Lehrer an höheren Schulen gefordert; der Titel Oberstudienrat sollte nach zwölfjähriger Dienstzeit, spätestens aber nach Vollendung des 45. Lebensjahres, verliehen werden. Vgl. Hamburger, Lehrer zwischen Kaiser und Führer (1974), S. 199.

schule ab, weil er „der eines republikanischen Staatswesens unwürdigen Titelsucht nicht Vorschub leisten" wolle, die „im neuen Deutschland bedauerlicherweise stärker als unter der Monarchie" hervortrete.[126] In der zweiten Hälfte der 1920er Jahre verstärkte der Verein seine Bemühungen um Beförderungsstellen und konnte im Jahr 1928 schließlich einen Erfolg erzielen: Im Zusammenhang mit der Verabschiedung des neuen Besoldungsgesetzes vom 10. Februar 1928 wurden fünf Aufrückungsstellen (Besoldungsgruppe XI) für Studienräte „in besonderer Stelle" geschaffen[127] und zum Schuljahr 1929/30 die ersten Oberstudienräte ernannt.[128]

Die Argumente des VMPh hatten zwei Stoßrichtungen. Zum einen verwies der Verein auf die übrigen Länder des Deutschen Reiches, in denen die Besoldungs- und Statusverhältnisse der Philologen fast überall günstiger waren. Zum anderen argumentierte der Verband, wie auch der DPhV als Dachverband, mit der notwendigen Abgrenzung gegenüber den niedrigeren Beamtengruppen – hinzu kam der übliche Hinweis auf die bessere besoldungsmäßige Stellung der Juristen. Geradezu prototypisch für diese Argumentation steht ein Beitrag im Mitteilungsblatt vom September 1926. Nach einleitenden Klagen über die „Beamtenhetze" und über die „ungeheure [...] Verelendung der Beamtenschaft seit 1918", von der die Philologen „in besonderem Maße" betroffen gewesen seien, wird er konkret. Sein Hauptargument für die Einführung der Besoldungsgruppe XI als Eingangsstufe für die Philologen ist die Tatsache, dass „in immer steigenderem Maße Gruppen der *mittleren* Beamtenschaft in die Klasse X vorgerückt" sind. Auf dem Gebiet des Bildungswesens gehörten dazu allein in Mecklenburg sechs Volksschulrektoren und vier seminaristisch ausgebildete Lehrer. Daher könne die Gruppe X „beim besten Willen" nicht mehr als die Gruppe der höheren Beamten bezeichnet werden.[129]

Um zu begründen, dass ein besoldungsmäßiger Vorsprung vor den Volks- und Mittelschullehrern angeblich nicht mehr gegeben sei, zogen die Philologen auch das sogenannte Lebenseinkommen heran. Dieses wurde unter Berücksichtigung der kürzeren Lebensarbeitszeit und der höheren Kosten für die Ausbildung der Studienräte gegenüber den Volksschullehrern berechnet. Indem sowohl die Dauer als auch die Kosten der Ausbildung sehr hoch angesetzt wurden, errechnete man bezogen auf das 60. Lebensjahr für die Volksschullehrer ein um 10 Prozent, für die

---

[126] Zudem sei der Titel Studienrat „wohl eine der scheusslichsten Neuschaffungen auf dem Gebiete des Titelwesens, die [...] nur von einem Gebilde an Scheusslichkeit übertroffen wird: Ober-Studienrat." Schreiben an den Beamtenbund Mecklenburg-Schwerin, 30. 11. 1922 (Abschrift an VMPh), LHAS, 10.65–1, Nr. 20b. Auch Rudolf Puls machte sich in einem Zeitungsartikel über diesen Titel lustig: „Früher nannten sich diese Herren Oberlehrer. Das war einfach und für jedermann verständlich. Aber es klang nicht akademisch genug. Darum heißen sie heute Studienräte." Rudolf Puls: *Die beiden ungleichen Brüder. Zur Schulreform in Mecklenburg*, in: Mecklenburgische Volks-Zeitung, Nr. 163, 15. 7. 1922.
[127] VMPh, Vorstandsbericht, 14. 2. 1928, LHAS, 10.65–1, Nr. 3.
[128] Philologen-Jahrbuch, 26. Jg., 1929/30, S. 5.
[129] Dr. Bohlen: *Besoldungskämpfe*, in: MPhBl, Jg. 1926, Nr. 5, S. 32–34 (Hervorhebung des Verfassers). In der Aussprache im Anschluss an Bohlens Vortrag auf der Versammlung des VMPh, auf dem der Artikel basiert, traten die Teilnehmer einheitlich für die Gruppe XI als Eingangsstufe für die Philologen ein. Vgl. *Bericht des Vorstands über die Hauptversammlung des V.M.Ph. in Wismar am 25.–26. September 1926*, in: MPhBl, Jg.1926, Nr. 6, S. 37f.

Mittelschullehrer sogar ein um 15 Prozent höheres „Lebenseinkommen" als für die Studienräte.[130]

Der Verfasser des oben erwähnten Artikels, Dr. Bohlen, bemängelte zudem die geringe Zahl der Beförderungsgruppen (XII) für die mecklenburgischen Philologen, nicht nur im Vergleich mit anderen Ländern (Preußen, Hansestädte), sondern vor allem im Vergleich mit den Juristen und Verwaltungsbeamten, für die Beförderungsstellen in „außerordentlichem Maße" geschaffen worden seien. Angesichts dieser Situation warnte er vor einem „völligen Versiegen des Nachwuchses", da sich viele Abiturienten dem Philologenberuf vor dem Hintergrund der ungünstigeren Besoldungsverhältnisse und Aufstiegschancen nicht zuwenden würden, und vor einer „Abwanderung von Philologen in Nachbarländer mit günstigeren Verhältnissen".[131] Dass diese Argumente angesichts der akuten Überfüllungskrise im höheren Lehramt wenig tragfähig waren, zeigt die gleich im Anschluss an den Artikel abgedruckte Notiz, die unter der Überschrift „Soll ich Philologie studieren?" vor einem Lehramtsstudium warnte, weil die Anstellungsaussichten im höheren Schulwesen „sehr ungünstig" seien.[132] Trotzdem wurde diese Argumentation in den Folgejahren immer wieder für eine Angleichung der Besoldungsverhältnisse in Mecklenburg an die der Nachbarländer ins Feld geführt.[133]

Stundendeputate und Arbeitsbelastung

Die Höhe der den Lehrern zumutbaren Arbeitsbelastung war ebenfalls ein während der 1920er Jahre zwischen Philologenverband und Unterrichtsministerium strittiges Thema. Dabei ging es neben der Ansetzung der Pflichtstundenzahl auch um Aspekte wie Klassenstärken, unentgeltliche Vertretungsstunden und Verpflichtungen außerhalb des eigentlichen Unterrichts. Im September 1920 plante das Unterrichtsministerium, die Pflichtstundenzahl zu erhöhen, indem die bisher als Höchststundenzahl geltenden Festlegungen, die nur in Ausnahmefällen zur Anwendung kommen sollten, zur Normalstundenzahl erklärt wurden.[134] Die Fachabteilung Lehrer des Beamtenbundes nahm dazu in einer Denkschrift Stellung, in der sie die Pflichtstundenzahl der Oberlehrer in Mecklenburg-Schwerin mit der in den übrigen deutschen Ländern verglich und zu dem Ergebnis kam, dass die Oberlehrerschaft in Mecklenburg-Schwerin nach der geplanten Neuregelung von allen Bundesstaaten „am ungünstigsten" gestellt sein würde.[135] Die Um-

---

[130] Vergleichende Übersicht über das Einkommen einiger höherer Beamten mit demjenigen einiger mittlerer Beamter, aufgestellt durch Studienrat Lehsten zu Wismar, o.D. (Herbst 1931), LHAS, 10.65–1, Nr. 4b.

[131] Dr. Bohlen: *Besoldungskämpfe*, in: MPhBl, Jg. 1926, Nr. 5, S. 32–34.

[132] *Soll ich Philologie studieren? (Fichte-Korrespondenz)*, in: MPhBl, Jg. 1926, Nr. 5, S. 34f.

[133] Eine entsprechende Bitte trug der geschäftsführende Vorstand des VMPh etwa am 20. Januar 1927 unter Verweis auf die „prekäre Lage, in die das mecklenburgische Schulwesen durch den Fortgang von Kollegen" gerate, Staatsminister Dr. Moeller vom Unterrichtsministerium vor. VMPh, Vorstandsbericht, 25. 2. 1927, LHAS, 10.65–1, Nr. 3. Vgl. auch Tätigkeitsbericht des Vorstands, in: MPhBl, Jg. 1927, Nr. 4, S. 25f., in dem der Vorstand auf die „fortwährende Abwanderung tüchtiger Kollegen aus Mecklenburg" hinweist, für die auch „die ungünstigeren mecklenburgischen Besoldungsverhältnisse als Grund angegeben" würden.

[134] Rundschreiben des MfU, 3. 9. 1920, LHAS, 5.12–7/1, Nr. 4752.

[135] Fachabteilung Lehrer des Beamtenbundes Mecklenburg-Schwerin, Denkschrift betr. Pflichtstundenzahl der Oberlehrer, o.D. (Herbst 1920), LHAS, 5.12–7/1, Nr. 4752. Hieraus auch die folgenden Zitate.

setzung der neuen Regelung würde einen „Raubbau" an den Lehrkräften bedeuten, „der weder im Interesse der Schule noch in dem des Staates ist", zumal die Arbeitsüberlastung die Lehrer zu vermehrtem Erholungsurlaub und frühzeitiger Pensionierung zwänge: „Es würde also nach kurzer scheinbarer Ersparnis eine gewaltige Belastung des Etats eintreten." Daraufhin wurde die geplante Erhöhung zunächst nicht umgesetzt. Doch lag die tatsächliche durchschnittliche Arbeitsbelastung der Lehrer aufgrund von Vertretungsstunden oftmals ohnehin schon über der gesetzlich festgelegten. So beschwerten sich die Studienräte des Schweriner Lyzeums im März 1923 beim Unterrichtsministerium über ihre zu hohe Stundenbelastung und forderten die Bewilligung von eineinhalb zusätzlichen Lehrerstellen. Dabei wiesen sie – in ähnlicher Argumentation wie zuvor der Beamtenbund – auf den Zusammenhang zwischen hoher Arbeitsbelastung und Krankenstand hin, der wiederum ein Mehr an Vertretungsstunden zur Folge habe:

> „Wir machen auch darauf aufmerksam, dass wir diese hohe Stundenzahl weder im Interesse des Unterrichts noch im wirtschaftlichen Interesse des Staates für richtig halten. Durch die zu starke Belastung – mehr als 80 Prozent der Herren sind zudem Kriegsteilnehmer – erfolgt eine derartige Abnutzung der Kräfte, daß allzu früh eintretende Arbeitsunfähigkeit die augenblickliche Ersparnis aufheben würde."[136]

Eine gesetzliche Neuregelung der Pflichtstundenzahl erfolgte erst Ende 1923 im Zuge von reichsweiten Maßnahmen zum Beamtenabbau, mit der eine Verlängerung der Arbeitszeit der Beamten einherging. Diese musste sich nach Auffassung des Reichsfinanzministers auch auf das Schulwesen erstrecken.[137] In Mecklenburg-Schwerin wurden die vom Reich initiierten Sparmaßnahmen mit dem Erlass der Landespersonalabbauverordnung vom 26. November 1923 umgesetzt, mit der innerhalb weniger Monate gut 13 Prozent der Beamtenstellen an höheren Schulen gestrichen wurden.[138] Der Abbau erfolgte durch einen Einstellungsstopp und durch die Entlassung von verheirateten weiblichen Beamten sowie von Beamtenanwärtern, die nicht fest angestellt waren.[139] Zudem wurden diejenigen Lehrer, die über die Pensionsgrenze des 65. Lebensjahrs hinaus tätig waren, in großer Zahl zwangspensioniert. Denn neben dem Zwang zum Sparen war es erklärtes Ziel der Verordnung, der zunehmenden Überalterung der Lehrerschaft entgegenzuwirken.

Bisher mussten die Philologen nach der „Dienstanweisung für die Direktoren und Lehrer an den höheren Lehranstalten Mecklenburgs" bis zum 40. Lebensjahr

---

[136] Die Studienräte des Lyzeums Schwerin nebst Angliederungen, i. A. E. Creutzfeld, von Monroy, an das MfU, 21. 3. 1923, LHAS, 5.12–7/1, Nr. 4752. Über einen hohe Arbeitsbelastung beklagte sich auch der Schweriner Studienrat Paul Strömer. Von 1923 an führte er über Jahre hinweg Buch über die von ihm geleisteten Aufsatzkorrekturen, um dies zu untermauern. Auch er verwies in diesem Zusammenhang auf seine Teilnahme am Ersten Weltkrieg. Schreiben an OStDir Lüth, 3. 5. 1935, StASch, S 6, Nr. 238.

[137] Der Reichsminister der Finanzen, Dr. Luther, an den Reichsminister des Innern, 19. 12. 1923 (Abschrift), LHAS, 5.12–7/1, Nr. 4752. In dem Schreiben ist von einer Festsetzung der Pflichtstunden „mindestens auf 30–32 Stunden" die Rede, die jedoch nie verwirklicht wurde.

[138] *Verordnung zur Herabminderung der Personalausgaben (Landes-Personalabbauverordnung),* 26. 11. 1923, in: RBl., Jg. 1923, Nr. 170, S. 873–880; *Verordnung zur Änderung der Landes-Personalabbauverordnung,* 4. 3. 1924, in: RBl., Jg. 1924, Nr. 16, S. 117 f.

[139] Zur Landespersonalabbauverordnung und ihren Auswirkungen auf die Lehrerschaft vgl. ausführlich Seemann, Schulpolitische Auseinandersetzungen (1990), S. 88 f., 111 f.

22 bis 24 Wochenstunden, ältere Lehrer 20 bis 22 Wochenstunden unterrichten.[140] Lehrerinnen unterrichteten zwei Stunden weniger – bezogen aber auch ein um 10 Prozent geringeres Gehalt. Doch sollte die höhere Zahl von 22 bzw. 24 Stunden nur dann als zulässig angesehen werden, „wenn ein vorübergehender Notstand dies erforderlich macht oder wenn die betreffenden Lehrer mit Korrekturen verhältnismäßig wenig belastet sind."[141] Schon seit Anfang der 1920er Jahre hatte die Mecklenburg-Schwerinsche Regierung gegen den Widerstand der Philologen versucht, die Höchststundenzahl als Regelfall festzusetzen. Im Zuge der Sparmaßnahmen übernahm sie nun weitgehend die im März 1924 in Preußen erlassene neue Pflichtstundenregelung. Studienräte hatten fortan regulär 25 Wochenstunden zu unterrichten, ab dem 45. und 55. Lebensjahr reduzierte sich das Soll auf 23 bzw. 21 Stunden.[142]

Bei dieser Regelung, die erst 1930 mit der Änderung der Dienstanweisung für Lehrer gesetzlich fixiert wurde, blieb es bis zum Ende der Weimarer Republik. Das einzige Zugeständnis an die Forderungen der Philologen bestand darin, dass diejenigen Lehrer, die mehr als zwölf Wochenstunden in der *Oberstufe* erteilten, zwei Stunden weniger unterrichten mussten. Zusätzlich heißt es in der Anweisung, dass die neuen Bestimmungen „keinen Anspruch auf eine bestimmte Wochenstundenzahl" gewährten.[143] Damit wurde einer schon Jahre zuvor etablierten Praxis die rechtliche Grundlage gegeben. So hatte Oberschulrat Maybaum bereits im April 1927 eine Beschwerde des Philologenvereins darüber, dass einige Lehrer noch über die festgesetzte Pflichtstundenzahl hinaus Unterricht erteilen müssten,[144] mit dem Hinweis abgeschmettert, „daß die bezeichnete ‚Pflichtstundenzahl' nicht im Sinne von ‚Höchststundenzahl', sondern als Durchschnittszahl zu betrachten ist [und] dass der Lehrer ebenso wie alle übrigen Beamten verpflichtet ist, im Bedarfsfalle auch über diese Stundenzahl hinaus ohne besondere Vergütung Dienst zu tun."[145] In der Praxis war ein Unterrichtsvolumen von 26 oder 27 Wochenstunden keine Seltenheit.

Die Proteste gegen die Arbeitsüberlastung der Lehrer an höheren Schulen hielten bis zum Ende der Weimarer Republik unvermindert an. Neben den Studien-

---

[140] Vgl. Seemann, Schulpolitische Auseinandersetzungen (1990), S. 115.

[141] Dienstanweisung für die Direktoren und Lehrer an den höheren Lehranstalten Mecklenburgs, B. II, § 2, Abs. 5, LHAS, 5.12–7/1, Nr. 4752.

[142] Vgl. die Anfrage des Mecklenburg-Schwerinschen MfU an die Direktionen der staatlichen höheren Lehranstalten vom 20. 3. 1924 nach dem Gesamtbedarf an Lehrkräften, für dessen Berechnung eine Normalstundenzahl für Studienräte von 21 bis 25 Wochenstunden zugrunde gelegt werden soll, wobei ausdrücklich bemerkt wird, „daß hiermit nicht eine Festlegung der Pflichtstundenzahl gegeben sein soll", da diese späterer Beschlussfassung vorbehalten bliebe (LHAS, 5.12–7/1, Nr. 4752). Noch im November 1924 schrieb das MfU an die Oberschulbehörde in Lübeck, dass die angesetzte Pflichtstundenzahl von 25, 23 bzw. 21 Stunden für Studienräte eine „vorläufige Regelung" sei und eine Neuregelung beabsichtigt werde (21. 11. 1924; LHAS, 5.12–7/1, Nr. 4752). Die Regelung in Preußen war identisch, mit der Ausnahme, dass Studienräte ab dem 55. Lebensjahr hier nur 20 Stunden unterrichten mussten (Der Preußische Minister für Wissenschaft, Kunst und Volksbildung an die Provinzialschulkollegien, 12. 3. 1924, LHAS, 5.12–7/1, Nr. 4752). Diese Diskrepanz zwischen Preußen und Mecklenburg kritisierte Prof. Lic. Dr. Schnell: *Ueber die Kraft*, in: MPhBl, Jg. 1926, Jg. 7, S. 45–47, hier S. 46.

[143] MfU, i. A. Krause, an die Direktionen der höheren Schulen, 15. 5. 1930, LHAS, 5.12–7/1, Nr. 4752.

[144] Antrag der Domschule Güstrow an den Philologenverein, 25. 9. 1926, LHAS, 10.65–1, Nr. 10a.

[145] MfU an Domschule Güstrow, Direktion, 8. 4. 1927, LHAS, 10.65–1, Nr. 10a.

räten[146] forderten auch die Assessoren und Referendare[147] und selbst die Hochschullehrer eine Entlastung der Philologen. So ist in einer Entschließung des VI. Deutschen Hochschultages in München von dem „zeitweise unerträglichen Übelstand der Überlastung durch Pflichtstunden und Klassenfrequenzen der Lehrer an den höheren Schulen" die Rede, dem entgegengewirkt werden müsse.[148] Argumentiert wurde dabei zum einen mit der „erschütternde[n] Verschlechterung des Gesundheits[zu]standes", der aus der Überbeanspruchung der Lehrer resultierte und unweigerlich einen erhöhten Krankenstand nach sich zöge.[149] Zum anderen verwiesen die Philologen darauf, dass der im Zuge der Schulreform geforderte Arbeitsunterricht einen erhöhten Vorbereitungsaufwand zur Folge habe, der bei 25 Wochenstunden und mit den bisherigen Klassenfrequenzen nicht zu leisten sei.[150] Ähnlich wie bei der Besoldungsfrage tauchte auch die Abgrenzung zu den Volksschullehrern in den Argumentationen auf. So empörte sich ein Güstrower Studienrat über Bestrebungen, „die Maximalzahl der Unterrichtsstunden für die Philologen derjenigen für die Volksschullehrer anzugleichen!"[151] Davon war man aber noch weit entfernt.[152] Das Ministerium hielt an der erhöhten Stundenzahl fest. Im Zusammenhang mit dem Reichsspargutachten, das die Reichsregierung aufgrund der durch die Weltwirtschaftskrise hervorgerufenen finanziellen Notlage in Auftrag gegeben hatte, erwog das Unterrichtsministerium eine weitere Erhöhung der Pflichtstunden, sah aber nach Protesten des Philologenverbands davon ab. Ein anderer Sparvorschlag des Gutachtens, die Überschreitung der Klassenstärken um bis zu zehn Prozent, wodurch kleinere Klassen zusammengelegt werden konnten, wurde hingegen ab Ostern 1930 umgesetzt.[153]

Unmut über die hohe Arbeitsbelastung herrschte natürlich nicht nur in Mecklenburg. Im Deutschen Philologenblatt wurden die Folgen der Arbeitsüberlastung in verschiedenen Artikeln besonders drastisch geschildert: Dort ist von „gesundheitlichen Schädigungen" der Lehrer und einer erschreckenden Zunahme der „Berufskrankheiten" die Rede, die eine „überreizte [...] und verbitterte [...] Philologenschaft" zur Folge hätten und eine „schwere Gefahr" für die Leistungsfä-

---

[146] Schmidt: *Herbstversammlung am 27. September in Rostock*, in: Mitt. VMPh, Jg. 1925, Nr. 6, S. 51 f.

[147] Dr. Hollmann: *Herbsttagung des Landesverbandes Mecklenburgischer Studienassessoren und Referendare*, in: Mitt. VMPh, Jg. 1925, Nr. 6, S. 52.

[148] Entschließungen des VI. Deutschen Hochschultages in München, o.D. (nach Oktober 1927, Abschrift im Auszug), LHAS, 5.12–7/1, Nr. 4752.

[149] Prof. Lic. Dr. Schnell: *Ueber die Kraft*, in: MPhBl, Jg. 1926, Nr. 7, S. 45–47, Zitat S. 47.

[150] Dr. G. Ringeling: *Historismus – oder historische Vertiefung?*, in: MPhBl, Jg. 1927, Nr. 1, S. 3–8, hier S. 8. Ähnlich Prof. Lic. Dr. Schnell: *Ueber die Kraft*, in: MPhBl, Jg. 1926, Nr. 7, S. 45–47, hier S. 47: „In allen Berichten über die Schulreform findet sich nämlich das Bedenken, dass sie so lange auf dem Papier bleibt, bevor neben anderen Wünschen nicht der nach verminderten Pflichtstunden erfüllt ist."

[151] Prof. Lic. Dr. Schnell: *Ueber die Kraft*, in: MPhBl, Jg. 1926, Nr. 7, S. 45–47, hier S. 46.

[152] Lehrer an Volks- und Mittelschulen mussten bis zum 40. Lebensjahr 30, bis zum 50. Lebensjahr 28 und ab dem 51. Lebensjahr 26 Wochenstunden unterrichten. Vgl. MfU an Finanzministerium, 17. 6. 1922, LHAS, 5.12–7/1, Nr. 4752.

[153] VMPh, i. A. Dr. Weber, Vorstandsbericht, 25. 1. 1930, LHAS, 10.65–1, Nr. 3; Niederschrift über eine vom Vorsitzenden des VMPh, Dr. Wiegandt, erbetene Besprechung am 3. 4. 1930 mit Staatsminister, Ministerialdirektor, Oberregierungsrat Dr. Brandt und Weber, gez. Weber, 4. 4. 1930, LHAS, 5.12–7/1, Nr. 4752.

higkeit der höheren Schulen darstellten.[154] Am Ende schließlich stand, wie in so vielen Argumentationen des Verbandes, das große Ganze auf dem Spiel, nämlich die „Gefährdung der Bildungshöhe unseres Volkes" und damit „die Zukunft des deutschen Volkes" insgesamt. Für Forderungen nach einer Verbesserung der Berufsbedingungen, deren Berechtigung nicht generell zu bestreiten ist, mussten hier, wie so oft, nationalpolitische Argumente herhalten.

Die Lage der Studienassessoren und -referendare

Besonders prekär war die Lage der nicht fest angestellten Lehrkräfte wie der Studienassessoren, vor allem wenn sie keine Studienratsstelle verwalteten. Sie erhielten nur eine sehr geringe Entlohnung und waren ständig von Entlassung bedroht. Die Studienreferendare erhielten überhaupt kein Gehalt, sondern lediglich Unterhaltsbeihilfen, die sie im Falle des Ausscheidens aus dem mecklenburg-schwerinschen Staatsdienst zurückzahlen mussten.[155] Angesichts der seit Beginn der 1920er Jahre in Deutschland virulenten Überfüllungskrise im Lehrerberuf – zeitweilig gab es doppelt so viele Absolventen wie freie Stellen[156] – waren die Aussichten, dauerhaft in den Schuldienst übernommen zu werden, denkbar schlecht. Der mit der Landespersonalabbauverordnung einhergehende Einstellungsstopp und die steigenden Absolventenzahlen verschärften die Situation für die Referendare und Assessoren noch.

Um eine Verbesserung ihrer Lage zu erreichen, gründeten diese Lehrergruppen ihre eigene Interessenvertretung, den Verband Mecklenburgischer Studienassessoren und -referendare, der eng an den VMPh angebunden war. Seine Vorstandssitzungen und Mitgliederversammlungen fanden zumeist im Anschluss an die des VMPh statt. Auch nutzten sie das Mecklenburgische Philologenblatt als Kommunikations- und Publikationsorgan, seit ihr eigenes Blatt aufgrund von Finanzierungsschwierigkeiten im Sommer 1923 sein Erscheinen einstellen musste.[157]

Auf einer Besprechung mit Staatsminister Gladischefski (DDP) und Ministerialrat Chrestin vom Unterrichtsministerium im Frühjahr 1923 forderte der Verbandsvorstand die Verleihung eines beamtenähnlichen Status an die Studienassessoren entsprechend den Anwärtern anderer akademischer Berufe, „um ihre rechtlich völlig haltlose Lage zu verbessern". Fast alle deutschen Staaten hätten zu diesem Zweck Schritte in die Wege geleitet. Zudem würde eine derartige Maßnahme keine übermäßige finanzielle Belastung für das Land Mecklenburg-Schwerin bedeuten, da hier fast 90 Prozent der Anwärter ohnehin bereits im Staatsdienst beschäftigt seien. Das Ministerium lehnte den Antrag mit der Begründung ab, dass

---

[154] Diese und die folgenden Zitate aus den Jahrgängen 1925, 1926, 1927 und 1929 des DPhBl, zitiert nach Hamburger, Lehrer zwischen Kaiser und Führer (1974), S. 239. Selbst Todesfälle von Lehrern wurden auf die Arbeitsüberlastung zurückgeführt. Vgl. Jarausch, Unfree Professions (1990), S. 62. Zu Protesten gegen Pflichtstundenzahlerhöhungen siehe ebd., S. 87 f.

[155] Seit dem 1. 1. 1923 konnten auf Antrag Unterhaltszuschüsse für Referendare gewährt werden, im ersten Jahr in Höhe von bis zu 30%, im zweiten Jahr von bis zu 45% des Anfangsgrundgehaltes der Gruppe VII. Vgl. Christmann: *Verband mecklenburgischer Studien-Assessoren und -Referendare*, in: Mitt. VMPh, Jg. 1923, Nr. 2, S. 13 f.

[156] Vgl. zu diesem Problem allgemein: Titze, Überfüllungskrisen (1981); Titze/Nath/Müller-Benedict, Lehrerzyklus (1983).

[157] Christmann: *Verband mecklenburgischer Studien-Assessoren und -Referendare*, in: Mitt. VMPh, Jg. 1923, Nr. 2, S. 13 f. Überlieferte Exemplare dieser Zeitschrift konnten nicht ermittelt werden.

eine solche Regelung für Mecklenburg-Schwerin aus verwaltungstechnischen Gründen nicht in Frage käme. Immerhin versprach der Unterrichtsminister, „sein möglichstes für die Lage der Anwärter" zu tun. Ältere Studienassessoren würden „ohne besonderen Grund" nicht aus ihren Stellen entfernt; zudem wolle er darauf hinwirken, dass eine „größere [...] Anzahl von Assessoren" zu Studienräten ernannt werde.[158] Aufgrund einer Denkschrift des Assessorenverbands an die Parteien beschloss der Landtag wenig später, alle vakanten Studienratsstellen zu besetzen. Diese Bemühungen blieben aber infolge des Inkrafttretens der Landespersonalabbauverordnung „zum allergrößten Teil" ohne Erfolg.[159] Denn die Ausführungsbestimmungen der Verordnung sahen vor, dass bis zum 31. März 1927 keine Festanstellungen von Lehrern an höheren Schulen mehr vorgenommen werden durften. Der Verband reagierte mit scharfer Kritik: Diese „mißlichen Verhältnisse" würden auf die akademische Junglehrerschaft „niederschmetternd" wirken. Insbesondere deshalb, so wurde betont – und hier zeigt sich wiederum die nationale Komponente der Argumentation – da dies viele Männer beträfe, „die mehrere Jahre vor dem Feinde ihrem Vaterlande gedient haben". Wenigstens die älteren Studienassessoren, die bereits mit der Verwaltung einer Studienratsstelle betraut waren, so forderte der Verband in einem Schreiben an das Ministerium vom Oktober 1924, sollten dauerhaft angestellt werden, zumal eine entsprechende Ausnahmebestimmung der Personalabbauverordnung dies zulasse. Hier kam das Ministerium dem Verband offensichtlich entgegen, denn der Vorsitzende Hofmann bezeichnete die „bisher durch dieses Schreiben erzielten Ergebnisse" als „zufriedenstellend".[160] Mitentscheidend dafür war, dass auch das Finanzministerium – an das der Verband ebenfalls ein Schreiben gerichtet hatte, in dem er auf die verglichen mit anderen höheren Beamten und mit den Volksschullehrern schlechtere Situation der Assessoren hinwies[161] – seinen Widerstand aufgegeben hatte und eine beschränkte Anzahl von Studienratsstellen freigab.[162]

Die Forderungen des Verbandes nach vermehrten Festanstellungen[163] und beamtenrechtlicher Absicherung[164] der Studienassessoren rissen auch in den Folgejahren nicht ab. Unterrichts- und Finanzministerium waren bemüht, diesen Wünschen weitmöglichst entgegenzukommen. Dies erkannte der Verband durchaus an, doch gingen ihm die eingeleiteten Maßnahmen nicht weit genug. Den Assessoren ging es – ebenso wie den Philologen – dabei nicht nur um rein materielle, son-

158 F. Hofmann: *Zur Lage der meckl[enburgischen] Studienassessoren*, in: Mitt. VMPh, Jg. 1923, Nr. 3, S. 18.
159 F. Hofmann: *Verband der Studien-Assessoren und Referendare*, in: Mitt. VMPh, Jg. 1924, Nr. 1, S. 9 f.
160 Ebd.
161 Der Landesverband der Meckl[enburgischen] Studien-Assessoren und Referendare, i. A. Hofmann, 1. 11. 1924; abgedruckt bei F. Hofmann: *Verband der Studien-Assessoren und Referendare*, in: Mitt. VMPh, Jg. 1924, Nr. 2, S. 22.
162 Darüber informierte Landesschulrat Dr. Maybaum den Verbandsvorstand auf einer Besprechung am 17. 11. 1924. Vgl. ebd.
163 Vgl. z. B. Dr. Hollmann: *Herbsttagung des Landesverbandes der Meckl[enburgischen] Stud[ien]-Ass[essoren] und -Referendare*, in: Mitt. VMPh, Jg. 1925, Nr. 6, S. 52.
164 VMPh, Protokoll der Hauptversammlung in Wismar am 25.–26. September 1926, LHAS, 10.65–1, Nr. 7b; VMPh, Bericht über Besprechungen im Unterrichtsministerium, 13. 1. 1930, LHAS, 10.65–1, Nr. 3.

dern immer auch um Statusfragen, wie die vergleichsweise nebensächlich erscheinende Bitte zeigt, künftig die Ernennung der Studienreferendare im Regierungsblatt anzuzeigen, wie dies bei den juristischen Referendaren bereits der Fall sei.[165] Die Gleichstellung mit den Juristen war offenbar auch dann wichtig, wenn sie keinen materiellen Vorteil bot.

Fazit

Die Besoldungskämpfe der mecklenburgischen Philologen müssen vor dem Hintergrund der Deklassierungsangst dieses Berufsstandes in der Weimarer Republik betrachtet werden. Als jüngster der etablierten akademischen Stände mit dem „Odium des sozialen Aufstiegs"[166] behaftet, fürchteten die Philologen den Abstieg umso mehr. Gradmesser für ihre soziale Lage waren die verbeamteten Juristen und – in Abgrenzung nach „unten" – die Volksschullehrer. In Mecklenburg kam zu der Angst vor einer Nivellierung der Gehalts- und damit der Standesunterschiede innerhalb der Gesamtlehrerschaft noch die Sorge hinzu, hinsichtlich ihrer materiellen Lage auch von der Entwicklung im Reich abgehängt zu werden, da fast alle Besoldungs-, Aufstiegs- und Arbeitszeitregelungen in Mecklenburg ungünstiger ausfielen als in Preußen und den meisten anderen Ländern des Deutschen Reichs. Auch mussten die Philologen in Mecklenburg-Schwerin auf den Titel des Oberstudienrats besonders lange warten.

Während sie sich in der Ablehnung der Schulreform nach sozialdemokratischem Muster, die sich ebenfalls aus standespolitischen Motiven speiste, vordergründig auf pädagogische Argumente stützten, machten die Philologen mit Blick auf die Besoldungsfrage aus ihren Standesinteressen keinen Hehl. Sie argumentierten offen mit dem Anspruch auf Gleichstellung mit anderen höheren Beamten und der angemessenen Honorierung eines auf akademischer Ausbildung beruhenden, wissenschaftlichen Berufes. Beim Versuch der Abwehr einer höheren Arbeitsbelastung kamen – neben sachlichen Begründungen – zwei weitere Argumentationsstrategien zum Tragen: Zum einen spielten die Lehrer die Erhöhung der Pflichtstundenzahl gegen die von Sozialdemokraten und Reformpädagogen propagierte – und von ihnen selbst ungeliebte – Methode des Arbeitsunterrichts aus. Diese sei bei einem erhöhten Stundendeputat wegen des hohen Vorbereitungsaufwands nicht durchführbar. Zum anderen operierten sie mit einer langen Argumentationskette, die über die gesundheitlichen Folgen für die Lehrer durch die Überlastung und die daraus resultierende Gefährdung der Bildung schließlich bei der Nation, bei der „Zukunft des deutschen Volkes" endete. In diesem Zusammenhang gehört auch der oft wiederholte Verweis darauf, dass eine zu hohe Arbeitsbelastung gerade Weltkriegsteilnehmern, Männern, die das Vaterland mit der Waffe verteidigt hatten und unter den Folgen des Krieges bis in die Gegenwart litten, nicht zuzumuten sei. Angesichts der Integrationskraft, die die Berufung auf

---

[165] *Bericht des geschäftsführenden Vorstands über die Zeit vom 1. Oktober bis zum 28. November 1926*, in: MPhBl, Jg. 1926, Nr. 7, S. 45. Das Ministerium stellte umgehend die Erfüllung dieser Bitte in Aussicht (VMPh, Vorstandsbericht, 25. 1. 1927, LHAS, 10.65–1, Nr. 3).
[166] So Laubach, Politik des Philologenverbandes (1977), S. 252 f.

das Nationale nicht nur für das mecklenburgische Bürgertum besaß,[167] schien diese Argumentationsstrategie viel versprechend.

Erfolge konnten die Philologen im Hinblick auf ihre Besoldungs- und Arbeitsverhältnisse im Gegensatz zur Schulreform nur in sehr begrenztem Maße erzielen. Während Statusverbesserungen, etwa im Hinblick auf die Titelfrage, ermöglicht wurden, besserte sich ihre materielle Lage kaum. Hier stießen die Lobbyarbeit und der Einfluss des Verbandes aufgrund der in Mecklenburg noch stärker als im Reich insgesamt prekären Finanzlage an Grenzen. Dies galt vor allem in Zeiten extremer finanzieller Engpässe, auf die die Regierung mit drastischen Einschnitten reagierte – die Inflationskrise der frühen 1920er Jahre, an deren Ende die Landespersonalabbauverordnung stand, und die Weltwirtschaftskrise, die das Reichssspargutachten und die Einsetzung des Reichssparkommissars nach sich zog. Die besondere Finanzknappheit im wirtschaftlich rückständigen Mecklenburg-Schwerin führte dazu, dass die Lehrer an höheren Schulen hier materiell schlechter gestellt waren als in Preußen und in den meisten übrigen deutschen Ländern. Die Philologen erkannten fiskalische Zwänge als Grund für die Ablehnung ihrer materiellen Forderungen jedoch kaum an, sondern empfanden sie als willkürliche Obstruktion – wozu auch die Tatsache beitrug, dass die Reichsregierung und die durch diese ermächtigten Landesregierungen die Sparmaßnahmen vielfach an den Parlamenten vorbei auf dem Verordnungswege durchsetzten. Ihren sozialen Abstieg in den 1920er Jahren identifizierten die Philologen daher mit der neuen Staatsform. Diese Haltung entfremdete sie zunehmend von den staatstragenden Parteien in Mecklenburg, SPD und DDP, und trug wesentlich zu ihrem gespannten bis ablehnenden Verhältnis zur Republik bei,[168] das in allgemeinpolitischen Stellungnahmen zum Ende der Weimarer Republik vermehrt durchscheint.[169]

4. Gymnasium Fridericianum und Große Stadtschule in der Weimarer Republik

Welchen Niederschlag fanden die durch die Revolution verursachten politischen Veränderungen nun im Alltag der höheren Schulen und wie gingen die Lehrer mit den neuen Verhältnissen um? In personeller Hinsicht hatte die politische Zäsur von 1918 zunächst keine Auswirkungen, wie ein Blick auf die Zusammensetzung der Kollegien zeigt.

Zu Beginn der Weimarer Republik war an den Gymnasien in Rostock und Schwerin die ältere Generation der Gymnasialprofessoren noch stark vertreten. Das Schweriner Fridericianum leitete der 1857 geborene promovierte Altphilologe Ernst Rickmann, der allerdings schon im Sommer 1920 aus gesundheitlichen

---

[167] Zum Integrationspotential des Nationalismus für das bürgerliche Lager in Mecklenburg vgl. Kasten, Bürgerliche Parteien (2005), sowie im reichsweiten Rahmen Föllmer, Verteidigung (2002).
[168] Vgl. auch Laubach, Politik des Philologenverbandes (1977), S. 255; Hamburger, Pädagogische und politische Orientierung (1977), S. 267 f.
[169] Allgemeinpolitische Stellungnahmen wurden im regionalen Mitteilungsblatt indes – ganz im Gegensatz zum DPhBl als Zentralorgan des DPhV – nur sehr selten veröffentlicht.

Gründen in den Ruhestand trat und wenig später verstarb.[170] Unter den übrigen 17 fest verbeamteten Lehrern der Schule waren im Schuljahr 1919 acht Gymnasialprofessoren, die mit einer Ausnahme 59 Jahre und älter waren.[171] Sie gehörten der von Detlev Peukert als „Wilhelminische Generation" bezeichneten Alterskohorte an, die die Reichsgründung als Kind miterlebt hatte und zu Zeiten Bismarcks politisch sozialisiert worden war.[172] Ihr stand eine Gruppe von acht jüngeren Oberlehrern gegenüber, die zwischen 27 und 35 Jahre alt waren, Angehörige der sogenannten Frontgeneration, die zum überwiegenden Teil als Soldaten im Ersten Weltkrieg gekämpft hatten. Zwischen diesen beiden Gruppen klaffte eine große Lücke; die Jahrgänge von 1861 bis 1883 waren an der Schule nur mit zwei Lehrern vertreten – anschaulicher Ausweis der zyklischen Entwicklung des Arbeitsmarkts für das höhere Lehramt.[173] Hinzu kamen fünf wissenschaftliche Hilfslehrer (später Studienassessoren) und vier Kandidaten (später Studienreferendare), die alle 32 Jahre oder jünger waren.

Direktor der Großen Stadtschule Rostock war der bei Kriegsende bereits 67-jährige Eduard Wrobel. Wrobel hatte Mathematik und Physik studiert und in Physik promoviert. Schon seit 1874 war er am Rostocker Gymnasium tätig, das er seit 1899 leitete. Bis weit über die Pensionsgrenze blieb er Direktor der Schule; erst im Frühjahr 1924 trat er, inzwischen 73 Jahre alt, in den Ruhestand.[174] Auch an der Großen Stadtschule dominierten die älteren Lehrer, wobei die Jahrgänge insgesamt etwas gleichmäßiger verteilt waren als in Schwerin. In dem 21-köpfigen Kollegium standen einer Gruppe von zehn über 50-jährigen Gymnasialprofessoren und Oberlehrern sieben gegenüber, die jünger als 40 Jahre waren.[175] Neben Direktor Wrobel hatte ein weiterer Lehrer die Pensionsgrenze schon überschritten, was in dieser Zeit nicht unüblich war.[176]

a) Kriegsende, Revolution und Krisenjahre: Staatsbürgerliche Erziehung und politische Feiern

Spätestens im Jahr 1918 wurden die Auswirkungen des Weltkrieges auf das Schulleben deutlich spürbar. An der Großen Stadtschule in Rostock waren insgesamt 161 Schüler von der Schulbank weg zum Kriegsdienst eingezogen worden, 31 von

---

170 Kurzbiographie von Ernst Rickmann, o. D. (nach 1921), StASch, S 6, Nr. 159.
171 Angaben nach Philologen-Jahrbuch, 16. Jg., 1919, S. 11–19.
172 Vgl. Peukert, Weimarer Republik (1997), S. 27. Zum Konzept der Generation und seiner Anwendung auf die Zeitgeschichte vgl. ebd., S. 26–30; Jureit/Wildt, Generationen (2005).
173 Vgl. dazu grundlegend Titze, Akademikerzyklus (1990). Dies bestätigt die Annahme von Kluchert, Biographie und Institution (2006), S. 11, dass sich die zyklische Entwicklung des höheren Lehramts „auch in den Kollegien einzelner Schulen abbildet".
174 Vita von Ernst Wrobel, o. D.; MfU an Eduard Wrobel, Mitteilung über Versetzung in den Ruhestand zum 31. 3. 1924, 26. 3. 1924, AHRO, 1.1.21.1, Nr. 35.
175 Hinzu kamen vier wissenschaftliche Hilfslehrer und Kandidaten, ein akademisch gebildeter Zeichenlehrer und zwei ordentliche, seminaristisch gebildete Lehrer, die nur in den unteren Jahrgangsstufen unterrichteten. Angaben nach Philologen-Jahrbuch, Jg. 16, 1919, S. 11–19; Lehrer-Kollegium des Gymnasiums im Winterhalbjahr 1919/20, in: Jahresbericht der Großen Stadtschule zu Rostock, erstattet Ostern 1920, AHRO, 1.1.21.1, Nr. 451.
176 Im Jahr 1918 hatte sogar noch ein 80-jähriger Lehrer an der Schule unterrichtet, „ein Fall, der, wenigstens an der Großen Stadtschule, wohl kaum jemals vorgekommen ist." So OStDir Wrobel in der Schulchronik für das Sommerhalbjahr 1918, AHRO, 1.1.21.1, Nr. 451.

ihnen waren gefallen. Insbesondere die oberen Klassen waren daher gegen Kriegs-ende stark ausgedünnt. Im Sommer 1918 gab es mangels Abiturienten erstmals keine regulären Reifeprüfungen am Rostocker Gymnasium, sondern lediglich zwei Kriegsreifeprüfungen.[177] Am Ende des Winterhalbjahrs 1918/19 fanden eine reguläre und fünf Kriegsreifeprüfungen statt. Diese Zeit war auch von zahlreichen Unterbrechungen des Unterrichts gekennzeichnet: Die Schüler wurden für Ernte-arbeiten, zur Werbung von Kriegsanleihen und zur Sammlung von Wertstoffen und Nahrungsmitteln eingesetzt. Im Herbst blieb die Schule wegen eines epide-mieartigen Ausbruchs der Spanischen Grippe drei Wochen vollständig geschlos-sen. Drei Viertel der Schüler waren von der Krankheit betroffen.[178] Weil die Schul-leistungen „unter allen diesen Einwirkungen leiden" mussten, verlieh die Große Stadtschule, wie der spätere Direktor Walther Neumann im Rückblick einräumte, die Reifezeugnisse „freigiebig". Insgesamt stellte die Schule 115 Reifezeugnisse aufgrund einer Kriegsreifeprüfung und 23 sogar ganz ohne Prüfung aus.[179] In Schwerin sah die Lage hinsichtlich der Reifeprüfungen und der Unterbrechungen des Unterrichts ähnlich aus. Erschwerend kam hier hinzu, dass das Schulgebäude 1918 für Kriegszwecke geräumt und der Unterricht behelfsweise in den Räum-lichkeiten des Realgymnasiums erteilt werden musste.[180]

Die revolutionären Ereignisse vom November 1918 gingen an den Schulen weitgehend vorüber. In der Chronik der Großen Stadtschule werden sie nur bei-läufig erwähnt, im Mitteilungsbuch des Fridericianums überhaupt nicht. Einige Schüler versuchten, die Ergebnisse der Revolution gleichsam auf die Schulen zu übertragen, indem sie eigenmächtig Schülerräte einrichteten. Hierzu hatte der preußische Kultusminister Konrad Haenisch im November 1918 aufgerufen. Der Aufruf, den der Reformpädagoge und führende Repräsentant der Jugendbewe-gung Gustav Wyneken formuliert hatte und den auch einige andere Länder über-nahmen, stieß auf massiven Widerstand bei den Philologen und den Eltern der Schüler, die eine Untergrabung der Lehrerautorität befürchteten.[181] Der mecklen-burgische Unterrichtsminister Hans Sivkovich und die Schulleitung des Frideri-cianums hingegen waren sich in der Ablehnung dieser Form der Demokratisie-rung einig. Sie gestanden lediglich zu, einzelne Schüler der drei oberen Klassen zur Mitarbeit heranzuziehen, „um einem vertrauensvollen Verhältnis zwischen Lehrern und Schülern zu dienen."[182] Folgen hatte die Revolution für die Schulen indes in einem anderen Bereich: Alle patriotischen Feiern wurden vom Ministe-rium abgesagt. Das hinderte die Rostocker Schulleitung aber nicht, zweimal den Unterricht ausfallen zu lassen, damit Lehrer und Schüler an der feierlichen Begrü-ßung zweier in die Stadt einziehender Regimenter teilnehmen konnten.[183]

---

[177] Jahresbericht der Großen Stadtschule zu Rostock, erstattet Ostern 1920, AHRO, 1.1.21.1, Nr. 451.
[178] Große Stadtschule Rostock, Schulchronik Winterhalbjahr 1918/19, AHRO, 1.1.21.1, Nr. 451.
[179] Neumann, Geschichte der Großen Stadtschule (1930), S. 90.
[180] Vgl. Von der Fürstenschule (2003), S. 26.
[181] Vgl. Geiger, Staatsbürgerkunde (1981), S. 65.
[182] Gymnasium Fridericianum, Konferenzbuch 1905–1928, Protokoll der Gesamtkonferenz vom 10. 12. 1918, StASch, S 6, Nr. 1482, Bl. 302.
[183] Große Stadtschule Rostock, Schulchronik Winterhalbjahr 1918/19, AHRO, 1.1.21.1, Nr. 451.

Demokratisierung und staatsbürgerliche Erziehung

In den ersten Jahren nach Kriegsende waren sowohl die neue Landesregierung aus SPD und DDP als auch die Reichsregierung darum bemüht zu verhindern, dass sich an den höheren Schulen eine gegen die junge Demokratie und die Friedensbemühungen der Regierung gerichtete Stimmung durchsetzte. Eine der ersten das Schulwesen betreffenden Maßnahmen der postrevolutionären Übergangsregierung in Mecklenburg unter Leitung von Hugo Wendorff (DDP) bestand daher in einer Weisung von Ende Dezember 1918, nach der die Schulen sich „jeder politischen Beeinflussung" der Schüler enthalten sollten.[184] Diese Weisung wurde Anfang der 1920er Jahre noch einmal mit dem ausdrücklichen Verbot von parteipolitischer Arbeit, des Tragens politischer Abzeichen und der Unterstützung politischer Verbände an den Schulen präzisiert und ergänzt.[185] Wie notwendig solche Vorschriften waren, zeigt ein Vorfall am Schweriner Fridericianum. Im Vorfeld der Reichstagswahlen vom 6. Juni 1920 wurden im Schulgebäude zahlreiche Klebe- und Stimmzettel der Deutschen Volkspartei (DVP) gefunden, die offenkundig von Schülern verteilt worden waren. Die sozialdemokratische Zeitung „Das freie Wort" berichtete, ein Lehrer des Gymnasiums habe das Material an die Schüler ausgegeben und sie zur Verteilung desselben aufgefordert.[186] Auf Nachfrage des Unterrichtsministeriums nannte die Redaktion als Urheber der Agitation für diese „kriegshetzerische" und „volksfeindliche[...]" Partei den Gymnasialprofessor Franz Fritzsche, der überdies als Zeitfreiwilliger am Kapp-Putsch beteiligt gewesen sei, und forderte dessen Entlassung aus dem Staatsdienst.[187] Fritzsche bestritt die Vorwürfe. Er habe vielmehr die Abstellung dieses „Unfugs" veranlasst und versucht, die Schüler „von einer verhetzenden Auffassung der Parteiverhältnisse fernzuhalten". Eine solche Agitation würde überdies seiner Berufsauffassung widersprechen, nach der „Charakterbildung" das höchste Ziel der gymnasialen Erziehung sei und „Parteipolitik nicht in die Schule gehöre".[188] Ministerium und Schulverwaltung stellten darauf ihre Nachforschungen zu dem Vorfall ein, weshalb offen bleiben muss, ob ein anderer Lehrer für die Agitation verantwortlich war oder die Schüler das Material von sich aus verteilten. Auch Presseorgane, die republikfeindlich eingestellt waren, sollten die Schulen nicht unterstützen: Im Mai 1919, wenige Wochen bevor der Reichstag über den Versailler Vertrag abstimmte, verbot Ministerpräsident Wendorff den höheren Schulen, ebenso wie allen Landesbehörden, amtliche Anzeigen in der deutschnationalen Tageszeitung „Mecklenburger Nachrichten" zu schalten, da das Blatt die gebotene Einigkeit des Reiches verletze und die Stellungnahme der Regierung gegenüber den Friedensbedingungen angreife.[189] Im Unterrichtsministerium standen

---

184 Bekanntmachung vom 27. 12. 1918, RBl. Jg. 1918, Nr. 237, S. 1763.
185 MfU an Direktoren der höheren Lehranstalten, der Seminare und an die Schulräte, Ergänzung zu den bereits ergangenen Weisungen bzgl. der Werteerziehung in den Schulen, 16. 2. 1922, LHAS, 5.12–7/1, Nr. 4700.
186 Das freie Wort. Organ der Sozialdemokratischen Partei für Süd- und Westmecklenburg, 2. Jg., Nr. 155 (20. 6. 1920.)
187 Redaktion „Das freie Wort", Bruno Kühn, an MfU, 25. 6. 1920, LHAS, 5.12–7 A.
188 Gymnasialprofessor Franz Fritzsche an MfU, 10. 7. 1920, LHAS, 5.12–7 A.
189 Mecklenburg-Schwerinsches Staatsministerium (MSM), Dr. Wendorff, an die Direktoren der höheren Lehranstalten, 16. 5. 1919, StASch, S 6, Nr. 2. Zur republikfeindlichen Haltung der Zeitung

die Zeichen auf Abwehr – eine aktive Verteidigung der Republik schien in den
ersten Nachkriegsjahren dringend geboten.

Die Regierung operierte aber nicht nur mit Verboten, sondern hielt die Lehrer
dazu an, das demokratische Bewusstsein der Schüler auch auf positive Weise zu
stärken. In diesem Sinne erging schon wenige Monate nach Inkrafttreten der Weimarer Verfassung ein Beschluss der mecklenburgischen Regierung, der die Behandlung der Verfassung im Unterricht vorschrieb.[190] Die Lehrer sollten die Jugendlichen zu republiktreuen und demokratiebewussten Staatsbürgern erziehen.
Dieses Ziel ausgerechnet mit Hilfe der mehrheitlich konservativen und der Monarchie noch stark verhafteten Philologen erreichen zu wollen, erwies sich jedoch
als problematisch.

Wichtigstes Element dieser Bestrebungen war die Einführung des staatsbürgerlichen Unterrichts.[191] Hatte es schon in den letzten Jahren vor Ausbruch des Ersten Weltkriegs erste Ansätze dazu gegeben,[192] sollte dieser Unterricht nun unter
neuem, demokratischem Vorzeichen realisiert werden, wie es Artikel 148 der Weimarer Reichsverfassung vorsah.[193] Ziel war es, das „selbständige Verantwortungsbewusstsein des republikanischen Bürgers in seiner Stellung zu Staat und Gesellschaft zu wecken und zu erziehen".[194] Voraussetzung dafür sei, so die „Richtlinien
für die Mitwirkung der Schulen und Hochschulen zum Schutze der Republik",
ein Lehrkörper, „der sich der verantwortungsvollen Aufgabe eines Jugenderzie-
hers und der Pflichten des Beamten eines republikanischen Staatswesens in gleichem Maße bewußt ist." Die Zurückhaltung vieler Lehrer gegenüber einer Erziehung der Schüler zu demokratischem Bewusstsein offensichtlich ahnend, wies der
Gesetzgeber ausdrücklich darauf hin, es genüge nicht, dass der Lehrer „bei Ausübung seiner amtlichen Tätigkeit jede Herabsetzung der geltenden Staatsform
oder der verfassungsmäßigen Regierungen des Reichs oder der Länder vermei-
det". Vielmehr sei es seine Aufgabe, die Jugend „zur Mitverantwortung für das
Wohl des Staates zu erziehen" und ihre „Staatsgesinnung zu wecken und zu pflegen." Staatsbürgerkunde wurde nicht, wie später in der DDR, als eigenständiges
Lehrfach eingeführt, vielmehr sollte sie in den Gesamtunterricht eingegliedert
werden, schwerpunktmäßig in den Fächern Geschichte, Deutsch und Geogra-

---

vgl. Kasten, Republikfeindliche Karikaturen (2005), S. 239, demzufolge sich die „Mecklenburger
Nachrichten" beim publizistischen Kampf gegen die Republik durch „besondere Skrupellosig-
keit" auszeichneten.

[190] Das Kollegium des Schweriner Fridericianums sah dafür das Fach Geschichte vor. Gymnasium
Fridericianum, Konferenzbuch 1905–1928, Protokoll der Gesamtkonferenz vom 15. 12. 1919,
StASch, S 6, Nr. 1482, Bl. 316.

[191] Vgl. dazu Geiger, Staatsbürgerkunde (1981), der die Wirksamkeit dieses Unterrichts für die demokratische Erziehung skeptisch beurteilt. Vgl. auch Kraul, Gymnasium (1984), S. 135–138; Ki-
towski/Wulf, Liebe zu Volk und Vaterland (2000).

[192] Rundschreiben des Großherzoglich Mecklenburg-Schwerinschen Ministeriums, Abt. für Unterrichtsangelegenheiten, an die Direktoren der Großherzoglichen Gymnasien und Realgymnasien
betr. „Staatsbürgerliche Erziehung", 14. 8. 1913, LHAS, 5.12–7/1, Nr. 4766. Siehe auch Neumann,
Geschichte der Großen Stadtschule (1930), S. 90.

[193] Nach diesem Artikel war in allen Schulen „sittliche Bildung, staatsbürgerliche Gesinnung, persönliche und berufliche Tüchtigkeit im Geiste des deutschen Volkstums und der Völkerversöhnung
zu erstreben." Zudem heißt es dort: „Staatsbürgerkunde und Arbeitsunterricht sind Lehrfächer
der Schulen."

[194] Dieses und das folgende Zitat aus: Richtlinien für die Mitwirkung der Schulen und Hochschulen
zum Schutze der Republik, 19. 8. 1922, RBl., Jg. 1922, Nr. 89, S. 603 f.

phie. Die Schulen mussten über die praktische Anwendung der Staatsbürgerkunde in den verschiedenen Fächern dem mecklenburgischen Unterrichtsministerium Bericht erstatten,[195] das darüber wiederum der Reichsregierung rechenschaftspflichtig war.[196]

Dass die Erziehung der Jugendlichen zu einem demokratisch-republikanischen Staatsbewusstsein bitter nötig war, zeigte das Verhalten von Oberschülern der Großen Stadtschule Rostock in den ersten Jahren der Republik. Im Sommer 1919 wurden auf Anordnung des Unterrichtsministeriums alle Fürstenbilder aus den Schulräumen entfernt. Als die Schüler nach den Ferien zurückkehrten, weigerte sich ein großer Teil von ihnen, die Klassenzimmer zu betreten, bevor die Bilder wieder aufgehängt wurden. Anschließend traten sie in einen zweitägigen Schulstreik. In Treue zur Monarchie im Reich und im Land erzogen, beharrten sie auch nach der Revolution auf den politischen Ansichten der Kaiserzeit. Die Schulleitung reagierte denkbar milde: Zwar missbilligte Direktor Wrobel die Aktion, doch äußerte er „in Anbetracht ihrer ganzen bisherigen nationalen Erziehung" und ihrer „während des Krieges so oft bestätigten patriotischen Gesinnung" Verständnis für das Verhalten der Schüler – eine Argumentation, die an die Begründungen milder Urteile für politisch motivierte Straftaten von rechts in der Weimarer Republik erinnert.[197] Patriotismus wird hier ganz offensichtlich mit Loyalität zu den Repräsentanten der untergegangenen Monarchie gleichgesetzt. Zu einer Bestrafung der Schüler kam es nicht, möglicherweise auch deshalb, weil der Direktor und das Kollegium eine gewisse Sympathie für die Motive der Schüler hegten, wenngleich sie den Streik allein schon aus disziplinarischen Gründen ablehnen mussten.[198]

Wenig republiktreu verhielten sich Lehrer und Schüler der Großen Stadtschule Rostock auch während des Kapp-Lüttwitz-Putsches in Mecklenburg. Zur Abwehr des Putsches hatten die Arbeiterparteien und die Gewerkschaften einen Generalstreik organisiert, den sowohl die Mehrheit der Rostocker Stadtverordnetenversammlung als auch der überwiegende Teil der Bevölkerung unterstützten.[199] Als einzige der Rostocker Schulen neben dem Realgymnasium und als eine der

---

[195] Entsprechende Schreiben sämtlicher höherer Schulen Mecklenburgs aus den 1920er Jahren finden sich in: LHAS, 5.12–7/1, Nr. 4766. Die Schulen bestätigten lediglich formal, dass die Staatsbürgerkunde in den geforderten Fächern berücksichtigt wurde. Nähere Angaben darüber, auf welche Weise das geschah, machten sie nicht.

[196] MfU an Reichsminister des Innern, 7. 2. 1922, LHAS, 5.12–7/1, Nr. 4765.

[197] So etwa im Zusammenhang mit dem ersten Mordversuch an Matthias Erzberger („ideale Gesinnung"), dem Kapp-Lüttwitz-Putsch („selbstlose Vaterlandsliebe") oder dem Hitler-Putsch, bei dem sich die Angeklagten von „rein vaterländischem Geiste und dem edelsten, selbstlosen Willen" hätten leiten lassen. Vgl. Winkler, Weimar (2005), S. 117, 136, 252.

[198] Lediglich für den Wiederholungsfall wurde „strengste Strafe" (Verweis) angedroht. Jahresbericht der Großen Stadtschule (Gymnasium) für das Schuljahr 1919/20, S. 54, AHRO, 1.1.21.1, Nr. 451. Zu einem ähnlichen Fall am Gymnasium in Minden vgl. Kraul, Gymnasium (1984), S. 151 f. Kraul geht davon aus, dass „selbst die Oberlehrer [...] der Ansicht [waren], die Kaiserbilder seien als politisches Symbol zu entfernen". In jedem Fall sahen sie den Streik in Minden als disziplinarisches, nicht als politisches Problem und bestraften die Schüler ebenfalls entsprechend milde.

[199] Zum Verlauf des Kapp-Putsches in Rostock vgl. Keipke, Stadt in der Zeit der Weimarer Republik (2004), S. 173–175. Zum Verlauf des Putsches in Mecklenburg vgl. Polzin, Kapp-Putsch (1966), der den kommunistischen Widerstand gegen den Putsch allerdings überbetont und z.T. falsch darstellt, sowie Mrotzek, Kapp-Lüttwitz-Putsch (2005). Für die Ereignisse im Reich vgl. Erger, Kapp-Lüttwitz-Putsch (1967).

wenigen städtischen Einrichtungen überhaupt beteiligte sich die Große Stadtschule nicht an dem Streik. Nicht ohne unterschwelligen Stolz berichtet Direktor
Wrobel in der Schulchronik, dass trotz der „gefahrdrohenden Unruhen" und
Schießereien in der Stadt „der Unterricht die ganze Woche aufrechterhalten"
wurde.[200] Dass er im weiteren Verlauf die von der Stadtverordnetenversammlung
als solche bezeichnete „reaktionäre [...]' Aufruhrbewegung" in distanzierende
Anführungszeichen setzt, deutet zudem darauf hin, dass er sie selbst nicht als eine
solche betrachtete.

Zahlreiche Schüler der höheren Klassen von Großer Stadtschule und Realgymnasium hatten sich während des Putsches zudem an der Technischen Nothilfe beteiligt. Diese im Jahr 1919 gebildete Organisation, die zunächst dem Reichswehr-
ministerium, später dem Reichsinnenministerium unterstand, sollte im Falle von
Streiks zur Aufrechterhaltung „lebenswichtiger Betriebe" eingesetzt werden, um
die Grundversorgung der Bevölkerung zu gewährleisten.[201] Tatsächlich diente die
eng mit den Arbeitgeberverbänden verbundene Nothilfe in vielen Fällen als
Streikbrecherorganisation und agierte, wie sich insbesondere während des Kapp-
Lüttwitz-Putsches zeigte, „im Ernstfalle gegen die Republik"[202]. Die Rostocker
Schüler wurden im Rahmen der Technischen Nothilfe zum Teil auch als „Zeitfrei-
willige" in Gefechten eingesetzt.[203] Wrobel hatte den Schülern die Erlaubnis zur
Unterstützung der Nothilfe erteilt, obwohl der Rostocker Stadtrat Schröder dies
nur für den „äussersten Notfall" zugelassen hatte, was dem Direktor nach eigener
Aussage nicht rechtzeitig bekannt gegeben worden war. Darüber hinaus hatte er
es versäumt, die Beteiligung der Schüler an der Technischen Nothilfe dem Schulamt zu melden.[204] Der Direktor wurde in dieser Angelegenheit von Unterrichtsminister Sivkovich ins Rostocker Ständehaus zitiert, disziplinarische Konsequenzen blieben aber offensichtlich aus.[205]

Vor dem Hintergrund der Gefährdung der Republik erneuerte das mecklenburg-schwerinsche Unterrichtsministerium seine Aufforderung zur demokrati-

---

[200] Jahresbericht der Großen Stadtschule (Gymnasium) für das Schuljahr 1919/20, S. 59–62, Zitat
S. 60, AHRO, 1.1.21.1, Nr. 451.

[201] Kater, Technische Nothilfe (1979), S. 31. Vgl. auch Wirsching, Vom Weltkrieg zum Bürgerkrieg
(1999), S. 116–119 sowie umfassend Linhardt, Technische Nothilfe (2006).

[202] So Kater, Technische Nothilfe (1979), S. 57, der die Technische Nothilfe auch als „Sammelpunkt
für republik- und verfassungsfeindliche Elemente" charakterisiert. Ebd., S. 56. Zur Bewertung der
Rolle der Technischen Nothilfe während des Kapp-Lüttwitz-Putsches in der historischen Forschung siehe Linhardt, Technische Nothilfe (2006), S. 183–186, der sie selbst weniger negativ beurteilt.

[203] Tabelle: „Beteiligung der Schüler der Großen Stadtschule an der technischen Nothilfe vom
15. März 1920 an", 23. 4. 1920, AHRO, 1.1.21.1, Nr. 290. Vgl. dazu auch Polzin, Kapp-Putsch
(1966), S. 122. Schüler höherer Lehranstalten und Studenten stellten generell einen überdurchschnittlich hohen und zudem besonders aktiven Anteil an Mitgliedern der Technischen Nothilfe.
Vgl. Kater, Technische Nothilfe (1979), S. 49.

[204] Vgl. Rostocker Anzeiger, Nr. 88, 28. 4. 1920, 1. Beiblatt; MfU, Siegmann, Schütz, an Technische
Nothilfe zu Rostock, abschriftlich an den Rat der Stadt Rostock, 29. 3. 1920, AHRO, 1.1.21.1,
Nr. 290. Siehe auch den Leserbrief der Technischen Nothilfe Rostock, in dem diese die Einberu-
fung der Schüler verteidigt, in: Rostocker Anzeiger, Nr. 80, 20. 4. 1920.

[205] Städtische Schulbehörden, Abt. Höhere Schulen, Schroeder, an Große Stadtschule Rostock, Direktor Wrobel, 25. 3. 1920, AHRO, 1.1.21.1, Nr. 290. Auch seiner weiteren Karriere tat sein Verhalten keinen Abbruch: Im Spätsommer 1924 wurde Wrobel zum Regierungskommissar ernannt.
Jahresbericht der Großen Stadtschule (Gymnasium) für das Schuljahr 1923/24, S. 32, AHRO,
1.1.21.1, Nr. 451.

schen und sittlichen Erziehung der Jugend in den folgenden Jahren mehrfach mit dramatischen Appellen. Ein Anlass war die Ermordung des Reichsaußenministers Walter Rathenau durch rechtsradikale Offiziere am 24. Juni 1922. Unter Verweis auf „[t]raurige Ereignisse der vergangenen Zeit" warnte Unterrichtsminister Karl Gladischefski (DDP) vor dem „Abgrund [...], dem unser Volk rettungslos zutreibt", und appellierte an die Lehrer, ihre „ganze Kraft ein[zu]setzen", um die Jugend zu „sittlichem Empfinden", „lebendigem Staatsgefühl" und zur „Achtung vor den bestehenden Gesetzen und der bestehenden Staatsform zu erziehen".[206] Er wandte sich eindringlich gegen die „Herabsetzung und Verächtlichmachung von Angehörigen einzelner Bekenntnisse und Rassen", womit er auch auf den antisemitischen Hintergrund des Attentats auf Rathenau anspielte. Vorausgegangen war dem Appell ein Schreiben des preußischen Kultusministers Otto Boelitz, in dem dieser die „planvollen Verhetzungen Jugendlicher gegen Staat und Staatsform" verurteilte. Scharf kritisierte Boelitz „eine Reihe von Jugendverbänden und Schülervereinen", die „dem Erziehungswillen des Staates entgegenarbeiten und die Autorität des republikanischen Staates [...] erschüttern". Er sprach daher den Schülern aller Schulen das Verbot aus, Vereinen anzugehören oder an ihren Veranstaltungen teilzunehmen, „die sich nach ihren Satzungen oder nach ihrer Betätigung gegen den Staat und die geltende Staatsform richten, seine Einrichtungen bekämpfen oder Mitglieder der Regierung des Reiches oder eines Landes verächtlich machen."[207]

Anlässlich der Ermordung Rathenaus, die die Republik „erschütterte [...] wie kein anderes Ereignis seit dem Kapp-Lüttwitz-Putsch",[208] fanden im ganzen Reich Demonstrationen statt. Sie wurden von der SPD und den Gewerkschaften organisiert, von den Parteien des rechten Spektrums aber nicht unterstützt. Für die Kundgebung und den Demonstrationszug hatte der Rostocker Stadtrat den Unterricht ausfallen lassen, um Lehrern und Schülern eine Teilnahme zu ermöglichen. Vom Kollegium der Großen Stadtschule Rostock nahm niemand diese Möglichkeit wahr – ein Indiz für die national-konservative Gesinnung der Lehrer und ihren gering ausgeprägten Respekt gegenüber der Republik und ihren Repräsentanten.

Die Hinführung der Schüler zu einem demokratischen Staatsbewusstsein war nicht das einzige Ziel der politischen Erziehung an den Schulen. Auch das Heimatbewusstsein und die patriotische Gesinnung der Schüler sollten die Lehrer fördern. Das Unterrichtsministerium forderte, die mecklenburgische Heimatkunde insbesondere im Geschichtsunterricht stärker zu berücksichtigen, um eine „Vertiefung und Verinnerlichung der Jugendbildung" zu erzielen.[209] Gleich meh-

---

[206] MfU, Gladischefski, an die Direktoren der höheren Lehranstalten und Seminare und an die Schulräte, 16. 8. 1922, LHAS, 5.12–7/1, Nr. 4700.

[207] Amtlicher preußischer Pressedienst: „Gegen die Verhetzungen Jugendlicher. Ein Erlass des Kultusministers Boelitz", 8. 8. 1922; vgl. auch den „Aufruf des Kultusministers an die Erzieher. Gegen die Verwilderung der sittlichen Begriffe", 9. 8. 1922. Beide Dokumente in: LHAS, 5.12–7/1, Nr. 4700.

[208] So Winkler, Der lange Weg I (2002), S. 426. Zum Attentat und seinen Hintergründen vgl. Sabrow, Rathenaumord (1994).

[209] MfU an Direktoren der höheren Lehranstalten, 4. 12. 1920, StASch, S 6, Nr. 400. Zur eigenen Weiterbildung wurde den Lehrern die Lektüre des Buches „Heimatpflege – Denkmalpflege" von Hermann Bartmann (Leipzig 1920) empfohlen. Vgl. auch die Berichte der Schweriner Studienräte

rere Anweisungen des Ministeriums aus den ersten Jahren der Republik dienten der patriotischen Erziehung. Im Herbst 1919 erging die Bestimmung, aus gegebenem Anlass die negativen Folgen des Versailler Vertrages für das Deutsche Reich im Unterricht zu thematisieren. Dabei sollte selbstverständlich vermittelt werden, dass der Vertrag dringend einer Revision bedurfte. Denn über die Notwendigkeit einer solchen Revision bestand – wie sonst auf fast keinem Gebiet – während der Weimarer Republik Konsens zwischen allen politischen Parteien. Einige Jahre später schlug das Kollegium des Gymnasiums Fridericianum vor, Material zur Kriegsschuldfrage zu sammeln, ganz offensichtlich ebenfalls, um den Schülern die Ungerechtigkeit des Versailler Vertrags und insbesondere des Kriegsschuldartikels zu vermitteln.[210] Eine Anweisung des Unterrichtsministeriums von März 1921 wies in eine ähnliche Richtung: Weil die Volksabstimmung über den Verbleib Oberschlesiens beim Deutschen Reich kurz bevorstand, sollten an den höheren Schulen Mecklenburgs Vorträge über die „Bedeutung Oberschlesiens für Deutschland" gehalten werden. Eine Sammlung für die abstimmungsberechtigten Oberschlesier schloss sich jeweils an.[211] Ende Oktober wies Unterrichtsminister Hermann Reincke-Bloch (DVP) die höheren Schulen des Landes zudem an, die Jugend im Unterricht, vor allem in den Fächern Geschichte und Geographie, mit „kolonialem Gedankengut" vertraut zu machen. Da das Deutsche Reich ohne Kolonien nicht überlebensfähig sei, müssten diese wiedergewonnen werden, wofür sich das „gesamte deutsche Volk" einzusetzen habe.[212]

Nationale und republikanische Feiern und Gedenktage

Dem Ziel der staatsbürgerlichen Erziehung der Jugend dienten auch Gedenktage und politische Feiern, die an den Oberschulen abgehalten wurden. Zugleich sollten diese die Lehrer an die demokratische Staatsform binden. Hervorzuheben sind in diesem Zusammenhang die Feiern anlässlich des Jahrestags der Verabschiedung der Weimarer Reichsverfassung, auf denen in „geeigneter und würdiger Form" auf die Bedeutung der Verfassung als „Grundlage für das staatliche und rechtliche Dasein des deutschen Volkes" eingegangen werden sollte.[213] Diese jährlich am 11. August abgehaltenen Feiern – fielen sie in die Sommerferien, wurden sie am ersten Schultag nachgeholt – ergänzten die staatsbürgerliche Erziehung, indem sie nicht nur den Verstand, sondern auch das Gefühl ansprachen, das auf diese Weise gewissermaßen „republikanisiert" werden sollte. Betrachtet man die Themen der

---

„über die Beschäftigung mit Mecklenburgischer Geschichte und Heimatkunde im Geschichtsunterricht" vom Februar 1922, StASch, S 6, Nr. 400.

[210] Gymnasium Fridericianum, Konferenzbuch 1905–1928, Protokoll der Gesamtkonferenz vom 9. 6. 1926, StASch, S 6, Nr. 1482, Bl. 389.

[211] Jahresbericht der Großen Stadtschule Rostock, 1920/1921, S. 39, AHRO, 1.1.21.1, Nr. 451.

[212] MfU an Direktoren der höheren Knabenschulen, 31. 10. 1921, StASch, S 6, Nr. 400. Warum diese Anweisung ausdrücklich nur an die Direktoren der Knabenschulen, und nicht wie sonst üblich an alle höheren Schulen ging, bleibt unklar.

[213] MfU, Dr. Moeller, Bekanntmachung vom 27. 7. 1926 über die Veranstaltung einer Verfassungsfeier in den mecklenburgischen Schulen, RBl., Jg. 1926, Nr. 54, S. 399, LHAS, 5.12–7/1, Nr. 4700; Gladischefski, Bekanntmachung vom 4. 8. 1922 betr. Schulfeier am ersten Tage nach den Sommerferien, StASch, M, Nr. 4593. Als allgemeiner Nationalfeiertag konnte der 11. August aufgrund von Widerständen aus dem konservativen Lager und eines fehlenden Konsenses bei den übrigen Parteien nicht gesetzlich verankert werden. Vgl. Kitowski, Verfassungsfeier (2000), S. 45.

Reden zum Verfassungstag, so erscheint es allerdings fraglich, ob dies gelang. Der Direktor der Großen Stadtschule Walther Neumann sprach beispielsweise im Jahr 1927 nicht etwa über die Verfassung, über Demokratie oder republikanisches Staatsbewusstsein, sondern über „den Reichsgedanken in der deutschen Geschichte"[214] – ein Thema, das für den Jahrestag der Reichsgründung sicherlich angemessener gewesen wäre. Über die Reaktion der Schüler und die Wirkung der Rede ist nichts überliefert. Doch schon die Themenwahl zeigt, dass Verfassungsfeiern „mittels milieu- und ideologieübergreifender Bezugspunkte wie Deutschtum, Volk, Staat, Vaterland und Reich" weit auslegbar waren und daher „nur bedingt geeignet, für die Republik zu erziehen."[215]

Die Verfassungsfeier ist an den Gymnasien in Schwerin und Rostock die einzige in den Schulchroniken bzw. den Mitteilungsbüchern nachweisbare Veranstaltung, die – zumindest der Intention des Gesetzgebers nach – demokratische und republikanische Inhalte transportieren sollte. Die übrigen Feiern und Gedenkveranstaltungen besaßen nationalen Charakter oder hatten das Gedenken an die gefallenen Soldaten des Ersten Weltkriegs zum Inhalt. So sollte zum Beispiel am 18. Januar 1921 auf Anweisung von Ministerpräsident Hermann Reincke-Bloch an allen höheren Schulen des Landes „in stiller und ernster Feierlichkeit" des 50. Jahrestags der Gründung des Deutschen Reiches gedacht werden.[216] An der Großen Stadtschule Rostock hielt der Oberlehrer Gustav Schäfer die Rede zu diesem Jubiläum und stellte darin in erster Linie die Leistungen Bismarcks für die Reichsgründung heraus.[217] Seine Rede endete mit einem Blick auf die „trübe Gegenwart", eine Wendung, die nicht gerade dazu geeignet war, in den Schülern Vertrauen und Loyalität zur Republik und zur Demokratie zu wecken. Am Sedantag, der im Kaiserreich jährlich begangen worden war, fand hingegen auf Weisung der Regierung keine öffentliche Feier statt. Den Ordinarien war es aber gestattet, in ihren Klassen auf die historische Bedeutung dieses Tages hinzuweisen.[218] Zum Besuch einer Huldigungsfeier für Hindenburg in Hannover wurden im Dezember 1921 sechs Schüler als offizielle Vertreter des Rostocker Gymnasiums beurlaubt, während den Schulen in Preußen eine Beteiligung an dieser Veranstaltung bezeichnenderweise untersagt worden war.[219] Auch der Amtsantritt des ehemaligen Generalfeldmarschalls und Chefs der Obersten Heeresleitung Hindenburg als Reichspräsident wurde – ebenso wie sein 80. Geburtstag – „festlich" begangen.[220]

[214] Jahresbericht der Großen Stadtschule für das Schuljahr 1927/28, S. 39, AHRO, 1.1.21.1, Nr. 451.
[215] Vgl. Koinzer, Feiern in der Krise (2002). Zu einer ähnlich skeptischen Einschätzung kommt auch Kitowski, Verfassungsfeier (2000), S. 70, die allerdings weniger die inhaltliche Umdeutung als vielmehr den „nachlässige[n] Umgang" mit dem Verfassungstag betont, durch den die schulischen Verfassungsfeiern zu einer „langweiligen Pflichtübung" degradiert worden seien.
[216] MfU, Dr. Reincke-Bloch, Bekanntmachung vom 8. 1. 1921 betr. Feier des 18. Januars in den Schulen des Landes, StASch, M, Nr. 4593.
[217] Jahresbericht der Großen Stadtschule für das Schuljahr 1920/21, S. 38, AHRO, 1.1.21.1, Nr. 451.
[218] Gymnasium Fridericianum, Konferenzbuch 1905–1928, Protokoll der Gesamtkonferenz vom 9. 8. 1920, StASch, S 6, Nr. 1482, Bl. 333.
[219] Jahresbericht der Großen Stadtschule für das Schuljahr 1921/22, S. 44, AHRO, 1.1.21.1, Nr. 451.
[220] Jahresbericht der Großen Stadtschule für das Schuljahr 1925/26, AHRO, 1.1.21.1, Nr. 451; Jahresbericht der Großen Stadtschule für das Schuljahr 1927/28, S. 39, AHRO, 1.1.21.1, Nr. 451. Zum patriotischen Charakter der Schulfeiern anlässlich von Hindenburgs Geburtstag vgl. auch Kitowski, Verfassungsfeier (2000), S. 64–69.

Dagegen hatte die Amtseinführung seines sozialdemokratischen Vorgängers Friedrich Ebert in der Schulchronik noch nicht einmal Erwähnung gefunden.

Sowohl am Rostocker als auch am Schweriner Gymnasium wurde kurz nach dem Ende des Ersten Weltkriegs eine Gedenktafel für die gefallenen Lehrer und Schüler aufgestellt, die jeweils mit einem aufwändigen Festakt eingeweiht wurde.[221] Während die Tafel des Fridericianums frei von Verherrlichungen des „Heldentods" ist,[222] spricht das Programm der Einweihungsfeier eine andere Sprache. Zum Abschluss der Feier wurde das Lied „Der Tod fürs Vaterland" gesungen, das Zeilen enthielt wie „Kein schön'rer Tod ist in der Welt / Als wer vom Feind erschlagen".[223] Das Lied war – nebst Ludwig Uhlands „Ich hatt' einen Kameraden" auch Bestandteil der entsprechenden Feier in Rostock.[224]

Fazit

In den ersten, krisenhaften Jahren der Weimarer Republik zeichneten sich weder die Lehrer noch die Schüler der Gymnasien in Rostock und Schwerin durch eine ausgeprägt loyale Haltung zur neuen Staatsform aus. Vielmehr waren sie noch stark dem Kaiserreich verhaftet, wie sich unter anderem an dem Protest gegen die Abhängung der Fürstenportraits zeigt. Die Regierung versuchte, diesen Tendenzen durch den staatsbürgerkundlichen Unterricht entgegenzuwirken und die Lehrer auf die Erziehung der Schüler zu einer positiven Haltung zu Republik und Demokratie zu verpflichten. Zugleich sollten aber auch das Heimatbewusstsein und die patriotische Gesinnung der Schüler gefördert werden. Der demokratischen Erziehung dienten auch die Verfassungsfeiern, die jedoch, das legen zumindest die wenigen überlieferten Themen der aus diesem Anlass gehaltenen Ansprachen nahe, häufig den Charakter von nationalen Feiern annahmen.

Überhaupt waren die politischen Feiern an den beiden Gymnasien weit überwiegend konservativ und national ausgerichtet. Gedacht wurde der Soldaten, die den „Heldentod" gestorben waren, des ehemaligen Feldmarschalls Hindenburg sowie der Reichsgründung und ihres Vollenders Bismarck. Gefeiert wurde die Vergangenheit, das untergegangene Kaiserreich und seine Repräsentanten, während die Gegenwart, wenn sie überhaupt Thema war, als „trübe" erschien. Es ist schwer vorstellbar, dass in einer solchen Atmosphäre der von Regierungsseite angeordnete staatsbürgerliche Unterricht die intendierte Wirkung erzielte, die darin bestehen sollte, die Schüler ihre staatsbürgerlichen Rechte und Pflichten „auf der Grundlage und im Geiste der Weimarer Verfassung" zu lehren und sie zu „Gemeinsinn, Verantwortungsbewusstsein und Opferbereitschaft" für die Demokratie zu erziehen.[225]

---

[221] Den entsprechenden Antrag der Rostocker Großen Stadtschule genehmigte das Patronat der höheren Schulen am 2. 4. 1919, AHRO, 1.1.20.2, Nr. 1.

[222] Sie enthält neben einer Auflistung aller Namen nur das Zitat aus dem Johannes-Evangelium: „Niemand hat größere Liebe denn die, dass er sein Leben lässt für seine Freunde."

[223] Gymnasium Fridericianum Schwerin, Programm der Einweihung der Gedenktafel für die im Weltkriege gefallenen Fridericianer am 15. 9. 1920; Abbildung der Gedenktafel, StASch, S 6, Nr. 802.

[224] In Rostock fand die Feier am 10. 11. 1920, dem Luthertag, statt. Schulchronik von OStDir Wrobel, 31. 3. 1921, AHRO, 1.1.21.1, Nr. 451.

[225] Richtlinien für die Gestaltung des staatsbürgerlichen Unterrichts, in: Lampe/Franke, Staatsbürgerliche Erziehung (1926), S. 515–520, Zitat S. 515.

b) Die Lehrerschaft: Dominanz der „Frontgeneration"

Mitte der 1920er Jahre kam es im Kollegium des Schweriner Gymnasiums zu einem Umbruch. Innerhalb weniger Jahre schied knapp die Hälfte der Lehrer aus dem Dienst aus; die meisten von ihnen gingen in den Ruhestand. Dieser aufgrund der Altersstruktur des Kollegiums ohnehin fällige Generationswechsel wurde durch das Landespersonalabbaugesetz vom 26. November 1923 beschleunigt, das es den Lehrern nur noch in Ausnahmefällen erlaubte, ihren Beruf über die Pensionsgrenze hinaus auszuüben. Der letzte Gymnasialprofessor der wilhelminischen Generation, der einzige, der unter die Ausnahmeregelung fiel, wurde 1928 im Alter von 68 Jahren pensioniert.[226] Im Kollegium der Großen Stadtschule Rostock vollzog sich ebenfalls ein Generationswechsel, wenngleich langsamer, da die Lehrer dort gleichmäßiger über die Jahrgänge verteilt waren. Hier gingen die beiden letzten Gymnasialprofessoren erst 1933 im Alter von 65 Jahren regulär in den Ruhestand.

Auch in den Schulleitungen rückten jüngere Kräfte nach. In Schwerin hatte schon zu Beginn des Schuljahres 1920/21 Friedrich Lüth den bisherigen Direktor Ernst Rickmann abgelöst. Lüth, 1884 in Parchim geboren, hatte klassische Philologie studiert und war bereits seit 1910 als Oberlehrer für Latein und Griechisch am Fridericianum beschäftigt.[227] Im Jahr 1924 trat in Rostock Walther Neumann als Direktor an die Stelle von Eduard Wrobel, der in die mecklenburgische Staatsregierung wechselte. Neumann trat sein Amt mit 36 Jahren an, im gleichen Alter wie Lüth in Schwerin. In Rostock geboren, hatte Neumann klassische Philologie und Geschichte studiert, wurde zum Dr. phil. promoviert und arbeitete seit Frühjahr 1914 zunächst als Hilfslehrer am Schweriner Gymnasium; Anfang 1918 erhielt er dort eine Oberlehrerstelle.[228] Beide Direktoren waren Kriegsteilnehmer.

Die in der zweiten Hälfte der 1920er Jahre am Gymnasium Schwerin tätigen Lehrer verblieben zum großen Teil relativ lange an der Anstalt: Von den 17 im Jahre 1928 am Fridericianum tätigen akademisch gebildeten Lehrern waren 14 noch bis Anfang der 1940er Jahre dort beschäftigt. Immerhin sieben blieben über das Kriegsende hinaus an der Schule.[229] Da diese Gruppe der zwischen 1884 und 1895 geborenen Lehrer diejenige Generation repräsentiert, die innerhalb des Untersuchungszeitraums am längsten am Schweriner Gymnasium bzw. an der späteren Oberschule unterrichtete, wird sie im Folgenden in Form einer Kollektivbiographie vorgestellt.[230] Für den Zeitraum von der ausgehenden Weimarer Republik

[226] Vgl. die Würdigung von Professor Dr. Richard Wagner anlässlich seines Ausscheidens aus dem Schuldienst, in: Mecklenburgische Zeitung, Nr. 76, 30. 3. 1928, Beiblatt, S. 1.

[227] Lebenslauf von Friedrich Lüth, o. D., StASch, S 6, Nr. 170.

[228] MfU, Schroeder, an Schulbehörde Rostock, Bestellung von Dr. Walther Neumann zum OStDir des Gymnasiums zu Rostock mit Wirkung vom 1. 4. 1924, 13. 3. 1924, AHRO, 1.1.20.2, Nr. 616, Bl. 1; Lebenslauf von Walther Neumann, o. D., StASch, S 6, Nr. 189.

[229] Vgl. Gymnasium Fridericianum zu Schwerin, Übersicht über die Lehrkräfte (Personal- und Diensteinkommenskontrolle), o. D. (1925), StASch, S 6, Nr. 2016, sowie die Angaben in Mecklenburg-Schwerinscher Staatskalender (1918); Mecklenburg-Schwerinsches Staatshandbuch (1923); Mecklenburg-Schwerinsches Staatshandbuch (1927); Mecklenburg-Schwerinsches Staatshandbuch (1930); Staatshandbuch für Mecklenburg (1937); Wilhelm Gerentz, Chronik des Gymnasiums Fridericianum im letzten Jahre seines Bestehens 1945/46, StASch, S 6, Nr. 805.

[230] Zur Anwendung des kollektivbiographischen Ansatzes in der historischen Bildungsforschung jüngst Kluchert, Biographie und Institution (2006).

Lehrerkollegium Ostern 1928.

Krabbe, Strömer, Dr. Gernentz, Allwardt, Eckermann, Dr. Overbeck, Bülow
Godow, Walther, Gaedt, Fritzsche, Dr. Groth, Heyn, Dr. Hollmann, Kindt
Vick, Schröder, Dr. Bibeljé, Dr. Wagner †, Direktor Lüth, Ahlgrimm, Dr. Hoth.

Kollegium des Gymnasiums Fridericianum Schwerin, 1928
Quelle: Stadtarchiv Schwerin

bis zum Ende des Zweiten Weltkriegs stellten diese Lehrer gleichsam das „Kernkollegium" des Fridericianums dar.[231]

Das Kernkollegium des Gymnasiums Fridericianum ist relativ homogen zusammengesetzt:[232] 16 der 17 Lehrer sind gebürtige Mecklenburger, ein weiterer ist in Mecklenburg aufgewachsen; bis auf einen gehören alle Lehrer, bei denen sich dies nachweisen lässt, der evangelisch-lutherischen Konfession an. Ihr Studium hatten sie – wie in jener Zeit üblich – jeweils an mehreren deutschen Universitäten absolviert. Neben Rostock, der einzigen Universität des Landes Mecklenburg, an dem alle ihr Examen ablegten, waren besonders die Universitäten in München, Leipzig und Berlin beliebt. Unter den Studienfächern überwog die klassische Phi-

---

[231] Auf eine parallele Skizze des Kollegiums der Großen Stadtschule muss verzichtet werden, da hier nur einzelne Personalakten vorliegen und daher nur partielle Informationen über die soziale Herkunft und die Partei- und Verbandszugehörigkeit der Lehrer vorliegen. Da es aber in erster Linie darum geht, das Schweriner Kollegium als beispielhaft für eine bestimmte Lehrergeneration darzustellen, ist dieser Verzicht vertretbar.

[232] Alle folgenden Angaben beruhen auf der Auswertung der Personalakten des Gymnasiums Fridericianum, StASch, S 6, Nr. 61, 63, 84, 91, 129, 131, 134, 140, 144, 145, 150, 154, 169, 170, 197, 238, 239, 240, 245, 248.

lologie; die Hälfte des Kollegiums hatte Latein und Griechisch, zumeist in Verbindung mit Geschichte, studiert. Neuere Sprachen und Naturwissenschaften in Kombination mit Mathematik hatten jeweils vier Lehrer belegt. Die Hälfte der Lehrer war promoviert, überwiegend in Klassischer Philologie oder Alter Geschichte. Dies dokumentiert den wissenschaftlichen Anspruch, den die Philologen sowohl an die eigene Ausbildung als auch an den von ihnen erteilten Unterricht stellten. Zugleich war dieser Anspruch das zentrale Distinktionselement gegenüber anderen Lehrergruppen wie Berufs-, Mittel- oder Volksschullehrern.

Ihrer sozialen Herkunft nach, die sich in den meisten Fällen rekonstruieren lässt,[233] stammen die Lehrer zu etwa gleichen Teilen aus dem Kleinbürgertum (Kaufleute, selbstständige Handwerker, Beamte im mittleren Dienst) und aus dem Bildungsbürgertum (höhere Beamte, Pfarrer). Dies ist typisch für diese bildungsbürgerliche Berufsgruppe, denn der Oberschullehrer stellte in Deutschland einerseits den klassischen Aufstiegsberuf des Kleinbürgertums dar, war andererseits aber von einer hohen Selbstrekrutierungsquote gekennzeichnet: Bei einem Viertel des Kernkollegiums war der Vater ebenfalls Lehrer an einer höheren Schule gewesen. Ihre wirtschaftlichen und politischen Interessen vertraten die Philologen – wie gezeigt – traditionell mit Hilfe ihrer Standesorganisation, dem Philologenverband, der dank seines hohen Organisationsgrades von über 95 Prozent quasi eine Monopolstellung innehatte. Auch alle Mitglieder des Schweriner Kernkollegiums gehörten ihm an.

Parteipolitisches Engagement war unter den Philologen seltener. Sie sicherten sich ihren politischen Einfluss vielmehr über ihren Verband und dessen Kontakte zu Parteien. Zudem verstanden sich die Studienräte überwiegend als politisch neutrale Beamte und fühlten sich in erster Linie dem Staat als solchem – nicht etwa der Republik bzw. der Demokratie als Staats*form* oder gar einer bestimmten politischen Partei – verpflichtet. Nur für vier Kollegiumsmitglieder lässt sich in der Weimarer Zeit eine Parteimitgliedschaft nachweisen;[234] bis auf eine Ausnahme gehörten die Lehrer der jeweiligen Partei zudem nur vorübergehend, für ein oder wenige Jahre an. Die Parteizugehörigkeiten sind dem national-konservativen Lager zuzuordnen: Je ein Lehrer war Mitglied der DVP und der DNVP, einer war zunächst DDP-Mitglied und wechselte dann zur DVP, ein weiterer war kurzzeitig Mitglied der rechtsradikalen Völkischen Partei.[235] Ebenso wie die parteipolitische Zugehörigkeit bestätigt auch die Mitgliedschaft in politischen Verbänden ihrer Tendenz nach die konservativ-nationale Ausrichtung der Schweriner Studienräte. Drei Lehrer gehörten dem „Stahlhelm – Bund der Frontsoldaten" an, dem größten paramilitärisch organisierten Wehrverband der Weimarer Republik, der der DNVP nahe stand und der nicht nur offen demokratie- und republikfeindlich in

---

[233] Der Beruf des Vaters lässt sich in 15 von 17 Fällen anhand der Personalakten ermitteln.
[234] Damit lagen die Lehrer des Gymnasiums Fridericianum immerhin noch über dem Durchschnitt des Landes Mecklenburg-Schwerin, wo sich insgesamt nur für fünf Prozent der Lehrer an höheren Schulen eine Parteimitgliedschaft nachweisen lässt. Vgl. Seemann, Schulpolitische Auseinandersetzungen (1990), S. 128.
[235] Zur Zugehörigkeit der verschiedenen Parteien zum nationalen Lager vgl. Matthiesen, NSDAP als Kern der Volksgemeinschaft (2001). Seiner Auffassung nach ist in den protestantischen Regionen Mecklenburg und Vorpommern, in denen das konservativ-katholische Zentrum fehlte, auch die DDP dem nationalen Lager zuzurechen.

Erscheinung trat, sondern seit Ende der 1920er Jahre „ganz unverhohlen einen völkisch-antisemitisch-radikalnationalistischen Kurs" verfolgte.[236] Zwei waren Mitglied im rechtskonservativen, tendenziell völkischen „Verein für das Deutschtum im Ausland" (VDA)[237] und weitere zwei gehörten dem „Deutschen Reichskriegerbund Kyffhäuser" an, der Dachorganisation der Kriegervereine, dessen Mitglieder sich zum großen Teil „zu einer monarchistischen und antirepublikanischen Gesinnung" bekannten.[238] Ein Lehrer war kurzzeitig Mitglied im „Bund völkischer Lehrer", der den Nationalsozialisten nahestand. Alle diese Verbände sind dem konservativ-nationalen bzw. dem völkischen Lager zuzuordnen und richteten sich an latent oder offen republikfeindlich eingestellte Milieus.

Das Kernkollegium des Gymnasiums Fridericianum bestand mithin aus Männern der „Frontgeneration", die ihre Sozialisation und erzieherische Prägung im Kaiserreich erfahren hatten.[239] Sie hatten die klassische Ausbildung an einem humanistischen Gymnasium im Kaiserreich durchlaufen und auch ihr Studium – die jüngeren wenigstens zum überwiegenden Teil – während der Zeit der Monarchie absolviert. 14 Lehrer waren zudem Teilnehmer des Ersten Weltkriegs, die meisten von ihnen standen volle vier Jahre im Feld, nicht wenige wurden verwundet und hatten das Eiserne Kreuz oder andere Auszeichnungen erhalten. Das Ende des Krieges, die Revolution und die folgenden politisch-gesellschaftlichen Veränderungen fielen für sie in eine Zeit, in der sie sich selbst in ihrem beruflichen Werdegang in einer Übergangsphase befanden: Sie standen am Ende ihres Studiums, im Vorbereitungsjahr oder am Beginn ihres Schuldienstes. Die Entscheidungen über den persönlichen und beruflichen Lebensweg hatten sich durch die Kriegsjahre oft verzögert. Besonders charakteristisch für diese Generation ist, dass ihre Repräsentanten die prägenden Jahre ihrer Kindheit, Jugend und Ausbildungszeit während der wilhelminischen Monarchie durchlaufen hatten, während sie ihr Berufsleben in einem völlig neuen, parlamentarisch-demokratischen System absolvierten.

Ohne die individuellen Unterschiede in den einzelnen Lehrerbiographien verwischen zu wollen, lassen sich anhand der Kollektivbiographie einige Aspekte benennen, die für einen Großteil der seit der zweiten Hälfte der 1920er Jahre am Gymnasium Fridericianum tätigen Lehrer charakteristisch sind: die regionale Herkunft aus Mecklenburg und die Zugehörigkeit zur evangelisch-lutherischen Konfession, die soziale Herkunft aus entweder bildungsbürgerlichen oder aufstiegsorientierten kleinbürgerlichen Schichten, die politische Prägung durch das monarchistisch-obrigkeitsstaatliche Kaiserreich, die Erziehung im konservativ-humanistischen Geiste an Gymnasien oder Realgymnasien und, dies gilt für im-

---

[236] So Wehler, Gesellschaftsgeschichte 1914–1949 (2008), S. 392. Grundlegend zu diesem Verband siehe Berghahn, Der Stahlhelm (1966).

[237] Zur Charakterisierung des VDA als Verband mit „völkischer Tendenz", den man „ohne große Bedenken als reaktionär kennzeichnen kann", vgl. Sontheimer, Antidemokratisches Denken (1994), S. 27 u. Anm. 14. Zu den Aktivitäten des VDA an den höheren Schulen in der Weimarer Republik am Beispiel Berlins vgl. Geißler, Schulgruppen (2002).

[238] Lehmann, Militär und Militanz (1989), S. 417. Wehler, Gesellschaftsgeschichte 1914–1949 (2008), S. 391, spricht pointierter von einer „nostalgischen Fixierung auf die grandiose Kaiserzeit", einer „Glorifizierung des Kriegserlebnisses" und einer „mentalen Affinität zu den Rechtsparteien und den ‚vaterländischen Verbänden'".

[239] Zur Frontgeneration in der Weimarer Republik vgl. Peukert, Weimarer Republik (1997), S. 29 f.

merhin drei Viertel des Kernkollegiums, die gemeinsame Erfahrung des Front-
erlebnisses im Ersten Weltkrieg. Diese Merkmale werden künftig bei der Betrachtung dieser Gruppe, deren Vertreter zum Teil bis in die 1950er Jahre an einer der
Schweriner oder Rostocker Oberschulen tätig waren, zu berücksichtigen sein.

c) Sehnsucht nach der Vergangenheit: Schuljubiläen in Rostock und Schwerin

In die zweite Hälfte der 1920er Jahre fielen sowohl am Rostocker als auch am
Schweriner Gymnasium Jubiläen, die aufwändig begangen wurden: Im Jahr 1928
feierte das Gymnasium Fridericianum seinen 375. Geburtstag, zwei Jahre später
beging die Große Stadtschule Rostock den 350. Jahrestag ihrer Gründung. Jubi-
läumsfeiern dieser Art dienten einerseits der Selbstvergewisserung nach innen, andererseits der Repräsentation nach außen. Auf welche Art und Weise sie begangen
wurden, stellt daher einen guten Indikator für das Selbstverständnis der Schulen
zum jeweiligen Zeitpunkt dar. Eine genauere Betrachtung derartiger Feierlichkeiten öffnet den Blick dafür, wie Schulleitung und Lehrerschaft ihre Schule und
deren Rolle in der und ihre Funktion für die Gesellschaft wahrnahmen und wie sie
diese nach außen darstellten. Darüber hinaus lassen sich die Haltung von Schulleitung und Lehrerschaft zum gegenwärtigen politischen System und ihre Hoffnungen und Wünsche für die Zukunft Deutschlands an den zu diesen Anlässen gehaltenen Reden und Festansprachen gut ablesen.

Die Feier zum 375. Jubiläum des Gymnasiums Fridericianum fand am 19. und
20. Oktober 1928 in Schwerin statt.[240] Örtlichkeiten und Gäste der Veranstaltung
zeigen die hohe Bedeutung, die das – eigentlich etwas krumme – Jubiläum nicht
nur für die Schule selbst, sondern auch für die Stadt und für die mecklenburg-
schwerinsche Staatsregierung besaß. Anwesend waren neben Lehrern, Schülern
und Eltern auch zahlreiche im Altherrenverband der Schülervereinigung „Cicero"
organisierte Ehemalige. Schwerins Oberbürgermeister Joachim Saschenbrecker
und Landesschulrat Johannes Maybaum nahmen als Ehrengäste an der Veranstaltung teil. Der Gottesdienst aus Anlass des Jubiläums fand im Schweriner Dom
statt und wurde von Landesbischof Heinrich Behm zelebriert.

Vier zentrale inhaltliche Elemente waren es, die die Feierlichkeiten, die Reden
und Ansprachen durchzogen: die Beschwörung des humanistischen Bildungsideals, die Gegenüberstellung von glorreicher Vergangenheit und unglücklicher Gegenwart, die Bezugnahme auf den Ersten Weltkrieg und seine Opfer und – eng mit
allen anderen Aspekten verknüpft – das Nationale, die Besinnung auf das Deutsche.

Landesbischof Behm beschwor in seiner Predigt zum Festgottesdienst den Humanismus, in dem antiker Geist und Christentum ihre Vermählung gefeiert hätten.[241] Direktor Lüth hob in der zentralen Festansprache den Humanismus als
verbindendes Element zwischen Vergangenheit und Gegenwart, zwischen alter

---

[240] Zum Ablauf der Feier vgl. die vom Altherrenverband des Cicero, der Schülervereinigung des Fridericianums, herausgegebene Broschüre „Die Feier des 375jährigen Jubiläums des Gymnasium
Fridericianum zu Schwerin i. M.", StASch, S 6, Nr. 803, sowie die übrigen in derselben Akte überlieferten Unterlagen.
[241] Altherrenverband des Cicero, 375jähriges Jubiläum des Gymnasium Fridericianum, S. 4.

und junger Generation hervor. Die Generationen gelte es „durch die Erinnerung an die großen Ziele der humanistischen Erziehung zu verbinden", und zwar im gemeinsamen Bekenntnis zum „deutschen Menschen." Der Vorsitzende des Altherrenverbands der „Cicero", Hammerstein, pflichtete ihm bei und äußerte den Wunsch, dass „unser altes Gymnasium noch vielen Generationen deutscher Jugend die reine Quelle humanistischer Bildung bleiben möge, die es langen Generationen gewesen ist!"[242] Das humanistische Gymnasium sei keinesfalls überholt und rückständig, sondern vielmehr ein „unverrückbares Fundament deutscher Bildung auch für die Zukunft."[243] Das Festhalten am humanistischen Bildungsideal sei auch der Schlüssel für einen Ausweg aus der Krise, die das deutsche Volk gegenwärtig durchlebe: „Wollen wir dieser Krisis Herr werden", so Hammerstein, „dürfen wir nicht verzichten auf die Bildung, die das humanistische Gymnasium vermittelt." An dieser Stelle klingt schon der nächste Aspekt an: Die Gegenwart wird als „ernste [...] und schwere [...] Zeit"[244] empfunden und einer besseren Vergangenheit gegenübergestellt.

Diese Gegenüberstellung von Vergangenheit und Gegenwart griff Direktor Lüth in seinen Dankesworten an den Altherrenverband wieder auf: „Wir wuchsen auf in einem Staat, der uns für die Ewigkeit gegründet schien, und [...] nationaler Stolz und nationale Freude [waren] die selbstverständliche Voraussetzung. Das ist nun alles dahin." Damit brachte er die oben skizzierte, von der raschen Abfolge starker politischer Gegensätze geprägte Erfahrung der Frontgeneration, der er selber angehörte, auf den Punkt. Diese Gegenüberstellung korrespondiert mit den Huldigungs- und Dankesadressen an das untergegangene mecklenburgische Fürstenhaus, dessen Vertreter Friedrich Franz I. nach wie vor als Namensgeber der Schule diente. Der „landesväterlichen Fürsorge, die unserem Volke diese Stätte der Bildung einst geschaffen und später neu gestaltet hat", stellte Lüth die Ungewissheit darüber gegenüber, ob diese Unterstützung auch in Zukunft gewährleistet sein würde.

Besonders auffällig ist aber, wie präsent der immerhin zehn Jahre zurückliegende Weltkrieg in den Jubiläumsfeierlichkeiten war. Es fand nicht nur die obligatorische feierliche Kranzniederlegung an der Gedenktafel für die gefallenen Schüler und Lehrer statt, bei der die Namen aller Gefallenen verlesen wurden. Auch in den mit nationalistischem Gedankengut durchtränkten Festansprachen dominierte das Thema Krieg. Hammerstein gedachte in seiner Ansprache vor dem abendlichen Festkommers derer, die „ihr Leben dahingaben um der deutschen Sache willen [...] in Treue und unauslöschlicher Dankbarkeit." Direktor Lüth sah in dieser Hingabe der Soldaten für das Vaterland das wahre Deutschtum: „Deutsch ist der [...], der um der deutschen Sache willen stirbt, der aber – noch im Sterben – den Nachstürmenden zuruft: Deutschland, Deutschland über alles, über alles in der Welt!" Im weiteren Verlauf verknüpfte er nicht nur ganz allgemein die huma-

---

[242] Manuskript der Rede anlässlich der Überreichung der Urkunde für die Gymnasialgedächtnisstiftung von Chr. Hammerstein, dem Vorsitzenden des Altherrenverbandes des Cicero, StASch, S 6, Nr. 803.

[243] Dieses und die folgenden Zitate aus: Altherrenverband des Cicero, 375jähriges Jubiläum des Gymnasium Fridericianum, S. 17f., 16f., 15, 20, 16, 5, 15, 10, 16, 6, 9, 16.

[244] An anderer Stelle ist von der „herbe[n] Gegenwart" die Rede. Vgl. ebd., S. 16.

nistische Bildung, sondern auch ihre konkrete Vermittlung im Unterricht mit dem Einsatz der Jugend für das Vaterland:

„Es war eine deutsche Sache, wenn Horaz' Römeroden erklangen, es war eine deutsche Sache, wenn bei Livius der Bericht über die Schlacht bei Kannä [!] und die ewig denkwürdige Haltung des römischen Senates nach der Niederlage gelesen wurde, es war eine deutsche Sache, wenn bei Thukydides die Gesichtspunkte für die Beurteilung der Kriegsschuld erarbeitet wurden, es war eine deutsche Sache, wenn Geschoßbahn und Fluggeschwindigkeit berechnet wurden, und es war eine deutsche Sache, wenn die Geschichte Frankreichs Drängen zum Rhein, Englands Streben zur Weltherrschaft zeigt."

Hier wird die Schulbank des humanistischen Gymnasiums gleichsam zur Heimatfront stilisiert, zur Ergänzung und notwendigen Voraussetzung für den Kampf der Soldaten auf den Schlachtfeldern. Insbesondere die Erwähnung der von Thukydides aufgeworfenen Kriegsschuldfrage ist interessant, lag es doch nahe, diese mit der Auseinandersetzung um den Kriegsschuldparagraphen des Versailler Vertrages in Verbindung zu bringen. Doch nicht nur die Schüler, auch die Lehrer werden für die nationale Sache vereinnahmt, indem Lüth kundtut, dass die klassischen Philologen schon immer stolze Patrioten gewesen" seien. Indem er eine Verknüpfung zwischen humanistischer Bildung und Nationalbewusstsein herstellt, verteidigt der Direktor zugleich seinen eigenen Berufsstand.

Die Quintessenz dieser Aussagen liegt auf der Hand: Die Glanzzeit Deutschlands liegt in der Vergangenheit, im wilhelminischen Kaiserreich.[245] Die – bezeichnenderweise nie direkt angesprochene – Niederlage im Weltkrieg sowie die „Erschütterungen der Nachkriegszeit" haben diese Glanzzeit beendet und Deutschland in das schwere und krisenhafte Dasein der Gegenwart geführt. Nur mit Hilfe des humanistischen Bildungsideals, das wiederum seine Hochzeit während der Monarchie hatte, kann Deutschland die Krise überwinden und zu alter Stärke zurückfinden. Das wiederum bedeutet, dass das deutsche Gymnasium im Allgemeinen und das Gymnasium Fridericianum im Besonderen in ihrer hergebrachten Form unbedingt bewahrt bleiben müssen. Auf diese Weise wird zugleich jeglichem staatlichen Reformvorhaben, das höhere Schulwesen betreffend, eine klare Absage erteilt.

Das künstlerische Rahmenprogramm der Veranstaltung spiegelt die in den Ansprachen dominierenden Themen wider. Neben zahlreichen christlichen und patriotischen Gesängen führten die Schüler zwei Theaterstücke auf: Sophokles' „König Ödipus" im Theater am Alten Garten, das mit großem Beifall aufgenommen wurde, und zum Ausklang eine Szene aus Schillers Wilhelm Tell. Sowohl die griechische Antike als auch die deutsche Klassik waren damit präsent. Aus Schillers Drama wurde die berühmte Rütlischwurszene ausgewählt, die seit dem ausgehenden 19. Jahrhundert von nationalistischen Strömungen vereinnahmt wurde. Der Aufruf zur Einigkeit des Volkes in Zeiten von „Not", „Gefahr" und „Knechtschaft" am Schluss der Szene ließ sich leicht auf die empfundene Krise der Gegenwart und die angebliche Unterjochung des Deutschen Reiches durch den Versail-

---

[245] Zur Idealisierung des Kaiserreichs durch das Bildungsbürgertum in der Weimarer Republik vgl. auch Barth, Dolchstoßlegenden (2001), S. 411.

ler Vertrag übertragen. Der Rückgriff auf das deutsche Kulturerbe ging also auch hier Hand in Hand mit einem Appell an das Nationalbewusstsein.

Die Feierlichkeiten zum 350. Jubiläum der Rostocker Großen Stadtschule, die vom 12. bis zum 14. September 1930 währten, folgten einem ähnlichen Muster. Der Festgottesdienst und die Ansprachen von Direktor Neumann und dem Chemiefabrikanten und DDP-Politiker Friedrich Carl Witte als Vertreter der Altschülerschaft waren umrahmt von Rezitationen, Musikdarbietungen und einer Schüleraufführung von Aischylos' Agamemnon.

Walther Neumann begann seine Festrede mit einem Rückblick auf die Geschichte des Gymnasiums, in der sich wie in einem Mikrokosmos die „großen Schicksalsstunden unserer deutschen Kultur" spiegelten.[246] Er zog eine Parallele zwischen der Gegenwart und dem Zustand Deutschlands 100 Jahre zuvor. Auch damals sei Deutschland „als Nation zerfallen" gewesen. Seine Wiedergeburt habe es nicht allein mit Waffengewalt errungen, diese sei vielmehr aus der „*geistigen* Erneuerung" erwachsen, aus der Rückbesinnung auf die klassische Antike und das Griechentum. Daher sei es kein Zufall, dass „die Stunde der nationalen Wiedergeburt damals zugleich die Geburtsstunde des deutschen humanistischen Gymnasiums" war. Zu eben diesem Zeitpunkt, vor 100 Jahren, habe auch die Große Stadtschule die Form des Humboldtschen Gymnasiums übernommen. Im Laufe des 19. Jahrhunderts aber, so Neumann weiter, habe sich die Große Stadtschule vom Humboldtschen Ideal entfernt und sich zunehmend den Anforderungen des rasanten Aufschwungs von Technik, Industrie und Verkehr unterworfen:

„Wir kennen es alle, dieses Streben jener Jahrzehnte, dieses Phantom einer allgemeinen Bildung, das die Fortschritte auf allen Gebieten des Lebens einfangen wollte in ein allseitiges Wissen. Auch das Gymnasium hat diesem Streben seine Tore weit geöffnet, ein getreuer Spiegel jener Zeit, die das Alleswissen- und Alleskönnenwollen mit dem Niedergang ihrer Kultur bezahlte."

Konsequenz dieser Entwicklung sei der (Erste) Weltkrieg gewesen, als Höhe- und Schlusspunkt einer Epoche, „in der Bildung zum Fachwissen geworden war, und der Rausch des Herrschergefühls über die Natur den Menschen zu Sklaven der Technik gemacht hatte." Dieser Krieg schließlich habe „von allen Völkern uns Deutschen die tiefste Not, die schwerste Last" auferlegt. Um Deutschland wieder aus dieser Situation herauszuführen, bedurfte es Neumann zufolge zweierlei: Des „unzerstörbaren Idealismus unserer Jugend", den diese nicht zuletzt während des Weltkriegs durch ihre „heilige [...] Liebe zu Volk und Vaterland und Heimaterde" bewiesen habe, und einer „neue[n] geistige[n] Bildung", in der der „humanistische Grundgedanke, die geistige Formung der Gesamtpersönlichkeit, lebendig" bleiben müsse.

Ähnlich wie sein Schweriner Kollege sah mithin auch der Rostocker Gymnasialdirektor Neumann in der Rückbesinnung auf die humanistische Bildung den Ausweg aus der gegenwärtigen Krise, die erst durch die Abkehr von jener hervorgerufen worden sei. Im Gegensatz zu Lüth verklärte er jedoch die Kaiserzeit nicht – vielmehr betrachtete er sie, ohne dies direkt auszusprechen, als Vorgeschichte

---

[246] Dieses und die folgenden Zitate nach dem Manuskript der Rede vom 12. 9. 1930, AHRO, 1.1.21.1, Nr. 434 (Hervorhebungen jeweils im Original).

des Weltkriegs, der Deutschland in die Katastrophe führte. Hier spiegelt sich die seit dem ausgehenden 19. Jahrhundert vor allem in bildungsbürgerlichen Kreisen aufkommende Zivilisations- und Technikkritik wider, mit der eine kulturpessimistische Sicht auf Gegenwart und Zukunft einherging.[247] Ein weiterer gradueller Unterschied besteht darin, dass Neumann das humanistische Gymnasium nicht in dem Maße verabsolutiert wie der Direktor des Fridericianums. Das humanistische Gymnasium sei, so Neumann, *„ein* Weg, und nicht der schlechteste" auf dem „Wege zum neuen Deutschland", aber eben nicht der einzige. Diese leichte Relativierung des Wertes der rein humanistischen Bildung hängt sicherlich auch damit zusammen, dass Rostock als Hafen-, Industrie- und Handelsstadt in stärkerem Maße auf die realistische Bildung angewiesen war als das Verwaltungszentrum Schwerin. Auch galten Oberrealschule und Realgymnasium in Rostock als „Tochteranstalten" der Großen Stadtschule und waren mit ihr daher eng verbunden.[248]

d) Resümee

Die sozialliberale Koalition, die nach der Revolution im Reich und in Mecklenburg die Regierung übernommen hatte, war bemüht, die junge Republik zu festigen und ihr Akzeptanz in der Bevölkerung zu verschaffen. Die höhere Schule war dabei als diejenige Institution, die die künftige gesellschaftliche Elite heranzog, von besonderer Bedeutung. Dort trafen die Ambitionen der Regierung aber auf ein Milieu, das der neuen Staatsform skeptisch bis ablehnend gegenüberstand: Die politische, gesellschaftliche und kulturelle Prägung eines Großteils der Lehrer, ihre Sozialisation im wilhelminischen Kaiserreich, ihre Erziehung am humanistischen Gymnasium und ihre Kriegserfahrung spiegelte sich recht deutlich in ihrem Verhalten im Schulalltag wider. Monarchie, Weltkrieg und Humanismus – die Vergangenheit überhaupt – waren zentrale Bezugspunkte ihres Denkens und Handelns. Die Gegenwart diente zumeist lediglich als Negativfolie, vor deren Hintergrund die Vergangenheit umso positiver aufschien.

Das Festhalten an alten Idealen und Prinzipien war innerhalb der Lehrerschaft konsensfähig und stieß – zumindest schulintern – nicht auf Widerspruch. Alles Neue hingegen wurde mit Skepsis aufgenommen. Die von Regierungsseite angeordneten Neuerungen wie der staatsbürgerliche Unterricht, der die Schüler zu einem demokratisch-republikanischen Staatsbewusstsein erziehen sollte, und das Abhalten von Verfassungsfeiern zeigten nur begrenzte Wirkung. Die Philologen kamen den an sie gestellten Anforderungen lediglich formal nach, von einem „neuen Geist", der in den Schulalltag einziehen sollte, war dagegen nur wenig zu spüren. Hier kam offensichtlich das Selbstverständnis der Philologen als loyale Staatsbeamte zum Tragen, die nicht offen gegen die Maßnahmen der ihnen vorgesetzten Behörden opponierten, sie aber auch nicht mit dem notwendigen Engagement umsetzten. Dass die Loyalität der Lehrer zur neuen Staatsform sehr oberflächlicher Natur war, zeigen nicht nur das wenig republiktreue Verhalten der Ro-

---

[247] Vgl. Wehler, Gesellschaftsgeschichte 1914–1949 (2008), S. 16, 296; Gimmel, Politische Organisation (2001), S. 187–199. Kritisch zur Charakterisierung der Zivilisationskritik als bildungsbürgerliches Phänomen Rohkrämer, Eine andere Moderne? (1999), S. 20 f.
[248] Vgl. Kolz, Zur Geschichte (1992).

stocker Studienräte im Zusammenhang mit dem Kapp-Lüttwitz-Putsch, sondern auch die Reden und Ansprachen, die im Rahmen von Feiern und Jubiläen gehalten wurden, besonders deutlich die aus Anlass des 375. Jahrestages der Gründung des Schweriner Gymnasiums. Zwar wurde offene Kritik am bestehenden politischen System vermieden, doch in der völligen Ignorierung der demokratischen Institutionen der jungen Republik – die im Übrigen bis 1933 den Erhalt der humanistischen Bildung bei nur geringfügiger Modernisierung gewährleisteten –, in der Beschwörung der gegenwärtigen Krise und in der Glorifizierung der Vergangenheit trat die ablehnende Haltung gegenüber der bestehenden Staatsform und die Unzufriedenheit mit der gegenwärtigen politischen, sozialen und wirtschaftlichen Situation mehr als deutlich zu Tage. Diese Haltung gaben die Lehrer auch an ihre Schüler weiter. In gewisser Weise stellten die Lehrer – trotz ihres im Durchschnitt noch geringen Alters – Anachronismen dar: Aufgewachsen und ausgebildet im Kaiserreich, das unwiderruflich vorbei war, dessen Rückkehr sie aber herbeisehnten, mussten sie ihren Beruf in einer ihnen fremden Zeit, unter von ihnen sehr kritisch betrachteten politischen und gesellschaftlichen Verhältnissen ausüben.

III. Gleichschaltung, Anpassung und Resistenz: Die Gymnasiallehrer im Dritten Reich

1. Zur strukturellen Entwicklung des höheren Schulwesens in Mecklenburg 1933–1945

Die höheren Schulen

An der Struktur des höheren Schulwesens in Mecklenburg änderte sich nach der Machtübernahme durch die Nationalsozialisten zunächst nichts. Eine Neuordnung des Schulsystems hatte für die nationalsozialistischen Schulpolitiker gegenüber der Umformulierung der Erziehungsziele, der Neubesetzung von Leitungspositionen an den Schulen und in der Schulverwaltung sowie der Förderung von außerschulischen Erziehungsorganisationen wie der Hitlerjugend nachgeordnete Bedeutung. Prinzipiell hielten die Nationalsozialisten zunächst am dreigliedrigen System aus Gymnasium, Realgymnasium und Oberrealschule für die männliche Jugend fest, das schon während der Weimarer Republik durch den neuen Typus der „Deutschen Oberschule" ergänzt worden war.[1] Als Mädchenschultypen bestanden weiterhin Lyzeum, Oberlyzeum und Lyzeum mit Studienanstalt. Durch die Vereinigung der beiden Mecklenburgischen Staaten Anfang 1934 kamen die Lehranstalten aus Mecklenburg-Strelitz hinzu, so dass das vereinigte Land Mecklenburg 1935 über insgesamt 32 staatliche höhere Schulen, davon 25 für Knaben und sieben für Mädchen, verfügte.[2]

Ein Einschnitt in die Struktur des höheren mecklenburgischen Schulwesens erfolgte mit der reichsweiten nationalsozialistischen Schulreform, die Erziehungsminister Bernhard Rust im Schuljahr 1937/38 umsetzte.[3] Nachdem in der Weimarer Republik unternommene Versuche, die – reichsweit bis zu 70 verschiedenen – Typen höherer Schulen zu reduzieren, erfolglos geblieben waren, wurde das stark diversifizierte Schulsystem nun gestrafft und vereinheitlicht. Statt der bisherigen Gymnasien, Realgymnasien, Oberrealschulen und Lyzeen bzw. Oberlyzeen waren nur noch zwei Grundtypen zugelassen: die Oberschule als höhere Regelschule mit Englisch als erster Fremdsprache und das humanistische Gymnasium als Sonderform, wo es bei Latein als erster Fremdsprache blieb. Die Oberschulen für Jungen teilten sich in einen neusprachlichen und einen naturwissenschaftlichen Zweig, deren Lehrpläne sich an denen des bisherigen Reformrealgymnasiums

---

[1] Einzige Schule dieses Typs in Mecklenburg war die Aufbauschule in Neukloster. Als Nebenform existierten außerdem drei Reformrealgymnasien, eines davon im Aufbau. Vgl. Mecklenburg-Schwerinsches Staatshandbuch (1930), S. 145; Staatshandbuch für Mecklenburg (1937), S. 102.

[2] Vgl. Staatshandbuch für Mecklenburg (1937), S. 94–105.

[3] Zum ideologischen Hintergrund der Schulreform vgl. Schneider, Höhere Schule (2000), S. 390–444.

bzw. der Oberrealschule orientierten.[4] Die Oberschulen für Mädchen waren in einen neusprachlichen und einen hauswirtschaftlichen Zweig gegliedert, von denen zunächst nur ersterer zur Hochschulreife führte. Ab 1941 (rückwirkend für die Jahrgänge ab 1939) erhielten auch die Absolventinnen des hauswirtschaftlichen Zweigs die Zulassung zu fast allen akademischen Studien – eine durch den Krieg bedingte und arbeitsmarktpolitisch motivierte Regelung.[5] Mit der Reform einher ging eine generelle Reduzierung der Dauer der höheren Schule von dreizehn auf zwölf Jahre. Diese Maßnahme war schon in der Weimarer Republik diskutiert worden, damals aber – sowohl aus pädagogischen Erwägungen als auch aus standespolitischen Interessen – auf den heftigen Protest der Philologenschaft gestoßen und hatte sich auch deshalb nicht verwirklichen lassen. Die Verkürzung der Schuldauer erfolgte offiziell aus „wichtigen bevölkerungspolitischen Gründen".[6] Dahinter standen wirtschafts- und militärpolitische Motive. Angesichts der geburtenschwachen Jahrgänge aus der Zeit des Ersten Weltkriegs sollten die Absolventen der höheren Schulen möglichst rasch dem Arbeitsmarkt und dem Militärdienst zur Verfügung stehen: „Die Durchführung des Vierjahrplanes sowie der Nachwuchsbedarf der Wehrmacht erfordern es", so Minister Rust zur Einführung der zwölfjährigen Schulzeit ab 1937.[7] Ausdrücklich wurde darauf hingewiesen, dass durch die Verkürzung „die Bildungshöhe der Höheren Schule nicht herabgemindert" werden dürfe.[8] Als weitere Reformmaßnahme wurde an allen Oberschulen nun Englisch als erste Fremdsprache unterrichtet.

In Mecklenburg blieben von den acht humanistischen Gymnasien sechs erhalten.[9] Die Auswahl der zu erhaltenden Gymnasialstandorte richtete sich nach der Größe der Städte bzw. ihres Einzugsgebietes. Altsprachliche Gymnasien sollten nur noch dort zugelassen werden, wo am Ort noch mindestens eine weitere Oberschule existieren konnte.[10] Die kleinstädtischen Gymnasien in Bad Doberan und Parchim wurden daher ebenso wie alle Realgymnasien und Oberrealschulen in Oberschulen für Jungen umgewandelt.[11] Auch wurde im Zuge der Schulreform die letzte städtische höhere Schule Mecklenburgs in Hagenow in eine staatliche umgewandelt.[12] Mit der nationalsozialistischen Schulreform – soweit sie die *Struktur* des höheren Schulwesens betraf – setzte sich demnach der Trend der

---

[4] Vgl. Kraul, Gymnasium (1984), S. 169.
[5] Zur nationalsozialistischen Schulreform vgl. Eilers, Schulpolitik (1963), S. 57–60; Zymek, Entwicklung des Schulsystems (1987), S. 134–136. Der Widerstand der Schulen gegen ihre Umwandlung hielt sich Eilers zufolge in Grenzen und „konnte die Durchführung der Vereinheitlichung nicht entscheidend hemmen". Eilers, Schulpolitik (1963), S. 57.
[6] Erziehung und Unterricht in der höheren Schule (1938), S. 1.
[7] *Ablegung der Reifeprüfung an den höheren Schulen im Jahre 1937*, in: DWEV, 2. Jg., 1936, Nr. 23, S. 525. Zum Zusammenhang zwischen Arbeitskräftemangel und nationalsozialistischer Schulreform vgl. auch Zymek, War die nationalsozialistische Schulpolitik sozialrevolutionär? (1980), S. 272.
[8] Erziehung und Unterricht in der höheren Schule (1938), S. 1.
[9] Das betraf die Gymnasien in Güstrow (Domschule), Rostock (Große Stadtschule), Schwerin (Gymnasium Fridericianum), Wismar (Große Stadtschule), Neubrandenburg (Gymnasium Neubrandenburg) und Neustrelitz (Carolinum).
[10] Vgl. Zymek, Schulentwicklung (1997), S. 31.
[11] Wegweiser durch das höhere Schulwesen (1937), S. 68. Das ursprünglich in Mecklenburg bestehende Gymnasium in Waren befand sich bereits seit 1923 im Prozess der Umwandlung in ein Reformrealgymnasium.
[12] Philologen-Jahrbuch, 45. Jg., 1938/39, S. 14.

Weimarer Zeit, der durch das „Streben nach größerer Einheitlichkeit [und] Anpassung des Schulsystems an die Moderne" gekennzeichnet war,[13] fort.

Trotz der Reduzierung der Schultypen kann von einer Entdifferenzierung oder Nivellierung des höheren Schulwesens nicht gesprochen werden.[14] Vielmehr wurde die Verteilung der verschiedenen Schultypen auf unterschiedliche Standorte durch eine Binnendifferenzierung *innerhalb* der einzelnen Schulen abgelöst. Dies – und das war gerade in einem dünn besiedelten Flächenstaat wie Mecklenburg von Bedeutung – erleichterte den Zugang zu unterschiedlichen Schullaufbahnen in räumlicher Nähe zum Heimatort und erhöhte damit die Chancen des Einzelnen auf eine differenzierte höhere Schulbildung. Die konkreten Veränderungen an den einzelnen Schulen hielten sich ohnehin in Grenzen, da die Mehrheit der höheren Lehranstalten bereits vor der Reform „nicht durch einen spezifischen Lehrplan typisiert" war, sondern die höheren Schulen vielmehr „multifunktionale Anstaltskomplexe" darstellten und es daher in vielen Fällen möglich war, im Unterricht „fortzufahren wie bisher".[15] Auch bedeutete die – in Mecklenburg geringfügige – Reduzierung der Zahl der Gymnasien nicht unbedingt eine Abwertung dieser Schulform. Die Umwandlung von Kleinstadtgymnasien zweifelhaften Niveaus, deren gymnasialer Charakter bereits verwässert war, und die Konzentration auf die leistungsfähigen Anstalten erhöhte deren Status eher noch. Das Gymnasium wurde damit stärker als bisher „zur exklusiven Anstalt der (groß-)städtischen bildungsbürgerlichen Milieus"[16].

Nicht unerwähnt bleiben dürfen im Zusammenhang mit der Entwicklung des höheren Schulwesens im Dritten Reich die NS-Eliteschulen, auf die hier allerdings nur knapp eingegangen wird, da sie weitgehend unabhängig vom übrigen höheren Schulwesen existierten und quantitativ nur eine geringe Rolle spielten. Es gab zwei Typen: Die Nationalpolitischen Erziehungsanstalten (NPEA, auch Napola) und die Adolf-Hitler-Schulen.[17] Die NPEA waren als zum Hochschulstudium berechtigende Schulen konzipiert. An ihnen sollten, so die zeitgenössische Diktion, ausgewählte (männliche) Jugendliche als „aktive Mitkämpfer und Führer im Kampfe um die Vollendung der nationalsozialistischen Revolution" herangezogen werden.[18] Sie sollten aber auch „Musteranstalten nationalsozialistischer Gemeinschaftserziehung" und damit langfristig Vorbild für andere höhere Schu-

---

13 Eilers, Schulpolitik (1963), S. 53.
14 So jedoch Kraul, Gymnasium (1984), S. 168–173, die von einer Begrenzung der „Vielfalt der Bildungsmöglichkeiten" spricht (Zitat S. 172).
15 Zymek, Schulentwicklung (1997), S. 31; Zymek, Schulen (1989), S. 196. Vgl. zu diesem Problem ausführlich Zymek, Entwicklung des Schulsystems (1987), S. 126–132. Schon seit dem Ende des 19. Jahrhunderts hatten zahlreiche Unterrichtsanstalten die Möglichkeit genutzt, „ihr jeweiliges schultypenspezifisches Lehrprogramm durch realgymnasiale und realschulische Kursalternativen zu erweitern." Hierdurch bildete sich eine Differenz „zwischen dem jeweils registrierten Schultypenspektrum einerseits und der faktisch vorhandenen Angebotspalette höherer Bildungsmöglichkeiten andererseits" heraus. Vgl. Herrmann, Schulplanung (2003), S. 135 f.
16 So Zymek, Schulentwicklung (1997), S. 30 f.
17 Das Folgende nach Scholtz, NS-Ausleseschulen (1973); Kraul, Gymnasium (1984), S. 173–178. Zu den Napolas vgl. auch Schmitz, Militärische Jugenderziehung (1997), S. 245–296; Bouvier/Geraud, Napola (2000); zu den Adolf-Hitler-Schulen vgl. auch Orlow, Adolf-Hitler-Schulen (1965); Feller/Feller, Adolf-Hitler-Schulen (2001); Buddrus, Totale Erziehung (2003), S. 874–883. Daneben existieren zahllose Erinnerungsberichte ehemaliger Schüler.
18 Haupt, Neuordnung im Schulwesen (1933), S. 24.

len sein.[19] Die Zielsetzung der Adolf-Hitler-Schulen war ähnlich; auch hier sollte eine Auslese von Schülern zu einem „Funktionärskorps" herangezogen werden. Während aber die NPEA trotz ihrer Sonderstellung staatliche Schulen blieben, unterstanden die 1937 eingeführten Adolf-Hitler-Schulen direkt der Partei bzw. Organisationen wie der Deutschen Arbeitsfront und der Hitlerjugend (HJ).[20] Im Deutschen Reich existierten 26 NPEA und zwölf Adolf-Hitler-Schulen. Von letzteren sollte eine im mecklenburgischen Heiligendamm gebaut werden. Die Schule wurde jedoch nie fertig gestellt. Daher nahmen zunächst verschiedene Ordensburgen außerhalb Mecklenburgs die ersten 30 mecklenburgischen Schüler auf, wo sie bis zum Kriegsende ausgebildet wurden. Nicht mehr als ein halbes Prozent der zu diesem Zeitpunkt etwa 6000 männlichen Oberschüler Mecklenburgs besuchte demnach eine der nationalsozialistischen Eliteschulen.

In der mit der Reform von 1938 entstandenen Form blieb das mecklenburgische Schulwesen bis zum Ende der NS-Zeit – zumindest der äußeren Struktur nach – bestehen. Das formale Weiterbestehen sämtlicher Schulen bis zum Jahr 1945 verdeckte allerdings die kriegsbedingten Veränderungen im Schulalltag. Diese äußerten sich zunächst in Unterrichtsausfall, Kürzungen der Unterrichtsstunden und Erhöhung der Klassenfrequenzen wegen der Einberufung zahlreicher Lehrer zur Wehrmacht. Im weiteren Verlauf des Krieges wurde der Unterrichtsalltag durch die Zerstörung von Schulgebäuden sowie durch die Einziehung von Schülern zu Luftwaffen- und Flakhelferdiensten weiter beeinträchtigt, bis der Schulunterricht Anfang 1945 fast vollständig zum Erliegen kam.[21]

Die Lehrer

Die Zahl der Lehrer an höheren Schulen,[22] die in der Weimarer Republik gestiegen war, stagnierte während des Dritten Reiches: Im Jahr 1933 waren 350 Lehrer an den höheren Schulen Mecklenburgs angestellt, im Jahr 1940 waren es 346;[23] zwi-

---

[19] Vgl. Aktennotiz vom 10. 11. 1935, Entwurf zum Gesetz über die NPEA, zitiert nach Scholtz, NS-Ausleseschulen (1973), S. 67.

[20] Hinter der Gründung der Adolf-Hitler-Schulen standen neben ideologischen und organisatorischen Aspekten vor allem machtpolitische Grabenkämpfe zwischen dem Erziehungsministerium und der Reichsjugendführung. Zu diesen Konflikten ausführlich Buddrus, Totale Erziehung (2003), S. 852–883.

[21] Vgl. dazu Schaar/Behrens, Von der Schulbank (1999); Langer, „Kerle statt Köpfe!" (1995), S. 147–157.

[22] Gemeint sind hier akademisch gebildete Lehrer mit einer Festanstellung an einer staatlichen höheren Lehranstalt oder an einer staatlich anerkannten städtischen höheren Lehranstalt (für Jungen oder für Mädchen) in den Ländern Mecklenburg-Schwerin und Mecklenburg-Strelitz bzw. ab 1934 im vereinigten Mecklenburg. (Die im Gegensatz zur Weimarer Zeit erfolgende Berücksichtigung beider mecklenburgischer Länder geschieht aus Gründen der Vergleichbarkeit mit den Zahlen für das seit 1934 vereinigte Mecklenburg.) Nicht berücksichtigt werden demnach an höheren Schulen tätige seminaristisch gebildete Lehrer, Hilfslehrer sowie Studienräte, die an nichtanerkannten städtischen Schulen unterrichteten (Letztere machten nur einen sehr geringen Anteil aus und fielen mit der Verstaatlichung der städtischen Realschule in Hagenow im Jahr 1939 vollständig fort.) Studienassessoren werden gesondert genannt. Hier sind in der Regel nur diejenigen mitgezählt, die eine Anstellung an einer höheren Schule besaßen, wobei aus den Statistiken nicht hervorgeht, ob sie mit voller oder reduzierter Stundenzahl unterrichteten. Alle Zahlen basieren auf den Angaben in den Jahrgängen 1933 bis 1940 des Philologen-Jahrbuchs.

[23] Demgegenüber sank die Zahl der Lehrer an den höheren Schulen in Preußen im gleichen Zeitraum erheblich, nämlich um über ein Fünftel von 21144 (1931) auf 16673 (1939). Zahlen nach Müller-Benedict, Das höhere Lehramt (2008), S. 193.

schenzeitlich war ihre Zahl sogar auf 328 gesunken (1938).[24] Für diese Stagnation war in erster Linie die demographische Entwicklung verantwortlich. Wie im Deutschen Reich insgesamt setzte sich auch in Mecklenburg der Rückgang der Geburtenzahlen in den 1920er Jahren fort, was sich etwa zeitgleich mit der Machtübernahme der Nationalsozialisten in abnehmenden Schülerzahlen an den höheren Schulen niederschlug.[25] Zwischen 1931 und 1940 ging die Zahl der höheren Schüler in Mecklenburg um 14 Prozent von 10513 auf 9038 zurück.[26] In Verbindung mit der stagnierenden Anzahl der Lehrer bedeutete dieser Rückgang eine deutliche Verbesserung der Lehrer-Schüler-Quote von etwa 1:30 auf 1:26 und damit eine Umkehrung des Trends der Weimarer Republik, in der sich die Klassenfrequenzen kontinuierlich erhöht hatten. Der Krieg setzte dieser positiven Entwicklung allerdings ein jähes Ende.

Die NS-Regierung setzte entgegen den Erwartungen der meisten Philologen die im Zuge der Weltwirtschaftskrise begonnenen Sparmaßnahmen im Bildungswesen fort; so wurde der 1931 erlassene Anstellungsstopp für Studienräte bis 1935 weitergeführt.[27] In Verbindung mit sinkenden Schülerzahlen führte das zu einer Perpetuierung und Verschärfung der seit Anfang der 1920er Jahre virulenten Überfüllungskrise im höheren Lehramt. Entsprechend groß war die Anzahl von Studienassessoren ohne Aussicht auf eine Festanstellung, die sich in einer prekären wirtschaftlichen Lage befanden: Das Verhältnis zwischen Assessoren und verbeamteten Studienräten – die sogenannte Assessoren-Festangestelltenquote – erhöhte sich in Mecklenburg von knapp 19 Prozent im Jahr 1933 auf etwa 48 Prozent im Jahr 1939,[28] und lag damit nur geringfügig unter der in anderen Ländern des Reiches.[29] Auch die soziale Lage der fest angestellten Lehrer verschlechterte sich. Im Jahr 1934 wurden die während der Brüningschen Präsidialkabinette beschlossenen Gehaltskürzungen bis 1939 verlängert und danach aufgrund der schlechten Devisenlage und der stetig steigenden Rüstungsausgaben endgültig festgeschrieben. Am Ende der 1930er Jahre entsprach das Anfangsgehalt eines Studienrates dem Endgehalt eines 62-jährigen Volksschullehrers.[30] Der besoldungsmäßige Abstand gegenüber den nicht akademisch gebildeten Lehrern, auf den die Philologen schon im Kaiserreich besonderen Wert gelegt hatten, war damit, wenn auch nicht aufgehoben, so doch zumindest stark geschrumpft.

Schon kurz vor Beginn des Zweiten Weltkriegs begann die Überfüllungskrise im höheren Lehramt allerdings in einen zunehmenden Lehrermangel umzuschlagen, der die höheren Schulen ebenso betraf wie die Volksschulen. Die jahrelange „Phase der Dauerüberfüllung"[31] des Philologenberufs hatte zahlreiche Abiturien-

---

24 Für die Jahre ab 1941 liegen keine verlässlichen Angaben vor.
25 Vgl. Zymek, Schulen (1989), S. 176f. Zur Bevölkerungsentwicklung in Mecklenburg im 20. Jahrhundert vgl. Buchmann, Mecklenburg-Vorpommern (2006).
26 Zahlen nach Philologen-Jahrbuch, 38. Jg., 1931/32, bis 47. Jg., 1940/41.
27 Müller-Rolli, Lehrer (1989), S. 245.
28 Eigene Berechnungen nach Philologen-Jahrbuch, 39. Jg., 1932/33, und 45. Jg., 1938/39.
29 In Preußen lag sie 1939 bei 55,7%. Vgl. Müller-Benedict, Das höhere Lehramt (2008), S. 195. Zur Lage der Studienassessoren im Dritten Reich siehe auch Nath, Studienassessor (1981).
30 Vgl. Müller-Rolli, Lehrer (1989), S. 249.
31 Titze/Nath/Müller-Benedict, Lehrerzyklus (1983), S. 102. Siehe auch Nath, Studienratskarriere (1988).

ten der ohnehin geburtenschwachen Jahrgänge 1915 bis 1919 von der Aufnahme eines Lehramtsstudiums abgeschreckt. Das Reichserziehungsministerium hatte es versäumt, hier gegenzusteuern und statt dessen die Zugangsbedingungen zur Universität durch die Einführung eines Numerus-Clausus verschärft, so dass die Immatrikulationsquoten im Laufe der 1930er Jahre dramatisch sanken.[32] Die tendenziell akademikerfeindliche Haltung der Nationalsozialisten im Allgemeinen und die polemischen Attacken, vor allem von Seiten der Hitlerjugend, auf den Lehrerberuf im Besonderen taten ihr Übriges, das Ansehen der Lehrer zu untergraben und die Attraktivität dieses Berufes zu beschädigen.[33] Nun fehlte es an entsprechend qualifizierten Absolventen. Der Zweite Weltkrieg verschärfte den Lehrermangel durch die Einberufungen zur Wehrmacht noch: Schon im Mai 1943 waren knapp 50 Prozent der männlichen Lehrkräfte in Mecklenburg zum Kriegseinsatz abkommandiert.[34] Die Reaktivierung älterer, bereits in den Ruhestand versetzter Lehrer und der Einsatz von Hilfslehrern, die oft nur ungenügend qualifiziert waren, konnte diesen Verlust nicht ausgleichen. Konsequenz war, insbesondere in den letzten Kriegsjahren, ein massiver Unterrichtsausfall und ein Absinken der Qualität des Unterrichts.[35]

2. Nach der „Machtergreifung": Konsequenzen für Schulverwaltung und Lehrerschaft

Früher als im Reich kam in Mecklenburg-Schwerin eine nationalsozialistische Regierung an die Macht. Nach Thüringen, Anhalt, Oldenburg und Mecklenburg-Strelitz wurde die NSDAP bei den Landtagswahlen am 5. Juni 1932 auch hier zur stärksten Kraft und verfügte im Landtag sogar über die absolute Mehrheit der Sitze.[36] Ministerpräsident Walter Granzow konnte daher am 13. Juli 1932 die nach der oldenburgischen zweite rein nationalsozialistische Regierung im Deutschen Reich bilden, in der Friedrich Scharf das Unterrichtsministerium übernahm; zusätzlich unterstanden ihm das Innen- und das Justizministerium.[37] Friedrich Scharf, ein junger Jurist, war zuvor Bürgermeister und Stadtrichter in Teterow sowie Amtshauptmann des Amtes Güstrow gewesen.[38] Wenige Monate nach seiner Amtseinführung wurde er zum Oberregierungsrat und damit zum Staatsbeamten

---

[32] Vgl. Müller-Rolli, Lehrer (1989), S. 246.
[33] Reichserziehungsminister Rust sah sich Anfang 1939 sogar dazu gezwungen, die Abstellung der „ständigen Angriffe" auf die Lehrer zu fordern. RMWEV, Rust, an Rudolf Hess, 6. 2. 1939, BAB, NS 26/322, Bl. 75 f. Drei Jahre später wies der Reichsminister für Volksaufklärung und Propaganda das mecklenburgische Unterrichtsministerium an, „jede Verzerrung und wahrheitswidrige Karikierung der Erzieherschaft auf der Bühne, im Film und Schrifttum zu unterbinden". AHRO, 1.1.21.1, Nr. 309 (6. 5. 1942).
[34] LHAS, 5.12–7/1, MfU, Nr. 2915a, Bl. 61–63.
[35] Anschauliche Beispiele für Mecklenburg bei Langer, „Kerle statt Köpfe!" (1995), S. 129–135.
[36] Zum Wahlergebnis vgl. Inachin, Durchbruch (2004), S. 56.
[37] Vgl. bei der Wieden, Mecklenburgische Regierungen (1978), S. 15. Zur Amtseinführung Scharfs vgl. den Aktenvermerk von Staatsminister Krause im MfU, 15. 7. 1932, LHAS, 5.12–7/1, Nr. 212, Bl. 174. Zuweilen taucht in den Quellen auch die abweichende Schreibweise „Scharff" auf.
[38] Vgl. bei der Wieden, Mecklenburgische Regierungen (1978), S. 56.

ernannt. Die Ernennung traf auf Kritik von bürgerlicher Seite und brachte der neuen Regierung den Vorwurf der „Bonzokratie" ein.[39]

Ministerium und Schulverwaltung

An der Verwaltungsstruktur und den Zuständigkeiten innerhalb des Ministeriums änderte sich durch den Regierungswechsel zunächst nichts. Hingegen kam es noch vor der Machtübernahme durch die Nationalsozialisten im Reich zu einigen politisch motivierten Personalwechseln. Im Juni 1932 beurlaubte die neue Regierung den sozialdemokratischen Landesschulrat und Dezernenten im Unterrichtsministerium, Rudolf Puls. Puls war führendes Mitglied im Lehrerbildungsausschuss des mecklenburgischen Landeslehrervereins gewesen und galt als „entschiedener und willensstarker Verwalter seines Aufgabenkreises", dem die mecklenburgische Volksschullehrerschaft Vertrauen entgegenbrachte.[40] Der Landeslehrerverein kritisierte die Beurlaubung Puls' ebenso wie die Ernennung des Mittelschullehrers und NSDAP-Mitglieds Rudolf Krüger zu seinem Nachfolger. Diese lege angesichts der mangelnden Qualifikationen Krügers den Gedanken nahe, dass auch die NSDAP sich bei der Besetzung von Ämtern nicht vorrangig von „beruflicher Tüchtigkeit", sondern „vom Parteibuch und von der reinen parteipolitischen Würdigkeit" leiten lasse.[41] Wenig später wurde der Oberregierungsrat im Unterrichtsministerium, Willi Brandt (DVP), in den Schuldienst nach Güstrow zurückversetzt, weil er Bedenken gegen kostspielige Personalveränderungen erhoben hatte.[42] Der Altphilologe Brandt hatte federführend an der Abfassung von Reformlehrplänen für alte Sprachen und Geschichte mitgewirkt. Seine Versetzung wurde an den höheren Schulen kritisch aufgenommen.[43] Die Stelle wurde nicht wieder besetzt.[44] Nach der Machtübernahme der Nationalsozialisten im Reich setzten sich die Entlassungen aus politischen Gründen fort. Ihnen fiel im April 1933 der sozialdemokratische Regierungsrat im Unterrichtsministerium, Karl Schneeberg, ein Fürsprecher der Interessen der Volksschullehrer, zum Opfer. Der Pazifist Schneeberg, Vorstandsmitglied der Deutschen Friedensgesellschaft und einer der profiliertesten Schulpolitiker des Landes, wurde als „einer der übelsten marxistischen Hetzer" aus seinem Amt entlassen.[45]

---

[39] *Rundschau. Mecklenburg-Schwerin*, in: ADLZ, 61. Jg., 1932, Nr. 43, S. 790f.
[40] *Rundschau. Mecklenburg-Schwerin*, in: ADLZ, 61. Jg., 1932, Nr. 30, S. 552f. Puls' Beurlaubung schien zunächst nur vorläufig gewesen zu sein; noch im Februar 1933 hieß es, dass er „weiter beurlaubt werden muss". Mecklenburg-Schwerinsches MfU an Finanzministerium, 18. 2. 1933, LHAS, 5.12-7/1, Nr. 213, Bl. 4. 1921 war Puls kurzzeitig selbst Unterrichtsminister gewesen. Zur Biographie vgl. bei der Wieden, Mecklenburgische Regierungen (1978), S. 54; Heinz, Rudolf Puls (1998).
[41] *Rundschau. Mecklenburg-Schwerin*, in: ADLZ, 61. Jg., 1932, Nr. 35, S. 635f.
[42] Dies war allerdings nur der Anlass für die Degradierung. Die tatsächlichen Hintergründe der Versetzung sind kompliziert und können hier nicht ausführlich behandelt werden. Unter anderem spielte eine Rolle, dass Gauleiter Hildebrandt dem Ministerialbeamten übel nahm, dass dieser in den Jahren zuvor Studienassessoren, die der NSDAP angehörten, nicht in den Schuldienst übernommen hatte. Näheres zu diesem Fall in einem Briefwechsel zwischen dem Vorsitzenden des VMPh Wiegandt, dem Rostocker Studienrat Stahl und Dr. Brandt, LHAS, 10.65-1, Nr. 20f.
[43] Vgl. z.B. Jahresbericht der Großen Stadtschule Rostock 1932/33, Schulchronik, S. 42, AHRO, 1.1.21.1, Nr. 452.
[44] Regierungsrat Dehns, Aktenvermerk, 9. 2. 1933, LHAS, 5.12-7/1, Nr. 213, Bl. 2f.
[45] *Niederdeutscher Beobachter*, Nr. 86, 13. 4. 1933, zitiert nach Langer, Gleichschaltung (1997), S. 44. Zur Biographie Schneebergs vgl. Heinz, Karl Schneeberg (1998).

Im Hinblick auf die für die höheren Schulen zuständigen Ministerialbeamten ist die Zäsur von 1932/33 indes von einem hohen Maß an personeller Kontinuität geprägt: Sowohl die Ministerialräte Franz Weber und Reinhold Lobedanz, die für die höheren Schulen zuständig waren, als auch die Regierungsrätin Petersen, verantwortlich für das höhere Mädchenschulwesen, blieben über 1933 hinaus auf ihren Posten. Alle drei waren bereits seit Anfang der 1920er Jahre an führender Stelle im Ministerium tätig gewesen und blieben dies bis zum Ende der NS-Zeit – und zum Teil darüber hinaus.[46] Gleichwohl trat eine bedeutende Machtverschiebung innerhalb des Ministeriums dadurch ein, dass Regierungsrat Krüger, der auch Landtagspräsident war, als Korreferent die Zuständigkeit für die Personalfragen der Lehrkräfte an sämtlichen Schulen, einschließlich der höheren Schulen, erhielt.[47] Die NS-Presse begrüßte diese Ernennung, da die Nationalsozialisten damit auch auf dem Gebiet der Erziehung der Jugend den Einfluss erhielten, „der ihnen aufgrund ihrer gewaltigen politischen Machtposition gebührt".[48]

Zu einschneidenden Veränderungen hinsichtlich der politischen Verwaltung des Landes kam es erst nach den Reichstagswahlen vom 5. März 1933 und der Bildung einer neuen Reichsregierung unter Führung von Reichskanzler Adolf Hitler und Vizekanzler Franz von Papen. Am 24. März wurde der mecklenburgische Gauleiter Friedrich Hildebrandt zum Regierungskommissar für Mecklenburg-Schwerin berufen.[49] Wenige Tage später wurde das Mecklenburg-Schwerinsche Landesparlament durch das „Gleichschaltungsgesetz" aufgelöst und unter Ausschluss der Kommunisten analog zur Sitzverteilung im Reichstag neu gebildet;[50] im Juni 1933 wurden auch die Mandate der SPD gestrichen. Am 26. Mai 1933 ernannte der Reichspräsident Hildebrandt zum Reichsstatthalter für die beiden Mecklenburg und für Lübeck.[51] Seine Ernennung erfolgte als letzte von allen Reichsstatthaltern, da der ehemalige Landarbeiter Hildebrandt auch innerhalb der NSDAP umstritten war.[52] Dem Reichsstatthalter oblag vor allem die Durchsetzung der Richtlinien der Politik der Reichsregierung; er konnte die Vorsitzenden der Landesregierungen ernennen und entlassen, gegebenenfalls die Landtage auflösen und Neuwahlen ausschreiben. Zudem war er für die Ausfertigung und Verkündung von Landesgesetzen zuständig.[53] Endgültig geklärt wurde das Verhältnis zwischen Landesregierung und Reichsstatthalter jedoch nicht, weswegen es in

---

[46] Vgl. Mecklenburg-Schwerinsches Staatshandbuch (1923), S. 43; Geschäftsverteilungspläne des Unterrichtsministeriums von Mecklenburg(-Schwerin) bzw. der Abt. Unterricht im Mecklenburgischen Staatsministerium 1933–1944, LHAS, 5.12–7/1, Nr. 219; Grewolls, Wer war wer? (1995), S. 264 f., 457.

[47] MfU, Geschäftsverteilung der Räte vom 1. April 1933 ab, LHAS, 5.12–7/1, Nr. 219.

[48] Niederdeutscher Beobachter, Nr. 81, 6. 4. 1933, zitiert nach Langer, Gleichschaltung (1997), S. 44.

[49] MSM, Granzow, an Friedrich Hildebrandt, 24. 3. 1933, LHAS, 5.12–7/1, Nr. 214, Bl. 1.

[50] Zum ersten Gleichschaltungsgesetz vom 31. 3. 1933 als Grundlage für diese Maßnahme vgl. Broszat, Staat Hitlers (1995), S. 143.

[51] Vgl. Bekanntmachung vom 29. Mai 1933 über das Erlöschen des Amtes des Regierungskommissars, in: RBl., Jg. 1933, Nr. 34, S. 187.

[52] Vgl. Behrens u. a., Mecklenburg (1998), S. 12. Zu den Einsprüchen gegen die Ernennung Hildebrandts vgl. Kasten, Konflikte (1997), S. 159–161. Siehe auch Behrens, Mit Hitler zur Macht (1998).

[53] Zur Institution des Reichsstatthalters und seiner Funktion im NS-Machtgefüge vgl. Broszat, Staat Hitlers (1995), S. 140–150; Herbst, Nationalsozialistisches Deutschland (1997), S. 67.

Mecklenburg immer wieder zu Kompetenzstreitigkeiten und Machtkämpfen zwischen beiden Institutionen kam.[54]

Im Oktober 1933 beschlossen das Mecklenburg-Schwerinsche und das Mecklenburg-Strelitzsche Parlament die Vereinigung der beiden Länder, die zum 1. Januar 1934 vollzogen wurde.[55] Einen Monat später wurde das gemeinsame mecklenburgische Parlament – wie alle Landesparlamente – mit dem „Gesetz zur Neuordnung des Reiches" vollständig aufgelöst und die Hoheitsrechte des Landes auf das Reich übertragen.[56] Das vereinigte Mecklenburg verlor damit endgültig seine politische Eigenständigkeit, und seine Regierung war nun kaum mehr als ausführendes Organ der Reichsregierung. Nachdem schon ein knappes Jahr zuvor die föderale Struktur des Reiches faktisch aufgehoben worden war, waren jetzt auch die letzten formalen Reste des Föderalismus beseitigt. Mit dem „Gesetz zur Neuordnung des Reiches" verlor das bis dahin in der Schulverwaltung entscheidende Landesministerium ebenfalls seine Rechte, wenngleich die praktischen Auswirkungen des Gesetzes zunächst insofern gering waren, als den Ländern in der ersten Durchführungsverordnung die Ausübung der Kulturhoheit wieder zurückgegeben wurde, nunmehr jedoch nicht kraft eigenen Rechts, sondern im Namen des Reiches.[57] Das Reich konnte neben Grundsatzentscheidungen jetzt auch Einzelfragen an sich ziehen und fungierte überdies als oberste Beschwerdeinstanz. Die Befugnisse der Länder reichten lediglich so weit, wie das Reich keine eigenen Verfügungen erließ. Selbst über die Ernennung von einfachen Studienräten konnten die Länder nicht mehr selbstständig entscheiden. Diese Befugnis stand ab Februar 1934 dem Reichsstatthalter zu, seit Februar 1935 behielt sich der „Führer" die Ernennung von höheren Reichsbeamten vor und ließ sie durch seinen Stellvertreter vornehmen. Zuvor wurden Gutachten über die politische Zuverlässigkeit der zu ernennenden Beamten angefordert. Dieses Vorgehen war nicht nur umständlich und zeitraubend – es nahm nicht selten Monate in Anspruch – sondern erhöhte auch den politischen Druck auf die Lehrer. Die Länder protestierten vergeblich gegen diesen Kompetenzverlust.[58]

Zuständig für die Schulpolitik war auf Reichsebene zunächst noch das Innenministerium (Abteilung III); am 1. Mai 1934 gingen die schulpolitischen Kompetenzen an das neu eingerichtete Reichsministerium für Wissenschaft, Erziehung und Volksbildung (RMWEV) über, das in Personalunion mit dem preußischen Kultusministerium von Bernhard Rust übernommen wurde.[59] Das RMWEV war somit zur zentralen Instanz für alle das Schulwesen betreffenden Fragen geworden, während die Länder nur mehr für die Durchführung der Reichserlasse zuständig waren.[60] Trotz der Versuche einzelner Länder, insbesondere Bayerns und

---

54 Dazu ausführlich und anschaulich Kasten, Konflikte (1997).
55 Zur Vereinigung der beiden Mecklenburg vgl. John, Freistaat (2005), S. 172 f.
56 Karge/Münch/Schmied, Geschichte Mecklenburgs (2004), S. 157; Herbst, Nationalsozialistisches Deutschland (1997), S. 67 f.
57 Hierzu und zum Folgenden vgl. Eilers, Schulpolitik (1963), S. 54.
58 Vgl. Eilers, Schulpolitik (1963), S. 62. Ab August 1937 wurde die Ernennung und Entlassung der im Bildungsbereich tätigen Beamten dem RMWEV übergeben, das jedoch weiterhin das politische Gutachten des Stellvertreters des Führers einzuholen hatte. Vgl. ebd.
59 Zur Biographie Rusts vgl. Pedersen, Bernhard Rust (1994).
60 Der Verlust der Länderkompetenzen spiegelt sich auch in der extrem geringen Anzahl von Erlassen der Unterrichtsverwaltungen der Länder wider, die im ab 1935 erscheinenden Amtsblatt Deut-

Sachsens, traditionelle Rechte in der Schulpolitik zu wahren, schwand ihre Selbstständigkeit im Laufe der Zeit zusehends. Eine eigenständige Schulpolitik, so resümiert Rolf Eilers, hat „keines der Länder gegenüber dem Preußischen und Reichsministerium unternommen".[61] Damit unterstand nun auch die Kultur- und Bildungspolitik, in Deutschland traditionell eine Domäne der Länder, direkt dem Reich, und eine eigenständige Landespolitik war auch auf diesem Gebiet nur noch in sehr engen Grenzen möglich. Die Entwicklung hin zu einer Zentralisierung der Schulverwaltung, die in der Weimarer Republik in Ansätzen stecken geblieben war, wurde auf diese Weise innerhalb kurzer Zeit und in radikaler Form „nachgeholt".

Direktoren und Lehrer: Politisch motivierte Entlassungen

Ebenso wie der nationalsozialistische Staat am Prinzip des Berufsbeamtentums festhielt, tastete er auch den Beamtenstatus der Lehrer an höheren Schulen nicht grundsätzlich an. Das „Gesetz zur Wiederherstellung des Berufsbeamtentums" (Berufsbeamtengesetz) vom 7. April höhlte aber den ursprünglichen Status der Beamten aus, indem es ihre Weiterbeschäftigung von der politischen Haltung zum neuen Regime und von der Abstammung abhängig machte.[62] Das Gesetz diente in erster Linie dazu, der schon zuvor begonnenen politischen Säuberung der öffentlichen Verwaltung eine rechtliche Grundlage zu verschaffen. Da es sich nicht nur auf die Verwaltungsbeamten, sondern auf sämtliche Beamte einschließlich der Beschäftigten öffentlich-rechtlicher Körperschaften bezog, waren auch die Lehrer von dem Gesetz betroffen.

In Mecklenburg-Schwerin hatte der politische Druck auf die Lehrer bereits acht Monate zuvor eingesetzt, als die Nationalsozialisten im Land die Macht übernommen hatten. Die neue Regierung hatte die Schulaufsichtsbeamten angewiesen, von nun ab auch über das außerdienstliche Verhalten der Lehrer zu berichten; besonders streng sollten die noch nicht fest angestellten Lehrer beobachtet werden, bei denen selbst eine Kontrolle der Privatwohnung vorgesehen war.[63] Ein „unpolitisches Staatsdienertum"[64], wie noch in der Weimarer Republik, war für die Lehrer-Beamten nun nicht mehr uneingeschränkt möglich. Entlassungen von verbeamteten Lehrern aus politischen Gründen vor dem Erlass des Berufsbeamtengesetzes sind für Mecklenburg zwar nicht bekannt, wohl aber kam es zu

---

sche Wissenschaft, Erziehung und Volksbildung (DWEV) abgedruckt sind. Von der mecklenburgischen Unterrichtsverwaltung finden sich in diesem Zeitraum ganze zwei Erlasse: „Mitarbeit der Lehrkräfte im Nationalsozialistischen Lehrerbund", DWEV, 1. Jg., 1935, Nr. 10, S. 422; „Aufnahme in die Hochschule für Lehrerbildung zu Rostock", DWEV, 2. Jg., 1936, Nr. 15, S. 371 f.

61 Eilers, Schulpolitik (1963), S. 56 f.

62 Zum Gesetz, seiner Entstehung und seinen Auswirkungen vgl. ausführlich Mommsen, Beamtentum (1966), S. 39–61; zu den Auswirkungen des Gesetzes auf die Lehrerschaft vgl. Eilers, Schulpolitik (1963), S. 69–75. Der Name des Gesetzes war bewusst verharmlosend und als Zugeständnis an die konservative Beamtenschaft gewählt. Er „appellierte an alle, die mit dem Eindringen von Weimarer Demokraten und Sozialdemokraten in die einstmals auf den König vereidigte Beamtenschaft sich nicht hatten abfinden können." Selmar Spier, in: Dokumente zur Geschichte der Frankfurter Juden 1933–1945, hrsg. von der Kommission zur Erforschung der Geschichte der Frankfurter Juden, Frankfurt am Main 1963, S. 55, zitiert nach Ortmeyer, Schulzeit unterm Hitlerbild (1996), S. 31.

63 *Rundschau. Mecklenburg-Strelitz*, in: ADLZ, 61. Jg., 1932, Nr. 44, S. 806.

64 Mommsen, Beamtentum (1966), S. 20.

politisch motivierten Versetzungen.[65] In den Jahren 1933 und 1934 wurden an der
Hälfte der dreißig staatlichen höheren Schulen Mecklenburgs die Schulleitungen
ausgewechselt. In zehn dieser Fälle lassen sich die Personalveränderungen nicht
durch reguläre Versetzungen in den Ruhestand erklären; sie müssen hier vielmehr
im Zusammenhang mit dem Regierungsantritt der Nationalsozialisten gesehen
werden – die Fluktuation war im Vergleich mit den vorangegangenen Jahren
ungewöhnlich hoch.

Das Berufsbeamtengesetz mit seinen dehnbaren Bestimmungen bot schließlich
ab April 1933 die Handhabe zu weitreichenden politischen Säuberungen.[66] Nach
Paragraph 3 waren Beamte „nichtarischer Abstammung" in den Ruhestand zu
versetzen. Ausgenommen waren Frontkämpfer des Ersten Weltkriegs – eine Bestimmung, die auf Druck von Reichspräsident Hindenburg aufgenommen worden war.[67] Die Paragraphen 2 und 4 betrafen die politische Haltung der Beamten.
Ersterem zufolge waren diejenigen Beamten zu entlassen, die nicht „die für ihre
Laufbahn vorgeschriebene oder übliche Vorbildung oder sonstige Eignung" besaßen. Dieser Paragraph war auf sogenannte „Parteibuchbeamte" gemünzt, die allein durch parteipolitische Patronage auf ihre Posten gekommen waren. Ihre Zahl
überschätzten die Nationalsozialisten allerdings weit. Die politische Stoßrichtung
des Paragraphen kam in der ersten Durchführungsverordnung zum Ausdruck, in
der Angehörige der KPD und anderer kommunistischer Organisationen pauschal
für „[u]ngeeignet" erklärt wurden.[68] Entscheidend für die politische Säuberung
war indes Paragraph 4, demzufolge alle Beamten aus dem Dienst entlassen werden
konnten, die „nach ihrer bisherigen politischen Betätigung nicht die Gewähr dafür bieten, dass sie jederzeit rückhaltlos für den nationalen Staat eintreten". Dieser
fast beliebig auslegbare Gummiparagraph war praktisch ein Freibrief für willkürliche Entlassungen und Degradierungen und wurde regional und lokal höchst unterschiedlich gehandhabt. Paragraph 5 und Paragraph 6 des Berufsbeamtengesetzes ermöglichten schließlich die Versetzung von Beamten aus dienstlichen Gründen in ein Amt von geringerem Rang und Einkommen bzw. in den vorzeitigen
Ruhestand, „auch wenn sie noch nicht dienstunfähig sind". Diese Bestimmungen
zeigen, dass das Gesetz nicht ausschließlich politischen Interessen Rechnung trug,
sondern sich auch an den verwaltungsinternen und nicht zuletzt finanzpolitischen
Interessen im Hinblick auf Vereinfachung und Kostensenkung orientierte.[69] In
diesem Sinne sind die letzten beiden Paragraphen des Gesetzes auch als eine Fortsetzung der mit der Personalabbauverordnung von 1923 eingeleiteten Sparmaßnahmen der Weimarer Republik zu betrachten.[70]

Die Auswirkungen des Berufsbeamtengesetzes auf das mecklenburgische
Schulwesen ließen nicht lange auf sich warten. Schon im April 1933 wurde Studien-

---

[65] Vgl. die von Langer, Gleichschaltung (1997), S. 43, und Langer, „Kerle statt Köpfe!" (1995),
S. 16f., genannten Beispiele.
[66] Wortlaut des Gesetzes in: RGBl., Teil I, Jg. 1933, Nr. 34, S. 175.
[67] Vgl. Herbst, Nationalsozialistisches Deutschland (1997), S. 77.
[68] Durchführungsverordnung vom 11. 4. 1933, RGBl., Teil I, Jg. 1933, Nr. 37, S. 195. Nach Eilers,
Schulpolitik (1963), S. 70, hatte der Paragraph 2 für die Lehrerschaft jedoch kaum Bedeutung.
[69] Auf die finanzpolitischen Intentionen des Gesetzes weist auch Bittner, „Gesetz zur Wiederherstellung des Berufsbeamtentums" (1987), S. 169, hin.
[70] Ähnlich Mommsen, Beamtentum (1966), S. 50f.

rat Dr. Erich Fabian von der Großen Stadtschule in Wismar wegen seiner politischen Haltung und seiner jüdischen Ehefrau aus dem Schuldienst entlassen.[71] Den Leiter des Neubrandenburger Gymnasiums und Reformrealgymnasiums, Studiendirektor Dr. Dr. E. Scharr, versetzte das Unterrichtsministerium vorzeitig in den Ruhestand und ersetzte ihn durch einen SA-Sturmführer.[72] Schon vor Inkrafttreten des Berufsbeamtengesetzes hatte Regierungsrat Krüger die Rostocker Studienräte Heinrich Suhr und Dr. Richard Moeller beurlaubt; für die offizielle Entlassung aus dem Staatsdienst wartete man nur noch die Veröffentlichung der genauen gesetzlichen Bestimmungen ab. Während Suhr aufgrund seiner jüdischen Herkunft entlassen wurde,[73] hatte die Beurlaubung Moellers politische Gründe. Moeller war DDP-Mitglied und von 1926 bis 1929 Unterrichtsminister in einer SPD-geführten Landesregierung gewesen. Dass Moellers Suspendierung politische und nicht sachliche Gründe hatte, gab das Mecklenburgische Staatsministerium unumwunden zu:[74] Moeller sei ein „besonders begabter und kluger Mann, der fraglos in der Schule als Lehrer Überdurchschnittliches geleistet" habe, doch als Abgeordneter der DDP im mecklenburgischen Landtag habe er „den politischen Kampf mit einer Hemmungslosigkeit und Gehässigkeit [geführt], die selbst von marxistischer Seite kaum überboten wurde." Aus diesem Grund wurde ein Disziplinarverfahren gegen Moeller eingeleitet, mit dem Ziel, ihn aus dem Dienst zu entlassen. Das Verfahren wurde im April 1933 fallen gelassen, da Moeller nun nach Paragraph 4 des Berufsbeamtengesetzes entlassen werden konnte. In den folgenden Jahren stellte Moeller immer wieder erfolglose Anträge auf Wiedereinstellung. Nicht nur direkt nach der Machtübernahme, auch noch Jahre später waren Oberschullehrer in Mecklenburg vom Berufsbeamtengesetz betroffen. Der Oberstudiendirektor Helmuth Gaedt vom Gymnasium in Bad Doberan wurde Anfang 1938 nach Paragraph 5 des Berufsbeamtengesetzes zum Studienrat herabgestuft und an die Große Stadtschule Rostock versetzt, nachdem seine Mitgliedschaft in einer Freimaurerloge bekannt geworden war.[75]

Eine genaue Quantifizierung der aufgrund des Berufsbeamtengesetzes vorgenommenen Entlassungen und Degradierungen ist ohne eine Auswertung sämtlicher Personalakten der Lehrer an höheren Schulen nicht möglich, da die Zahlen, die sich aus dem Philologen-Jahrbuch ermitteln lassen, nicht vollständig sind.[76] Innerhalb der gesamten Beamtenschaft des Reiches wurden „kaum mehr als 1 bis 2 Prozent" auf Grund des Berufsbeamtengesetzes aus politischen oder rassischen Gründen entlassen oder in den Ruhestand versetzt, wobei der Anteil unter den Beamten des höheren Dienstes deutlich darüber lag.[77] Für die Lehrer an höheren Schulen liegen Zahlen beispielsweise für die Rheinprovinz vor, wo etwa 6 Prozent

---

[71] Vgl. Kleiminger, Geschichte der Großen Stadtschule zu Wismar (1991), S. 348.
[72] Vgl. Langer, Gleichschaltung (1997), S. 46.
[73] Dazu Langer, Gleichschaltung (1997), S. 44.
[74] Das Folgende nach MSM, Abt. Unterricht an RMWEV, 29. 5. 1936, BAB, R/4901, Nr. 4486. Siehe auch RMWEV an MSM, Abt. Unterricht, 25. 6. 1936, ebd.
[75] NSDAP, Stellvertreter des Führers, Stab, an RMWEV, 17. 2. 1938; RMWEV an Stellvertreter des Führers, Stab, 7. 3. 1938, beide Schreiben in: BAB, R/4901, Nr. 4486.
[76] Vgl. Bittner, „Gesetz zur Wiederherstellung des Berufsbeamtentums" (1987), S. 169.
[77] Vgl. Broszat, Staat Hitlers (1995), S. 306.

der Studienräte und Oberschullehrer zwischen 1933 und 1937 entlassen wurden.[78] Diese Zahlen mögen vergleichsweise niedrig erscheinen, dürfen aber nicht darüber hinwegtäuschen, dass allein die Möglichkeit einer Entlassung aus politischen Gründen in der durch die Sparmaßnahmen der Endphase der Weimarer Republik ohnehin verunsicherten Lehrerschaft für eine starke Einschüchterung sorgte und auf diese Weise disziplinierend wirkte. Genau dies war politisch gewollt: Die Veröffentlichung zahlreicher dieser Entlassungsfälle in der regionalen Presse diente nicht zuletzt der Abschreckung.[79] Die Lehrer sahen sich in ihrem Verhalten im Unterricht, aber auch außerhalb der Schule zunehmend der Kontrolle durch NSDAP-Mitglieder unter ihren Kollegen ausgesetzt. In „Umkehrung des bisherigen Verhältnisses", so Stefan Bittner, übten darüber hinaus nun auch Eltern und Schüler Kontrollfunktionen aus, was „einen erheblichen Autoritätsverlust und eine daraus resultierende Statusminderung für den höheren Lehrerstand" mit sich brachte.[80]

Fazit

Nach der Machtübernahme der Nationalsozialisten im Reich setzte sich der Prozess der Zentralisierung und Vereinheitlichung des höheren Schulwesens, der in der Weimarer Republik begonnen hatte, unter veränderten politischen Vorzeichen fort. Innerhalb kurzer Zeit zogen Reichsregierung und NSDAP die Kompetenzen im Bereich des Schulwesens fast vollständig an sich. Eine eigenständige Schulpolitik war in Mecklenburg nunmehr ebenso wenig möglich wie in den anderen Ländern des Reiches; die wesentlichen Entscheidungen wurden von nun an in Berlin getroffen. Der personelle Bruch innerhalb der Schulverwaltung war weniger tief. Einige politisch missliebige Beamte des Unterrichtsministeriums wurden entlassen; die Zuständigkeiten für das höhere Schulwesen blieben aber zunächst weitgehend unverändert. An den Schulen selbst war der Personalaustausch unterhalb der Leitungsebene von geringerem Ausmaß. Während immerhin ein Drittel der Direktoren an den höheren Schulen im ersten Jahr nach der Machtübernahme ausgetauscht wurde, waren nur wenige Studienräte in Mecklenburg unmittelbar von Degradierungen oder Entlassungen betroffen. Doch war mit dem Berufsbeamtengesetz, das Entlassungen aus politischen und rassischen Gründen überhaupt erst ermöglichte, ein Instrument geschaffen, die Lehrerschaft an den höheren Schulen Mecklenburgs durch Einschüchterung dauerhaft zu kontrollieren und zu disziplinieren.

---

[78] Bittner, „Gesetz zur Wiederherstellung des Berufsbeamtentums" (1987), S. 178.
[79] Beispiele bei Langer, Gleichschaltung (1997).
[80] Bittner, „Gesetz zur Wiederherstellung des Berufsbeamtentums" (1987), S. 168. Bittner spricht auch von dem „Bestreben der Reichsregierung, mittels einer Disziplinierung politisch Andersdenkender die Exekutivorgane der Weimarer Republik im Sinne der Nationalsozialisten umzugestalten." Ebd.

3. Von der Interessenvertretung zur NS-Massenorganisation: Die Organisation der Mecklenburgischen Philologen im Nationalsozialismus

Die Machtübernahme der Nationalsozialisten zunächst in Mecklenburg-Schwerin und ein halbes Jahr später auf Reichsebene veränderte auch die Bedingungen für die kollektive Interessenvertretung der Philologen – den VMPh. Drei Aspekte sind dabei von besonderer Bedeutung. Erstens hatte der bislang in schulischen und Standesfragen maßgebliche Ansprechpartner für die Philologen, das mecklenburgische Unterrichtsministerium bzw. seit 1934 die Abteilung Unterricht im mecklenburgischen Staatsministerium, im Zuge des Zentralisierungs- und Gleichschaltungsprozesses zahlreiche Befugnisse an das zuständige Reichsministerium abgeben müssen. Damit verlagerten sich die Aushandlungsprozesse zwischen Philologenschaft und Regierung fast vollständig auf die Reichsebene und schränkten schon deshalb die Verhandlungsposition eines regionalen Verbandes stark ein. Zudem zogen weitere Institutionen und Verbände wie die Reichsjugendführung, das Reichspropagandaministerium und das Hauptamt für Erzieher bei der NSDAP Kompetenzen für das Schul- und Erziehungswesen an sich, so dass sich die Philologenschaft mehreren, heftig miteinander konkurrierenden Instanzen gegenüber sah.[81] Zweitens nahm die Macht der staatlichen bzw. parteiamtlichen Stellen im Vergleich zur Weimarer Republik erheblich zu, da ein demokratischer Willensbildungsprozess im Dritten Reich nicht mehr stattfand. Eine Einflussnahme der Philologenschaft über die Parlamente oder über verschiedene miteinander konkurrierende Parteien war daher nicht möglich. Drittens wandelte sich auch die Standesorganisation der Philologen selbst durch ihr Aufgehen im Nationalsozialistischen Lehrerbund (NSLB) von einer standes- und schulpolitischen Interessenvertretung zu einer einheitlichen, nivellierten, streng hierarchisch organisierten und von ideologischer Indoktrination geprägten Massenorganisation.

Dieser Wandlungsprozess und seine Vorgeschichte sollen im Folgenden in ihrer Ausprägung auf regionaler Ebene nachgezeichnet werden. Dabei wird der Frage nachgegangen, wie lange und in welchem Maß es den mecklenburgischen Philologen unter den skizzierten veränderten politischen Rahmenbedingungen noch möglich war, kollektiv ihre Interessen gegenüber der Regierung zu vertreten und inwieweit sie diese Möglichkeiten auch nutzten. Von besonderem Interesse ist dabei die Übergangsphase zwischen dem Regierungsantritt der Nationalsozialisten in Mecklenburg-Schwerin und der Übernahme der Macht im Reich. Denn hier lässt sich die Haltung des Verbandes zur NSDAP und ihren frühen, regional begrenzten schulpolitischen Maßnahmen unter noch weitgehend rechtsstaatlichen und pluralistischen Bedingungen gut nachvollziehen.[82]

---

[81] Zu den Kompetenzstreitigkeiten zwischen den verschiedenen für Schule und Erziehung zuständigen Instanzen vgl. Eilers, Schulpolitik (1963), S. 104–134.

[82] Die konkrete Ausgestaltung des Gleichschaltungsprozesses des Philologenverbandes auf regionaler Ebene ist bisher noch nicht eingehend untersucht worden. Die meisten der vorliegenden Regionalstudien beschränken sich auf die Gleichschaltung der Volksschullehrerverbände. Vgl. z.B. Günther-Arndt, Volksschullehrer (1983) (zu Oldenburg); Langer, Gleichschaltung (1997), S. 34–41 (zu Mecklenburg). Eine Ausnahme stellt die Untersuchung zum Hamburger NSLB dar. Vgl.

a) Zwischen regionaler und nationaler „Machtergreifung"

Der Philologenverband und die Schulpolitik der NSDAP
Die Nationalsozialisten hatten vor der Machtübernahme weder auf Reichs- noch auf Landesebene ein konkretes Schulprogramm vorgelegt. Die bisherigen Veröffentlichungen und Äußerungen von Protagonisten der Partei waren uneinheitlich und widersprüchlich. Ganz bewusst wollte sich die Partei nicht festlegen, um nicht schon im Vorfeld der Machteroberung bestimmte Interessengruppen gegen sich aufzubringen. Der NSDAP, so Willi Feiten, wäre mit einer Bekanntgabe ihres Erziehungsprogramms vor 1933 „keineswegs gedient gewesen, da sie dem latenten Streit über den ‚wahren' Nationalsozialismus nur neuen Zündstoff geliefert" hätte.[83] Die mecklenburgische Gauleitung verzichtete aus diesem Grund auch darauf, wie die übrigen im mecklenburg-schwerinschen Landtag vertretenen Parteien im Vorfeld der Landtagswahlen eine Stellungnahme zu ihrer Schulpolitik in der Mecklenburgischen Schulzeitung zu veröffentlichen.[84] Sie lehne es ab, so der mecklenburgische NSLB-Gauobmann Carl Baarß, „mit besonders formulierten Erklärungen vor eine bestimmte Berufsgruppe zu treten".[85] Jeder mit dem Nationalsozialismus sympathisierende Lehrer konnte die „verschwommene Ideologie und unklare Erziehungskonzeption des Nationalsozialismus" daher nach den eigenen pädagogischen und politischen Vorstellungen interpretieren.[86] Nicht von ungefähr bemerkte der Vorsitzende des VMPh, Wiegandt, nach der Lektüre von Schriften des „NS-Hofpädagogen"[87] Ernst Krieck, aus diesen könne man „alles herauslesen, was man will". Da sich jedoch „manche Gefahren zu entwickeln" drohten, so Wiegandt etwas nebulös, würde Kriecks schriftstellerische Tätigkeit auch vom DPhV „sorgfältig beobachtet".[88]

Schmidt, Lehrer im Gleichschritt (2006), S. 37–40, 63–70. Die Gesamtdarstellungen zum DPhV bzw. zum NSLB von Hamburger, Lehrer zwischen Kaiser und Führer (1974), und Feiten, Nationalsozialistischer Lehrerbund (1981), gehen auf die Gleichschaltung der Regionalverbände kaum ein.
[83] Feiten, Nationalsozialistischer Lehrerbund (1981), S. 37.
[84] *Die Parteipolitiker und die Schulpolitiker. Darlegungen der Vertreter der bedeutsamsten Parteien des Mecklenburg-Schwerinschen Landtags*, in: MSchZ, 63. Jg., 1932, Nr. 19/20, S. 203–207, darin Stellungnahmen von Dr. Richard Moeller (DDP), Dr. von Oertzen (DNVP) und Karl Schneeberg (SPD).
[85] Brief von Baarß an den Schriftleiter der Mecklenburgischen Schulzeitung, Wahls, 10. 5. 1932, abgedruckt in: MSchZ, 63. Jg., 1932, Nr. 19/20, S. 205 f. Weiter heißt es dort: Wenn jemand „uns seine Stimme nur wegen unseres Schulprogramms geben würde, so wäre er von der Erkenntnis des wahren Wesens des Nationalsozialismus noch weit entfernt."
[86] Feiten, Nationalsozialistischer Lehrerbund (1981), S. 19. Vgl. auch ebd., S. 37. Von manchem Parteimitglied wurde diese Unklarheit auch kritisiert, so vom sächsischen Landtagsabgeordneten und Lehrer Fischer, der u. a. deshalb aus der NSDAP austrat: „Weiter bereitete mir das Fehlen eines klaren Kultur- und Schulprogramms der NSDAP ernsteste Sorge. Man hörte von Führern auch auf diesem Gebiet ganz entgegengesetzte Meinungen, grenzend an bolschewistische Gedankengänge bis hin zu orthodox mittelalterlichen. Alle Versuche zu einer Klarheit zu kommen, endeten mit Kaltstellungen." Zitiert nach: *Rundschau. Ein schulpolitisch interessanter und aufschlußreicher Brief*, in: MSchZ, 62. Jg., 1932, Nr. 36, S. 380. Die bewusste Unklarheit des politischen Programms der NSDAP war nicht auf die Schulpolitik beschränkt, wie die Reaktion der NSDAP-Fraktion im Preußischen Landtag auf eine Anfrage der Zentrumsfraktion zu ihrer Weltanschauung deutlich macht: „Wir haben schon vielzuviel gesagt, wir dürfen nicht alles sagen, was wir denken." Zitiert nach *Welche Weltanschauung hat die Nationalsozialistische Deutsche Arbeiterpartei?*, in: MSchZ, 63. Jg., 1932, Nr. 29/30, S. 319.
[87] So die Bezeichnung von Nübel/Tröger, Herder in der Erziehung (1994), S. 52.
[88] VMPh, Wiegandt, 9. 8. 1932, LHAS, 10.65–1, Nr. 20 f.

Angesichts dieser Unklarheiten und der wachsenden Bedeutung der NSDAP hatte der VMPh schon vor deren Regierungsübernahme in Mecklenburg-Schwerin Fühlung zu den Nationalsozialisten aufgenommen, um Auskunft über das NS-Schulprogramm zu erhalten. Im Januar 1932 wandte sich Wiegandt in dieser Angelegenheit an den Rostocker Studienrat Freimann,[89] einen der wenigen Mecklenburger Philologen, die bereits vor 1932 in die NSDAP eingetreten waren[90]. Die Antwort ließ über drei Monate auf sich warten, da Freimann sich zunächst noch bei der Reichsleitung des NSLB rückversichern musste, und fiel keineswegs zu Wiegandts Zufriedenheit aus. An Stelle von Freimann antwortete der mecklenburgische NSLB-Gauobmann Baarß, ein Volksschullehrer aus Lübz. Er versicherte Wiegandt zwar, dass der Nationalsozialismus „den Wert der humanistischen Schule" anerkenne, relativierte jedoch stark ihre Bedeutung. Ziel der Schularbeit sei in erster Linie die „körperliche Ertüchtigung" und in zweiter die „charakterliche Bildung", während die Wissensvermittlung und die Übung rein geistiger Fähigkeiten „nicht notwendig zur Bildung" gehörten, da es nicht die Absicht staatlicher Schulerziehung sein könne, „wirklichkeitsfremde Intellektuelle zu züchten". Aus Sicht der Philologen besonders kritisch war die von Baarß geäußerte Ansicht, die Einführung einer für alle verbindlichen achtjährigen Grundschule widerspräche „in keiner Weise dem von der Partei vertretenen Standpunkt der Führerauslese."[91] Denn die Philologen hatten sich schon in den 1920er Jahren heftig dagegen gewehrt, die Dauer der Grundschule auf sechs oder gar acht Jahre auszudehnen, da dies mit einer entsprechenden Verkürzung der Gymnasialzeit verbunden gewesen wäre. In der Absicht, die Grundschuldauer zu verlängern, musste der VMPh im Falle einer Regierungsübernahme durch die Nationalsozialisten eine Bedrohung für den Erhalt des Gymnasiums in seiner bisherigen Form und damit für den eigenen Berufsstand sehen.[92]

Wiegandt wandte sich deshalb umgehend direkt an Freimann und bat um Auskunft darüber, ob auch er „mit der Zerschlagung der höheren Schule einverstanden" sei, wie sie die Folge der von Baarß befürworteten Maßnahmen sein würde.[93] Freimanns Antwort fiel zwiespältig aus. Einerseits beruhigte er Wiegandt dahingehend, dass eine „Zerschlagung der höheren Schule" vom Nationalsozialismus „ganz bestimmt" nicht zu befürchten sei; vielmehr solle ihr Niveau dadurch gehoben werden, dass nur noch „wirklich Begabte" sie besuchen dürften. Andererseits machte er unmissverständlich deutlich, dass eine nationalsozialistische Schulreform keine besonderen Rücksichten auf die Philologen nehmen würde und eine Kürzung ihrer Planstellen durchaus möglich wäre. Ganz im Sinne der Volksgemeinschaftsideologie argumentierte er mit dem „Gesamtwohl" des deutschen

89   Vgl. das Bestätigungsschreiben Freimanns an Wiegandt vom 16. 1. 1932, in dem er diesen um „Geduld" bittet. LHAS, 10.65–1, Nr. 15. Zur gleichen Zeit begannen sich auch die Volksschullehrer näher mit dem NS-Schulprogramm zu befassen. Vgl. Ws.-: *Zum Jahreswechsel*, in: MSchZ, 63. Jg., 1932, Nr. 1/2, S. 1–7, hier S. 3–5.

90   BAB, BDC, Nr. A 0075. Sein Kollege Best bezeichnete Studienrat Freimann in einem Schreiben an Wiegandt vom 5. 5. 1933 als „alten Nazi". LHAS, 10.65–1, Nr. 20 f.

91   NSLB, Baarß, an StDir Wiegandt, Parchim, 8. 4. 1932, LHAS, 10.65–1, Nr. 15.

92   Die Volksschullehrer begrüßten dagegen den Plan, die Dauer der Grundschule auf acht Jahre zu erhöhen, befürchteten aber, dass seine Umsetzung am Widerstand des Bürgertums scheitern könnte. Vgl. Ws.: *Neue Männer?*, in: MSchZ, 63. Jg., 1932, Nr. 23, S. 241–244.

93   VMPh, Wiegandt, an StR Freimann, 10. 4. 1932, LHAS, 10.65–1, Nr. 15.

Volkes, dem sich „das Wohl eines Einzelnen oder einer Gruppe" stets unterzuordnen habe: „Niemals wird die Rücksicht auf einen einzelnen Berufsstand unser
Handeln bestimmen."[94]

Gauleiter Hildebrandt und die höheren Beamten

Der antielitäre Grundzug der nationalsozialistischen Politik, der in Mecklenburg
unter dem raubeinigen Gauleiter und ehemaligen Landarbeiter Friedrich Hildebrandt[95] besonders ausgeprägt war, zeigte sich auch in einem Konflikt zwischen
dem mecklenburgischen Landesverband des Reichsbundes der höheren Beamten
(RhB) und der Gauleitung, der sich kurz nach den Wahlen im Juni 1932 entzün-
dete. Der Vorsitzende des Landesverbandes der höheren Beamten (LhB), Ober-
forstmeister Berlin, hatte vor der Wahl einen kritischen Zeitungsartikel über die
NSDAP und über Gauleiter Hildebrandt veröffentlicht. Nach dem – zumindest
in dieser Deutlichkeit – überraschenden Wahlsieg der Nationalsozialisten fiel
diese Kritik auf die höhere Beamtenschaft Mecklenburgs als Ganzes und damit
auch auf die Lehrer an höheren Schulen zurück, die sich nun heftigen Angriffen
durch führende NSDAP-Funktionäre ausgesetzt sahen. Zudem hatte Ministerpräsident Granzow in seiner Regierungserklärung angekündigt, „der Not der Zeit
entsprechend vor allem auch die Einkünfte der obersten Beamten herabzusetzen",
um „Ungleichheiten [...] zu beseitigen".[96] Gauleiter Hildebrandt sprach in der anschließenden Debatte davon, dass die oberen Beamten „sich mit einigen Härten
werden abfinden müssen" und schlug eine Begrenzung ihres Jahreseinkommens
auf 12 000 Reichsmark vor.[97] In diesen Äußerungen führender Landespolitiker der
NSDAP sah der Wismarer Studienrat Lehsten die „Quittung" für die „unnötige
und unkluge Fehde, in welche er [Berlin] den RhB hineingerissen hat. Die höheren Beamten, davon an Zahl am stärksten die Philologen, werden die Folgen tragen müssen."[98] Lehsten fragte daher bei Wiegandt an, was der Philologenverein
hiergegen zu tun gedenke, und sprach sich dafür aus, dass „Berlin bezüglich der
Leitung des RhB kalt gestellt" werde. Weitere Philologen äußerten sich ebenfalls
kritisch zum Vorgehen Berlins und zogen in Erwägung, dass der VMPh aus dem
LhB ausscheiden könnte, falls sich Berlin von seiner Kritik an der NSDAP nicht
distanziere.[99] Auch für Wiegandt als Vorsitzendem des VMPh hatte in jedem Fall
Priorität, dass „die sehr peinliche Differenz mit Hildebrandt, die man freilich vo-
raussehen konnte, wieder in Ordnung" kommen würde.[100] Mittlerweile war Ber-

---

[94] StR Freimann an VMPh, Wiegandt, 18. 4. 1932 (Abschrift), LHAS, 10.65–1, Nr. 15.
[95] Zu Hildebrandts Biographie vgl. den Eintrag in: Höffkes, Hitlers politische Generale (1986),
S. 139f.; Kasten, Friedrich Hildebrandt (1999); Hoßbach, Friedrich Hildebrandt (2001).
[96] Regierungserklärung von Ministerpräsident Granzow, Siebenter ordentlicher Mecklenburg-
Schwerinscher Landtag (stenografische Mitschrift), 2. Sitzung, 14. 7. 1932, Sp. 33–38, hier Sp. 35.
[97] Rede Friedrich Hildebrandts in der Aussprache zur Regierungserklärung, Siebenter ordentlicher
Mecklenburg-Schwerinscher Landtag (stenografische Mitschrift), 2. Sitzung, 14. 7. 1932, Sp. 53–
73, hier Sp. 70.
[98] StR Lehsten, Wismar, an VMPh, Wiegandt, 15. 7. 1932, LHAS, 10.65–1, Nr. 15. Hieraus auch das
folgende Zitat.
[99] Vgl. StR Proesch an Wiegandt, o. D. (Juni 1932), LHAS, 10.65–1, Nr. 12, und StAss Karl Kindt,
Warnemünde, an Wiegandt, 28. 7. 1932, LHAS, 10.65–1, Nr. 15.
[100] VMPh, Wiegandt, an StR Proesch, 22. 6. 1932, LHAS, 10.65–1, Nr. 12.

lin zum Einlenken bereit und setzte in Absprache mit Wiegandt einen Brief an den Reichsstatthalter auf, um „Mißverständnisse" aus dem Weg zu räumen.

Der sehr nüchtern gehaltene Brief ist von dem Bemühen geprägt, die Auseinandersetzung zwischen der NS-Regierung und den höheren Beamten Mecklenburgs wieder in sachliche Bahnen zu lenken. Berlin verfolgte in ihm eine doppelte Stoßrichtung: Einerseits machte er den Standpunkt der höheren Beamtenschaft – höflich im Ton, aber hart in der Sache – deutlich: So sprach er von „schwer verletzenden Ausführungen" Hildebrandts, die in der höheren Beamtenschaft „außerordentlichen Unwillen" und „stärkste Beunruhigung" hervorgerufen hätten und gegen die der Verband sich wehren müsse.[101] Andererseits betonte er, dass der LhB keineswegs, wie von Hildebrandt unterstellt, grundsätzlich oder auch nur mehrheitlich gegen den Nationalsozialismus eingestellt sei. Im Gegenteil – da die meisten Mitglieder des Verbandes den rechtsstehenden Parteien angehörten, so Berlin, könnten sie „auch nicht im Gegensatz zu Ihrer [Hildebrandts] Partei stehen" und wären sogar für die NSDAP zu gewinnen. Indirekt machte Berlin darüber hinaus deutlich, dass eine größere Affinität des LhB zum Nationalsozialismus von einer beamtenfreundlichen Politik der neuen NS-Regierung abhängig sei, indem er darauf hinwies, „daß wir uns mit dem Nationalsozialismus durch geeignete Lectüre durchaus vertraut machen und die Beamtenpolitik aller Parteien genau verfolgen." Geschickt stellte er eine Verknüpfung zwischen den Forderungen der höheren Beamtenschaft und dem Programm der NSDAP her: Die höheren Beamten, die „durch treue Pflichterfüllung zur Aufrechterhaltung des Staatslebens" beitrügen, hielten sich für berechtigt, „entsprechend dem von Ihnen und Ihrer Partei klar anerkannten Leistungsprinzip, auch eine angemessene Besoldung zu erhalten". Der Brief Berlins, der – von wenigen einzelnen Formulierungen abgesehen – die Zustimmung des VMPh-Vorsitzenden Wiegandt fand,[102] zeigt, dass die höhere Beamtenschaft Mecklenburgs und damit auch die Lehrer an höheren Schulen um ein einvernehmliches Verhältnis mit der NS-Regierung bemüht waren. Gleichzeitig macht er deutlich, dass die höheren Beamten von einer bedingungslosen Loyalität zur neuen Regierungspartei weit entfernt waren, von ihren stands- und besoldungspolitischen Forderungen nicht abrückten und vor allem ihre Position gegenüber der neuen Regierung ebenso selbstbewusst zu vertreten gedachten wie gegenüber deren Vorgängern. War ein derartiges Auftreten unter den zunächst noch demokratischen Bedingungen möglich, sollten die Philologen in den folgenden Monaten nach und nach die Grenzen ihres Einflusses zu spüren bekommen.

Interessenvertretung auf regionaler Ebene

Zunächst jedoch verlief die Lobbyarbeit des Vereins in gewohnten Bahnen. Der geschäftsführende Vorstand des VMPh[103] stattete Anfang September dem neuen

---

[101] Dieses und die folgenden Zitate aus dem Brief des LhB, Berlin, an den Reichstags- und Landtagsabgeordneten Hildebrandt, Schwerin (Entwurf), 21. 6. 1932, LHAS, 10.65–1, Nr. 12.
[102] Vgl. die Überarbeitungsvorschläge Wiegandts in seinem Brief an Berlin vom 24. 6. 1932, LHAS, 10.65–1, Nr. 12.
[103] Ihm gehörten neben dem Vorsitzenden Wiegandt die beiden Wismarer Studienräte Hackbusch und Wendt an.

Leiter des mecklenburgischen Unterrichtsministeriums, Friedrich Scharf, einen Antrittsbesuch ab.[104] Unter Hinweis auf die nahezu lückenlose Zugehörigkeit aller Philologen Mecklenburg-Schwerins zum Verein bat Wiegandt den Minister, ihn weiterhin vor Entscheidungen zu konsultieren, die die Lehrer an höheren Schulen betrafen. Obwohl der Vorsitzende betonte, dass die Ziele des Vereins „nicht materiell, sondern in erster Linie beruflich-ideell" seien, ging es in der Besprechung tatsächlich wie üblich um standes- und besoldungspolitische Fragen. Im Zentrum standen die Berücksichtigung der Ausbildungskosten bei der Besoldung, die Schwierigkeiten bei der Ausbildung der Lehrer sowie die Notwendigkeit einer Fürsorge für Assessoren und Referendare. Minister Scharf sicherte dem VMPh zu, den Verein vor Entscheidungen über Lehrpläne und andere grundsätzliche Fragen auch weiterhin zur Stellungnahme aufzufordern.[105] Zudem machte er deutlich, dass er eine weitere Kürzung der Gehälter der höheren Beamten für „unmöglich" halte.[106] Dass diese Aussagen, die der Verein als Erfolg für sich verbuchte, keine reinen Lippenbekenntnisse waren, zeigte sich unter anderem daran, dass das Unterrichtsministerium der Kürzung der Stundenzahlen in den preußischen Lehrplänen, die die Mecklenburger Philologen heftig kritisiert hatten, „nur zu einem Teil" folgte, wie der Verein in seinem Geschäftsbericht befriedigt feststellte.[107]

In einer anderen Angelegenheit zeigte das Ministerium dem VMPh hingegen schon wenig später seine Grenzen auf. Dies betraf die Rückversetzung des von den Philologen hochgeschätzten Oberregierungsrates Dr. Willi Brandt in den Schuldienst nach Güstrow.[108] Der Vorstand wollte Aufklärung über die „wirklichen Gründe" dieser politisch motivierten Versetzung erhalten, zumal, wie Wiegandt an Ministerialrat Weber schrieb, durch diese und weitere Versetzungen im höheren Schuldienst „Unruhe" entstanden sei.[109] Die Reaktion des Ministeriums war schroff und ablehnend: Die Ministerialbeamten Weber und Petersen ließen wissen, sie hätten dem VMPh „im Augenblick keine besonderen Mitteilungen zu machen"[110], und der Minister selbst erklärte, dass er nicht beabsichtige, auf die öffentliche Diskussion über die Versetzungen im höheren Schulwesen Mecklenburg-Schwerins einzugehen.[111] Wiegandt sah seine „Mission" damit als „völlig gescheitert" an[112] und hielt weitere Schritte des Vorstands in dieser Angelegenheit zu diesem Zeitpunkt für zwecklos.[113] Nun wollte auch er offenbar weitere öffent-

---

[104] VMPh, Wiegandt, Protokoll der Besprechung im Ministerium am 2. 9. 1932, 7. 9. 1932, LHAS, 10.65–1, Nr. 10c.
[105] VMPh, Geschäftsbericht für 1931/32, 8. 10. 1932, LHAS, 10.65–1, Nr. 3.
[106] VMPh, Wiegandt, Protokoll der Besprechung im Ministerium am 2. 9. 1932, 7. 9. 1932, LHAS, 10.65–1, Nr. 10c. In Oldenburg war es nach der Machtübernahme durch die Nationalsozialisten zu einer Kürzung der Gehälter der obersten Beamten gekommen, weshalb in Mecklenburg-Schwerin ähnliche Maßnahmen befürchtet wurden. Vgl. Reichsbund höherer Beamter, Landesverband Oldenburg, Ottendorf, an VMPh, Wiegandt, 15. 7. 1932 (LHAS, 10.65–1, Nr. 15) sowie Wiegandts Antwortschreiben vom 19. 7. 1932 (LHAS, 10.65–1, Nr. 20 f.).
[107] VMPh, Geschäftsbericht für 1931/32, 8. 10. 1932, LHAS, 10.65–1, Nr. 3.
[108] Vgl. dazu auch oben, Kap. 4.2.
[109] VMPh, Wiegandt, an MfU, Ministerialrat Weber, 22. 10. 1932, LHAS, 10.65–1, Nr. 10c.
[110] MfU, Weber, an Kollege Wiegandt, 2. 11. 1932, LHAS, 10.65–1, Nr. 10c.
[111] VMPh, Rundschreiben Nr. 1, 8. 11. 1932, LHAS, 10.65–1, Nr. 4.
[112] VMPh, Wiegandt, an Oberregierungsrat Dr. Brandt, 8. 11. 1932, LHAS, 10.65–1, Nr. 20 f.
[113] VMPh, Protokoll der 2. Vorstandssitzung, 12. 1. 1933, LHAS, 10.65–1, Nr. 6. Brandt selbst be-

liche Diskussionen über den Fall Brandt vermeiden, weshalb er darum bat, die Mitteilung über das – unbefriedigende – Ergebnis der Verhandlungen nur zur Kenntnisnahme an die Mitglieder zu geben und auf einen Aushang in den Konferenzzimmern zu verzichten.[114] Er befürchtete, eine weitere Diskussion könne „unbedachte Aeusserungen von *allen* beteiligten Seiten" zur Folge haben.[115]

Erfolgreicher war der VMPh mit seinen Bestrebungen, im von Juristen dominierten Unterrichtsministerium verstärkt Kräfte aus den eigenen Reihen unterzubringen und damit die Erfüllung einer Forderung zu erreichen, die der Verband schon im Kaiserreich und während der Weimarer Republik wiederholt erfolglos gestellt hatte. Dazu bot sich Anfang 1933 eine günstige Gelegenheit, da bis Ostern des Jahres drei Juristen aus dem Ministerium ausschieden. Der VMPh wollte erreichen, dass zumindest eine dieser Stellen durch einen der ihren besetzt wurde und wandte sich an ein Vereinsmitglied, das zugleich der NSDAP angehörte. Dieses äußerte sich zuversichtlich über die Erfolgsaussichten, sofern es nicht zu einer finanziellen Mehrbelastung käme, zumal die NSDAP bereits mit denselben Forderungen an das Ministerium herangetreten war.[116] Auch sie drängte darauf, in der Verwaltung verstärkt Fachleute einzusetzen. Angesichts der Interessenkonvergenz mit den regierenden Nationalsozialisten konnte der VMPh hier zumindest einen Teilerfolg verbuchen: Zunächst auftragsweise wurde ein Studienrat zusätzlich im Unterrichtsministerium eingesetzt.[117]

Fazit

Das Verhältnis zwischen VMPh und Staatsregierung hatte sich nach der Übernahme der Regierung durch die Nationalsozialisten zunächst nur graduell verändert. Weiterhin positionierte sich die Standesvertretung selbstbewusst und die Regierung bemühte sich, ihr in standespolitischen und fachlichen Fragen entgegenzukommen. Sobald es jedoch um Personalentscheidungen ging, verfolgte die NS-Regierung eine harte Linie. Hatten die Vorgängerregierungen den VMPh noch bei der Besetzung von Direktorenposten zumindest um eine Stellungnahme gebeten[118] – Konflikte hatten sich daraus selten ergeben –, nahm die NSDAP Versetzungen nun eigenmächtig vor, ohne den Verein zu konsultieren. Nicht einmal im Nachhinein wurden die Philologen über die Gründe aufgeklärt. Das Machtverhältnis zwischen der Regierung und der Standesvertretung hatte sich weiter zu Ungunsten der Letzteren verschoben. Der Philologenverein erkannte dies und er-

dankte sich persönlich bei Wiegandt für seine Bemühungen, war aber der Ansicht, dass „der Philologenverein in meiner Angelegenheit bestimmt garnichts [!] erreichen [könne], da das Recht des Ministeriums zu Versetzungen unbestreitbar ist." OStDir Dr. Brandt an Wiegandt, 11. 11. 1932, LHAS, 10.65–1, Nr. 20f.

[114] VMPh, Rundschreiben Nr. 1, 8. 11. 1932, LHAS, 10.65–1, Nr. 4.

[115] VMPh, Wiegandt, an Hackbusch, 29. 10. 1932, LHAS, 10.65–1, Nr. 20f. (Hervorhebung im Original). Auch der Rostocker Studienrat Stahl, der über die Affäre genau informiert war, äußerte die Sorge, dass sich die „ganze Angelegenheit [...] noch nicht so bald" beruhigen würde. StR Stahl an VMPh, Wiegandt, 26. 10. 1932, LHAS, 10.65–1, Nr. 20f.

[116] Vgl. die Schreiben Stahls an den VMPh vom 8. 12. 1932 und 23. 2. 1933, LHAS, 10.65–1, Nr. 5c.

[117] Staatshandbuch Mecklenburg (1937), S. 27. Das für die höheren Schulen zuständige Referat VI war bereits kurz zuvor mit dem promovierten Philologen Franz Weber besetzt worden. MfU, Geschäftsverteilung der Räte vom 1. April 1933 ab, LHAS, 5.12–7/1, Nr. 219.

[118] Vgl. die entsprechenden Anfragen des Ministeriums und die Antworten des Vereins in: LHAS, 10.65–1, Nr. 10a, 10b, 10c.

hob, nachdem er im Falle Brandts gescheitert war, in Zukunft zumindest öffentlich keinen Einspruch mehr gegen Entlassungen und Versetzungen im höheren Schulwesen. Zugleich scheute er nicht davor zurück, sich des großen Einflusses der NS-Regierung zu bedienen, wenn seine Interessen mit denen der Nationalsozialisten übereinstimmten. Nach der reichsweiten „Machtergreifung" Anfang 1933 sollten die Philologen weiter an Einfluss verlieren.

b) Die innere und äußere Gleichschaltung des Philologenverbandes

Gleichschaltung auf nationaler und regionaler Ebene

Wie andere Interessenvertretungen wurden im Nationalsozialismus auch die Lehrerverbände gleichgeschaltet. An führender Position sollten durchweg Mitglieder der NSDAP, nach Möglichkeit „alte Kämpfer", zumindest aber Sympathisanten des Nationalsozialismus stehen. Bei den Lehrerverbänden stand die NSDAP vor dem Problem, dass eine sehr große Anzahl unterschiedlicher, nach Schulform, politischer Ausrichtung, Geschlecht, Konfession und anderen Kategorien differenzierter Organisationen existierte, die zusätzlich zumeist noch regional untergliedert waren.[119] Da die regionalen Vereine eine große Autonomie gegenüber ihren Dachverbänden besaßen, denen sie korporativ angehörten, musste die Gleichschaltung auf allen Ebenen erfolgen.

Der Führer des NSLB, Hans Schemm, der den Lehrerbund mittelfristig zu einem alle Lehrer umfassenden Einheitsverband ausbauen wollte, forderte die bestehenden Verbände bereits kurz nach den Reichstagswahlen auf, ihre zentralen und lokalen Vorstandsämter sowie die Schriftleitungen ihrer Verbandszeitschriften Mitgliedern zu übergeben, die der NSDAP angehörten.[120] Der DPhV kam – wie zahlreiche andere Verbände – dieser Aufforderung rasch nach und verband dies mit einer Treuekundgebung für das neue Regime.[121] Der Vorsitzende des DPhV Felix Behrend, der jüdischer Abstammung war, trat am 25. März 1933 unter Protest von seinem Amt zurück, nachdem er auf der letzten Vorstandssitzung des Preußischen Philologenverbandes nicht mehr für dieses Amt nominiert worden war. An der Sitzung hatte er nicht teilnehmen können, weil er eine Woche zuvor bei einem Überfall durch SA-Schläger schwer verletzt worden war. Zu seinem Nachfolger, jetzt als „Führer" bezeichnet, wurde das NSDAP-Mitglied Rudolf Bohm gewählt.[122] Die ersten Neuwahlen der Vorstände in den Regionalverbänden des DPhV folgten wenige Wochen später.[123]

---

[119] Ende der 1920er Jahre existierten im Deutschen Reich insgesamt 77 nationale pädagogische Vereinigungen und Lehrerverbände mit weit über 500 zumeist selbstständigen Unter- bzw. Landesverbänden. Vgl. die Aufstellung von Heienbrok, Pädagogische Vereinigungen, in: Pädagogisches Lexikon (1930), Sp. 1075–1103. Für einen historischen Überblick über die wichtigsten Verbände vgl. Bölling, Lehrerorganisationen (1977); Heinemann, Lehrer (1977).

[120] Vgl. Eilers, Schulpolitik (1963), S. 76.

[121] Vgl. die Erklärung des Deutschen und Preußischen Philologenverbandes Im Dienste der nationalen Aufbauarbeit vom 22. 3. 1933, in: DPhBl, 41. Jg., 1933, Nr. 12, S. 133. Ausführlicher dazu Hamburger, Lehrer zwischen Kaiser und Führer (1974), S. 294 f.

[122] Auch dessen Stellvertreter Dr. Reike gehörte der NSDAP an. Vgl. die Notiz Der Deutsche Philologenverband unter neuer Führung, in: MSchZ, 64. Jg., 1933, S. 15/16, S. 161. Vor dem Hintergrund des erwähnten Überfalls auf Behrend erscheint es besonders zynisch, dass direkt unter der Notiz über die neue Führung des DPhV unter der Überschrift „Gegen die Greuelpropaganda im

In Mecklenburg-Schwerin setzte der alte Vorstand des Philologenvereins der Gleichschaltung keinen Widerstand entgegen, und zwar weniger aus ideologischen als aus taktischen Gründen. Führende Mitglieder wollten rasch eine Neubesetzung des Vorstands vornehmen, da es nicht zu verantworten sei, wenn der Philologenverein durch eine Verzögerung oder Ablehnung „seine ohnehin schon schwierige Position noch verschlechterte".[124] Außerdem hoffte man, auf diese Weise noch Einfluss auf die zu besetzenden Posten nehmen zu können. Die Richtlinien für die Besetzung standen indes schon fest: Neben dem ersten Vorsitzenden musste auch jedes zweite weitere Vorstandsmitglied der NSDAP angehören.[125] Die Wahl fiel – wie vorher informell abgesprochen – auf den Rostocker Studienrat Freimann.[126] Die Posten des stellvertretenden Vorsitzenden und des Schriftführers wurden ebenfalls mit NSDAP-Mitgliedern besetzt.[127] Kein Mitglied des bisherigen geschäftsführenden Vorstands blieb im Amt.

Die Gleichschaltung der Ortsgruppen

Erste Aufgabe des neuen Vorsitzenden war es, die Gleichschaltung nun auch in den Ortsgruppen durchzusetzen. Als Ortsgruppenvorsitzende oder Vertrauensmänner sollten nach einem eigens aufgestellten Kriterienkatalog zuerst langjährige Mitglieder der NSDAP, danach jüngere Parteimitglieder, Angehörige des „Opferrings", einer Sympathisantenorganisation der NSDAP, die hauptsächlich der Akquirierung von Parteispenden diente, oder des „Kampfbunds für deutsche Kultur"[128] sowie zuletzt Sympathisanten der NSDAP gewählt werden.[129] Lehrer, die „links eingestellt waren oder sind", kamen „unter keinen Umständen" in Frage. Da es Freimann den Ortsgruppen zur Pflicht machte, sich genau an die vorgegebene Reihenfolge zu halten, blieb diesen nur wenig Spielraum für eine Auswahl, da selten mehr als zwei oder drei Philologen in ein und derselben Stadt der NSDAP angehörten. Dementsprechend rasch und verhältnismäßig reibungslos

---

Auslande" ein Schreiben des Vorsitzenden des Deutschen Lehrervereins, der Interessenvertretung der Volksschullehrer, Georg Wolff, an die ausländischen Lehrerverbände zitiert wird, in dem es heißt, dass die Nachrichten von „Tätlichkeiten gegen deutsche Juden sämtlich falsch sind". Zum Überfall auf Behrend und den Hintergründen der Neuwahl des Vorstands vgl. Fluck, Gymnasium (2003), S. 109–111.

[123] Zu den ersten gehörten der Oberschlesische Philologenverband und der Hamburger Philologenverein. Vgl. Hamburger, Lehrer zwischen Kaiser und Führer (1974), S. 295; Schmidt, Lehrer im Gleichschritt (2006), S. 37–40.

[124] StR Best an OStDir Wiegandt, 5. 5. 1933, LHAS, 10.65–1, Nr. 20f.

[125] Dass dieses Vorgehen gegen die Satzungen verstieß, spielte keine entscheidende Rolle, denn, so StR Best, „über solche Zwirnsfäden dürfen wir nicht stolpern". Auch würde es „kaum einer wagen, darum auszutreten", die Mitglieder würden allenfalls „etwas grunzen". StR Best an OStDir Wiegandt, 5. 5. 1933, LHAS, 10.65–1, Nr. 20f.

[126] StR Best an OStDir Wiegandt, 5. 5. 1933, LHAS, 10.65–1, Nr. 20f.; Glückwunschschreiben von Regierungsrat Krüger an Freimann, 11. 5. 1933, LHAS, 10.65–1, Nr. 10c.

[127] Zum stellvertretenden Vorsitzenden wurde der Direktor des Rostocker Realgymnasiums, Dr. Kümmel, zum Schriftführer der Rostocker Studienrat und NSDAP-Angehörige Dr. Fritz Schoknecht bestimmt. Vgl. StR Freimann an den früheren und den neuen Vorstand, die Vorsitzenden der Ortsgruppen und die Vertrauensleute des VMPh, 16. 5. 1933, LHAS, 10.65–1, Nr. 2.

[128] Zu diesem im Jahr 1928 von Alfred Rosenberg gegründeten Verein vgl. Gimmel, Politische Organisation (2001).

[129] Vgl. hierzu und zum Folgenden VMPh, Freimann, an die Herren des früheren Vorstands, die Herren des neuen Vorstands, die Vorsitzenden der Ortsgruppen und die Vertrauensleute des VMPh, 16. 5. 1933, LHAS, 10.65–1, Nr. 2.

ging die Gleichschaltung der Ortsgruppen in Mecklenburg vonstatten. Bereits drei Tage, nachdem Freimann die Ortsgruppen zur Neuwahl ihrer Vorsitzenden bzw. Vertrauensleute aufgefordert hatte, wählte die Realschule in Ribnitz den ersten Vertrauensmann, der umgehend die angeforderte Loyalitätserklärung gegenüber der Regierung Hitler abgab.[130] Die meisten der übrigen 13 Ortsgruppen folgten bis Anfang Juni nach dem gleichen Muster.[131]

Zu einem Konflikt kam es lediglich am Realgymnasium in Ludwigslust, das von dem als liberal geltenden und mit einer Halbjüdin verheirateten Oberstudiendirektor Friedrich Plate geleitet wurde. Der bisherige Vertrauensmann, Studienrat Hillmann, Mitglied der DNVP, griff den neuen Vorstand des VMPh scharf an, weil dieser deutschnational eingestellte Vertrauensleute durch NSDAP-Mitglieder ersetzt hatte.[132] Schon zuvor hatte er sich abfällig über die Nationalsozialisten geäußert und sie in einer öffentlichen Schülerversammlung als „Revolverhelden" bezeichnet. Als seinen Nachfolger schlug Hillmann Studienrat Böhmer vor, der zwar nicht Parteigenosse, dafür aber förderndes Mitglied der SS war.[133] Böhmer lehnte es zunächst ab, das Amt zu übernehmen, weil er verärgert darüber war, dass seine Fördermitgliedschaft in der SS, die er bisher geheim gehalten hatte, auf diese Weise dem Kollegium bekannt wurde.[134] Als Böhmer sich schließlich doch bereit erklärte, kündigte er an, nicht mit der Hakenkreuz-Fahne zu flaggen, sondern schwarz-weiß-rot. Vor dem Hintergrund dieser Äußerungen bat der Kreisleiter von Ludwigslust Freimann darum, statt Böhmer einen der beiden Studienassessoren, die als einzige Mitglieder des Kollegiums der NSDAP angehörten, zum Vertrauensmann zu bestimmen. Der Vorstand des VMPh lehnte dies jedoch ab, da er der Auffassung war, dass Assessoren „prinzipiell nicht ernannt werden" sollten und hielt an Böhmer fest, wegen dessen beanstandeter Bemerkungen allerdings noch einmal Rücksprache gehalten werden sollte.[135] Der Vorstand konnte sich mit seiner Haltung gegenüber der Partei durchsetzen und bestätigte Böhmer, nachdem dieser eine Erklärung abgegeben hatte, dass er bedingungslos hinter Hitler stehe, als Vertrauensmann.[136] Freimann waren in diesem Fall berufliche Erfahrung und Kontinuität zur früheren Praxis des Verbandes ganz offensichtlich wichtiger als parteipolitische Linientreue.

Die Zurückhaltung der Mitglieder des Ludwigsluster Kollegiums gegenüber der NSDAP führte Kreisleiter Dettmer auf die politische Haltung und die jüdische Ehefrau von Direktor Plate zurück, vor dem „die meisten festangestellten

---

[130] StR Warnkroß, Ribnitz, an VMPh, StR Freimann, 19. 5. 1933, Erklärung von StR Warnkroß, 19. 5. 1933, beide Dokumente in: LHAS, 10.65–1, Nr. 2. Warnkroß' Bestätigung als Vertrauensmann durch Freimann erfolgte umgehend. VMPh, Freimann, an Warnkroß, Ribnitz, 20. 5. 1933, LHAS, 10.65–1, Nr. 2.
[131] Vgl. die entsprechenden Schreiben der Ortsgruppen in: LHAS, 10.65–1, Nr. 2. In Rostock übernahm Freimann als VMPh-Vorsitzender auch den Vorsitz der Ortsgruppe. VMPh, Freimann, an MfU, 3. 7. 1933, LHAS, 10.65–1, Nr. 2.
[132] Vgl. hierzu und zum Folgenden den Brief des NSDAP-Kreisleiters Ludwigslust, Ulrich Dettmer, an StR Freimann vom 25. 5. 1933, LHAS, 10.65–1, Nr. 5c.
[133] StR Hilmann, Ludwigslust, an VMPh, StR Freimann, 23. 5. 1933, LHAS, 10.65–1, Nr. 5c.
[134] Hierzu und zum Folgenden NSDAP, KL Ludwigslust, Kreisleiter Dettmer, an VMPh, StR Freimann, 25. 5. 1933, LHAS, 10.65–1, Nr. 5c.
[135] Protokoll der Vorstandssitzung des VMPh vom 29. 5. 1933, LHAS, 10.65–1, Nr. 6.
[136] Protokoll der Vorstandssitzung des VMPh vom 8. 6. 1933, LHAS, 10.65–1, Nr. 6.

Herren [...] nicht als Nationalsozialisten erscheinen" wollten.[137] Für den Direktor hatte die Angelegenheit noch ein Nachspiel: Nachdem der Vorstand des VMPh noch Ende Mai „vorläufig keine Schritte" gegen ihn unternehmen wollte,[138] beschloss er schon auf der nächsten Sitzung am 8. Juni, den „Fall Plate" an den für Personalfragen zuständigen Regierungsrat Krüger im Unterrichtsministerium zu melden.[139] Plate wurde daraufhin seines Amtes als Leiter des Realgymnasiums enthoben und als Studienrat an das Gymnasium in Schwerin versetzt.[140]

Die Gleichschaltung der Ortsgruppen des VMPh verlief mithin „im allgemeinen ohne erheblichen Widerstand", wie Freimann Anfang Juli dem Unterrichtsministerium mitteilte.[141] Neben dem Anpassungsdruck spielte dafür wohl auch eine Rolle, dass der Posten des Ortsgruppenvorsitzenden bzw. Vertrauensmanns keine besonders große Bedeutung besaß, sondern sich hauptsächlich in der Beitragseinziehung und in organisatorischen Angelegenheiten erschöpfte – auch wenn mancher NSDAP-Funktionär davon ausging, dass sich dies unter nationalsozialistischer Herrschaft ändern würde.[142]

Neue Vereinssatzung

Etwa zeitgleich mit der personellen Gleichschaltung gab sich der VMPh eine neue Satzung. Der Verein führte das Führerprinzip ein, mit dem jegliche demokratische Willensbildung innerhalb des Vereins unterbunden wurde. Auch der Ausschluss von „Judenstämmlinge[n] und Anhänger[n] des Marxismus" wurde analog zu den Bestimmungen des Berufsbeamtengesetzes in die Satzung aufgenommen.[143] Neben dem obligatorischen Bekenntnis zur „tatkräftige[n] Mitarbeit an der Aufbautätigkeit der Regierung der nationalen Revolution" und der „nationalpolitische[n] Weiterbildung" der Mitglieder ist vor allem eine Neuerung von Belang: Mitglieder konnten nunmehr alle Personen werden, „die aufsichtsführend oder lehrend an höheren Schulen tätig sind, die hauptamtlich Angelegenheiten der höheren Schule bearbeiten und die an höheren Schulen im Vorbereitungsdienst stehen." Die in der bisherigen Satzung fixierte Bestimmung, nach der „in jedem Fall volle akademische Vorbildung die Voraussetzung" für die Mitgliedschaft war,[144] fiel weg. Damit konnten von nun an auch nicht akademisch gebildete Zeichen- oder Turnlehrer sowie Mittelschullehrer, die an den unteren Klassenstufen höherer Schulen unterrichteten, Vereinsmitglieder werden. Diese Bestimmung, die in ähnlicher Form

---

[137] NSDAP, KL Ludwigslust, Dettmer, an VMPh, StR Freimann, 25. 5. 1933, LHAS, 10.65–1, Nr. 5c.

[138] Protokoll der Vorstandssitzung des VMPh vom 29. 5. 1933, LHAS, 10.65–1, Nr. 6.

[139] Protokoll der Vorstandssitzung des VMPh vom 8. 6. 1933, LHAS, 10.65–1, Nr. 6.

[140] Philologen-Jahrbuch, 39. Jg., 1932/33, S. 15, und 40. Jg., 1933/34, S. 16.

[141] VMPh, Freimann, an MfU, 3. 7. 1933, LHAS, 10.65–1, Nr. 2.

[142] So äußerte der Ludwigsluster Kreisleiter Dettmer die Vermutung, „daß die neuen Vertrauensleute wichtigere Aufgaben erhalten werden, als nur die Mitgliederbeiträge für den Philologenverein einzukassieren." Brief an VMPh, Freimann vom 25. 5. 1933, LHAS, 10.65–1, Nr. 5c.

[143] Satzungsentwurf des VMPh, o. D. (Juni 1933), LHAS, 10.65–1, Nr. 1. Hieraus auch die folgenden Zitate. Der Entwurf wurde auf der Vorstandssitzung vom 8. 6. 1933 vorbereitet, Anfang Juli im Vorstand besprochen und sollte bis zum 10. 7. 1933 an die Schulen verteilt werden. Protokoll der Vorstandssitzung des VMPh vom 8. 6. 1933; Tagesordnung für die Sitzung des Gesamtvorstands am 5. Juli, 29. 6. 1933, LHAS, 10.65–1, Nr. 6.

[144] Satzungen des VMPh, o. D. (Januar 1928), LHAS, 10.65–1, Nr. 1. Vgl. auch die früheren Satzungen in derselben Akte.

bereits der DPhV umgesetzt hatte,[145] bedeutete eine Aufweichung des standespolitischen Prinzips des Philologenvereins und den ersten Schritt hin zur Schaffung
eines über die Standesgrenzen hinweggehenden einheitlichen Lehrerverbandes
„im Sinne des Gedankens der Werkgemeinschaft",[146] wie sie von den Nationalsozialisten angestrebt wurde und im NSLB bereits verwirklicht war.

Fazit

Mit der Gleichschaltung auf Landes- und Ortsvereinsebene und der neuen Satzung war in den Augen der meisten Mitglieder der Anpassungsprozess des Vereins an den Nationalsozialismus abgeschlossen. Dieser Prozess ging auch deshalb
so relativ rasch und reibungslos vonstatten, weil die Mitglieder die NS-Machtübernahme als zu akzeptierende Tatsache hinnahmen und sie die neuen Machthaber nicht durch obstinates Verhalten gegen sich aufbringen wollten. In bestimmten Aspekten der Gleichschaltung, wie etwa der Einführung des Führer-
prinzips, stimmten sie ohnehin mehrheitlich mit den Nationalsozialisten überein.
Zudem waren ihr Status und die Eigenständigkeit ihrer Standesvertretung bisher
nicht in Frage gestellt worden. Dies änderte sich ab Sommer 1933, als Hans
Schemm versuchte, den NSLB als Einheitsorganisation für die gesamte Erzieherschaft durchzusetzen. Den daraus resultierenden Turbulenzen der folgenden Monate, die im Kern auf einen Machtkampf zwischen der NSLB-Führung und dem
Reichsministerium des Innern zurückgingen, konnte sich auch der VMPh nicht
entziehen.

c) Von der Gleichschaltung zur Auflösung

Die Gründung der „Deutschen Erziehergemeinschaft" als Einheitsverband
Der Führer des NSLB, Hans Schemm, wollte eine einheitliche, alle Erziehergruppen vom Kindergarten bis zur Hochschule umfassende Organisation schaffen,
welche die ideelle Einheit der gesamten Lehrerschaft in der nationalsozialistischen
Weltanschauung verkörpern sollte.[147] Dieses Ziel der Schaffung einer einheitlichen „Erzieherfront", das er auf der Reichstagung des NSLB am 8. und 9. April in
Leipzig angekündigt hatte, setzte er im Juni 1933 mit der Gründung der „Deutschen Erziehergemeinschaft" (DEG) um. Im Juni 1933 rief er alle Lehrerverbände
zu einer Tagung der DEG in Magdeburg zusammen.[148] Hier unterzeichneten die
Vorsitzenden der Einzelverbände eine Urkunde, nach der die Verbände „als
rechtsfähige Körperschaften der deutschen Gesamterzieherorganisation" und
dessen Vorsitzende dem NSLB als Einzelmitglieder beitraten. Auf diese Weise
traten 44 deutsche Lehrerverbände der DEG bei. Darunter war auch der DPhV,
der innerhalb der DEG die „Reichsfachschaft der Lehrer an höheren Schulen"

---

[145] Vgl. Hamburger, Lehrer zwischen Kaiser und Führer (1974), S. 302f.
[146] Protokoll der Vorstandssitzung des VMPh vom 8. 6. 1933, LHAS, 10.65–1, Nr. 6.
[147] Das Folgende nach Eilers, Schulpolitik (1963), S. 76–85.
[148] Regionalverbände waren hier offensichtlich nicht vertreten, zumindest beabsichtigte der VMPh
keinen Besuch der Tagung. Vgl. Protokoll der Vorstandssitzung des VMPh vom 29. 5. 1933,
LHAS, 10.65–1, Nr. 6.

(Reichsfachschaft II) bildete.[149] Die künftige Organisation der DEG und ihr Verhältnis zum NSLB war allerdings in keiner Weise definiert: Nominell war die DEG eine Dachorganisation, da die Verbände ihr korporativ beigetreten waren. Die Verbandsvorsitzenden glaubten daher, gerade durch ihren Eintritt in die DEG ihren Fortbestand und ihre Eigenständigkeit sichern zu können.[150] Den NSLB sahen sie lediglich als *einen* der beigetretenen Verbände an. Schemm hingegen identifizierte den NSLB mit der DEG und sah sich als Leiter der DEG autorisiert, den einzelnen Verbänden Anweisungen zu erteilen. Diese unterschiedliche Auslegung von Funktion und Organisationsform der DEG führte in den folgenden Monaten zu heftigen Konflikten zwischen dem NSLB und einzelnen Lehrerverbänden. Dahinter stand einerseits die grundsätzliche Frage, ob sich die Lehrer überhaupt in einer einheitlichen, alle verschiedenen Lehrergruppen umfassenden Vereinigung organisieren sollten, wogegen sich vor allem der DPhV wehrte. Andererseits fochten NSLB-Führer Schemm und Reichsinnenminister Wilhelm Frick einen Machtkampf aus, der typisch für die Konflikte zwischen staatlichen Institutionen und Parteiorganisationen in der polykratischen Struktur des NS-Systems war:[151] Frick wollte als Verantwortlicher für die deutsche Beamtenschaft die bestehenden Verbände erhalten bzw. sie unter seiner eigenen Regie gleichschalten und so verhindern, „daß sich Schemm als Leiter einer Parteiorganisation eine Kommandogewalt über einen bedeutenden Teil der Beamtenschaft" aufbaute.[152] Diese Auseinandersetzungen, bei denen es zu einer „Koalition von Reichsinnenministerium und Philologenverband gegen den NSLB"[153] kam, sind bereits mehrfach ausführlich dargestellt worden[154] und sollen an dieser Stelle nicht weiter ausgeführt werden. Entscheidend für die Situation in Mecklenburg war, dass der VMPh zwischen die Fronten geriet: Auf der einen Seite stand der DPhV als Dachverband, der unbedingt seine Eigenständigkeit wahren wollte.[155] Auf der anderen Seite stand die mecklenburgische Gauleitung des NSLB, die gemäß Schemms Strategie, die Verbände „vor allem auf regionaler und lokaler Ebene" durch Abwerbung von Mitgliedern auszuhöhlen, unter Ausnutzung der amtlichen Stellung einiger ihrer Mitglieder Druck auf die Philologen zum Eintritt in den Lehrerbund ausübte.[156]

Der VMPh benannte sich nach der Magdeburger Tagung in „Landesfachschaft Mecklenburg der Lehrer an höheren Schulen in der Deutschen Erziehergemein-

---

[149] Schemm hatte Bohm am 23. 5. 1933 im sogenannten Münchener Abkommen zugesichert, dass der DPhV beim korporativen Beitritt zur DEG als rechtsfähige Körperschaft sein selbstständiges Eigenleben erhalten könne. Vgl. Fluck, Gymnasium (2003), S. 115. Die Bezeichnung „Reichsfachschaft" führte der DPhV von Juli 1933 an als Zusatz in seinem Namen. Vgl. DPhBl, 41. Jg., 1933, Nr. 28, S. 325.

[150] Auch die mecklenburgischen Philologen gingen davon aus, dass der DPhV als Mitglied der DEG sein Eigenleben beibehalten würde. Vgl. Protokoll der Vorstandssitzung des VMPh vom 8. 6. 1933, LHAS, 10.65–1, Nr. 6.

[151] Vgl. dazu Hüttenberger, Nationalsozialistische Polykratie (1976); Broszat, Staat Hitlers (1995). Zur Diskussion vgl. Kershaw, Nazi Dictatorship (1993), S. 59–79.

[152] Eilers, Schulpolitik (1963), S. 79.

[153] So Hamburger, Lehrer zwischen Kaiser und Führer (1974), S. 304.

[154] Vgl. Eilers, Schulpolitik (1963), S. 78–83; Feiten, Nationalsozialistischer Lehrerbund (1981), S. 67 f.

[155] Um ein einheitliches und zentral gesteuertes Vorgehen zu ermöglichen, hatte der DPhV-Vorsitzende Bohm schon im Mai 1933 jegliche Sonderbeschlüsse der regionalen Verbände untersagt. DPhV, Bohm, Telegramm an VMPh, Freimann, 12. 5. 1933, LHAS, 10.65–1, Nr. 11.

[156] Vgl. Eilers, Schulpolitik (1963), S. 79.

schaft" (Landesfachschaft II) um.[157] Ganz im Sinne der nationalsozialistischen
Volksgemeinschaftsideologie stellte der Vorstand gleich in seinem ersten Rundschreiben klar, dass die Aufgabe der Landesfachschaft nun „nicht mehr in der
Hauptsache die Bearbeitung nebensächlicher Standes- oder Personalfragen" sein
dürfe, sondern vielmehr „die Heranziehung möglichst vieler Kollegen zur Mitarbeit an den großen Fragen der national-politischen Erziehung".[158] Der Vorstand
wünschte darüber hinaus ganz offensichtlich eine möglichst rasche Annäherung
der Landesfachschaft an den NSLB. So forderte er die Mitglieder zum Eintritt in
die NS-Organisation auf, in der die „Beteiligung aus unsren Reihen bisher recht
schwach" sei, und verband dies mit der latenten Drohung, dass ein Fernbleiben
die Stellung der Lehrer an höheren Schulen in der DEG verschlechtern könnte.
Ohnehin würde die Fachschaft bald sehr wahrscheinlich „Zwangsfachschaft" mit
Disziplinargewalt über die Mitglieder werden. Schon gut einen Monat später war
es so weit: Freimann erklärte, dass der VMPh zu bestehen aufgehört habe und mit
seinem Vermögen und seinen Einrichtungen in die „Meckl[enburg]-Schwerinsche
Fachschaft der Lehrer an höheren Schulen im *NSLB*" (Landesfachschaft II) über-
gehe.[159] Alle an höheren Schulen tätigen Lehrer *mussten* dem Schreiben zufolge
Mitglied der Landesfachschaft sein. Indem er die Landesfachschaft nicht mehr der
DEG, sondern dem NSLB zuordnete, stellte sich Freimann gegen die vom DPhV-
Vorsitzenden Bohm verfolgte Linie und gab die Eigenständigkeit des VMPh fak-
tisch auf.[160] Freimann begründete diesen Schritt im Nachhinein mit einem Befehl
Schemms vom 9. Juli, nach dem sich sämtliche Lehrergruppen aufzulösen hätten.[161] An dem Befehl Schemms und der klammheimlichen Auflösung des Vereins
überraschte weniger die Tatsache an sich – sowohl der Hamburger als auch der
Sächsische Philologenverein hatten sich bereits zuvor zu Fachschaften der Lehrer
an höheren Schulen im NSLB erklärt[162] – als der Zeitpunkt. Denn am 1. Juli hatte
Reichsinnenminister Frick angesichts des zunehmenden Drucks seitens des NSLB
auf die Verbände einen Erlass herausgegeben, in dem die Unterrichtsministerien

---

[157] Protokoll der Sitzung des Gesamtvorstands des VMPh, 5. 7. 1933, LHAS, 10.65–1, Nr. 6; 1. Rundschreiben des geschäftsführenden Vorstands, 8. 7. 1933, LHAS, 10.65–1, Nr. 3. Die Umbenennung
bzw. die Hinzufügung des Namenszusatzes geschah auf Veranlassung des DPhV. Vgl. den einleitenden Vortrag von Freimann auf der Vorstandssitzung des VMPh am 22. 10. 1933, LHAS, 10.65–
1, Nr. 7c. Auch der Hamburger Philologenverein gliederte sich als „Fachschaft der Höheren
Schule" in die *DEG*, nicht in den *NSLB* ein. Vgl. Schmidt, Lehrer im Gleichschritt (2006), S. 40.
[158] Dieses und die folgenden Zitate aus: 1. Rundschreiben des geschäftsführenden Vorstands, 8. 7.
1933, LHAS, 10.65–1, Nr. 3.
[159] Mecklenburg-Schwerinsche Fachschaft der Lehrer an höheren Schulen im NSLB, Freimann,
2. Rundschreiben, 14. 8. 1933, LHAS, 10.65–1, Nr. 4 (Hervorhebung des Verfassers).
[160] Freimann war nicht der einzige, der von der Linie des DPhV abwich. Immer wieder musste der
Vorstand des DPhV die Landes- und Provinzialverbände zur Disziplin aufrufen. Der Vorsitzende
des Pommerschen Philologenvereins wurde gar seines Amtes enthoben, da er „sich durch Rundschreiben und Anordnungen wiederholt in Gegensatz zu den Weisungen des Deutschen Philologenverbandes" gestellt hatte. DPhBl, 41. Jg., 1933, Nr. 37, S. 424.
[161] Einleitender Vortrag von Freimann auf der Vorstandssitzung des VMPh am 22. 10. 1933, LHAS,
10.65–1, Nr. 7c. Freimann rechtfertigte seinen Schritt, der gegen die Satzungen des Vereins verstieß, darüber hinaus damit, dass man im Sommer „noch mitten in der Revolution" gestanden
hätte, „in der man nicht über Satzungs-zwirnsfäden [!] stolperte." Zudem sei das Eigenleben in
den Fachschaften gesichert gewesen, „sie trugen die Verantwortung für die höheren Schulen weiter". Auch habe er mit der Formulierung „Der V.M.Ph. hat zu bestehen aufgehört" eine „sehr vorsichtige Form" gewählt und sei lediglich einer Zwangsauflösung zuvorgekommen.
[162] Vgl. Hamburger, Lehrer zwischen Kaiser und Führer (1974), S. 302.

der Länder aufgefordert wurden, Angriffen auf die „in ihrem Fortbestande anerkannten Verbände [...] unter Missbrauch behördlicher Autorität" entschieden
entgegenzuwirken.[163] Der NSLB ignorierte diesen Erlass offenbar und gab ihn
nicht an die einzelnen NSLB-Gauleitungen weiter.

Erst im September wendete sich das Blatt. Frick und der DPhV hatten sich im
Machtkampf mit Schemm vorläufig durchgesetzt. Am 14. September gab das
Reichsinnenministerium einen Erlass heraus, in dem das Verbot der Ausübung
„amtlichen, moralischen oder parteimäßigen Druckes" bei der Werbung für den
NSLB wiederholt wurde und Zuwiderhandelnden disziplinarische Konsequenzen angedroht wurden.[164] Jetzt endlich gab die NSLB-Reichsführung das Verbot
auch an die Gauleitungen weiter.[165] Wichtiger noch für die Philologen war die
Feststellung, dass der NSLB „nur ein Teil, wenn auch die stärkste Unterglie-
derung der Deutschen Erziehungsgemeinschaft"[166] sei. Auf der Grundlage dieses
Erlasses stellte der DPhV sein Verhältnis zum NSLB klar: Der DPhV sei eine
„rechtsfähige und selbständige Körperschaft" und als solche der DEG angeschlossen. Einzelmitglieder im NSLB müssten nur die *Führer* seiner Organisati-
onsformen sein, für alle anderen Mitglieder bestehe „kein Zwang" zum Beitritt.
Zum Schluss wurde noch einmal ausdrücklich betont: „Der NSLB ist nicht die
Deutsche Erziehergemeinschaft. Beide Begriffe sind nicht identisch." Vor dem
Hintergrund dieser Entwicklungen auf Reichsebene sah sich Freimann gezwungen, seine Entscheidungen vom Sommer wieder rückgängig zu machen. Er hob
die Auflösung des Vereins auf und setzte den Vorstand wieder in sein Amt ein.[167]

Die mecklenburgischen Philologen zwischen den Fronten

Die „weitgehende Beruhigung"[168], die sich der DPhV von Fricks Erlass vom September erhofft hatte, trat indes nicht ein. Der Druck von Seiten des NSLB zur
vollständigen Eingliederung aller Lehrerverbände ließ nicht nach. Der Philologenverband konterte diese Bestrebungen mit dem Hinweis, dass seine Aufrechterhaltung „nicht gegen den nationalsozialistischen Totalitätsgedanken" verstoße.[169]
Um die Situation zumindest auf Landesebene zu klären und zu beruhigen, lud
Freimann für den 22. Oktober zu einer Vorstandssitzung des VMPh ein, an dem
auch die Ortsgruppenleiter und Vertrauensleute mit beratender Stimme teilnehmen sollten und auf der vor allem über die organisatorische Lage beraten werden
sollte.[170] In seinem einleitenden Referat skizzierte er den Konflikt zwischen

---

[163] Zitiert nach Hamburger, Lehrer zwischen Kaiser und Führer (1974), S. 304.
[164] Zitiert nach Hamburger, Lehrer zwischen Kaiser und Führer (1974), S. 305.
[165] Auf den Erlass vom 1. Juli ging sie dabei gar nicht erst ein. Vgl. Feiten, Nationalsozialistischer
Lehrerbund (1981), S. 65.
[166] Dieses und die folgenden Zitate nach Hamburger, Lehrer zwischen Kaiser und Führer (1974),
S. 305 f.
[167] VMPh, Freimann, 3. Rundschreiben, 21. 9. 1933, LHAS, 10.65–1, Nr. 4. Zum Hintergrund vgl.
auch das Schreiben Freimanns an OStDir Mehr, Schwerin, vom 20. 8. 1933, LHAS, 10.65–1,
Nr. 5c.
[168] Der Deutsche Philologenverband als berufsständische und kulturpolitische Organisation der Lehrer an höheren Schulen, in: DPhBl., 41. Jg., 1933, Nr. 39, S. 443 f.
[169] DPhBl., 41. Jg., 1933, Nr. 42, S. 485.
[170] VMPh (Landesfachschaft 2) Freimann, 9. 10. 1933, LHAS, 10.65–1, Nr. 6. Freimann hatte bewusst keine *Haupt*versammlung – wie sonst üblich – einberufen, da er fürchtete, auf einer solchen
würden „die Gegensätze in der Organisationsfrage aufeinanderplatzen und zu einer Sprengung

DPhV und NSLB seit Frühjahr 1933 und begründete sein eigenes Vorgehen damit, er habe verhindern wollen, „was in einigen Landes- u[nd] Provinzialverbän-
den bereits eingetreten ist, nämlich den Zerfall der Philologenschaft in 2 sich be-
fehdende Gruppen".[171] Sein Ziel sei gewesen, „den Zusammenhalt aller mecklenburg[ischen] Philologen zu sichern", nicht nur um seiner selbst willen, sondern
auch, um der Regierung das bieten zu können, „was sie von uns erwartet, nämlich
energische Mitarbeit im Rahmen der Schulreform u[nd] initiative [!] Förderung
des Ausbaus u[nd] der Neugestaltung des höheren Schulwesens". Darüber hinaus
solle „der hohngrinsenden Außenwelt das Schauspiel sich befehdender Schul-
meistergruppen" erspart werden. Organisatorische Fragen, so Freimann weiter,
„dürfen nicht eine solche Wichtigkeit gewinnen, dass sie unsere Berufsarbeit stören, sie sind zweitrangig". Die sich an Freimanns Vortrag anschließende Aussprache zeigt anschaulich die komplette Verunsicherung der mecklenburgischen Philologen bezüglich ihrer Verbandsorganisation.[172] Die Vereinsmitglieder bekamen
laufend sich widersprechende Erlasse und Anweisungen vom NSLB, von der
DPhV-Führung und vom Reichsinnenministerium. Ein Studienrat brachte den
daraus resultierenden Loyalitätskonflikt auf den Punkt: „Wir wollen mit dem
NSLB zusammenarbeiten, wir wollen auch Einzelmitglied sein, wir wollen aber
nicht unsere Stammorganisation [i. e. den DPhV] verlassen, die für uns solange gekämpft hat." Ein weiteres Problem bestand darin, dass fast alle Kreisleiter des
NSLB in Mecklenburg Volksschullehrer waren, von denen die Philologen nur ungern Anweisungen entgegennahmen. Freimann forderte die Anwesenden daher
auf, selbst Einzelmitglied des NSLB zu werden, um das Gewicht der Philologen
in diesem Verband zu stärken.
    Neben Fragen der weltanschaulichen Erziehung und dem Bekenntnis der Phi-
lologen zum Nationalsozialismus, auf das Freimann mit seinem Hinweis auf die
Erwartungen der NS-Regierung an die Philologenschaft angespielt hatte, ging es
in der Diskussion hauptsächlich um die Sorge der Philologen, ihre Belange könnten innerhalb der DEG nicht stark genug vertreten werden. Sie fürchteten, dass
die Fachschaft der Lehrer an höheren Schulen im Zuge von „Einheitsbestrebun-
gen" aufgelöst und durch eine schultypenübergreifende Organisation, strukturiert nach den einzelnen Unterrichtsfächern, ersetzt werden könnte. Freimann
selbst vertrat eine pragmatische Linie. Er wollte in erster Linie eine Spaltung der
mecklenburgischen Philologenschaft verhindern und sie auf eine loyale Haltung
zur nationalsozialistischen Regierung einschwören. Freimann schätzte zudem die
Kräfteverhältnisse im Reich richtig ein und erkannte, dass am NSLB als Gesamt-
organisation für alle Erzieher auf Dauer kein Weg vorbeiführen würde. Daher plä-
dierte er dafür, dass sich der VMPh wie bisher als Fachschaft II im NSLB und
nicht in der DEG betrachten sollte. Denn für ihn war klar: „Schemm steht über
Bohm." Dies bedeutete indes nicht, dass er die Eigenständigkeit der Vertretung

des V.M.Ph. führen". VMPh, Freimann, Bericht über die organisatorische Lage in Mecklenburg-
Schwerin, 12. 11. 1933, LHAS, 10.65–1, Nr. 3.
[171] Dieses und die folgenden Zitate aus dem einleitenden Vortrag Freimanns auf der Vorstandssitzung
des VMPh, 22. 10. 1933, LHAS, 10.65–1, Nr. 7c.
[172] Hierzu und zum Folgenden Protokoll der Vorstands- und Vertretertagung des VMPh vom 22. 10.
1933 (Stenogramm), LHAS, 10.65–1, Nr. 7c.

der Lehrer an höheren Schulen aufgeben wollte; vielmehr hatte er erkannt, dass eine solche am ehesten *innerhalb* des NSLB zu erreichen war. Da inzwischen klar war, dass eine völlige Selbstständigkeit nicht mehr zu behaupten war, verfolgte er eine Strategie, wie sie Eilers als vor allem für regionale Verbände typisch skizziert:

Sie „traten korporativ dem NSLB bei, übernahmen die Führung bestimmter Fachschaften, vor allem auf Gauebene, behielten ihre Funktionäre bei, vollzogen juristisch nur eine Umbenennung und behielten weiterhin als eingetragene Vereine das Recht, ihren eigenen Vorstand zu ernennen und eigene Versammlungen einzuberufen."[173]

Die Fachschaften und damit auch der VMPh als Fachschaft der Lehrer an höheren Schulen in Mecklenburg konnten sich dadurch eine gewisse Selbstständigkeit erhalten. Freimanns Kollegen stimmten dieser Linie schließlich zu, nachdem er ihnen versichert hatte, dass man den Philologen die Verantwortung für die höheren Schulen nicht streitig machen werde.[174]

Freimanns Strategie ging jedoch zunächst nicht auf. Die Auseinandersetzung zwischen NSLB und DPhV auf Reichsebene eskalierte und verhinderte ein planmäßiges Vorgehen. So musste der Vorsitzende seinen Hinweis auf die Mitgliedschaftspflicht in der Landesfachschaft für „alle an höheren Schulen des Landes tätigen Lehrer"[175] schon gut zwei Wochen später wieder zurücknehmen, da eine Anordnung Bohms dazwischen kam, derzufolge kein Organisationszwang mehr bestehe.[176] Darüber hinaus erklärte Bohm, dass der VMPh nicht mehr korporatives Mitglied des NSLB und auch nicht mehr Fachschaft II im NSLB sei. Gleichzeitig verkündete der Gauobmann des NSLB seinerseits, dass er den VMPh nicht mehr als Fachschaft II im NSLB ansehe und eine Fachschaft der Lehrer an höheren Schulen *neben* dem VMPh aufziehen werde. Damit war Freimanns Ziel, die Einheit der mecklenburgischen Philologen zu wahren, gescheitert. Durch die Aufhebung des Organisationszwangs sah er überdies die Voraussetzungen für eine nationalpolitische Schulung, „die bei leider so vielen Philologen noch so bitter nötig ist", nicht mehr gegeben.[177] Freimann und sein Stellvertreter Kümmel nahmen diese Entwicklung zum Anlass, von ihren Ämtern zurückzutreten und ihren Übertritt zum NSLB anzukündigen, da sie mit der Politik des DPhV nicht mehr einverstanden seien. Sie verbanden dies mit einem eindringlichen Appell an die Einheit der mecklenburgischen Philologenschaft.[178]

Inzwischen hatte die Auseinandersetzung zwischen Philologenverband und NS-Lehrerbund auf Reichsebene mit dem Ausschluss Bohms aus dem NSLB am 13. November 1933 einen neuen Höhepunkt erreicht.[179] Der Dachverband der Philologen versuchte von nun an mit allen Mitteln, die mecklenburgischen Philologen bei der Stange zu halten, zumal schon einige andere Regionalverbände

---

[173] Eilers, Schulpolitik (1963), S. 80.
[174] VMPh, Freimann/Niemann, Protokoll der Vorstands- und Vertretersitzung des VMPh (Landesfachschaft 2) am 22. 10. 1933, LHAS, 10.65–1, Nr. 7c.
[175] VMPh/Landesfachschaft der Lehrer an höheren Schulen, 4. Rundschreiben, 24. 10. 1933, LHAS, 10.65–1, Nr. 4.
[176] VMPh, Freimann/Kümmel, 5. Rundschreiben, 10. 11. 1933, LHAS, 10.65–1, Nr. 4.
[177] VMPh, Freimann, Bericht über die organisatorische Lage in Mecklenburg-Schwerin, 12. 11. 1933, LHAS, 10.65–1, Nr. 3.
[178] VMPh, Freimann/Kümmel, 5. Rundschreiben, 10. 11. 1933, LHAS, 10.65–1, Nr. 4.
[179] Vgl. Hamburger, Lehrer zwischen Kaiser und Führer (1974), S. 307.

abtrünnig geworden waren. Der Geschäftsführer des DPhV drängte Freimann massiv, die für den 26. November einberufene Hauptversammlung des mecklenburgischen Landesverbandes zu verschieben, damit Bohm als Vorsitzender des Dachverbandes an ihr teilnehmen könne.[180] Es blieb allerdings beim ursprünglich anvisierten Termin und Bohm schickte seinen Stellvertreter Kurt Schwedtke zur Versammlung. Welche Bedeutung der Versammlung von Seiten der NSDAP zugemessen wurde, zeigt die Tatsache, dass im Auftrag des Reichsstatthalters Hildebrandt auch die Geheime Staatspolizei anwesend war.[181] Die Aussprache verlief trotzdem sehr offen und kontrovers.

In seiner einleitenden Stellungnahme rekapitulierte Freimann zunächst die Ereignisse der vorangegangenen Wochen und kritisierte vehement die Aufhebung des Organisationszwangs durch Bohm, die eine nationalpolitische Schulung und einen „straffen Betrieb" der Philologenschaft unmöglich mache.[182] Deutlicher als bisher stellte Freimann heraus, dass es ihm nicht nur um die organisatorische Einheit, sondern auch und vor allem um die politische Loyalität der Lehrer zum NS-Regime ging. So beklagte er die geringe Beteiligung der Rostocker Kollegen an Aufmärschen und weltanschaulichen Vorträgen, die zeige, dass „es vielen in unseren Reihen zu unbequem ist, von ihrer alten bürgerlichen Einstellung abzugehen". Gerade bei den Lehrern, „durch deren Hände die folgenden Generationen gehen", könne aber auf eine Erziehung zur nationalsozialistischen Weltanschauung nicht verzichtet werden. Aus diesem Grund hielt Freimann die Verkündung der Organisationsfreiheit für „verhängnisvoll". Schwedtke als Vertreter des DPhV verwahrte sich in seiner Erwiderung gegen den Vorwurf, der dem Philologenverband und der höheren Lehrerschaft insgesamt gemacht wurde, „nicht voll nat[ional]soz[ialistisch] zu sein", und betonte den Willen seines Verbandes, die deutschen Philologen zum Nationalsozialismus zu erziehen, der schon in seiner Vergangenheit angelegt sei:[183] „Denn wir haben die Ideen des N.S. immer schon angestrebt, Staatsautorität, Führertum, nationaler Gedanke usw. Welcher Lehrerverband kann das noch für sich in Anspruch nehmen?" Er kritisierte die Personalpolitik des NSLB, durch die „Leute in wichtige Führerstellen der Erziehergemeinschaft gekommen [seien], die nie in einer Schulstube gestanden haben", und warf dem NS-Verband „Dilettantismus" vor. Der DPhV wolle innerhalb der DEG seine Zuständigkeit für die höheren Schulen und seine Finanzhoheit behalten, weiterhin seine Führer selbst wählen und das Philologenblatt als Fachorgan erhalten. Immer wieder betonte Schwedtke dabei, dass dies auch der Linie Fricks entspräche, dem als Vertreter der staatlichen Autorität Folge zu leisten sei.[184] Zugleich stellte er sich und seinen Verband als die „wahren" Nationalsozialisten dar

---

[180] Niederschrift Freimanns über ein Telefongespräch mit dem Geschäftsführer des DPhV, Kind, 24. 11. 1933, LHAS, 10.65–1, Nr. 7c.

[181] Niederschrift Freimanns über die Ereignisse zwischen Ende November und Anfang Dezember 1933, o. D. (nach 8. 12. 1933), LHAS, 10.65–1, Nr. 7c.

[182] Hierzu und zum Folgenden vgl. den einleitenden Vortrag Freimanns auf der Hauptversammlung des VMPh vom 26. 11. 1933, LHAS, 10.65–1, Nr. 7c.

[183] Vgl. hierzu und zum Folgenden Protokoll der Hauptversammlung des VMPh am 26. 11. 1933 in Güstrow (stenografische Mitschrift), LHAS, 10.65–1, Nr. 7c.

[184] Wörtlich sagte Schwedtke: „Wir leben in einem Staat der Autorität, daher muss der Erlass von Frick beachtet werden."

und stilisierte die Philologen gleichsam zu „alten Kämpfern", indem er behauptete, sie hätten die Ziele des Nationalsozialismus „immer schon" angestrebt – zumindest länger als andere, die Volksschullehrer nämlich. Auf diese Weise versuchte Schwedtke gewissermaßen, das Ziel des NSLB – die Zerschlagung einer berufsständischen Organisation – gerade dadurch zu unterlaufen, dass er sich auf nationalsozialistische Prinzipien berief. Demgegenüber stellten die Vertreter des VMPh die Notwendigkeit der Einheit der mecklenburgischen Philologen heraus, die auch für Reichsstatthalter Hildebrandt oberste Priorität habe.

Die Selbstauflösung des Vereins

Die einzige Möglichkeit zur Erhaltung der Geschlossenheit sah Freimann nun in einer Auflösung des Vereins und trug daher einen entsprechenden Antrag vor.[185] Schwedtke suchte diese Abstimmung zu verhindern, warnte davor, „in das alte parlamentarische System zu verfallen", und kündigte „schärfsten Protest" seitens des DPhV an. Eine erste Abstimmung verfehlte knapp die erforderliche Zwei-Drittel-Mehrheit, woraufhin der Vorstand geschlossen seinen Rücktritt erklärte. Als sich niemand bereit fand, für den neu zu wählenden Vorstand zu kandidieren, wurde in einer zweiten Abstimmung die Auflösung mit nur fünf Gegenstimmen beschlossen.[186] Schwedtke, der erkannt hatte, dass die Auflösung nicht mehr zu verhindern war, hatte die Versammlung schon vor der zweiten Abstimmung verlassen, nicht ohne das gewählte Verfahren als „Abschlittern in den Parlamentarismus schlimmster Sorte" zu kritisieren.

Freimann informierte die mecklenburgischen Philologen und den Dachverband über die Auflösung des Vereins und die Neugründung der Fachschaft der Lehrer an höheren Schulen im NSLB[187] und forderte die ehemaligen Mitglieder auf, geschlossen in den NSLB überzutreten, auch, um dem auf der Hauptversammlung geäußerten Wunsch „zusammenzubleiben" zu entsprechen.[188] Dass Freimann trotz dieser eindeutigen Entscheidung keinen endgültigen Bruch mit dem Dachverband herbeiführen wollte, zeigt sich daran, dass den bisherigen Abonnenten auch weiterhin das Philologenblatt als Verbandsorgan zugestellt wurde.[189]

---

[185] Vgl. hierzu und zum Folgenden Protokoll der Hauptversammlung des VMPh am 26. 11. 1933 in Güstrow (stenografische Mitschrift), LHAS, 10.65–1, Nr. 7c.

[186] Zur Güstrower Versammlung und der Auflösung des Vereins siehe auch W. Rebeski: *Fachschaft 2. Zur Jahreswende*, in: MSchZ, 65. Jg., 1934, Nr. 1, S. 4, der allerdings die vorangegangenen Querelen geflissentlich übergeht.

[187] Freimann/Kümmel an die Philologen Mecklenburg-Schwerins, 27. 11. 1933, LHAS, 10.65–1, Nr. 4; VMPh an DPhV, 27. 11. 1933, LHAS, 10.65–1, Nr. 11.

[188] Fachschaft der Lehrer an höheren Schulen im NSLB, Freimann, Rundschreiben, 28. 11. 1933. LHAS, 10.65–1, Nr. 4, auch in: MSchZ, 64. Jg., 1933, Nr. 49/50, S. 544. Der Deutsche Philoginnenverband hatte diesen Schritt schon vollzogen, worauf Freimann auch hinwies. Deutscher Philologinnen-Verband i. L., Führerin der Reichsfachgruppe II im NSLB Friederike Matthias, an RhB, 5. 11. 1934 (Abschrift), BAB, NS 12, Nr. 869.

[189] Fachschaft der Lehrer an höheren Schulen im NSLB, Freimann, Rundschreiben, 28. 11. 1933. LHAS, 10.65–1, Nr. 4. Der zweite Vorsitzende des VMPh, Kümmel, hatte den Weiterbezug des DPhBl schon direkt nach der Auflösung des Vereins vorgeschlagen und dies mit dem „Wunsch, die inneren Beziehungen zur Philologenschaft beizubehalten", begründet. Protokoll der Hauptversammlung des VMPh am 26. 11. 1933 in Güstrow (stenografische Mitschrift), LHAS, 10.65–1, Nr. 7c.

Während der DPhV auf Reichsebene durch die (Neu-)Gründung der DEG II einen letzten Versuch unternahm, dem NSLB eine eigene Organisation gegenüberzustellen, versuchte er gleichzeitig mit allen Mitteln die Auflösung des VMPh wieder rückgängig zu machen. So forderte die Reichsführung des Philologenverbandes unmittelbar nach der Güstrower Versammlung telegrafisch die Zusendung der Satzungen des VMPh – offensichtlich, um die Rechtmäßigkeit des Auflösungsbeschlusses zu überprüfen.[190] Freimann lehnte dies ab, da er „Frieden in den eigenen Reihen und Ruhe zur Arbeit" wünsche, „die wir durch nichts mehr gestört wissen wollen."[191] Eine Woche später verschickte Bohm an alle Philologen in Mecklenburg-Schwerin ein Rundschreiben, um nachträglich doch noch eine Urabstimmung über den Auflösungsbeschluss durchzuführen. Eine solche war auf der Hauptversammlung abgelehnt worden.[192] Nun schaltete sich auch der mecklenburgische NSLB-Gauobmann Stegemann ein und drohte mit drastischen Maßnahmen. Nach Freimanns Darstellung kündigte er an, „bei einigen der geheimen Verbindung mit Bohm verdächtigen Kollegen Haussuchung" vornehmen und sie, wenn etwas gefunden wird, „ins Konzentrationslager bringen [zu] lassen."[193] Diese Drohung war offensichtlich übertrieben, doch zeigt sich hier, wie stark sich der Konflikt zugespitzt hatte, und dass der NSLB seinen Führungsanspruch offenbar mit allen Mitteln durchzusetzen bereit war. Noch am gleichen Abend warnte Freimann in einem Telegramm an alle Schulen des Landes davor, die Fragen Bohms zu beantworten. Vorausgegangen waren die Ablehnung der neuen DEG II durch Hitler und den preußischen Kultusminister Rust am 2. Dezember[194] sowie ein „Stillhalteabkommen" (Feiten) zwischen Schemm und Frick. Wenig später hatte sich Schemm endgültig durchgesetzt und die Anerkennung der Gleichsetzung von NSLB und DEG durch Frick erreicht.[195]

Mit dieser Entscheidung auf Reichsebene mussten alle weiteren Versuche Bohms, die Auflösung des Mecklenburger Philologenvereins rückgängig zu machen, erfolglos bleiben. Zwar hatte die Urabstimmung Bohm zufolge ergeben, dass der Auflösungsbeschluss „nicht dem Willen der Mehrheit der Kollegen in Mecklenburg-Schwerin entspricht".[196] Freimann ließ sich davon jedoch nicht beirren, machte kurz vor dem Jahreswechsel noch einmal deutlich, dass der Be-

---

[190] DPhV, Telegramm an Dr. Freimann, Rostock, 29. 11. 1933, LHAS, 10.65–1, Nr. 11.

[191] Freimann, Rostock, an DPhV, 1. 12. 1933, LHAS, 10.65–1, Nr. 11. Auch aus der Region kam Protest gegen die Gründung der DEG II. Vgl. die Telegramme des Kreislehrerbundes Parchim und des Lehrervereins Rostock an die Reichsleitung des NSLB vom 2. 12. bzw. 9. 12. 1933, BAB, NS 12, Nr. 637.

[192] Formular einer Erklärung über die Auflösung des VMPh, o. D. (Anfang Dezember 1933), LHAS, 10.65–1, Nr. 11.

[193] Niederschrift Freimanns über die Ereignisse zwischen Ende November und Anfang Dezember 1933, o. D. (nach 8. 12. 1933), LHAS, 10.65–1, Nr. 7c.

[194] „Unser Führer Adolf Hitler hat am 2. Dez[ember] in Berlin erklärt, daß es für ihn nur *eine* Lehrerorganisation in Deutschland gibt: den NSLB. Deshalb erklärt die Verfügung des Stabsleiters der P.[artei] O.[rganisation] Dr. Ley vom 4. Jan[uar] in Punkt I: ‚Der NSLB ist die parteiamtliche Organisation des deutschen Erzieherlebens. Er umfaßt *alle* als Mitglieder im NSLB organisierten Erzieher.'" NSLB, Ortsgruppe Schwerin, Fachschaft II, StAss Dr. Hoffmann, an die Kollegen in Schwerin, 11. 1. 1934, LHAS, 10.65-1, Nr. 5c (Hervorhebungen im Original).

[195] Vgl. die Niederschrift Freimanns (wie oben) sowie die in Details allerdings widersprüchlichen Darstellungen der Ereignisse bei Eilers, Schulpolitik (1963), S. 81 f.; Hamburger, Lehrer zwischen Kaiser und Führer (1974), S. 307 f.; Feiten, Nationalsozialistischer Lehrerbund (1981), S. 67.

[196] DPhV, Bohm, an StR Freimann, Rostock, 22. 12. 1933, LHAS, 10.65–1, Nr. 11.

schluss „recht- und satzungsmässig erfolgt" sei und bat Bohm eindringlich, „in Zukunft keine Zweifel mehr an der einwandfreien Regelung der Frage zu äussern und jede Nötigung zu unterlassen."[197] Während der Kampf auf Reichsebene noch über ein Jahr weiterschwelte – Anfang 1935 kam die Arbeit des DPhV mit dem Verbot des Philologenblattes praktisch zum Erliegen, erst am 14. Juni 1936 löste der Verband sich endgültig auf[198] –, kehrte in Mecklenburg-Schwerin endlich die von Freimann so herbeigesehnte Ruhe ein. Gänzlich unberührt blieb das Land von der Lage im Reich indes auch jetzt nicht; noch immer zögerten einige Philologen, dem NSLB beizutreten, solange die Lage im Reich noch nicht abschließend geklärt war.[199]

Der VMPh gehörte damit zu den ersten Lehrervereinen, die nicht nur die Gleichschaltung vollzogen, sondern sich auch formal auflösten. Andere Vereine schoben diesen Schritt weiter hinaus, darunter auch der Philologenverband des benachbarten Mecklenburg-Strelitz.[200] Der mecklenburgische NSLB-Führer Stegemann sah dies mit Sorge, auch wenn die Philologenschaft in Mecklenburg-Strelitz „zahlenmäßig gesehen kaum von Bedeutung" sei. Er befürchtete, dass die Philologen Mecklenburg-Schwerins, die noch nicht in den NSLB eingetreten waren, sich dem Strelitzer Verband anschließen könnten, wie dies bereits ihre weiblichen Kollegen getan hatten,[201] zumal die beiden Mecklenburgischen Staaten inzwischen vereinigt waren.

d) Die Philologen in der mecklenburgischen Gauorganisation des NSLB

Mit der Auflösung des VMPh und seinem Aufgehen in der Fachschaft II innerhalb der mecklenburgischen Gauorganisation des NSLB war eine eigenständige Organisation der Lehrer an höheren Schulen in Mecklenburg nicht mehr gegeben. Innerhalb des NSLB als Einheitsorganisation aller Erzieher dominierten die seminaristisch gebildeten Lehrer, sowohl was die Zahl der Mitglieder als auch was die Funktionäre betraf. Dies machte sich nicht zuletzt in Diktion und Stil der Berichte bemerkbar, die von einem vergleichsweise geringen Bildungsgrad der Autoren zeugen. Das Übergewicht der Volksschullehrer spiegelt sich auch im Publikationsorgan der NSLB-Gauorganisation wider, als das seit 1934 die Mecklenburgische Schulzeitung, das bisherige Sprachrohr des Landeslehrervereins, fungierte.[202] In Mecklenburg gab es fortan kein eigenständiges Periodikum für die Lehrer an

---

[197] Freimann an Bohm, 29. 12. 1933, LHAS, 10.65–1, Nr. 11.
[198] Eilers, Schulpolitik (1963), S. 82; Hamburger, Lehrer zwischen Kaiser und Führer (1974), S. 310.
[199] Vgl. das Schreiben des Schweriner Ortsgruppenvorsitzenden der Fachschaft II im NSLB, StAss Hoffmann, vom 16. 1. 1934 an Freimann, in dem er feststellte: „Die Zahl der neuen Mitglieder würde wesentlich größer sein, wenn die Lage im Reich endlich geklärt würde." LHAS, 10.65–1, Nr. 5c.
[200] Vgl. zu den Auflösungsterminen weiterer Lehrervereine Eilers, Schulpolitik (1963), S. 83 f., Anm. 257. Zu den verzweifelten Versuchen Bohms, die Auflösung des Strelitzschen Verbandes rückgängig zu machen, siehe dessen Schreiben und Telegramm an Schemm vom 11. bzw. 12. 4. 1934, BAB, NS 12, Nr. 1132.
[201] Bericht des Gauamtsleiters Stegemann in Rostock über die Angelegenheit der Mecklenburg-Strelitzer Philologen, o. D. (März 1933), BAB, NS 12, Nr. 869.
[202] In der Übergangsphase zwischen Juli und Dezember 1933 hatte es noch den Untertitel „Wochenschrift der Mecklenburg-Schwerinschen Landesfachschaft der Lehrer an Volks-, Mittel- und Sonderschulen im NSLB" getragen.

höheren Schulen mehr, während auf Reichsebene ab November 1934 die „Deutsche Höhere Schule" als Organ der Reichsfachschaft II erschien.[203]
Die Mitglieder nahmen den NSLB zum Teil noch als Interessenvertretung wahr und versuchten mittels Eingaben und Beschwerden an die Gauleitung, etwa über Entlassungen von Lehrern während der Sommerferien und über die schlechte Bezahlung von Hilfslehrern, Verbesserungen zu erreichen.[204] Die Gauleitung selbst sprach von einer „guten Zusammenarbeit" mit dem Unterrichtsministerium, die „den Vorschlägen und Wünschen des NSLB Rechnung" trage, allerdings mit der wichtigen Einschränkung, „soweit das ohne die Genehmigung des Reichserziehungsministeriums möglich ist".[205] Angesichts der Zentralisierung der Bildungsverwaltung traf dies nur auf sehr wenige Bereiche zu. Tatsächlich scheint die Gauorganisation des NSLB zumeist aber nicht in Entscheidungsprozesse einbezogen worden zu sein. So bat die Gauleitung Ende 1936 im Zusammenhang mit der anstehenden Schulreform darum, nicht wieder „wie schon so oft vor die vollendete Tatsache gestellt" zu werden.[206]
Der NSLB konzentrierte sich in seiner Arbeit auf die ideologische und, in geringerem Maße, die fachlich-didaktische Weiterbildung seiner Mitglieder. Die erste große Tagung des Gaues Mecklenburg fand im Oktober 1933 im Rostocker Sportpalast statt. Die Anwesenheit von Reichsstatthalter Hildebrandt und Kultusminister Schemm unterstreicht die Bedeutung, die ihr zugemessen wurde. Die Tagung stand ganz im Zeichen der nationalsozialistischen Rassenlehre; Vortragsthemen waren u. a. „Vererbungslehre", „Leistungen der nordischen Rasse", „Rassen und Rassenmischungen im deutschen Volke", „Erbbiologie und Erziehung" sowie „Das Nordische als Grundlage der deutschen Bildung".[207] Ähnliche Themen wurden ein halbes Jahr später in einer Reihe von Schulungskursen in Schwerin behandelt. Der Pflicht zur Teilnahme an solchen Tagungen kamen die meisten Lehrer in Mecklenburg nach; Teilnahmequoten von 98 Prozent unter den NSLB-Mitgliedern waren keine Seltenheit.[208]
Die Fachschaft II, innerhalb des NSLB zuständig für die Lehrer an höheren Schulen, war wiederum nach Bezirken sowie nach Fachgruppen in Analogie zu den Unterrichtsfächern gegliedert. Auf ihren Sitzungen befassten sich die Fachgruppen vorrangig mit der Implementierung nationalsozialistischer Ideologeme im Unterricht. Typisch waren Themen wie „Rassenkunde im französischen Unteticht", „Thukydides-Lektüre unter nationalsozialistischen Gesichtspunkten",

[203] Sie trug den Untertitel „Zeitschrift des Nationalsozialistischen Lehrerbundes, Reichsfachschaft 2: Höhere Schulen" und sollte „alle Fragen der höheren Schule, besonders solche der nationalsozialistischen Schulreform, in stetem Hinblick auf die gesamte Erziehung" behandeln. NSDAP, Oberste Leitung der PO, Abt. Erziehung und Unterricht, Fachschaft II, Ministerialrat Dr. Benze, an Reichsleitung des NSLB, StR Zwörner, 20. 9. 1934, BAB, NS 12, Nr. 869.
[204] Siehe z. B. NSDAP, Gauleitung Mecklenburg-Lübeck, Amt für Erzieher, Willen: Vierteljahresbericht, 21. 4. 1936, BAB, NS 12, Nr. 909.
[205] Gau Mecklenburg-Lübeck des NSLB, Abt. Erziehung und Unterricht, Stegemann, Bericht über das 4. Vierteljahr 1936, BAB, NS 12, Nr. 926.
[206] NSLB, Gau Mecklenburg-Lübeck, Gauhauptstellenleiter, Bericht über das 4. Vierteljahr 1936, o. D., BAB, NS 12, Nr. 910 (Hervorhebung des Verfassers).
[207] Einladung zur Arbeitstagung des Gaues Mecklenburg des NSLB für Lehrer aller Gattungen am 21. und 22. Oktober [1933] in Rostock (Sportpalast), BAB, NS 12, Nr. 41.
[208] NSLB, Gau Mecklenburg-Lübeck, an Reichsleitung des NSLB, Abt. Erziehung und Unterricht, 11. 4. 1934, BAB, NS 12, Nr. 41.

„Ostdeutsche Kolonisation im Gesamtdeutschen Unterricht" oder „Geschichts-unterricht auf rassischer Grundlage". In der Fachgruppe Physik ging es um The-men wie die Integration der Flugphysik (Ballistik) in den Unterricht.[209] Rein fach-liche Themen blieben demgegenüber die Ausnahme. Darüber hinaus wurde auf den Sitzungen über nationalsozialistische Schulungslager berichtet und über Fra-gen der Schulreform diskutiert.[210]

Insgesamt waren Interesse und Engagement der Philologen für den NSLB rela-tiv schwach ausgeprägt. Über die Arbeit der Fachschaft II wusste der mecklen-burgische Gauleiter im Frühjahr 1935 „nicht viel zu berichten, weil fast keine Ver-sammlungen stattgefunden haben."[211] Die Landesschulbehörde sollte die Fach-schaft II daher im Sinne einer intensiveren Arbeit unterstützen. Ein Jahr später beklagte Gaufachschaftsleiter Freimann, dass sich die Arbeit in den meisten Bezir-ken „sehr langsam" entwickele.[212] Es erwies sich als schwierig, motivierte Lehrer zu finden, die bereit waren, Funktionen als Bezirksobleute oder Fachgruppenlei-ter zu übernehmen. Nicht selten kam die Arbeit völlig zum Erliegen, weil Funk-tionäre verzogen waren oder zur Wehrmacht eingezogen wurden, ohne dass eine Nachfolge bzw. Vertretung geregelt wurde.[213] Dabei erwies sich das Bestreben, selbst solche untergeordneten Ämter mit Mitgliedern der NSDAP zu besetzen, als kontraproduktiv, weil gerade an kleineren Orten schlicht nicht genügend Partei-mitglieder vorhanden waren. So klagte die Abteilung Organisation Anfang 1936, es sei in einigen Kreisen „nicht möglich, geeignete Parteigenossen zu finden, weil alle Parteigenossen mit Ämtern überhäuft sind."[214]

e) Resümee

Die Gleichschaltung des Vereins Mecklenburgischer Philologen nach der Macht-übernahme durch die Nationalsozialisten im Reich ging zügig und weitgehend reibungslos vonstatten. Innerhalb weniger Wochen waren der Vorstand des Ver-eins und die Vertrauensmänner der Ortsgruppen durch NSDAP-Mitglieder oder Sympathisanten besetzt. Nennenswerten Widerstand setzte der Verein der Gleichschaltung nicht entgegen, schon allein um die neuen Machthaber, die gerade in Mecklenburg den höheren Beamten gegenüber kritisch eingestellt waren, nicht zusätzlich gegen sich aufzubringen. Weitaus langwieriger und komplizierter ge-staltete sich die Überführung des Verbandes in den NSLB. Die Philologen fürch-teten, ihre Eigenständigkeit zu verlieren und ihre Interessen innerhalb einer Ein-heitsorganisation für alle Lehrer und Erzieher nicht mehr vertreten zu können.

209 NSLB, Gaufachschaftsleiter II, Freimann, Bericht über die Arbeit der Fachschaft II im 4. Quartal 1936, 18. 1. 1937, BAB, NS 12, Nr. 826.
210 NSLB, Gaufachschaftsleiter II, Freimann, Tätigkeitsbericht für die Zeit vom 1. 4. bis 30. 9. 1937, 18. 10. 1937, BAB, NS 12, Nr. 826.
211 NSLB, Gau-Amtsleitung Mecklenburg-Lübeck, Tätigkeitsbericht über das 1. Quartal 1935, o.D., BAB, NS 12, Nr. 908.
212 NSLB, Gaufachschaftsleiter II, Freimann, Bericht über das 2. Quartal 1936, o.D., BAB, NS 12, Nr. 826.
213 NSLB, Gau Mecklenburg-Lübeck, Gauhauptstellenleiter, Bericht über das 4. Quartal 1936, o.D., BAB, NS 12, Nr. 910.
214 NSLB, Gau Mecklenburg-Lübeck, Abt. Organisation, Bericht über das 4. Quartal 1935, o.D., BAB, NS 12, Nr. 916.

Letztlich wurde darüber aber nicht in Mecklenburg, sondern auf Reichsebene entschieden, wo der Führer des NSLB, Hans Schemm, sich nach zähem Machtkampf
gegen das Bündnis aus Reichserziehungsministerium und Philologenverband
durchsetzte. In Mecklenburg sorgte der Vorsitzende Freimann durch geschicktes
Taktieren dafür, dass sich die Auflösung des Vereins und seine Überführung als
Fachschaft II in die Gauorganisation des NSLB schon relativ frühzeitig vollzog.
Wenig später zeigte sich, dass die Befürchtungen der mecklenburgischen Philo-
logen zu Recht bestanden. Eine wirksame Vertretung ihrer Interessen war im
NSLB nicht mehr möglich und sie wurden innerhalb des Lehrerbundes von den
Volksschullehrern majorisiert. Im Mittelpunkt der Arbeit des NSLB stand der
„Schulaufbau im neuen Geiste nationalsozialistischer Weltanschauung."[215]
Hauptaktivitäten des NSLB waren Schulungen und Tagungen, auf denen ideologische und politische, seltener fachliche Themen besprochen wurden. Die innerhalb des NSLB für die Lehrer an höheren Schulen zuständige Fachschaft II er-
langte kaum Bedeutung. Dementsprechend gering war, trotz des hohen Organisationsgrades, das Engagement der Philologen für den Verband.

Diese Entwicklung ist im Zusammenhang mit der grundsätzlich gewandelten
Struktur und Funktion von Interessenverbänden im NS-Staat zu sehen. Dem Ziel
entsprechend, eine korporative Sozialordnung zu schaffen, wurden im Dritten
Reich berufsständisch organisierte Verbände aufgebaut, die Angehörige des gleichen Berufes unabhängig davon, ob sie Arbeitnehmer oder Arbeitgeber waren,
umfassten.[216] Interessengegensätze zwischen Klassen sollten auf diese Weise aufgehoben bzw. Einzelinteressen dem – vom NS-Regime definierten – Gemeinwohl
untergeordnet werden. Dies war der Kerngedanke der propagierten „Volksgemeinschaft"[217], die freilich ideologische Fassade blieb, denn auch die Nationalsozialisten konnten „die Interessengegensätze und -konflikte einer modernen Gesellschaft nicht aus der Welt schaffen".[218] Auf der Ebene der Lehrerverbände bedeutete die korporative Form der Organisation die Zusammenfassung sämtlicher
Erziehergruppen – vom Kindergarten bis zur Hochschule – in einer einheitlichen
„Erziehergemeinschaft". Damit fanden sich etwa Volksschullehrer und Philologen, deren Interessen nicht konvergierten und die sich während der Weimarer Republik zeitweilig heftig bekämpft hatten, gemeinsam in einer „nivellierten Massenorganisation"[219] wieder. Entsprechend gering war das Engagement der Philologen im NSLB; viele von ihnen scheinen nur pro forma Mitglied des Verbandes
gewesen zu sein.

---

[215] NSDAP, Gauleitung Mecklenburg-Lübeck, Amt für Erzieher, Willen, Vierteljahresbericht, 21. 4.
1936, BAB, NS 12, Nr. 909.
[216] Vgl. Ullmann, Interessenverbände (1988), S. 220. Klassische Beispiele dafür sind der Reichsnähr-
stand und die Deutsche Arbeitsfront.
[217] Vgl. dazu auch Hüttenberger, Interessenvertretung (1981), S. 429: „Kernstück nationalsozialistischer Gesellschaftsideologie bildeten die Ziele der Errichtung einer ‚Volksgemeinschaft' und der
Überordnung des ‚Gemeinwohls' über das ‚Partikularwohl'".
[218] Ullmann, Interessenverbände (1988), S. 225 f.
[219] So Eilers, Schulpolitik (1963), S. 76 f.

4. Gymnasium Fridericianum und Große Stadtschule in der NS-Zeit

Während es im Zusammenhang mit der nationalsozialistischen „Machtergreifung" an etwa einem Drittel der höheren Schulen Mecklenburgs zu einem politisch motivierten Wechsel in der Schulleitung kam,[220] blieben die Gymnasien in Schwerin und Rostock von einem Personalaustausch an der Spitze verschont. Der Schweriner Oberstudiendirektor Friedrich Lüth und sein Rostocker Amtskollege Walther Neumann führten die Schulen weiter und blieben bis zum Ende des Dritten Reiches im Amt. Auch auf die Zusammensetzung der Kollegien des Gymnasiums Fridericianum und der Großen Stadtschule hatte die Machtübernahme durch die Nationalsozialisten keine direkten Auswirkungen. In Schwerin kam es nicht zu politisch motivierten Entlassungen: Alle Studienräte, die Anfang der 1930er Jahre am Gymnasium Fridericianum tätig waren, standen noch 1938 im Dienst der Schule.[221] Zwei bereits als Studienassessoren beschäftigte Lehrkräfte erhielten eine Anstellung als Studienrat.[222] Neu hinzu kamen ein weiterer Studienassessor[223] sowie Oberstudiendirektor Friedrich Plate, der wegen seiner Ehefrau, die Halbjüdin war, und seiner kritischen Haltung gegenüber den Nationalsozialisten 1933 von seinem Posten als Leiter des Realgymnasiums Ludwigslust abberufen und ans Schweriner Gymnasium versetzt wurde.[224] Die einzige Entlassung aufgrund des Berufsbeamtengesetzes am Fridericianum betraf mit Paul Ahlgrimm einen Lehrer, der bereits seit April 1931 nicht mehr an der Schule tätig war, sondern von seinen Dienstpflichten entbunden und als Hilfsarbeiter in der Landesbibliothek Schwerin eingesetzt worden war.[225] Entlassen wurde er zudem nicht aus rassischen oder politischen Gründen, sondern nach Paragraph 6 des Gesetzes, nach dem Beamte „[z]ur Vereinfachung der Verwaltung" in den Ruhestand versetzt werden konnten.[226] Die Zusammensetzung des Kollegiums war demnach Ende der 1930er Jahre fast identisch mit der in den letzten Jahren der Weimarer Repu-

---

[220] Vgl. dazu Kap. III.2.

[221] Sprechstundenliste vom Sommer 1938, StASch, S 6, Nr. 2016; Personalverzeichnis Gymnasium Fridericianum, o. D. (1938), StASch, S 6, Nr. 2200. Studienrat Friedrich Vick war zwar bereits seit 1937 im Zuge der Schulreform mit Unterricht an der Schweriner Claus-von-Pape-Schule beauftragt, wurde aber erst 1939 dorthin versetzt. Vgl. die Schreiben des MSM, Abt. Unterricht, i.A. Dr. Weber, an Vick vom 6. 4. 1937 u. 22. 4. 1939, StASch S 6, Nr. 240.

[222] MSM, Abt. Unterricht, i. A. Weber, an Direktion Gymnasium Schwerin, 6. 10. 1936, StASch, S 6, Nr. 192; MSM, Abt. Unterricht, an Direktion Gymnasium Schwerin, 13. 2. 1935, StASch, S 6, Nr. 168.

[223] Erich Mevis war seit Ostern 1936 als vollbeschäftigter Studienassessor am Gymnasium Fridericianum beschäftigt, wurde 1938 zum außerplanmäßigen Beamten und zwei Jahre später zum Studienrat ernannt. Gymnasium Fridericianum an MSM, Abt. Unterricht, 14. 6. 1937, StASch, S 6, Nr. 176; MSM, Abt. Unterricht, i.A. Weber, an Direktor Gymnasium Schwerin, 10. 2. 1938, ebd.; MSM, Abt. Unterricht an Erich Mevis, 28. 2. 1940, ebd.

[224] Philologen-Jahrbuch, 39. Jg., 1932/33, S. 15; 40. Jg., 1933/34, S. 16.

[225] Lediglich seine Besoldung war noch aus Planmitteln des Fridericianum erfolgt. MfU, i.A. Dr. Krause, an Ahlgrimm, 20. 3. 1931, StASch, S 6, Nr. 61.

[226] Zitiert nach Bittner, „Gesetz zur Wiederherstellung des Berufsbeamtentums" (1987), S. 170. Zum Gesetz und seinen Auswirkungen siehe auch Kap. III.2. Grund für Ahlgrimms Versetzung in den Ruhestand war offensichtlich sein schwacher Gesundheitszustand. Vgl. dazu die zahlreichen Urlaubsgesuche in Ahlgrimms Personalakte (StASch, S 6, Nr. 61).

blik. Erst am Beginn des Zweiten Weltkrieges sollte es hier zu Einschnitten kommen.

An der Großen Stadtschule war vom Berufsbeamtentumsgesetz „erfreulicherweise bisher niemand betroffen", wie Direktor Neumann in der Schulchronik vermerkte.[227] Ebenso wie in Schwerin hatte es hier weder Lehrer jüdischer Herkunft noch solche, die in der KPD, der SPD oder einem der diesen Parteien nahestehenden Verbände engagiert waren, gegeben. Trotzdem war die Fluktuation im Kollegium des Rostocker Gymnasiums in den 1930er Jahren groß, allerdings bedingt durch einen Generationswechsel, der hier später einsetzte als in Schwerin: Zwischen 1932 und 1938 traten sechs Lehrer altersbedingt in den Ruhestand, darunter die beiden letzten Gymnasialprofessoren der Schule.[228] Zusammen mit Versetzungen und Neueinstellungen bedeutete dies, dass zwischen 1932 und 1939 etwa die Hälfte der Lehrer ausgewechselt wurde. Dies führte nicht nur zu einer starken Verjüngung des Kollegiums, sondern, bedingt durch den Anstellungsstopp für Studienräte, auch zu einer Erhöhung des Anteils befristet beschäftigter Assessoren: Im Schuljahr 1936/37 waren nur noch 18 Mitglieder des 33-köpfigen Kollegiums fest angestellte Studienräte.[229]

Die Mitgliedschaft der Philologen in der NSDAP und ihren Gliederungen entspricht an den beiden Mecklenburger Gymnasien weitgehend dem, was die sozialgeschichtliche Forschung für die Lehrerschaft der höheren Schulen im Deutschen Reich insgesamt ermittelt hat.[230] Sämtliche Lehrer der Gymnasien in Schwerin und Rostock waren zwischen 1933 und 1935 Mitglied im NSLB geworden.[231] Fast alle von ihnen gehörten darüber hinaus noch mindestens einer weiteren NS-Organisation an, zumeist der NS-Volkswohlfahrt (NSV), seltener dem Nationalsozialistischen Kraftfahrer-Korps (NSKK). Mitglied in der NSDAP selbst waren am Schweriner Gymnasium von den 20 dort im Jahr 1938 unterrichtenden Philologen zwölf – auch dies ein Anteil, der von anderen regionalen und überregionalen Befunden nicht gravierend abweicht. Keiner von diesen war bereits vor 1933 Parteigenosse geworden; vier traten im Jahr der „Machtergreifung" ein, sieben weitere bis zum Jahr 1937, der Letzte erst nach Beginn des Krieges, im Jahr 1940. Die reinen Zahlen sagen indes wenig über die tatsächliche Affinität der Lehrer zum Nationalsozialismus aus, zumal die Motive für den Beitritt höchst unterschiedlich sein konnten.

---

[227] Jahresbericht der Großen Stadtschule (Gymnasium) zu Ostern 1934, S. 33, AHRO, 1.1.21.1, Nr. 452.
[228] Vgl. die Angaben in Philologen-Jahrbuch, 39. Jg., 1932/33, bis 45. Jg., 1938/39.
[229] Jahresbericht der Großen Stadtschule (Gymnasium) zu Ostern 1937, S. 37, AHRO, 1.1.21.1, Nr. 452. Laut Philologen-Jahrbuch, 44. Jg., 1937/38, S. 25, waren es sogar nur 16 von 33 Lehrkräften (einschließlich Referendare).
[230] Vgl. dazu Jarausch, Unfree Professions (1990), S. 92–107.
[231] Alle folgenden Angaben zu Mitgliedschaften sind den Personalakten der Lehrer oder der NSLB-Mitgliederkartei im BDC entnommen. Der reichsweite Organisationsgrad des NSLB bezogen auf die Lehrer aller Schularten lag bei 97%. Vgl. Eilers, Schulpolitik (1963), S. 128.

a) Schul- und Unterrichtsalltag unter der NS-Herrschaft

Äußere und innere Umgestaltung

Die NS-Machtübernahme in Deutschland machte sich an den höheren Schulen zunächst durch äußerliche Veränderungen bemerkbar. Vom Schulgebäude der Großen Stadtschule wehten seit dem Schuljahr 1933/34 an Feiertagen zusätzlich zur Rostocker Stadtfahne Hakenkreuzflaggen „als Zeichen der neuen Zeit", und in fast allen Klassenräumen hingen Portraits von Adolf Hitler, die an vaterländischen Festtagen bekränzt wurden.[232] Flaggenappelle bzw. -ehrungen läuteten Beginn und Ende jedes Schuljahres ein,[233] fanden aber auch zu anderen Anlässen statt.[234] Unter den Lehrern sowie zwischen Lehrern und Schülern wurde der „Deutsche Gruß" verbindlich, mit dem jede Unterrichtstunde begonnen und beendet werden musste.[235] Besonders augenfällig – und für den Unterrichtsbetrieb störend – war die starke Zunahme von politischen Feiern und Gedenktagen. Verzeichnet die Schulchronik des Rostocker Gymnasiums für das Schuljahr 1932/33 15 Feierlichkeiten und Veranstaltungen unterschiedlicher Art, hatte sich deren Zahl im folgenden Schuljahr verdoppelt.[236] Die „das tägliche Schulleben umrahmenden Aulafeiern" bildeten dabei noch den „kleinsten Teil" im Veranstaltungsreigen, wie Oberstudiendirektor Neumann nicht ohne kritischen Unterton vermerkte.[237] Hatten im Schuljahr 1932/33 die kulturellen und religiösen Anlässe noch deutlich überwogen, war das Veranstaltungswesen ein Jahr später bereits stark politisch dominiert und von der NS-Ideologie geprägt. Feiern und Gedenkveranstaltungen fanden u. a. statt zum „Tag der Machtübernahme", am Ersten Mai, am Todestag von Albert Leo Schlageter[238] oder aus Anlass des Jahrestages der Unterzeichnung des Versailler Vertrages. Neu war auch die offizielle Beteiligung von Lehrern und Schülern an öffentlichen Festakten in der Stadt: Spalierbildung war angeordnet beim Einzug des Reichsstatthalters in Schwerin und anlässlich der Vereinigung der beiden Mecklenburg. Hinzu traten gemeinsame Besuche von NS-Propagandafilmen wie „Hitlerjunge Quex", „Sieg des Glaubens" oder „Hans-Westmar". Auch Rundfunkansprachen von Hitler und anderen NS-Parteigrößen wurden kollektiv gehört. Da die meisten dieser Veranstaltungen und Feiern von

---

[232] Jahresbericht der Großen Stadtschule (Gymnasium) zu Ostern 1934, S. 32, 45, AHRO, 1.1.21.1, Nr. 452.

[233] Vgl. Jahresbericht des Gymnasiums Fridericianum zu Schwerin über das Schuljahr 1936/37, StASch, S 6, Nr. 804; Aus der Geschichte der Schule, o. D. (Auszug aus unvollständigem Entwurf für den Bericht über das Schuljahr 1940/41), ebd.

[234] Zum Beispiel zum Jahresbeginn, anlässlich von Sportwettkämpfen oder am 1. Mai. Vgl. die Einträge in das Schultagebuch des Gymnasiums Fridericianum, 11. 1. 1943, 3. 7. 1943, StASch, S 6, Nr. 2104; Jahresbericht der Großen Stadtschule (Gymnasium) zu Ostern 1934, S. 40, AHRO, 1.1.21.1, Nr. 452.

[235] Seit Januar 1934 wurde er durch den Gruß und Gegengruß „Heil Hitler" ergänzt. Jahresbericht der Großen Stadtschule (Gymnasium) zu Ostern 1934, S. 35, AHRO, 1.1.21.1, Nr. 452.

[236] Jahresberichte der Großen Stadtschule (Gymnasium) zu Ostern 1933, S. 40 f. bzw. zu Ostern 1934, S. 44 f., AHRO, 1.1.21.1, Nr. 452.

[237] „Schulfeiern und andere Veranstaltungen", in: Jahresbericht der Großen Stadtschule (Gymnasium) zu Ostern 1934, S. 39 f., AHRO, 1.1.21.1, Nr. 452.

[238] Schlageter, ein radikaler Nationalist, war während des Ruhrkampfes im Frühjahr 1923 Mitglied eines Sabotagekommandos, das mehrere Sprengstoffanschläge auf Eisenbahnanlagen im von den Franzosen besetzten Gebiet verübte. Er wurde von einem französischen Kriegsgericht zum Tode verurteilt und am 26. Mai hingerichtet. Vgl. Winkler, Weimar (2005), S. 194.

den Reichs- oder Landesbehörden zentral angeordnet waren,[239] konnten sich die Schulen – ob sie wollten oder nicht – ihnen nicht entziehen. Die Veranstaltungskalender der Großen Stadtschule und des Fridericianums waren daher auch fast identisch.[240] Freiere Hand hatten die Schulen bei kulturellen Veranstaltungen. Hier dominierten, etwa bei Theateraufführungen, nach wie vor Dramen des klassischen Altertums und der deutschen Klassik. Doch gab es auch Zugeständnisse an den Zeitgeist, wie die Aufführung des Stücks „Heroische Leidenschaften" des „Blut-und-Boden"-Dichters Erwin Guido Kolbenheyer am Fridericianum Ende 1937 zeigt.[241]

In Schwerin wurde Ende 1937 die Aula des Gymnasiums umgestaltet, die ein Jahr zuvor durch einen Brand zerstört worden war. Die drei Fenster an der Stirnseite des Gebäudes hatten ursprünglich die Köpfe von Homer, Vergil, Horaz, Lessing, Goethe und Schiller geziert.[242] Beim Wiederaufbau wurden diese Portraits nun durch nationalsozialistische Symbolik ersetzt: Alle drei Fenster säumte ein Eichenrand; das linke und das rechte zierte das Bild eines Soldaten bzw. eines Arbeitsmannes. Ergänzt wurden die Bilder um die Inschriften „Deutschlands Wehr – Deutschlands Ehr" sowie „Arbeitsdienst – Ehrendienst". Das mittlere und größte Fenster trug das „Hoheitszeichen des Reiches" (Hakenkreuz mit Adler), darunter war Platz für eine Hitlerbüste „als schönster und einziger Schmuck der Aula", wie es in einem Artikel der Mecklenburgischen Zeitung hieß.[243] Bei jeder größeren Schulveranstaltung saßen die Schüler von nun an diesen Symbolen direkt gegenüber: An die Stelle des humanistischen Bildungsideals, das durch die antiken Dichter und die Vertreter der deutschen Klassik repräsentiert wurde, trat als neues Leitbild der Arbeits- und Kriegsdienst für den „Führer" und „sein" Volk als ehrenvollste Aufgabe eines jeden Deutschen.

Hinsichtlich der Unterrichtsinhalte und Lehrpläne kamen seit 1933 gravierende Veränderungen auf die Schulen zu. Die ersten Neuerungen betrafen die Fächer Geschichte und Biologie. Der Lehrplan für Geschichte wurde nach den Richtlinien des Reichsministers des Innern durch den Rassegedanken und das Auslandsdeutschtum ergänzt; stärkere Betonung erfuhr darüber hinaus die Vorgeschichte. Im Biologieunterricht wurden in der Untersekunda und der Oberprima jeweils zwei zusätzliche Stunden eingeführt, in denen Rassenkunde, Erbbiologie und Eugenik gelehrt wurden.[244] Auch in anderen Schulfächern hielt die nationalsozialistische Ideologie Einzug, wie die Aufsatzthemen für den Deutschunterricht am Gymnasium Fridericianum vom Schuljahr 1936/37 zeigen: Die Schüler sollten sich in freien Aufsätzen u. a. mit folgenden Themen beschäftigen: die „Nürnberger Führerrede", „Die Deutsche Reichsreform (unter Zugrundelegung von

[239] Vgl. die zahlreichen entsprechenden Anordnungen von Reichserziehungsminister Rust in: BAB, R/4901, Nr. 4384 und 4385.
[240] Vgl. z. B. Jahresbericht des Gymnasiums Fridericianum zu Schwerin über das Schuljahr 1936/37, StASch, S 6, Nr. 804; für das Gymnasium in Minden Kraul, Gymnasium (1984), S. 181.
[241] Jahresbericht des Gymnasiums Fridericianum über das Schuljahr 1936/37, StASch, S 6, Nr. 804.
[242] Ansprache von Rektor Gernentz auf dem Elternabend des Gymnasiums, 1. 7. 1946, StASch, S 6, Nr. 805.
[243] *Die neue Aula des Gymnasiums in einigen Wochen vollendet*, in: Mecklenburgische Zeitung, Nr. 227, 29. 9. 1937. Ein Foto der Fenster findet sich in StASch, S 6, Nr. 804.
[244] Jahresbericht der Großen Stadtschule (Gymnasium) zu Ostern 1934, S. 35, AHRO, 1.1.21.1, Nr. 452.

Glasfenster in der Aula des Gymnasiums Fridericianum Schwerin, Stiftung ehemaliger Schüler zum 350-jährigen Jubiläum des Gymnasiums im Jahr 1903, links: Homer, Vergil, Horaz, Mitte: Herzog Johann Albrecht I. von Mecklenburg, rechts: Lessing, Schiller, Goethe
Quelle: Wilhelm Gernentz: 375 Jahre Schweriner Gymnasium, Schwerin 1928, S. 10, Landesbibliothek Mecklenburg-Vorpommern, Schwerin

Ad[olf] Hitlers Mein Kampf II)", „Die Gauausstellung ‚Wir bauen auf' als nationalsozialistischer Rechenschaftsbericht" oder „Staats- und Parteifeiertage im Dritten Reich". Noch häufiger waren militärische Themen wie „Totaler Krieg – Totale Wehr", „Die Wehrmacht in Schwerin", „Die Luftwaffe" oder „Japanisches Heldentum". Waren literarische Texte Gegenstand, dann häufig solche, die als „nationale Dichtung" galten wie „Walthers Deutschlandlied" oder das „Nibelungenlied".[245] Allerdings war auch das klassische deutsche Bildungsgut weiterhin ein Hauptgegenstand im Deutschunterricht. Auf einer Leseliste tauchen Schillers „Maria Stuart", „Kabale und Liebe" und „Wallenstein", Goethes „Iphigenie", „Egmont" und „Faust" sowie Kleists „Prinz Friedrich von Homburg" und „Michael Kohlhaas" auf.[246] Wie die Lehrer den Unterricht in der Praxis konkret ausgestalteten, wie die Schüler die Aufsatzthemen bearbeiteten und wie diese bewertet wurden, lässt sich für die untersuchten Schulen quellenmäßig nicht erfassen.

Schulisches Vereinswesen

Die Gleich- und Ausschaltung, die hinsichtlich der Lehrerverbände bereits erfolgt war, erreichte auch die Ebene der schulischen Vereine. Zunächst betraf dies die

---

[245] Deutsche Aufsätze im Schuljahr 1936/37, StASch, S 6, Nr. 804.
[246] Verzeichnis der gelesenen Schriften, in: Gymnasium Fridericianum Schwerin, Jahresbericht über das Schuljahr 1940/41, StASch, S 6, Nr. 804.

Glasfenster in der Aula des Gymnasiums Fridericianum Schwerin, Neugestaltung 1937
Quelle: Stadtarchiv Schwerin

Schülerselbstverwaltung. Der erst 1932 gegründete Schülerausschuss an der Großen Stadtschule wurde ein Jahr später wieder abgeschafft, wie dies Direktor Neumann bereits geahnt hatte.[247] Da die NSDAP neben der Hitlerjugend keine Zusammenschlüsse an den Schulen duldete, wurden auch die an sich harmlosen und zumeist unpolitischen Schülerverbindungen verboten. Am Schweriner Gymnasium zeigte sich die dortige Verbindung „SV Fridericiana" rasch einsichtig. Im Oktober 1935 legte sie, um ihre vollständige Auflösung zu verhindern, „in klarer Erkenntnis der durch die heutigen Umstände gegebenen Verhältnisse" ihren Charakter als Schülerverbindung ab und führte ihre Aktivitäten „unter Rückführung [...] auf ihre wirklichen Betätigungsmöglichkeiten" als literarische Arbeitsgemeinschaft fort.[248] Jegliche anders geartete Betätigung war ihr fortan nicht mehr erlaubt. Dass sie keine Konkurrenz zu den NS-Massenorganisationen sein wollte, machte die Arbeitsgemeinschaft in ihrer neuen Satzung deutlich, nach der nur Mitglieder der HJ, der SA oder des Deutschen Jungvolks aufgenommen werden konnten. Der Dienst in diesen Organisationen durfte zudem durch die Betätigung in der Arbeitsgemeinschaft „keinerlei Beeinträchtigung" erfahren. Auch in ideo-

---

[247] „Ob die Einrichtung [i. e. der Schülerausschuss] weiter von Bestand bleibt, ist noch nicht zu übersehen." Denn: „Die großen politischen Veränderungen werden ja auch das Verhältnis von Lehrer und Schüler unter neue Gesichtspunkte stellen." Jahresbericht der Großen Stadtschule Rostock 1932/33, Schulchronik, S. 49, AHRO, 1.1.21.1, Nr. 452.
[248] Dieses und die folgenden Zitate aus der Satzung der Literarischen Arbeitsgemeinschaft am Gymnasium Fridericianum zu Schwerin, genehmigt durch Direktor Lüth am 21. 10. 1935, StASch, S 6, Nr. 1167.

logischer Hinsicht ordnete sie sich dem neuen Regime unter. Zwar waren die im Rahmen der Arbeitsgemeinschaft gehaltenen Vorträge und Referate „zur Hauptsache" aus der Literatur, insbesondere der neuen deutschen Literatur zu wählen, daneben sollten sie aber auch der „Vertiefung der nationalsozialistischen Weltanschauung ihrer Mitglieder dienen". Unter diesen Voraussetzungen stimmte Schulleiter Lüth der Gründung der Vereinigung zu. Die Anziehungskraft der neuen Arbeitsgemeinschaft auf die Schüler war indes nicht besonders groß: Eine Liste von Ende 1935 verzeichnet lediglich acht Mitglieder.[249] Erfolgreich war hingegen, zumindest in Rostock, die Werbung der nationalsozialistischen Massenorganisationen unter den Schülern. Hitlerjugend, Jungvolk und SA, zum Teil sogar die SS nahmen schon im Schuljahr 1933/34, so Direktor Neumann, „den weitaus größten Teil der Schüler in sich auf."[250]

Von der Gleichschaltung nicht bedroht war die 1936 gegründete Altschülerschaft des Schweriner Gymnasiums, der es in erster Linie darum ging, die „Beziehungen zwischen den früheren Schülern und der Schule in jeglicher Weise zu pflegen".[251] Doch auch dieser Verein unterwarf sich den nationalsozialistischen Bedingungen und Erziehungszielen. So wollte der Verein laut Satzung auch „die Schule in ihrem Bestreben, die leibliche und seelische Erziehung im Geiste des nationalsozialistischen Volksstaates zu erziehen [!]", unterstützen. Bestrebungen „rassenfremder und konfessioneller Art" lehnte der Verein ab; Voraussetzung für die Mitgliedschaft war „arische Abstammung".

Konflikte im Schulalltag

In die gleiche Richtung wie die Aufhebung von Schülerverbindungen zielte das Verbot des Tragens von Schülermützen – sei es im Unterricht oder außerhalb der Schule in der Freizeit. Jegliche öffentliche Zurschaustellung identitätsstiftender Symbole, die außerhalb des Repertoires der NS-Symbolik standen, sollte unterbunden werden. Schüler, die sich diesem Verbot widersetzten – ob aus jugendlichem Trotz oder als Zeichen passiven Widerstands gegen die Diktatur – sahen sich ebenso Sanktionen ausgesetzt wie Lehrer und Eltern, die dies zuließen. Der mecklenburgische Reichsstatthalter und Gauleiter Friedrich Hildebrandt griff die betreffenden Schüler – Schweriner Gymnasiasten – in seiner Ansprache zum Auftakt für die Winterschulungsarbeit 1934/35 im Deutschen Jungvolk scharf an:

„Die Schülermützen herunter! Es ist erschütternd, wenn man sieht, wie in Schwerin ein Teil der Gymnasiasten ganz provokatorisch wieder Schülermützen trägt und ebensolche Provokation ist es von den Eltern dieser Jungen, die keine Nationalsozialisten sind, wenn sie dies dulden und zugeben."[252]

In Rostock tauchten Anfang 1941 wieder Klassenmützen im Straßenbild auf, obwohl diese seit Mitte der 1930er Jahre verboten waren.[253] Diesmal hatte das Tragen

---

[249] Mitgliederliste der literarischen Arbeitsgemeinschaft, o.D. (Ende 1935), StASch, S 6, Nr. 1167.
[250] Jahresbericht der Großen Stadtschule (Gymnasium) zu Ostern 1934, S. 44, AHRO, 1.1.21.1, Nr. 452.
[251] Dieses und die folgenden Zitate aus der Satzung der Altschülerschaft des Gymnasiums Fridericianum zu Schwerin i.M. e.V., StASch, S 6, Nr. 1172.
[252] Undatierte Ausgabe des Niederdeutschen Beobachters vom Herbst 1934, StASch, S 6, Nr. 804.
[253] In Ermangelung eigener Mützen trugen die Schüler die von älteren Brüdern oder anderen Ver-

der Mützen gravierendere Konsequenzen und führte zu einer Auseinandersetzung zwischen der Direktion des Gymnasiums, der NSDAP-Kreisleitung, dem mecklenburgischen Unterrichtsministerium und dem Rostocker Polizeipräsidenten, die sich gegenseitig die Verantwortung für die aufgetretenen Fälle zuschoben. Nach Auffassung des Rostocker NSDAP-Kreisleiters wollten die Schüler durch das Tragen von Klassenmützen „ihre negative Einstellung gegen Staat und Bewegung" zum Ausdruck bringen.[254] Da die Haltung der Schüler bewusst provozierend angelegt sei, sei davon auszugehen, dass sie „von bestimmten [allerdings nicht näher benannten, H.B.] staatsfeindlichen Kräften vorgeschoben" sind. Dieser Zustand habe in der Bevölkerung bereits zu „grösster Empörung" Anlass gegeben und Schlägereien zwischen diesen Schülern und Angehörigen der Hitlerjugend zur Folge gehabt. Jede Fortsetzung dieser „provozierenden Haltung" würde „als gegen Staat und Partei gerichtet angesehen" und sei „schon wegen der politischen Auswirkungen keineswegs zu dulden". Ultimativ forderte der Kreisleiter daher die Schulleitung auf, „mit allen Mitteln" dagegen einzuschreiten. Nur einen Tag später erhielten die Direktoren der höheren Schulen Rostocks ein Schreiben des Polizeipräsidenten, das in die gleiche Richtung zielte und in dem die von den Schülern durchgeführte „Aktion" als „für den nationalsozialistischen Staat untragbar" bezeichnet wurde.[255] Insbesondere empörte den Polizeipräsidenten, dass die Schüler das Gerücht verbreiteten, sie hätten von ihm die Auskunft erhalten, er hätte gegen das Tragen von Schülermützen „keinerlei Einwendungen" zu erheben. Im Ton maßvoller, in der Sache aber hart, nahm das mecklenburgische Unterrichtsministerium zu den Fällen Stellung. Es „bedauert[e] es außerordentlich", dass es zu den Vorfällen gekommen war und sprach von „anscheinend irregeleiteten Jungen".[256] Trotzdem ordnete es an, jeden Schüler, der in der Schule oder in der Freizeit eine Schülermütze trug, „sofort von der Schule zu verweisen" und eine Wiederaufnahme auf eine andere höhere Schule auszuschließen.

Die Lehrer und Direktoren der höheren Schulen hatten die politische Bedeutung dieser Vorfälle offenbar unterschätzt. Sie unterbanden zwar das Tragen der Schülermützen und meldeten die Vorfälle umgehend dem Ministerium in Schwerin.[257] Gustav Schäfer, Lehrer an der Großen Stadtschule, vertrat jedoch, ebenso wie Direktor Freimann von der Blücherschule, den Standpunkt, dass das Tragen von Schülermützen *außerhalb* der Unterrichtszeit und des Schulgeländes nicht

---

wandten hinterlassenen Klassenmützen. Vgl. den Erinnerungsbericht von Dahse, Klassenmützen (2005).

[254] Dieses und die folgenden Zitate aus NSDAP, Gau Mecklenburg, Kreisleitung Rostock-Stadt, Der Kreisleiter, an das Gymnasium in Seestadt Rostock, StR Schäfer, 27. 11. 1941, AHRO, 1.1.21.1, Nr. 309.

[255] Der Polizeipräsident in der Seestadt Rostock an die Direktoren der Höheren Schulen der Seestadt Rostock, 28. 11. 1941, AHRO, 1.1.21.1, Nr. 309. Hieraus auch das folgende Zitat.

[256] MSM, Abt. WEV, i. A. Krüger, an die Direktoren der Blücherschule, der Schule bei den sieben Linden und des Gymnasiums in Seestadt Rostock, abschriftlich an die Direktoren der übrigen staatlichen Höheren Schulen für Jungen zur Kenntnis und Beachtung, 2. 12. 1941, LHAS, 5.12-7/1, Nr. 3596.

[257] Darauf weist ein Schreiben der Großen Stadtschule Rostock an das MSM, Abt. WEV, vom 19. 12. 1941 hin, in dem der (unbekannte) Unterzeichner in Vertretung des Direktors darauf aufmerksam macht, dass er Ministerialrat Dr. Weber am 22. 11. 1941 „fernmündlich" darüber informiert habe. AHRO, 1.1.21.1, Nr. 309.

unter die Aufsicht der Schule falle.[258] Ministerialrat Krüger belehrte den Studienrat dahingehend, dass seine Auffassung falsch sei und sprach ihm in scharfer Form die Missbilligung aus.[259] Den Lehrern wurde auf diese Weise eine Ausweitung ihrer Erziehungs- und Überwachungsfunktion über den eigentlichen Schulbetrieb hinaus zugemutet und ihnen damit eine hohe politische Verantwortung aufgebürdet. Gleichzeitig wurden sie dadurch selbst leichter angreifbar, da sie nun für jeden Verstoß ihrer Schüler gegen politische und ideologische Vorgaben des NS-Regimes zur Rechenschaft gezogen werden konnten. Die Schüler der Großen Stadtschule ihrerseits suchten das von Ministerium und Partei ausgesprochene Verbot auf ihre Weise zu umgehen. Statt Mützen trugen sie farbige Bändchen „als Sinnbild der Zusammengehörigkeit aller Schüler höherer Schulen" im Knopfloch. Diese Aktion wurde jedoch rasch durchschaut und wenige Tage später auch das Tragen von Bändchen vom Direktor verboten.[260]

Während den Lehrern, wie das Beispiel der Schülermützen zeigt, einerseits eine größere Verantwortung aufgebürdet wurde, wurden sie andererseits durch eine Reihe von Erlassen und Bestimmungen in ihrer Unabhängigkeit und Handlungsfreiheit stark eingeschränkt. Den Anfang machte im August 1934 die für alle Beamte verbindliche Eidesleistung auf den Führer. Von diesem Zeitpunkt an waren die Lehrer nicht mehr dem Staat verpflichtet; ihre Treue wurde vielmehr personalisiert und auf Adolf Hitler und seine Bewegung festgelegt.[261] Auch die Gesinnung der Lehrer unterlag zunehmend der Kontrolle. Ab Oktober 1936 wurde die Beförderung eines Beamten davon abhängig gemacht, dass er „unter Berücksichtigung seiner früheren politischen Einstellung die unbedingte Gewähr dafür bietet und seit dem 30. Januar 1933 bewiesen hat, dass er jederzeit rückhaltlos für den nationalsozialistischen Staat eintritt und ihn wirksam vertritt".[262] Dies bedeutete, dass von den Lehrern von nun an nicht mehr bloße Loyalität, sondern aktives Eintreten für das NS-Regime gefordert wurde. Die Berücksichtigung auch der früheren, das heißt vor der „Machtergreifung" vertretenen politischen Einstellung öffnete zudem willkürlicher Denunziation seitens Schülern, Eltern und Kollegen Tür und Tor. Die Forderung nach „rückhaltlosem Eintreten" für den NS-Staat schloss offenbar auch die Beteiligung an Wahlen ein. So wies der Reichs- und Preußische Minister für Wissenschaft, Erziehung und Volksbildung im Mai 1936 die Unterrichtsverwaltungen der Länder an, dem Ministerium über diejenigen Lehrer Bericht zu erstatten, die am 29. März 1936 „ohne triftigen Grund ihrer Wahlpflicht nicht nachgekommen sind."[263] Wie auch eigentlich private Entscheidungen politisch aufgeladen wurden und Sanktionen nach sich ziehen konnten, zeigt ein Runderlass, in dem Lehrern, die ihre Kinder eine private Schule besuchen

258 Geht hervor aus einem Schreiben des MSM, Abt. WEV, i. A. Krüger, an Studienrat Schäfer, Große Stadtschule Rostock, vom 9. 1. 1942, AHRO, 1.1.21.1, Nr. 309.
259 MSM, Abt. WEV, i. A. Krüger, an Große Stadtschule Rostock, Studienrat Schäfer, 9. 2. 1942, AHRO, 1.1.21.1, Nr. 309.
260 Große Stadtschule, Staatliches Gymnasium Seestadt Rostock, i. V. d. Oberstudiendirektors (ohne Unterschrift), an MSM, Abt. WEV, 19. 12. 1941, AHRO, 1.1.21.1, Nr. 309.
261 Reichsminister des Innern, Frick, an Landesregierungen, abschriftlich an Fachministerien und sämtliche Dienststellen, Gesetz über den neuen Diensteid, 21. 8. 1934, StASch, S 6, Nr. 5.
262 Reichsgrundsätze über Einstellung, Anstellung und Beförderung von Beamten, 14. 10. 1936, RGBl., Teil I, Jg. 1936, Nr. 97, S. 893–896, Zitat S. 894.
263 RMWEV, Rust, an die Unterrichtsverwaltungen der Länder, 19. 5. 1936, StASch, S 6, Nr. 5.

ließen, die Missbilligung ausgesprochen wurde, da sich ein solches Verhalten „nicht mit den Pflichten eines Beamten des nationalsozialistischen Staates" vertrage.[264]

Die Lehrer wurden in ihrer beruflichen, politischen und auch privaten Entscheidungsfreiheit im Laufe der NS-Diktatur mithin zunehmend eingeschränkt. Wie unter diesen Voraussetzungen ihre Haltung zum Regime aussah und inwiefern sie dieser Haltung, soweit sie kritisch war, auch Ausdruck verleihen konnten, soll im Folgenden aufgezeigt werden.

b) Die Haltung der Lehrer zum nationalsozialistischen Staat

Über die Haltung der Lehrer zum Nationalsozialismus lässt sich nur schwer etwas ermitteln. Aus einzelnen Konfliktfällen, aus Festreden und Einträgen in den Schulchroniken lassen sich aber einige Indizien zusammentragen, die zumindest ansatzweise Aufschlüsse zu geben vermögen. Mit Blick auf die Schulleitungen ist zunächst festzuhalten, dass begeisterte oder unterwürfige Grußadressen anlässlich der Ernennung Hitlers zum Reichskanzler, wie sie beispielsweise zahlreiche Berufsverbände in ihren Publikationsorganen veröffentlichten, in den Chroniken der Gymnasien von Schwerin und Rostock nicht zu finden sind. Vereinzelt haben ehemalige Schüler im Rückblick Einschätzungen über ihre früheren Lehrer gegeben. Diese Erinnerungsberichte sind in diesem Zusammenhang größtenteils aber wenig hilfreich, da sie zumeist nur vage Eindrücke vermitteln. Es überwiegen allgemeine Einschätzungen wie die eines ehemaligen Schülers der Großen Stadtschule, demzufolge „bei weitem nicht alle [Lehrer] voll den Ideen zustimmten, die ihnen seit 1933 als Ziel und Weg der Erziehung und Bildung vorgegeben" waren, und diesen Ideen „auch nur soweit folgten, wie sie es verantworten zu können glaubten". Gleichzeitig habe es Lehrer gegeben, „die in der braunen Uniform der NSDAP zur Schule kamen und deren Ideologie vertraten."[265] Daneben gibt es Aussagen über einzelne Lehrer, die etwa den „Deutschen Gruß" umgangen oder nachlässig ausgeführt hätten.[266] Mitunter kommt es aber auch zu falschen Interpretationen von Vorgängen, wie etwa im Fall der Entlassung von Dr. Max Schmidt, Lehrer an der Großen Stadtschule, der dem zitierten Erinnerungsbericht zufolge die Schule verlassen musste, weil er „seine Meinung zu freimütig offenbarte".[267] Der Grund für seine Versetzung in den Ruhestand war aber nicht politisch, vielmehr kam Direktor Neumann in einem nach Beschwerden von Eltern erstellten Gutachten zu der Einsicht, dass Schmidt „körperlich und seelisch den Aufgaben des Unterrichts nicht mehr gewachsen" und daher „als Lehrer und Erzieher nicht mehr tragbar" sei.[268] Dass dies kein vorgeschobener Grund war, zeigt der ausführliche Schriftwechsel zwischen Neumann und dem Unterrichtsministerium über Schmidt. Zuzustimmen ist sicherlich der grundsätzlichen Einschätzung

---

[264] Runderlass des Reichs- und Preußischen Ministeriums der Justiz, 9. 9. 1937, StASch, S 6, Nr. 5.
[265] Schmidt, Wir saßen alle in einem Boot (2005), S. 56 f.
[266] Schulz, Rostock, Hamburg und Shanghai (2009), S. 95.
[267] Schmidt, Wir saßen alle in einem Boot (2005), S. 56.
[268] Große Stadtschule Rostock, Direktor Neumann, Bericht über StR Schmidt, 19. 2. 1940, AHRO, 1.1.21.1, Nr. 40. Siehe auch den umfangreichen Briefwechsel mit dem Ministerium ebd.

von Peter Schulz, ebenfalls ehemaliger Oberschüler in Rostock, nach der die Mitgliedschaft eines Lehrers in der NSDAP allein wenig aussagt, während andererseits Nicht-Parteigenossen durchaus „stramme Nazis" sein konnten.[269]

Die Direktoren

Walther Neumann, Direktor der Großen Stadtschule Rostock, begegnete den
neuen Machthabern mit Zurückhaltung und, wie ein ehemaliger Schüler es aus-
drückt, mit „leicht hochmütige[r] Distanz"[270]. Der NSDAP trat er nicht bei und
von ihren Gliederungen schloss er sich lediglich dem – für die Lehrer beinahe obligatorischen – NSLB sowie der NSV an.[271] In der Schulchronik des Schuljahres
1933/34 spricht er von den „grundlegende[n] Wandlungen", die sich im ersten
Schuljahr unter der nationalsozialistischen Regierung auf „allen Gebieten des
Schullebens" angebahnt hätten. Offensichtlich noch nicht von der Dauerhaftig-
keit der „Staatsumwälzung", wie er die Machtübernahme durch die Nationalsozialisten nannte, überzeugt, heißt es weiter: „Noch weiß man nicht, wohin der
Weg geht. Es ist ein Jahr des Uebergangs und der Vorbereitung."[272] Die durch die
neue Regierung verfügten Änderungen im Schulalltag listete Neumann, soweit sie
rein formal-politischer Natur waren wie die Flaggung des Schulgebäudes mit Ha-
kenkreuzfahnen und die Einführung des „Deutschen Grußes", nüchtern auf.[273]
Kritischer betrachtete er all jene Änderungen, die praktische Konsequenzen für
den Schulbetrieb nach sich zogen. Dazu zählte zuvörderst die HJ-Arbeit der
Schüler. Durch die zugunsten der HJ-Tätigkeit eingeführten arbeitsfreien Nachmittage müssten „erhebliche Abstriche im [Lehr-]Pensum" gemacht werden.[274]
Insbesondere kritisierte Neumann, dass sich der Dienst in der HJ nicht auf die
zwei arbeitsfreien Nachmittage beschränke und die Schüler dadurch „vielfach in
Konflikt mit ihren Pflichten" bringe, wodurch die tägliche Schularbeit „mit vielen
Schwierigkeiten zu kämpfen" habe. Indirekt gab er zudem der Hoffnung Ausdruck, dass es bei der derzeitigen Regelung nicht bleiben werde: „Das neue Schuljahr wird hier hoffentlich noch manches klären!" Im weiteren Verlauf wird seine
Kritik an der für die HJ-Arbeit verantwortlichen Jugendführung deutlicher, deren
„Bereitschaft zu einer harmonischen Zusammenarbeit" geringer ausgeprägt sei,
als die der Schule, die „immer darauf halten müsse", dass die tägliche Schularbeit
über dem Aufbau der Staatsjugend nicht zu kurz komme.[275] Ganz offensichtlich
war dem Direktor vor allem an einem geregelten Ablauf des Unterrichts gelegen,
den er durch die politischen Aktivitäten der HJ nicht beeinträchtigt sehen
wollte.[276] Überhaupt sah er die Begeisterung seiner Schüler, die durch die politi-

[269] Schulz, Rostock, Hamburg und Shanghai (2009), S. 90.
[270] Schulz, Rostock, Hamburg und Shanghai (2009), S. 96.
[271] BAB, BDC, Nr. A 0056.
[272] Zitate aus: Jahresbericht der Großen Stadtschule (Gymnasium) zu Ostern 1934, S. 32 u. 34,
   AHRO, 1.1.21.1, Nr. 452.
[273] Der „Deutsche Gruß" wurde an den höheren Schulen im August 1933 verbindlich. Gesamtkonferenz vom 15. 8. 1933, Verlesung der Verfügungen des Ministeriums, AHRO, 1.1.21.1, Nr. 392.
[274] Hierzu und zum Folgenden Jahresbericht der Großen Stadtschule (Gymnasium) zu Ostern 1934,
   S. 35 f., AHRO, 1.1.21.1, Nr. 452.
[275] Jahresbericht der Großen Stadtschule (Gymnasium) zu Ostern 1934, S. 44 f., AHRO, 1.1.21.1,
   Nr. 452.
[276] Die „überaus grosse Inanspruchnahme der Rostocker Schulen" durch Bereitstellung von Vor-

schen Ereignisse des Jahres 1933 „stark erregt" seien,[277] für die HJ und den Nationalsozialismus mit skeptischen Augen – worauf auch ein Vorfall aus dem Jahr
1932 hindeutet: Am Ende einer Schulfeierstunde in der Aula wurde die National-
hymne gesungen. Nach den abschließenden Worten Neumanns standen einige
Schüler der Oberstufe auf, hoben die rechte Hand zum Hitlergruß und sangen
eine Strophe des Horst-Wessel-Liedes. Der Direktor traute sich offenbar nicht,
einzugreifen – in Mecklenburg hatten die Nationalsozialisten bereits die Macht
übernommen – stand aber, so die Aussage eines Zeitzeugen, „mit starrem Gesicht" da.[278]
Zumindest vor 1933 hatte auch der Direktor des Schweriner Fridericianums,
Friedrich Lüth, dem Nationalsozialismus kritisch gegenübergestanden. Gauleiter
Hildebrandt warf ihm im Oktober 1932 vor, nationalsozialistische Studienassessoren nicht zu befördern. Lüth hatte sich vor der Festanstellung eines Assessors
erkundigt, ob dieser der NSDAP angehörte.[279] Nach der Machtübernahme durch
die Nationalsozialisten passte er sich dem neuen Regime jedoch an. Bereits am
1. Mai 1933 trat er der NSDAP bei, ein bzw. zwei Jahre später auch dem NSLB
und der NSV. Ämter in Partei oder Gliederungen übernahm er nicht.[280] Wenige
Jahre später huldigte er in einer Ansprache öffentlich Hitler. Anlässlich des Jahrestags der Einweihung der Gedenktafel für die Gefallenen des Ersten Weltkriegs
pries er den „Führer" vor den Schülern und der Altherrenvereinigung als Mann
„ungeheuren Willens, unbändiger Leidenschaft [und] glühenden Glaubens an sein
Volk", der die Deutschen „unter einen Willen gezwungen und zu einem einheitlichen Willen erzogen" und so die Grundlage für ein „Wiederaufblühen des Ge-
samtlebens der Nation" gelegt habe.[281] Demgegenüber charakterisierte er die Weimarer Republik als „furchtbare Zeit", die auf der Grundlage „jenes Dokument[es]
von Versailles" basiert habe und in der „wir alles verloren hatten, Ehre, Gut,
Macht und Herrlichkeit".[282] In etwas kruder Form stellte Lüth auch Bezüge zur
griechischen Antike her. Die Gedächtnisfeier sei „[k]eine Feier der Toten, sondern
der Lebendigen", eine „politische Feier-Politik in dem umfassenden Sinne [...],
den zuerst das Griechentum verwirklicht hat und den jetzt der Staat Adolf Hitlers
verwirklichen will." Ob der Parteibeitritt und die Eloge auf Hitler aus Überzeugung oder aus Opportunismus erfolgten, lässt sich schwer einschätzen. Eine Distanz zum Regime lässt Lüth, anders als sein Rostocker Amtskollege, jedenfalls
nicht erkennen. Demgegenüber ist zu konzedieren, dass er sich, wie zu zeigen sein

trags- und Versammlungsräumen für HJ, BDM und andere NS-Organisationen wurde auch in
einer Sitzung der Städtischen Schulverwaltung bemängelt. Protokoll vom 12. 3. 1934, AHRO,
1.1.20.2, Nr. 602.
[277] Jahresbericht der Großen Stadtschule Rostock 1932/33, Schulchronik, S. 49, AHRO, 1.1.21.1,
Nr. 452.
[278] Meyer, Meine Schulzeit (2005), S. 47.
[279] MfU, i. A. Dr. Krause, an Lüth, 26. 10. 1932, StASch, S 6, Nr. 170. Siehe auch Niederdeutscher Beobachter, 10. 10. 1932, S. 2.
[280] StASch, S 6, Nr. 170; BAB, NS 12, Nr. 1689 (NSLB-Mitgliederkartei für Mecklenburg-Lübeck).
[281] Rede des Oberstudiendirektors Lüth bei der Gedenkfeier des Gymnasiums Fridericianum am
21. September 1936, StASch, S 6, Nr. 1172. Hieraus auch die folgenden Zitate.
[282] Dies korrespondiert mit der Gegenüberstellung von glorreicher Vergangenheit und unglücklicher
Gegenwart in Lüths Rede anlässlich der Feier des 375. Geburtstags des Fridericianums. Vgl. dazu
Kap. II.4.c).

wird, in den Fällen, in denen die Lehrer des Gymnasiums in Konflikt mit dem NS-Staat gerieten, schützend vor diese stellte.

Die Lehrer: Fallbeispiele

Unterhalb der Ebene der Direktoren können zur politischen Haltung der Lehrer und zu ihrem Verhalten in der NS-Zeit nur anhand von Einzelbeispielen Aussagen getroffen werden. Da Einblicke in die konkrete Unterrichtspraxis quellenmäßig nicht fassbar sind, lassen sich politische Haltungen nur in den wenigen Fällen ermitteln, in denen es zu Konflikten kam, die sich in den Quellen niederschlagen. Im Folgenden werden daher exemplarisch Konflikte ausführlicher vorgestellt, die zwei Lehrer des Schweriner Gymnasiums betrafen. Die aus ihnen ableitbaren Haltungen und Verhaltensweisen können selbstverständlich nicht repräsentativ sein – weder für das Schweriner Kollegium noch gar für die Lehrerschaft an den höheren Schulen in Mecklenburg insgesamt. Sie zeigen jedoch *Möglichkeiten* nonkonformen Verhaltens auf. Zudem können anhand dieser Fälle die Mechanismen der Konfliktregulierung zwischen Lehrern, Schulleitung und Ministerialbürokratie aufgezeigt werden. Um die Konflikte und ihren Ausgang besser einordnen zu können, wird ihrer Darstellung jeweils ein kurzes Portrait der betreffenden Lehrer vorangestellt.

Paul Strömer

Der Schweriner Studienrat Paul Strömer wurde 1889 geboren und zählt damit zur „Frontgeneration", die das Kollegium des Gymnasiums Fridericianum während der Weimarer Republik und der NS-Zeit dominierte.[283] Aus bildungsbürgerlichem Hause stammend – sein Vater war Zollrat[284] – besuchte Strömer die Gymnasien in Neustrelitz, Schwerin und Rostock und studierte anschließend Germanistik und neuere Sprachen in Berlin, München und Rostock, wo er Ende 1912 sein Examen ablegte. Nach kurzer Tätigkeit als Kandidat und Hilfslehrer an der Domschule Güstrow wurde er im August 1914 eingezogen und blieb bis zum Ende des Krieges im Feld. Im Krieg verwundet und mit dem Eisernen Kreuz ausgezeichnet erhielt Strömer nach seiner Rückkehr Anfang 1919 eine Studienratsstelle am Schweriner Gymnasium.[285] Zu Beginn der 1920er Jahre war Strömer für einige Jahre Schriftführer und kurzzeitig auch Vorsitzender des Vereins Mecklenburgischer Philologen, wo er sich schwerpunktmäßig standespolitischen Fragen zuwandte. Darüber hinaus beschäftigte er sich mit pädagogischen und didaktischen Themen und legte auf seine persönliche Fortbildung großen Wert. Er gab gemeinsam mit einem englischen Kollegen ein Buch für den Deutschunterricht an britischen Schulen heraus,[286] reiste häufig zu Studienzwecken nach England[287] und organisierte einen Austausch mit ausländischen Schulen.[288]

---

[283] Vgl. dazu Kap. II.4.b).

[284] Sein Großvater war ebenfalls Zollbeamter gewesen. Vgl. (Personal-)Fragebogen, 7. 1. 1936, StASch, S 6, Nr. 238.

[285] Lebenslauf Paul Strömer, o. D. (1919), StASch, S 6, Nr. 238.

[286] Arthur Stuart McPherson/Paul Strömer (Hrsg.): Deutsches Leben, 3 Teile, o. O. 1931/34. Vgl. dazu auch MfU, i. A. Bergholter, an StR Strömer, 24. 10. 1934, StASch, S 6, Nr. 238.

[287] Vgl. die zahlreichen Gewährungen von Urlaub und Beihilfen für Studienreisen in Strömers Personalakte. OStDir Lüth wies in einem Schreiben an das MSM, Abt. Unterricht, vom 1. 7. 1937 darauf

Sein überdurchschnittliches Engagement, das ihm auch sein Vorgesetzter, Direktor Lüth, attestierte,[289] war gepaart mit großem beruflichem Ehrgeiz und einem ausgeprägten Standesbewusstsein. So hatte Strömer seinen Vorgesetzten im Laufe der 1920er Jahre darum gebeten, dem Ministerium mitzuteilen, dass er für die Übernahme einer Stelle im Ministerium bereit sei[290] und es nach Einschätzung Lüths als „ungerechte Zurücksetzung" empfunden, dass er in dieser Zeit, in der aus dem Kollegium des Fridericianums vier Direktoren hervorgegangen waren, nicht berücksichtigt worden war.[291] Zudem hatte er schon in der Weimarer Zeit immer wieder auf die Autonomie des Lehrers im Unterricht gepocht und sich jegliche Einmischung, sei es von Seiten der Schulleitung, der Schulverwaltung oder auch der Eltern, energisch verbeten. Politisch war er in dieser Zeit nicht in Erscheinung getreten, er war parteilos und gehörte mit Ausnahme des VdA keinen politischen Verbänden an.[292]

Ein – unpolitisches – Beispiel für Strömers im wahrsten Sinne des Wortes „eigensinniges" Verhalten ist seine extrem harsche Reaktion auf die Beschwerde eines Schülers über die schlechte Bewertung eines Aufsatzes, die dieser unter Berufung auf seinen Vater, der Fachmann für das in dem Aufsatz behandelte Thema war, vorbrachte.[293] Strömer verbat sich jegliche Einmischung, warf dem Schüler „erpresserische Maßnahmen" vor,[294] durch die er sich „in seiner Berufsehre gekränkt" fühlte,[295] und lehnte auch einen Vermittlungsversuch des Direktors „sehr heftig" ab.[296] Der Direktor schlichtete den Konflikt schließlich, indem er den Schüler für sein Verhalten tadelte, ihm aber gleichzeitig mitteilte, dass er den Ausdruck „erpresserische Maßnahmen" für dessen Verhalten für überzogen halte.[297] Ermahnungen des Direktors wegen dienstlicher Pflichtverletzungen und Nachlässigkeiten wies Strömer ebenfalls barsch zurück. Lüth musste Strömer nach eigenen Angaben „wiederholt mit aller Schärfe auf seine Pflichten hinweisen".[298]

hin, dass Strömer „in den letzten Jahren wiederholt Urlaub zu Reisen nach England erbeten und erhalten" habe. StASch, S 6, Nr. 238.
[288] Strömer ließ einen englischen Schüler oder Lehrer in seinem Unterricht hospitieren. Dass er dies tat, ohne seinen Direktor zu informieren, wurde von diesem beanstandet. Notiz von OStDir Lüth, „betr. Aufnahme v. Engl[änder] Gibson", 27. 10. 1937, StASch, S 6, Nr. 238.
[289] Lüth schreibt: „Niemand wird leugnen, daß Strömer seine Schüler zu führen u[nd] in die hohe Welt des deutschen Geistes einzuführen versteht. Er ist auch fleißig gewesen. Er hat viel gearbeitet und sich die Stunden sorgfältig überlegt. Darüber gibt es keinen Zweifel. Er ist auch hart gegen sich." Gymnasium Fridericianum, OStDir Lüth, Charakteristik über StR Strömer, 3. 12. 1938, StASch, S 6, Nr. 238.
[290] Lüth lehnte dies mit dem Hinweis darauf ab, dass ein solches Verfahren „nicht üblich" sei, unterrichtete aber Oberschulrat Maybaum davon. Friedrich Lüth, Bericht gemäß Verfügung des MSM, Abt. Unterricht, vom 30. 11. 1938 (Entwurf), 3. 12. 1938, StASch, S 6, Nr. 238.
[291] Friedrich Lüth, Bericht gemäß Verfügung des MSM, Abt. Unterricht, vom 30. 11. 1938 (Entwurf), 3. 12. 1938, StASch, S 6, Nr. 238.
[292] Fragebogen, 7. 1. 1936, StASch, S 6, Nr. 238.
[293] Vgl. Bericht an OStDir Lüth, 2. 12. 1937, StASch, S 6, Nr. 238.
[294] Der Schüler zitierte die Reaktion Strömers folgendermaßen: „Über Stil habe ich zu entscheiden. Ihr Vater hat darin gar nichts einzuwenden; dann lassen sie sich von ihrem Vater Deutschunterricht geben. Ich verbitte mir das, mit solchen erpresserischen Maßnahmen zu kommen!" Bericht an OStDir Lüth, 2. 12. 1937, StASch, S 6, Nr. 238.
[295] Stellungnahme Strömers zu dem Vorfall an OStDir Lüth, 4. 12. 1937, StASch, S 6, Nr. 238.
[296] Notiz von OStDir Lüth, 6. 12. 1937, StASch, S 6, Nr. 238.
[297] Gymnasium Fridericianum, OStDir Lüth, an Paul Strömer, 6. 12. 1937, StASch, S 6, Nr. 238.
[298] Gymnasium Fridericianum, OStDir Lüth, an MSM, Abt. Unterricht, 17. 2. 1938 (Entwurf), StASch, S 6, Nr. 238.

Gegen die Vorhaltungen des Direktors über „mangelhaft ausgeführte dienstliche Anordnungen" brachte Strömer vor, dass er „dienstlich sehr stark, manchmal zu stark belastet werde, nicht bloß im Vergleich zu andern Kollegen der Schule, sondern absolut genommen", und daher hinsichtlich der „menschliche[n] Nervenkraft" an seine Grenzen gekommen sei.[299] Zur Begründung fügte er eine ausführliche Statistik über seine Aufsatzkorrekturen der letzten zwölf Jahre bei. Anlass war eine Beschwerde des Direktors darüber, dass Strömer im Unterricht eines ihm anvertrauten Referendars nicht ausreichend hospitiert hatte. Daraufhin wurde die Ausbildung des Referendars einem anderen Kollegen übertragen. Diese Entziehung eines dienstlichen Auftrags „ohne Angabe von Gründen durch öffentlich-dienstlichen" Befehl empfand Strömer offenbar als besonders kränkend, denn er wies darauf hin, „dass mir dies noch nicht geschehen ist: weder im Kriege als Frontsoldat, noch im Frieden als Beamter."

Einige Jahre später geriet Strömer auch mit der nationalsozialistischen Regierung in Konflikt. Kurz vor der Reifeprüfung Michaelis 1938 sah Lüth die Deutschaufsätze einer Klasse durch, die von Strömer unterrichtet wurde. Dabei stieß er in einem Aufsatz auf die Formulierung, es sei „unfein", gegenüber älteren Damen oder Herren den Hitlergruß zu verwenden.[300] Strömer hatte dies nicht beanstandet. Lüth machte Strömer „mit allem Ernst" darauf aufmerksam, dass es seine Pflicht gewesen wäre, den Schüler darauf hinzuweisen, dass seine Ausführungen als „Herabsetzung des Führergrußes" nicht geduldet werden könnten, und drohte, im Wiederholungsfall das Ministerium zu informieren.[301] Offenbar war dieser Vorfall der Schulbehörde jedoch auf anderem Wege zu Ohren gekommen,[302] denn diese sprach Lüth kurz darauf ihre Missbilligung darüber aus, dass er den Schüler wegen der „zu beanstandenden Ausführungen über den deutschen Gruß nicht belehrt oder bestraft habe." Lüth verteidigte sich und unterstrich, dass er sowohl dem Schüler als auch Strömer als zuständigem Fachlehrer „sehr ernste Vorhaltungen" gemacht habe.[303] Am 29. November 1938 wurde Strömer in dieser Angelegenheit vor das Staatsministerium zitiert und zur Stellungnahme aufgefordert. Strömer entschuldigte sein Versäumnis damit, dass er zur betreffenden Zeit unter einer „besonders starken Depression" gelitten habe, die Folge seiner „seit vielen Jahren bestehende[n], sehr starke[n] dienstliche[n] Belastung" und einer Gasvergiftung im Ersten Weltkrieg sei. Zugleich erklärte er ausdrücklich, dass er „nicht bloß als Erzieher, sondern auch als Mensch im täglichen Leben die Ideen

[299] Paul Strömer an OStDir Lüth, 3. 5. 1935, StASch, S 6, Nr. 238. Hieraus auch die folgenden Zitate.

[300] Hierzu und zum Folgenden Notizen von OStDir Lüth, 1. 9. 1938, StASch, S 6, Nr. 238.

[301] Diese Formulierung ist gegenüber der – im gleichen Dokument gestrichenen – ursprünglichen Fassung abgeschwächt. Dort hieß es: „dass Sie dann damit rechnen müssen, dass sie nicht Lehrer bleiben können". Notizen von OStDir Lüth, 1. 9. 1938, StASch, S 6, Nr. 238.

[302] Auf welche Weise, ist unklar. Möglicherweise spielten Instanzen der Partei dabei eine Rolle: Unter den Schülern ging das Gerücht um, dass Aufsätze der betreffenden Klasse vom Reichsstatthalter, vom Bannführer und vom Gebietsführer geprüft würden, und sie befürchteten deshalb und weil der Termin für die Reifeprüfung noch nicht bekannt gegeben worden war, bestraft zu werden. Notiz von OStDir Lüth nach einer Auskunft von StR Dr. Niemann, 18. 2. 1939, StASch, S 6, Nr. 238. Ob die Gerüchte eine reale Grundlage besaßen, ließ sich nicht ermitteln.

[303] Entwurf Lüths für einen Brief an das MSM, Abt. Unterricht, o.D. (Herbst 1938), StASch, S 6, Nr. 238.

und Ziele des Nationalsozialismus aus freier Überzeugung bejahe."[304] Damit entpolitisierte er sein Versäumnis und machte stattdessen persönliche und gesundheitliche Ursachen geltend; gleichzeitig bekannte er sich gegenüber der Behörde zum Nationalsozialismus.

Das Ministerium nahm diesen Vorfall zum Anlass, vom Vorgesetzten Lüth einen Bericht über die Persönlichkeit und das dienstliche und außerdienstliche Verhalten Strömers, „insbesondere auch in politischer Beziehung", anzufordern. Dabei sollte der Direktor auch die Umstände berücksichtigen, „die für die Beurteilung der dem Studienrat Strömer vorgeworfenen Dienstpflichtverletzungen von Bedeutung sind".[305] Lüth reagierte mit einer ausführlichen Charakteristik des Menschen und Lehrers Strömer, die tiefe Einblicke in dessen Persönlichkeit und das Verhältnis zu seinem Vorgesetzten ermöglicht.[306] Lüth charakterisierte Strömer einerseits als „intell[ektuell] überdurchschnittlich begabt[en]" Lehrer, der ein „feines Verständnis für d[ie] Werte deutscher Kultur und Kunst" besitze und durch seine „charmante Liebenswürdigkeit" die Schüler zu gewinnen und zu fesseln vermöge. Andererseits sei er „reizbar, launenhaft, egozentrisch, maßlos von sich und seinem Wert überzeugt, überheblich" und zudem von unbefriedigtem Ehrgeiz erfüllt. Daraus resultiere seine Abneigung, „sich mit den kleinen und kleinlichen Dingen des Schullebens zu befassen" und sein „Widerstand gegen die äußeren Bindungen und Ordnungen der Schule", womit auch seine „unüberwindliche Abneigung gegen die Durchsicht der Aufsätze" zu erklären sei. Folge sei, dass Strömer seit dem Schuljahr 1937/38 seine Aufsätze zunehmend „ohne Sorgfalt" korrigiere.

Auf der Grundlage dieser grundsätzlichen Einschätzung konnte Lüth überzeugend darlegen, dass Strömers Versäumnis nicht „Ausdruck eines geheimen politischen Willens" war, sondern vielmehr „auf die allgemeine Liederlichkeit, mit der die Aufsätze durchgesehen wurden", zurückzuführen sei. Gleichzeitig hob er hervor, Strömer habe ihm versichert, „dass er sich aus fester innerster Überzeugung zu den Grundlagen u[nd] Zielen des Nationalsozialistischen Staates bekenne". Als Indiz, dass dies nicht nur ein Lippenbekenntnis war, nannte Lüth die Tatsache, dass Strömer sein Abonnement des britischen „Daily Telegraph" gekündigt habe, weil diese Zeitung gegen die Politik des Deutschen Reiches eingestellt sei. Mit seinem Bericht führte Lüth einerseits dem Ministerium den problematischen Charakter und die mangelhafte dienstliche Disziplin Strömers, die ihm als Vorgesetzten schon seit Jahren erhebliche Probleme bereitete, deutlich vor Augen.[307] Andererseits nahm er ihn aus der politischen Schusslinie und verhinderte somit möglicherweise eine schwerere Bestrafung oder Entlassung des Studienrats. Tatsächlich

---

[304] Niederschrift über eine Verhandlung mit StR Strömer am 29. 11. 1938 im Dienstzimmer des Ministerialrats Dr. Weber, gez. Dr. Weber, Schröder, Schneider, 29. 11. 1938 (Abschrift), StASch, S 6, Nr. 238.

[305] MSM, Abt. Unterricht, i. A. Dr. Bergholter, an Gymnasium Fridericianum, OStDir Lüth, 30. 11. 1938, StASch, S 6, Nr. 238.

[306] Lüth überlegte sich diese Charakteristik offenbar sehr genau; in der Personalakte finden sich mehrere Blätter mit Stichpunkten und verschiedene Entwürfe. Alle folgenden Zitate stammen aus der letzten Fassung, Gymnasium Fridericianum, OStDir Lüth, Bericht gemäß Verfügung des MSM, Abt. Unterricht, vom 30. 11. 1938 betr. Studienrat Strömer, 3. 12. 1938, StASch, S 6, Nr. 238.

[307] Vgl. die zahlreichen Notizen und Briefe Lüths, in denen er Strömers Dienstpflichtverletzungen registrierte bzw. den Lehrer ermahnte, in Strömers Personalakte (StASch, S 6, Nr. 238).

entschloss sich das Ministerium schließlich zu einer – nicht näher spezifizierten – „milde[n] Bestrafung" Strömers.[308]

Weitere Vorkommnisse weisen indes darauf hin, dass Strömers Umgang mit der inkriminierten Stelle im Schüleraufsatz nicht nur auf dienstliche Nachlässigkeit, sondern tatsächlich auf eine kritische Haltung gegenüber dem Nationalsozialismus zurückzuführen ist. 1935 war er vom Ministerium ermahnt worden, weil er am „Ehrentage des Führers", dem 30. Januar, nicht geflaggt hatte.[309] Auch Direktor Lüth war sich dieser Haltung bewusst. So notierte er, dass Strömer ihn zweimal nicht mit dem „Deutschen Gruß", sondern durch Abnehmen des Hutes gegrüßt habe, und in der Lehrerkonferenz zwar die Hand erhebe, aber nicht „Heil Hitler" sage. Strömer erwiderte auf diesbezügliche Vorhaltungen, „dass er den Hitlergruß achte und wünsche, dass er nicht durch allzu häufigen Gebrauch [entwertet] würde".[310] Auf diese Weise münzte er seine Missachtung des Grußes nach außen hin in eine angebliche besondere Wertschätzung um.

Ein weiteres Ereignis zeigt Strömers Haltung und seine dieser zugrundeliegende grundsätzliche Erziehungsauffassung deutlicher: Sein Kollege Niemann hatte ihn beim Direktor denunziert, da er die „nationalsozialistische Erziehungsweise" untergraben würde.[311] Niemann gehörte zu den wenigen „aktiven" Parteigenossen des Kollegiums, nahm 1935 als politischer Leiter am Reichsparteitag in Nürnberg teil und war einer von nur vier Studienräten am Gymnasium, die bereits am 1. Mai 1933 in die Partei eingetreten waren.[312] Hintergrund dieses Vorwurfs war eine Diskussion in Strömers Deutschunterricht darüber, ob bei den „sogenannten Besinnungsthemen" von den Schülern eine bestimmte Gesinnung zu fordern sei. Strömer hatte in diesem Zusammenhang nach eigenen Angaben zu seinen Schülern „fast wörtlich" gesagt: „Welche Ansichten Sie haben, darauf kommt es mir nicht an, sondern wie Sie diese Ansicht begründen." Strömer betonte zwar im Nachhinein, er habe die Schüler nicht auf den Gedanken bringen wollen, sie könnten „sagen und äußern, was sie wollen", und legte gegen die Vorwürfe seines Kollegen Niemann „energischen Protest" ein. Doch zeigt diese Bemerkung, dass er das Recht auf freie Meinungsäußerung vertrat und die Schüler zu selbstständig denkenden und handelnden Menschen erziehen wollte. Eine solche Auffassung stand aber im krassen Gegensatz zum Erziehungsanspruch der Nationalsozialisten.

Die politischen Fehltritte Strömers, die in ihrer Summe durchaus zu seiner Entlassung hätten führen können, hatten von der erwähnten „milden Bestrafung" abgesehen keine weiteren Konsequenzen für den Lehrer. Strömer unterrichtete bis zu seiner Einberufung zur Wehrmacht weiter am Gymnasium. Selbst Sonderur-

---

308 Geht hervor aus dem Schreiben des MSM an Gymnasium Fridericianum, OStDir Lüth, 30. 3. 1939, StASch, S 6, Nr. 238.

309 MSM, Abt. Unterricht, an Gymnasium Fridericianum, Direktion, 20. 2. 1935, StASch, S 6, Nr. 238.

310 Notizen von OStDir Lüth, o. D. (1938/39), StASch, S 6, Nr. 238.

311 Dieses und die folgenden Zitate aus Notizen von OStDir Lüth zu dem Vorfall und Strömers Stellungnahme, o. D., StASch, S 6, Nr. 238.

312 NSDAP, KL Schwerin-Land, Bescheinigung über Teilnahme am Reichsparteitag, 26. 8. 1935; Fragebogen, 27. 1. 1936, StASch, S 6, Nr. 190; BAB, NS-Archiv des MfS, ZA V, Nr. 136, Bl. 365.

laub für Englandreisen wurde ihm im Sommer 1939 wieder gewährt,[313] obwohl das Ministerium ihm erst zwei Jahre zuvor angekündigt hatte, dass er „künftig zu Studienreisen mit Verlängerung des Urlaubs über die Schulferien hinaus nicht rechnen" könne.[314] Diese eher milden Konsequenzen sind auf drei Faktoren zurückzuführen: Erstens verteidigte sich Strömer recht geschickt gegen die Vorwürfe, indem er für politische Verfehlungen persönliche Ursachen geltend machte. Zweitens deckte ihn sein direkter Vorgesetzter, indem er das Interesse des Ministeriums von den politischen auf die dienstlichen Verfehlungen Strömers lenkte – die für ihn im schulischen Alltag ohnehin größere Bedeutung besaßen. Zum Dritten hatte offenbar auch das Ministerium kein Interesse an der politischen Verfolgung eines Lehrers, so lange er offiziell seine Loyalität zum Regime bekundete. Parteiinstanzen waren anscheinend nicht informiert oder hielten sich aus der Angelegenheit heraus.

Wolfgang Fritzsche

Auch in einem weiteren Fall zeigte sich, dass die Schulleitung ihre schützende Hand über Lehrer hielt, die aus politischen Gründen angegriffen wurden. Hier betraf es den Studienrat Wolfgang Fritzsche, der ebenso wie Strömer Angehöriger der „Frontgeneration" war. 1887 in Wismar als Sohn eines Gymnasialdirektors und Schulrats geboren, studierte er klassische Philologie, Geschichte und Geographie in Heidelberg, Berlin und Rostock. Nach Ende des Ersten Weltkriegs, an dem er von 1914 bis 1918 teilnahm, leistete er am Gymnasium Fridericianum seinen Vorbereitungsdienst ab und bestand im September 1919 die pädagogische Prüfung für das Lehramt an höheren Schulen; eineinhalb Jahre später erhielt er an der gleichen Schule eine Stelle als Studienrat.[315] Fritzsche ist in seiner politischen Haltung als national-konservativ zu kennzeichnen. Er gehörte in den 1920er Jahren sowohl dem Deutschen Reichskriegerbund (Kyffhäuser) als auch dem Stahlhelm an. Seine Mitgliedschaften im Dritten Reich zeigen weder eine ausgeprägte Affinität noch eine deutliche Distanz zum Nationalsozialismus: Er war Mitglied des NSLB und der NSV und trat am 1. April 1936 der NSDAP bei. In diesen Organisationen nahm er nur untergeordnete Funktionen ein.[316]

Zu einem Konflikt kam es im Dezember 1933. Die Mutter eines Schülers beschwerte sich darüber, dass Fritzsche als Klassenlehrer der Obertertia seine Schüler dazu aufgefordert habe, an der Beerdigung des jüdischen Vaters eines Mitschü-

---

[313] MSM, Abt. Unterricht, i. A. Dr. Weber, an StR Paul Strömer, 8. 7. 1939 (Abschrift), StASch, S 6, Nr. 238. Dem war ein Brief von Lüth an das Ministerium vorausgegangen, in dem er erklärte, dass es seine Absicht gewesen sei, Strömer „auch durch die Versagung des Urlaubs zu der Einsicht zu führen, dass bestehende Ordnungen auch für ihn Gültigkeit haben." Diese Kritik bezog sich aber auf Strömers dienstliche, nicht auf seine politischen Verfehlungen. Gymnasium Fridericianum, OStDir Lüth, an MSM, Abt. Unterricht, 1. 7. 1937, StASch, S 6, Nr. 238.

[314] MSM, Abt. Unterricht, i. A. Bergholter, an StR Paul Strömer, 5. 7. 1937, StASch, S 6, Nr. 238. Ein Versetzungsgesuch um die Verwendung im Fachschuldienst der Luftwaffe, mit dem sich Strömer anscheinend den Konflikten mit seinem Direktor entziehen wollte, wurde dagegen abgelehnt. Der Reichsminister der Luftfahrt und Oberbefehlshaber der Luftwaffe, i. A. Kreztschmer, an StR Paul Strömer, 3. 7. 1939 (Abschrift), StASch, S 6, Nr. 238.

[315] Lebenslauf von Wolfgang Fritzsche, o. D., StASch, S 6, Nr. 129.

[316] Fritzsche war Blockwalter des NSV und Kreissachberater für Erdkunde im NSLB. Vgl. Personalblatt A für (Ober-) Studienräte etc., StASch, S 6, Nr. 129; BAB, BDC, Nr. A 0075.

lers teilzunehmen.[317] Vom Direktor zur Rede gestellt, beteuerte Fritzsche, die Anregung zur Teilnahme an der Beerdigung sei nicht von ihm, sondern von den Schülern ausgegangen; von ihm selbst sei „[n]icht die geringste Beeinflussung" erfolgt. Damit war die Angelegenheit aber noch nicht erledigt. Wenig später wurden Direktor Lüth, Fritzsche und eine Reihe von Schülern der Obertertia von der Gestapo verhört. Die Aussagen bestätigten die ursprüngliche Schilderung Fritzsches, der den Schülern gegenüber „ausdrücklich betont" habe, dass „keinerlei Zwang" vorliege, und er selbst nur teilgenommen habe, weil er es „für seine Pflicht [hielt], da zu sein, wo seine Klasse ist, um für Ordnung zu sorgen". Fritzsche sei die Teilnahme „sehr unangenehm" gewesen; er sei überdies davon ausgegangen, dass der Verstorbene zwar der Rasse nach Jude, der Konfession nach aber Christ gewesen sei. Als er merkte, dass die Beerdigung nach jüdischem Ritus abgehalten wurde, sei er „sehr peinlich berührt gewesen", habe aber die Feier nicht durch Verlassen stören wollen. Auf Anordnung von Ministerialrat Weber berichtete Lüth dem Ministerium über diese Ereignisse. Darüber hinaus betonte er, dass Fritzsche, der ihm seit 14 Jahren „bestens bekannt" sei, „seine Haltung in der Judenfrage weder innerhalb noch außerhalb der Schule jemals verleugnet" habe. Damit war der Vorfall offenbar abgeschlossen; das Ministerium stellte jedenfalls keine weiteren Nachforschungen an. Ob Fritzsche tatsächlich eher unfreiwillig an der Beerdigung teilgenommen hatte oder dies nur zu seinem Schutz so darstellte, lässt sich nicht mit Sicherheit sagen.[318] Unabhängig davon zeigt der Vorgang, dass sich, ähnlich wie im Fall Strömers, die Schulleitung hinter den Lehrer stellte und die Schulverwaltung dem Direktor offenbar genug Vertrauen entgegenbrachte, um die Angelegenheit auf der Grundlage seiner Aussage auf sich beruhen zu lassen.

Direktor Lüth ging es in beiden Fällen offenbar in erster Linie darum, kompetente Mitarbeiter zu halten, keine Unruhe in den Schulalltag zu bringen und Schaden vom Gymnasium abzuwenden. Wichtiger als die politische Haltung der Lehrer war ihm, dass sie ihre Arbeit korrekt und zuverlässig erledigten und sich möglichst reibungslos in das Kollegium einfügten. Der Direktor vermied es, auch ihm bekannt gewordenes politisches Fehlverhalten öffentlich zu machen oder an übergeordnete Instanzen weiter zu leiten – dies geschah in einem Fall von außerhalb der Schule, durch die Mutter eines Schülers, im anderen Fall durch einen offensichtlich überzeugten Nationalsozialisten im Kollegium. Lüth selbst wurde erst dann aktiv, als es sich nicht mehr vermeiden ließ und er vom Ministerium die Aufforderung dazu erhielt. Dabei achtete er stets darauf, dass sein eigenes Verhalten nach außen hin korrekt und regimetreu erschien.

Die beiden vorgestellten Beispiele zeigen selbstverständlich nicht das ganze Spektrum von Haltungen von Lehrern am Schweriner Gymnasium auf. Das beweist allein schon das Verhalten von Friedrich Niemann, der seinen Kollegen beim Schulleiter angeschwärzt hatte. Es ist jedoch auffällig, dass gerade diejenigen Lehrer, die aufgrund frühen Beitritts zur NSDAP oder besonderen Engagements in der Partei bzw. der ihr angeschlossenen Verbände als besonders loyal zum NS-

---

[317] Hierzu und zum Folgenden Gymnasium Fridericianum, OStDir Lüth, Bericht an MSM, Abt. Unterricht, Ministerialrat Weber (Entwurf), 27. 12. 1933, StASch, S 6, Nr. 129.
[318] Weitere Quellen zu dem Vorgang konnten nicht ermittelt werden.

Regime erschienen, oft nicht bis zum Ende des Dritten Reiches an der Schule blieben. Studienrat Friedrich Vick etwa, der zu den vier Kollegen gehörte, die bereits am 1. Mai 1933 in die Partei eingetreten waren, und darüber hinaus als Blockwart und Untergruppenführer aktiv war,[319] wurde 1939 an die Claus-von-Pape-Oberschule in Schwerin versetzt.[320] Fritz Schoknecht, bereits im März 1933 in die NSDAP eingetreten, Ortsgruppenleiter und später Kreispropagandaleiter des NSLB sowie Blockwart,[321] wurde schon im Oktober 1934 in den Schweriner Volksschuldienst versetzt und dort der Adolf-Hitler-Schule zugewiesen.[322] Der Zeichenlehrer Heinrich Bruhn, der erst 1934 an das Gymnasium Fridericianum versetzt worden war, wurde schon ein Jahr später zur Ausübung seines Amtes als Kreisleiter Schwerin-Stadt der NSDAP beurlaubt;[323] 1936 wurde die Beurlaubung verlängert, da Reichsorganisationsleiter Robert Ley Bruhn als Schulungsleiter auf die Ordensburg der NSDAP Vogelsang in der Eifel berief.[324] Weitere drei Jahre später schied Bruhn endgültig aus dem mecklenburgischen Schuldienst aus, um dauerhaft an der Ordensburg tätig zu bleiben.[325] Studienrat Groth, der 1933 in den NSLB eingetreten und Angehöriger der NS-Kriegsopferversorgung und des Soldatenbundes war, wurde kurz vor Ausbruch des Zweiten Weltkriegs zum Dienst an der Luftwaffenschule der Fliegerhorstkommandantur Schwerin abgeordnet.[326]

Diese Beispiele zeigen nicht nur das breite Spektrum politischer Affinität zum Nationalsozialismus im Kollegium des Schweriner Gymnasiums auf, sondern sie machen auch Folgendes deutlich: Diejenigen Lehrer, die in der NSDAP und den NS-Organisationen besonders stark engagiert waren, verblieben überwiegend nicht bis 1945 am Gymnasium Fridericianum, sondern wurden an anderen Schulen oder Einrichtungen eingesetzt, an denen eine politische Nähe zum neuen Staat größere Bedeutung besaß. Indirekt zeigen diese Vorgänge auch, dass die Tatsache, dass das Schweriner Gymnasium in politischer Hinsicht weitgehend unauffällig blieb, offensichtlich das Vertrauen von Partei und Regierung in den Schulleiter, der ebenfalls NSDAP-Mitglied war, stärkte, und es nicht für nötig befunden wurde, an dieser Schule eine größere Anzahl ausgewiesener politisch linientreuer Lehrkräfte zu installieren.

---

[319] Vgl. Vicks NSLB-Mitgliedskarte, BAB, NS 12, Nr. 1690 (NSLB-Mitgliederkartei Gau Mecklenburg-Lübeck).

[320] MSM, Abt. Unterricht, i. A. Dr. Weber, an Friedrich Vick, 22. 4. 1939, StASch, S 6, Nr. 240.

[321] Vgl. Schoknechts NSLB-Mitgliedskarte, BAB, NS 12, Nr. 1689 (NSLB-Mitgliederkartei Gau Mecklenburg-Lübeck).

[322] MSM, Abt. Unterricht, i. A. Klaehn, an Fritz Schoknecht, 19. 10. 1934 (Abschrift), StASch, S 6, Nr. 226.

[323] MSM, Abt. Unterricht, i. A. Dr. Bergholter, an Heinrich Bruhn, 23. 4. 1936, StASch, S 6, Nr. 99.

[324] MSM, Abt. Unterricht, i. A. Dr. Bergholter, an Heinrich Bruhn, 22. 7. 1936, StASch, S 6, Nr. 99.

[325] MSM, Abt. Unterricht, i. A. Dr. Bergholter, an Heinrich Bruhn, 21. 1. 1939; Entlassungsurkunde Bruhns, 25. 4. 1939 (Abschrift), StASch, S 6, Nr. 99. Siehe auch Bruhns NSLB-Mitgliedskarte, BAB, BDC, Nr. A 0031.

[326] Vgl. Groths NSLB-Mitgliedskarte, BAB, BDC, Nr. A 0081; Fragebogen, 7. 1. 1936, StASch, S 6, Nr. 140. MSM, Abt. Unterricht, i. A. Petersen, an Direktor des Gymnasiums Fridericianum, 29. 6. 1939, ebd.

c) Resümee

Nach der Übernahme der Macht im Reich durch die Nationalsozialisten mussten sich auch die höheren Schulen dem neuen Regime anpassen. Äußerlich zeigte sich dies durch die Zunahme und verstärkte Politisierung von Schulfeiern, die Einführung des „Deutschen Grußes" und die Übernahme von Hoheitszeichen des NS-Staates. Die Hitlerjugend wurde an den Gymnasien präsent, während bestehende Schülervereine aufgelöst wurden bzw. sich neu orientieren mussten. Im Unterricht machte sich der politische Systemwechsel an der – zentral verordneten – Umstellung der Lehrpläne und Unterrichtsinhalte bemerkbar. Das humanistische Bildungsgut blieb aber weiterhin zentraler Bestandteil der Lehre. In personeller Hinsicht stellte das Jahr 1933 keine einschneidende Zäsur dar, es herrschte, wie beim Übergang vom Kaiserreich zur Weimarer Republik, weitgehend Kontinuität. Auch im weiteren Verlauf der nationalsozialistischen Herrschaft kam es an den beiden untersuchten Schulen nicht zu politisch motivierten Entlassungen oder Degradierungen.

Die Direktoren der beiden Schulen gingen unterschiedlich mit dem Druck zur Anpassung an das NS-Regime um. Walther Neumann von der Großen Stadtschule Rostock machte nur die allernotwendigsten öffentlichen Zugeständnisse an die Nationalsozialisten. Von der Partei hielt er sich fern, Festreden oder andere öffentliche Äußerungen, die einen Kotau vor dem Regime darstellten, sind von ihm nicht überliefert. Seine Eintragungen in der Schulchronik lassen eine kritische Distanz zum Nationalsozialismus erkennen, insbesondere beklagte er die Störung des Unterrichtsbetriebs durch die Häufung von politischen Festivitäten und durch die Hitlerjugend. Sein Amtskollege Friedrich Lüth vom Schweriner Fridericianum, der dem Nationalsozialismus vor 1933 ebenfalls kritisch gegenübergestanden hatte, passte sich dagegen an. Bereits am 1. Mai 1933 trat er der NSDAP bei; seine Ansprache zum Gedenken an die Toten des Weltkriegs mündete in eine Eloge auf Hitler. Gerieten aber Lehrer seiner Schule in Konflikt mit dem Regime, stellte er sich schützend vor sie und vermied durch geschickten Umgang Entlassungen oder anderweitige Bestrafungen. Die Lehrer selbst machten Zugeständnisse an das neue Regime, indem sie etwa dem NSLB oder anderen NS-Organisationen beitraten; einige wurden auch Mitglied der NSDAP. Nur wenige engagierten sich über bloße Mitgliedschaften oder untergeordnete Ämter hinaus. Von diesen wiederum wurden einige im Laufe der Jahre an andere Schulen versetzt oder übernahmen hauptamtliche Funktionen in der Partei. NS-Funktionsträger, die an den Schulen verblieben, stellten mithin nur eine kleine Minderheit dar.

Nur wenige politisch induzierte Konflikte sind in den Quellen nachweisbar. Größere Wellen schlug lediglich die Auseinandersetzung um das Tragen von Schülermützen, das von Regierung und NSDAP als Provokation aufgefasst wurde. Die Lehrer wurden zwar für das Verhalten ihrer Schüler verantwortlich gemacht, eine über die Missbilligung durch das Ministerium hinausgehende Bestrafung blieb aber aus. Andere Konflikte entzündeten sich am Verhalten einzelner Lehrer, das nicht systemkonform war. In einem der Fälle zeigte der betreffende Lehrer durch kleine Zeichen seine kritische Distanz zum Nationalsozialismus. Darüber hinaus ließ er erkennen, dass er von seinen beruflichen Grundüberzeugungen, erstens die Schüler zu selbstständigem Denken zu erziehen und zweitens auf die Autonomie des Lehrers im Unterricht zu pochen, auch unter den neuen Machthabern nicht abzuweichen gewillt war. Der Umgang des Direktors mit diesen Konflikten zeigt wiederum, dass dieser, wie immer er persönlich dazu stand, bemüht war, zu deeskalieren und sich vor seine Mitarbeiter zu stellen. Dies war nicht unbedingt Ausdruck einer eigenen kritischen Haltung, sondern aus dem Bestreben gespeist, Unruhe vom Schul- und Unterrichtsbetrieb möglichst fernzuhalten.

IV. Radikaler Wandel? Die Oberschullehrer in der Sowjetischen Besatzungszone und in der DDR

1. Die „demokratische Schulreform" in Mecklenburg und die Neuorganisation des höheren Schulwesens

a) Der Aufbau der Schulverwaltung

Die Bildung des Landes Mecklenburg(-Vorpommern) und die Landesverwaltung
Mit der bedingungslosen Kapitulation der deutschen Wehrmacht am 8. Mai 1945
und dem Zusammenbruch des nationalsozialistischen Regimes übernahmen die
vier alliierten Mächte die höchste Regierungsgewalt in Deutschland. In Mecklenburg war die Macht zunächst geteilt: Anglo-amerikanische Truppen besetzten
Teile des westlichen Mecklenburg einschließlich der Landeshauptstadt Schwerin;
der östliche Teil mit den Städten Rostock und Güstrow wurde ebenso wie Vorpommern von der Roten Armee besetzt.[1] In Schwerin, dem Sitz der bisherigen
Landesregierung, ließ sich zunächst die britische Militärregierung nieder. Diese
entließ zwar führende NS-Funktionäre und leitende Staatsbeamte und ernannte
eine neue Landesregierung, unterhalb dieser Ebene agierten jedoch die Reste des
mecklenburgischen Verwaltungsapparates „personell wenig verändert" weiter.[2]
Parallel dazu begannen in Güstrow unter der Führung der sowjetischen Besatzungsmacht die Vorbereitungen für die Errichtung einer Landesverwaltung. Das
britische Intermezzo in Schwerin dauerte nur zwei Monate. Anfang Juli zogen die
Briten nach einer Vereinbarung der Alliierten im Zusammenhang mit der geplanten Viermächteverwaltung in Berlin aus Westmecklenburg ab, und die Sowjets
übernahmen die Verwaltungs- und Regierungsgeschäfte für ganz Mecklenburg.
Am 4. Juli 1945 wurde das Land Mecklenburg-Vorpommern gegründet, bestehend aus Mecklenburg und den nicht polnisch besetzten Teilen Pommerns. Die
Sowjetische Militäradministration (SMA) ernannte ein Präsidium der deutschen
Landesverwaltung, das die offizielle Bezeichnung „Der Präsident des Landes
Mecklenburg-Vorpommern" trug.[3] Die Verwaltung setzte sich zusammen aus
bürgerlichen, sozialdemokratischen und kommunistischen Politikern, die bereits
in der Weimarer Republik in der Landespolitik aktiv gewesen waren, sowie aus

---

[1] Zu Kriegsende und Besetzung Mecklenburgs und Vorpommerns vgl. Brunner, Einleitung (2003), S. 11–13; zur Situation in der Landeshauptstadt vgl. Kasten/Rost, Schwerin (2005), S. 214–217. Für einen subjektiven Blick auf die Ereignisse vgl. die Darstellung und die Erlebnisberichte bei Schultz-Naumann, Mecklenburg (1989).

[2] Brunner, Einleitung (2003), S. 11.

[3] Zur Gründung des Landes und zur Einsetzung der Regierung vgl. Brunner, Einleitung (2003), S. 13–16.

zurückgekehrten Moskauer Exilanten. Zum Präsidenten des Landes wurde Wilhelm Höcker (SPD), zu seinen Vizepräsidenten Hans Warnke, Gottfried Grünberg (beide KPD) und Otto Moeller (parteilos, später CDU) ernannt.[4] Gottfried Grünberg, der als Mitglied der Gruppe Sobottka aus dem Moskauer Exil nach Mecklenburg gekommen war, unterstanden als drittem Vizepräsidenten die Abteilungen für Justiz sowie für Kultur und Volksbildung.[5] Letztere wurde geleitet von dem Studienrat Richard Moeller (CDU, vor 1933 DDP), der bereits von 1926 bis 1929 an der Spitze des mecklenburgischen Unterrichtsministeriums gestanden hatte und 1933 von den Nationalsozialisten aus dem Schuldienst entlassen worden war.[6] Schon im Herbst 1945 wurde Moeller vom sowjetischen Geheimdienst NKWD verhaftet; er verstarb wenig später im Speziallager Fünfeichen.[7] Sein Nachfolger wurde der Kommunist Hans Manthey, der im Mai 1947 auf Anordnung der SMA entlassen wurde und nach Westdeutschland flüchtete. Auf Manthey folgte mit Paul Hoffmann wieder ein ehemals bürgerlicher Politiker (DDP, nun SED), der wie Moeller ein Opfer der Nationalsozialisten gewesen war.[8]

Die Kontinuität in der Abteilung Kultur und Volksbildung war im Hinblick auf die Organisationsstruktur zunächst relativ groß.[9] Vom bisherigen Personal wurden unterhalb der Ministerialebene immerhin zwei führende Beamte übernommen:[10] zum einen der unter anderem für Personal und für die Universitäten verantwortliche Ministerialrat Reinhold Lobedanz (CDU, vor 1933 DDP), der bereits seit großherzoglichen Zeiten kontinuierlich im Ministerium beschäftigt gewesen war,[11] was ihm von Seiten des Schriftstellers und Kulturbundfunktionärs Willi Bredel den Vorwurf des Opportunismus einbrachte.[12] Später wechselte er an die

---

[4] Zur Zusammensetzung der Landesverwaltung vgl. Fait, Mecklenburg(-Vorpommern) (1993), S. 117–119.

[5] Vgl. Brunner, Einleitung (2003), S. 18.

[6] Vgl. dazu Kap. III.2.

[7] Die Gründe für Moellers Verhaftung sind unklar. Möglicherweise spielte ein vor dem Krieg von ihm veröffentlichtes Buch eine Rolle, das als antisowjetisch eingestuft wurde („Von Rurik bis Stalin. Wesen und Werden Russlands", Leipzig 1939). Ein anderer Grund könnte aus seiner Tätigkeit als Kurator der Universität Rostock im Mai/Juni 1945 herrühren. Vgl. dazu Handschuck, Sozialistische Hochschule (2004), S. 35; Brunner, Einleitung (2003), S. 54.

[8] Kurzbiographien von Hoffmann und Manthey bei Brunner, Ernannte Landesverwaltung (2003), S. 636 bzw. 642. Paul Hoffmann war kurz nach der Machtergreifung der Nationalsozialisten als Schulrat von Greifswald entlassen worden. Vgl. Matthiesen, NSDAP (2001), S. 13. Nach dem Krieg gehörte er zu den Mitbegründern der CDU in Greifswald, trat aber im Juni 1946 zur SED über. Vgl. Matthiesen, Bürgerliches Milieu (1999), S. 379.

[9] Geschäftsverteilungspläne des Ministeriums für Unterricht bzw. für die Abt. Kultur und Volksbildung der Landesverwaltung von April 1933 bis Oktober 1945, LHAS, 5.12-7/1, Nr. 219. Auch Rakow, Mecklenburgisches Volksbildungsministerium (1967), S. 145, betont die Kontinuität der Organisationsstruktur. Wietstruk, Aufbau (1982), S. 69, zufolge wurde in Mecklenburg wie in Sachsen und Thüringen bei den Volksbildungsorganen an „bürgerliche Strukturformen" angeknüpft.

[10] Landesverwaltung Mecklenburg-Pommern [!], 7. Abteilung Volksbildung, Geschäftsverteilung 1945, o. D., LHAS, 5.12-7/1, Nr. 219; Verzeichnis des Personals der Abt. Kultur und Volksbildung (Stand vom 20. 10. 1945), LHAS, 10.31-1, Nr. 13, Bl. 81.

[11] Vgl. Mecklenburg-Schwerinscher Staatskalender (1917), S. 332.

[12] Bredel, Leiter des Kulturbundes von Mecklenburg-Vorpommern, schrieb über Lobedanz, dieser habe seinerzeit „dem Grossherzog die Pfoten geküsst" und später „treu der Republik gedient", sei im Dritten Reich „ohne Parteibuch ein wilder Nazi" gewesen und gebärde sich „jetzt als ein grosser Antifaschist". Darüber hinaus bezeichnete er den 65-jährigen Beamten als „lebende Mumie"

Spitze der Präsidialabteilung der Landesverwaltung.[13] Ebenfalls übernommen wurde die Oberregierungsrätin Petersen, zuständig für das höhere Mädchenschulwesen und seit Anfang der 1920er Jahre im Ministerium beschäftigt.[14] Weitere Mitarbeiter waren ebenfalls schon in den 1920er Jahren in der mecklenburgischen Volksbildungsverwaltung tätig gewesen, während der NS-Zeit jedoch entlassen worden. Zu ihnen zählten der für die Volks- und Mittelschulen zuständige Oberregierungsrat Karl Schneeberg (SPD), der im April 1933 seinen Posten hatte räumen müssen, und Oberregierungsrat Otto Kozminski, verantwortlich für die höheren Schulen, der bis 1933 als Oberschulrat in Mecklenburg-Strelitz gewirkt hatte.[15] Zur gleichen Gruppe gehörte der Regierungsdirektor Rudolf Puls, ein alter Sozialdemokrat, der zu Beginn der Weimarer Republik kurzzeitig als Minister und später als Landesschulrat und Dezernent im Unterrichtsministerium tätig gewesen war. Im Juli 1932 war er von den Nationalsozialisten, deren Schulpolitik er scharf kritisiert hatte, beurlaubt und ein Jahr später entlassen worden.[16] Die aus der Zeit vor 1945 übernommene Trennung der Zuständigkeiten zwischen Volks- und Mittelschulen einerseits und höheren Schulen andererseits wurde schon im August 1946 zugunsten einer Zusammenfassung aller allgemeinbildenden Schulen und einer regionalen Aufteilung aufgegeben,[17] was vermutlich mit der Entscheidung für die Schaffung der Einheitsschule zusammenhing. Diese Zusammenlegung hatte auch nach der Angleichung der Struktur- und Stellenpläne der Volksbildungsministerien der Länder an die der Deutschen Verwaltung für Volksbildung im Frühjahr 1948 Bestand, die im Zusammenhang mit der Gründung und dem Ausbau der Deutschen Wirtschaftskommission (DWK) erfolgte.[18]

Das Verhältnis von Land, Zentrale und Sowjetischer Militäradministration

Die Landesverwaltung war freilich keinesfalls eine eigenständig handelnde Regierung, sondern als „Auftragsverwaltung der SMA"[19] vielmehr ausführendes Organ

---

und als derartig „verschimmelt [...], dass man sich wundert, dass er überhaupt noch atmet." Willi Bredel, „Zur Arbeit und Aufgabe des Kulturbundes", o.D. (1945), LHAS, 10.31-1, Nr. 13, Bl. 181–191, Zitate Bl. 187 f. An anderer Stelle wurde Lobedanz als „alter Verwaltungsfachmann, der schon unter den Hohenzollern dem Großherzog von Mecklenburg/Schwerin die Hand küßte", bezeichnet. Er sei während der letzten zwölf Jahre „verantwortlich für die nationalsozialistische Kulturpolitik des Landes Mecklenburg" gewesen und daher „für die Leitung der Geschicke der Theater, Kunststätten, der Universitäten und Hochschulen etc. Mecklenburg/Vorpommerns untragbar [...]". Unvollständiges Dokument, o.D. vom Herbst 1945, BAB, DR 2, Nr. 967. Auch von westdeutscher Seite wurde Lobedanz später als wendiger „Opportunist aus Konsequenz" kritisiert. Vgl. Ostmann, Reinhold Lobedanz (1954). Siehe auch Schwießelmann, Reinhold Lobedanz (2009).

[13] Geschichte der SED Mecklenburg (1986), S. 106.
[14] Vgl. Mecklenburg-Schwerinsches Staatshandbuch (1923), S. 42.
[15] Vgl. Mecklenburg-Strelitzsches Staatshandbuch (1929), S. 34.
[16] Vgl. Heinz, Rudolf Puls (1998). Siehe auch die Charakterisierung Puls' vom Herbst 1947, SAPMO, DY/30/IV, 2/9.05, Nr. 80, Bl. 254.
[17] Insgesamt bestanden für die allgemeinbildenden Schulen drei Abteilungen, je eine für Westmecklenburg, Ostmecklenburg und Vorpommern. Vgl. Wietstruk, Aufbau (1982), S. 107.
[18] Dazu Wietstruk, Aufbau (1982), S. 203. Die Strukturen von DVV und den MfV der Länder sind synoptisch abgedruckt ebd., S. 139. Vgl. auch Rakow, Mecklenburgisches Volksbildungsministerium (1967), S. 146 f.
[19] So Brunner, Einleitung (2003), S. 28; dagegen Foitzik, SMAD (2003), S. 177, der darauf hinweist, dass die ostdeutsche Verwaltung tatsächlich „auch deshalb nicht durchgängig als Auftragsverwaltung [wirkte], weil sie in vielen Bereichen Krisenmanagement leisten musste und ihr damit [...] ei-

der Besatzungsmacht. Zwar war die höchste Gewalt in Deutschland nominell dem Alliierten Kontrollrat übertragen worden, doch lag die Entscheidungs- und Exekutivbefugnis tatsächlich beim Oberbefehlshaber der jeweiligen Zone. Dies galt auch für die Bildungspolitik, zumal die Allianz der Siegermächte ohnehin nicht über ein abgestimmtes bildungspolitisches Programm für Deutschland verfügte.[20] Trotz anfangs durchaus ähnlicher Zielsetzungen, vor allem hinsichtlich der politischen Säuberung und der Demokratisierung des Bildungswesens,[21] verlief die Entwicklung in den Besatzungszonen von Anfang an getrennt, und der Alliierte Kontrollrat spielte bis zu seiner faktischen Auflösung am 20. März 1948 im Bildungswesen nur eine marginale Rolle.[22] Die entscheidende Instanz war die SMAD, innerhalb derer die Abteilung Volksbildung von Generalleutnant Pjotr Solotuchin geleitet wurde; zuständig für die Schulen war Professor K. D. Mitropolskij.[23] Am 9. Juli 1945 hatte der Oberste Chef der SMAD Sowjetische Militäradministrationen in den Ländern und Provinzen eingesetzt; diese dienten jedoch zumeist lediglich der „regionalen Spezifikation, Implementation und Durchführungskontrolle von Befehlen des Obersten Chefs" der SMAD.[24]

Neben der Landesverwaltung, die die nominelle Gesetzgebungsbefugnis innehatte, und der SMA als eigentlichem Macht- und Entscheidungsträger wurde auf zonaler Ebene am 27. Juli 1945 neben zehn weiteren Zentralverwaltungen die Deutsche Zentralverwaltung für Volksbildung, ab Mitte 1946 Deutsche Verwaltung für Volksbildung (DVV), eingerichtet.[25] Präsident der DVV war der KPD-Emigrant und vormalige Chefredakteur des KPD-Zentralorgans „Deutsche Volkszeitung", Paul Wandel. Dem sozialdemokratischen Lehrer und Bildungsexperten Erwin Marquardt war als erstem Vizepräsidenten auch die Schulabteilung unterstellt.[26] Die DVV fungierte in erster Linie als Beratungsorgan der Besat-

---

genständige Legislativ- und Exekutivrechte zufielen, die sie partiell – *insbesondere auf der Landesebene* – zu einer ‚Not-Selbstverwaltung' machten." (Hervorhebung des Verfassers).

[20] Das Protokoll der Potsdamer Konferenz enthielt zur Bildungspolitik lediglich einen Satz, der den Minimalkonsens formulierte, das Erziehungswesen in Deutschland sei so zu überwachen, „daß die nazistischen und militaristischen Lehren völlig entfernt werden und eine erfolgreiche Entwicklung der demokratischen Ideen möglich gemacht wird." Mitteilung über die Berliner Konferenz der drei Mächte [2. 8. 1945], zitiert nach: Fischer, Teheran – Jalta – Potsdam (1985), S. 391–404, hier S. 395.

[21] Vgl. etwa die Direktive Nr. 54 des Alliierten Kontrollrates vom 25. 6. 1947, in der „Grundlegende Prinzipien für die Demokratisierung des Bildungswesens in Deutschland" aufgestellt wurden. Zitiert nach Anweiler, Bildungspolitik (2001), S. 708. Zum Inhalt der Direktive vgl. Wietstruk, Aufbau (1982), S. 21 f.

[22] Vgl. Anweiler, Schulpolitik (1988), S. 21. Einen hervorragenden, vergleichend-integrativ angelegten Überblick über die Bildungspolitik in den vier Besatzungszonen bietet Anweiler, Bildungspolitik (2001).

[23] Vgl. Dietrich, Politik und Kultur (1993), S. 14. Weitere personelle Einzelheiten bei Köhler, Zusammenarbeit (1984), S. 56 f.; Timofejewa, Nemezkaja intelligenzija (1996), S. 14; Geißler, Geschichte des Schulwesens (2000), S. 66.

[24] So Foitzik, Inventar (1995), S. 19. Vgl. auch Foitzik, SMAD (1999), S. 149–152. Zu Gründung, Aufbau und Personal der SMA in Mecklenburg-Vorpommern vgl. Brunner, Einleitung (2003), S. 42–45; Brunner, Inventar (2003), S. 1–8; zur Struktur und personellen Besetzung zwischen 1945 und 1949 vgl. Mai, SMAM (2003), S. 189 f.

[25] Befehl Nr. 17 des Obersten Chefs der sowjetischen Militärverwaltung und Oberbefehlshabers der sowjetischen Besatzungstruppen in Deutschland, 28. 7. 1945, in: Baske/Engelbert, Zwei Jahrzehnte I (1966), S. 3 f.

[26] Die Leiter der Schulabteilung wechselten in rascher Folge: Von Juli bis Oktober 1945 war dies Ernst Hadermann (KPD), von Ende 1945 bis Ende 1946 Wilhelm Heise (SPD), anschließend bis

zungsverwaltung und führte Instruktionen der SMAD aus.[27] Gegenüber den Volksbildungsverwaltungen der Länder war die DVV nicht weisungsbefugt, womit die SMAD gegenüber dem in den Westzonen besonders im kulturpolitischen Bereich betonten Föderalismus den Eindruck administrativer Vereinheitlichung auf dem Gebiet der Bildung vermeiden wollte.[28] Gesetzeshoheit und administrative Rechte lagen bei den Ländern, und von der DVV ausgearbeitete Richtlinien waren für jene de jure nicht bindend. Doch erwarb sich die im Sinne der Besatzungsmacht handelnde DVV bald Gewohnheitsrechte, die mit der Koordinierung der Arbeit der Länderverwaltungen einhergingen. Überhaupt versuchte die SMAD seit Ende 1946, die Position der zentralen Verwaltungen gegenüber den Ländern mit direkten Weisungsrechten zu stärken.[29] Seit April 1947 hatten die Länderregierungen das Kontrollrecht und die Leitungsfunktion der DVV anzuerkennen. Sie hatten zwar weiterhin die alleinige Befugnis, Gesetze zu erlassen, doch konnte die DVV für alle Länder verbindliche Festlegungen treffen und Einfluss auf die Gesetzgebung nehmen.[30] Ein dezidiertes Weisungsrecht gegenüber den Landesregierungen, wie es die übrigen zentralen Verwaltungen der SBZ mit Ausnahme der Justizverwaltung im Februar 1948 erhielten, wurde der DVV jedoch nicht eingeräumt.[31] Aufgrund des Gewichts der SMAD und der zunehmenden Vormachtstellung der SED in den Landtagen und Landesregierungen gelang es zudem, innerhalb der SBZ eine prinzipiell einheitliche Bildungspolitik durchzusetzen, wie sich nicht zuletzt an dem – mit Ausnahme einer geringfügigen Abweichung in Thüringen – in allen Ländern und Provinzen im gleichen Wortlaut verabschiedeten „Gesetz zur Demokratisierung der deutschen Schule" vom Mai/ Juni 1946 zeigte.[32] Im Unterschied zu den westlichen Besatzungszonen, in denen trotz gegenläufiger Bestrebungen auch von Seiten der Alliierten das traditionelle deutsche Prinzip der „Kulturhoheit der Länder" nach 1945 wieder etabliert wurde, war in der SBZ „eine Autonomie der Länder im Kultur- und Bildungsbereich [...] unmöglich".[33] Nichtsdestotrotz gab es bei der konkreten Umsetzung der im Wesentlichen zentral getroffenen Entscheidungen in den Ländern zuweilen erhebliche Unterschiede und Tendenzen zu eigenmächtigem Vorgehen, was nicht selten zu Konflikten zwischen den Landesregierungen und der zentralen Verwaltung führte.[34] Gerade das mecklenburgische Volksbildungsministerium beklagte

Ende 1948 wieder Hadermann und von Januar bis Oktober 1949 schließlich Hans Siebert (KPD). Vgl. zu Aufbau und Personal der DVV Welsh, DVV (1993); Geißler, Geschichte des Schulwesens (2000), S. 68–73.

[27] Vgl. Foitzik, SMAD (1999), S. 342. Erst ab Anfang 1947 begannen die Zentralverwaltungen, selbstständiger zu agieren. Da zu diesem Zeitpunkt die wichtigsten ordnungspolitischen Aufgaben durchgeführt waren und mit den Massenorganisationen eine politische Infrastruktur geschaffen worden war, sollten Detailaufgaben nunmehr an die Deutschen delegiert werden. Die SMAD beschränkte sich seitdem auf die Kontrolle ihrer Durchführung. Vgl. Foitzik, SMAD (1999), S. 361.

[28] So Geißler, Vom Zurückbleiben (2000), S. 209.

[29] Vgl. Foitzik, SMAD (1999). S. 335.

[30] Zum Verhältnis zwischen SMAD, DVV und den Volksbildungsministerien der Länder vgl. Dietrich, Politik und Kultur (1993), S. 111 f., 135.

[31] Vgl. Geißler, Geschichte des Schulwesens (2000), S. 148.

[32] Das Gesetz ist abgedruckt bei Baske/Engelbert, Zwei Jahrzehnte I (1966), S. 24–26.

[33] So Dietrich, Politik und Kultur (1993), S. 111.

[34] Zum Verhältnis zwischen DVV und Landesregierungen vgl. Geißler, Geschichte des Schulwesens (2000), S. 144–149; Mietzner, Enteignung der Subjekte (1998), S. 104–106; Wietstruk, Aufbau (1982), S. 75 f. Rakow, Mecklenburgisches Volksbildungsministerium (1967), S. 145, spricht von

„mangelnde Abstimmungen" zwischen den Zentralverwaltungen und den Landesorganen.[35] Handlungsspielräume auf regionaler und lokaler Ebene gab es insbesondere in Personalfragen. Zwar hatten auch hier die Sowjets das letzte Wort, doch wurden die Entscheidungen von der SMA Mecklenburg und den örtlichen Kommandanturen in enger Abstimmung mit den deutschen Landes- bzw. Kreisverwaltungen getroffen.

Die Rolle der KPD/SED in der Volksbildung

Ein weiterer wichtiger Faktor im komplexen Machtgefüge der Besatzungszeit war die KPD und später die SED als von der Besatzungsmacht protegierte Partei. Die KPD wurde kurz nach der Zulassung von Parteien durch die SMAD am 10. Juni 1945 gegründet; eine erste, noch provisorische Bezirksleitung (ab August 1945 Landesleitung) formierte sich aus den Mitgliedern der Gruppe Sobottka unter Führung der Moskau-Kader Gustav Sobottka und Kurt Bürger.[36] Die KPD sah sich als *die* zentrale Kraft, die die Grundlinien der Politik in allen staatlichen und gesellschaftlichen Bereichen entwickelte und die jeweils zu ergreifenden Maßnahmen vorgab", allerdings in Absprache mit bzw. auf Anweisung der „sowjetischen Genossen".[37] Umgekehrt war die KPD/SED für die SMA im Lande die „erste Ansprechpartnerin" und genoss „als wichtiges Instrument der Besatzungspolitik eine Vorzugsstellung weit vor allen anderen Parteien, Organisationen oder Institutionen".[38] Die SPD konstituierte sich auf Landesebene zwei Monate später; erst im August 1945 konnte ein Landesvorstand unter Führung von Carl Moltmann und Xaver Karl gebildet werden, den auch die SMA genehmigte.[39] Nachdem sie bereits im Oktober 1945 eine Landesarbeitsgemeinschaft gebildet hatten, vereinigten sich die beiden Arbeiterparteien am 7. April in Schwerin zur SED. Paritätische Vorsitzende wurden Moltmann und Bürger.[40]

Die mecklenburgische Landesorganisation der SED stand in einem doppelten Abhängigkeitsverhältnis von Besatzungsmacht und zentraler Parteiorganisation. Auf der einen Seite bestand ihre primäre Aufgabe in der Durchführung von Anordnungen und Befehlen der SMA.[41] Auf der anderen Seite hatte die SED-Landesorganisation den Weisungen des Zentralsekretariats der SED zu folgen. So äußerte Gustav Sobottka: „Wir als Landesleitung sind nicht der Regierung verantwortlich, sondern dem ZK für alles, was auf diesem Gebiete geschieht."[42] Während die SED bis zum Ende der 1940er Jahre auf zonaler Ebene „mittels der von

---

„Unklarheiten in Kompetenzfragen" die „in den ersten Jahren auch auf dem Volksbildungssektor gelegentlich zu Unstimmigkeiten zwischen den beiden Verwaltungsebenen [Zentral- und Landesebene] und zu partikularistischen Tendenzen bei den Ländern" geführt hätten.

[35] Vgl. Brunner, Schein der Souveränität (2006), S. 190.

[36] Zur Gründung von KPD und SPD in Mecklenburg-Vorpommern vgl. Brunner, Schein der Souveränität (2006), S. 150–157.

[37] Brunner, Einleitung (2003), S. 38 (Hervorhebung im Original).

[38] Brunner, Einleitung (2003), S. 41.

[39] Zur Neugründung der SPD in Mecklenburg-Vorpommern 1945 vgl. Müller/Mrotzek/Köllner, Geschichte der SPD (2002), S. 177–183.

[40] Dazu ausführlich Michels, Einheitszwang (1999); vgl. auch Schwabe, Zwangsvereinigung (1998).

[41] Zur KPD/SED in Mecklenburg-Vorpommern und ihrer Funktion als „Instrument der Besatzungsmacht" vgl. Brunner, Schein der Souveränität (2006), S. 150–170, Zitat S. 165.

[42] Besprechung der KPD-Landesleitung mit den Redakteuren der Partei, 18. 7. 1945, in: Brunner, Ernannte Landesverwaltung (2003), S. 132 f.

ihr dominierten Apparate der DWK und der DVdI [Deutsche Verwaltung des In-
nern] an Kompetenz und auch an Macht [gewann]", profitierte die Partei auf Landesebene von diesem Einflussgewinn nicht, im Gegenteil, sie wurde „noch stärker
in die zentralistische Hierarchie eingebettet."[43] Die Landes*regierung* war im Verlauf der 1940er Jahre „von einer im Auftrage der Besatzungsmacht handelnden
Verwaltung zu einem ausführenden Organ zentraler Verwaltungen wie der DVdI
und der DWK" geworden, die als „zentralstaatliche Machtinstrumente der SED"
wiederum von der SMAD kontrolliert wurden und von deren Weisungen abhängig waren.[44] In diesem Prozess nahm die Landesorganisation der KPD/SED
Brunner zufolge nur eine „nachrangige Bedeutung" ein, weil sie „von zentralen
Parteiweisungen abhängig war und weil sie auch im Zusammenhang mit dem Zen-
tralisierungsprozess und dem Kompetenzverlust der Länder an potenziellem Gewicht einbüßte." Letztlich fungierte sie, so Brunner, „ebenfalls als ausführendes
Organ, das den Auftrag hatte, die Landesregierung nach zentralen Weisungen zu
kontrollieren bzw. zentrale Weisungen an diese weiterzuleiten."

Innerhalb der Landesparteiorganisation der KPD wurde eine Agitprop-Abtei-
lung gebildet, die im Juli 1945 analog zur entsprechenden Abteilung der Landesverwaltung in „Abteilung für Kultur und Volksbildung" umbenannt wurde.[45]
Nach dem Willen Sobottkas sollte diese Abteilung „nicht nur einwirken", sondern auch „gestalten", bis hin zu den Stoffplänen und Lehrbüchern der Schule.[46]
Tatsächlich aber lagen die praktischen Fragen des Schulwesens vor allem in der
ersten Zeit bei der Schulabteilung der Landesverwaltung. Ein Grund dafür war die
schwache personelle Ausstattung der Parteiabteilung. Während im Bereich der Kultur neben dem Leiter fünf ehrenamtliche Referenten beschäftigt waren, wurde die
Erziehungsarbeit nur von einer Mitarbeiterin betreut, der Pädagogin und Schrift-
stellerin Holdine Stachel.[47] Im November 1946 wurde innerhalb des Parteiappa-
rats eine Schulkommission gebildet, doch noch immer bemängelte Stachel die „zu
geringe Anzahl von Kräften" für die Schularbeit.[48] Zwei Jahre später hatte sich die
Situation, gerade auf den unteren Ebenen der Parteiorganisation, offenbar kaum
gebessert: Stachel kritisierte die „unzureichende Arbeit" mancher Kreissekreta-
riate auf dem Gebiet der Schule, den Personalmangel und die hohe Fluktuation
sowie das mangelnde Interesse vieler Parteifunktionäre an der Schularbeit: „Es
herrscht in unseren Kreissekretariaten allgemein ausserordentlich grosser Mangel
an Genossen, die die genügende Einsicht für die Notwendigkeit und die Kraft zur
ausreichenden Beschäftigung mit Schul- und Erziehungsfragen aufbringen."[49] Die

---

[43] Brunner, Schein der Souveränität (2006), S. 169 f.
[44] Diese und die folgenden Zitate aus Brunner, Schein der Souveränität (2006), S. 212 f.
[45] Brunner, Einleitung (2003), S. 194.
[46] Besprechung der KPD-Landesleitung mit den Redakteuren der Partei, 18. 7. 1945, in: Brunner, Ernannte Landesverwaltung (2003), S. 132 f.
[47] LL SED, Abt. Kultur und Erziehung, Bericht über die bisher geleistete Arbeit der Abt. Kultur und
Erziehung beim Landesvorstand der SED Mecklenburg-Vorpommern, 17. 12. 1946, LHAS,
10.34–1, Nr. 480, Bl. 252.
[48] Holdine Stachel, Zusammensetzung der Abteilung für Schule und Erziehung. Bericht über die Tätigkeit der Abteilung im Jahre 1946, 17. 12. 1946, LHAS, 10.34–1, Nr. 480, Bl. 263–266.
[49] LL/LV SED, Abt. Kultur und Erziehung, Stachel, an ZS der SED, Tätigkeitsberichte auf dem Gebiet der Schule vom März 1946 (3. 6. 1946) und März 1948 (6. 4. 1948), LHAS, 10.34–1, Nr. 478,
Bl. 1–2 bzw. 65–69, Zitat Bl. 66.

Situation auf Landes- und Kreisebene spiegelt damit die Verhältnisse in der Parteizentrale wider. Auch das Referat „Schule und Erziehung" beim Zentralsekretariat
der SED wurde anfangs „nur sporadisch tätig", und der Apparat der SED nahm
bis Mitte 1947 „kaum Einfluß auf die schulreformerischen Prozesse".[50]
Hauptaufgaben der Schulabteilung innerhalb der Parteiorganisation waren die
Werbung von Lehrern für die SED, die Förderung der Bildung von SED-Lehrer-
Betriebsgruppen und Arbeitsgemeinschaften sozialistischer Lehrer und Erzieher
sowie die Durchführung von Parteischulungen für SED-Lehrer.[51] Eine wichtige
Rolle spielte die Parteiorganisation auch bei der Entnazifizierung, wo sie in Einzelfällen auch einen beachtlichen Handlungsspielraum besaß. Die Hauptarbeit bei
der Wiedereröffnung der Schulen und der Durchführung der Schulreform, sowohl was die inneren als auch was die äußeren Schulverhältnisse anbetraf, lag
während der Besatzungszeit hingegen bei der Schulabteilung der Landesverwaltung, die ihre Aufgaben in enger Abstimmung mit der SMA sowie zunehmend der
DVV erledigte. Auch dies spiegelt die Verhältnisse auf zonaler Ebene wider.[52] Die
SED sicherte sich ihren Einfluss auf die Schulpolitik mithin nicht über die Parteiorganisation, sondern vielmehr durch den hohen Anteil von Parteimitgliedern
unter den Mitarbeitern der staatlichen Schulverwaltung: Ende 1948 gehörten fast
drei Viertel der Mitarbeiter des mecklenburgischen Volksbildungsministeriums
und 24 von 26 mecklenburgischen Schulräten der SED an.[53]

Fazit
Die Schularbeit im neu gegründeten Land Mecklenburg-Vorpommern unterstand
einem denkbar komplexen Macht- und Beziehungsgefüge von staatlicher Verwaltung, Parteiorganisation und Besatzungsmacht, die darüber hinaus jeweils noch
auf zonaler und auf Landesebene agierten. Zeitgenossen bemerkten schon früh
kritisch, dass praktisch „vier Gesetzgeber nebeneinander" bestünden: der Kontrollrat, die SMAD, die SMA der einzelnen Länder und Provinzen sowie die Lan-
des- und Provinzialverwaltungen. Darüber hinaus hätten auch die Zentralverwaltungen „gesetzgeberische Kompetenzen" erhalten. Daher sei es erforderlich, „die
Frage der Kompetenzen der Zentralverwaltungen einheitlich zu klären und dafür
zu sorgen, daß zentrale Maßnahmen vorher mit den Ländern und Provinzen ab-
gestimmt werden."[54] Genau dies geschah in den folgenden Jahren. Grundsätzlich
bestimmte die sowjetische Besatzungsmacht die Leitlinien der Schulpolitik und
bediente sich zu deren Durchsetzung zunächst vorrangig der ihr unterstellten
Landesverwaltungen. Diesen oblag die praktische Umsetzung der schulpolitischen Maßnahmen vor Ort, in der sie sich in der Frühphase noch einen nicht
unerheblichen Handlungsspielraum bewahren konnte. Im Laufe der 1940er Jahre

---

[50] So Geißler, Geschichte des Schulwesens (2000), S. 137 f.
[51] Vgl. die Tätigkeitsberichte der Abteilung Schule und Erziehung in der Landesleitung der SED von
Juni 1946 bis September 1948, LHAS, 10.34-1, Nr. 478, Bl. 1 f., 18, 32–34, 49–52, 65–69.
[52] Vgl. dazu grundsätzlich Geißler, Geschichte des Schulwesens (2000), S. 100–127, 144–151.
[53] Zahlen nach Wiestruk, Aufbau (1982), S. 208 bzw. 151. Der Anteil der SED-Mitglieder im Volksbildungsministerium war in Mecklenburg besonders hoch. In den anderen Ländern lag er zwischen 38,8% (Brandenburg) und 64,7% (Sachsen).
[54] So der Verfassungsrechtler und Ministerialdirektor in der Thüringischen Landesverwaltung Karl
Schultes, Gesetzgebung und Verordnungsrecht (1946), S. 258 f.

wuchs die Bedeutung der KPD/SED, die ihrerseits als „Instrument der Besatzungsverwaltung" fungierte. Parallel dazu wurde die Zentralverwaltung in ihren Kompetenzen gegenüber der Landesregierung gestärkt, so dass zum Ende der Besatzungszeit von einem föderalistischen Aufbau für das Volksbildungswesen ebenso wenig gesprochen werden kann wie für die übrigen Politikbereiche. Der in der Weimarer Republik begonnene langfristige Trend zur Zentralisierung im Bildungswesen setzte sich in der SBZ in stark beschleunigter Weise fort, während sich in den westlichen Besatzungszonen wieder das Prinzip des Bildungsföderalismus durchsetzen konnte.

b) Schulpolitische Weichenstellungen und ihre Auswirkungen auf die Lehrerschaft der höheren Schulen

Die Wiedereröffnung der höheren Schulen in Mecklenburg im Herbst 1945

Schon vor Kriegsende war der Unterrichtsbetrieb an den Schulen Mecklenburgs weitgehend zum Erliegen gekommen. Viele Schulgebäude, vor allem in den Städten, waren bereits seit Anfang 1945 für außerschulische Zwecke in Anspruch genommen worden.[55] Seit Ende Januar 1945 fand in zahlreichen Schulen kein Unterricht mehr statt, in anderen gab es nur eine „beschränkte Betreuung der Schüler durch Schulappelle und Kontrolle häuslicher Arbeiten".[56] Ein geregelter Unterricht war bereits vor den jeweils vom Kreisleiter verfügten Schulschließungen durch die Einziehung von Lehrern zum Volkssturm, die schwierige Integration der Flüchtlingsschüler und den Einsatz von Schülern als Luftwaffenhelfer nicht mehr möglich gewesen.[57]

Nach dem Einmarsch der anglo-amerikanischen und sowjetischen Truppen in Mecklenburg war an eine rasche Wiederaufnahme des Unterrichts nicht zu denken, da hierzu weder die materiellen noch die personellen oder die politisch-administrativen Voraussetzungen gegeben waren. Von den 2100 Schulgebäuden im Land Mecklenburg waren 500 zerstört oder schwer beschädigt und die übrigen „zum größten Teil demoliert"[58]; die wenigen intakten Gebäude wurden als Lazarette oder Flüchtlingslager verwendet.[59] Zahlreiche Lehrkräfte waren nach dem

---

[55] AHRO, 1.1.21.1, Nr. 310, MSM, Abt. WEV, i. A. Krüger, an die Direktoren der Höheren Schulen, die Schulräte, die Oberbürgermeister und Bürgermeister, die Landräte, 5. 4. 1945.

[56] Hierzu und zum Folgenden AHRO, 1.1.21.1, Nr. 310, MSM, Abt. WEV, i. A. Dr. Weber, an die Direktoren der höheren Schulen und die Schulräte, 17. 03. 1945.

[57] Einen eindrucksvollen Einblick in die Auswirkungen des Krieges auf den Schulbetrieb bietet der Jahresbericht über das Schuljahr 1944/45 der Großen Stadtschule Rostock, AHRO, 1.1.21.1, Nr. 453. Zum Einsatz von Schülern als Luftwaffenhelfern in Mecklenburg vgl. Schaar/Behrens, Von der Schulbank (1999).

[58] Vgl. „Zwei Monate Schultätigkeit in Mecklenburg-Vorpommern", Manuskript eines Artikels von Vizepräsident Gottfried Grünberg für die „Tägliche Rundschau", o.D. (Sommer 1945), LHAS, 6.11–21, Nr. 122, zitiert nach Dokumente Schulreform Mecklenburg (1966), Nr. 41.

[59] Siehe beispielsweise Gymnasium Fridericianum Schwerin an MSM, Abt. WEV, 21.6.1945, LHAS, 6.11–21, Nr. 1241, Bl. 13, in dem der Direktor mitteilt, dass die Schule weiterhin als Lazarett benutzt wird und Ersatzräume nicht zur Verfügung stehen. Die Gebäude der beiden höheren Schulen in Neustrelitz wurden sogar Anfang Januar 1946 noch von der SMA als Lazarette benutzt. Vgl. die Bitte des Kreisschulrats von Neustrelitz an die Landesverwaltung, Abt. Kultur und Volksbildung, vom 3. 1. 1946, die SMA zur Freigabe der Gebäude für Schulzwecke zu bewegen. LHAS, 6.12–1/10, Nr. 284, Bl. 10.

Ende des Krieges nicht an ihren bisherigen Dienstort zurückgekehrt. Sie waren gefallen, galten als vermisst oder befanden sich in Kriegsgefangenschaft.[60] Viele derjenigen, die das NS-Regime aktiv unterstützt hatten, entzogen sich der Verantwortung durch Flucht oder Untertauchen. Auch Suizide waren nicht selten, selbst bei unbelasteten Lehrern.[61] Hinzu kam, dass die Alliierten eine sofortige Wiedereröffnung der Schulen untersagt hatten, weil sie eine Wiederaufnahme des Unterrichts mit belasteten Lehrkräften und von der NS-Ideologie geprägten Lehrbüchern und Materialien unbedingt verhindern wollten.[62] Rektoren und Schulräte drängten demgegenüber auf die Aufnahme des Schulbetriebs, schon um einer Verwahrlosung der Kinder und Jugendlichen vorzubeugen, konnten sich aber nicht durchsetzen.[63]

In den Sommermonaten mussten nun innerhalb kurzer Zeit die Voraussetzungen für eine Wiederaufnahme des Schulbetriebs nach den Vorgaben der SMAD geschaffen werden. Die verbliebenen Lehrer begannen auf Anweisung der sowjetischen Kommandanturen mit Aufräumungs- und Instandsetzungsarbeiten, sortierten das NS-Schrifttum aus den Bibliotheken aus und ordneten das Schulinventar.[64] Parallel dazu begannen die Erfassung von zur Verfügung stehenden Lehrern und die Registrierung der Schüler, die Anfang September abgeschlossen war.[65] Gemäß Befehl Nr. 40 der SMAD wurden die Schulen am 1. Oktober 1945 wiedereröffnet. Obwohl prinzipiell eine durchgreifende Schulreform und die Schaffung einer Einheitsschule anvisiert waren, wurde das traditionelle dreigliedrige Schulsystem mit Gymnasien, Oberschulen naturwissenschaftlicher und Oberschulen neusprachlicher Ausrichtung zunächst beibehalten. Auch die Bezeichnungen für die Schulen – mit Ausnahme eindeutig nationalsozialistischer Namensgebungen wie bei der Wilhelm-Gustloff- und der Gustav-Pape-Oberschule in Schwerin – blieben vorläufig erhalten. Die Zahl der höheren Schulen blieb die gleiche wie in der NS-Zeit: Es wurden 24 höhere Schulen für Jungen,

---

[60] Vgl. z.B. Große Stadtschule Rostock, Neumann, an Präsident Mecklenburg, Abt. Kultur und Volksbildung, „Lehrkräfte, deren Anschrift nicht zu ermitteln sind [!]", 12. 9. 1945, LHAS, 6.11–21, Nr. 1278, Bl. 20.

[61] So wählte der Rostocker OStDir Helmuth Gaedt „unter dem Eindruck des über unsere Heimat hereingebrochenen Unglücks" den Freitod. Vgl. den Nachruf von Walther Neumann im Jahresbericht 1944/45 der Großen Stadtschule Rostock, AHRO, 1.1.21.1, Nr. 453. An der Vereinigten John-Brinckmann-Schule und Domschule Güstrow war am 3. 5. 1945 der Studienrat Walter Voigt, NSDAP-Mitglied, „durch Freitod aus dem Leben geschieden." Vgl. das Schreiben des Schulleiters an den Präsidenten MVP, Abt. Finanzen, 16. 1. 1946, LHAS, 6.11–21, Nr. 1306, Bl. 179. Zu Suiziden in Mecklenburg-Vorpommern bei Kriegsende vgl. auch van Melis, Entnazifizierung (1999), S. 23 f., der darauf hinweist, dass es sich dabei „keineswegs nur um Nazis [handelte], die die Ahndung politischer oder strafrechtlicher Vergehen fürchteten, sondern um viele national Gesinnte, die die Kriegsniederlage, Besetzung und Kapitulation Deutschlands nicht ertrugen, und vor allem um Menschen, die Angst vor der kommenden Unsicherheit unter sowjetischer Besatzung hatten".

[62] „Alle deutschen Gerichte, Unterrichts- und Erziehungsanstalten innerhalb des besetzten Gebietes werden bis auf Weiteres geschlossen." Proklamation Nr. I des Obersten Befehlshabers der Alliierten Streitkräfte, General Dwight D. Eisenhower, an das deutsche Volk (Frühjahr 1945), zitiert nach Ueberschär/Müller, Ende des Krieges (2005), S. 178 f.

[63] So beispielsweise der für einen Bezirk im Norden Mecklenburgs zuständige Schulrat Brandenburger. Vgl. Mietzner, Enteignung (1998), S. 84.

[64] Große Stadtschule Rostock, Jahresbericht über das Schuljahr 1944/45, AHRO, 1.1.21.1, Nr. 453; MSM, Abt. WEV, an StDir Walther Neumann, 9. 7. 1945, AHRO, 1.1.21.1, Nr. 315.

[65] Vgl. die Aufstellungen der Rostocker und Schweriner Oberschulen an die Abteilung Kultur und Volksbildung vom 10. und 11. 9. 1945, LHAS, 6.11–21, Nr. 1241, Bl. 86–89, 112, 121.

davon 21 Vollanstalten, und acht höhere Schulen für Mädchen, davon sechs Vollanstalten, wieder eröffnet.[66]

Entnazifizierung der Lehrerschaft

Kurz nach dem Zusammenbruch begann die Entlassung belasteter Lehrkräfte. Grundsätzlich war die Entnazifizierung der Lehrerschaft Konsens unter den alliierten Siegermächten, wurde doch auf der Potsdamer Konferenz beschlossen, „[a]lle Mitglieder der Nazipartei, die mehr als nominell an ihrer Tätigkeit teilgenommen haben [...] aus öffentlichen und halböffentlichen Ämtern [...] zu entfernen" und das Erziehungswesen in Deutschland so zu überwachen, „daß nazistische und militaristische Lehren völlig ausgemerzt werden".[67] Die Entlassung der Lehrer wurde aber, wie das Entnazifizierungsverfahren überhaupt, in den Besatzungszonen sehr unterschiedlich gehandhabt. Auch innerhalb der SBZ gab es „keine zentralen Weisungen, keine einheitlichen Kriterien."[68] Die ersten Maßnahmen zur politischen Überprüfung der Lehrerschaft erfolgten, noch bevor eine gesetzliche Grundlage vorhanden war, durch örtliche Entnazifizierungskommissionen oder durch die neuen Schulräte.[69] Zu ersten ad-hoc-Entlassungen von Lehrern durch solche Kommissionen kam es ab Mitte Juni 1945, so etwa in Greifswald.[70]

Der Anteil ehemaliger NSDAP-Mitglieder – im Behördenjargon „Pgs." – unter den Lehrern war außerordentlich hoch: Auf dem Gebiet der SBZ hatten etwa 71,6 Prozent der Lehrer aller Schularten der NSDAP angehört, in Mecklenburg waren es 85 Prozent.[71] Eine radikale Entnazifizierung hätte daher einen fast vollständigen Austausch der Lehrerschaft bedeutet und eine Wiederaufnahme des Unterrichts zum 1. Oktober unmöglich gemacht. Dieses Problem wurde früh erkannt und daher erklärten auch Kommunisten, „daß ein Teil der früheren nationalsozialistischen Lehrkräfte übernommen werden müsse."[72] Führende deutsche Politiker und Vertreter der SMA plädierten pragmatisch dafür, „nominelle Pgs.", die keine Funktionsträger waren und, vor allem gegen Ende des Krieges, zum Teil kollektiv

---

[66] Aufstellung der staatlichen höheren Schulen in Mecklenburg, o. D. (Herbst 1945), LHAS, 6.11–21, Nr. 1241, Bl. 35.

[67] Mitteilung über die Berliner Konferenz der drei Mächte [2. 8. 1945], in: Fischer, Teheran – Jalta – Potsdam (1985), S. 391–404, hier S. 394 f.

[68] van Melis, Entnazifizierung (1999), S. 68.

[69] Vgl. Geißler, Geschichte des Schulwesens (2000), S. 68.

[70] RdS Greifswald, Protokoll der Sitzung vom 14. 6. 1945 zur Überprüfung der städtischen Lehrer, StAG, Rep. 6 Ia–116.

[71] Angaben nach Gruner, Schlüsselsymbol (2000), S. 61. Diese Zahlen sind viel höher als die in einschlägigen Untersuchungen zum Dritten Reich, die für den Zeitraum von 1933 bis 1943 bei etwa einem Viertel liegen. Vgl. Bölling, Sozialgeschichte (1983), S. 140 f.; Kater, Hitlerjugend (1979), S. 609, 613 f. Diese große Diskrepanz ist auch durch Sammelübernahmen aus der HJ in den Jahren 1944 und 1945 nicht zu erklären. Dass sich die Prozentzahlen auf die NSLB-Mitgliedschaft beziehen, ist ebenfalls auszuschließen, da sie dann bei über 95% liegen müssten. Zu diesem Problem vgl. Gruner, Schlüsselsymbol (2000), S. 61, Anm. 42; Geißler, Geschichte des Schulwesens (2000), S. 102, Anm. 438. Da die oben genannten Zahlen die Grundlage für die Entnazifizierung bildeten, werden sie im Folgenden auch für diese Untersuchung zugrunde gelegt. Zur prinzipiellen Unzuverlässigkeit und Widersprüchlichkeit der Zahlenangaben bezüglich der Entnazifizierung der Lehrerschaft vgl. auch Foitzik, Weder „Freiheit" noch „Einheit" (2005), S. 44 u. Anm. 67.

[72] So der spätere Güstrower Stadtrat für Volksbildung und Kultur Hans Warscycek auf einer Konferenz der Kreisleitung der KPD Güstrow am 15. 7. 1945, LHAS, 10.31–1, Nr. 13.

von der HJ in die Partei übernommen worden waren, im Amt zu belassen.[73] Um die Frage, wer als „nominelles" und wer als „aktives" Mitglied der NSDAP zu gelten habe, drehten sich in den folgenden Monaten und Jahren zahlreiche Diskussionen. Insgesamt changierte die Entnazifizierungsdebatte und -praxis bezüglich der Lehrer während der gesamten Besatzungszeit zwischen einem ideologisch und machtpolitisch motivierten Rigorismus und einem an der Aufrechterhaltung des Unterrichtsbetriebs interessierten Pragmatismus, wobei es erhebliche länderspezifische Unterschiede gab.[74]

In Mecklenburg wurde im Sommer 1945 zunächst noch zwischen aktiven und nominellen NSDAP-Mitgliedern unterschieden, wobei ein wichtiges Kriterium das Beitrittsdatum war. Am 21. Juni wies die Abteilung Kultur und Volksbildung die höheren Schulen per Runderlass an, ihr Aufstellungen über die Parteizugehörigkeit der Lehrkräfte zukommen zu lassen.[75] Dabei wurde nach dem Eintrittsdatum differenziert und teilweise auch die Mitgliedschaft in anderen NS-Organisationen vermerkt.[76] Auf dieser Grundlage basierten offenbar die wenig später ausgegebenen ersten Listen mit zu entlassenden Lehrkräften.[77] Zwei Monate später war das Verfahren schon stärker formalisiert. Am 20. August erhielten die höheren Schulen Fragebögen, die alle Lehrkräfte, auch die bereits entlassenen, auszufüllen hatten. Die Lehrer, die der NSDAP nicht angehört hatten, sollten Kommissionen bilden, die

> „auf Grund der genauen Kenntnis des Charakters, der politischen Gesamteinstellung und Haltung während der letzten 12 Jahre einen Bescheid [...] fassen [sollten], ob die Lehrkraft würdig und geeignet ist, am Erziehungswerk des neuen Staates mitzuarbeiten. Dieser Fall wird nur dann bejaht werden können, wenn eine nach Ansicht der Kommission rein nominelle Mitgliedschaft vorgelegen hat."[78]

Aufgrund der ausgefüllten Fragebögen, auf denen gegebenenfalls auch der Grund für den Eintritt in die Partei angegeben werden musste, sollten wiederum Kommissionen, die aus drei bis fünf „antifaschistischen" Schülern und Eltern bestan-

---

[73] Diese Ansicht wurde indes nicht von allen KPD-Funktionären geteilt. Für Wandel als Chef der DVV war die Tatsache der nominellen NSDAP-Mitgliedschaft „nur ein Beweis für die Charakterlosigkeit dieser Lehrer." Lieber sollte man „bestimmte Schwierigkeiten in Kauf nehmen, die auftreten, weil wir auf Alte [Lehrer] verzichten müssen, die nicht brauchbar sind, als solche Leute hineinzunehmen, und morgen sind sie noch da." Protokoll der Sitzung des ZK der KPD vom 28. 9. 1945, SAPMO, RY 1/I 2/5, Nr. 40, Bl. 28–46, Zitat Bl. 36.

[74] So waren am 1. 10. 1945 in Sachsen noch 67% ehemalige NSDAP-Mitglieder im Amt, in Mecklenburg hingegen nur 26%. Vgl. die Tabelle bei Mietzner, Enteignung (1998), S. 120.

[75] Auf den Runderlass wird Bezug genommen in einer Aufstellung der höheren Schulen im westlichen Mecklenburg vom 12. 7. 1945, LHAS, 6.11–21, Nr. 1278, Bl. 14; der Erlass selbst ist in der Akte nicht zu finden.

[76] Oberschule für Jungen Ludwigslust, OStDir Portmann, tabellarische Aufstellung der Lehrkräfte, 28. 6. 1945, LHAS, 6.11–21, Nr. 1278, Bl. 18. Hingegen war auf den ersten Listen mit Lehrern, die Anfang Juni von den höheren Schulen in Mecklenburg aufgestellt wurden, die NSDAP-Mitgliedschaft noch nicht vermerkt. Hier ging es lediglich darum festzustellen, welche Lehrer zur Verfügung standen und welche sich noch in Kriegsgefangenschaft befanden. Vgl. die Listen in LHAS, 6.11–21, Nr. 1241.

[77] Handschriftliche Liste mit zu entlassenden Lehrkräften der Oberschulen von Hagenow, Grevesmühlen, Ludwigslust und Wismar, 26. 7. 1945, LHAS, 6.11–21, Nr. 1278, Bl. 19; Verzeichnis der entlassenen Lehrkräfte der höheren Schulen Mecklenburgs, o.D. (Juli 1945), LHAS, 6.11–21, Nr. 1278, Bl. 1–12.

[78] Präsident Mecklenburg, Abt. Kultur und Volksbildung, i. A. Dr. Lobedanz, an die Schulleiter der Höheren Schulen, 20. 8. 1945, LHAS, 6.11–21, Nr. 1278, Bl. 25. Hieraus auch die folgenden Zitate.

den, eine Einschätzung abgeben, „ob die betreffende Lehrkraft [...] politisch tragbar ist oder nicht." Diese Einschätzungen stellten allerdings lediglich Empfehlungen dar, aufgrund derer letztlich Landesverwaltung und SMA über Entlassung oder Verbleib im Amt entschieden. Wiederholt wurde darauf hingewiesen, dass die Landesverwaltung bei der Einstellung von Lehrkräften an die Weisungen der SMA gebunden sei.[79]

Nur wenig besser als bei der gesamten Lehrerschaft sah das Verhältnis von Pgs. und Nicht-Pgs. innerhalb der mecklenburgischen Oberschullehrerschaft aus. Von den im Land Mecklenburg-Vorpommern im Sommer 1945 erfassten 687 Oberschullehrern hatte lediglich ein Drittel (223) nicht der NSDAP angehört.[80] Allein mit diesen konnte der Bedarf bei weitem nicht gedeckt werden – in Schwerin stand beispielsweise nur knapp die Hälfte der erforderlichen Lehrer zur Verfügung (42 von 86), in Rostock sogar nur wenig mehr als ein Drittel (37 von 104).[81] Gerade an den höheren Schulen konnten die ehemaligen NSDAP-Mitglieder jedoch nicht so ohne weiteres durch in Schnellkursen ausgebildete Neulehrer ersetzt werden, was auch Vizepräsident Grünberg, anfänglich ein Hardliner in der Entnazifizierungsfrage, erkannte: „In den höheren Klassen werden wir die Nazis nicht alle hinausschmeißen können, weil wir keinen Ersatz dafür haben".[82] Sollten die höheren Schulen gemäß Befehl Nr. 40 der SMAD aber zum 1. Oktober wiedereröffnet werden, mussten zusätzliche Lehrkräfte eingesetzt werden. Zu diesem Zweck sollten „antifaschistische" Lehrer aus den Reihen der in Mecklenburg besonders zahlreichen Flüchtlinge[83] herangezogen und „nominelle" NSDAP-Mitglieder auf ihre politische Eignung überprüft werden.[84] Letztere sollten einen Anteil von 25 Prozent am Kollegium einer Schule nicht überschreiten, und die Landesverwaltung musste ihre Einsetzung genehmigen. Leitende Stellen, insbesondere Direktorenposten, durften „grundsätzlich nicht mit ehemaligen Pg.s besetzt werden."[85] Unter diesen Prämissen wurde am 1. Oktober der Schulbetrieb in

[79] LL KPD, Abt. Agitprop- und Kultur an Kreisleitung Ludwigshorst [sic!, gemeint ist vermutlich Ludwigslust], 8. 12. 1945, SAPMO, RY 1/I, 3/15/14, Bl. 6. Einzelne Mitarbeiter der Volksbildungsverwaltung wollten weit rigoroser vorgehen und nur solche Lehrkräfte einstellen, „die nicht Mitglieder der NSDAP, der SA, der SS, des NSKK oder des NSLB gewesen sind". So Ministerialdirektor Manthey in einem Schreiben an die Schulräte vom 29. 8. 1945, zitiert nach Mietzner, Enteignung (1998), S. 14 f., Anm. 7. Angesichts des Organisationsgrades der Lehrer im NSLB von über 95% hätte dies den Schulbetrieb allerdings völlig zum Erliegen gebracht.

[80] Präsident Mecklenburg, Abt. Kultur und Volksbildung, i. A. „K", an Präsident Mecklenburg, Präsidialabteilung, 8. 9. 1945, LHAS, 6.11–21, Nr. 1241, Bl. 74.

[81] Dokument, o. D. (Sommer/Herbst 1945), LHAS, 6.11–21, Nr. 1241, Bl. 75.

[82] Grünbergs eigentliches Ziel war gleichwohl, „alle unzuverlässigen Elemente zu entfernen." Protokoll der Sitzung des ZK der KPD vom 28. 9. 1945, SAPMO, RY 1/12/5, Nr. 40, Bl. 63. Wenig später wies Grünberg in einem Schreiben an Wandel darauf hin, dass bei einer Entlassung aller ehemaligen NSDAP-Mitglieder „die Weiterführung [...] ganz besonders der höheren Schulen unmöglich" gewesen wäre. BAB, DR 2, Nr. 421, Bl. 72 f. (31. 10. 1945).

[83] Mit einer Gesamtzahl von fast einer Million nahm Mecklenburg-Vorpommern innerhalb der Länder der SBZ nach dem Zweiten Weltkrieg den größten Anteil der Vertriebenen aus den ehemals deutschen Ostgebieten auf; der Anteil der Vertriebenen an der Gesamtbevölkerung betrug hier 43,3% (1949). Vgl. Diederich, Geistige Heimat (2004), S. 95, 98.

[84] Präsident Mecklenburg, Abt. Kultur und Volksbildung, i. A. „K", an Präsidialabteilung, 8. 9. 1945, LHAS, 6.11–21, Nr. 1241, Bl. 74. Zur großzügigeren Behandlung der Flüchtlinge bei der Entnazifizierung vgl. van Melis, „Angabe nicht möglich" (1999).

[85] Präsident Mecklenburg, Abt. Kultur und Volksbildung, an Präsidialabteilung, 8. 9. 1945, LHAS, 6.11–21, Nr. 1241, Bl. 74.

Mecklenburg mit einem Anteil von etwa 22 Prozent ehemaliger NSDAP-Mitglieder wieder aufgenommen. Dies sollte aber nur ein Anfang sein, denn schon
am 31. Oktober schrieb Grünberg an Wandel, „dass wir auch mit diesem Stande
nicht zufrieden sind, sondern bestrebt sind, weitere Lehrkräfte auszubilden und
einzustellen und sämtliche NSDAP-Mitglieder aus dem Schuldienst auszumerzen".[86]
    Anfang 1946 setzte in der gesamten SBZ eine zweite Phase der Entnazifizierung
ein. Auf Anweisung der SMAD mussten jetzt auch die nominellen NSDAP-Mitglieder entlassen werden. Dieser Beschluss stand in Zusammenhang mit der Kon-
trollratsdirektive Nr. 24 über die „Entfernung von Nationalsozialisten und Personen, die den Bestrebungen der Alliierten feindlich gegenüberstehen, aus Ämtern
und verantwortlichen Stellungen".[87] Manthey wies die Kreisschulräte am 10. Januar 1946 an, „sämtliche ehemaligen Mitglieder der NSDAP aus dem Schuldienst
zu entlassen", da „aus einer Reihe von nachgeprüften Einzelfällen" der Schluss gezogen werden müsse, dass die ehemaligen NSDAP-Mitglieder „nicht die Erwartungen erfüllen, die ich an ihre Wiedereinstellung [...] knüpfte."[88] Diese radikale
Maßnahme wurde aber gleich dahingehend eingeschränkt, dass denjenigen Lehrkräften, „die nur unter besonders starkem Druck in die Partei eingetreten sind
oder die im Zuge reihenweiser Überführung von Berufsverbänden oder Jugendorganisationen ohne ihr Zutun die nominelle Mitgliedschaft in der NSDAP erworben haben", die „Möglichkeit weiterer Mitarbeit in der Schule gegeben werden" sollte. Diese Lehrer sollten eine entsprechende Bewerbung an den zuständigen Kreisschulrat richten; entschieden wurde darüber in der Landesverwaltung –
vorbehaltlich der Genehmigung durch den Sektor Volksbildung der SMA.[89] Für
Jugendliche wurde eine Sonderregelung getroffen. Wenn sie im Rahmen der
Überführung ganzer Jugendverbände in die NSDAP eingetreten oder beim Einzel-
beitritt noch nicht 21 Jahre alt gewesen waren, sollten sie „von nun an nicht mehr
als Parteigenossen angesehen und behandelt werden", sofern sie sich nicht „aktiv
faschistisch betätigt" hatten.[90] Später wurde diese Regelung auf alle nach dem
1. Januar 1919 geborenen Jugendlichen ausgedehnt.[91]

---

[86] Grünberg an Wandel, 31. 10. 1945, BAB, DR 2, Nr. 421, Bl. 72 f. Die Angaben zum prozentualen
      Anteil der ehemaligen Pgs. im Schuldienst weichen zum Teil voneinander ab. In dem zitierten
      Schreiben ist von 1010 Pgs. bei insgesamt 4500 Lehrern die Rede, während in einer Denkschrift des
      Chefs der Abt. Volksbildung der SMAD, Solotuchin, vom November 1945 zwar die gleiche abso-
      lute Zahl, der Anteil jedoch mit 26% angegeben ist. Dies entspräche einer Gesamtzahl von knapp
      3900 Lehrern. Die Denkschrift zeigt aber, dass der Anteil in Mecklenburg neben Brandenburg am
      geringsten war. In den übrigen Ländern schwankte er zwischen 50% und 70%. Zitiert nach Mietz-
      ner, Enteignung (1998), S. 120.
[87] Direktive Nr. 24 des Alliierten Kontrollrats vom 12. Januar 1946 (Auszug), in: Vollnhals, Entnazi-
      fizierung (1991), S. 107–118, Zitat S. 107.
[88] Dieses und das folgende Zitat: Abt. Kultur und Volksbildung, Manthey, an die Kreisschulräte,
      LHAS, 10.34-1, Nr. 480.
[89] Major Kasjanow an Vizepräsident Grünberg, 2. 8. 1946, LHAS, 6.11-21, Nr. 77, Bl. 49. Vgl. auch
      Wandels Schreiben an die Landes- und Provinzialverwaltungen vom 15. 7. 1946, in dem er darauf
      hinwies, dass Entscheidungen über die Wiedereinstellung von ehemaligen Pgs. „der örtlichen SMA
      zur Bestätigung vorgelegt" werden müssen. BAB, DR 2, Nr. 421, Bl. 2.
[90] Abt. Kultur und Volksbildung, Landesjugendausschuss, Grünberg, an die Landräte und Oberbür-
      germeister, 10. 1. 1946, LHAS, 6.11-21, Nr. 1278, Bl. 62.
[91] Landesjustizverwaltung Mecklenburg an Deutsche Justizverwaltung, 17. 7. 1947, LHAS, 6.11-2,
      Nr. 666b. Der vollständige Gesetzestext findet sich in LHAS, 6.11-2, Nr. 76b.

Zahlreiche entlassene Lehrer machten im Verlauf des Jahres von der Möglichkeit der Bewerbung um Wiedereinstellung in den Schuldienst Gebrauch. Die Akten der Abteilung Kultur und Volksbildung und der Schulabteilung der SED aus dieser Zeit sind voll von entsprechenden Anträgen,[92] von Anfragen über das politische Vorleben von Antragstellern sowie von Zeugenaussagen und Unbedenklichkeitsbescheinigungen[93]. Hatte die Regierung in Mecklenburg schon die Entlassung der ehemaligen Pgs. weitaus rigoroser vorgenommen als die übrigen Länder der SBZ, so verfuhr man jetzt auch bei der Wiedereinstellung wesentlich zurückhaltender. Ministerialdirektor Manthey, im Sommer zuvor noch entschiedener Verfechter einer radikalen Entnazifizierung, verwies auf einer Sitzung des Sekretariats des SED-Landesvorstands darauf, dass in Mecklenburg nur drei nominelle ehemalige NSDAP-Mitglieder im Schuldienst stünden, während es in Thüringen und Sachsen-Anhalt jeweils etwa 2000, in Brandenburg etwa 1000 seien.[94] Scharf kritisierte er die restriktive Praxis in Mecklenburg, die dazu geführt habe, „dass in kürzester Zeit [...] Hunderte und Tausende von Schülern auf der Straße lagen." Es sei „eine politische Dummheit sondergleichen", ehemalige NSDAP-Mitglieder, die sich in den Dienst des Aufbaus gestellt haben, „in die Arme der Reaktion" zu treiben. Daher müsse dringend „auf die Administration hier eingewirkt werden, dass sie die Möglichkeit einer Lockerung zulässt". Diesbezügliche Versuche von ihm und von Vizepräsident Gottfried Grünberg seien „bisher ergebnislos verlaufen". Doch wurde die restriktive Praxis in Mecklenurg zunächst beibehalten. Von den insgesamt etwa 2670 Lehrern, die im Laufe des Jahres einen Antrag auf Wiedereinstellung stellten, wurden bis Dezember 1946 lediglich 217 wieder in den Schuldienst aufgenommen.[95]

Das Ergebnis der radikalen Entnazifizierungspolitik in Mecklenburg zeigt sich im Ländervergleich sehr deutlich. Im Frühjahr 1947 hatte Mecklenburg mit 2,1 Prozent unter den Ländern der SBZ nach Sachsen den geringsten Anteil ehemaliger Pgs. unter den Lehrkräften. Der Zonendurchschnitt lag bei 7,9 Prozent.[96] Deutlich höher war der Anteil unter den Oberschullehrern, von denen vom männlichen und weiblichen Lehrpersonal 6,3 bzw. 7,3 Prozent der NSDAP angehört hatten. Hier bildete Mecklenburg das Schlusslicht; der Durchschnitt lag für die SBZ bei 19,1 Prozent.[97] Erst mit dem Befehl Nr. 201 der SMAD vom 16. August 1947 erfolgte eine zonenweit einheitliche Regelung der Entnazifizierungspraxis. Darin hieß es, es sei

„unbedingt erforderlich [...] einen Unterschied zu machen zwischen ehemaligen aktiven Faschisten, Militaristen und Personen, die wirklich an Kriegsverbrechen und Verbrechen anderer Art [...] schuldig sind, einerseits, und den nominellen, nicht aktiven Faschisten, die wirk-

---

[92] Siehe z. B. LHAS, 10.34–1, Nr. 480, Bl. 44–46; LHAS, 10.34–1, Nr. 488, Bl. 18, 45, 53.
[93] Siehe z. B. LHAS, 10.34–1, Nr. 480, Bl. 34,142 f., 206, 232, 274–276, 327; LHAS, 6.11–21, Nr. 597, Bl. 49; StASch, S 6, Nr. 1461.
[94] Hierzu und zum Folgenden vgl. das Protokoll der Sitzung des Sekretariats des SED-Landesvorstands vom 29. 5. 1946, in: Brunner, Ernannte Landesverwaltung (2003), S. 511–536, hier S. 517–519.
[95] Vgl. Mietzner, Enteignung (1998), S. 122.
[96] „Ehemals nationalsozialistische Lehrer in der SBZ", BAB, DR 2, Nr. 1121, Bl. 44. Dort auch Angaben für die übrigen Länder.
[97] Angaben nach Geißler, Geschichte des Schulwesens (2000), S. 116.

lich fähig sind, mit der faschistischen Ideologie zu brechen und [...] an den allgemeinen Bemühungen zur Wiederherstellung eines friedlichen demokratischen Deutschlands teilzunehmen, andererseits".[98]

Dieser Befehl stellte die Grundlage für „die politische und gesellschaftliche Reintegration und die Aufhebung aller Marginalisierungen" für nominelle NSDAP-Mitglieder dar.[99] Kriterien für die Wiedereinstellung waren der Beschluss der Entnazifizierungskommission, die politische Haltung des Bewerbers bis 1933, der Grad der Belastung während der NS-Zeit, die „freiwillige Mitarbeit am demokratischen Neuanfang" und die pädagogischen Fähigkeiten. Für eine Wiederanstellung kamen nur als „Entlastete" oder „Mitläufer" eingestufte Antragsteller in Frage.[100] Damit war der Weg frei für eine umfassende Wiedereinstellung entlassener Lehrer: Ende 1947 lagen in Mecklenburg 3539 Anträge auf Neueinstellung vor.[101] Die Bearbeitung der Bewerbungen ging aber nur schleppend voran: Ende 1947 waren in Mecklenburg 251 ehemalige NSDAP-Mitglieder als Lehrer angestellt, nur 34 mehr als ein Jahr zuvor.[102]

Der SMAD-Befehl Nr. 35 vom 26. Februar 1948 zielte darauf, die Entnazifizierung in der SBZ endgültig zum Abschluss zu bringen. Die Entnazifizierungskommissionen sollten ihre Arbeit bis zum 10. März, die Berufungskommissionen die ihre bis zum 10. April 1948 einstellen und sich auflösen. Alle bis dahin noch nicht abgeschlossenen Verfahren waren einzustellen. Aus ihren öffentlichen Ämtern Entlassene konnten sich „durch ehrliche und loyale Arbeit im Laufe der Zeit die Rückkehr zu ihrer Tätigkeit" verdienen.[103] Aus diesem Grund hatten auch Zeugnisse von Arbeitgebern aus schulfremden Bereichen für die Bewerbungen eine große Bedeutung, wie etwa das Arbeitszeugnis eines entlassenen Berufsschullehrers zeigt, in dem diesem bescheinigt wird, „Tag und Nacht" gearbeitet und mit Eifer „die schweren Mehlsäcke getragen" zu haben.[104] Der Prozess der Wiedereinstellung entlassener Lehrer zog sich bis Anfang der 1950er Jahre hin. In Mecklenburg wurden 1948 26, 1949 326 und 1950 234 „Pg.-Lehrer" wieder in den Schuldienst eingestellt. Insgesamt waren es bis Ende Februar 1951 844 Lehrer.[105] Damit

---

[98] SMAD-Befehl Nr. 201 vom 16. 8. 1947, in: Vollnhals, Entnazifizierung (1991), S. 206–209, Zitat S. 207.

[99] So van Melis, Entnazifizierung (1999), S. 201.

[100] Ministerbüro, Neueinstellung entlassener Lehrkräfte gemäß Befehl 201, 12. 12. 1947, LHAS, 6.11–21, Nr. 125, Bl. 22.

[101] Zahl nach Mietzner, Enteignung (1998), S. 127. Vgl. als Beispiel die Bewerbung von Siegfried Dunkelmann beim Kreisschulrat Schwerin Stadt um die Einstellung an der Oberschule für Jungen, Schwerin, vom 20. 10. 1947 mit der Erklärung der Entnazifizierungskommission und zahlreichen weiteren Zeugnissen und Bescheinigungen, StASch, S 6, Nr. 1461.

[102] Bericht der Schulabteilung, 3. 2. 1948, LHAS, 6.11–2, Nr. 662, Bl. 156–161, hier Bl. 160. Mit welcher Vorsicht derartige Zahlen prinzipiell zu genießen sind, zeigt die Tatsache, dass in diesem Bericht die Zahl der „ehem. Pg's" für Anfang 1947 mit 192 angegeben ist, während an anderer Stelle für Ende 1946 217 genannt werden. Zu dieser Problematik vgl. Mietzner, Enteignung (1998), S. 130–132. Zur schleppenden Arbeit der Entnazifizierungskommissionen vgl. auch das kritische Schreiben der Kreisgruppe Neustrelitz der Gewerkschaft der Lehrer und Erzieher an den Landesvorstand des FDGB, 16. 12. 1947, LHAS, 6.11–21, Nr. 536, Bl. 67.

[103] Zitiert nach Vollnhals, Entnazifizierung (1991), S. 212–214, hier S. 213. Zum Befehl und seiner Umsetzung in Mecklenburg vgl. ausführlich van Melis, Entnazifizierung (1999), S. 216–249.

[104] „Abgangszeugnis" für den Berufsschullehrer Hermann Kirchner als Anlage zu seiner Bewerbung um Wiedereinstellung vom August 1948, LHAS, 6.11–21, Nr. 537.

[105] Zahlen nach einer undatierten Aufstellung nach Kreisen, LHAS, 6.11–21, Nr. 510, Bl. 28. Zahlen für die Oberschullehrer liegen für denselben Zeitraum nicht vor, zwischen September 1947 und

war in etwa jeder zehnte im mecklenburgischen Schuldienst tätige Lehrer ein früheres Mitglied der NSDAP. Mit dem „Gesetz über die staatsbürgerlichen Rechte der ehemaligen Offiziere der faschistischen Wehrmacht und der ehemaligen Mitglieder und Anhänger der Nazipartei" vom 2. Oktober 1952 wurden schließlich alle „Einschränkungen der Rechte für ehemalige Mitglieder der NSDAP oder deren Gliederungen" endgültig aufgehoben.[106]

Die Entnazifizierung der Lehrer in Mecklenburg bedeutete einen enormen Elitenaustausch innerhalb weniger Jahre. Obwohl genaue Zahlen schwer zu ermitteln sind, lässt sich grob schätzen, dass bis Anfang der 1950er Jahre etwa zwei Drittel der Lehrer insgesamt und rund die Hälfte der Lehrer an den Oberschulen des Landes ausgewechselt wurden. Bis Mitte 1947 wurde die Entnazifizierung der Lehrerschaft in Mecklenburg radikaler durchgeführt als in den übrigen Ländern der SBZ,[107] danach glich sich die Handhabung im Zuge der zonenweiten Vereinheitlichung der gesetzlichen Bestimmungen mehr und mehr an, so dass der Umfang des Personalaustausches nach Abschluss des Entnazifizierungsprozesses nicht wesentlich vom Zonendurchschnitt abwich. Die Gründe für das in Mecklenburg anfänglich rigorosere Vorgehen sind zum einen in dem hohen Anteil von Vertriebenen zu suchen, durch den ein großes personelles Ersatzreservoir zur Verfügung stand, zum anderen in der Prioritätensetzung der beteiligten Politiker. Eine eindeutige Gewichtung zwischen deutschen und sowjetischen Stellen ist dabei nicht möglich: Belege für besonders rigoroses Vorgehen der SMA und mäßigende Einflussnahme von Seiten der deutschen Administration lassen sich ebenso finden wie solche für eine umgekehrte Rollenverteilung. Deutlich wird dagegen, dass jene Verwaltungsmitarbeiter, die mit den konkreten Problemen vor Ort zu kämpfen hatten, sich für ein pragmatisches Vorgehen aussprachen, während die Spitzen der Administration – häufig ideologisch motiviert – eher zu rigorosen Maßnahmen tendierten, wie etwa der Chef der DVV, Paul Wandel.

Im Laufe des Entnazifizierungsprozesses veränderten sich die an die Lehrer angelegten Kriterien. Für die Entlassungen und Wiedereinstellungen wurde die Vergangenheit der Betroffenen immer weniger wichtig, während ihre gegenwärtige politische Einstellung, ihre Haltung zum „demokratischen Aufbau", an Bedeutung gewann.[108] So wurden beispielsweise Bewerber, die einer der zugelassenen Parteien beitraten, bevorzugt wieder in den Schuldienst aufgenommen. Parallel dazu gerieten insbesondere an den Oberschulen auch solche Lehrer zunehmend ins Visier der Behörden, die zwar nicht der NSDAP angehört hatten, aber nach Auffassung der kommunistischen Funktionäre konservativ und demokratiefeindlich eingestellt waren. Schon früh warnte Wandel, dass es unter den Oberschullehrern viele gäbe, „die nicht in der Nazipartei waren, sondern sogar gegen die Nazis aufgetreten sind, die aber Stockreaktionäre sind." Auch unter diesem Aspekt

November 1949 wurden dort 48 Lehrer wieder eingestellt. Vgl. Geißler, Geschichte des Schulwesens (2000), S. 116.
[106] GBl. DDR, Nr. 140, 6. 10. 1952, S. 981.
[107] Das korrespondiert mit Forschungsergebnissen zur Entnazifizierung der staatlichen Verwaltung. Vgl. van Melis, Entnazifizierung (1999), S. 323.
[108] Dies galt nicht nur für die Volksbildung, sondern auch für andere Bereiche. Vgl. dazu van Melis, Antifaschismus (2001).

müsse „die Arbeit der Säuberung bei den Lehrern" weitergeführt werden.[109] Grünberg verwies Ende 1946 auf die „alten Lehrer, die im Stahlhelm waren, die zum großen Teil nicht in die NSDAP aufgenommen worden sind, weil sie zu reaktionär waren."[110] Auch diese müssten möglichst bald durch neu ausgebildete, junge Lehrkräfte ersetzt werden. Doch nicht nur die Kriterien für die Entnazifizierung veränderten sich im Laufe der Zeit, sondern auch die Bedeutung der verschiedenen Akteure für die Entnazifizierung. Waren die Entnazifizierungsmaßnahmen anfangs eindeutig eine Domäne der – freilich von KPD- bzw. SED-Funktionären dominierten – staatlichen Verwaltung, welche die Entscheidungen in Abstimmung mit den sowjetischen Behörden traf, so schaltete sich zum Ende der 1940er Jahre verstärkt die SED-Parteiorganisation in diesen Prozess ein. Bewerbungen um Wiedereinstellung in den Schuldienst liefen von nun an vorrangig über die Abteilung Unterricht und Erziehung der SED-Landesleitung.[111]

Sozialer Status der Lehrer

Auch für die Lehrer, die die Entnazifizierungsmaßnahmen ohne Entlassung überstanden hatten, änderte sich der soziale und rechtliche Status in der SBZ erheblich. Einen tiefen Einschnitt bedeutete die Abschaffung des Berufsbeamtentums. Wenige Monate nach Kriegsende hob die SMAD das Deutsche Beamtengesetz auf.[112] Den Beschäftigten in der öffentlichen Verwaltung wurde damit der Beamtenstatus entzogen und sie erhielten arbeitsrechtlich den Status von Angestellten.[113] In den Verfassungen der Länder und in den Entwürfen für die Verfassung der DDR kam das Berufsbeamtentum nicht vor. In Mecklenburg erreichte die LDP/CDU-Mehrheit im Landtag, dass in der Landesverfassung – im Gegensatz zu denen aller anderen Länder der SBZ – hinsichtlich des öffentlichen Dienstes nicht explizit von „Angestellten" die Rede war. Stattdessen wurde eine Formulierung gewählt, „die den Fortbestand des Berufsbeamtentums nicht ausschloss", aber darauf verzichtete, „eine Bestandsgarantie auszusprechen."[114] Die Frage, ob das Berufsbeamtentum grundsätzlich beibehalten würde, blieb demnach in den ersten Jahren nach

---

[109] Protokoll der Sitzung des ZK der KPD, 28. 9. 1945, SAPMO, RY 1, 2/5/40, Bl. 1–93, Zitat Bl. 36. Die DDR-Historiographie beurteilte dies ganz ähnlich: „Nicht Nationalsozialist zu sein, bedeutete für die Lehrer höherer Schulen nicht zugleich Antifaschist und Demokrat, sondern oft eher Reaktionär im Sinne rechtsgerichteter imperialistischer Parteien der Weimarer Zeit zu sein". Vgl. Berg, Entwicklung der Oberschule (1969), S. 153. Diese Einschätzung teilt im Rückblick auch der des Kommunismus unverdächtige Sohn des Rostocker Oberbürgermeisters Albert Schulz (SPD), Peter Schulz. Der ehemalige Schüler der Großen Stadtschule Rostock schreibt über die älteren Lehrer, die dort während des Zweiten Weltkrieges unterrichteten, dass deren „konservative Starre" sich hinsichtlich der politischen Beeinflussung im Unterricht positiv ausgewirkt habe: „Viele von ihnen waren schlicht zu reaktionär, um engagierte Nazis zu sein." Schulz, Rostock, Hamburg und Shanghai (2009), S. 40.

[110] Protokoll der Konferenz der Minister für Volksbildung am 18./19. 12. 1946, BAB, DR 2, Nr. 51, Bl. 39f.

[111] Paul Wandel schrieb am 15. 7. 1946 an die Landes- und Provinzialverwaltungen: „Bei der Neueinstellung der ehemaligen Pg.'s haben unsere Genossen fast überall, wenigstens in den Kreisen, in denen der Schulrat SED-Mitglied ist, Einfluss genommen. An der endgültigen Beschlußfassung sind wir auch mit beteiligt." BAB, DR 2, Nr. 421, Bl. 2.

[112] Befehl Nr. 66 der SMAD, 17. 9. 1945, in: Jahrbuch Arbeit und Sozialfürsorge, Jg. 1945/47, S. 290f.

[113] „Erlaß betr. Besoldung", 7. 1. 1946, in: Amtsblatt Landesverwaltung Mecklenburg-Vorpommern, Jg. 1946, Nr. 3, S. 45f. Vgl. dazu auch Frerich/Frey, Sozialpolitik in der DDR (1993), S. 41.

[114] Garner, Schlußfolgerungen (1995), S. 638.

dem Krieg noch in der Schwebe. Erst am 1. Februar 1949 wurden mit dem Inkrafttreten des neuen Tarifvertrages für die Angestellten des öffentlichen Dienstes
die letzten noch fortgeltenden beamtenrechtlichen Regelungen beseitigt.[115] Damit
war – obwohl nicht explizit ausgesprochen – die endgültige Entscheidung für die
Aufhebung des Berufsbeamtentums in allen Ländern der SBZ getroffen.

Bevor es Anfang 1949 zur erwähnten Neuordnung des öffentlichen Dienst-
rechts kam, war die Anwendung der bisherigen Besoldungsordnung vorläufig
noch zugelassen.[116] Grundsätzlich blieben die vor Kriegsende gezahlten Gehälter
und der bis dahin gewährte Entlassungsschutz bestehen.[117] Auch Dienstalterszu-
lagen wurden weiterhin gezahlt.[118] Damit wurde das Anciennitätsprinzip als we-
sentlicher Grundsatz der Beamtenbesoldung beibehalten, weshalb die Aufstellung
von Lehrern an höheren Schulen auch in der SBZ noch unter Angabe von Besoldungsgruppe und -dienstalter erfolgte.[119] Während der NS-Zeit angesammelte
Dienstjahre wurden jedoch nicht auf das Besoldungsdienstalter angerechnet, es sei
denn, der Betreffende konnte für diesen Zeitraum „illegale Tätigkeit" nachweisen.
Dagegen wurden vom NS-Regime aus politischen Gründen entlassenen Lehrern
die dadurch nicht erreichten Dienstjahre anerkannt.[120] Auch vor 1945 erworbene
Pensionsansprüche waren hinfällig, und die Lehrer wurden in die allgemeine So-
zialversicherung einbezogen. Dies traf die vornehmlich an Oberschulen tätigen
älteren Lehrer besonders hart, die von der ausgesetzten Rente kaum existieren
konnten und deshalb häufig über die Altersgrenze hinaus tätig waren.[121] Mit der
„Verordnung zur Senkung der Personalkosten" der DWK vom November 1948
wurden schließlich Dienstzeiten aus der Zeit vor dem 9. Mai 1945 grundsätzlich
nicht mehr auf die Besoldung angerechnet.[122] Das bedeutete vor allem für Oberschullehrer, die zu einem weit größeren Teil als die Volksschullehrer schon vor
1945 unterrichtet hatten, erhebliche Einkommenseinbußen.

Prinzipiell gab es bei den Besoldungskategorien keine Nivellierungstendenzen,
sondern vielmehr eine starke Hierarchisierung zwischen den einzelnen Lehrertypen. So verdienten Studienräte an Oberschulen im Winter 1945/46 monatlich
696 RM, Oberstudienräte und Schulräte sogar 838 RM. Letztere verfügten damit
über ein fast doppelt so hohes Einkommen wie die Volksschullehrer mit 427 RM

---

[115] Vgl. Artikel *Staatsfunktionär*, in: DDR Handbuch (1985), S. 1278 f. Zur Diskussion um das Berufsbeamtentum in der SBZ vgl. Garner, Schlußfolgerungen (1995), S. 634–640, 652–661.

[116] „Erlaß betr. Besoldung", 7. 1. 1946, in: Amtsblatt Landesverwaltung Mecklenburg-Vorpommern,
Jg. 1946, Nr. 3, S. 45 f.

[117] „Verordnung Nr. 18 betr. Verbindlichkeitserklärung für Löhne und Gehälter, Kündigungs- und
Entlassungsschutz, Arbeitseinsatz", 21. 9. 1945, in: Amtsblatt Landesverwaltung Mecklenburg-
Vorpommern, Jg. 1946, Nr. 1, S. 13. Die Verordnung erging in Anlehnung an Befehl Nr. 1 der
SMAD.

[118] Auch der Wohnungsgeldzuschuss wurde beibehalten, während alle anderen Zulagen wie Kinder-
zulage und örtliche Sonderzuschläge fortfielen. Vgl. „Runderlaß Nr. 26 betr. Besoldung", 26. 11.
1945, in: Amtsblatt Landesverwaltung Mecklenburg-Vorpommern, Jg. 1946, Nr. 3, S. 46. Siehe
auch Ergänzung zum Befehl Nr. 100 der SMAD, 16. 10. 1945, in: Jahrbuch Arbeit und Sozialfürsorge, Jg. 1945/47, S. 292.

[119] Gymnasium Fridericianum, Schulleiter, an Stadtschulrat Schwerin, Liste der Lehrkräfte, 14. 12.
1945, StASch, S 6, Nr. 264.

[120] Besoldungs-Richtlinien der DVV, 17. 12. 1945, BAB, DR 2, Nr. 407, Bl. 68.

[121] Vgl. Geißler, Geschichte des Schulwesens (2000), S. 182 f.

[122] Verordnung vom 24. 11. 1948, in: Zentralverordnungsblatt, Jg. 1948, Nr. 55, S. 545 f.

monatlich.[123] Neulehrer erhielten nur 80 Prozent des Normalgehalts der jeweiligen Lehrertypen. Im Juli 1946 wurden alle Lehrergehälter, mit Ausnahme der für die Lehrer an den Oberschulen, deutlich angehoben.[124] Damit wurde die Gehaltsdifferenz zwischen den Lehrerkategorien zwar etwas verringert, blieb aber weiterhin signifikant. Von der Schaffung eines „einheitlichen Lehrertyps", wie er mit der Einheitsschulreform einhergehen sollte, kann zumindest im Hinblick auf die Einkommen daher für die SBZ keine Rede sein.

Die Abschaffung des Berufsbeamtentums hatte für die Lehrer auch arbeitsrechtliche Konsequenzen. Die durch den Beamtenstatus gesicherte Unkündbarkeit fiel fort, und jedem Lehrer konnte von nun an mit einer Frist von sechs Wochen zum Quartalsende gekündigt werden.[125] Bedingt durch den permanent wechselnden, von Umstrukturierungen des Schulwesens geprägten Bedarf waren in den 1940er und frühen 1950er Jahren zahlreiche Lehrer von „betriebsbedingten" Kündigungen betroffen.[126] Weitaus gravierender war allerdings die Tatsache, dass Lehrern – wie anderen staatlichen Angestellten auch – fristlos gekündigt werden konnte, wenn ihr „politisches Verhalten (insbesondere antidemokratische Betätigung) eine Beschäftigung im öffentlichen Dienst nicht mehr" zulasse.[127] Dieser fast beliebig dehnbare Paragraph, der nicht näher erklärte, was unter „antidemokratischer Betätigung" zu verstehen war, machte die Weiterbeschäftigung jedes Lehrers von seiner politischen Gesinnung abhängig. Damit stellte er – unter umgekehrten ideologischen Vorzeichen – die Fortsetzung des entsprechenden Paragraphen des nationalsozialistischen „Berufsbeamtentumgesetzes" dar. Zugleich löste diese Bestimmung die im Rahmen der Entnazifizierung schon früh erhobene Forderung ein, auch solche Lehrkräfte zu entlassen, die zwar nicht in der NSDAP organisiert waren, die aber aus Sicht der SED als „Reaktionäre" galten und der im Aufbau befindlichen neuen Gesellschaftsordnung kritisch gegenüberstanden.[128] Die Lehrer konnten mithin ihre politische Unabhängigkeit, die sie im Dritten Reich verloren hatten, in der SBZ und später in der DDR nicht wiedererlangen.

Verbandsorganisation und Ausbildung

Während die Oberschullehrer die für ihr Selbstverständnis und ihr Standesbewusstsein so bedeutsame Distanz zu den Volksschullehrern beim Einkommen erhalten und kurzzeitig sogar vergrößern konnten, gelang ihnen das in anderen Bereichen nicht. Die Bestrebungen der SED zur Vereinheitlichung des Lehrerstan-

---

[123] Schulamtsbewerber erhielten sogar nur 246 RM monatlich. Vgl. Besoldungs-Richtlinien der DVV, 17. 12. 1945, BAB, DR 2, Nr. 407, Bl. 68.

[124] Befehl Nr. 220 der SMAD, „Verbesserung der materiellen und rechtlichen Lage der Lehrer der deutschen Schulen in der sowjetischen Besatzungszone Deutschlands", 15. 7. 1946, in: Dokumente Schulreform Mecklenburg (1966), Nr. 54. Beispielsweise erhielten Volksschullehrer jetzt ein Gesamtgehalt von 569 RM (zuvor 427 RM) und Schulamtsbewerber 347 RM (zuvor 246 RM). Vgl. Geißler, Geschichte des Schulwesens (2000), S. 181 f., Anm. 814.

[125] Anordnung betr. Regelung der Arbeitsbedingungen für die Beschäftigten der öffentlichen Betriebe und Verwaltungen, in: Arbeit und Sozialfürsorge, Jg. 1949, Nr. 3, S. 52–63, hier S. 56.

[126] Vgl. etwa die Kündigung des Lehrers Kurt Nitsche von der Schweriner Goethe-Schule. Rat der Stadt Schwerin, Abteilung Volksbildung, Lau, an Kurt Nitsche, 30. 5. 1956, StASch, S 6, Nr. 192, sowie die zahlreichen Kündigungsschreiben in StASch, S 6, Nr. 45, 1461.

[127] Anordnung betr. Regelung der Arbeitsbedingungen für die Beschäftigten der öffentlichen Betriebe und Verwaltungen, in: Arbeit und Sozialfürsorge, Jg. 1949, Nr. 3, S. 52–63, hier S. 56.

[128] Vgl. die oben zitierten Äußerungen von Grünberg und Wandel von 1945.

des werden etwa im Hinblick auf ihre Interessenvertretung deutlich. Ein gesonderter Zusammenschluss der Oberschullehrer im Rahmen eines Verbandes oder einer gewerkschaftlichen Organisation war – wie schon im Dritten Reich – nicht möglich. Der 1945 gegründete „Verband der Lehrer und Erzieher", aus dem ein Jahr später die im Freien Deutschen Gewerkschaftsbund (FDGB) organisierte gleichnamige Gewerkschaft hervorging, umfasste daher von vornherein Oberschul-, Volksschul- und Berufsschullehrer ebenso wie Erzieher und Hochschullehrer.[129] Eine eigenständige Berufs- und Standespolitik war für die Oberschullehrer daher nicht möglich. Innerhalb der Lehrergewerkschaft wurden sie überdies von den Volksschullehrern hoffnungslos majorisiert. In dem begrenzten Maße, in dem die Gewerkschaft überhaupt Gelegenheit zur Einflussnahme auf schulpolitische Entscheidungen hatte, tat sie das im Sinne der Mehrheit ihrer Mitglieder, wie etwa im Hinblick auf die Initiative der SMAD zur Verbesserung der materiellen Lage der Lehrer, bei der die Oberschullehrer nicht berücksichtigt wurden.[130] Trotz des hohen Organisationsgrades – dem mecklenburgischen Landesverband gehörten schon im Sommer 1947 über 90 Prozent der Lehrer an[131] – nahm der Einfluss der Gewerkschaft rasch ab. Wie andere Massenorganisationen auch entwickelte sie sich zunehmend zu einem Transmissionsriemen der SED. Ihre Hauptaufgabe bestand in der ideologischen und fachlichen Schulung der Lehrer, für die im Sommer 1949 in Schwerin das „Haus der Lehrer" eröffnet wurde,[132] sowie in der Mobilisierung ihrer Mitglieder für Veranstaltungen, Kampagnen und Wahlen.[133]

Ähnliches wie für die Verbandsorganisation der Lehrer galt auch für ihre verwaltungsmäßige Zuordnung. Auch hier verloren die Oberschullehrer ihre Sonderstellung, da sie nicht mehr wie bisher direkt dem Ministerium, sondern wie alle anderen Lehrer der dienstlichen und fachlichen Aufsicht der Stadt- bzw. Kreisschulräte unterstanden.[134] Dadurch war es möglich, dass die Lehrer höherer Schulen häufig von nicht akademisch ausgebildeten Kollegen beaufsichtigt wurden. Dies war mit dem Selbstverständnis vieler Studienräte nicht vereinbar, hatten diese sich doch schon in der NS-Zeit gegen Einmischungen von Seiten nicht akademisch gebildeter NSLB-Funktionäre verwahrt. Verschärft wurde das Gefühl ungerechtfertigter Bevormundung dadurch, dass Schulräte von der Volksbil-

---

[129] Zur Gründung auf zonaler Ebene vgl. Geißler/Wiegmann, Pädagogik und Herrschaft (1996), S. 44 f.

[130] Vgl. Geißler/Wiegmann, Pädagogik und Herrschaft (1996), S. 46.

[131] Gewerkschaft der Lehrer und Erzieher, Landesvorstand Mecklenburg, Statistik der Mitglieder, 4. 8. 1947, SAPMO, DY/51, Nr. 190.

[132] „Haus der Lehrer" eröffnet, in: Landeszeitung, 28. 6. 1949 (LHAS, 6.11–21, Nr. 4183); Hassenstein: Haus der Lehrer in Schwerin eröffnet, in: Volksbildung, 2. Jg., Nr. 14, 15. 7. 1949, S. 124.

[133] Vgl. z.B. Gewerkschaft der Lehrer und Erzieher, Landesvorstand Mecklenburg, Bericht über die Durchführung des Friedenstages, 5. 9. 1949 (siehe dazu auch den Artikel „Den Gedanken des Friedens in das letzte Dorf tragen", in: dns, 4. Jg., 1949, Nr. 10, S. 30); Zwischenbericht über die Vorbereitung der Elternbeiratswahlen, 7. 4. 1948; Zwischenbericht zur Unterstützung des Volkskammerappells, 22. 12. 1951, beide in: SAPMO, DY/51, Nr. 1420. Siehe auch Mskr. „Wie wurde der Beschluß des Polit-Büros des ZK der SED vom 29. 7. 1952 [...] im Kreise Rostock-Stadt verwirklicht?", o. D. (1952), LAG, Rep. IV/4/07, Nr. 552, Bl. 19–35, hier Bl. 30. Auch Hohlfeld, Neulehrer (1992), S. 254, geht davon aus, dass die Lehrergewerkschaft spätestens 1950 „auf die ‚agitatorische Arbeit' reduziert" war.

[134] Vgl. Hohlfeld, Neulehrer (1992), S. 264.

dungsverwaltung vorzugsweise aus den Reihen der Neulehrer rekrutiert wurden, die in vielen Fällen noch nicht einmal über eine abgeschlossene pädagogische Ausbildung verfügten.[135]

Die Auswirkungen der Veränderungen der Regelung der Lehrerbildung für die Oberschullehrer sind zwiespältig zu beurteilen. Die Neulehrerrekrutierung stellte zahlreiche junge Menschen nach zehnmonatigen, zum Teil sogar nur achtwöchigen Kurzlehrgängen mit fertig ausgebildeten Volksschullehrern auf eine Stufe.[136] Für die Lehrer an Oberschulen galt das in diesem Maße nicht. Nicht nur war der quantitative Anteil der Neulehrer hier deutlich geringer,[137] auch in qualitativer Hinsicht gab es gravierende Unterschiede. An den höheren Schulen kamen Neulehrer vorwiegend aus den Kreisen der Akademiker, die aufbauend auf ihrem Hochschulstudium eine kurze pädagogische Ausbildung erhielten.[138] Da sich die Oberschullehrer traditionell eher als Vertreter eines wissenschaftlichen Fachs denn als Pädagogen betrachteten, beeinträchtigten diese neuen Kollegen ihr berufliches Selbstverständnis nur wenig. Zwar wurden auch nicht akademisch gebildete Neulehrer, die bisher an Grundschulen tätig waren, nach sechs- bis achtmonatigen Zusatzkursen an Oberschulen eingesetzt. Doch mussten diese zumindest das Reifezeugnis einer höheren Schule erworben haben[139] und verfügten daher immerhin über ein „Mindestmaß an wissenschaftlichen Kenntnissen".[140] Auf der anderen Seite bahnte sich in der künftigen Ausbildung eine Nivellierung durch Vereinheitlichung an. Durch die Einrichtung von Pädagogischen Fakultäten an den Universitäten von Rostock und Greifswald sollte die gesamte Lehrerausbildung in Mecklenburg – wie überall in der SBZ – universitären Charakter erhalten.[141] Für die Grundschullehrer waren sechs Semester, für die Lehrer an der Oberstufe acht Semester vorgesehen. Damit wurde eine alte, von den Philologen stets bekämpfte Forderung der Volksschullehrer erfüllt, und die Lehrer an höheren Schulen verloren auch hinsichtlich ihrer Ausbildung ihren exklusiven Status.

Fazit

Insgesamt, und darin ist der Einschätzung Gerhard Klucherts zuzustimmen, überwogen bei den staatlichen Eingriffen in das Schulsystem nach Kriegsende für die Oberschullehrer „zumindest hinsichtlich des sozialen Prestiges [...] im Ganzen doch die Nachteile."[142] Die rigoros betriebene Entnazifizierung erschütterte

---

[135] Vgl. als prominentes Beispiel Hans-Joachim Laabs, der als Neulehrer begann, bereits 1947 Leiter einer Vereinigten Grund- und Oberschule, 1948 Kreisschulrat in Ueckermünde und 1949 Stadtschulrat in Schwerin wurde. 1950 wurde er im Alter von nur 29 Jahren sogar zum Volksbildungsminister von Mecklenburg berufen. Vgl. dazu Kurt Freyer: *Hans-Joachim Laabs. „Verdienter Lehrer des Volkes" – Minister für Volksbildung in Mecklenburg*, in: Volksbildung, 3. Jg., 1950, 23, S. 253; bei der Wieden, Mecklenburgische Regierungen (1978), S. 89f.

[136] Zu den Neulehrern in der SBZ und der frühen DDR vgl. Hohlfeld, Neulehrer (1992), sowie Gruner, Schlüsselsymbol (2000).

[137] Während an den Grundschulen Anfang 1949 etwa zwei Drittel Neulehrer unterrichteten, waren es an den Oberschulen nur etwa ein Drittel. Vgl. Statistik des Schulwesens in der SBZ (1949), S. 25f.

[138] Vgl. Berg, Entwicklung der Oberschule (1969), S. 177.

[139] MfV, Manthey, an die Kreisschulräte, 3. 2. 1947, LHAS, 10.34–1, Nr. 481, Bl. 23f.

[140] Beschlussprotokoll der Sitzung der Leiter der Schulabteilungen der MfV der Länder, 19. 3. 1947, BAB, DR 2, Nr. 669, Bl. 103.

[141] Hierzu und zum Folgenden Müller-Rolli, Lehrerbildung (1998), S. 254.

[142] Kluchert, Oberschullehrer als Aktivist (1999), S. 236.

das Vertrauen in die Sicherheit des eigenen Arbeitsplatzes und damit in den Erhalt des Lebensstandards nachhaltig. Die kurzfristige Erleichterung durch den Wegfall NS-spezifischer beruflicher Einschränkungen aus politischen oder rassischen Gründen wurde durch den schon bald einsetzenden neuen Politisierungsschub wieder zunichte gemacht. Die neuen Bestimmungen zur Ausbildung, zur Schulverwaltung und zur verbandsmäßigen Organisation machten eine Abgrenzung zu den Volksschullehrern, seit jeher das wichtigste Distinktionsmerkmal der höheren Lehrerschaft, unmöglich und konnten auch durch die Wiederherstellung des Abstands hinsichtlich des Einkommens nicht ausgeglichen werden.

c) Die Schulreform in Mecklenburg

Einheitsschule und Bildungshumanismus

Das erste Nachkriegsschuljahr 1945/46 stand noch ganz im Zeichen des improvisierten Wiederaufbaus. Über die Entnazifizierung der Lehrerschaft hinaus gehende Reformbemühungen waren gegenüber den gravierenden materiellen Problemen der Nachkriegszeit – Integration der Flüchtlingskinder, Mangel an Räumlichkeiten und Heizmaterial, schlechter Gesundheitszustand der Schüler und unzureichende Schulspeisung – zunächst in den Hintergrund getreten. Erst mit Beginn des zweiten Nachkriegsschuljahres 1946/47 nahm die Schulreform konkrete Gestalt an. Grundlage dafür war das „Gesetz zur Demokratisierung der deutschen Schule", das am 23. Mai 1946 in Schwerin verabschiedet wurde.[143] Das Gesetz, das in allen Ländern der SBZ in nahezu gleichem Wortlaut in Kraft trat,[144] forderte eine „grundlegende Demokratisierung der deutschen Schule", die frei sein sollte „von allen Elementen des Militarismus, des Imperialismus, der Völkerverhetzung und des Rassenhasses" und die die Jugend „zu selbständig denkenden und verantwortungsbewußt handelnden Menschen erziehen" sollte. Von diesen eher allgemein gehaltenen Erziehungszielen abgesehen, enthielt das Gesetz drei wesentliche Elemente: Erstens die Schaffung einer Einheitsschule, welche die gesamte Erziehung vom Kindergarten bis zur Hochschule umfassen sollte, zweitens die ausschließliche Staatlichkeit des Schulwesens und drittens für jeden Schüler die Ermöglichung einer „seinen Neigungen und Fähigkeiten entsprechende[n] vollwertigen Ausbildung" ohne Rücksicht auf seine soziale Herkunft und seine finanziellen Verhältnisse. Alle drei Grundsätze waren schon in dem gemeinsamen Aufruf von KPD und SPD zur demokratischen Schulreform vom 18. Oktober 1945 formuliert worden, an den das Gesetz sich eng anlehnte.[145]

Die Festlegung auf die Einheitsschule bedeutete programmatisch den am weitesten reichenden Eingriff in das bisherige Schulwesen. An die Stelle des traditio-

---

[143] Wortlaut in: Amtsblatt, Jg. 1946, Nr. 3, S. 71 f.; auch in: Dokumente Schulreform Mecklenburg (1966), Dok. 50. Hiernach auch alle folgenden Zitate.

[144] Vgl. die von der DVV erarbeitete Grundlage für eine gemeinsame Gesetzesvorlage vom Mai 1946 in: Baske/Engelbert, Zwei Jahrzehnte I (1966), S. 24–27. Zur Genese des Gesetzes vgl. Geißler, Geschichte des Schulwesens (2000), S. 85–99.

[145] In: Baske/Engelbert, Zwei Jahrzehnte I (1966), S. 5–7. Vgl. auch den inhaltlich ähnlichen „Aufruf der Landesleitungen Mecklenburg-Vorpommern der Sozialdemokratischen und der Kommunistischen Partei Deutschlands zur demokratischen Schulreform", LHAS, 6.11–21, Nr. 92, Bl.16–18.

nellen dreigliedrigen Schulsystems sollte eine einheitliche achtjährige Grundschule treten, an die sich der Besuch einer dreijährigen Berufsschule begleitend
zur Ausbildung oder einer vierjährigen, zur Hochschulreife führenden Oberschule anschließen konnte. Auf diese Weise wurde die bereits im Zuge der nationalsozialistischen Schulreform erfolgte Kürzung des zum Hochschulbesuch be-
rechtigenden Bildungsgangs (von 13 auf 12 Jahre) festgeschrieben und auch auf
die bisherigen Gymnasien ausgedehnt. Zudem wurde gegenüber dem früheren
System eine einheitliche höhere Allgemeinbildung für alle Schüler bis zur achten
Klasse ermöglicht. Das Gesetz orientierte sich an bereits im sowjetischen Exil er-
arbeiteten Konzeptionen zur Schulreform.[146] Erklärtes Ziel der Einführung der
Einheitsschule war es, eine Chancengleichheit für Kinder aus allen sozialen
Schichten herbeizuführen,[147] um eine Manifestierung bestehender Klassenverhältnisse durch die Schule zu verhindern. Damit war auch eine genuin politische Stoßrichtung verbunden. So bezeichnete der Rostocker Schulrat Neels kurz vor Beginn des Schuljahres 1946/47 nicht nur das bisherige System als „Standesschule",
sondern forderte die beschleunigte Einrichtung der Einheitsschule, „da die Reaktion sonst Boden gewinnt."[148] Aus diesem Grund wurden in den folgenden Jahren
Kinder aus Arbeiter- und Bauernfamilien besonders gefördert, wobei diese Maßnahme im Gesetz nicht explizit verankert war. Hinsichtlich eines für die Chancengleichheit zentralen Aspektes blieb die Reform indes auf halbem Wege stecken:
Das Gesetz garantierte keine Schulgeld- und Lernmittelfreiheit, was insbesondere
von Schulfunktionären an der Basis kritisiert wurde.[149] Allerdings sollte „Kindern
minderbemittelter Eltern [...] die weitere Bildung in der Oberschule [...] durch
Schulgeldfreiheit, Stipendien, Beihilfen und andere Maßnahmen ermöglicht" werden, wovon gut die Hälfte der Schüler profitieren konnte: Im Schuljahr 1948/49
kamen 35 Prozent der Oberschüler in den Genuss von Schulgeldfreiheit; weitere
18 Prozent zahlten nur das halbe Schulgeld.[150] Ende 1948 wurde aus Einsparungs-
gründen eine Obergrenze festgelegt: Maximal 50 Prozent der Oberschüler konnten vom Schulgeld befreit werden.[151] Diese Verordnung stand in gewissem Widerspruch zu der Zielvorgabe, dass mittelfristig 80 Prozent der Oberschüler aus Ar-
beiter- und Bauernfamilien stammen sollten. Erst 1957 wurde das Schulgeld endgültig abgeschafft.[152]

---

[146] Dazu Grams, Kontinuität (1990), S. 63–103; Füssl, Umerziehung (1994), S. 193–199.
[147] Auf die Verbindung des Einheitsschul- mit dem Chancengleichheitsgedanken weist auch Rackow,
Einheitlichkeit (1990), S.8, hin: „In der DDR wurde versucht, ein horizontal-einheitliches Schulsystem aufzubauen, um Chancengleichheit und ‚Durchlässigkeit' zu ermöglichen".
[148] Protokoll der Schulrätetagung, 5. 8. 1946, LHAS, 6.11–21, Nr. 1164a, Bl. 2 f. Auch Holdine Stachel
bezeichnete „Strömungen gegen die Einheitsschule" als „reaktionär". LV SED, Abt. Schule und
Erziehung, an ZS SED, Abt. Kultur und Erziehung, Bericht über den gegenwärtigen Stand der politischen Arbeit an den Schulen, 6. 4. 1948, LHAS, 10.34–1, Nr. 478, Bl. 65–69, hier Bl. 68.
[149] Die Greifswalder Bezirksschulrätin Jürgens bat im August 1948, „den Besuch der Oberschulen
nicht von Stipendien oder Beihilfen abhängig zu machen. Der Besuch der Einheitsschulen muss
grundsätzlich schulgeldfrei sein." Protokoll der Schulrätetagung, 5. 8. 1946, LHAS, 6.11–21,
Nr. 1164a, Bl. 2 f.
[150] Meldung in: dns, 3. Jg., 1948, Nr. 8, S. 30.
[151] „Verordnung zur Senkung der Personalkosten", 24. 11. 1948, in: Zentralverordnungsblatt, Jg.
1948, Nr. 55, S. 545 f.
[152] Vgl. Herbstritt, „... den neuen Menschen schaffen." (1996), S. 13.

Auf dem Papier bedeutete die Einführung der Einheitsschule einen radikalen Bruch mit deutschen Schultraditionen. Die drei traditionellen Typen höherer Schulen, die Oberrealschule als mathematisch-naturwissenschaftliche Oberschule, das Realgymnasium als neusprachliche Oberschule und das (humanistische) Gymnasium, wurden damit nominell aufgehoben. Tatsächlich verbarg sich hinter dem Begriff „Einheitsschule", zumal in den 1940er und frühen 1950er Jahren, aber weiterhin ein differenziertes Schulwesen. Denn die Oberschule teilte sich in einen neusprachlichen (A), einen naturwissenschaftlichen (B) und einen altsprachlichen Zweig (C),[153] womit „die traditionelle Schultypendifferenzierung des deutschen höheren Schulsystems erhalten" blieb.[154] Das betonte auch Paul Wandel:

„Zum Teil aus Unkenntnis, aber manchmal auch aus böser Absicht – wurden in letzter Zeit manche Angriffe erhoben, die davon ausgingen, daß die vorgesehene Schulreform das humanistische Gymnasium liquidiere und damit unserer Bildung einen nicht wieder gutzumachenden Schaden zufüge. [...] Wir liquidieren keine Bildungswerte, auch nicht die des humanistischen Gymnasiums; die gegenteilige Behauptung ist Irrtum oder Unwahrheit. Die heute bestehenden Gymnasien werden zwar ausgebaut, aber ohne Ausnahme erhalten."[155]

Diese Auffassung war ganz im Sinne der Besatzungsmacht, für die das Ende des Gymnasiums nicht gleichbedeutend mit dem Ende des altsprachlichen Unterrichts war. Auf einer Tagung der Schulabteilungen der Länder bei der SMAD im Juni 1946 äußerte der für die Schulen verantwortliche Mitropolski,

„das humanistische Gymnasium werde verschwinden und zugleich weiterexistieren; verschwinden als Eliteschule bestimmter Kreise der ehemals herrschenden Klasse und weiterexistieren in den zum ehemaligen Gymnasium zählenden Klassen neun bis zwölf [...]. Die klassischen Sprachen werden also weiter unterrichtet, aber nicht mehr im Gymnasium, sondern in einem Teil der Einheitsschule."[156]

Von den 45 Oberschulen des Landes boten acht nur einen der drei Zweige an und stellten damit zunächst nichts weiter als eine Fortführung des entsprechenden bisherigen Schultyps dar.[157] An 32 Oberschulen gab es A- und B-Kurse und nur an fünf wurden alle drei Zweige angeboten. Letztere fanden sich vorrangig in größeren Städten wie Wismar, Rostock und Schwerin, in denen es bereits vor 1945 ein differenziertes Schulwesen gegeben hatte. Nach wie vor besaß daher die städtische Bevölkerung größere Möglichkeiten zur Steuerung der Bildungs- und Berufskarrieren ihrer Kinder als die Bewohner von ländlichen Regionen.

Zudem wurde die Abtrennung der unteren Jahrgangsstufen von den Oberschulen in der Praxis häufig nicht vollzogen und damit das im Gesetz formulierte Postulat einer acht Klassenstufen umfassenden Grundschule für alle Kinder unter-

---

[153] Darüber hinaus war zwischenzeitlich ein deutschkundlicher Zweig (D) im Gespräch, gleichsam in der Nachfolge der „Deutschen Oberschule". Er scheiterte jedoch am Widerstand der SMA. Vgl. Geißler, Geschichte des Schulwesens (2000), S. 94, Anm. 410; Berg, Entwicklung der Oberschule (1969), S. 202.

[154] So Zymek, Schulentwicklung (1997), S. 40.

[155] Wandel, Demokratisierung der Schule (1946), S. 22.

[156] Protokoll der Tagung vom 24./25. 6. 1946, BAB, DR 2, Nr. 65. Vgl. auch Berg, Entwicklung der Oberschule (1969), S. 233 f.

[157] Von diesen Schulen verfügten sechs über einen B-Zweig und je eine über einen A- bzw. C-Zweig. Hierzu und zum Folgenden MfV, Schulabteilung, Tätigkeitsbericht für die Jahre 1945–1949, 10. 11. 1949, in: Dokumente Schulreform Mecklenburg (1966), Nr. 74 (LHAS, 6.11–21, Nr. 59).

laufen. Vor allem in kleineren Städten bestanden noch in den 1950er Jahren nicht
wenige „Vereinigte Grund- und Oberschulen", da „reine" Oberschulen dort
kaum Überlebenschancen besaßen.[158] So wurde in der nordmecklenburgischen
Kleinstadt Bad Doberan die Oberschule mit einer Grundschule zusammenge-
führt, wodurch praktisch eine „Zwölfklassenschule" entstand. Die Schulbehörden befürchteten, dass auf diese Weise eine Eliteschule entstehen könnte. Es sollten deshalb „alle Maßnahmen getroffen werden", um zu verhindern, dass die
Grundschule der zwölfstufigen Schule „als Vorschule der Oberschule angesehen
werden kann."[159] Dass wirkliche Einheitlichkeit und damit Chancengleichheit –
zumal innerhalb kurzer Zeit – nicht zu erreichen war, zeigt auch die Tatsache, dass
in Mecklenburg in kleinen Orten ohne Oberschule, aber mit voll ausgebauter
Grundschule, zur Vorbereitung für den Übergang zur Oberstufe eine 9. Klasse an
die Grundschule angehängt wurde.[160] Umgekehrt mussten an den städtischen
Oberschulen sogenannte F-Klassen (Förderklassen) für Übergänger aus ländlichen Grundschulen eingerichtet werden. Damit wurde „indirekt zugegeben [...],
daß den Kindern aus den wenig gegliederten Landschulen und den ausdifferen-
zierten städtischen Schulkomplexen keine auch nur annähernd gleichen Lern-
chancen geboten werden konnten."[161]

Die höhere Schule behielt ihren tendenziell elitären Charakter bei. Zwar verlor
sie ihre Exklusivität im Hinblick auf die Zugangsberechtigung zur Hochschule,
die jetzt auch über eine Berufsausbildung mit Berufs- und anschließendem Fach-
schulbesuch erlangt werden konnte. Doch gerade diese Möglichkeit verstärkte die
elitäre Position der Oberschulen, da sie auf diese Weise von den „Aspirationen
Ungeeigneter entlastet wurden" und somit in der Lage waren, „den Weg zu einer
echten Bildung der intellektuell besonders Begabten" einzuschlagen.[162] Dies entsprach durchaus den Vorstellungen des mecklenburgischen Volksbildungsministeriums, das die Oberschule als jenen Zweig der Einheitsschule ansah, „der wissenschaftlich und künstlerisch Veranlagte ausbildet, die später vornehmlich auf
dem Wege über die Hochschule wissenschaftlichen und künstlerischen Berufen
zugeführt werden sollen."[163] Die damit verbundene Abwertung der Berufsschule
gegenüber der Oberschule wurde innerhalb der SED dagegen kritisch betrachtet.
So klagte die Leiterin der Abteilung Schule und Erzehung beim Landesvorstand,
Stachel, darüber, „dass den Berufsschulen vielfach nicht der ihnen zustehende
Wert beigelegt wird."[164]

---

[158] Vgl. Schreier, Von der Oberschule (1990), S. 151. In Mecklenburg-Vorpommern gab es Ende 1949
noch mindestens zwölf dieser vereinigten Grund- und Oberschulen. MfV, Schulabteilung, Tätigkeitsbericht für die Jahre 1945–1949, 10. 11. 1949, in: Dokumente Schulreform Mecklenburg
(1966), Nr. 74 (LHAS, 6.11–21, Nr. 59).
[159] So Regierungsdirektor Puls am 5. 8. 1948, LHAS, 6.11–21, Nr. 1303, Bl. 2.
[160] MfV, Übergang der Schüler aus der Grundschule in die Oberstufe der Einheitsschule, 7. 9. 1948,
BAB, DR 2, Nr. 659, Bl. 84.
[161] Zymek, Schulentwicklung (1997), S. 37.
[162] Die Demokratisierung der deutschen Schule, in: Pädagogik, 1. Jg., 1946, Nr. 1, S. 5–12, hier S. 9.
[163] Berichte über die Lage der Oberschulen, Thesen der „Kommission Oberschule", LHAS, 6.11–21,
Nr. 1162.
[164] LV SED, Abt. Schule und Erziehung, Stachel, an ZS SED, Abt. Kultur und Erziehung, Bericht
über den gegenwärtigen Stand der politischen Arbeit an den Schulen, 6. 4. 1948, LHAS, 10.34–1,
Nr. 478, Bl. 65–69, hier Bl. 68.

Diese Befunde zeigen, dass der radikale Bruch, den die Ablösung der traditionellen horizontalen Gliederung des deutschen Bildungswesens durch eine vertikale Einteilung prinzipiell bedeutete, in der Realität viel weniger stark ausfiel. Vielmehr waren die tatsächlichen Strukturen des Schulwesens in Mecklenburg – wie in der gesamten SBZ – „weit entfernt von den normierenden Vorgaben oder den stillschweigenden Prämissen des Schulgesetzes von 1946."[165] Zwar führt es zu weit, mit Bernd Zymek lediglich von einer „neue[n] Etikettierung bestehender Verhältnisse" zu sprechen, doch ist ihm in seinem Resümee zuzustimmen, dass die Gesetze und Erlasse zur strukturellen Neugliederung des Schulwesens „vor Ort unter verschiedenen lokalen und regionalen Bedingungen eine sehr unterschiedliche Konkretion erfahren konnten".[166]

Im Hinblick auf die *innere* Demokratisierung der Schulen blieb das Gesetz hinter den Erwartungen vieler Schulreformer zurück. Eine kollegiale Schulleitung oder gar eine Wahl des Schulleiters durch die Lehrer, wie von sozialdemokratischen Schulpolitikern schon in der Weimarer Republik gefordert, sah das Gesetz nicht vor. Vielmehr behielt der Direktor, der direkt vom Volksbildungsministerium ernannt wurde, seine starke Stellung. Die Lehrerkonferenz fungierte lediglich als „beratendes Organ des Leiters".[167] Eine größere Bedeutung als zuvor erhielten demgegenüber außerschulische Organisationen. So sollten nicht nur die Eltern in Form von Ausschüssen (später: Beiräte) der Schulleitung „beratend zur Seite stehen"; auch Vertretern der „demokratischen Parteien" und der Jugendorganisationen sollte Gelegenheit zur Mitwirkung am Schulleben gegeben werden.[168] Was auf dem Papier nach größerer demokratischer Mitbestimmung aussah, war in Wirklichkeit die Hintertür für eine parteipolitische Einflussnahme. Denn unter den Parteien nahm die SED schon bald auch offiziell die „führende Rolle" ein, und als Jugendorganisation war lediglich die wiederum von der Einheitspartei dominierte Freie Deutsche Jugend (FDJ) zugelassen.[169] Beide Organisationen erlangten so mittelfristig großen Einfluss auf die Schulen, auch wenn dieser Prozess an den Oberschulen deutlich länger dauerte als an anderen Schulformen.

Der Religionsunterricht

Mit der Festlegung auf ein rein staatliches Schulwesen war neben der Auflösung bzw. Verstaatlichung bestehender Privatschulen auch die Abschaffung des obligatorischen Religionsunterrichts verbunden.[170] Ausdrücklich hieß es im Schulreformgesetz: „Der Religionsunterricht ist Angelegenheit der Religionsgemeinschaften". Das bedeutete kein vollständiges Verbot, sondern vielmehr eine strikte Trennung der Aufgaben von Staat und Kirche im Hinblick auf die Schulen. Der Religionsunterricht sollte von den Religionsgemeinschaften selbst übernommen werden, und die Teilnahme der Schüler war freiwillig. Der Staat sollte aber, so

---

[165] Schreier, Von der Oberschule (1990), S. 150.
[166] Zymek, Schulentwicklung (1997), S. 28, 46.
[167] Gesetz zur Demokratisierung der deutschen Schule, § 6c.
[168] Gesetz zur Demokratisierung der deutschen Schule, § 6d, e, f.
[169] Zur Gründung der FDJ als Einheitsjugendverband und ihrer Entwicklung in der SBZ vgl. Mählert, Freie Deutsche Jugend (1995).
[170] Zum Streit um den Religionsunterricht in Mecklenburg-Vorpommern vgl. auch Herbstritt, „... den neuen Menschen schaffen." (1996), S. 15–18.

auch die Auffassung der KPD, den kirchlichen Institutionen „allen Schutz gewähren", dessen sie in der „Erfüllung ihrer [...] religiösen Erziehungsmaßnahmen bedürfen."[171] Lehrer staatlicher Schulen durften mit Genehmigung der Landesverwaltung bis zu zwei Stunden Religionsunterricht erteilen, „unter der Voraussetzung, daß sie ihrer Pflicht in der Schule genügen."[172] Auch stellten die Schulen Räumlichkeiten zur Verfügung. Für den Religionsunterricht waren in der Regel Randstunden vorgesehen, eine ausdrückliche Bestimmung dazu gab es auch in den Durchführungsbestimmungen für das Gesetz nicht.[173] Partei und Besatzungsmacht nahmen mit dieser aus kommunistischer Sicht erstaunlich toleranten Haltung gegenüber dem Religionsunterricht Rücksicht auf die über 90 Prozent der Bevölkerung, die der evangelischen oder katholischen Kirche angehörten. Ein weiteres Motiv war anscheinend das Bemühen, sich von der antikirchlichen Politik der Nationalsozialisten abzusetzen. So wird in einer Denkschrift des Schweriner Gymnasiums vom Schuljahr 1945/46 über die „Nachwirkungen des Nazismus in unseren Schulen" die Verächtlichmachung der religiösen Bildung im Dritten Reich hervorgehoben. Die Jugendlichen seien „oft gegen ihre innere Überzeugung gezwungen" worden, „sich von der christlichen Religion zu trennen"[174]. Diesen Fehler wollte man nicht wiederholen.

Trotz dieser vordergründigen Toleranz war das Ziel der Trennung von Kirche und Staat klar: Der Einfluss der Kirchen auf die Schulen sollte zurückgedrängt werden. Dies zeigt sich auch daran, dass den Kirchen in den kommenden Jahren – in lokal unterschiedlicher Ausprägung – die Erteilung von Religionsunterricht zunehmend erschwert wurde. Schon vor der Wiedereröffnung der Schulen bemängelte die CDU, „daß der Schulrat der Stadt Schwerin die Stunden- und Raumverteilung in den Schweriner Schulen ohne ausreichende Rücksicht auf den Religionsunterricht festgesetzt und den Kirchen hat erklären lassen, dass in den Schulgebäuden kein Raum und in dem Stundenplan keine Zeit für diesen Unterricht vorgesehen werden könne."[175] Auch wurde in Mecklenburg die Verpflichtung der Schulen, Räumlichkeiten für den Religionsunterricht zur Verfügung zu stellen, schon bald aufgehoben. Die Kirchen hatten hier für diesen Zweck kircheneigene Räume zu schaffen. Nur dort, wo dies „trotz Bemühungen der Kirche nicht möglich ist, [...] wird der Unterricht im Schulraum durchgeführt."[176] Gegen Lehrer,

[171] LL KPD, Abt. Kultur und Propaganda, an Präsident Mecklenburg, Abt. Kultur und Volksbildung, 3. 9. 1945, LHAS, 10.31-1, Nr. 13, Bl. 42.
[172] Protokoll einer Besprechung der SED, Abt. Unterricht und Erziehung, o. D. (April/Mai 1946), LHAS, 10.34-1, Nr. 480, Bl. 85.
[173] Richtlinien zur Durchführung des Gesetzes zur Demokratisierung der deutschen Schule vom 20. 6. 1946, SAPMO, DY/51, Nr. 326.
[174] „Die Nachwirkung des Nazismus in unseren Schulen", Manuskript, ohne Verfasserangabe (vermutlich von Wilhelm Gernentz), o. D. (Schuljahr 1945/46), StASch, S 6, Nr. 805.
[175] Schreiben des geschäftsführenden Landesvorstands an Präsident Mecklenburg, Abt. Kultur und Volksbildung, 28. 8. 1945 (Abschrift), LHAS, 10.31-1, Nr. 13, Bl. 41.
[176] Gen. Rohde auf einer Besprechung der Abt. Unterricht und Erziehung des SED-Landesvorstands, o. D. (Sommer 1946), LHAS, 1034-1, Nr. 480, Bl. 85. Vgl. auch die Äußerung Grünbergs auf einer Konferenz der Bildungsminister zu Kirchenfragen am 18./19. 3. 1947, in: Geißler/Blask/Scholze, Streng vertraulich! (1996), S. 427 f. Am Gymnasium Fridericianum wurde der Religionsunterricht bereits im Schuljahr 1945/46 „außerhalb der Schule von der Evang[elisch] luth[erischen] Kirche erteilt". Wilhelm Gernentz, Chronik des Gymnasiums Fridericianum im letzten Jahre seines Bestehens 1945/46, StASch, S 6, Nr. 805.

die Empfehlungen für den Besuch des Religionsunterrichts aussprachen, wurde energisch eingeschritten. Die SED-Schulpolitikerin Stachel informierte Ministerialdirektor Hoffmann Ende 1947 über in letzter Zeit vermehrt auftretende Fälle, „in denen Lehrer bzw. Lehrerinnen für den Religionsunterricht [...] Propaganda machen", und bat darum, „die notwendigen Schritte zur Verhinderung religiöser Propaganda in der Schule zu unternehmen."[177] Zwei Schweriner Lehrerinnen wurden daraufhin ins Ministerium zitiert und den Kollegien der betroffenen Schulen „noch einmal ganz klar das Verhältnis [von] Schulunterricht und Religionsunterricht auseinandergesetzt."[178] Der Vorfall ist bezeichnend für das Verhältnis zwischen SED und Landesregierung: Die Regierung führt hier eine Weisung der Parteileitung aus und legt der Partei anschließend Rechenschaft darüber ab. Besonders heikel waren Fälle, in denen im Zuge der Entnazifizierung entlassene Lehrer den Religionsunterricht übernahmen. Die Übernahme des Religionsunterrichts durch die Kirche brachte es mit sich, dass hier der Schulrat nicht unmittelbar eingreifen konnte, da der Oberkirchenrat zuständig war.[179] Die Landesleitung der SED, die der Auffassung war, dass während des von ehemaligen Pgs. erteilten Religionsunterrichts „alles zerstört wird, was in der Schule den Kindern vermittelt wird", wandte sich diesbezüglich sogar an das Zentralsekretariat.[180]

Die Bemühungen der SED, den kirchlichen Einfluss auf die Schulen zurückzudrängen, hatten bis Ende der 1940er Jahre nur begrenzten Erfolg. Im April 1949 konstatierte die SED, dass die Kirche auf dem Gebiet der Schule „immer mehr Boden gewinnt und daß nach Meinen aller Genossen [...] hier etwas unternommen werden muß."[181] Besorgniserregend war aus Sicht der Partei vor allem, dass „die Kirche Schüler und Jugendliche tatsächlich organisatorisch zusammenfaßt", auch wenn ihnen eingeprägt werde, „daß sie unter allen Umständen anzugeben haben, sie seien keine kirchliche Jugendorganisation." Diese lediglich informell organisierten kirchlichen Jugendgruppen machten der FDJ zunehmend Konkurrenz. Hier bahnte sich ein Konflikt zwischen kirchlicher und staatlicher Jugendarbeit an, der in der ersten Hälfte der 1950er Jahre eskalieren sollte.

Fazit

Die Umgestaltung des Schulwesens in der sowjetischen Besatzungszone stellt für die höheren Schulen den tiefsten Einschnitt innerhalb des Untersuchungszeitraums dar. Weder im Übergang vom Kaiserreich zur Weimarer Republik noch mit der Etablierung des Dritten Reiches hatte es derartig gravierende Veränderungen gegeben. Während einige Maßnahmen einen völligen Bruch mit der Vergangenheit bedeuteten, stellten andere die Fortsetzung von in der NS-Zeit getroffenen

[177] Schreiben vom 4. 12. 1947, LHAS, 10.34–1, Nr. 481, Bl. 207.
[178] MfV, Schulabteilung, i. A. Dr. Müller, an SED-LL, Abt. Schule und Erziehung, 13. 12. 1947, LHAS, 10.34–1, Nr. 481, Bl. 211. Die beiden Briefe, in denen die Lehrerinnen denunziert werden, ebd., Bl. 205 f.
[179] SED, Kreisvorstand Rostock an Landesvorstand, Abt. Kultur und Erziehung, 12. 4. 1947, LHAS, 10.34–2, Nr. 224, Bl. 17.
[180] Schreiben vom 29. 4. 1949, LHAS, 10.34–1, Nr. 479, Bl. 148.
[181] Dieses und die folgenden Zitate aus SED-Landesleitung an ZS, 29. 4. 1949, LHAS, 10.34–1, Nr. 479, Bl. 148.

Entscheidungen dar. Darüber hinaus knüpfte man auch an Reformbemühungen aus der Weimarer Zeit an.

Schon in quantitativer Hinsicht war die Entnazifizierung der gravierendste Einschnitt. Die Auswechslung von nahezu allen führenden Mitarbeitern in der Volksbildungsverwaltung und etwa einem Drittel aller Lehrer an höheren Schulen stellte die Entlassungen im Zuge der NS-Machtergreifung und des Berufsbeamtengesetzes nicht nur zahlenmäßig vollkommen in den Schatten. Sie erschütterte auch das Vertrauen der Lehrer in die neuen Machthaber nachhaltig und führte dazu, dass diese nun nicht mehr für Privilegien und materielle Verbesserungen kämpften, sondern vorrangig auf den Erhalt des eigenen Arbeitsplatzes bedacht waren. Dies umso mehr, als in der von den Kriegsfolgen bestimmten Gesellschaft ohnehin die konkreten Lebensbedingungen und praktischen Alltagsprobleme im Vordergrund standen.[182]

Die erst nach der Entnazifizierung einsetzende Schulreform war hingegen in vielen Aspekten eine Fortsetzung von Entwicklungen aus den vergangenen Jahrzehnten. So spiegeln sich in der Errichtung der Einheitsschule sozialdemokratische Reformbemühungen der 1920er Jahre ebenso wider wie die nationalsozialistische Schulreform von 1938, die die Zahl der Schultypen reduzierte und die höhere Schullaufbahn von dreizehn auf zwölf Jahre verkürzte. Die Verstaatlichung aller Schulen und die Angleichung der Verhältnisse von städtischen und staatlichen Schulen setzten ebenfalls Entwicklungen aus der Zeit der Weimarer Republik fort. Mit der strikten Trennung von Staat und Kirche und dem Abbau von sozialen Bildungsprivilegien wurden wiederum alte sozialdemokratische Forderungen erfüllt. Gleiches gilt für die geplante Einführung einer universitären Ausbildung für die Volksschullehrer.

Ein entscheidender Unterschied zu den bisherigen Entwicklungen und Reformbestrebungen darf aber nicht übersehen werden: In der Weimarer Republik versuchten Liberale, Sozialdemokraten und Interessenverbände, ihre Forderungen auf dem Wege des demokratischen Willensbildungsprozesses durchzusetzen. Ihre Durchsetzungsfähigkeit war angesichts der politischen Konstellation in dieser Zeit begrenzt. Entsprechend langsam gingen die Reformen vonstatten – von Zeit zu Zeit waren auch Rückschritte hinzunehmen. In der SBZ wurden die Maßnahmen hingegen von der Besatzungsmacht in Zusammenarbeit mit der von ihr abhängigen Partei, der SED, beschlossen. Auf diese Weise wurden innerhalb von kurzer Zeit sehr weitreichende Reformen durchgesetzt, ohne dass die betroffenen Lehrer, Schüler und Eltern ein nennenswertes Mitspracherecht hatten. Vor diesem Hintergrund sind auch die Reaktionen der Lehrerschaft und ihr Umgang mit den von oben oktroyierten Veränderungen zu betrachten.

Für die Lehrer an höheren Schulen waren die Auswirkungen der Einheitsschulreform besonders gravierend. Zwar blieben die Institution der Oberschule und damit auch die Profession des Oberschullehrers erhalten. Doch verloren sie durch die Reduzierung der Oberschule auf vier Klassen nicht nur die Möglichkeit, eine ausgewählte Elite von Schülern schon ab einem frühen Zeitpunkt zu unterrichten,

---

[182] Ähnlich Kluchert, Oberschullehrer als Aktivist (1999), S. 236: Die berufliche Praxis der Lehrer war „noch für lange Zeit von den Bedingungen einer Nachkriegsgesellschaft" bestimmt.

sondern auch einen großen Teil der für sie zur Verfügung stehenden Stellen. Dies ist vor allem angesichts der Erfahrungen, die viele Oberschullehrer mit dem Stellenmangel in der Spätphase der Weimarer Republik gemacht hatten, von besonderer Bedeutung. Zudem büßte die höhere Schule ihre exklusive Stellung hinsichtlich des Zugangs zur Universität und damit zu akademischen Berufen ein, da die Hochschulreife fortan auch an anderen Einrichtungen und begleitend zur Berufsausbildung erworben werden konnte. Die starke Förderung der Arbeiter- und Bauernkinder und die Einführung von entsprechenden Quoten verringerte überdies die Chance, dass die Kinder von Oberschullehrern eine „bürgerliche" Berufslaufbahn einschlagen konnten. Die klassische Selbstrekrutierungsstrategie dieser Berufsgruppe war dadurch gefährdet.

2. Kriegsende und Besatzungszeit an den höheren Schulen in Schwerin und Rostock

a) Der äußere Zustand der Schulen: Materielle Not

Lehrer und Schüler

Die Lebens- und Arbeitsbedingungen waren in der unmittelbaren Nachkriegszeit in Schwerin und Rostock von großer materieller Not geprägt.[183] Diese betraf auch die Lehrer und Schüler der höheren Schulen. In Rostock hatten die verheerenden Bombenangriffe vom April 1942 große Teile des Wohnraums zerstört; Schwerin war von Luftangriffen zwar weitgehend verschont geblieben, doch durch die Unterbringung der in der SBZ „Umsiedler"[184] genannten Vertriebenen und Flüchtlinge – im August 1945 gut ein Drittel der knapp 100 000 Einwohner – war auch hier der Wohnraum äußerst knapp.[185] Hinzu kam, dass zahlreiche Häuser und Wohnungen von der Besatzungsmacht beschlagnahmt wurden – vor allem die gehobenen Unterkünfte des Bürgertums. Die Folge waren katastrophale Wohnverhältnisse für zahlreiche Lehrer, die wegen der Unterrichtsvorbereitungen und Korrekturen einen Großteil ihrer Arbeit zu Hause erledigen mussten. Die eigentlichen Besitzer der beschlagnahmten Häuser und Wohnungen mussten häufig noch für Miete und Unterhalt aufkommen und gerieten dadurch zusätzlich in finanzielle Bedrängnis.[186] Da die Wohnungen oft innerhalb von wenigen Stunden oder sogar Minuten geräumt werden mussten, blieb selten Zeit, Möbel oder Inventar mitzunehmen. Auch nahmen die neuen Bewohner oft wenig Rücksicht auf die vorhandene Einrichtung. So beklagte der Schweriner Oberschullehrer Gustav Allwardt im März 1947 nicht nur seine Wohnverhältnisse (zwei möblierte Zimmer, von denen eines im Winter nicht bewohnbar war) als „völlig ungeeignet",

---

[183] Zu den Lebensbedingungen in Schwerin nach 1945 vgl. anschaulich Kasten/Rost, Schwerin (2005), S. 222–229; zu Rostock vgl. Bohl, Kriegsende in Rostock (1995); Keipke, Stadt in der Nachkriegszeit (2004), S. 255–259. Siehe auch die literarische Darstellung bei Kempowski, Uns geht's ja noch gold (1999).
[184] Zum Umsiedlerbegriff vgl. Schwartz, „Vom Umsiedler zum Staatsbürger" (2000).
[185] Zahl nach Kasten/Rost, Schwerin (2005), S. 226.
[186] Fritz Becker, Bericht über seine Wohnverhältnisse, 7. 3. 1947, StASch, S 6, Nr. 73; Schreiben von Edmund Schroeder, 10. 3. 1947, StASch, S 6, Nr. 227.

sondern auch den Verlust seiner Bibliothek: „Bücher der Familie (750 Bde.) und alle Noten sind in früherer Wohnung verblieben und im vorigen Frühjahr im Garten verbrannt worden. Verlust sämtlicher fachwissenschaftlicher und pädagogischer Bücher."[187] Sein Kollege Strömer verlor „die mir unersetzliche Bücherei", die „von einem (deutschen) Lehrer in einem LKW abgeholt und nach unbekanntem Bestimmungsort weggefahren" worden sei.[188] Wer seine Wohnung nicht verlassen musste, bei dem wurden oft Flüchtlinge oder Angehörige der Besatzungsmacht einquartiert, was ebenfalls zu beengten Verhältnissen und damit zur Störung der Unterrichtsvorbereitung führte, wie ein Lehrer anmerkte: „Das Arbeitszimmer ist gegen das Quartier der russischen Familie nur durch eine Schiebetür abgeschlossen und gegen Geräusche, insbesondere gegen lautes Radiospiel, ganz ungeschützt." Daher sei seine Arbeitskraft „oft schweren Proben unterworfen."[189] Von dem Ziel, jedem Lehrer „ein besonderes Arbeitszimmer zu erhalten und wo nicht vorhanden, zu verschaffen", war man noch Ende 1949 weit entfernt.[190]

Der Verlust von Häusern und Wohnungen und die daraus resultierenden beengten Wohnverhältnisse bedeuteten nicht nur einen rein materiellen Verlust, sondern in den Augen der sich als bürgerlich verstehenden Lehrer auch eine Herabminderung ihres sozialen Status, der noch dazu in vielen Fällen nicht schicksalhaft durch Kriegseinwirkungen, sondern durch die misstrauisch beäugte Besatzungsmacht verursacht war. Wenn etwa ein Oberschullehrer über unzureichenden Wohnraum für sich und seine Frau klagte und dabei darauf verwies, dass „1 Zimmer als Wohn-, Schlaf-, Ess- und Arbeitszimmer" dienen müsse,[191] so zeugt dies weniger von einer extremen Notlage – vergleicht man sie etwa mit den Unterkünften zahlreicher Neulehrer auf dem Lande[192] – als vielmehr von den Vorstellungen eines Bildungsbürgers von einer standesgemäßen Unterbringung. Hier zeigt sich auch die in West- wie Ostdeutschland durch die materiellen Probleme der Nachkriegszeit hervorgerufene Angst vor dem sozialen Abstieg, die Teile der Akademikerschaft befürchten ließ, „daß die ‚Zeit der Stände' und die Zeit des Bürgertums, insbesondere des gebildeten Bürgertums, vorbei seien."[193]

Die Unterrichtsvor- und -nachbereitung wurde durch das Fehlen von Arbeitszimmer und Unterrichtsmaterialien stark beeinträchtigt. Im Mai 1947 stellte ein Revisionsbericht des Schulrates fest, dass die Berufsvorbereitung der Lehrer „durch das Fehlen ihrer eigenen wissenschaftlichen Bücherei erschwert" werde.[194] Besonders der Verlust von Büchern schmerzte viele Oberschullehrer. Sie sahen

---

[187] Bericht betr. Wohnung, 7. 3. 1947, StASch, S 6, Nr. 63.
[188] Paul Strömer an den Rektor der Oberschule für Jungen Schwerin, 13. 3. 1947, StASch, S 6, Nr. 238.
[189] Schreiben von Edmund Schroeder, 10. 3. 1947, StASch, S 6, Nr. 227.
[190] Protokoll über die am 29. und 30. Oktober 1949 durchgeführte Schulbegehung an der Goethe-Oberschule in Rostock, o. D., LHAS, 6.11–21, Nr. 4180.
[191] Personalangaben von Fritz Becker, 18. 11. 1946, StASch, S 6, Nr. 73. Ein anderer Kollege bezeichnete seine Wohnverhältnisse („2 Zimmer à 20 qm für 3 Personen") als „dürftig". Undatierter Fragebogen (vermutlich 1947), StASch, S 6, Nr. 235.
[192] Vgl. dazu die drastischen Beispiele von Lehrern, die „auf Heuböden, in Speisekammern, Korridoren, Lattenverschlägen usw. wohnen", bei Hohlfeld, Neulehrer (1992), S. 339.
[193] Siegrist, Ende der Bürgerlichkeit? (1994), S. 567. Vgl. auch Wehler, Gesellschaftsgeschichte 1949–1990 (2008), S. 142.
[194] Schulrat Jarmer, Revisionsbericht zur Oberschule für Jungen Schwerin, Mai 1947, LHAS, 6.11–21, Nr. 1314, Bl. 45–51, hier Bl. 45. An gleicher Stelle wird auch auf die beschränkten Wohnverhältnisse vieler Lehrer hingewiesen.

sich dadurch der Grundlage für die von ihnen als wissenschaftlich verstandene berufliche Tätigkeit beraubt. Die als willkürlich wahrgenommene Beschlagnahmung von Wohnraum und der oft rohe Umgang der neuen Bewohner mit Ausstattung und Inventar führten bei vielen Betroffenen zu Verbitterung und verstärkten das Misstrauen gegenüber der Besatzungsmacht und der von ihr protegierten SED. Diese Erfahrungen wirkten oft sehr lange nach. So heißt es in der Abschlussbeurteilung eines im Herbst 1956 in den Ruhestand tretenden Oberschullehrers: „Durch den Verlust seines Hauses und dessen Einrichtung im Jahre 1945 war Koll[ege] Becker stark verbittert und wies im ablaufenden Schuljahr öfter darauf hin, daß er nur wenig Vertrauen zum Staat habe."[195]

Neben dem Wohnraummangel war, wie bei einem Großteil der Stadtbevölkerung, vor allem die Versorgung der Lehrer mit Bekleidung und Lebensmitteln mangelhaft, worunter „Stimmung und Arbeitskraft" litten.[196] Flüchtlingslehrer traf es besonders hart, wie der Hilferuf eines aus Königsberg nach Schwerin gekommenen Lehrers zeigt, der *dringend Bettwäsche*, Schuhe, Anzug, Mantel, *Socken* und Strümpfe, Stopfwolle und Nähbedarf" benötigte.[197] Auch mangelte es vielen Lehrern an ausreichendem Schuhwerk. Im Herbst 1949 verfügte ein Viertel der Lehrer der Schweriner Oberschule über keine winterfesten Schuhe.[198] Die prekäre Ernährungslage und die Auswirkungen von Krieg und Vertreibung hatten einen hohen Krankenstand unter der Lehrerschaft zur Folge.[199] Unterrichtsausfall, ständig wechselnde Vertretungen und Zwang zur permanenten Improvisation waren die Konsequenz.[200] Allein im Schuljahr 1948/49 fielen an der Schweriner Oberschule für Jungen sechs Lehrer insgesamt 32 Wochen wegen längerfristiger Erkrankungen aus.[201] Auch der Gesundheitszustand der Schüler war schlecht. An der Schweriner Oberschule für Mädchen waren beispielsweise im Laufe des Schuljahres 1946/47 fünf Fälle von Lungengefährdung und 14 Fälle sonstiger schwerer Erkrankung aufgetreten; viele Schülerinnen hatten infolge des Hungerwinters 1946/47 stärkere Gewichtsverluste erlitten.[202] An der Oberschule für Jungen war ein „erheblicher Teil" der Schüler unterernährt, was zu vorzeitigen Ermüdungserscheinungen führte.[203] In Rostock hieß es gut ein Jahr später, dass der „allgemeine Gesundheitszustand der Schüler [...] sich in der letzten Zeit sehr

---

195 Abschlussbeurteilung von Fritz Becker, 13. 10. 1956, StASch, S 6, Nr. 73.
196 Schulrat Jarmer, Revisionsbericht zur Oberschule für Jungen Schwerin, Mai 1947, LHAS, 6.11–21, Nr. 1314, Bl. 45–51, hier Bl. 45.
197 Undatierter Fragebogen (vermutlich 1946), StASch, S 6, Nr. 150 (Hervorhebung im Original).
198 FDNS, Protokoll über die Schulbegehung am 30. 10. 1949, LHAS, 6.11–21, Nr. 4183.
199 Ein Lehrer der Schweriner Oberschule bezeichnete seinen Gesundheitszustand als „infolge starker Unterernährung ganz unzureichend" und beantragte nach einem „bedenklichen Herzschwächeanfall" im August 1947 einen zweiwöchigen Erholungsurlaub. Der 55-jährige wog zu diesem Zeitpunkt nur 53 Kilogramm. Undatierter Fragebogen (1946 oder 1947); Schreiben an den Kreisschulrat Schwerin über Rektor Gernentz, 4./5. 9. 1947, StASch, S 6, Nr. 227.
200 Vgl. die zahlreichen entsprechenden Einträge in den Mitteilungsbüchern des Gymnasiums Fridericianum und der Oberschule für Jungen, Schuljahr 1945/46 und 1946/47, StASch, S 6, Nr. 958 bzw. Nr. 338.
201 Oberschule für Jungen Schwerin, Schulchronik 1948/49, StASch, S 6, Nr. 805. Hinzu kamen sechs weitere Wochen Ausfall wegen der Teilnahme von Lehrern an Fortbildungskursen.
202 Bericht über die Revision der Oberschule für Mädchen Schwerin, Mai 1947, LHAS, 6.11–21, Nr. 1314, Bl. 36–38, hier Bl. 37.
203 Bericht über die Besichtigung der Oberschule für Jungen Schwerin, Mai 1947, LHAS, 6.11–21, Nr. 1314, Bl. 52–56.

verschlechtert" habe. „Mehr Nahrung und bessere Kleidung" würden daher benötigt.[204]

Schulgebäude und Inventar

Gravierender noch als die materiellen Probleme der Lehrer und Schüler wirkten sich die Zerstörungen und Verluste von Schulgebäuden und Inventar auf den Unterrichtsalltag der ersten Nachkriegsjahre aus. Von größeren Zerstörungen durch Bombenangriffe waren die Gymnasien in Rostock und Schwerin verschont geblieben, doch wurden die Gebäude zum Teil zweckentfremdet. Das Fridericianum diente den ganzen Sommer über als Lazarett;[205] in den Räumlichkeiten der Großen Stadtschule wurden ab Ende April 1945 Flüchtlinge untergebracht, offenbar unter unvorstellbaren hygienischen Bedingungen, denn Direktor Neumann merkte im Rückblick an, dass wahrscheinlich „der von den Flüchtlingen hinterlassene Schmutz" die Schule vor einer vollständigen Belegung mit sowjetischen Truppen bewahrt habe.[206] Bei Beginn des Unterrichts im Oktober 1945 konnten die Gebäude wieder zu schulischen Zwecken eingesetzt werden, wurden aber zusätzlich mit anderen Schulen und Ausbildungseinrichtungen belegt. In die Räume der Großen Stadtschule Rostock zogen nicht nur die beiden anderen höheren Jungenschulen der Stadt ein (Schule bei den sieben Linden und Blücherschule), mit denen das Gymnasium später zusammengelegt wurde, sondern auch die Knabenmittelschule.[207] Schichtunterricht war hier deshalb ebenso notwendig wie am Schweriner Gymnasium, in dessen Gebäude neben den übrigen Oberschulen der Stadt eine Knabenschule, die Volkshochschule (abends) sowie ab Anfang 1946 ein Lehrerausbildungskurs untergebracht waren. Zunächst standen dem Gymnasium nur vier, nach der Zusammenlegung mit den beiden Oberschulen für Jungen 15 von ursprünglich 21 Klassenräumen zur Verfügung. Räume für Lehrmittel, Direktion und Verwaltung sowie ein Konferenzzimmer fehlten ganz.[208] Verschärft wurden die Raumprobleme durch die starke Zunahme der Schülerzahlen infolge von Flucht und Vertreibung: „In einem Lande, dessen Bevölkerung sich verdoppelt hat, müssen auch die Schulräume zu klein werden", stellte ein Bericht der Arbeitsgemeinschaft „Freunde der neuen Schule" mit erfrischender Nüchternheit fest.[209]

Stark in Mitleidenschaft gezogen waren die Einrichtung, die Bibliotheken und die Sammlungen der Schulen. In Rostock hatten Unbekannte aus den Schulräu-

---

[204] Gahler, Vorsitzender der Betriebsgruppe Lehrer, Bericht über Rostocker Schulen, 5. 7. 1948, LHAS, 10.34-2, Nr. 224, Bl. 29.

[205] Wilhelm Gernentz, Chronik des Gymnasiums Fridericianum im letzten Jahre seines Bestehens 1945/46, StASch, S 6, Nr. 805.

[206] Walther Neumann, Bericht über das Schuljahr 1944/45, o.D. (Sommer 1945), AHRO, 1.1.21.1, Nr. 453.

[207] Große Stadtschule (Gymnasium) Rostock, Neumann, an staatliche Schulaufsicht Rostock-Stadt, Zeitplanmeldung für das Gymnasium, 20. 5. 1946, AHRO, 2.1.7, Nr. 57.

[208] Wilhelm Gernentz, Chronik des Gymnasiums Fridericianum im letzten Jahre seines Bestehens 1945/46, StASch, S 6, Nr. 805; Schulrat Jarmer, Revisionsbericht zur Oberschule für Jungen Schwerin, Mai 1947, LHAS, 6.11–21, Nr. 1314, Bl. 45–51, hier Bl. 45; Regierungsdirektor Wernicke, Bericht über die Besichtigung der Oberschule für Jungen in Schwerin, Mai 1947, LHAS, 6.11–21, Nr. 1314, Bl. 52–56, hier Bl. 53.

[209] FDNS, Sekretariat für Mecklenburg, Vorauswertung des sachlichen Ergebnisses der Schulbegehung am 30. 10. 1949, 18. 11. 1949, LHAS, 6.11–21, Nr. 4166.

men Stühle und Tische, physikalische Apparate, sämtliche Turn- und Sportgeräte sowie aus der Aula wertvolle Kunstwerke verschleppt.[210] In Schwerin waren die „wertvollsten Geräte und Chemikalien [...] weggeführt worden"; von den „ehemals sehr umfangreichen und wertvollen" Lehrmittelsammlungen ging ein „grosser Teil" verloren.[211] Der materielle Mangel war zwar in erster Linie den Kriegszerstörungen und dem Nachkriegschaos geschuldet, wurde aber verstärkt durch die Prioritäten, die zugunsten der Kommunisten gesetzt wurden. So ordnete der Schweriner Oberbürgermeister Ende 1945 die Ablieferung von Schulbänken binnen 24 Stunden für die Einrichtung einer politischen Schule der KPD an, wobei „Fehlanzeige verboten" war.[212] Ein Lehrer aus Strelitz beklagte in einem Schreiben an die Schulverwaltung die „Uninteressiertheit weiter Schichten der Bevölkerung" und der Behörden an schulischen Belangen. Diese sei zusammen mit dem Fehlen von Lehr- und Lernmitteln die Hauptursache für die „bei der Schuljugend in [...] Erscheinung tretende Disziplinlosigkeit [und] Ungezogenheit".[213] Insgesamt, so resümierte Regierungsdirektor Wernicke vom Ministerium für Volksbildung (MfV) im Mai 1947, seien die „Raum- und Lehrmittelnöte der Oberschule [...] so erheblich, dass sie die Erreichung der Unterrichtsziele stark behindern, im naturwissenschaftlichen Unterricht sogar unmöglich machen."[214] Die Verhältnisse besserten sich nur sehr langsam. In den Grund- und Oberschulen Rostocks fehlten Anfang 1948 etwa 20000 Schulbücher; der Papiermangel erschwerte die Versorgung mit Schulheften.[215] Im Herbst 1949 fehlten an der Schweriner Goethe-Schule „100 zweisitzige Schulbänke [...], 19 Kartenständer, 8 Zeigestöcke, 30 Stühle, 6 Tische, 40 Wandtafeln, 40 Schwämme".[216] Häufiger Grund zur Klage waren auch fehlende Glühbirnen und Stromabschaltungen, die zu einer Verkürzung des Nachmittagsunterrichts führten.[217] Mangel an Brennstoffen sorgte ebenfalls oft für Unterrichtsausfall: Im Schuljahr 1946/47 etwa wurden wegen des harten Winters die Weihnachtsferien bis zum 20. Januar verlängert;[218] die Schüler wurden unter Leitung ihrer Klassenlehrer zum Schlagen von Brennholz einge-

---

[210] Walther Neumann, Bericht über das Schuljahr 1944/45, o.D. (Sommer 1945), AHRO, 1.1.21.1, Nr. 453.

[211] Dr. Große Kreul, Revision der Schweriner Oberschulen vom 18. bis 29. 4. 1947, LHAS, 6.11–21, Nr. 1314, Bl. 9; Regierungsdirektor Wernicke, Bericht über die Besichtigung der Oberschule für Jungen in Schwerin, Mai 1947, LHAS, 6.11–21, Nr. 1314, Bl. 52–56, hier Bl. 53; Oberschule für Jungen Schwerin, Schulchronik 1947/48, StASch, S 6, Nr. 805.

[212] Oberbürgermeister Seitz an die Schweriner Schulverwaltung, 14. 12. 1945, StASch, R 31, Nr. 156. Der seit dem 1. Dezember amtierende Seitz war für seinen autoritären Führungsstil bekannt. Vgl. Kasten/Rost, Schwerin (2005), S. 232.

[213] W. Harz, Strelitz, Schreiben betr. Schulzucht, 10. 7. 1946, LHAS, 6.11–21, Nr. 1264.

[214] Bericht über die Besichtigung der Oberschule für Jungen in Schwerin, Mai 1947, LHAS, 6.11–21, Nr. 1314, Bl. 52–56, hier Bl. 53.

[215] Schulaufsicht Rostock-Stadt, Entwicklung des Rostocker Schulwesens seit 1945, 19. 3. 1948, AHRO, 2.1.7, Nr. 15.

[216] FDNS, Protokoll über die Schulbegehung am 30. 10. 1949, 30. 10. 1949, LHAS, 6.11–21, Nr. 4183.

[217] MfV, Referat Oberschulen, Revision der Oberschule für Jungen Schwerin, 4. 11. 1946, LHAS, 6.11–21, Nr. 1317, Bl. 1–9, hier Bl. 1; FDNS, Sekretariat für Mecklenburg, Zusammenfassender Bericht über die Schulbegehung am 30. 10. 1949 in der Stadt Schwerin, 25. 11. 1949, LHAS, 6.11–21, Nr. 4183; Große Stadtschule I und II Rostock, Protokoll über die Schulbegehung am 30. 10. 1949, o. D., LHAS, 6.11–21, Nr. 4180.

[218] Oberschule für Jungen, Mitteilungsbuch 1946/47, StASch, S 6, Nr. 958. Dies war allerdings nicht nur in Mecklenburg der Fall, sondern in allen Besatzungszonen. Vgl. Oyen, Zeitgeist und Bildung (2005), S. 108.

setzt.[219] Angesichts dieser Zustände appellierte der Landtagsabgeordnete und Rektor der Rostocker Universität, Professor Rienäcker, im Juni 1949 an die Selbstverwaltungsorgane und die gesamte Bevölkerung, „alles zu tun, was irgendwie nur mit den Mitteln und den Möglichkeiten der betreffenden Kreise, Städte usw. vereinbart werden kann", um die materielle Lage der Schulen, Schüler und Lehrkräfte zu verbessern.[220] Die Norddeutsche Zeitung sah im April 1949 die Schulverwaltung in der Pflicht: Zwar sei in letzter Zeit an „anerkennenden Worten" für die Leistungen aller Rostocker Schulen „kein Mangel" gewesen. Die beste Anerkennung aber wäre es, „wenn recht bald die Geldmittel und Baustoffe bewilligt würden, um die durch den Krieg verursachte Raumnot der Rostocker Schulen durch Neu- und Erweiterungsbauten zu überwinden".[221]

b) Der innere Zustand der Schulen: Ein „geistiges Trümmerfeld"

Für die meisten Menschen standen unmittelbar nach Kriegsende „die elementaren Aufgaben der Ernährung und Kleidung im Vordergrund", so Walter Schroeder, Lehrer am Schweriner Fridericianum. Hand in Hand damit müsse aber „die geistige, sittliche und politische Erneuerung" gehen.[222] Dies galt auch für die Schulen, denn nicht nur die materiellen Bedingungen für den Unterricht waren 1945 katastrophal, auch der innere Zustand der Schulen war desolat: „Denn am Ende der 12 Jahre nationalsozialistischer Herrschaft", so der Rostocker Oberstudiendirektor Walther Neumann, „stehen wir vor einem Trümmerhaufen des gesamten deutschen Bildungswesens."[223] Auf welche Weise sollte der Wiederaufbau erfolgen? An den höheren Schulen traf das von den Nationalsozialisten ausgehöhlte, von vielen Philologen aber nach wie vor verfochtene humanistische Bildungsideal auf die Vorstellungen der neuen Machthaber von einer völligen Umgestaltung des Schulaufbaus und der Unterrichts- und Bildungsinhalte. Wenn auch zu diesem frühen Zeitpunkt noch keine sozialistische Erziehung gefordert wurde, war doch eine Rückkehr zu den Unterrichtsinhalten und -methoden der Weimarer Repu-

---

[219] Oberschule für Jungen Schwerin, Konferenzbuch 1946–1948, Protokoll vom 23. 1. 1947, StASch, S 6, Nr. 338, S. 156 f.
[220] Erster Landtag des Landes Mecklenburg, Wahlperiode 1946/49, Bericht der 47. Sitzung vom 2. 6. 1949, zitiert nach Akten und Verhandlungen des Landtags Mecklenburg 1946–1952 I.2 (1992), Sp. 1870. Siehe auch den Artikel *Sorgt für unsere Schulen* in der Landeszeitung, o. D. (Juni 1949), überliefert in LHAS, 6.11–21, Nr. 4183. Konkret genannt wurden in dem der Rede zugrundeliegenden Antrag die „Instandsetzung des vorhandenen Schulraumes und die Schaffung neuer Unterbringungsmöglichkeiten, die Beschaffung von ausreichendem Heizmaterial für den Winter, die Unterstützung hilfsbedürftiger Jugendlicher mit Textilien und Schuhen, Beschaffung von geeignetem Lehrmaterial u. a. mehr."
[221] *Vorbildliches Rostocker Schulwesen*, in: Norddeutsche Zeitung, 23. 4. 1949.
[222] „Erziehungsmethoden und Unterricht in der demokratischen Schule", Vortrag, Oberschule für Jungen Schwerin, Konferenzbuch 1945/46, Protokoll vom 28. 3. 1946, StASch, S 6, Nr. 338, S. 130 f.
[223] Bericht über das Schuljahr 1944/45, o. D. (Sommer 1945), AHRO, 1.1.21.1, Nr. 453. Ganz ähnlich die Beschreibung von Neumanns Schweriner Kollegen Gernentz mit einem Jahr Abstand: „Bei Wiederaufnahme des Unterrichts im Oktober 1945 standen wir auch in der Schule auf einem geistigen und politischen Trümmerfeld." Ansprache auf dem Elternabend des Gymnasiums am 1. 7. 1946, StASch, S 6, Nr. 805. Zwanzig Jahre später wiederholten Lehrer der Schweriner Goethe-Schule im Rückblick die Formulierung vom „materiellen und geistigen Trümmerhaufen". Prehn/Buxnowitz/Koch, 20 Jahre demokratische Schulreform (1966), S. 8.

blik für die maßgeblichen deutschen und sowjetischen Bildungspolitiker nicht denkbar – von einer Fortsetzung der nationalsozialistischen Erziehung ganz zu schweigen: So warnte der Dekan der pädagogischen Fakultät der Berliner Humboldt-Universität, Wilhelm Heise, 1946 davor, die Zeit des Nationalsozialismus einfach zu überspringen, da in der Zeit vor 1933 eben jene Momente lägen, die zum „Hitlerismus" geführt hätten: „Lehrgut, Geist und Organisation des Schulwesens wie Haltung der Lehrer waren so, daß sie dem Sieg des Faschismus keinen Widerstand boten, ja ihn ermöglichten, wenn sie ihn nicht sogar weithin vorbereitet hatten".[224] Wie aber standen die Betroffenen selbst, die Lehrer, unter denen eine Ablehnung der NS-Schulpolitik selbstverständlich ebenfalls Konsens war, dazu? Um diese Frage zu beantworten, ist zunächst eine Betrachtung darüber sinnvoll, welches Bild von der eigenen Vergangenheit und welche Vorstellung von der Zukunft der höheren Schule die Lehrer unmittelbar nach dem Ende der NS-Herrschaft hatten.

Blick in die Vergangenheit: Der Umgang mit dem Nationalsozialismus

„Das deutsche Volk lebt in der Zeit der Umwertung aller seiner Werte. Nach dem Zusammenbruch der wahnwitzigen Kriegspolitik des Nationalsozialismus, die es in eine Niederlage ohne Beispiel und in das tiefste Elend stürzte, ersteht dem Volke die schwere Aufgabe, auf den Trümmern an einen neuen Aufbau zu gehen. Die Schule, eingebettet in den sozialen und politischen Organismus des Volkes, wird ihre Wege und Ziele nach diesem Aufbau ausrichten müssen, um zu ihrem Teil zu der kulturellen Wiedergeburt Deutschlands beizutragen."[225]

So beginnt der Aufsatz „Die Nachwirkung des Nazismus in unseren Schulen", den die Lehrerkonferenz am Gymnasium Fridericianum im Dezember 1945 diskutierte.[226] Wie fast überall in Deutschland wurden die totale Kriegsniederlage und das Ende des Dritten Reiches auch hier in erster Linie als Katastrophe für das eigene Land und seine Bevölkerung wahrgenommen. Eine ähnliche Einstellung zeigt der Rostocker Oberstudiendirektor Neumann, der im Angesicht der Niederlage von dem „über unsere Heimat hereingebrochenen Unglück[]"[227] sprach und seine Trauer über die zahlreichen Kriegsopfer unter den ehemaligen Schülern der Großen Stadtschule nicht auf die individuellen Schicksale, sondern auf das Deutsche Volk als Ganzes bezog. Seine Ausdrucksweise mutet geradezu völkisch an: „Welch ein Aderlaß am Volkskörper, der das Blut der denkenden Köpfe, der 13 Jahre lang verspotteten ‚Intelligenz' verströmen ließ!"[228] Der zweite Teil des Satzes deutet schon an, was im Mittelpunkt des Rückblicks beider Schulen auf die eigene Rolle im Dritten Reich steht: Die Betonung des Gegensatzes zwischen dem von den Philologen postulierten humanistischen Bildungsideal, ja akademischer Bil-

---

[224] Artikel in: dns, 1. Jg., 1946, Nr. 4, S. 127, zitiert nach Wiegmann, Antifaschistisches Argument (1995), S. 136.

[225] „Die Nachwirkung des Nazismus in unseren Schulen", Mskr., Dezember 1946, StASch, S 6, Nr. 805. Welcher der Lehrer den Aufsatz verfasst hat, ließ sich nicht ermitteln.

[226] Gymnasium Fridericianum, Mitteilungsbuch 1945/46, Eintrag vom 14. 12. 1945, StASch, S 6, Nr. 958.

[227] Walther Neumann, Nachruf auf OStDir Helmuth Gaedt, AHRO, 1.1.21.1, Nr. 453.

[228] Walther Neumann, Bericht über das Schuljahr 1944/45, o.D. (Sommer 1945), AHRO, 1.1.21.1, Nr. 453.

dung überhaupt, und der nationalsozialistischen Ideologie sowie die Darstellung der humanistischen Gymnasien als Opfer des Nationalsozialismus.

Der „Nazismus mit seiner Lehre vom Herrenmenschentum", so der neue Schweriner Rektor Wilhelm Gernentz in einer Ansprache auf einem Elternabend ein Jahr nach Kriegsende, habe „kein Verständnis für das Erziehungsideal der Humanität" gehabt und daher drei Viertel der humanistischen Gymnasien in Deutschland in „reale Oberschulen verwandelt."[229] Die übrig gebliebenen Anstalten, „so auch besonders fühlbar unser Schweriner Gymnasium, war[en] dem dauernden Mißtrauen der führenden Nazisten ausgesetzt." Drastisch rückläufige Schülerzahlen seien die Folge gewesen. Gernentz' Rostocker Kollege Neumann beklagte, das Hitlerregime habe „mit seiner Politisierung der Jugend und der Verächtlichmachung des sogenannten Intellektualismus der ruhigen Arbeit der Schule den Boden entzogen."[230] Dieser Viktimisierung steht eine verklärende Schilderung der Situation der Gymnasien *vor* der Machtübernahme durch die Nationalsozialisten gegenüber: „Das Gymnasium war um 1930 den Gefahren, die von Seiten seiner Gegner drohten, entronnen und befand sich in einem von hohem Idealismus getragenen neuen Aufschwung." Vor dem Hintergrund der Endzeitstimmung, die in den letzten Jahren der Weimarer Republik unter einem Großteil der Philologen herrschte,[231] wirkt diese Einschätzung wenig glaubwürdig. Ebenfalls idealisiert dargestellt wird die höhere Schulbildung dieser Zeit, die „weder in chauvinistische noch nationalistische Fesseln gezwängt" gewesen sei[232] – was in dieser Pauschalisierung sicherlich falsch ist. Gänzlich fehlt schließlich in allen Rückblicken auf die NS-Vergangenheit der Schulen eine Reflexion der Mitverantwortung des eigenen Berufsstandes – sei es auf allgemeiner oder auf individueller Ebene – für das nationalsozialistische Erziehungssystem.[233] Jegliche Schuld wird auf die Partei, die Hitlerjugend, andere außerschulische Institutionen oder die Schulverwaltung geschoben. So heißt es bei Neumann:

> „Versetzungen und Prüfungen standen unter der ständigen Gefahr des Eingreifens der Parteistellen, und nur mit tiefer Beschämung kann ein pflichtbewußter Schulmann an das sich in Beschwerde äußernde Denunziantentum wie an die würdelosen Entscheidungen der höheren Schulbehörden zurückdenken, die vor jedem Stirnrunzeln eines HJ.-Führers oder Kreisleiters zusammenknickten."[234]

Die Frage, ob es tatsächlich nur die Verwaltungsbeamten waren, die „einknickten", und ob alle Lehrer in seinem Sinne „pflichtbewusst" handelten, stellte Neu-

---

[229] Dieses und das folgende Zitat aus der Ansprache vom 1. 7. 1946, StASch, S 6, Nr. 805.
[230] Walther Neumann, Bericht über das Schuljahr 1944/45, o. D. (Sommer 1945), AHRO, 1.1.21.1, Nr. 453. Hieraus auch das folgende Zitat.
[231] Vgl. dazu Kap. II.3.; Jarausch, Unfree Professions (1990), S. 78–92.
[232] „Die Nachwirkung des Nazismus in unseren Schulen", Mskr., Dezember 1946, StASch, S 6, Nr. 805.
[233] Wiegmann, Antifaschistisches Argument (1995), S. 132 f., konstatiert dies auch für die allgemeine erziehungswissenschaftliche Diskussion der frühen Nachkriegszeit: „Über die spezifische Verantwortung deutscher Pädagog(inn)en nachzudenken war im Falle der generellen Delegierung der Schuld an die zweifelsfrei Hauptschuldigen zwar nicht ausgeschlossen, aber auch nicht zwingend. Die Lehrer träfe allerhöchstens nicht mehr oder weniger Schuld ‚am Geschehen der vergangenen 12 Jahre', ‚wie jeden Deutschen'."
[234] Walther Neumann, Bericht über das Schuljahr 1944/45, o. D. (Sommer 1945), AHRO, 1.1.21.1, Nr. 453.

mann nicht. In der Abhandlung über die „Nachwirkung des Nazismus" ist allgemein vom „Lehrer" die Rede, der „voll Verantwortungsbewußtsein für die ihm anvertraute Jugend seines Amtes waltete" und deshalb nur „mit Bitterkeit" auf die NS-Zeit zurückblicken könne.[235] Ein einziges Mal nur erwähnt der Text die Rolle der Lehrer: So ist davon die Rede, dass die NS-Ideologie von der „Staatspropaganda" und der Hitlerjugend, aber „auch von den Lehrern mitten in die Jugend hineingetragen" worden sei; ihre Verantwortung wird allerdings gleich mit dem Nachsatz relativiert, dass dies „mittels des zurechtgeschnittenen Lehrstoffes" geschehen sei.

Umso ausführlicher werden die negativen Auswirkungen des Nationalsozialismus auf die Unterrichts- und Erziehungsarbeit geschildert. Neben der nationalsozialistischen Erziehungsideologie, die an die Stelle der „inneren Freiheit" die „seelische Vergewaltigung" gesetzt und „Rassenhaß, die Lehre vom Blut und Boden und die Forderung des Lebensraumes" gepredigt habe, wurde vor allem die Herabsetzung des Bildungsniveaus beklagt: Mit der Verkürzung der Schulzeit auf acht Jahre seien die Leistungsziele der höheren Schule „immer mehr verwässert" worden, so dass die Schüler abgingen, „ohne geistig ausgereift zu sein und ernsthafte geistige Arbeit kennen gelernt zu haben."[236] Verantwortlich gemacht wurden dafür in erster Linie die Eingriffe von außerschulischen Organisationen und Institutionen, insbesondere der Hitlerjugend:

„Die wissenschaftliche Bildung, die Ruhe, Sicherheit des Urteils und Klarheit bedeutet, sank zu nie gekannter Tiefe. Freilich rief man nach Leistung: ‚Die Leistungen der Höheren Schule dürfen nicht absinken!' Aber man nahm ihr das neunte Schuljahr, man führte zwei arbeitsfreie Nachmittage ein, man rief die Jugend zu wochen- oder monatelanger Schulung bald in dieses, bald in jenes Lager, man entzog mit allen möglichen Sammlungen oder Dienstleistungen den Jugendlichen dem Unterricht, man berief schließlich Kinder nach dem siebenten Schuljahr zu den Waffen!"[237]

Walther Neumann, der die Position der Hitlerjugend an der Schule schon während des Dritten Reiches kritisch beäugt hatte, sah im Rückblick seine Ende des Schuljahres 1933/34 vorsichtig geäußerten Bedenken bestätigt:

„Die HJ. [...] hat die allgemeine Propaganda gegen das ‚Wissen' zu einer Opposition gegen Schule und Lehrer weitergeführt und so die alte Lebensgemeinschaft der Schule zerstört. Die Schüler standen in dem unablässig[en] Konflikt zwischen den Forderungen der Eltern und der Schule und dem totalen Anspruch der HJ. Für das ruhige Gleichmaß der täglichen Schul- und Hausarbeiten war kein Platz mehr. Arbeitsfreie Nachmittage, wochenlange Lehrgänge, Befreiungen bei geringfügigsten Anlässen impften den meisten Schülern die Ueberzeugung von der gänzlichen Unwichtigkeit der Schule ein."[238]

Die Folge dieses Erziehungssystems für die jetzige Schülergeneration sei ein Mangel an allgemeiner Bildung, an Fachwissen, ja selbst an Elementarwissen. Die

[235] „Die Nachwirkung des Nazismus in unseren Schulen", Mskr., Dezember 1946, StASch, S 6, Nr. 805. Hieraus auch die folgenden Zitate.

[236] Walther Neumann, Bericht über das Schuljahr 1944/45, o.D. (Sommer 1945), AHRO, 1.1.21.1, Nr. 453.

[237] „Die Nachwirkung des Nazismus in unseren Schulen", Mskr., Dezember 1946, StASch, S 6, Nr. 805.

[238] Walther Neumann, Bericht über das Schuljahr 1944/45, o.D. (Sommer 1945), AHRO, 1.1.21.1, Nr. 453.

„Anbetung der Autorität ohne selbständiges eigenes Urteil", die Belastung mit „unverdautem, z.T. falschem, z.T. unbewiesenem Wissensstoff" habe bei der Jugend zu einem „teilweise[n] oder völlige[n] Schwinden der kritischen Urteilskraft" geführt."[239] Bei Kriegsende verstanden es die Schüler „nicht mehr, geistig zu arbeiten; Gedächtnisschulung und logisch klares Denken waren vernachlässigt, die Phrase hatte weitgehend die selbsterarbeitete Kenntnis verdrängt."[240] Der Rostocker Oberstudiendirektor Neumann fürchtete angesichts dieser Bildungsverhältnisse der Schuljugend – und angesichts der zahlreichen Kriegsopfer unter den Angehörigen des akademischen Nachwuchses – unmittelbar nach Kriegsende um die Zukunft des Gymnasiums: „Mit tiefer Sorge denken wir an den mangelnden Nachwuchs in den akademischen Berufen, besonders im Philologenberuf, mit dem die höhere Schule steht und fällt."[241] Hier geht es um die Erhaltung jener Institution, die in der Vergangenheit die Reproduktion des eigenen Standes garantiert hatte und die, so hoffte zumindest Neumann, auch in Zukunft als Rekrutierungsstätte für das Bildungsbürgertum dienen sollte. Die akademische Bildung der Jugend, so Neumann weiter, sei die Voraussetzung dafür, „einen Weg aus der Tiefe der Schmach [zu] finden." Denn: „Nur mit geistigen Waffen werden wir die Freiheit wiedererkämpfen können."

Wenige Monate später wurden vor dem Hintergrund des beginnenden demokratischen Wiederaufbaus andere Prioritäten gesetzt. Der bereits zitierte Aufsatz über die „Nachwirkung des Nazismus" erwähnt zwar auch die fachlichen Defizite der Schüler, betont aber vor allem die aus der Indoktrination der NS-Zeit resultierende „skeptische [...] Haltung" und innere Unsicherheit der Jugend. Daher werde diese „sofort mißtrauisch, sobald sie ‚Propaganda' wittert."[242] Wilhelm Gernentz sprach im Sommer 1946 davon, dass die Schüler nach den „trüben Erfahrungen mit den ihnen aufgezwungenen nazistischen Lehren" politischen Fragen gegenüber zunächst „mißtrauisch oder wenigstens indolent" seien.[243] Für eine neue politische Erziehung, und sei es im „demokratischen" Sinne – was auch immer das in der SBZ heißen mochte –, war das keine günstige Voraussetzung. Um sie dennoch zu ermöglichen, müsse „‚Überzeugen', nicht bloß ‚überreden'" die Devise sein: „Langsam arbeiten, nicht überstürzen, Diskussion frei!" Ein Eingreifen außerschulischer Organisationen – wie in der NS-Zeit – sei unbedingt zu vermeiden, denn die „[p]olitische Erziehung der Jugend ist Sache der vom Staat geleiteten Schule."[244] Die Betonung gerade dieser problematischen Folgen der NS-Erziehung zeigt, dass Gernentz ein Jahr nach Kriegsende die neuen Zielsetzungen der Schule, auch der höheren Schule, bereits verinnerlicht hatte. Diese sind deutlich weiter gefasst, als sie ein Jahr zuvor von Neumann formuliert wurden. Mit

---

239 „Die Nachwirkung des Nazismus in unseren Schulen", Mskr., Dezember 1946, StASch, S 6, Nr. 805.
240 Ansprache des Rektors auf dem Elternabend des Gymnasiums am 1. 7. 1946, StASch, S 6, Nr. 805.
241 Walther Neumann, Bericht über das Schuljahr 1944/45, o.D. (Sommer 1945), AHRO, 1.1.21.1, Nr. 453. Hieraus auch die folgenden Zitate.
242 „Die Nachwirkung des Nazismus in unseren Schulen", Mskr., Dezember 1946, StASch, S 6, Nr. 805.
243 Ansprache des Rektors auf dem Elternabend des Gymnasiums am 1. 7. 1946, StASch, S 6, Nr. 805.
244 „Die Nachwirkung des Nazismus in unseren Schulen", Mskr., Dezember 1946, StASch, S 6, Nr. 805. Im Nachsatz heißt es daher auch: „Vor staatlichen Jugendbünden mit Verwaltungsapparat und Erziehungsansprüchen wird gewarnt" – was möglicherweise eine Spitze gegen die FDJ war.

Hilfe der Erziehung zu einem „neuen Staatsbewußtsein [...] auf demokratischer Grundlage", so Gernentz, sollte die höhere Schule beitragen zur „Erneuerung des deutschen Lebens und der deutschen Kultur, zur Festigung des demokratisch-so-zialistischen Staatsaufbaus und zur Wiedergewinnung der Achtung unseres Vol-kes in der Welt."[245] Die Anlehnung an das kurz zuvor verabschiedete „Gesetz zur Demokratisierung der deutschen Schule" ist hier überdeutlich, wobei Gernentz mit seiner Bezugnahme auf einen „demokratisch-*sozialistischen* Staatsaufbau" sogar noch über den Wortlaut des Gesetzes hinausging.

Der Abstand von einem Jahr zwischen den Rückblicken an der Rostocker Gro-ßen Stadtschule und am Schweriner Fridericianum spiegelt sich auch im Ausblick der Direktoren auf die Zukunft. Neumanns Sicht ist von Ungewissheit und Skep-sis geprägt – sowohl im Hinblick auf die Zukunft Deutschlands als auch auf die des Gymnasiums. Pathetisch und ein wenig larmoyant schließt er: „Freilich – ob es noch eine höhere Schule geben wird, wissen wir nicht. Den Schleier über die Zukunft eines unfreien und bettelarmen Volkes kann niemand lüften."[246] Ger-nentz hingegen blickte ein Jahr später, als das Ende des Gymnasiums als Institu-tion besiegelt war, weit optimistischer in die Zukunft:

„[W]ir haben keinen Grund [...] uns resignierender Trauer hinzugeben. Die Lebensfähigkeit, die diese Anstalt vier Jahrhunderte hindurch bewiesen hat, berechtigt uns zu der zuversicht-lichen Hoffnung, daß – mag auch die äußere Form des Gymnasiums nunmehr zerbrechen – der Kern, die gymnasiale Bildungsidee, weiter leben und wirken wird, auch in der neuen Schule, die wir nunmehr errichten."[247]

Trotz dieser Unterschiede haben beide Reden etwas gemeinsam, vergleicht man sie etwa mit Jubiläumsansprachen aus der Zeit der Weimarer Republik. Am Ende ist der Blick – ob skeptisch oder optimistisch – nach vorn gerichtet; das in den 1920er Jahren dominierende Schwelgen in einer besseren Vergangenheit ist passé.

Blick in die Zukunft: Perspektiven der humanistischen Bildung

Wie sollte es nun weitergehen? Im Laufe des ersten Nachkriegsjahres wurde deut-lich, dass es nicht möglich war, dort anzuknüpfen, „wo wir 1932 aufgehört ha-ben", wie Walther Neumann im Sommer 1945 noch gehofft hatte.[248] Spätestens das im Mai 1946 beschlossene Schulreformgesetz zeigte, dass eine umfassende Er-neuerung der Struktur und der Lehrinhalte der höheren Schulen bevorstand. Trotz der Abschaffung des Gymnasiums blieben aber der altsprachliche Unter-richt und damit der Kern der humanistischen Bildung im C-Zweig der neuen Oberschule erhalten. Dafür waren 12 bis 14 Wochenstunden vorgesehen.[249] Der Schweriner Rektor Gernentz verlieh in seiner Ansprache auf einem Elternabend am Ende des letzten Schuljahres am Fridericianum zunächst seiner Freude darü-ber Ausdruck, dass die „Bedeutung und der Wert der humanistischen Bildung

[245] Ansprache des Rektors auf dem Elternabend des Gymnasiums am 1. 7. 1946, StASch, S 6, Nr. 805.
[246] Walther Neumann, Bericht über das Schuljahr 1944/45, o. D. (Sommer 1945), AHRO, 1.1.21.1, Nr. 453.
[247] Ansprache des Rektors auf dem Elternabend des Gymnasiums am 1. 7. 1946, StASch, S 6, Nr. 805.
[248] Walther Neumann, Bericht über das Schuljahr 1944/45, o. D. (Sommer 1945), AHRO, 1.1.21.1, Nr. 453.
[249] Richtlinien zur Durchführung der Schulreform, Stundentafel für die Klassen der Einheitsschule, jeweils o. D. (Juni 1946), StASch, S 6, Nr. 805.

auch für die demokratische Schule der Zukunft anerkannt" seien. Dass die „Schöpfer der neuen Schule", so Gernentz weiter, „überzeugt von der ewigen Mission der Antike für die Jugendbildung, dem altsprachlichen Unterricht auch weiterhin einen breiten Raum in der Schule einräumen, soll uns Lehrer zu nie erlahmender freudiger Weiterarbeit verpflichten."[250] Wie sich diese humanistische Bildung mit den neuen Erziehungszielen verknüpfen ließ, wie sie für diese fruchtbar gemacht werden konnte, darüber äußerte sich Gernentz ausführlich in einem Aufsatz zu den „Aufgaben des altsprachlichen Unterrichts in der Einheitsschule"[251], dessen zentrale Aussagen im Folgenden kurz referiert werden:

Neben seinem praktischen Nutzen, etwa für die Erforschung der Geschichte, für die Theologie und die Rechtswissenschaft, sollte der altsprachliche Unterricht nach wie vor auch einer „Idee allgemeiner Bildung" dienen, um nicht nur einem „platten Nützlichkeitsprinzip" zu huldigen. Dieses allgemeine Bildungsziel sei abhängig von der jeweiligen historisch-politischen Situation. In Zeiten „tiefgreifende[r] politische[r] Umbrüche[]" müsse daher, so Gernentz, das Verhältnis zur Antike und damit zusammenhängend der „Sinn des griechischen und lateinischen Unterrichts" immer neu bestimmt werden. Deshalb sei auch „heute, wo wir wieder mitten in einer geistig-politischen Umwälzung stehen", eine Klärung der künftigen Einstellung zum Griechen- und Römertum notwendig. Im Weiteren blickt Gernentz zurück auf die Entwicklung der humanistischen Bildung in den vorangegangenen 150 Jahren, vom „klassischen Neuhumanismus" des 19. Jahrhunderts zum in den zwanziger Jahren des 20. Jahrhunderts dominierenden „Deutschen Humanismus".[252] Diese bisherigen Ansätze könnten heute nicht mehr die Bedeutung der Antike erklären, da sie diese entweder rein idealisierend oder ausschließlich historisch-kritisch und damit unpolitisch betrachteten. In der Gegenwart aber, in der die „hinter aesthetischen und ethischen Werten die politische Wirklichkeit nicht zurücktrete" dürfe, habe die Antike nur dann eine Berechtigung als Erziehungsfaktor, wenn sie für die Erziehung des „dem Staat verpflichteten Menschen nutzbar gemacht" und für die „unabweisbaren Forderungen unserer geistig-politischen Lage ausgewertet werden" könne. Gernentz macht konkrete Vorschläge zur Fruchtbarmachung der Beschäftigung mit der Antike für die politische Erziehung der Jugend. So könne etwa die Erarbeitung der griechischen Polis, des „ersten freien demokratischen Bürger-Rechts- und Verfassungsstaats" die Schüler „zum verantwortungsbewußten politischen Denken" erziehen. Ausführlich begründet Gernentz, warum für eine sinnvolle Beschäftigung mit den Werken der Antike die Kenntnis der alten Sprachen Voraussetzung ist und stellt dann die im Unterricht zu behandelnde Lektüre vor, die „unter politisch-erzieherischen Gesichtspunkten" zu interpretieren sei. Aus der Arbeit mit diesen Schriften, so Gernentz abschließend, solle „ein klares Verständnis auch für unsere eigene geistige und politische Situation sowie der Wille und die Kraft zur Mitarbeit an den uns gestellten Zukunftsaufgaben" erwachsen.

[250] Ansprache des Rektors auf dem Elternabend des Gymnasiums am 1. 7. 1946, StASch, S 6, Nr. 805.
[251] Wilhelm Gernentz, Die Aufgaben des altsprachlichen Unterrichts in der Einheitsschule, Mskr., o. D. (Juni/Juli 1946), StASch, S 6, Nr. 805. Hieraus alle folgenden Zitate.
[252] Das nationalsozialistische Bildungsziel des altsprachlichen Unterrichts – „Erziehung zum ‚nordischen Heroismus', Erarbeitung der ‚Rassekundlichen Gesetze' an[hand] der Antike" – klammert Gernentz als „für uns völlig abwegig" aus.

Mit dieser Neubestimmung der Funktion des altsprachlichen Unterrichts rettete Gernentz den altsprachlichen Unterricht nicht nur in die Oberschule hinüber, er sah ihn nicht nur als Überbleibsel traditioneller bildungsbürgerlicher Erziehung. Vielmehr verschaffte der Altphilologe der humanistischen Bildung eine neue, zukunftsgerichtete Legitimation, indem er sie auf die im Schulreformgesetz formulierten neuen Erziehungsziele orientierte. Begriffe wie die Erziehung zu „selbständigem Denken", zu „verantwortungsbewußtem Handeln" und die Vermittlung der Erkenntnis von der Notwendigkeit der „Zusammenarbeit der Völker" tauchen dort fast wortgleich auf.[253] Insofern knüpfte der Unterrichts*gegenstand* – die Beschäftigung mit antiker Lektüre – direkt an den Unterricht der Weimarer Zeit an, nicht aber die Art der *Behandlung* dieses Gegenstandes. Angesichts der Tatsache, dass der altsprachliche Unterricht überhaupt erhalten blieb und damit die Möglichkeit gegeben war, die klassische Literatur weiterhin im „humanistischen Sinne" mit den Schülern zu lesen, nahm Gernentz auch seinen späteren Beginn in Klasse 9 in Kauf, zumal diesem Nachteil die Aussicht gegenüberstünde, „in Zukunft durch die Auslese nur mit gut begabten und aus freier Wahl sich für diesen Unterricht entscheidenden Schülern arbeiten zu dürfen." Auf diese Weise münzte Gernentz die Reduzierung des altsprachlichen Unterrichts für sich in einen Vorteil um: Nur noch eine kleine, dafür aber begabte und interessierte Minderheit kommt an der Einheitsschule in den Genuss des altsprachlichen Unterrichts. Diese Deutung entsprach nicht dem antielitären Geist des Schulreformgesetzes und widersprach auch der starken Betonung der Bedeutung der alten Sprachen für die *politische* Erziehung der Jugend, die ja nicht nur einer elitären Auslese der Schüler zugedacht war.

Hilfreich für die Ermöglichung einer Fortsetzung der humanistischen Bildung an den Oberschulen war sicherlich auch deren Geringschätzung durch die Nationalsozialisten, von denen sich Schulpolitiker und Lehrer selbstverständlich radikal abgrenzen wollten. Dieser Zusammenhang wird in einem Zeitungsartikel zu Gernentz' Vortrag noch einmal deutlich gemacht:

„Der Schultyp des humanistischen Gymnasiums in der alten Form wird aufgegeben, zugleich aber ist dem Abbau der humanistischen Bildung, den das Nazi-Regime bereits bis zur Ausmerzung von 75 v.H. der Gymnasien betrieben hatte, Einhalt geboten, und an seine Stelle tritt ein *Neuaufbau der humanistischen Erziehung* aus dem Geist der demokratischen Schule heraus."[254]

---

[253] „Die deutsche demokratische Schule soll die Jugend zu selbständig denkenden und verantwortungsbewußt handelnden Menschen erziehen, die fähig und bereit sind, sich voll in den Dienst der Gemeinschaft des Volkes zu stellen. Als Mittlerin der Kultur hat die Jugend frei von nazistischen und militaristischen Auffassungen im Geiste des friedlichen und freundschaftlichen Zusammenlebens der Völker und einer echten Demokratie zu wahrer Humanität zu erziehen." Gesetz zur Demokratisierung der deutschen Schule, in: Dokumente Schulreform Mecklenburg (1966), Dok. 50. Nicht übersehen werden sollte, dass das Gesetz sich umgekehrt auch an traditionellen Bildungszielen orientierte, wie dies etwa in der Forderung nach Erziehung „zu wahrer Humanität" deutlich wird. Die sprachliche Nähe zur Formulierung der Aufgaben der staatsbürgerlichen Erziehung in der Weimarer Republik ist ohnehin evident. Dort hieß es in den „Richtlinien für die Mitwirkung der Schulen und Hochschulen zum Schutze der Republik": Die Schule muss die Jugend „auf Grund der hohen Überlieferung deutscher Kultur zu dem Ideal des auf Selbstverantwortung und Hingabe an die Gemeinschaft beruhenden Volksstaates [...] führen." RBl., Jg. 1922, Nr. 89, S. 603f.

[254] R. Sch., *Der altsprachliche Unterricht in der neuen demokratischen Schule*, in: Landeszeitung, 3. 7. 1946 (Hervorhebung im Original).

Die einseitige Orientierung des altsprachlichen Unterrichts auf ihren Nutzen für die politische Erziehung der Jugend nahm die Forderung nach einem Gegenwartsbezug in allen Unterrichtsfächern vorweg. Sie barg aber auch eine Gefahr, denn sie setzte auch die eigentlich unpolitischen Fächer Latein und Griechisch der im Laufe der kommenden Jahre zunehmenden politischen Kontrolle des Unterrichts aus.

c) Unterrichtsbeginn unter schwierigen Voraussetzungen: Das erste Nachkriegsschuljahr

Unter den skizzierten schwierigen Bedingungen sollte am 1. Oktober 1945 der Unterricht an den Gymnasien in Schwerin und Rostock beginnen. Um die Voraussetzungen dafür zu schaffen, wurden in den Sommermonaten die Lehrkräfte und Schüler zu Aufräum- und Instandsetzungsarbeiten herangezogen.[255] Aus den Bibliotheken musste das gesamte nationalsozialistische Schriftgut ausgesondert, nach 1933 erschienene Lehrbücher mussten abgeliefert werden; als Ersatz suchten die Lehrer Schulbücher aus der Zeit vor 1933 bei Eltern und ehemaligen Schülern zusammen. Die Einbeziehung der Schüler in diese Arbeiten sollte auch der drohenden Gefahr der Jugendverwahrlosung vorbeugen. Parallel dazu begannen die Lehrer mit der Aufstellung von neuen Lehrplänen. Bis Mitte September waren der Abteilung Kultur und Volksbildung beim Präsidenten der Landesverwaltung die einsatzfähigen Lehrkräfte, die registrierten Schülerinnen und Schüler und die Lehrbücher zu melden, die dem Unterricht zugrundegelegt werden sollten. Für letztere ordnete der Präsident „eine sorgfältige Überprüfung und gegebenenfalls Säuberung" an, auch wenn sie aus der Zeit von 1918 bis 1932 stammten.[256]

Die Gymnasien in Rostock und Schwerin blieben im ersten Nachkriegsschuljahr zumindest institutionell noch in ihrer ursprünglichen Form erhalten. Während die beiden Schweriner Oberschulen – das ehemalige Realgymnasium und die ehemalige Oberrealschule – einer gemeinsamen Leitung unterstellt und zusammengelegt wurden,[257] blieb das Gymnasium Fridericianum zunächst noch eigenständig. Es war aber mit der vereinigten Oberschule für Jungen und der ebenfalls noch eigenständigen Oberschule für Mädchen, dem früheren Lyzeum, in einem Gebäude untergebracht. Der Unterricht begann mit nur acht Lehrern für 190 Schüler in acht Klassen – im Schuljahr 1941/42 waren es noch 17 Lehrer gewesen[258]. Legt man eine durchschnittliche Stundenzahl für die Lehrer von 24 Stunden zugrunde, fehlten sechs Lehrkräfte.[259] Als neuer, zunächst nur kommissari-

[255] Vgl. hierzu und zum Folgenden Walther Neumann, Bericht über das Schuljahr 1944/45, o.D. (Sommer 1945), AHRO, 1.1.21.1, Nr. 453; Gymnasium Fridericianum, Mitteilungsbuch, 1945/46, StASch, S 6, Nr. 958.
[256] Abt. Kultur und Volksbildung an Direktoren der höheren Schulen, 4. 9. 1945, LHAS, 6.11–21, Nr. 1241, Bl. 53.
[257] Das geht hervor aus dem Konferenzbuch der Oberschule für Jungen, StASch, S 6, Nr. 338.
[258] Jahrbuch der Lehrer der höheren Schulen, 48. Jg., 1941/42, S. 66.
[259] Gymnasium Fridericianum, OStR Gernentz, an Schulrat Schwerin-Stadt, 10. 10. 1945, LHAS, 6.11–21, Nr. 1314, Bl. 2. Die Schülerzahl an den anderen Oberschulen war ungleich höher. Für die beiden Oberschulen für Jungen wurden am 10. 10. 1945 377 bzw. 415 Schüler, für die Oberschule für Mädchen sogar 802 Schülerinnen gemeldet. LHAS, 6.11–21, Nr. 1314, Bl. 1, 3f. Auch in Ro-

scher Leiter der Schule fungierte der 55-jährige Oberstudienrat Dr. Wilhelm Gernentz, der seit 1919 am Gymnasium tätig war und den aufgrund seiner NSDAP-Mitgliedschaft entlassenen Oberstudiendirektor Lüth ablöste.[260] Die Große Stadtschule in Rostock meldete am 8. September 1945 76 Schüler, die in sieben Klassen unterrichtet werden sollten. Insbesondere die oberen Klassen waren sehr ausgedünnt, weil die älteren Schüler in den letzten Kriegsjahren als Soldaten und Flakhelfer eingezogen worden waren.[261] Auch lief die Registrierung aufgrund der Nachkriegsverhältnisse sehr schleppend: Anfang 1946 hatte sich die Schülerzahl der Großen Stadtschule bereits auf 124 erhöht.[262] Bei Unterrichtsbeginn standen hier neun Lehrer zur Verfügung. Oberstudiendirektor Walther Neumann, der das Gymnasium bereits seit 1924 leitete, war der NSDAP nicht beigetreten und konnte daher sein Amt behalten.

Improvisierter Unterrichtsbetrieb

Der Schulbetrieb im ersten Nachkriegsjahr war von permanenter Improvisation in der Unterrichtsorganisation und hoher Fluktuation in der Lehrerschaft geprägt. Übergangsweise wurde zunächst „im wesentlichen" nach den alten Lehrplänen unterrichtet, „aus denen allerdings alles militaristische und nazistische Gedankengut restlos ausgeschieden" war.[263] Bei der Aufstellung neuer Lehrpläne, die die Schulen zunächst in Eigenregie vornahmen, griff man auf die „Richtlinien für die höheren Schulen Preußens" von 1925 zurück.[264] Schulbücher standen anfangs nicht zur Verfügung; zum Teil wurden vor 1933 erschienene Lehrbücher verwendet – allerdings nicht für die Fächer Geschichte, Biologie und Erdkunde –, nachdem die Lehrer sie „sorgfältig von allen Stoffen mit militaristischem und faschistischem Inhalt gesäubert" hatten. An die Säuberung der Bücher und Schulhefte mussten der Schulrat und die Schweriner Militärkommandantur im Laufe des ersten Schuljahres immer wieder erinnern.[265] Geschichts- und Philosophieunterricht wurde so lange nicht erteilt, wie es noch keine neuen offiziellen Lehrpläne für diese Fächer gab. Der Erdkundeunterricht hatte sich auf die physikalische Geographie zu beschränken, politische und wirtschaftliche Geographie blieben ausge-

---

stock war die Schülerzahl der übrigen Oberschulen deutlich höher. Hier wurden im September 1945 223 bzw. 208 Schüler und 243 Schülerinnen gemeldet. LHAS, 6.11–21, Nr. 1241, Bl. 86–88.
[260] Gymnasium Fridericianum, Mitteilungsbuch 1945/46, Eintrag vom 21. 7. 1945, StASch, S 6, Nr. 958.
[261] In Klasse 8 war kein einziger Schüler gemeldet, in Klasse 7 nur vier. Schreiben Neumanns an die Abt. Kultur und Volksbildung, LHAS, 6.11–21, Nr. 1241, Bl. 89. Vgl. dazu auch Schaar/Behrens, Von der Schulbank (1999).
[262] Große Stadtschule Rostock an Staatliche Schulaufsicht, 14. 1. 1946, AHRO, 2.1.7, Nr. 57.
[263] Wilhelm Gernentz, Chronik des Gymnasiums Fridericianum im letzten Jahre seines Bestehens 1945/46, StASch, S 6, Nr. 805.
[264] Oberschule für Jungen Schwerin, Konferenzbuch 1945/46, Protokoll vom 27. 8. 1945, StASch, S 6, Nr. 338, S. 108.
[265] Gymnasium Fridericianum, Mitteilungsbuch 1945/46, Einträge vom 30. 11. 1945, 22. 5. 1946, 26. 5. 1946. Im März wurden daher vorübergehend alle von den Schulen verwalteten Büchereien bis zur Kontrolle durch den Bereinigungsausschuss des Antifa-Blocks gesperrt (ebd., 22. 3. 1946). Im gleichen Monat ordnete der zuständige Bildungsoffizier der SMA die Entfernung uniformähnlicher Kleidung (Achselstücke, Leibriemen mit Hoheitszeichen, Mützen, Pimpfkleidung) bei den Schülern an (ebd., 11. 3. 1946).

klammert.[266] Im Biologieunterricht blieben Rassenkunde und Vererbungslehre untersagt, im Sportunterricht militärische Übungen und Geländespiele.[267] Da im letzen Kriegsschuljahr kaum noch regulärer Unterricht stattgefunden hatte, wurden die Schüler in die gleiche Klassenstufe eingeschult, die sie 1944/45 besucht hatten. Ein kontinuierlicher Unterrichtsbetrieb war jedoch auch jetzt nicht gegeben. Entlassungen und Neueinstellungen von Lehrern sowie kurzfristige Abordnungen zu anderen Schulen oder Lehrerausbildungskursen waren an der Tagesordnung. Diese Fluktuation und die zahlreichen Anordnungen der Schulverwaltung, von der Herausgabe neuer Lehrpläne bis zur obligatorischen Einführung des Russischunterrichts im Dezember 1945, machten laufend eine Umarbeitung der Lektions- und Stundenpläne erforderlich.[268] Hinzu kamen Umzüge innerhalb des Schulgebäudes, ein hoher Krankenstand der Lehrerschaft und Arbeitseinsätze der Schüler außerhalb der Schule, etwa im Landesarchiv, was immer wieder zu Unterrichtsausfall führte. Eine häufige Folge dieser Unterrichtssituation waren disziplinarische Probleme, über die immer wieder geklagt wurde. Dazu trug auch das Verbot der körperlichen Züchtigung bei,[269] das von vielen Lehrern, auch von solchen, die selbst keine Züchtigung praktizierten, als „aufreizend und die Disziplin schädigend" abgelehnt wurde.[270] Häufigste Ursache für die zahlreichen Entlassungen von Schülern im ersten Schuljahr waren indes nicht Disziplinarfälle, sondern mangelnde schulische Leistungen. Die Maßstäbe, die dabei angelegt wurden, waren widersprüchlich: Einerseits wurde bei den im April 1946 anstehenden Versetzungen an die Nachsicht der Lehrer appelliert: Es sollte im „Hinblick auf die ungeheuren Schwierigkeiten im schulischen Leben des vergangenen Jahres [...] die größtmögliche Rücksicht" genommen werden und ein Schüler auch „bei derzeit nicht ausreichenden Leistungen [...] versetzt werden, wenn er die Gewähr bietet, daß er im nächsten Schuljahre [...] sein Ziel erreichen wird." Nur in den Fällen, in denen „Faulheit und Unfähigkeit" den schwachen Leistungen zugrundelägen, sei ein „strenger Maßstab" anzulegen.[271] Wenige Monate zuvor hingegen hatte die Unterrichtsverwaltung noch die Entfernung von mindestens 25 Prozent der Schüler bis zum Frühjahr des folgenden Jahres angeordnet. Ministerialdirektor Manthey begründete dies damit, dass an vielen Oberschulen die Unterstufe bis zu vier Parallelklassen umfasse, während im höchsten

[266] Gymnasium Fridericianum, Mitteilungsbuch 1945/46, Eintrag vom 29.10.1945, StASch, S 6, Nr. 958. Zum verzögerten Beginn des Geschichtsunterrichts in der SBZ vgl. auch Bispinck, Geschichtspolitik (1999), S. 68f.
[267] Oberschule für Jungen Schwerin, Konferenzbuch 1945/46, Protokoll vom 27.8.1945, StASch, S 6, Nr. 338, S. 108f. Wenig später wurde der Turnunterricht ganz verboten, lediglich „20 Minuten Gymnastik" waren erlaubt. Ebd., Protokoll vom 3.12.1945, StASch, S 6, Nr. 338, S. 111f.
[268] Gymnasium Fridericianum, Mitteilungsbuch 1945/46, Einträge vom 27.11.1945, 7.1.1946, 11.1.1946, 11.3.1946, 28.5.1946, StASch, S 6, Nr. 958.
[269] Das Züchtigungsrecht sei nicht mehr notwendig, da dem Lehrer „durch Verweisungsmöglichkeit von der Anstalt eine starke Machtposition gegeben" sei. Oberschule für Jungen Schwerin, Konferenzbuch 1945/46, Protokoll vom 3.12.1945, StASch, S 6, Nr. 338, S. 111f.
[270] W. Harz, Strelitz, Schreiben betr. Schulzucht, 10.7.1946, LHAS, 6.11–21, Nr. 1264. Der Rostocker Oberschullehrer Dr. Bibeljé ohrfeigte noch im Sommer 1948 einen Schüler und „erklärte, er würde das gegebenenfalls wiederholen." Grünberg, Aktenvermerk über die Zustände an den Oberschulen der Stadt Rostock, 9.8.1948, LAG, Rep. 200, 8.1.1, Nr. 374, Bl. 242f.
[271] Oberschule für Jungen Schwerin, Konferenzbuch 1945/46, Protokoll vom 14.3.1946, StASch, S 6, Nr. 338, Bl. 251f.

Jahrgang weniger als 20 Schüler unterrichtet würden. Dies lasse „klar erkennen, daß mit zu offenen Armen aufgenommen werde; mit der Duldung von Ungeeigneten sei den Interessen von Schule und Staat jedoch nicht gedient". Daher seien diejenigen, die „keine Aussicht hätten, die Schule durchzumachen [...], sobald wie möglich auszumerzen."[272] Während die an nationalsozialistisches Vokabular gemahnende Wortwahl nicht untypisch für die Jahre 1945/46 ist, in denen vor „sprachlichen Fragmenten jenes Zeitalters, das sie endgültig zu bewältigen trachteten, auch die bildungs- und kulturpolitischen Radikalreformer nicht völlig gefeit" waren,[273] überrascht die völlige Verkennung der Tatsache, dass die geringen Besuchszahlen in den höchsten Jahrgängen der Knabenschulen in erster Linie eine Folge des Zweiten Weltkriegs waren. Auch steht diese radikale „Auslese" – als solche wurde sie tatsächlich bezeichnet – im Widerspruch zu der ansonsten antielitären Bildungspolitik in der SBZ. Die Schulleitungen kamen der Verordnung rasch nach – wenn auch nicht überall im geforderten Maße.[274]

Feiern und Veranstaltungen

Gekennzeichnet war der Schulbetrieb im ersten Nachkriegsjahr auch von politischen und kulturellen Feiern und Veranstaltungen, die trotz der widrigen Umstände in großer Zahl stattfanden. Gleich in der dritten Unterrichtswoche wirkten Schüler des Gymnasiums an einer Gedenkfeier der Stadt Schwerin für die Opfer des Faschismus mit. Anlässlich des 9. Novembers besuchten die älteren Schüler eine Filmvorführung mit anschließender Ansprache des Bürgermeisters.[275] Anfang Dezember lud der Jugendausschuss der Stadt Schwerin zu einer Feier für Jugendliche ein, auf der Willi Bredel sprach. Auch die Bodenreform (Motto: „Freier Bauer auf freier Scholle"), der 200. Geburtstag Pestalozzis und der erste Jahrestag des Kriegsendes waren Anlässe für feierliche Kundgebungen an der Schule. Hinzu kamen Filmvorführungen, hauptsächlich sowjetischer Filme, Theateraufführungen, Schulkonzerte und Veranstaltungen der Massenorganisationen, vor allem des Kulturbundes. Allein im Rahmen der Schweriner Kulturwoche im März 1946 fanden am Fridericianum zwei Elternabende und eine Vortragsveranstaltung für die Lehrer statt. Da die Lehrer nicht nur zur Teilnahme an diesen Veranstaltungen verpflichtet, sondern häufig auch in die Vorbereitungen eingebunden waren, bedeuteten diese eine erhebliche Mehrbelastung. Durch die schwierigen Unterrichtsbedingungen, die Mitarbeit bei der Erstellung von Lehrplänen, Vertretungsstunden und die Pflicht zur fachlichen und politischen Weiterbildung waren sie

[272] Manthey wird indirekt zitiert im Konferenzbuch der Oberschule für Jungen Schwerin, Protokoll vom 19. 12. 1945, StASch, S 6, Nr. 338, S. 113.

[273] So für das Jahr 1946 mit zahlreichen Beispielen aus zeitgenössischen pädagogischen Zeitschriften Wiegmann, Antifaschistisches Argument (1995), S. 129–131, Zitat S. 129.

[274] Am Fridericianum lassen sich lediglich zwei Entlassungen aufgrund des „Auslese-Erlasses" nachweisen, möglicherweise gab es aber mehr (Mitteilungsbuch 1945/46, Eintrag vom 30. 1. 1946, StASch, S 6, Nr. 958). An der mit ca. 800 Schülern weitaus größeren Oberschule für Jungen wurden 85 Schüler entlassen. Oberschule für Jungen Schwerin, Konferenzbuch 1945/46, Protokoll vom 19. 12. 1945, StASch, S 6, Nr. 338, S. 113.

[275] Gezeigt wurde der Film „Die Kinder des Kapitäns Grant", eine sowjetische Verfilmung des gleichnamigen Romans von Jules Vernes aus dem Jahr 1936. Gymnasium Fridericianum, Mitteilungsbuch 1945/46, Eintrag vom 7. 11. 1945, StASch, S 6, Nr. 958. Alle in diesem Abschnitt genannten Veranstaltungen sind diesem Mitteilungsbuch entnommen.

ohnehin schon stark beansprucht. Darüber hinaus erwartete die Schulverwaltung von den Lehrern, sich auch weiterhin um den baulichen Zustand der Schulen zu kümmern. Per Rundschreiben teilte die Abteilung Kultur und Volksbildung den Lehrern im Februar 1946 mit, dass der „Wert einer Lehrkraft nicht nur nach seinen unterrichtlichen Leistungen" beurteilt werde, „sondern auch nach seiner Initiative bei der Beseitigung von Schäden, die sich in dem Zustand der Schulhäuser und ihrer Umgebung und der Schulklassen im besonderen zeigen." Erst wenn der Lehrer „die Gesamtgestaltung der Schularbeit nach der äußeren *und* der inneren Seite hin als unteilbares betrachtet und sein Wirken danach einstellt, ist er der Lehrer, den die neue Schule braucht." Fast schon wie eine Drohung klingt der Nachsatz, demzufolge der „gute Wille des einzelnen" nicht ausreiche, sondern nur „der Erfolg selbst die Unterlage [!] für die Beurteilung des Lehrers liefern" werde.[276]

Politische Beurteilung der Lehrer

Es lassen sich nur skizzenhafte Aussagen darüber treffen, wie der „Erfolg" der Oberschullehrer im ersten Nachkriegsschuljahr von politischer Seite tatsächlich beurteilt wurde. Umfassende Schulrevisionen wie in späteren Jahren gab es in dieser Zeit noch nicht. Einige Tendenzen lassen sich jedoch aufzeigen. So wurde Ministerialdirektor Manthey im Dezember 1945 berichtet, dass an den Schweriner Oberschulen „die Reaktion noch bedenklich stark" sei.[277] Der Lehrerschaft wurde vorgeworfen, für antifaschistische Jugendveranstaltungen keine Propaganda zu machen. Entsprechend spärlich sei die Beteiligung. Auch würden Gedenktage wie der 7. November, der Jahrestag der russischen Oktoberrevolution, im Unterricht übergangen. Hier qualifiziert ein Regierungsmitglied schon kurz nach dem Krieg eine – aus den Zeitumständen gut erklärbare – politisch indifferente, passive Haltung der Oberschullehrerschaft als „reaktionär" ab! Wenige Jahre später war dieser Begriff zur Standardfloskel für die Beurteilung der Oberschulen geworden.

Ins Visier der Kritik geriet auch die Unterrichtsmethode, die die Schulräte für die Oberschulen weit ungünstiger beurteilten als für die Volksschulen.[278] An den Oberschulen „sei zwar eine Fülle von Fachwissen in den Reihen der Studienräte zu beobachten, aber man doziere nur und übe nicht die Form des Arbeitsunterrichts." Das Erstaunlichste an diesem Bericht ist noch die Verwendung der Bezeichnung „Studienrat" durch die Schulräte, die bereits im November des Vorjahres abgeschafft worden war.[279] Denn dass die Oberschullehrer in den ersten Nachkriegsjahren antifaschistischen Veranstaltungen und kommunistischen Gedenktagen noch skeptisch gegenüberstanden und vorerst an ihrem gewohnten Unterrichtsstil festhielten, konnte selbst die von Kommunisten und Sozialdemokraten

---

[276] Rundschreiben 11/46, in: Gymnasium Fridericianum, Mitteilungsbuch 1945/46, Eintrag vom 21. 2. 1946, StASch, S 6, Nr. 958 (Hervorhebung im Original).
[277] Hierzu und zum Folgenden Schreiben an Gen. Manthey, 3. 12. 1945, LHAS, 10.31–1, Nr. 13, Bl. 117.
[278] Hierzu und zum Folgenden Oberschule für Jungen Schwerin, Konferenzbuch 1945/46, Protokoll vom 10. 5. 1946, StASch, S 6, Nr. 338, S. 132–134.
[279] Gymnasium Fridericianum, Mitteilungsbuch 1945/46, Eintrag vom 27. 11. 1945, StASch, S 6, Nr. 958.

dominierte Schulverwaltung nicht verwundern.[280] So rasch ließ sich die traditions-
bewusste und zum großen Teil schon Jahrzehnte tätige Oberschullehrerschaft
nicht umformen. Wichtiger war den Schulfunktionären daher das Verhalten der
Schülerschaft. Entsprechende Berichte forderten sie am Ende des Schuljahres von
den Oberschulen an. Der Tenor dieser – freilich von dem Bemühen um eine positive Darstellung gekennzeichneten – Berichte ist einhellig: Zu Beginn des Schuljahres hätten, so der Bericht von Gernentz über das Fridericianum, die älteren
Schüler „[u]nter dem Eindruck des Mißbrauchs, der in der nazistischen Zeit mit
ihrem Sozialbewußtsein und ihrer Bereitwilligung [!] zur Mitarbeit getrieben war,
[...] allen politischen Fragen indolent, wenn nicht gar ablehnend gegenüber" gestanden.[281] „Sie wollten nun erst einmal abwarten und politisch neutral bleiben."
Zu nazistischen oder reaktionären Umtrieben sei es aber nicht gekommen. Weiter
heißt es:

> „Durch vorsichtiges Heranführen an die politischen Probleme und Aufgaben der Gegenwart
> im Unterricht ist es aber dann doch schon im Laufe des Winterhalbjahres gelungen, die Schü-
> ler aus ihrer Reserve herauszubringen, sie zu Aussprachen über politische Fragen zu veran-
> lassen, ihnen dabei Ziele und Wege der demokratischen Erneuerung unseres Volkes aufzu-
> weisen und Verständnis und Vertrauen zur heutigen Staatsführung zu wecken. Aus dem so
> wachgerufenen Interesse erwuchs dann auch bald bei den Schülern die Bereitwilligkeit zur
> aktiven Mitarbeit."

Um diese positive Entwicklung zu untermauern, führte Gernentz die „größere
Anzahl" von Schülern an, die sich der FDJ angeschlossen hätten, und die Gründung mehrerer Arbeitsgruppen im Rahmen der Jugendorganisation. Insgesamt
habe er den Eindruck gewonnen, „daß die politische Gesundung unserer älteren
Schüler gute Fortschritte macht." Der „Geist des Nazismus und des Militarismus" sei beseitigt und an seine Stelle der „Willen zur Mitarbeit an der demokratischen Erneuerung Deutschlands" getreten.[282] Ganz ähnlich, mit zum Teil fast
identischen Formulierungen, lauten die Berichte der übrigen Schweriner und die
der Rostocker Oberschulen.[283] Über die Lehrer sagen die Berichte direkt nichts
aus, doch die positive Darstellung der politischen Haltung der Schüler bedeutete
naturgemäß eine erfolgreiche Erziehung durch die Lehrer, die dadurch ebenfalls
in ein positives Licht gerückt wurden. Durch die Betonung der anfänglichen
Skepsis der Schüler gegenüber politischen Fragen plädierten sie implizit auch für
eine langsame und vorsichtige Herangehensweise, wie sie der Rektor der Schweriner Mädchenoberschule, Ulrich Sothmann, direkt ansprach: „Sicher ist, daß

---

[280] Auf der Lehrerkonferenz, auf der sie über die Kritik der Schulräte informiert wurden, verteidigten
die ehemaligen Studienräte ihre Methode denn auch vehement: Der „wissenschaftliche Unterricht
auf der Oberstufe" könne „nicht gehandhabt werden [...] wie auf der Volksschule. Ein schemati-
sches Unterrichten sei der Tod der Wissenschaft." Oberschule für Jungen Schwerin, Konferenzbuch 1945/46, Protokoll vom 10. 5. 1946, StASch, S 6, Nr. 338, S. 133.

[281] Gymnasium Fridericianum, Gernentz, an Kreisschulrat Schwerin-Stadt, 3. 7. 1946, LHAS, 6.11–
21, Nr. 1264, Bl. 7 f. Hieraus auch die folgenden Zitate.

[282] Ansprache von Rektor Gernentz auf dem Elternabend des Gymnasiums am 1. 7. 1946, StASch,
S 6, Nr. 805.

[283] Oberschule für Jungen Schwerin, Dr. Große Kreul, an Kreisschulrat Schwerin-Stadt, 6. 7. 1946,
LHAS, 6.11–21, Nr. 1264, Bl. 8; Oberschule für Mädchen Schwerin, Sothmann, an ebd., o.D. (Juli
1946), ebd., Bl. 9 f.; Schulaufsicht Rostock-Stadt an LV, Abt. Kultur und Volksbildung, 21. 8. 1946,
ebd., Bl. 43.

durch gewaltsame, zu laute und aufdringliche Propaganda in Goebbelscher Art nicht viel bei ihnen [den Schülern] erreicht wird. Zwang ist verfehlt, Überredung wird als aufdringlich empfunden, Überzeugung ist alles."[284] Diese Einschätzung erscheint ebenso realistisch und plausibel wie die geschilderte politische Reserviertheit der Schülerinnen und Schüler. Demgegenüber wirkt die einhellig positive Darstellung ihrer Entwicklung arg schönfärberisch. Sie steht zudem in deutlichem Widerspruch zu dem weiter oben angeführten Bericht für die Unterrichtsverwaltung.

d) Die Politisierung der Lehrer: Politische Schulung und Parteipolitik

Schon vor der Wiederaufnahme des Unterrichts hatten SED und Volksbildungsverwaltung deutlich gemacht, dass der Lehrerberuf als ein *politischer* angesehen wurde. Seine wichtigste Aufgabe war die politische Erziehung der Jugend. Jeder Lehrer, so DVV-Präsident Paul Wandel, müsse unbedingt „ein politisch denkender und handelnder Mensch, ein politischer Lehrer sein".[285] Für die Oberschullehrer, die die ältere Jugend zu erziehen hatten, galt dies in besonderem Maße. Die Politisierung der Lehrerschaft sollte durch kontinuierliche politische Schulung und durch ihre Gewinnung für den Beitritt zu politischen Parteien und Organisationen, insbesondere für die SED, erreicht werden.

Politische Schulung

Die politische Schulung der Lehrer stand in der ersten Zeit ganz im Zeichen der Auseinandersetzung mit dem Nationalsozialismus, ja ihre Notwendigkeit wurde aus der Rolle der Lehrer in der NS-Zeit abgeleitet. Denn ganz im Gegensatz zu den Lehrern selbst thematisierte die Schulverwaltung durchaus deren Mitschuld an der Katastrophe des Dritten Reiches. Die Schule, so heißt es in einem Rundschreiben der Abteilung Kultur und Volksbildung vom Februar 1946, habe es nicht verstanden, Menschen zu erziehen, denen „die demokratischen Freiheiten unabdingbares Lebensbedürfnis gewesen wären."[286] Durch „die ungenügende Berücksichtigung der Erziehung demokratischer Grundwerte im Menschen" seien Lehrer und Schule am Elend des Dritten Reiches mitschuldig geworden:

> „Daraus ergibt sich die unabweisbare Aufgabe, von Grund auf und mit allen Mitteln jede Erziehungsarbeit auf die Schaffung demokratischer Menschen einzustellen. Notwendige Voraussetzung dafür ist eine über jedem Zweifel stehende demokratische Haltung des Lehrers."

Für eine solche Haltung sollte die politische Schulung sorgen. Weitere Schwerpunkte waren die gesellschaftliche Umgestaltung in der SBZ, aktuelle weltpolitische Fragen sowie selbstverständlich die Verhältnisse in der Sowjetunion und ihre Vorbildfunktion für Deutschland. Die Schulung übernahmen die Lehrer größten-

---

[284] Oberschule für Mädchen Schwerin, Sothmann, an Schulaufsicht Schwerin-Stadt, o.D. (Juli 1946), LHAS, 6.11–21, Nr. 1264, Bl. 9 f. Dieser Bericht ist auch der einzige, der ein – erstaunlich differenziertes und sensibles – Portrait des überwiegend weiblichen Kollegiums enthält.

[285] Wandel, Demokratische Einheitsschule (1947), S. 12.

[286] Rundschreiben 10/46 des Präsidenten, Abt. Kultur und Volksbildung, in: Gymnasium Fridericianum, Mitteilungsbuch 1945/46, Eintrag vom 20. 2. 1946, StASch, S 6, Nr. 958. Hieraus auch die folgenden Zitate.

teils selbst. Die Schweriner Oberschule für Jungen hielt zu diesem Zweck wöchentlich Konferenzen ab, für die einzelne Lehrer Vorträge zu verschiedenen, meist vom Ministerium oder vom Schulrat vorgegebenen Themen vorbereiteten, an die sich eine allgemeine Aussprache anschloss.[287] Hinzu kamen Vorträge von Schulfunktionären, „Antifaschisten", Schriftstellern und Wissenschaftlern. Für die Lehrerschaft des Gymnasiums Fridericianum fanden im ersten Nachkriegsschuljahr nicht weniger als 18 verbindliche politische Veranstaltungen und Aussprachen statt, je zur Hälfte zu allgemeinpolitischen und zu schulpolitischen Themen. Größer noch war die Zahl jener Veranstaltungen, deren Besuch „dringend empfohlen" oder „erwünscht" war oder an denen einzelne Lehrer stellvertretend für das Kollegium teilnahmen. Dafür ein paar Beispiele:[288]

Am 17. November 1945 sprachen Vizepräsident Grünberg und Oberregierungsrat Schneeberg von der Volksbildungsabteilung über die „Demokratische Schulreform"; anderthalb Wochen später referierte ein sowjetischer Offizier zum Thema „Warum noch sowjetische Besatzung?" Auf einer Konferenz am Fridericianum Mitte Dezember 1945 sprach man über „Deutschlands politische Lage" und über die „Nachwirkungen des Nazismus auf unsere Schulen". Eines der häufigsten Themen der ersten beiden Nachkriegsjahre waren die Nürnberger Prozesse. Dazu gab es um die Jahreswende 1945/46 eine ganze Reihe von Veranstaltungen: Der kommunistische Schriftsteller Willi Bredel hielt wenige Tage vor Weihnachten einen Vortrag in der Aula des Fridericianums, Anfang des neuen Jahres fand die Kundgebung „Volk klagt an" statt, an der die Schweriner Schulen geschlossen teilzunehmen hatten, und auch auf einer Lehrerkonferenz in den Weihnachtsferien waren die Nürnberger Prozesse eines der vier Hauptthemen.[289] Aktuelle politische Ereignisse blieben während der gesamten Besatzungszeit und darüber hinaus Anlässe für Vorträge und Diskussionen – sei es die Bodenreform im Januar 1946,[290] der Verfassungsentwurf des Deutschen Volksrates im Februar 1949[291] oder die Pariser Außenministerkonferenz im Juni 1949[292].

Ging es auf Konferenzen um schulische Fragen, standen überwiegend die politische Erziehung der Schüler und die Vermittlung von tagespolitischen Ereignissen im Unterricht im Mittelpunkt. Pädagogisch-didaktische Themen oder disziplinarische Angelegenheiten traten demgegenüber in den Hintergrund. Über die

---

[287] Oberschule für Jungen Schwerin, Konferenzbuch, Protokoll vom 3. 12. 1945, StASch, S 6, Nr. 338.

[288] Zum Folgenden Gymnasium Fridericianum, Mitteilungsbuch, 1945/46, Einträge vom 8. 12. 1945, 19. 12. 1945 und 2. 1. 1946, StASch, S 6, Nr. 958. Zu den gleichen Themen fanden auch an der Oberschule für Jungen, die im kommenden Schuljahr mit dem Gymnasium vereinigt wurde, Aussprachen statt. Vgl. Konferenzbuch der Oberschule für Jungen Schwerin, Allgemeine Konferenz, 3. 12. 1945, StASch, S 6, Nr. 338.

[289] Weitere Themen auf der Konferenz, an der sämtliche Lehrkräfte der Schulaufsichtsbezirke Schwerin, Wismar und Schönberg teilnehmen mussten, waren „Die demokratische Schule im demokratischen Staat" und „Die Rolle der demokratischen Intelligenz beim Aufbau des demokratischen Staates". Diesen drei politischen Themen stand nur ein pädagogisches gegenüber.

[290] Lehrerkonferenz am 21. 1. 1946 (einziger Tagesordnungspunkt), Gymnasium Fridericianum, Mitteilungsbuch 1945/46, Eintrag vom 18. 1. 1946, StASch, S 6, Nr. 958.

[291] Vortrag von Walter Schroeder über „Staatstheorie und Verfassungsentwurf", Oberschule für Jungen Schwerin, Konferenzbuch 1948–1950, Protokoll vom 16. 2. 1949, StASch, S 6, Nr. 337, S. 326.

[292] Vorträge von Helmut Prehn und Bruno Buxnowitz über den „Kampf um den Weltfrieden" sowie von Prehn über „Die politische Lage nach der Pariser Konferenz". Oberschule für Jungen Schwerin, Konferenzbuch 1948–1950, Protokolle der Konferenzen vom 1. 6., 15. 6. und 29. 6. 1949, StASch, S 6, Nr. 337, S. 330f.

gebetsmühlenartige Wiederholung der Notwendigkeit zur Erziehung der Schüler im demokratischen Sinne hinaus[293] wurden auch andere Themen besprochen. Am 28. Januar 1946 ging es um die „Behandlung des Nürnberger Prozesses im Unterricht"; zwei Monate später referierte Walter Schroeder über „Erziehungsmethoden und Unterricht in der demokratischen Schule", wobei er hauptsächlich auf die Bekämpfung falscher nationalsozialistischer Vorstellungen bei den Schülern einging.[294] Die Vorgaben, welche Themen in welchen Unterrichtsstunden zu behandeln waren, wurden im Laufe der 1940er Jahre immer enger, bis hin zur konkreten Festlegung von Aufsatzthemen. Im April 1947 war beispielsweise für alle Klassen die mecklenburgische Verfassung als Thema vorgegeben, und im September 1948 mussten alle Schüler die Frage „Warum gedenken wir der Gegner des Faschismus?" behandeln. Gelegentlich behinderten diese Vorgaben die Erfüllung der ohnehin überfrachteten Lehrpläne, wenn etwa der „Zweijahrplan" gleich in sieben Unterrichtsfächern auf dem Programm stand.[295] Angesichts derartiger Vorgaben durfte es die SED eigentlich nicht verwundern, dass die Diskussion politischer Themen im Unterricht oft „an den HAAREN herbeigezogen" wirkte: „Sogar bei einer Durchnahme des ‚Zauberlehrlings' [wurde] vom Zweijahresplan gesprochen".[296]

Sowohl die politische Schulung der Lehrkräfte als auch die Behandlung der vorgegebenen Unterrichtsthemen wurden von Schulbehörden und Besatzungsmacht fortwährend kontrolliert. Dem Direktor mussten die Protokolle von Aussprachen über politische Themen und Berichte über die Beschäftigung mit „antifaschistischer" Literatur vorgelegt werden, die dieser an die übergeordneten Behörden weiterleitete.[297] Im Februar 1947 verlangte der sowjetische Militärkommandant sogar die Vorlage aller Schüleraufsätze über den Nürnberger Prozess.[298] Sogenannte Werks- oder Schuloffiziere der SMA überwachten in der Anfangsphase politisch sensible Fächer wie den Geschichtsunterricht.[299] Anfang 1946 erließ die Landesverwaltung eine Verfügung, nach der die Lehrer die Vorbereitung für jede Unterrichtsstunde nach genau vorgegebenem Muster schriftlich niederzulegen und im Anschluss an die Stunde den durchgenommenen Stoff in einem Lehrbericht zu vermerken hatten, den der Schulleiter wöchentlich prüfen und abzeichnen musste.[300] Dies bedeutete nicht nur eine Ausweitung der Kontrolle, son-

---

[293] Oberschule für Jungen Schwerin, Konferenzbuch 1946–1948, StASch, S 6, Nr. 338, Protokolle der Konferenzen vom 16. 9. 1946, 15. 10. 1946, 5. 12. 1946, 23. 1. 1947; Oberschule für Jungen Schwerin, Konferenzbuch 1948–1950, StASch, S 6, Nr. 337, Protokoll vom 2. 9. 1948.

[294] Gymnasium Fridericianum, Mitteilungsbuch 1945/46, Eintrag vom 28. 1. 1946, StASch, S 6, Nr. 958; Oberschule für Jungen Schwerin, Konferenzbuch 1945/46, Protokoll vom 28. 3. 1946, StASch, S 6, Nr. 338, S. 130 f.

[295] Dies waren die Fächer Deutsch, Mathematik, Physik, Chemie, Erdkunde, Geschichte und Biologie. Oberschule für Jungen Schwerin, Konferenzbuch 1948–1950, Protokolle vom 15. 4. 1947, 2. 9. 1948 und 30. 10. 1948, StASch, S 6, Nr. 337, S. 149 f., 317–320 bzw. 322 f.

[296] Bericht der SED-Schulobleute aus den Kreisen des Landes Mecklenburg, 29. 10. 1948, LHAS, 10.34–1, Nr. 482, Bl. 154–162, hier Bl. 158.

[297] Gymnasium Fridericianum, Mitteilungsbuch 1945/46, Einträge vom 8. 12. 1945 und 30. 1. 1946, StASch, S 6, Nr. 958.

[298] Oberschule für Jungen Schwerin, Mitteilungsbuch 1946/47, Eintrag vom 13. 2. 1947, StASch, S 6, Nr. 959.

[299] Vgl. Foitzik, SMAD (1999), S. 157; Heinz, Hilfe der Bildungsoffiziere (1976), S. 336.

[300] Gymnasium Fridericianum, Mitteilungsbuch 1945/46, Eintrag vom Februar 1946, StASch, S 6, Nr. 958.

dern vor allem eine erhebliche Mehrbelastung für die Lehrer, weshalb sie wiederholt an diese Pflicht erinnert werden mussten.[301] Die Lehrer sollten sich auch gegenseitig überwachen: „Unregelmäßigkeiten hat jeder zu melden, der sie entdeckt, wenn ein kameradschaftlicher Hinweis auf sie nicht zu ihrer Abstellung führt." Dies sei, so hieß es – wohl um Analogien zu Praktiken aus der NS-Zeit vorzubeugen – weiter, „kein Denunziantentum", sondern „im Gegenteil verantwortungsbewußtes Handeln an Erziehung, Schule und Staat."[302] Auch außerschulische Instanzen und die Bevölkerung wurden in die Überwachung und Kontrolle des Unterrichts einbezogen. So hatte die „Öffentlichkeit, besonders die Eltern, die antifaschistischen Parteien und die FDJ", das Recht zur Teilnahme am Unterricht.[303] Allerdings ist es eher unwahrscheinlich, dass von diesem Recht häufig Gebrauch gemacht wurde. Hinweise darauf finden sich in den Akten jedenfalls nicht. Schwerer wog sicherlich eine Verfügung vom Januar 1947, nach der „in allen Kreisen und Städten freiwillige, gesellschaftliche Schulinspektoren zu ernennen [sind], welche das Recht haben, außerhalb ihres Dienstes den inneren Schulbetrieb anderer Schulen zu kontrollieren."[304] Die ehrenamtlich arbeitenden Inspektoren waren jeweils für alle Schulen eines Kreises zuständig, unabhängig vom Schultyp. Sie wurden auf Vorschlag der Lehrergewerkschaft vom Schulrat ernannt und waren, wie in Schwerin, zumeist Grundschullehrer.[305]

Unterrichtsinspektionen und Kontrollen hat es an den höheren Schulen zu allen Zeiten gegeben. Und auch in der Weimarer Republik mussten die Lehrer über die Umsetzung der staatsbürgerlichen Erziehung dem Unterrichtsministerium Bericht erstatten. Doch erreichte das Ausmaß der Überwachung in der SBZ eine neue Qualität. Eine Vielzahl von Institutionen, Gremien und Einzelpersonen besaß das Recht auf Kontrolle, und das Risiko, wegen Fehlverhaltens seine Stelle zu verlieren, war groß: Lehrer, die „ganz gleich auf welche Weise militaristische, nazistische oder antidemokratische Lehrsätze verbreiten, an deren Verbreitung mitwirken oder ihr nicht entgegentreten", waren nach Befehl Nr. 208 der SMAD zu entlassen.[306] Angesichts der Dehnbarkeit des Begriffs „antidemokratisch" und der Sanktionierung auch des Nichteinschreitens bot dieser Befehl Regierung und Schulbehörden eine weitreichende Handhabe, gegen missliebige Lehrer vorzugehen. Denn der Demokratiebegriff erfuhr in der SBZ im Laufe der 1940er Jahre einen gravierenden Bedeutungswandel. Zunächst wurde er, in Abgrenzung sowohl zur konstitutionellen Monarchie des Kaiserreichs als auch zur NS-Diktatur,

---

[301] Siehe etwa Oberschule für Jungen, Konferenzbuch 1945/46, Protokoll vom 14. 3. 1946, StASch, S 6, Nr. 338, S. 127 f.; Revision der Schweriner Oberschulen vom 18. bis 29. 4. 1947, o. D., LHAS, 6.11–21, Nr. 1314, Bl. 9.

[302] Rundschreiben 10/46 des Präsidenten, Abt. Kultur und Volksbildung, in: Gymnasium Fridericianum, Mitteilungsbuch 1945/46, Eintrag vom 20. 2. 1946, StASch, S 6, Nr. 958.

[303] Oberschule für Jungen Schwerin, Konferenzbuch 1946–1948, Protokoll vom 16. 9. 1946, StASch, S 6, Nr. 338, S. 148.

[304] Hierzu und zum Folgenden vgl. Oberschule für Jungen Schwerin, Mitteilungsbuch 1946/47, Eintrag vom 10. 1. 1947, StASch, S 6, Nr. 959.

[305] Hier wurde der Lehrer Adolf Proesch von der Gerhart-Hauptmann-Schule für Knaben ernannt.

[306] Befehl Nr. 208 der SMAD, 17. 7. 1946, in: Foitzik/Timofejewa, Politik der SMAD (2005), S. 233 f. Rektor Gernentz verlas den Befehl auf der ersten Konferenz nach den Ferien und ließ die Kollegen die Kenntnisnahme durch Unterschrift bestätigen. Oberschule für Jungen Schwerin, Konferenzbuch 1945/46, Protokoll vom 7. 9. 1946, StASch, S 6, Nr. 338, S. 146.

im Sinne eines politischen Willensbildungsprozesses verstanden, an dem die gesamte Bevölkerung gleichberechtigt partizipieren konnte. Nach der sich um die
Jahreswende 1947/48 abzeichnenden deutschen Spaltung bezog er sich – nunmehr
in Abgrenzung von den politischen Verhältnissen in den westlichen Besatzungszonen – auf das sozialistische Modell der „Volksdemokratie". Das westliche parlamentarisch-demokratische Verständnis wurde demgegenüber bestenfalls als
„formale Demokratie" abqualifiziert.[307]

Parteipolitisches Engagement

Von allen Lehrern wurde absolute Loyalität zu Regierung und Besatzungsmacht
verlangt. Die „Grundhaltung des dem heutigen Staate dienenden Lehrers" hatte
„demokratisch" zu sein, wie der Leiter der Volksbildungsabteilung bei der mecklenburgischen Landesverwaltung, Hans Manthey, dem Kollegium der Schweriner
Oberschule im Dezember 1945 eindringlich mitteilte. Daher seien, so Manthey
weiter, „irgendwelche Bemerkungen, die etwa so gedeutet werden könnten, als
diene man dem heutigen Staate nur notgedrungen", „unter allen Umständen" zu
unterlassen.[308] Später, nach Inkrafttreten der mecklenburgischen Landesverfas-
sungen, mussten alle Lehrer eine Erklärung folgenden Inhalts unterzeichnen:

> „Ich wünsche und erwarte, daß wir Deutschen in der Zukunft mit der Sowjetunion wie auch
> mit allen andern Völkern in wahrhaftem Frieden, in verständnisvollem Einvernehmen und in
> gesunden wirtschaftlichen Beziehungen stehen werden. Ich begrüße die auf demokratischer
> Grundlage beruhende Mecklenburgische Verfassung, weil sie nach einer Zeit der Gesetz-
> losigkeit unserm Lande die Hoffnung auf eine friedliche, vom Recht getragene Entwicklung
> zum Wohl der Allgemeinheit gibt."[309]

Über die Loyalität zur Besatzungsmacht und das Bekenntnis zur Verfassungs-
treue hinaus sollten die Lehrer sich aktiv politisch engagieren. In Rostock erwartete die Schulbehörde von jedem Lehrer, dass er einer Partei angehört.[310] Im
Mitteilungsbuch des Schweriner Fridericianums findet sich schon für den November 1945 ein entsprechender Vermerk.[311] Ministerialdirektor Manthey legte
dem Kollegium der Schweriner Oberschule für Jungen nachdrücklich den Eintritt
in eine der vier demokratischen Parteien und in die Gewerkschaft nahe. Zwar
brauche „keine Lehrkraft Schaden oder Nachteil zu befürchten, wenn sie sich
politisch oder gewerkschaftlich *nicht* organisiere; es sei jedoch unzweifelhaft im
Interesse von Schule und Lehrerschaft, *wenn* dies geschehe". Der Lehrerstand
müsse erkennen, „daß seine Tätigkeit in den Grundlagen des Staates wurzele, dem
er diene". Daher müssten die Lehrer „auch nach außen hin als klar demokratisch

---

[307] So z. B. im Bereich der Schülerräte. Siehe dazu unten, Kap. IV.2.e). Schon früh, im Jahr 1946,
wurde auch von maßgeblichen Pädagogen in der SBZ der „‚formalen', d. h. bürgerlichen Demokratie [...] eine antifaschistische Substanz weithin abgesprochen". So Wiegmann, Antifaschistisches Argument (1995), S. 139.

[308] Oberschule für Jungen Schwerin, Konferenzbuch 1945/46, Protokoll vom 19. 12. 1945, StASch,
S 6, Nr. 338, S. 113–116, hier S. 115.

[309] Erklärung, 7. 6. 1945, StASch, S 6, Nr. 233.

[310] Schreiben der Abt. Volksbildung des Kreises Rostock an alle Schulen, 2. 3. 1946, zitiert nach
Mietzner, Enteignung (1998), S. 300.

[311] „Es wird erwartet, daß die Lehrkräfte sich politisch engagieren." Gymnasium Fridericianum, Mitteilungsbuch 1945/46, Eintrag o. D. (November 1945), StASch, S 6, Nr. 958.

eingestellt erkennbar sein".[312] Diese in ihrer Formulierung widersprüchliche, ihrer Intention nach aber unmissverständliche Aufforderung gemahnt an den „freiwilligen Zwang", mit dem Regierung und Staatspartei in späteren Zeiten dabei nachhalfen, hohe Mitgliedsquoten bei der Gewerkschaft und anderen Massenorganisationen zu erreichen.

Bis zum Ende des Jahres waren bis auf zwei Ausnahmen alle Mitglieder des elfköpfigen Kollegiums des Schweriner Gymnasiums der Aufforderung zum Parteieintritt nachgekommen oder hatten die Mitgliedschaft beantragt. Fünf waren der CDU beigetreten, drei der SPD und einer der LDP.[313] Im durch die Zusammenlegung der drei Schweriner Oberschulen auf 25 Lehrer vergrößerten Kollegium gehörten zu Beginn des Schuljahres 1946/47 fünf der CDU, vier der LDP und fünf der SED an.[314] Die Mitgliedschaften verteilten sich somit etwa gleichmäßig auf die drei Parteien. Trotz nicht unerheblicher Fluktuation innerhalb des Kollegiums änderte sich dieses Verhältnis bis 1949 nur unwesentlich;[315] das bürgerliche Lager überwog durchgehend. Auffallend ist, dass die an der Schule tätigen Lehrer, die der SED angehörten, allesamt entweder neu an die Schule gekommen oder zwischenzeitlich als ehemalige NSDAP-Mitglieder entlassen worden waren.[316] Letztere hatten mit dem SED-Beitritt ganz offensichtlich ihre Chancen auf Wiedereinstellung erhöhen wollen. Ein etwas anderes Bild zeigte sich in Rostock. Hier war am Ende des ersten Nachkriegsschuljahres am Gymnasium und an den Mädchenschulen jeweils nur ein Lehrer der SED beigetreten, an den beiden anderen Oberschulen waren es sechs bzw. sieben.[317] Zwei Jahre später waren am Kollegium der inzwischen zusammengelegten Oberschule SED und CDU mit zwölf bzw. dreizehn Mitgliedern gegenüber dreizehn parteilosen Lehrern etwa gleich stark vertreten, während der LDP nur ein Lehrer angehörte.[318] Von einer dominierenden Stellung an der Oberschule war die SED damit in Rostock ähnlich weit entfernt wie in Schwerin. Nicht von ungefähr bezeichnete der Vorsitzende der Betriebs-

---

[312] Oberschule für Jungen Schwerin, Konferenzbuch 1945/46, Protokoll vom 19. 12. 1945, StASch, S 6, Nr. 338, S. 113–116, hier S. 115 f. (Hervorhebungen im Original). Manthey wurde später selbst Opfer der sich im Laufe der folgenden Jahre wandelnden Auslegung des Begriffs „demokratisch" in der SBZ. Im Mai 1947 ordnete die SMA seine Entlassung an, und er floh in den Westen. Vgl. Landesregierung MVP, i. A. Lobedanz, an MfV, 18. 6. 1947, LHAS, 5.12–7/1, Nr. 213.

[313] Gymnasium Fridericianum, namentliches Verzeichnis aller an der Schule beschäftigten Personen, 15. 12. 1945, StASch, S 6, Nr. 264.

[314] Oberschule für Jungen Schwerin, Übersicht über den Lehrerbestand und den Schülerbestand, 5. 9. 1946, StASch, S 6, Nr. 2042.

[315] Im Schuljahr 1948/49 gehörten sechs Lehrer der CDU, sieben der LDP und fünf der SED an, sieben waren parteilos. Oberschule für Jungen Schwerin, Politische und kulturelle Betätigung [der Lehrer] außerhalb der Schule, o. D. (Ende 1948/Anfang 1949), StASch, S 6, Nr. 264; ein Jahr später wirkten dort sechs SED- und je fünf CDU- und LDP-Mitglieder bei 13 Parteilosen. Tabellarische Aufstellung der Parteizugehörigkeit der Lehrer in Schwerin, LHAS, 10.34–1, Nr. 495, Bl. 31.

[316] Dies gilt für die im Schuljahr 1948/49 an der Schweriner Oberschule für Jungen tätigen Lehrer Buxnowitz, Prehn und Scheidhauer (neu) bzw. Dr. Erdmann und Otto Schröder (zurückgekehrt). Politische und kulturelle Betätigung [der Lehrer] außerhalb der Schule, o. D. (Ende 1948/Anfang 1949), StASch, S 6, Nr. 264. Gustav Allwardt, das bis dahin einzige SED-Mitglied unter den „Altlehrern" an der Oberschule, war zu diesem Zeitpunkt schon ins MfV berufen worden.

[317] Schreiben der Oberschulen für Mädchen, der Blücherschule, der Schule bei den sieben Linden und der Großen Stadtschule Rostock an die Schulaufsicht Rostock-Stadt vom Mai 1946, AHRO, 2.1.7, Nr. 57.

[318] Lehrkräfte der Rostocker Oberschule, o. D. (1948), LHAS, 10.34–1, Nr. 495, Bl. 277.

gruppe der Lehrer im Kreis Rostock-Stadt die Oberschule als einen der beiden
„grössten Minusposten" für seine Partei.[319]

Die Verhältnisse in Rostock und Schwerin spiegeln damit grob die Verhältnisse
an den Oberschulen im Land Mecklenburg insgesamt. Auch hier war im ersten
Nachkriegsschuljahr zunächst die CDU dominant, der knapp ein Drittel der
Oberschullehrer angehörte, etwa doppelt so viel wie der SED.[320] Drei Jahre später
lag die SED vor der CDU, die zusammen mit der LDP und der noch relativ unbedeutenden NDPD jedoch mehr Mitglieder auf sich vereinigte als die Einheitspartei.[321] Zonenweit sah das Bild ähnlich aus: Die SED war unter den Oberschullehrern die stärkste Partei, gemeinsam verfügten CDU und LDP aber über mehr Mitglieder innerhalb dieser Berufsgruppe.[322] Den größten Anteil machten nach wie
vor die parteilosen Lehrer aus. Viel signifikanter als die lokalen und regionalen
Abweichungen waren die Unterschiede zwischen Grund- und Oberschulen. An
den Grundschulen in Mecklenburg konnte die SED schon im August 1946 eine
dominante Stellung erreichen.[323] Zwei Jahre später überschritt der Anteil der
SED-Mitglieder unter den Grundschullehrern die 50-Prozent-Marke, während
CDU und LDP nur 9,5 bzw. 4,4 Prozent dieser Lehrer für sich gewinnen konnten.[324]

Dass die noch fast ausschließlich aus Altlehrern zusammengesetzte und tendenziell konservative Oberschullehrerschaft eher den bürgerlichen Parteien als der
SED zuneigte, überrascht wenig. Der mecklenburgische Volksbildungsminister
Grünberg war sogar der Ansicht, die Oberschullehrer seien so konservativ, dass
auch der Beitritt zu CDU und LDP nicht aus Überzeugung erfolge, sondern lediglich eine „Ausweichmöglichkeit" darstelle. „[D]ie Partei, der sie beitreten würden, ist noch nicht geschaffen, denn diese müsste ganz rechts gerichtet sein."[325]
Trotzdem versuchte die SED, auch diese Berufsgruppe für ihre Partei zu gewinnen. Diese Versuche waren nur von mäßigem Erfolg gekrönt, was nach Auffassung der Landesleitung nicht allein in der reservierten Haltung der Lehrer und ihrer Überalterung und sozialen Herkunft begründet lag, sondern auch an den mangelnden Bemühungen und der oft falschen Herangehensweise der SED. Holdine
Stachel kritisierte im April 1948 die „nicht ausreichende [...] politische [...] Durch-
arbeitung" der Lehrerschaft an den Oberschulen: „Es muss auch immer wieder

---

[319] Franz Gahler an SED-LL, Abt. Schule und Erziehung, Stachel, 28.11.1947, LHAS, 10.34–2,
Nr. 224, Bl. 18.

[320] Anfang 1946 waren von 617 Oberschullehrern in Mecklenburg 96 in der SED (15,6%), 183 in der
CDU (29,7%), 57 in der LDP (9,2%) und 281 parteilos (45,5%). Vgl. Berg, Entwicklung der
Oberschule (1969), S. 180 f.

[321] Anfang 1949 gehörten von 443 Oberschullehrern in Mecklenburg 138 der SED (31,2%), 110 der
CDU (24,8%), 38 der LDP (8,6%) und einer der NDPD (0,2%) an; 156 waren parteilos (35,2%).
Die Oberschulen nach der Revision vom 17.–29.1.1949, Bericht vom 23.3.1949, LHAS, 6.11–21,
Nr. 1318, Bl. 53–61, hier Bl. 53.

[322] Zahlen für die SBZ insgesamt bei Berg, Entwicklung der Oberschule (1969), S. 393.

[323] SED 28,9%, CDU 15,2%, LDP 4,4%, parteilos 51,4%. Aktenvermerk, gez. Stachel, 11.8.1946,
LHAS, 10.34–1, Nr. 480, Bl. 229.

[324] LV SED, Arbeitsbericht über die Zeit vom 1.1.1948–1.10.1948, o. D., LHAS, 10.34–1, Nr. 482,
Bl. 100.

[325] Grünberg auf einer Tagung bei der SMA in Karlshorst, 24./25.6.1946, BAB, DR 2, Nr. 656, Bl. 63.
Mit der unter ihrer Regie erfolgten Gründung der NDPD unternahm die SED im Frühjahr 1948
den Versuch, eben solchen Bürgern eine politische Heimat zu geben, die sie leicht kontrollieren
konnte.

festgestellt werden, dass unsere Partei sich den Oberschullehrern gegenüber auf Kritik beschränkt und nicht in ausreichendem Masse hilft, sie politisch an uns zu fesseln und politisch zu erziehen."[326] Gerade das aber erwies sich als schwierig. Denn viele SED-Mitglieder unter den Oberschullehrern hielten sich bei der aktiven Parteiarbeit zurück und standen der politisch-ideologischen Schulung durch die Partei zögerlich gegenüber. An einigen Orten, so berichtete Stachel, hätten sie die Schulung „wie eine unabwendbare Pflichterfüllung" hingenommen.[327] Die politische Arbeit fand zum einen auf Kreisebene in den „Arbeitsgruppen sozialistischer Lehrer und Erzieher" statt, die von den jeweiligen Kreisvorständen der Partei geleitet wurden.[328] Darüber hinaus sollten an den Schulen selbst, analog zu den Betriebsparteiorganisationen in der Industrie, Betriebsgruppen gegründet werden, wenn mindestens fünf Angehörige der Schule – gleich ob Lehrer, Schüler oder Verwaltungsmitarbeiter – SED-Mitglieder waren.[329] Gerade diese aber erregten „in einzelnen Orten Widerwillen".[330] Das lag an der Überbeanspruchung durch die Parteiarbeit, die viele SED-Mitglieder beklagten: „Es ist schwer, manchen klarzumachen, dass neben den Arbeitsgruppen der sozialistischen Lehrer und Erzieher auch noch die Betriebsgruppen an den einzelnen Schulen notwendig sind."[331] Ein weiterer Grund für den „Widerwillen" gerade an den Oberschulen war deren Funktion. Neben der Unterstützung der materiellen Versorgung der Schulen bestand sie in der „Überwachung des *Unterrichts* in Bezug auf seine politische Beschaffenheit und eventuelle reaktionäre Strömungen."[332] Eine derartige Kontrolle, unter Umständen sogar durch Schüler oder den Hausmeister, musste auf die Oberschullehrer, die prinzipiell bestrebt waren, sich in der Ausübung ihres Berufes „nicht allzu sehr in die Karten schauen zu lassen"[333], abschreckend wirken. Tatsächlich wurden zwar an den Schweriner und Rostocker Oberschulen noch in den 1940er Jahren Schulbetriebsgruppen gegründet. Spuren irgendwelcher Aktivitäten dieser Gruppen finden sich in den Akten für diese Zeit jedoch nicht.

Die Lehrergewerkschaft
Ähnlich zurückhaltend wie gegenüber der Einheitspartei waren die Oberschullehrer bei der Mitarbeit in der Lehrergewerkschaft, die Manthey bei seinem ersten

---

[326] Schreiben an das ZS der SED, 6. 4. 1948, LHAS, 10.34–1, Nr. 478, Bl. 65–69, Zitat Bl. 68. Schon im August des Vorjahres hatte Stachel beklagt: „Der schwächste Punkt unserer parteipolitischen Arbeit sind bisher immer noch die Oberschulen." Schreiben an das ZS der SED, 6. 8. 1947, LHAS, 10.34–1, Nr. 478, Bl. 32–34, hier Bl. 34.
[327] Schreiben an das ZS der SED, Abt. Schule, 25. 1. 1949, LHAS, 10.34–1, Nr. 479, Bl. 117–134, hier Bl. 120.
[328] SED-LL, Abt. Kultur und Erziehung, Stachel, an ZK der SED, Abt. Kultur und Erziehung, 6. 8. 1947, LHAS, 10.34–1, Nr. 478, Bl. 32–34.
[329] SED-LL, Abt. Schule und Erziehung, Stachel, an ZS der SED, Abt. Schule, 25. 1. 1949, LHAS, 10.34–1, Nr. 479, Bl. 117–134, hier Bl. 119.
[330] Bericht der Obleute (Schule) aus den Kreisen, 29. 10. 1948, LHAS, 10.34–1, Nr. 482, Bl. 154–162, hier Bl. 159.
[331] SED-LL, Abt. Schule und Erziehung, Stachel, an ZS der SED, Abt. Kultur und Erziehung, LHAS, 10.34–1, Nr. 478, Bl. 65–69, Zitat Bl. 66.
[332] Bericht der Obleute (Schule) aus den Kreisen, 29. 10. 1948, LHAS, 10.34–1, Nr. 482, Bl. 154–162, hier Bl. 159 (Hervorhebung im Original).
[333] Kluchert, Oberschullehrer als Aktivist (1999), S. 250.

Besuch an der Schweriner Oberschule gefordert und für die der Landesvorsitzende der Gewerkschaft Kurt Binder auf einer Pflichtveranstaltung in der Aula des Gymnasiums geworben hatte.[334] Im Oktober 1946 wies der Schweriner Rektor Gernentz darauf hin, dass im Kollegium nur 15 von 27 Lehrern Mitglied der Gewerkschaft seien, während ihr im Land Mecklenburg insgesamt bereits 96,4 Prozent der Lehrer (aller Schulformen) angehörten. Daher legte er „den bisher dem F.D.G.B. fernstehenden Kollegen es dringend nahe, sich dieser Organisation anzuschließen."[335] Trotz dieser Aufforderung waren zwei Jahre später noch immer sieben von 26 Mitgliedern des Kollegiums nicht in die Gewerkschaft eingetreten.[336] Zu diesem Zeitpunkt lag der Organisationsgrad für alle Lehrertypen in Mecklenburg angeblich schon bei 99,3 Prozent.[337] Die Oberschullehrer zögerten offenbar, sich in einer Gewerkschaft zu organisieren, in der sie neben den dort ebenfalls vertretenen Volksschullehrern und anderen Pädagogen eine verschwindend kleine Minderheit waren – von der grundsätzlichen Skepsis dieser traditionell berufsständisch organisierten Berufsgruppe gegenüber einer gewerkschaftlichen Organisation ganz abgesehen. Auf einer Lehrergewerkschaftstagung in Schwerin im August 1946, auf der die Delegierten für eine Zonenkonferenz gewählt wurden, klagten zwei frühere Studienräte darüber, dass zu wenige Oberschullehrer nach Berlin geschickt und sie von den Volksschullehrern überhaupt „immer mehr bei Seite gedrängt" würden.[338] Die weiteren Bemerkungen, die der Berichterstatter, offenbar ein SED-Funktionär, aufgeschnappt hatte, sprechen Bände über die Haltung der ehemaligen Studienräte gegenüber ihren an den Volksschulen tätigen Kollegen und der Schulpolitik in der SBZ insgesamt. Dies vor allem vor dem Hintergrund, dass die betreffenden Lehrer der SED angehörten und in herausgehobener Position tätig waren – es handelte sich um zwei Schulräte:

„‚Uns werden sie wohl bald ganz ausbooten‘. ‚In der neuen Einheitsschule sind wir dann überflüssig‘. ‚Zu was noch studieren, die Neulehrer sind ja besser wie wir‘, so oder ähnlich waren die Worte, die gewechselt wurden. ‚Herr Min. Dir. Manthey mit seinem Schulgesetz Nr. 1 wird sich bald festgefahren haben.‘ […] Schulrat Burwitz […] sagte: ‚Grünberg ist doch viel zu jung. Ist er überhaupt aus unserem Fach. Ich glaube nicht. Aber Fachkräfte werden ja nicht mehr benötigt. Der gute Wille genügt ja allein schon. Na, ich werde wohl bald aus der SED rausfliegen. Aus der SPD bin ich ja schon 1932 einmal rausgeflogen.‘"

---

[334] Vortrag zum Thema „Zweck und Aufgabe der Lehrergewerkschaft" am 17. 5. 1946. Gymnasium Fridericianum, Mitteilungsbuch 1945/1946, Eintrag vom 17. 5. 1946, StASch, S 6, Nr. 958.

[335] Oberschule für Jungen Schwerin, Konferenzbuch 1945/46, Protokoll vom 15. 10. 1946, StASch, S 6, Nr. 958, S. 152 f.

[336] Oberschule für Jungen Schwerin, Politische und kulturelle Betätigung [der Lehrer] außerhalb der Schule, o. D. (Ende 1948/Anfang 1949), StASch, S 6, Nr. 264.

[337] Nach einer Notiz in der Zeitschrift „die neue schule", 3. Jg., 1948, Nr. 2, S. 2, waren Anfang 1948 8638 von 8700 Lehrern in Mecklenburg gewerkschaftlich organisiert. Diese Angaben sind aufgrund der hohen Fluktuation in der Lehrerschaft und ihrer oft unvollständigen Erfassung jedoch mit Vorsicht zu genießen. So ist in einem Bericht der Abt. Kultur und Erziehung bei der SED-Landesleitung über die Überprüfung der Arbeit der Lehrergewerkschaft vom 18. 11. 1949 von einem Organisationsgrad von 96% die Rede – angestrebt war bis zum Ende des Jahres eine hundertprozentige Erfassung. LHAS, 10.34–1, Nr. 483, Bl. 265–267, hier Bl. 265.

[338] Bericht über die Abschlusssitzung der Lehrertagung in Schwerin am 6. 8. 1946, 7. 8. 1946, LHAS, 10.34–1, Nr. 480, Bl. 235 f. Hieraus auch das folgende Zitat.

Die Feststellung Stachels, dass gewerkschaftliche Arbeit „oft lieber geleistet [wird] als Parteiarbeit, da man sich von ihr materielle Vorteile verspricht"[339], trifft für den akademisch gebildeten Teil der Lehrerschaft demnach nicht zu. Darauf, dass der Einfluss der Gewerkschaft als *Interessenvertretung* – gleich welchen Lehrertyps – ohnehin gering war und im Laufe der Jahre weiter abnahm, wurde bereits hingewiesen. Die Bereiche, in denen die Gewerkschaft überhaupt Einfluss geltend machen konnte, waren für die Oberschullehrer meist von geringem Interesse. So nahm das Kollegium der Schweriner Oberschule die Bemühungen der Lehrergewerkschaft um die Durchsetzung der kollegialen Schulleitung[340] mit einem Achselzucken zur Kenntnis: „Dieser Vorschlag kann jedoch einstweilen nicht in vollem Umfang durchgeführt werden, da nach dem geltenden Gesetz zur demokratischen Erneuerung der deutschen Schule der Rektor die alleinige Verantwortung trägt."[341]

Wie die beabsichtigte Funktion der Gewerkschaft als Transmissionsriemen der SED von ihren Mitgliedern in ihr Gegenteil verkehrt werden konnte, zeigt der Verlauf einer Versammlung in Rostock im Juli 1948.[342] Einige der anwesenden Oberschullehrer nutzten die Versammlung, um ihrem Unmut über die politischen Verhältnisse und insbesondere über die an den Rostocker Oberschulen geäußerte Kritik Luft zu machen. Eine führende Rolle spielte dabei der Rektor der Rostocker Oberschule, Walther Neumann, Mitglied der CDU, der als Versammlungsleiter fungierte. Hauptredner war der Leiter der Abteilung Parteischulung im Landesvorstand der SED, Wiesner, der kurzfristig für seinen für Kultur- und Schulpolitik verantwortlichen Genossen Erich Glückauf eingesprungen war. Wiesner sprach über „Politische Bildung und politische Aufgaben der Lehrerschaft", und schon während seiner Rede schlug ihm „starke Opposition" entgegen. Im Anschluss an den Vortrag verwahrte sich Rektor Neumann in deutlicher Form gegen den von Wiesner gemachten Vorwurf, die „demokratische Grundlage" seiner Oberschüler sei schwach, und erntete dafür „reichen Beifall". Ein weiterer Oberschullehrer, LDP-Mitglied, sprach offen seine Ablehnung des sozialistischen Staates aus und kritisierte die in der SBZ durchgeführte Währungsreform als „ungerecht". Auch die übrigen Diskussionsbeiträge, die mit einer Ausnahme von CDU- und LDP-Mitgliedern stammten, verdeutlichten die „oppositionelle Stimmung" der Versammlung. Die anwesenden SED-Mitglieder verhielten sich passiv: „Nicht einer unsrer Genossen stand auf, um den Standpunkt der SED zu vertreten, man spürte gar nicht, dass die SED anwesend war." Erst nach der Versammlung habe sich, so Wiesner, „ein großer Kreis von Genossen" um ihn versammelt, „die nicht laut genug auf die reaktionären Lehrer schimpfen konnten, aber in der Versammlung war keiner zu hören." Der aus Sicht der SED so ungünstige Verlauf der Versammlung wurde zweifellos durch die Schwäche und die schlechte Vorbereitung des Redners Wiesner begünstigt. Vor allem aber zeugt er

339 Schreiben an das ZS der SED, 6. 4. 1948, LHAS, 10.34-1, Nr. 478, Bl. 65–69, Zitat Bl. 69.
340 *Meldungen*, in: dns, 3. Jg., 1948, Nr. 3, S. 30.
341 Oberschule für Jungen Schwerin, Konferenzbuch 1946–1948, Protokoll vom 6. 12. 1947, StASch, S 6, Nr. 338, S. 179f.
342 Versammlung der Lehrergewerkschaft des Kreises Rostock am 8. 7. 1948, Bericht von Gen. Wiesner, 10. 7. 1948, LHAS, 10.34-1, Nr. 482, Bl. 118–121. Hieraus die folgenden Zitate.

von der Haltung vieler anwesender Oberschullehrer, die keinesfalls „sehr unpolitisch" war, wie es in einem anderen, etwas schöngefärbten Bericht über die Versammlung hieß,[343] sondern der SED-Politik eindeutig ablehnend gegenüberstand. Zugleich waren jene Lehrer stark genug, um die Meinungsführerschaft zu übernehmen und die Stimmung in der von etwa 800 Personen besuchten Versammlung zu lenken. Dies sah auch die SED-Parteileitung so, die beklagte, dass die Genossen „den CDU- und parteilosen Oberschullehrern gegenüber so starke Hemmungen haben, dass sie sich in der erwähnten Sitzung völlig passiv verhielten."[344] Für die Einheitspartei bewies die Rostocker Versammlung, „dass besonders an den dortigen Oberschulen von den Lehrern äusserst rückschrittliche, zum Teil politisch gefährliche Meinungen vertreten werden." Ähnlich wie in Rostock sähe es an einigen anderen Oberschulen aus. Die Vorkommnisse wurden daher wenige Monate später zum Anlass für eine politische Überprüfung sämtlicher Oberschulen des Landes und eine politische Schulung der Oberschullehrer durch die SED genommen.

Fazit

Die Versuche der SED, die Oberschullehrer für ihre politischen Ziele zu gewinnen und sie in ihrem Sinne politisch zu beeinflussen, waren während der Besatzungszeit nur von begrenztem Erfolg. Der größte Teil hielt sich von der Einheitspartei fern, und auch diejenigen, die der SED angehörten, verhielten sich zurückhaltend und übernahmen nur selten Funktionen innerhalb der Partei. Die Schulbetriebsgruppen der SED blieben bis Ende der 1940er Jahre an den beiden untersuchten Oberschulen wenig aktiv. Um das von ihnen geforderte gesellschaftspolitische Engagement unter Beweis zu stellen, schlossen sich die Lehrer stattdessen einer der beiden bürgerlichen Parteien oder vordergründig „unpolitischen" Massenorganisationen wie dem Kulturbund oder der Gesellschaft für deutsch-sowjetische Freundschaft an. Hier übernahmen sie zum Teil herausgehobene Posten: Martin Karsten und Walter Schroeder von der Schweriner Oberschule waren Kreisvorsitzende von CDU bzw. LDP; Walther Neumann, der Direktor der Großen Stadtschule Rostock, war ebenfalls Kreisvorsitzender der CDU und deren Fraktionschef in der Rostocker Stadtverordnetenversammlung.

Die Mitgliedschaft in der Gewerkschaft der Lehrer und Erzieher, der sich die Oberschullehrer weit zögerlicher anschlossen als die Volksschullehrer, diente aus ihrer Sicht in erster Linie als formeller Nachweis für politische Betätigung, insbesondere dann, wenn sie sich von Parteien und anderen Massenorganisationen fernhielten. In dieser Hinsicht hatte die Lehrergewerkschaft für viele Mitglieder eine ähnliche Funktion wie im Dritten Reich der NSLB, der ebenfalls einen sehr hohen Organisationsgrad aufwies.

Auch diejenigen Lehrer, die sich von der Gewerkschaft, den Parteien und den Massenorganisationen weitgehend fernhielten, konnten sich der politischen Schulung nicht vollständig entziehen. Denn diese fand auch direkt an den Schulen statt.

---

[343] Kreisbildungsleiter Strutz betont in seinem Bericht für die Gewerkschaft der Lehrer und Erzieher vom 13. 7. 1948 darüber hinaus die schwache Haltung Wiesners. LHAS, 10.34–2, Nr. 224, Bl. 40.
[344] SED-LL, Abt. Schule und Erziehung, Stachel, an ZS der SED, 4. 9. 1948, LHAS, 10.34–1, Nr. 478, Bl. 93–95. Hieraus auch die folgenden Zitate.

Hieran waren die Oberschullehrer selbst aktiv beteiligt, indem sie Vorträge hielten, Diskussionen innerhalb des Kollegiums leiteten und Veranstaltungen mit politischem Inhalt, insbesondere Gedenkfeiern, vorbereiteten. Die Themen dieser Veranstaltungen und Diskussionen waren in den meisten Fällen von der Schulverwaltung vorgegeben und die Teilnahme an ihnen größtenteils verpflichtend. Inwiefern die Oberschullehrer mit ihrer Beteiligung lediglich formal den an sie gestellten Anforderungen genügten und inwiefern sie sich aus eigenem Antrieb engagierten, lässt sich schwer ermitteln. Betrachtet man das Engagement, mit dem sie sich in der Vorbereitung einbrachten, erhält man den Eindruck, dass politische Veranstaltungen, die sich mit der nationalsozialistischen Vergangenheit befassten, auf größeres Interesse stießen als diejenigen, in denen es um den sogenannten demokratischen Neuaufbau oder das Studium des Marxismus-Leninismus ging. In jedem Fall wurde die politische Schulung durch die ohnehin schon große Belastung der Lehrer mit Aufgaben außerhalb des Unterrichts beeinträchtigt. Dies beklagte im Rückblick auf das Schuljahr 1945/46 der Rektor der Schweriner Oberschule für Mädchen, Sothmann:

„[Die] wiederholten Verordnungen über politische Schulung der Lehrer [setzten] mit Recht ein. Aber sie stießen zusammen mit der unendlichen Fülle rein verwaltungsmässiger Aufgaben. Die komplizierten Stundenpläne mögen ganz schön richtig werden, die Schulgeldberechnungen, -befreiungen und Erziehungsbeihilfen mögen stimmen, aber der politische Vortrag auf der Konferenz wird aus müdem Kopf matt und wenig weiterwirkend."[345]

e) Zwischen humanistischem Bildungsideal und neuen Erziehungszielen: Unterricht und Schulalltag im Zeichen der Schulreform

Mit dem Schulreformgesetz wurde den neuen Unterrichtsinhalten und Erziehungszielen ein – wenn auch noch vager – juristischer Rahmen gegeben. Wie sah die schulische Praxis aus? Ließen sich die neuen Erziehungsziele tatsächlich mit der humanistischen Bildungstradition verbinden? Waren die größtenteils noch im Kaiserreich und in der Weimarer Republik ausgebildeten und sozialisierten Lehrkräfte willens und in der Lage, diese Verbindung in die Praxis umzusetzen? Lässt sich feststellen, inwieweit sie dies aus eigenem Antrieb, aus Überzeugung taten und inwieweit es sich dabei lediglich um eine Anpassung an die neuen Verhältnisse handelte? Wie bewerteten Schulverwaltung und SED die Umsetzung ihrer Ziele? Neben dem eigentlichen Unterricht sind dabei außerunterrichtliche Aktivitäten von Belang, politische und kulturelle Veranstaltungen ebenso wie die Beteiligung der Schüler an der politischen Jugendarbeit in der FDJ, in Arbeitsgemeinschaften und in der Schülerselbstverwaltung. Auch dies waren Kriterien, anhand derer die Umsetzung der Schulreform und die Erreichung der Erziehungsziele beurteilt wurden.

Unterricht und politische Erziehung

Im Herbst 1946 begann das erste Schuljahr nach dem Schulreformgesetz. Gemäß den Bestimmungen zur Einheitsschule wurden die vier oberen Klassen des

---

[345] Bericht über das politische Verhalten der Schüler, Juli 1946, LHAS, 6.11-21, Nr. 1264, Bl. 304–307, hier Bl. 305.

Schweriner Gymnasiums und der Oberschule für Jungen abgetrennt und zu einer einzigen Oberschule zusammengelegt. Die Oberschule für Mädchen, die ebenfalls nur noch aus den obersten vier Jahrgängen bestand, blieb getrennt bestehen und teilte sich weiterhin das Schulgebäude mit der Knaben-Oberschule.[346] Schülerschaft und Kollegium hatten sich erheblich vergrößert. An der Oberschule für Jungen wurden im Schuljahr 1946/47 355 Schüler in 15 Klassen von 25 Lehrern unterrichtet. Noch immer waren die oberen Jahrgänge schwächer besetzt als die unteren; das Missverhältnis war aber bei weitem nicht mehr so krass wie noch im ersten Nachkriegsschuljahr.[347] Auch in Rostock wurden die Oberstufen der höheren Schulen zu einer Oberschule, der „Großen Stadtschule", zusammengelegt, an der 39 Lehrer etwa 650 Schüler unterrichteten.[348] Aufgrund der höheren Schülerzahl in Rostock erhielten die drei Zweige der Oberschule eine größere Selbstständigkeit und verfügten jeweils über einen eigenen Direktor; Walther Neumann war als Leiter des altsprachlichen Zweigs der Schule zugleich „Oberdirektor" für alle drei Zweige.[349] Während die materiellen Bedingungen an den Schulen sich kaum verbessert hatten, hatte sich die Situation des Unterrichts etwas stabilisiert. In allen Fächern mit Ausnahme von Philosophie lagen neue Lehrpläne vor, und im Sommer waren die ersten neuen Schulbücher erschienen. Alle Fächer wurden planmäßig erteilt, mit Ausnahme des Geschichtsunterrichts, da die Geschichtslehrer zwar an den obligatorischen Umschulungskursen teilgenommen, aber noch nicht die Genehmigung der Landesregierung erhalten hatten.[350] Die Fluktuation der Lehrer war zurückgegangen und sie wurden seltener zu schulfremden Aufgaben herangezogen; Stundenausfälle wegen Krankheit konnten die größeren Kollegien besser ausgleichen. Doch noch immer waren die Schulen personell unterbesetzt, mussten Lehrer fachfremd unterrichten, und nicht alle vorgesehenen Unterrichtsstunden konnten erteilt werden.[351]

Den neuen Rahmen für Unterrichtsinhalte und Erziehungsziele gab das Schulreformgesetz vor. Gernentz hatte in seiner erwähnten Rede aufgezeigt, wie sie sich mit dem humanistischen Bildungsideal verbinden und im altsprachlichen Unterricht anwenden ließen. Die inzwischen erschienenen Lehrpläne und Schulbücher boten erste Ansätze zur Konkretisierung dieser Vorgaben. Ihre praktische Umsetzung lag in den Händen der Lehrer – und wurde laufend überprüft. Hatte es im

---

[346] Da ab 1949 die Schweriner Oberschule für Mädchen eng mit der Oberschule für Jungen verklammert wurde und Lehrer- und Schülerschaft sich zunehmend durchmischten – organisatorisch zusammengelegt wurden die Schulen erst 1958 –, wird die Entwicklung der Mädchenschule im Folgenden mitbetrachtet.

[347] In Klasse 12 (ehemals 8) wurden 56, in Klasse 9 (ehemals 5) 121 Schüler unterrichtet. Alle Angaben nach Übersicht über den Lehrer- und Schülerbestand an der Oberschule für Jungen Schwerin, 5. 9. 1946, StASch, S 6, Nr. 2042.

[348] Liste der Lehrkräfte an der Rostocker Oberschule, o.D. (Ende 1948), LHAS, 10.34–1, Nr. 495, Bl. 277. 1948 wurde die Oberschule organisatorisch in die Große Stadtschule und die Goethe-Oberschule geteilt. Vgl. Schulaufsicht Rostock-Stadt an Rat der Stadt Rostock; Hauptverwaltung, Statistische Stelle, 24. 3. 1948, AHRO, 2.1.7, Nr. 15. Im Folgenden werden beide Schulen betrachtet.

[349] Vgl. Kolz, Zur Geschichte (1992).

[350] MfV, Referat Oberschulen, Revision der Oberschule für Jungen Schwerin, 4. 11. 1946, LHAS, 6.11–21, Nr. 1317, Bl. 1–9, hier Bl. 3.

[351] Organisationsverhältnisse an der Oberschule für Jungen Schwerin, o.D. (1946/47), StASch, S 6, Nr. 2218.

ersten Nachkriegsschuljahr lediglich stichprobenartige Kontrollen gegeben, begann ab Herbst 1946 die systematische Inspektion der mecklenburgischen Oberschulen. Die Ergebnisse dieser Überprüfungen ermöglichen eine Annäherung an
die Frage nach der konkreten Umsetzung der schulpolitischen Vorgaben im Unterrichtsalltag. Ganz im Sinne der Einbeziehung der „demokratischen Öffentlichkeit" führten die Schulräte und die Mitarbeiter des Ministeriums die in der Regel
zwei- bis dreitägigen Revisionen nicht alleine durch, sondern zogen Vertreter der
Lehrergewerkschaft, der FDJ und anderer Massenorganisationen hinzu. Die
überprüften Punkte reichten vom baulichen Zustand der Schule und der Vollständigkeit der Lehrmittel über die Unterrichtsverteilung und Lehrplanerfüllung bis
zu außerunterrichtlichen Aktivitäten und Veranstaltungen. Hinzu kamen Cha-
rakteristiken der Schulleiter und der Lehrer. Im Zentrum standen Unterrichtshospitationen, die nach vorgegebenem Muster protokolliert wurden. Bei der Interpretation solcher Berichte muss natürlich beachtet werden, dass die Anwesenheit
von Kontrolleuren Auswirkungen auf das Verhalten von Lehrern und Schülern
haben konnte und die beschriebenen Stunden daher nicht unbedingt repräsentativ
für den Unterrichtsalltag waren. Die ausführlichen und konkreten Beschreibun-
gen, die klare und wenig floskelhafte Sprache der Berichte und die Tatsache, dass
die Inspektoren die beschriebene Ausnahmesituation zum Teil selbst reflektierten,
relativieren jedoch dieses methodische Problem.[352]
Hier sind folgende während der Schulrevisionen gestellte Fragen zentral: Erstens: „Wie sorgt die Schule für die politische Erziehung der Schüler im Geiste der
Demokratie und des Antifaschismus?" Zweitens: „Was ist getan worden, um die
Reste der Naziideologie zu beseitigen?" Drittens: „Wie wurde der Stoff mit den
Aufgaben der demokratischen Erziehung verbunden?"[353] Die Beurteilungen der
Lehrer und des Unterrichts fielen an den Oberschulen in Schwerin und Rostock
in den ersten Jahren nach der Schulreform überwiegend positiv aus. In der ersten
umfassenden Revision des Unterrichts an der Schweriner Oberschule für Jungen
wurde insbesondere die Verbindung des Stoffes „mit den Aufgaben der demokratischen Erziehung" gelobt.[354]
Das wichtigste Fach für die politische Erziehung war der Geschichtsunterricht,
dem daher besonders viel Aufmerksamkeit zuteil wurde. Entsprechend strenge
Maßstäbe wurden an die Geschichtslehrer angelegt. An der Schweriner Oberschule für Jungen erhielten zunächst nur zwei Lehrer die Genehmigung zur Erteilung von Geschichtsunterricht, Friedrich Seemann und Herbert Scharlau.[355] Der

---

[352] Ausführliche quellenkritische Überlegungen bei Bispinck, Geschichtspolitik (1999), S. 76 f. Vgl.
auch Handro, Geschichtsunterricht (2002), S. 360 f., die den Aussagewert dieser Quellen skepti-
scher beurteilt.

[353] Alle Fragen aus dem „Fragebogen für Schulrevision" des Referats Oberschulen im MfV, LHAS,
6.11-21, Nr. 1317, Bl. 1-9. Die Fragen unterscheiden sich von Bericht zu Bericht nur unwesentlich.

[354] MfV, Referat Oberschulen, Revision der Oberschule für Jungen Schwerin, 4. 11. 1946, LHAS,
6.11-21, Nr. 1317, Bl. 1-9, hier Bl. 3.

[355] Oberschule für Jungen Schwerin, Schulchronik 1946/47, o. D., StASch, S 6, Nr. 2235. Die anderen
beiden Geschichtslehrer, Martin Karsten und Walter Schroeder, erhielten die Genehmigung erst im
Laufe des Schuljahres 1947/48. Ministerialdirektor Hoffmann informierte die LDP, der Schroeder
angehörte, am 2. 3. 1948 darüber, dass „keine Bedenken" gegen seinen Einsatz als Geschichtslehrer
bestünden. (LHAS, 6.11-21, Nr. 1314, Bl. 105; Hervorhebung im Original). Karsten durfte spätes-

Geschichtsunterricht sollte „gegenwartsnah" sein, eine Verbindung zwischen der Vergangenheit und aktuellen politischen Fragen herstellen und diese zum „Ausgangspunkt politischer Belehrung und Betrachtung" machen.[356] Eine Verpflichtung zur Anwendung des historischen Materialismus im Unterricht bestand zunächst nicht.[357] Das Bemühen um gegenwartsnahen Unterricht wurde Seemann und Scharlau bescheinigt, wobei die ausdrückliche Betonung dieser „Bemühungen" den Verdacht nahe legt, dass diese nicht immer von Erfolg gekrönt waren. So schreibt Regierungsrat Wernicke zu Scharlau, dass es diesem „ernstlich um die Lösung der Gegenwartsaufgaben im Sinne der demokratischen Schulreform zu tun ist."[358] Über seinen Kollegen Seemann heißt es: „Sein Unterricht zeugt von ernstem Bestreben, die Jugend für die Forderungen des Neuaufbaues des staatlichen, wirtschaftlichen und politischen Lebens zu gewinnen." Beide Lehrer waren zum Zeitpunkt der Revision bereits über sechzig Jahre alt. Der ausdrückliche Hinweis auf das fortgeschrittene Alter sollte offenbar die noch nicht vollständig gelungene Umstellung der Unterrichtsmethode erklären. Stadtschulrat Karl Jarmer lobte die beiden Lehrer ebenfalls: Scharlau habe eine „klare [...] sozialistische [...] Einstellung", und Dr. Seemann sei ein „überzeugter Demokrat, der sich mit voller Hingabe seiner Aufgabe einer Erziehung seiner Schüler im demokratischen Geiste widmet."[359] Wie die Herstellung einer Verbindung zur Gegenwart konkret aussehen konnte und sollte, zeigen Protokolle von Stundenbesichtigungen. Positiv hervorgehoben wurde etwa in einer Geschichtsstunde über die Ottonische Reichskirche die Verknüpfung mit dem Verfassungsentwurf des Volksrates, bei dem die Schüler „einen klaren Eindruck von dem demokratischen Geist der Verfassung" bekamen.[360] Lobende Erwähnung fand auch die Behandlung von Perikles, bei der die Lehrerin herausarbeitete, dass der griechische Staat der Antike „[b]ei allen fortschrittlichen Reformen [...] doch eine Sklavenhalterdemokratie" geblieben sei und einen Vergleich mit der Volksdemokratie vornahm.

Gegenwartsnähe war nicht nur im Geschichtsunterricht gefordert, sondern in allen Fächern, vor allem in Deutsch und Erdkunde. Bei einer Deutschstunde an der Schweriner Oberschule wurde die Verbindung des Stoffs mit der demokratischen Erziehung „sehr gut" beurteilt, weil in Schillers „Wallenstein" folgende Leitsätze herausgearbeitet wurden: „Wo viel Freiheit, ist viel Irrtum. Zügellose Freiheit ist keine Freiheit, auch nicht in der Demokratie. Misstrauen ist die Tu-

---

tens Anfang 1948 wieder Geschichte unterrichten. Revisionsbericht vom 25. 2. 1948, LHAS, 6.11–21, Nr. 1314, Bl. 104.

[356] Protokoll der Konferenz der Fachreferenten für den Geschichtsunterricht am 19. 2. 1947, BAB, DR 2, Nr. 548, Bl. 6. Zur „Funktion des Geschichtsunterrichts als Mittel zur politischen Erziehung der Jugend" in der SBZ und DDR vgl. ausführlich Bispinck, Geschichtspolitik (1999), Zitat S. 11. Siehe auch Handro, Geschichtsunterricht (2002).

[357] Dies hatte Ernst Hadermann, der Geschichtsreferent in der DVV, im Januar 1946 ausdrücklich betont. Protokoll der Sitzung der Geschichtskommission, 21. 1. 1946. BAB, DR 2, Nr. 651, Bl. 16–22, hier Bl. 20.

[358] Die Beurteilungen sind undatiert, stammen aber beide aus dem Jahr 1947. LHAS, 6.11–21, Nr. 1314, Bl. 6f. Hieraus auch das folgende Zitat.

[359] Revisionsbericht über die Oberschule für Jungen Schwerin, Mai 1947, LHAS, 6.11–21, Nr. 1314, Bl. 45–51, Zitate Bl. 46.

[360] Hierzu und zum Folgenden Revision der Oberschule Rostock, 17.–20. 1. 1949, Klasse 10B bzw. 9B2, LHAS, 6.11–21, Nr. 1318, Bl. 165–167, hier Bl. 165.

gend der Demokratie."[361] Ebenfalls positiv bewertet wurde die Behandlung von Gerhart Hauptmanns Drama „Die Weber", in der das „Mißverhältnis zwischen Kapitalismus und Proletariat [...] gegenwartsnah herausgestellt" wurde.[362] Einer Rostocker Erdkundelehrerin wurde guter gegenwartsnaher Unterricht bescheinigt, weil sie in einer Stunde über die Ölquellen auf dem Balkan einen Bezug zum Marshallplan für Westdeutschland und zum Zweijahrplan in der SBZ herstellte.[363] Ganz im Sinne seines eigenen Vortrages über die „Aufgaben des altsprachlichen Unterrichts in der Einheitsschule" behandelte Rektor Gernentz im Lateinunterricht bei der Cicero-Lektüre „laufend die Probleme der verschiedenen Staatsform[en] und vor allem der Demokratie".[364] In einer Stunde zur russischen Grammatik erwähnte der Lehrer nicht nur „zahlreiche [...] Persönlichkeiten der russischen Staatsführung und des russischen politischen Lebens [...] und ihre Bedeutung für Staat und Politik", sondern auch „die Namen von Engels und Marx als Begründer des wissenschaftlichen Sozialismus". Selbst dort, wo der Stoff eigentlich keine Ansatzpunkte für politisch-gesellschaftliche Fragen bot, bemühten sich die Lehrer darum. So lobte der Bericht einen Physiklehrer, der bei den Namen Gauß und Ohm am Rande bemerkte, „dass sie Söhne von kleinen Handwerkern waren."[365] Lobend erwähnt wurden auch die Aufsatzthemen im Deutschunterricht, die den Schülern Anlass zu „persönlicher Stellungnahme zur demokratischen Staatsform" böten.[366]

Auch dort, wo der Unterricht den Erwartungen nicht voll entsprach, blieb die Kritik maßvoll, und die Ursachen für die Mängel wurden anerkannt. So bei einer jungen Geschichtslehrerin an der Schweriner Oberschule für Mädchen, deren pädagogisches und didaktisches Geschick sowie ihr Bemühen um gegenwartsnahen Unterricht sehr positiv beurteilt wurden. Die Parteihochschülerin, die im Auftrag des MfV den Geschichts- und Gegenwartskundeunterricht der Schule inspizierte, vermisste jedoch beim „Herausarbeiten der Klassenverhältnisse" in der Revolution von 1848 die „nötige Klarheit".[367] In der folgenden Erläuterung ist zu spüren, dass die Inspizientin dank ihres Parteihochschulbesuchs selbst über frische Kenntnisse der materialistischen Geschichtsauffassung verfügte. Trotzdem zeigte sie sich nachsichtig: „Man muß natürlich in Betracht ziehen, daß sie [die Lehrerin] selbst ein bürgerliches Geschichtsstudium hinter sich hat und nun versucht, sich Klarheit zu verschaffen." Die Parteihochschülerin hielt der Lehrerin zugute, sie sei „jung und entwicklungsfähig", und schlug deshalb vor, sie für die SED zu wer-

---

[361] MfV, Referat Oberschulen, Revision der Oberschule für Jungen Schwerin, 4. 11. 1946, LHAS, 6.11–21, Nr. 1317, Bl. 1–9, hier Bl. 8.

[362] Revision der Oberschule Rostock, 17.–20. 1. 1949, Klasse 9B2, LHAS, 6.11–21, Nr. 1318, Bl. 165–167, hier Bl. 165.

[363] Stundenbesichtigung, Oberschule Rostock, o.D. (1948/49), Klasse 10, LHAS, 6.11–21, Nr. 1318, Bl. 168.

[364] MfV, Referat Oberschulen, Revision der Oberschule für Jungen Schwerin, 4. 11. 1946, LHAS, 6.11–21, Nr. 1317, Bl. 1–9, hier Bl. 3.

[365] Protokolle von Stundenbesichtigungen an der Oberschule für Jungen Schwerin, 4. 11. 1946, LHAS, 6.11–21, Nr. 1317, Bl. 7 bzw. 9.

[366] MfV, Referat Oberschulen, Revision der Oberschule für Jungen Schwerin, 4. 11. 1946, LHAS, 6.11–21, Nr. 1317, Bl. 1–9, hier Bl. 3.

[367] Hierzu und zum Folgenden vgl. Parteihochschülerin Helene M. an den LV SED und das MfV, Arbeitsbericht über die Hospitation an der Gewerbeschule und der Oberschule für Knaben und Mädchen, Schwerin, 20. 3. 1948. LHAS, 10.34–2, Nr. 288, Bl. 48–53.

ben, „um ihr die nötige Klarheit zu geben, um die sie ringt und die sie braucht."
Tatsächlich entwickelte sie sich später zu einer „hervorragende[n] Geschichtslehrerin", die das Ministerium zur Lehrerausbildung und zur Mitarbeit an Lehrplänen heranzog.[368] Bei manchen Lehrern registrierten die Inspektoren, dass sie Gegenwartsfragen auswichen. Zum Beispiel wurde der Erdkundeunterricht des
Schweriner Oberschullehrers Martin Karsten bemängelt, der zwar „wissenschaftlich einwandfrei" sei, sich aber „fast ausschliesslich auf Topographie" beschränke
und auf die „Ableitung von Verflechtungen und lebensvollen Zusammenhängen"
verzichte.[369] Eine Lehrerin der Schweriner Mädchenoberschule verknüpfte das
Nibelungen-Epos im Deutschunterricht nicht mit der Gegenwart, obwohl der
Stoff „reichlich Gelegenheit" dazu geboten hätte. Daher müsse sie „ihre Lehr-
weise sehr ändern [...], wenn sie einen erfolgreichen Unterricht im Deutschen auf
der Oberschule geben will."[370] Positiv vermerkt wurde, dass sie „für jeden fach-
männischen Rat *sehr* dankbar ist und sich sehr ernst bemüht, die Fehler zu vermeiden".[371]
   Während die Bemühungen der Oberschullehrer um Gegenwartsnähe und politische Erziehung überwiegend positiv beurteilt wurden, war es um die Empfäng-
lichkeit der Schüler für politische Fragen weniger gut bestellt. In einer Geschichtsstunde an der Oberschule für Jungen Schwerin, die „von modernem
Geiste getragen" war und in der „Brücken zur Gegenwart [...] reichlich geschla-
gen" wurden, verhielt sich die Klasse „auffallend passiv und eine richtige Diskussion kam nicht zustande."[372] Dies war kein Einzelfall. Ein zusammenfassender
Bericht über die Schule vom Mai 1947, der der Lehrerschaft zwar bescheinigt,
dass sie „im allgemeinen über ein gediegenes Wissen" verfüge, dieses „aber nicht
immer in ausreichender Weise für die Schüler fruchtbar zu machen" wisse, stellte
fest: „Die Schüler sind zu passiv. Ein erheblicher Teil bringt Gegenwartsfragen
kein Interesse entgegen."[373] Neben der schon unmittelbar nach Kriegsende immer
wieder angeführten skeptischen Haltung vieler Jugendlicher politischen Fragen
gegenüber, die auf ihre negativen Erfahrungen mit ideologischer Indoktrination
im Nationalsozialismus zurückgeführt wurde, gab es für die „Passivität" noch
eine andere Ursache: Die Schüler fühlten sich, insbesondere in Gegenwart von

---

[368] Sothmann, Bericht über das Kollegium der Oberschule für Mädchen Schwerin, o.D. (Ende 1948),
      LHAS, 6.11–21, Nr. 1314, Bl. 38. Regierungsdirektor Wernicke bezeichnete ihren Unterricht als
      „wissenschaftlich und methodisch ausgezeichnet", Beurteilung o.D. (1947/48), LHAS, 6.11–21,
      Nr. 1314, Bl. 32.
[369] MfV, Regierungsrat Wernicke, Beurteilung des Lehrers an der Oberschule für Jungen, Karsten,
      o.D. (1947), LHAS, 6.11–21, Nr. 1314, Bl. 8.
[370] Dr. Ruthenberg, Protokoll über die Stundenbesichtigung an der Oberschule Schwerin, o.D.,
      LHAS, 6.11–21, Nr. 1314, Bl. 11.
[371] Oberregierungsrat Dowe, Protokoll über die Stundenbesichtigung an der Oberschule für Mäd-
      chen Schwerin, 29. 4. 1947, LHAS, 6.11–21, Nr. 1314, Bl. 23 (Hervorhebung im Original). Wenige
      Jahre später wurde der Lehrerin bescheinigt, sie verstünde es, „die gesellschaftlichen Zusammen-
      hänge aufzuzeigen und Parallelen zur Gegenwart zu ziehen." Stadtschulamt Schwerin an MfV,
      Hauptabteilung Unterricht und Erziehung, Referat Oberschulen, 1. 6. 1950, BAB, DR 2, Nr. 5718,
      Bl. 348–352, hier Bl. 351.
[372] MfV, Allwardt, Bericht über die Revision des Geschichtsunterrichts an der Oberschule für Jungen
      in Schwerin, 25. 2. 1948, LHAS, 6.11–21, Nr. 1314, Bl. 104.
[373] Bericht über die Besichtigung der Oberschule für Jungen Schwerin, Mai 1947, LHAS, 6.11–21,
      Nr. 1314, Bl. 52–56, Zitat Bl. 56.

Inspektoren, „offenbar innerlich unfrei", wie der Geschichtsreferent der DVV, Hadermann, vermutete, der deshalb auch vor zu starkem „Gesinnungsdruck" an den Schulen warnte.[374] Darauf, dass die Schüler in Anwesenheit der Inspektoren gehemmt waren, weist die einhellige Aussage aller drei Geschichtslehrer der Schweriner Oberschule vom selben Tag hin, nach der „die Klassen über aktuelle Fragen durchaus freimütig und offen diskutieren". Bei der Behandlung des kommunistischen Manifestes träten auch „vereinzelt ablehnende Auffassungen zutage".[375] Derartige Ansichten wagten sie offenbar nicht in Anwesenheit von Inspektoren auszusprechen.

Freilich wurden die Lehrer in den Inspektionen nicht nur nach der Gegenwartsnähe ihres Unterrichts und ihrer Fähigkeit zur politischen Erziehung beurteilt. Diese Aspekte dominierten lediglich im Geschichtsunterricht und teilweise in den Fächern Erdkunde und Deutsch. Vielmehr wurden auch ihr Fachwissen sowie ihr didaktisches und pädagogisches Geschick bewertet. Das waren auch die Kriterien, die für die Entlassung oder Versetzung eines Lehrers entscheidend waren. Bis zum Ende des Schuljahres 1947/48 kam es an den Schweriner und Rostocker Oberschulen außerhalb der Entnazifizierung zu keiner einzigen Entlassung, die auf die politische Haltung des betreffenden Lehrers oder mangelnde Gegenwartsnähe seines Unterrichts zurückzuführen gewesen wäre. Typische Gründe für die seltenen Entlassungen in dieser Zeit waren vielmehr pädagogische Mängel oder disziplinarische Schwierigkeiten, die oft auf das hohe Alter oder den schlechten Gesundheitszustand der Lehrer zurückgeführt wurden.[376] In methodisch-didaktischer Hinsicht traf die Kritik vor allem jene Lehrer, die den Unterricht zu sehr auf den eigenen Vortrag konzentrierten und bei denen die Schüler wenig Selbsttätigkeit entfalteten. In der insgesamt positiven Beurteilung eines Geschichtslehrers heißt es, seine Leistungen wären besser, wenn er „die Eigentätigkeit der Schüler noch stärker zur Entfaltung" brächte.[377] Bei einem anderen wirke der Vortrag „als ein Platzregen, der eine freie Entfaltung der Eigenkräfte der Schüler nicht in ausreichender Weise zulässt." Über eine vortragshaft dargebotene Stunde zur Stalinschen Verfassung hieß es, der Unterricht wäre „pädagogisch wertvoller gewesen, wenn die Methode der Diskussion mehr geübt worden

---

[374] Schreiben an die Landesregierungen, 27. 12. 1946, BAB, DR 2, Nr. 4821, Bl. 22 f. Ein solcher „Gesinnungsdruck" würde „jedes Vertrauensverhältnis zwischen Schülern und Lehrern, ja zwischen Schülern und Schulleitung zerstören" und die Schüler „zur Gesinnungsheuchelei" erziehen. Hadermann an Wandel, Stellungnahme zum Präsidialentwurf „Zur politischen Lage an den Oberschulen", 10. 1. 1948, in: Geißler/Blask/Scholze, Streng vertraulich! (1996), S. 252 f.

[375] MfV, Allwardt, Bericht über die Revision des Geschichtsunterrichts an der Oberschule für Jungen Schwerin, 25. 2. 1948, LHAS, 6.11–21, Nr. 1314, Bl. 104.

[376] So im Fall eines Schweriner Oberschullehrers: „Die Spannkraft scheint für den Unterricht auf der Oberschule nicht mehr ausreichend zu sein." MfV, Allwardt, Schulrevision Oberschule für Jungen Schwerin, LHAS, 6.11–21, Nr. 1314, Bl. 5. Der Lehrer wurde an eine Berufsschule versetzt, 1952 aber wieder an die Oberschule zurückberufen, bis er 1955 in den Ruhestand versetzt wurde, da seine „geistige und körperliche Konstitution [...] den großen Anforderungen nicht mehr gewachsen war." Abschlussnotiz zur Personalakte, 11. 7. 1955, StASch, S 6, Nr. 241.

[377] Hierzu und zum Folgenden MfV, Wernicke, Beurteilungen von Lehrern der Oberschule für Jungen Schwerin, o. D. (1947), LHAS, 6.11–21, Nr. 1314, Bl. 6 f. Rektor Gernentz bemängelte allgemein, „daß die Lehrer zu viel dozieren, anstatt die Schüler zur Selbsttätigkeit anzuregen". Oberschule für Jungen Schwerin, Konferenzbuch 1946–48, Protokoll vom 15. 10. 1946, StASch, S 6, Nr. 338, S. 156 f.

wäre."[378] Dem stehen allerdings mindestens ebenso viele Beispiele von Lehrern gegenüber, die „vorbildlich in arbeitsunterrichtlicher Methode" lehrten oder sich zumindest bemühten, „die Forderungen eines Arbeitsunterrichtes zu verwirklichen und die Schülerinnen zu selbständiger geistiger Arbeit zu erziehen."[379] Überdies räumten fast alle Berichte ein, dass das Fehlen von Unterrichtsmaterial den Arbeitsunterricht erschwere.[380] Eines zeigen aber alle diese Beurteilungen, ob positiv oder negativ: Richtschnur für die Beurteilung war in den ersten Jahren nach der Schulreform die aus der Tradition der Weimarer Reformpädagogik stammende Methode des Arbeitsunterrichts,[381] die zwar nicht verbindlich vorgegeben war,[382] aber als „fortschrittlich" galt. Sowjetpädagogische Ansätze spielten hingegen noch keine Rolle.

Insgesamt wurden den Oberschullehrern in den Berichten dieser frühen Jahre fast durchweg ein sehr gutes fachliches Können und überwiegend auch gute pädagogische Fähigkeiten bescheinigt. Die Lehrer konnten auf ihre vielfach jahrzehntelange Erfahrung zurückgreifen und trotz zunehmender Kontrolle eine „relativ freizügige Unterrichtspraxis"[383] herausbilden, solange sie der Forderung nach Gegenwartsnähe einigermaßen entsprachen. Dabei wurde die Notwendigkeit der „wissenschaftlichen" Fundierung des Unterrichts von den Inspektoren durchaus anerkannt und trat nicht etwa vollständig hinter die politisch-erzieherischen Aufgaben zurück. In diesem Zusammenhang wurde meistens der Begriff „wissenschaftlich"[384] – und nicht etwa „fachlich" – gebraucht, was darauf hinweist, dass das Selbstverständnis der Oberschullehrer als unterrichtende Fachwissenschaftler[385] von den Schulfunktionären anerkannt wurde. In Mecklenburg mag zu dieser

---

[378] Revision der Oberschule Rostock, 17.–20. 1. 1949, Klasse 12A, LHAS, 6.11–21, Nr. 1318, Bl. 165–167, hier Bl. 165.

[379] Schulrat Jarmer, Bericht über die Oberschule für Jungen Schwerin, Mai 1947, LHAS, 6.11–21, Nr. 1314, Bl. 45–51, hier Bl. 46; Dr. Große Kreul, Kurzbericht über den Unterricht an der Oberschule für Mädchen Schwerin, 24.-26. 4. 1947, LHAS, 6.11–21, Nr. 1314, Bl. 34.

[380] Vgl. die Stundenbesichtigungsprotokolle von der Schweriner Oberschule für Jungen vom November 1946, LHAS, 6.11–21, Nr. 1317, Bl. 6–9. Dies sahen auch die Lehrer selbst so, die beklagten, „daß der Arbeitsunterricht durch Stoffülle, Zeitmangel u[nd] Mangel an Material erschwert, ja teilweise sogar unmöglich gemacht wird." Oberschule für Jungen Schwerin, Konferenzbuch 1948–1950, Protokoll vom 10. 4. 1948, StASch, S 6, Nr. 337, S. 306–310, hier S. 308.

[381] Rektor Gernentz hatte sein Kollegium schon zu Beginn des Schuljahres 1946 zur „Durchnahme des neuen Stoffes im Arbeitsunterrichtsverfahren" aufgefordert. Oberschule für Jungen Schwerin, Konferenzbuch 1946–1948, Protokoll vom 15. 10. 1946, StASch, S 6, Nr. 338, S. 150–152, hier S. 150.

[382] Vielmehr sollten die „verschiedenen Formen der Unterrichtsarbeit und verschiedene Arbeitsmethoden Anwendung finden." So die auf dem II. Pädagogischen Kongress in Leipzig am 10. 9. 1947 verabschiedeten Grundsätze der Erziehung in der deutschen demokratischen Schule, in: Günther/ Uhlig, Dokumente I (1970), S. 245–257, Zitat S. 255. Differenzierter zur zeitgenössischen Diskussion: Anweiler, Schulpolitik (1988), S. 30–35; Benner/Sladek, Erziehungsprogramm (1995). Kluchert/Leschinsky, Schwierigkeiten mit der Erziehung (1997), S. 91, schreiben, die Arbeitsschule hätte in der SBZ eine „Renaissance" erlebt, „ohne allerdings die Monopolstellung auf methodischem Gebiet zu erlangen."

[383] So Geißler, Geschichte des Schulwesens (2000), S. 218.

[384] Der Begriff „wissenschaftlich" wurde in dieser Zeit noch in seinem ursprünglichen Sinne verwandt. Erst in der DDR erfolgte die prinzipielle Gleichsetzung von „wissenschaftlicher Geschichtsbetrachtung" mit Geschichtsbetrachtung auf marxistisch-leninistischer Grundlage. Vgl. Kowalczuk, Parteiarbeiter (1997), S. 40.

[385] Dass die Oberschullehrer selbst noch mit dem Anspruch, auch Wissenschaftler zu sein, auftraten – auch wenn sie ihm nicht immer gerecht wurden –, zeigt auch das Schreiben eines Mathematiklehrers vom 24. 7. 1948, der beim MfV eine große Menge Schreib- und Millimeterpapier anforderte,

Einstellung beigetragen haben, dass der für die Oberschulen zuständige Referent im Volksbildungsministerium, Gustav Allwardt, selbst über eine akademische Ausbildung verfügte und einer der wenigen in der Schulverwaltung tätigen ehemaligen Philologen war. Bis 1946 war er am Schweriner Fridericianum tätig gewesen und kontrollierte somit auch seine früheren Kollegen.

Feiern und kulturelle Veranstaltungen im Schulalltag

Angesichts der schwierigen Unterrichtsbedingungen, der schlechten Versorgungslage und des hohen Arbeitspensums der Lehrer erstaunt die große Anzahl von schulischen Feiern und öffentlichen Veranstaltungen in der Nachkriegszeit. In den ersten beiden Schuljahren nach der Schulreform überwogen hierbei die kulturellen Themen die politischen bei weitem. Das galt für Veranstaltungen, die auf die Eigeninitiative der Schulen zurückgingen ebenso wie für solche, die vom zuständigen Kreisschulrat oder vom Volksbildungsministerium angeordnet wurden. An der Schweriner Oberschule für Jungen fanden jedes Jahr mehrere Schulkonzerte, Rezitationen und Aufführungen von Laienspielgruppen der Schüler statt.[386] Musikalische und andere künstlerische Darbietungen umrahmten beispielsweise einen Werbeabend der FDJ oder Elternabende.[387] Dies geschah auch, um die Eltern zur Teilnahme an diesen wenig frequentierten Veranstaltungen[388] zu motivieren: Nachdem eine Elternversammlung an der Schweriner Oberschule für Jungen im Oktober 1947 „nur schwach besucht" war, wurde der nächste Elternabend mit einer Goethe-Feier verknüpft und traf prompt auf große Resonanz.[389] Noch zahlreicher waren öffentliche Veranstaltungen, an denen die Schüler im Klassenverband teilnahmen oder an deren Vorbereitung sie mitwirkten. Solche mit aufklärerischem Charakter wie der Besuch einer Hygieneausstellung waren verbindlich und oft vom Schulrat veranlasst.[390] Der weit häufigere Besuch kultureller Veranstaltungen im Klassen- oder Schulverband ging dagegen auf die Initiative einzelner Lehrer zurück, die die Ausstellungen, Theateraufführungen und Konzerte jeweils im Unterricht vor- und nachbereiteten. Auf dem Programm stand überwiegend das klassische deutsche Kulturgut – besucht wurden etwa Vorstellungen von Goethes „Iphigenie" und „Clavigo", Gedächtnis-Abende für

---

um den Beweis für seine Theorie von der Existenz unendlich vieler gerader (!) Primzahlen für die Veröffentlichung vorzubereiten. LHAS, 6.11–21, Nr. 1314, Bl. 144 f.

[386] Regierungsdirektor Wernicke, Bericht über die Besichtigung der Oberschule für Jungen in Schwerin, Mai 1947, LHAS, 6.11–21, Nr. 1314, Bl. 52–56, hier Bl. 55.

[387] Oberschule für Jungen, Mitteilungsbuch 1946/47, Eintrag vom 23. 9. 1946; Schulrat Jarmer, Revisionsbericht zur Oberschule für Jungen Schwerin, Mai 1947 LHAS, 6.11–21, Nr. 1314, Bl. 45–51, hier Bl. 48.

[388] Die Elternversammlungen an der Schweriner Oberschule für Mädchen im Schuljahr 1946/47 waren „nicht stark besucht", und es bestand „wenig Neigung zur Debatte". Dr. Große Kreul, Bericht über die Revision der Oberschule für Mädchen, Mai 1947, LHAS, 6.11–21, Nr. 1314, Bl. 36 f.

[389] Protokoll über die Sitzung des Elternausschusses der Oberschule für Jungen am 5. 1. 1948, LHAS, 6.11–21, Nr. 1314, Bl. 68 f. Den Motivationsaspekt betont auch Häder, Schülerkindheit (1998), S. 268. Schlecht besuchte Elternversammlungen waren offenbar ein zonenweites Phänomen. Vgl. zu den Erfurter Oberschulen Oyen, Zeitgeist und Bildung (2005), S. 451 f.

[390] Oberschule für Jungen Schwerin, Mitteilungsbuch 1946/47, Eintrag vom 4. 10. 1946, StASch, S 6, Nr. 959; Vortrag von Landespastor Schwartze zum Thema „Wissenschaft und Sterilisation", 9. 9. 1946, ebd.; Vortrag von W. Thiele über neuzeitliche Ernährung, 10. 9. 1947, Oberschule für Jungen Schwerin, Schulchronik 1947/48, StASch, S 6, Nr. 805; Vortrag von Dr. Wienreich über spinale Kinderlähmung, 1. 11. 1947, ebd.

Klopstock und Schiller, Kunstausstellungen sowie Aufführungen von Beethoven-Symphonien.[391] Der politisch erwünschten „Verbindung von Schule und Leben"[392] dienten die Besuche von Industriebetrieben.[393] Die Vorbildfunktion der Sowjetunion und die Notwendigkeit guter Beziehungen zu den polnischen Nachbarn sollten den Schülern durch den Besuch von Ausstellungen („30 Jahre Sowjetunion", „Das neue Polen") und sowjetischen Theaterstücken und Filmen („Oberst Kusmin", „Der Schwur", „Es grüßt Moskau") nahegebracht werden.[394] Die Filme waren bei den Schülern offenbar nicht besonders beliebt – es sind die einzigen Veranstaltungen, bei denen im Mitteilungsbuch vermerkt ist, dass „Schüler unterwegs versuchen, sich heimlich zu entfernen."

Bei den Veranstaltungen, die die Schweriner Oberschule in Eigenregie durchführte, dominierte das klassische deutsche Bildungsgut noch deutlicher. Mit großem Aufwand wurde etwa für den 17. Dezember 1947 unter Mitwirkung des Landesorchesters eine Goethe-Feier vorbereitet, auf der verschiedene Szenen aus dem „Faust" sowie Werke von Beethoven und Liszt aufgeführt wurden.[395] Rektor Gernentz knüpfte in seiner Ansprache, die er unter Wilhelm von Humboldts Motto „Bilde dich selbst und wirke für andere" stellte, ausdrücklich an die Tradition des humanistischen Bildungsideals an, die durch den Nationalsozialismus unterbrochen worden sei: Es gelte, „den Geist von Weimar lebendig zu erhalten, der Gefahr lief, von dem Geist Potsdams erdrückt zu werden." Vornehmste Aufgabe der Schule sei es heute, der „Jugend wieder den Glauben an Frieden, Freiheit und Gerechtigkeit als den besten Idealen der Menschheit zurückzugeben."[396] Die Kulturwoche der Schweriner Oberschulen im Juli 1948 blieb von Zugeständnissen an den neuen Zeitgeist völlig frei. Auf dem Programm standen neben Sportwettkämpfen Musik von Bach, Mozart und Beethoven, Lustspiele von Curt Goetz, Volkslieder und -tänze sowie Märchenspiele.[397] Die Veranstaltung war ganz auf die Pflege des deutschen Kulturgutes und die Bedürfnisse der Kinder und Jugendlichen ausgerichtet. Einziger politischer Programmpunkt war eine von der FDJ-Gruppe organisierte Fragestunde mit Vertretern des öffentlichen Lebens. Bei anderen Festveranstaltungen ist der Versuch offensichtlich, bildungsbürgerliche mit „antifaschistisch-demokratischen" und kommunistischen Traditionen zu verknüpfen. Die Feier zur Einweihung der umgebauten Aulabühne der Schweriner Oberschule für Jungen, die von den Schülern selbst gestaltet wurde, schloss die Rezitation des Prologs aus Schillers „Wallenstein" durch einen Schüler ebenso ein

[391] Bericht über die Besichtigung der Oberschule für Jungen Schwerin, Mai 1947, LHAS, 6.11–21, Nr. 1314, Bl. 52–56, hier Bl. 55; Oberschule für Jungen Schwerin, Mitteilungsbuch 1946/47, Einträge vom 7. 11. 1946, 21. 11. 1946, 12. 2. 1947, StASch, S 6, Nr. 959.

[392] Häder, Feiern und Feste (1999), S. 204, die diese Verbindung als „parteiamtliche[s] Erziehungsziel" kennzeichnet.

[393] Besichtigt wurden u. a. die Städtischen Gaswerke und eine Zigarettenfabrik. Regierungsdirektor Wernicke, Bericht über die Besichtigung der Oberschule für Jungen in Schwerin, Mai 1947, LHAS, 6.11–21, Nr. 1314, Bl. 52–56, hier Bl. 55.

[394] Oberschule für Jungen Schwerin, Mitteilungsbuch 1946/47, Einträge vom 25. 3. 1947, 21. 11. 1946, StASch, S 6, Nr. 959; Oberschule für Jungen Schwerin, Schulchronik 1947/48, StASch, S 6, Nr. 805.

[395] Programmheft des Elternabends mit Goethe-Feier, Dezember 1947, StASch, S 6, Nr. 805.

[396] Zitiert nach zwei Zeitungsartikeln unbekannter Provenienz, StASch, S 6, Nr. 805.

[397] Kulturwoche der Schweriner Oberschulen, 11.–18. 7. 1948, Programmheft, StASch, S 6, Nr. 805.

wie die Aufführung des Stückes „Die Illegalen" von Günther Weisenborn. Der
Autor, der zum Umfeld der kommunistischen Widerstandsgruppe „Rote Ka-
pelle" gehörte, verarbeitete in diesem Drama seine Beteiligung am Widerstand gegen Hitler.[398] Besonders augenfällig ist diese Verknüpfung bei der Feier aus Anlass
der Verabschiedung der mecklenburgischen Landesverfassung im März 1947, die
mit Kernsprüchen von Rousseau, Herder und Schiller („Deutsche Größe") eingeleitet wurde.[399] Die zentrale Ansprache der Veranstaltung, gehalten von Ministerialdirektor Manthey, war eingerahmt von einer Schulchordarbietung von Mozarts
„Brüder, reicht die Hand zum Bunde" und dem gemeinsamen Gesang des Liedes
„Brüder, zur Sonne, zur Freiheit". Hier wurde eine klassische Hymne der deutschen Arbeiterbewegung neben ein auf freimaurerische Traditionen zurückgehen-
des Lied gestellt, das die Ideale der Aufklärung und der bürgerlichen Freiheitsbe-
wegung anruft. Die letzten Zeilen des Mozart-Liedes lauten: „Wahrheit suchen,
Tugend üben, / Gott und Menschen herzlich lieben!, / Das sei unser Losungs-
wort."[400] Die Aufnahme der Feier durch die Anwesenden, neben Lehrern und
Schülern sicherlich auch viele Eltern, zeigte indes eindeutig, wo deren Sympathien
lagen. Nicht nur, dass nach Auskunft Mantheys beim Lied „Brüder, zur Sonne,
zur Freiheit" „höchstens 20 Personen" mitsangen und auch die Lehrer „mit ge-
schlossenen Lippen" dastanden. Der Bericht des Volksbildungsfunktionärs über
die Reaktion auf seinen Vortrag spricht Bände:

„Wenn ich nun in meinem Vortrage die Zustände von vor 1933 und die von 1945 gegenüber-
stellte und ausführte, daß beherzte Männer aus dem Volke die ins Tal stürzende Lawine auf-
hielten, dann setzte ein Husten ein, der chorartigen Charakter annahm, und als ich darauf
hinwies, daß nur durch die neue Demokratie alles wieder vorwärts gebracht werden kann, da
setzte die Störung so stark ein, daß ich etwa 20 bis 30 Sekunden unterbrechen mußte. Während ich weiter sprach, kam mir der Gedanke, es auch einmal umgekehrt zu versuchen. Ich
brachte betont nationale Sachen, die auch in diesem Sinne Nationalsozialismus bedeuten
konnten. Sofort setzte hier frenetischer Beifall ein.[401]

Die Vorstellung, die mehrheitlich dem Bürgertum zuzurechnenden Lehrer, Eltern
und Schüler unter Rückgriff auf bürgerliche Traditionen und auf das deutsche
kulturelle Erbe auch für die Ziele des „antifaschistisch-demokratischen Aufbaus"
zu gewinnen, ließ sich anscheinend nur schwer umsetzen. Politische Haltungen
und Normen sind träge. Nationales Gedankengut war im bildungsbürgerlichen
Milieu nach wie vor dominierend, und die Politik der SED lehnte es ganz offensichtlich ab.

Gegenüber dem erheblichen Aufwand, den die Schule mit der Vorbereitung
und Durchführung solcher kulturellen Veranstaltungen trieb, fällt die relative Be-
scheidenheit auf, mit der Gedenktage begangen wurden, die die kommunistische

---

[398] Programmheft der Festveranstaltung, Mai 1948, StASch, S 6, Nr. 805. Zu dem Stück „Die Illegalen" vgl. KLL, Die Illegalen (1988); Schwarz, Expressionistischer Aufbruch (1995), S. 324–326.
[399] Programm der Veranstaltung in: Oberschule für Jungen Schwerin, Mitteilungsbuch 1946/47, Eintrag vom 12. 3. 1947, StASch, S 6, Nr. 959.
[400] Text zitiert nach Appel/Oberheide, Freiheit, Gleichheit, Brüderlichkeit (1986), S. 29. Anzumerken
ist, dass das Lied schon im 19. Jahrhundert auch von der Arbeiterbewegung aufgegriffen wurde.
Vgl. Hitzer, Schlüssel zweier Welten (2001), S. 51.
[401] Hans Manthey auf der Besprechung der Volksbildungsminister der Länder in der DVV, 18./19. 3.
1947, in: Geißler/Blask/Scholze, Streng vertraulich! (1996), S. 255–257, Zitat S. 256.

Tradition betonten. So bestanden etwa die Feier zum 30. Jahrestag der russischen Oktoberrevolution und die Gedächtnisfeier für Lenin im Schuljahr 1947/48 lediglich in der Ansprache eines Lehrers bzw. des Rektors in der Aula. Auf die gleiche Weise wurde der Todestag der Geschwister Scholl begangen, was zeigt, dass auch der nicht-kommunistische Widerstand gegen den Nationalsozialismus in dieser Zeit noch gewürdigt wurde.[402] Dagegen wurde eine geplante Gedenkfeier zum 25. Jahrestag der Ermordung Walter Rathenaus vom Volksbildungsministerium kurzfristig abgesagt.[403] 25 Jahre zuvor hatte man von offizieller Seite den Unterricht ausfallen lassen, um den Lehrern die Teilnahme an einer Kundgebung anlässlich von Rathenaus Beerdigung zu ermöglichen – damals hatte allerdings keiner der Lehrer davon Gebrauch gemacht.

Feiern und Veranstaltungen aus kulturellen Anlässen waren an der Schweriner Oberschule zur Zeit der sowjetischen Besatzung weitaus häufiger als in der Weimarer Republik und während der NS-Zeit. Vor der Gründung der DDR überwogen sie gegenüber rein politischen Veranstaltungen deutlich. Hinsichtlich der Anlässe und der Gestaltung knüpften sie unmittelbar an Traditionen aus der Weimarer Zeit an.[404] Gefeiert wurden die klassischen Repräsentanten deutscher Geistes- und Kulturgeschichte, allen voran Goethe und Schiller, gepflegt wurde das deutsche Kulturgut mit Schulkonzerten und Theateraufführungen. In einigen Fällen – wie bei der Verfassungsfeier – wird der Versuch sichtbar, diese primär bildungsbürgerliche Kulturpflege mit aktuellen politischen Ereignissen zu verknüpfen und mit Elementen zu ergänzen, die aus der Tradition der Arbeiterbewegung stammen. Der Versuch, auf diese Weise Sympathien für Letztere und damit für die Ziele der Einheitspartei zu gewinnen, erwies sich jedoch als Fehlschlag.

Auffällig ist, dass im Gegensatz zur Weimarer Zeit die klassische Antike bei diesen Veranstaltungen überhaupt keine Rolle spielte. Dabei hatte Rektor Gernentz selbst den Nutzen der Beschäftigung mit den Werken der klassischen griechischen und römischen Literatur auch für die „politischen Aufgaben der Gegenwart" im Sommer 1946 nachdrücklich betont und seinen eigenen Unterricht in diesem Sinne gestaltet. Der Grund dafür, dass dies außerhalb des Unterrichts nicht geschah, mag – ganz pragmatisch – darin zu suchen sein, dass mit der Zusammenlegung der drei Oberschulen nicht mehr alle Schüler altsprachlichen Unterricht genossen und sich daher nur eine Minderheit an entsprechenden Programmpunkten hätte beteiligen können. Hinsichtlich der Motivation der Lehrer für den „Rückgriff auf das klassische Bildungserbe" im Rahmen von Schulfeiern kommt Sonja Häder auf der Basis von Befragungen von ehemaligen Lehrern einer Ost-Berliner Volksschule zu dem Schluss, dieser habe deren „eigenen Ambitionen entsprochen" und den Lehrern „zugleich Sicherheit vermittelt. Zu diesen Traditionen konnten sie sich uneingeschränkt bekennen und überdies nicht viel falsch ma-

---

[402] Alle Veranstaltungen in: Oberschule für Jungen Schwerin, Schulchronik 1947/48, StASch, S 6, Nr. 805.

[403] Oberschule für Jungen Schwerin, Mitteilungsbuch 1946/47, Eintrag vom 7. 6. 1947, StASch, S 6, Nr. 959. Dass eine Feier für den bürgerlich-liberalen Politiker überhaupt angesetzt worden war, mag damit zusammenhängen, dass Rathenau auch für die deutsch-sowjetische Annäherung in den 1920er Jahren im Rahmen des Rapallo-Vertrages steht.

[404] Dies galt auch für Volksschulen. Vgl. Häder, Schülerkindheit (1998), S. 285.

chen."[405] Dies traf auf die Oberschullehrer sicherlich in noch stärkerem Maße zu. Zu ergänzen wäre, dass auf diese Weise auch den Ansprüchen und Erwartungen von Schülern und Eltern Rechnung getragen wurde.

Schülerselbstverwaltung und FDJ

In den Verantwortungsbereich der Lehrer fiel auch, die Schüler zu politischem Engagement zu motivieren – sei es im Rahmen der Schülerselbstverwaltung oder innerhalb der FDJ als einzige in der SBZ zugelassene Jugendorganisation.[406] Zu Beginn des Schuljahrs 1946 betonte Rektor Gernentz die Notwendigkeit einer engen Zusammenarbeit der Schule mit der FDJ: „Es muß in Aussprachen der Ordinarien mit ihrer Klasse versucht werden, möglichst alle Schüler zum Eintritt in diese Jugendorganisation zu bewegen."[407] Zu diesem Zweck fand am 15. Oktober eine Schülerversammlung mit dem Landesjugendleiter der FDJ, Waldemar Borde, statt, an der auch die Lehrer teilnehmen mussten. Die Veranstaltung sollte „die noch bei den Schülern bestehenden Unklarheiten über die F.D.J. beseitigen und weitere Schüler veranlassen, in diese Organisation einzutreten."[408] Solche Versammlungen wurden fortan monatlich abgehalten.[409] Die Werbung hatte einen gewissen Erfolg: Im Mai 1947 zählte die FDJ-Schulgruppe an der Schweriner Oberschule für Jungen unter den 332 Schülern immerhin schon 124 Mitglieder (37,3 Prozent)[410] und lag damit deutlich über dem Durchschnitt der mecklenburgischen Oberschulen von 22,2 Prozent.[411] Sehr schwach war die Organisation hingegen an der Oberschule für Mädchen vertreten, wo sie bei größerer Schülerzahl nur 24 Mitglieder umfasste.[412]

Unter dem Dach der „Gruppe Oberschule der FDJ" betätigten sich die Schüler in unterschiedlichen Interessengemeinschaften – in der literarischen Jugendgruppe „Concordia", der naturwissenschaftlichen Gruppe „Leibniz", einer politisch-philosophischen Gruppe mit dem bezeichnenden Namen „Die Suchenden" und einer Sportgruppe. Auch die Schülerbühne agierte unter Leitung der FDJ.[413] Diese Zusammenschlüsse und ihre Aktivitäten bewegten sich im üblichen Rahmen von schulischen Clubs und Interessengruppen[414] und hatten zunächst unpolitischen Charakter. Die Gruppe „Die Suchenden" befasste sich zwar mit politi-

---

405 Häder, Schülerkindheit (1998), S. 286. Häders Untersuchung bezieht sich auf die 1950er Jahre.
406 Zur FDJ in der SBZ vgl. grundlegend Mählert, Freie Deutsche Jugend (1995).
407 Oberschule für Jungen Schwerin, Konferenzbuch 1946–1948, Eintrag vom 16. 9. 1946, StASch, S 6, Nr. 338, S. 148.
408 Oberschule für Jungen Schwerin, Konferenzbuch 1946–1948, Eintrag vom 15. 10. 1946, StASch, S 6, Nr. 338, S. 150–152.
409 Revision der Oberschule für Jungen Schwerin, 4. 11. 1946, LHAS, 6.11–21, Nr. 1317, Bl. 1–9, hier Bl. 4.
410 Revisionsbericht zur Oberschule für Jungen Schwerin, Mai 1947 LHAS, 6.11–21, Nr. 1314, Bl. 45–51, hier Bl. 46; im November 1946 waren es noch 85 Mitglieder gewesen. Revision der Oberschule für Jungen Schwerin, 4. 11. 1946, LHAS, 6.11–21, Nr. 1317, Bl. 1–9, hier Bl. 5.
411 Angabe nach Berg, Entwicklung der Oberschule (1969), S. 313.
412 Bericht über die Revision der Oberschule für Mädchen Schwerin, Mai 1947, LHAS, 6.11–21, Nr. 1314, Bl. 36–38, hier Bl. 36.
413 Zu den Aktivitäten der FDJ-Gruppe siehe MfV, Referat Oberschulen, Revision der Oberschule für Jungen Schwerin, 4. 11. 1946, LHAS, 6.11–21, Nr. 1317, Bl. 1–9, hier Bl. 4.
414 Eine literarische Arbeitsgemeinschaft hatte es am Fridericianum schon vor 1945 gegeben. Vgl. Kap. III.4.a).

schen Fragen, ihre Themenwahl (unter anderem „Grundrechte des deutschen Volkes", „Möglichkeiten und Vorteile der Vereinigten Staaten von Europa", „Weltpolitische Lage nach der Pariser Konferenz") ließ aber keine Affinität zu einer
bestimmten Weltanschauung erkennen. Ähnliche Arbeitsgemeinschaften gab es
an der Oberschule für Mädchen Schwerin.[415] Obwohl die Interessengruppen unter dem Dach der FDJ standen, war die Zugehörigkeit zu der Jugendorganisation
keine Bedingung für die Teilnahme. Neben der Leitung der Arbeitsgemeinschaften blieb die Organisation von Schülerversammlungen, auf denen auch politische
Themen verhandelt wurden, weiterhin Aufgabe der FDJ-Schulgruppe. So sprachen FDJ-Kreisleiter Horst Brie zum Thema „Was will die FDJ?" und der Landesvorsitzende Waldemar Borde über die „sozialen Aufgaben der Jugend".[416] Die
politische Arbeit stand aber in dieser Zeit noch nicht im Vordergrund.[417] Von Seiten der Schulverwaltung wurde die FDJ-Arbeit an den Oberschulen zunächst
positiv beurteilt.[418]

Parallel zu den FDJ-Schulgruppen wurde gemäß den noch vagen Vorgaben des
Schulreformgesetzes seit Anfang 1947 die Schülerselbstverwaltung an den Oberschulen aufgebaut.[419] Auch hierbei wurde den Lehrern, und nicht etwa der FDJ,
die Verantwortung für die Initiative zugeschoben: „Dem Aufbau der Schüler-
selbstverwaltungen ist grösstes Interesse entgegenzubringen. Die Schüler sind
dazu zu veranlassen", ließ das MfV alle Schulleitungen wissen.[420] Dabei komme es
weniger „auf die formale demokratische Form an", sondern vielmehr „auf die
Entwicklung einer für das schulische Leben verantwortungsvollen Bereitschaft
zur Mitarbeit." Diese Formulierung deutet schon den Konflikt an, der ein Jahr
später ausbrechen sollte: Nicht die „formal" demokratische Wahl der Selbstverwaltung und ein demokratischer Willensbildungsprozess innerhalb dieses Organs
waren entscheidend, sondern die „verantwortungsvolle Mitarbeit" – und dass
hieß in diesem Falle Mitarbeit im Sinne von FDJ und SED. Als Organ der Selbstverwaltung fungierte der Schülerrat, der sich aus den in jeder Klasse gewählten
Vertrauensleuten bzw. Vertretern zusammensetzte. Dieser wiederum wählte aus
seinen Reihen den Vorstand. An der Schweriner Oberschule für Jungen bestand
seit Januar 1948 ein Schülerrat. Über seine Aufgaben schien anfangs noch Unklarheit zu herrschen. Auf die entsprechende Frage einer Mutter antwortete der Rektor, er habe dem Schülerrat „vorläufig aufgegeben, für die Ordnung in den Klassen

[415] Bericht über die Revision der Oberschule für Mädchen Schwerin, Mai 1947, LHAS, 6.11–21,
Nr. 1314, Bl. 36 f.
[416] Schulrat Jarmer, Revisionsbericht zur Oberschule für Jungen Schwerin, Mai 1947, LHAS, 6.11–21,
Nr. 1314, Bl. 45–51, hier Bl. 49.
[417] Dies entspricht der Einschätzung Geißlers: „Zwar kündigte sich die FDJ in den Jahren 1946/47 als
politischer Faktor an den Schulen an, zu politischer Arbeit im Sinne von SED und SMAD kam es
in den weitgehend sich selbst überlassenen Schulgruppen […] jedoch kaum." Geißler, Geschichte
des Schulwesens (2000), S. 209.
[418] Siehe etwa MfV, Referat Oberschulen, Revision der Oberschule für Jungen Schwerin, 4. 11. 1946,
LHAS, 6.11–21, Nr. 1317, Bl. 1–9, hier Bl. 4.
[419] Zur Schülerselbstverwaltung bzw. -vertretung in der SBZ und der frühen DDR siehe den grundlegenden Aufsatz von Henning/Kluchert/Leschinsky, Interessenartikulation (1997), sowie Geißler, Geschichte des Schulwesens (2000), S. 208–212.
[420] MfV, Hoffmann, an die Kreisschulräte und die Schulleitungen, 8. 12. 1947, StASch, S 6, Nr. 805.
Hieraus auch die folgenden Zitate.

zu sorgen."[421] Viel wichtiger war anscheinend, dass sich der vierköpfige Vorstand aus „Aktivisten" der FDJ zusammensetzte. Damit, so vermerkte Rektor Gernentz, sei „eine enge Zusammenarbeit mit dieser Jugendorganisation gewährleistet."[422] Unabhängig davon existierte eine Schulgruppe der FDJ. Mit dieser parallelen Organisation ging eine Aufgabenteilung einher: Während die Arbeitsgemeinschaften nun der Schülerselbstverwaltung unterstanden, bestand die „besondere Aufgabe" der FDJ-Schulgruppe jetzt in der „politische[n] Ausrichtung der Schüler."

Mit der „engen Zusammenarbeit" zwischen Schülerselbstverwaltung und FDJ war es in Wirklichkeit jedoch nicht weit her, im Gegenteil: Sowohl an der Schweriner als auch, ein Jahr später, an der Rostocker Oberschule kam es zu Auseinandersetzungen zwischen beiden Gruppen. In Schwerin löste sich die als Dach der verschiedenen Interessengemeinschaften fungierende FDJ-Schulgruppe im Januar 1948 – offenbar im Einverständnis mit dem FDJ-Kreisvorstand – auf, da sie sich „als praktisch funktionslos" erwiesen hatte. Die Interessengemeinschaften unterstellten sich stattdessen der Schülerselbstverwaltung.[423] Dies geschah, obwohl Rektor Gernentz die Mitglieder noch im Herbst zuvor eindringlich daran erinnert hatte, dass „die Interessengemeinschaft [Leibniz] ein Teil der Gruppe Oberschule der F.D.J. ist."[424] Schon der „blosse Anschein, als ob sich der ‚Leibniz' zu einer Art selbständiger unabhängiger Schülerverbindung entwickeln könnte", würde „zur Auflösung durch ein Verbot der SMA führen", da Vereinigungen der Jugend „nur im Rahmen der F.D.J. zulässig" seien. Gernentz trug als Rektor die Verantwortung für die Schülervertretung und fürchtete offenbar Schwierigkeiten für seine eigene Position. Zum Eklat kam es aber erst, als der Schülerrat dem Landesvorstand der FDJ in ganz offenkundig provozierender Absicht ein Protokoll übersandte, wonach sich die FDJ-Gruppe Oberschule selbst als „lebender Leichnam" zu Grabe getragen hatte. Der Landesvorsitzende Borde reagierte mit einem scharfen Brief an Gernentz, in dem er der Interessengemeinschaft „offene [...] Bestrebungen zur Spaltung der Jugend" vorwarf und „bestimmte [...] Lehrer" beschuldigte, diese Bestrebungen unterstützt zu haben.[425] Namen nannte er nicht. Gernentz reagierte sofort. Zur Sache selbst äußerte er sich nicht, stellte sich aber schützend vor sein Kollegium und betonte unter Verweis auf sein oben zitiertes Schreiben an die Interessengemeinschaft, dass „die Lehrerschaft keineswegs mit

---

[421] Weitere anvisierte Aufgaben waren rein organisatorischer Art (Schulhofaufsicht, Verwaltung der Schülerbücherei, Verteilung von Schulbüchern, Kassieren der Krankenversicherungsbeiträge etc.). Protokoll über die Sitzung des Elternausschusses der Oberschule für Jungen am 5. 1. 1948, LHAS, 6.11–21, Nr. 1314, Bl. 68 f. Aus der Äußerung des Rektors spricht auch die Skepsis älterer Philologen, den Schülerräten verantwortungsvolle Aufgaben oder Mitbestimmungsrechte zu übertragen.

[422] Hierzu und zum Folgenden Oberschule für Jungen, Schulchronik 1947/48, 30. 7. 1948, StASch, S 6, Nr. 805.

[423] Interessengemeinschaft für Naturwissenschaften an den Schweriner Oberschulen, Vorstandserklärung, 28. 1. 1948 (Abschrift), LHAS, 6.11–21, Nr. 1314, Bl. 111.

[424] Schreiben vom 15. 10. 1947, LHAS, 6.11–21, Nr. 1314, Bl. 111. Hieraus auch das folgende Zitat.

[425] Landesvorstand der FDJ Mecklenburg, Borde, an den Direktor der Oberschule für Jungen Schwerin, 26. 1. 1948, LHAS, 6.11–21, Nr. 1314, Bl. 113 f. Die DDR-Historiographie verallgemeinerte diesen Vorwurf. Die Schülerräte hätten sich „teilweise zum Handlanger der reaktionären Lehrer entwickelt". So Berg, Entwicklung der Oberschule (1969), S. 325.

der Entwicklung des ‚Leibniz' zu einem eigenen Schülerverein einverstanden gewesen" sei.[426]

Die FDJ-Gruppe an der Oberschule hatte sich als bloße Hülle erwiesen, die lediglich bestand, um den bereits existierenden Arbeitsgemeinschaften einen legalen Rahmen zu geben.[427] Diese Form der Arbeit wurde entweder nicht bemerkt oder stillschweigend geduldet. Erst als die tatsächlichen Verhältnisse – die führende Stellung des Schülerrats – offiziell und öffentlich gemacht wurden, eskalierte der Konflikt. Es ging mithin in diesem Fall nur um Form- und Organisationsfragen, nicht um inhaltliche Differenzen. Denn „reaktionäre" Tendenzen, die später in der gesamten Zone als Begründung für die Aufhebung der Schülerselbstverwaltung herhalten mussten,[428] konnten dem Schülerrat der Oberschule nicht vorgehalten werden, hatte dieser doch von sich aus die Entfernung eines Denkmals für die im Kampf gegen Revolutionäre gefallenen mecklenburgischen Soldaten beantragt, das sich auf einem Berg vor den Toren Schwerins befand:

> „Wir sind der Ansicht, daß auch diese Soldaten Opfer einer unglücklichen Entwicklung sind, doch steht es uns heute nicht an, ihr Denkmal zu pflegen. Wir stellen den Antrag, zum Jahrestag der Revolution dieses Denkmal zu entfernen und an seiner Stelle ein Denkmal zu Ehren der in den Jahren 1848/49 gefallenen Revolutionäre zu errichten."[429]

Die Schulleitung und die Lehrer, die den Schülerräten prinzipiell ähnlich skeptisch gegenüberstanden wie der FDJ,[430] verhielten sich in dem ausbrechenden Konflikt zurückhaltend und waren in erster Linie darauf bedacht, den an sie gestellten Forderungen formal zu genügen, da der Lehrerschaft die Hauptschuld an der unbefriedigenden Situation der FDJ-Gruppen an den Oberschulen gegeben wurde. Denn die Spannungen zwischen FDJ und Schülerrat an der Schweriner Oberschule waren kein Einzelfall. An zahlreichen Oberschulen Mecklenburgs hatten sich, so ein SED-Funktionär, zwei gegensätzliche Gruppen gebildet: „die reine FDJ-Gruppe und die Interessengemeinschaft der Oberschüler".[431] Da die Schülerräte bei den Oberschülern mehr Akzeptanz fanden als die FDJ-Gruppen, ergriff die Schulverwaltung seit der Jahreswende 1948/49 Maßnahmen, die der Jugendorganisation künftig die Monopolstellung innerhalb der Schülervertretung sicherten, was zu weiteren Auseinandersetzungen führte. Ein halbes Jahr später machte Volksbildungsminister Grünberg mittels eines knappen, scheinbar logischen Dreischritts noch einmal unmissverständlich deutlich, warum nur die FDJ Träger der Schülerselbstverwaltung sein konnte:

---

[426] Oberschule für Jungen, Rektor Gernentz, an FDJ, Landesverband Mecklenburg, 9. 2. 1948, LHAS, 6.11–21, Nr. 1314, Bl. 108.

[427] Dieses Problem bestand auch nach der Auflösung der Schülerräte weiter: „[A]n einigen Schulen [wurde] offensichtlich unter der Firma der FDJ eine Arbeit betrieben, die in mancher Hinsicht an die Bestrebungen der gerade abgeschafften Schülerräte anknüpfte". So Henning/Kluchert/Leschinsky, Interessenartikulation (1997), S. 369.

[428] Vgl. Henning/Kluchert/Leschinsky, Interessenartikulation (1997), S. 364.

[429] Schülerrat der Oberschule für Jungen Schwerin, Vorstand, an den Vorbereitenden Ausschuss für die Jahresfeier der Märzrevolution, 30. 1. 1948, LHAS, 6.11–21, Nr. 1314, Bl. 112. Ob dem Wunsch der Schüler entsprochen wurde, ließ sich nicht ermitteln.

[430] Holdine Stachel berichtete am 6. 4. 1948 an das Zentralsekretariat der SED, dass die Oberschullehrerschaft „sich zunächst gegen die Schülerselbstverwaltung sperrte". LHAS, 10.34–1, Nr. 478, Bl. 65–69, hier Bl. 66.

[431] Zitiert nach Henning/Kluchert/Leschinsky, Interessenartikulation (1997), S. 367. Dies galt auch für die übrigen Länder der SBZ, vgl. ebd., S. 366 f.

„Die aktivsten und fortschrittlichsten Schüler gehören der FDJ an [...]. Es ist selbstverständlich, daß alles getan werden muß, um den fortschrittlichsten Schülern die Führung in der Selbstverwaltung zu sichern. [...] Daraus folgt, daß die Schülerselbstverwaltung durch die FDJ wahrgenommen werden muß."[432]

In Schwerin wurde der Konflikt offenbar noch vor der schleichenden Aufhebung der Schülerräte ab Ende 1948 zugunsten der FDJ entschieden. Im Oktober 1948 wurde berichtet, dass die Spannungen zwischen den Oberschülern und der Einheitsjugendorganisation dahingehend beseitigt seien, „daß der Einfluß der FDJ in der Oberschule erhalten, zum Teil gewachsen ist."[433] Rektor Gernentz gab in seiner Ansprache zu Beginn des Schuljahres 1948/49 der Hoffnung Ausdruck, „dass nach der Beseitigung der Spannungen zwischen Oberschule und FDJ sich nun auch wieder zahlreiche Schüler unserer Anstalt zur aktiven Mitarbeit in der FDJ bereit finden".[434] Diese Hoffnung erfüllte sich nicht. Zwar konstatierte Gernentz am Ende des Schuljahres, die Zusammenarbeit zwischen Schülerrat und FDJ sei „reibungslos" verlaufen, doch der Anteil der FDJ-Mitglieder unter den Schülern war von 37 Prozent (1947) auf 21 Prozent gesunken.[435] Der Konflikt und sein Ausgang hatten offensichtlich das Vertrauen der Schüler in den Jugendverband weiter geschwächt. Immer wieder wurde in der Folgezeit daher an die Oberschullehrer appelliert, die Arbeit der FDJ stärker zu unterstützen.[436]

Fazit

In den ersten Jahren nach dem Krieg konnten die Lehrer in der inhaltlichen und methodischen Gestaltung ihres Unterrichts weitgehend an die Praxis der Zeit vor 1933 anknüpfen.[437] Die geforderte „Gegenwartsnähe" des Unterrichts stellte lediglich eine Ergänzung des Stoffes dar, die die inhaltliche und methodische Struktur der Unterrichtsstunden nicht wesentlich veränderte. Allein im Geschichtsunterricht war eine größere Umstellung notwendig. Auch bei den Aktivitäten außerhalb des Unterrichts war die Anschlussfähigkeit zur Weimarer Republik gegeben. Der klassische Kulturkanon des Bildungsbürgertums dominierte Theateraufführungen, Schulkonzerte und Feiern zu Ehren von Schriftstellern. Die Zahl solcher Veranstaltungen war weit höher als zur Zeit der Weimarer Republik und des Nationalsozialismus. Politische Veranstaltungen hatten freilich eine andere Stoßrichtung als in den 1920er Jahren, sie waren aber weniger häufig als kulturelle, und ihre Postulate waren noch über das sozialistische Lager hinaus anschlussfähig. Als problematisch sahen die Lehrer weniger die Inhalte solcher Veranstaltungen als

---

[432] Gottfried Grünberg, *Schülerrat an Oberschulen*, in: Volksbildung, 2. Jg., Nr. 13, 1. 7. 1949, S. 115. Der Artikel vermittelt einen guten Einblick in das Demokratieverständnis vieler SED-Funktionäre. Den Einwand, ein aus FDJ-Mitgliedern zusammengesetzter Schülerrat an einer Schule, deren Schüler mehrheitlich gegen die FDJ eingestellt seien, sei undemokratisch, tat Grünberg mit der ebenso lapidaren wie sinnfreien Bemerkung ab: „So kann man die Frage nicht stellen."

[433] Berichte der Obleute (Schule) aus den Kreisen Mecklenburgs, 29. 10. 1948, LHAS, 10.34-1, Nr. 482, Bl. 154–162, hier Bl. 162.

[434] „Wortlaut des Schlusses der Ansprache" vom 1. 9. 1948, StASch, S 6, Nr. 805.

[435] Oberschule für Jungen Schwerin, Schulchronik 1948/49, StASch, S 6, Nr. 805.

[436] Ergebnisse der Überprüfung der Oberschulen und die sich daraus ergebenden Maßnahmen (Entwurf), gez. Allwardt, 1. 4. 1949, LHAS, 6.11–21, Nr. 1318, Bl. 48f.; Schlussfolgerungen aus den Ergebnissen der Oberschulrevision, 10. 3. 1949, LHAS, 6.11–21, Nr. 1318, Bl. 50f.

[437] Ähnlich die Einschätzung von Mietzner, Enteignung (1998), S. 97: „Die ersten Jahre konnte unterrichtet werden wie vor 1933."

vielmehr die häufigen Unterbrechungen des Schulalltags „durch Baden, Kräuter-sammeln, Film, Theater, Schulkonzerte, Feiern, Ausstellungen, Umzüge der Schule usw." an. Sie äußerten den Wunsch, „dass eine ruhigere, gleichmäßige Ar-beit im Unterricht und in der Vorbereitung ermöglicht wird."[438]

Auch dem von ihnen erwarteten gesellschaftlichen und kulturellen Engagement kamen die Oberschullehrer nach. Fast alle Lehrkräfte der Schweriner Oberschule für Jungen übten eine oder mehrere ehrenamtliche Funktionen in Parteien und Massenorganisationen aus: Die Kollegen engagierten sich im Kulturbund, in der Gesellschaft für deutsch-sowjetische Freundschaft, sie übernahmen Aufgaben im Volksbildungsministerium und in der Lehrerausbildung und unterrichteten an der Volkshochschule.[439] Die Tätigkeit der Lehrer innerhalb und außerhalb des Unter-richts wurde daher in den Revisionsberichten überwiegend positiv gewürdigt. Im Hinblick auf ihre Aufgabe, die Schüler zum Eintritt in die FDJ und zum Engage-ment in der Schülerselbstverwaltung anzuhalten, hielten sich die Lehrer hingegen zurück und erfüllten – wenn überhaupt – lediglich formal die Vorgaben der Schul-verwaltung. Diese Zurückhaltung hat ihre Ursache neben einer generell skepti-schen Haltung der Oberschullehrer gegenüber der Schülermitbestimmung sicher-lich in den schlechten Erfahrungen mit der Hitlerjugend. Diese passive Haltung stieß auf Kritik und es ist bezeichnend, dass, wie im Folgenden zu zeigen sein wird, die ersten schärferen Angriffe auf die Oberschulen von der FDJ-Führung ausgingen.

f) Die Kritik nimmt zu: Der bildungspolitische Kurs seit 1948 und seine Folgen für die Oberschulen

Im Herbst 1947 begannen sich die außen- und deutschlandpolitischen Rahmenbe-dingungen für die weitere Entwicklung der SBZ entscheidend zu verändern. Im Zielkonflikt zwischen gesamtdeutscher Option und sozialistischer Umgestaltung der SBZ verschob sich die Priorität zunehmend zugunsten der Letzteren.[440] Da-von war mit gewisser Verzögerung auch das Bildungswesen betroffen. Im No-vember 1947 begann unter maßgeblichem Einfluss des Leiters der Schulabteilung beim ZK der SED, Hans Siebert, die „bildungspolitische Tendenzwende" (Gert Geißler) in der SBZ.[441] Dieser vom Winter 1947/48 bis zum Spätsommer 1949 dauernde Prozess, in der die SED-Führung eine „grundlegende konzeptionelle und strukturelle Akzentverschiebung im Erziehungssystem" durchsetzte, vollzog

---

[438] Oberschule für Mädchen Schwerin, Sothmann, Stimmung der Lehrer, o. D. (1947), LHAS, 6.11–21, Nr. 1314, Bl. 39.
[439] Oberschule für Jungen Schwerin, Politische und kulturelle Betätigung [der Lehrkräfte] außerhalb der Schule, tabellarische Aufstellung o. D. (1948), StASch, S 6, Nr. 264.
[440] Vgl. Kleßmann, Politische Rahmenbedingungen (1981), S. 241 f. Zur allgemeinpolitischen Ent-wicklung und deren deutschlandpolitischen Hintergründen vgl. Staritz, Geschichte der DDR (1996), S. 14–47; Wengst, Das Jahr 1948 (2000). Eine konträre Interpretation aus Sicht der Sowjet-union bei Scherstjanoi, Deutschlandpolitische Absichten (2000). Zu den Folgen dieser Entwick-lung für unterschiedliche Politikfelder vgl. die Beiträge in Hoffmann/Wentker, Das letzte Jahr (2000).
[441] Vgl. Geißler, Bildungspolitische Tendenzwende (1991). Häder, Schülerkindheit (1998), S. 57, spricht pointierter vom „Beginn der Stalinisierung im Bildungswesen der SBZ".

sich auf mehreren Ebenen:[442] Die pädagogische Wissenschaft richtete sich zunehmend am Marxismus-Leninismus aus, und die Lehrer wurden zur Anwendung sowjetpädagogischer[443] Methoden im Unterricht verpflichtet. Dies war mit einer scharfen Ablehnung reformpädagogischer Ansätze als „reaktionär" oder „spätbürgerlich" verbunden. Gefordert wurde zudem eine stärkere ideologische Durchdringung der Erziehung und des gesellschaftlichen Umfelds der Schule im Sinne der SED. An die Stelle demokratischer Interessenvertretungen der Schüler trat die von der Einheitspartei kontrollierte FDJ, die die Schüler organisatorisch erfassen und ideologisch beeinflussen sollte. Mit dem IV. Pädagogischen Kongress in Leipzig im August 1949, der erstmals umfassend von der SED gesteuert war, fand diese Entwicklung ihren vorläufigen Höhepunkt und Abschluss. Die dort am 25. August 1949 verabschiedeten „Schulpolitischen Richtlinien für die deutsche demokratische Schule", die fast wortgleich mit einem vom Parteivorstand am Tag zuvor verabschiedeten Entwurf übereinstimmten, bedeuteten „den bis dahin deutlichsten Versuch der SED, [...] im Bildungswesen ihren Herrschaftsanspruch durchzusetzen."[444] Sie waren für die kommenden Jahre richtungweisend. Begleitet wurde dieser Prozess, leicht verzögert, von einer rigiden Personalpolitik in der Schulverwaltung. Diesem sich bis Anfang der 1950er Jahre hinziehenden massiven Personalaustausch fielen vor allem sozialdemokratische Verwaltungsmitarbeiter und Schulräte zum Opfer. Auch an den Schulen wurden zahlreiche Rektoren und Lehrer durch jüngere Kollegen, häufig Neulehrer, ersetzt.

Offene Kritik an den Oberschulen in Schwerin und Rostock

Den schulpolitischen Kurswechsel bekamen auch die Oberschulen in Schwerin und Rostock zu spüren. Seit Beginn des Jahres 1948 nahm die Kritik an Lehrern und Schülern beider Schulen – wie an den Zuständen an den Oberschulen Mecklenburgs und der SBZ überhaupt – zu. In Schwerin ging die Kritik vom mecklenburgischen FDJ-Landesvorsitzenden Borde aus. Dieser hatte schon im Januar 1948 im Zusammenhang mit den Auseinandersetzungen zwischen FDJ und Schülerrat an der Schweriner Oberschule für Jungen „bestimmte [...] Lehrer" beschuldigt, „offene [...] Bestrebungen zur Spaltung der Jugend" zu unterstützen.[445] Zwei Monate später fuhr er in einem Artikel in der Landeszeitung schwereres Geschütz gegen die Oberschule auf und warf einigen Lehrern „undemokratisches Verhalten" und eine „reaktionäre Einstellung" vor, ohne indes Namen zu nennen.[446] Das Kollegium protestierte beim Volksbildungsministerium gegen diese Kritik und forderte eine Klarstellung.[447] Dem schloss sich der Vorstand des Schü-

[442] Häder, „Demokratische Schulreform" (1993), S. 191. Grundlegend zu diesem Prozess nach wie vor die Darstellungen von Anweiler, Schulpolitik (1988), S. 40–46, und Geißler, Bildungspolitische Tendenzwende (1991), denen die Darstellung im Wesentlichen folgt. Vgl. ferner Hohlfeld, „Massenorganisation" Schule (1994), sowie mit Fokus auf die Oberschulen Oyen, Zeitgeist und Bildung (2005), S. 399–406.
[443] Zur Kritik dieses Begriffes vgl. Lost, „Sowjetpädagogik" (1998).
[444] Geißler, Geschichte des Schulwesens (2000), S. 248.
[445] FDJ, Landesvorstand Mecklenburg, Borde, an Oberschule für Jungen Schwerin, Gernentz, 26. 1. 1948, LHAS, 6.11–21, Nr. 1314, Bl. 113.
[446] W. B. (i. e. Waldemar Borde), in: Landeszeitung, Nr. 70, 23. 3. 1948.
[447] Oberschule für Jungen Schwerin an MfV, 24. 3. 1948, LHAS, 6.11–21, Nr. 1314, Bl. 116. Der Brief ist von sämtlichen Lehrkräften eigenhändig unterzeichnet.

lerrats an. Er räumte zwar ein, dass „ein bestimmter Teil unserer Mitschüler [...]
in mancher Beziehung eine kritische und passive Haltung" zeige; zur „politischen
Reaktion" seien aber auch diese Schüler nicht zu zählen. Insbesondere nahmen die
Schüler ihren Rektor Gernentz in Schutz, dem Borde seine Vergangenheit als Offizier der Wehrmacht vorgehalten hatte.[448] Die Kritik des FDJ-Funktionärs hatte
zwar keine unmittelbaren Folgen für die Schule, zeigte jedoch, dass das politische
Klima sich zu wandeln begann. Derart scharfe und überdies öffentliche Kritik an
der Oberschule hatte es bisher nicht gegeben. Zwei weitere Ereignisse bestätigen
diesen Eindruck. Im Februar meldeten einige Schweriner Oberschüler, ein – namentlich nicht genannter – Lehrer habe sich kritisch dahingehend geäußert, dass
an der Schule „Geschichte nur auf Grund materialistischer Geschichtsauffassung
gelehrt werden" dürfe. Das MfV ordnete daraufhin eine außerordentliche Revision des Geschichtsunterrichts an der Oberschule an, um zu ermitteln, welcher
Lehrer dafür verantwortlich war.[449] Zwar fiel die vom Oberschulreferenten Allwardt selbst durchgeführte Überprüfung positiv aus und entlastete die beiden in
Frage kommenden Geschichtslehrer, die „in ihren Stunden eine so eindeutige politische Stellungnahme" zeigten, dass ihnen die genannte Äußerung „nicht zuzu-
trauen" sei. Doch verdankt sich dieses Urteil wohl in erster Linie der Vorsicht der
Lehrer während der Hospitationen und der ganz offenkundig wohlwollenden
Haltung Allwardts gegenüber seinen ehemaligen Kollegen. Weniger wohlwollend
urteilte der Schweriner SED-Kreisvorstand über einige Lehrer der Schule, die die
NS-Vergangenheit ihres Kollegen Werner Drews, ehemaliger Angehöriger der
NSDAP, jetzt SED-Mitglied, kritisch hinterfragt hatten. Drews habe, so der Lei-
ter der Abteilung Kultur und Erziehung beim Kreisvorstand, „auf der Oberschule
in Schwerin von allen dort befindlichen Lehrern am positivsten unsere politische
Einstellung vertreten".[450] Jetzt würden die „reaktionärsten Lehrer [...]" der
Schule ihm seine NS-Vergangenheit ankreiden, weil sie „einen ihnen unangeneh-
men SED-Mann erledigen" wollten. Dabei habe sich der „ehemalige Stahlhelmer"
Walter Schroeder besonders hervorgetan. Auch aus taktischen Gründen sollte
Drews, der noch einen Lehrerausbildungskurs absolvierte, an die Oberschule
zurückversetzt werden, da er sich wegen der „Anfeindungen der ehemaligen
deutschnationalen Kreise [...] besonders auf die Partei stützen wird."[451] Der Vorgang bestätigt die schon im Abschnitt über die Entnazifizierung angesprochene
integrative Haltung der Einheitspartei gegenüber politisch wendigen ehemaligen
Nationalsozialisten einerseits und ihre Abneigung gegen diejenigen, die „nicht in
die NSDAP aufgenommen worden sind, weil sie zu reaktionär waren" (Grünberg),[452] andererseits. In diesem Zusammenhang ist indes entscheidend, dass zum

---

[448] Oberschule für Jungen, Schülerrat, Vorstand, an Minister Grünberg, 25. 3. 1948 (Abschrift),
StASch, S 6, Nr. 805.
[449] Allwardt, Bericht über die Revision des Geschichtsunterrichts an der Oberschule für Jungen in
Schwerin, 25. 2. 1948, LHAS, 6.11–21, Nr. 1314, Bl. 104. Hieraus auch die folgenden Zitate.
[450] Drews war 1940 angeblich ohne einen Antrag gestellt zu haben, als Angehöriger der Wehrmacht
Mitglied der NSDAP geworden. SED-KL Schwerin, Abt. Kultur und Erziehung, an MfV, Personalabteilung, Steffen, 27. 4. 1948, LHAS, 10.34–2, Nr. 288, Bl. 61. Hieraus auch die folgenden
Zitate.
[451] Ebd. Die Versetzung erfolgte am 19. 5. 1948, Kreisschulrat Schwerin-Stadt an Oberschule für
Jungen, StASch, S 6, Nr. 1461.
[452] Protokoll der Konferenz der Minister für Volksbildung am 18./19. 12. 1946, BAB, DR 2, Nr. 51,

zweiten Mal innerhalb kurzer Zeit einem größeren Teil des Oberschulkollegiums eine „reaktionäre" Haltung vorgeworfen wurde, ein Urteil, das, wenn es von maßgeblicher Seite ausgesprochen wurde, einer Vorstufe zur Entlassung gleichkam.

Im Sommer des gleichen Jahres wurde über das Kollegium der Rostocker Oberschule ein ähnliches Urteil gefällt. Der örtliche Vorsitzende der Betriebsgruppe der Lehrer formulierte noch zurückhaltend, der Lehrkörper an den Berufs- und Oberschulen sei „infolge seiner Zusammensetzung nicht geeignet, [die] notwendige Arbeit der Umerziehung zu demokratischen Menschen zu gewährleisten."[453] Nötig sei eine intensivere Umschulung der Altlehrer, für die es aber an geeigneten Dozenten mangele. Weit schärfer äußerte sich Minister Grünberg:

> „Das gesamte Material über den Zustand der Oberschulen der Stadt Rostock ergibt den Eindruck, dass bei der jetzigen Lage eine Erziehung der Kinder im fortschrittlichen Geiste zu selbständig denkenden und verantwortungsbewußten Demokraten nicht gewährleistet ist. Das Schreiben von faschistischen Aufsätzen bei der Abiturientenprüfung ist kein Ausnahmefall, sondern charakterisiert den allgemeinen Geist an der Oberschule. Die Randbemerkungen des Oberschullehrers Dr. Kabel charakterisieren den geistigen Zustand des Lehrerkollektivs. Er ist stark reaktionär und antidemokratisch."[454]

Als weitere Indizien für diese Einschätzung nannte Grünberg die körperliche Züchtigung von Schülern durch einzelne Lehrer, das Herunterreißen von politischen Artikeln von der Wandzeitung und die Äußerung eines Lehrers, er sehe über weltanschauliche Fehler in Aufsätzen hinweg, „da die Jugend noch Reste des alten nazistischen Geistes in sich trage." Zudem wurde im Amtszimmer des Rektors Neumann ein Buch mit dem Titel „Volk und Boden" gefunden. Neumann war etwa zur gleichen Zeit auch wegen seines Verhaltens auf der bereits erwähnten Rostocker Lehrergewerkschaftsversammlung in die Kritik geraten.[455] Grünberg kritisierte auch, dass die Schülerschaft der Oberschule „ungeprüft" aufgenommen worden sei und sich vorwiegend aus Kindern ehemaliger NSDAP-Mitglieder zusammensetze. Der Minister ordnete daher durchgreifende Maßnahmen an: Die „für das faschistische Thema verantwortlichen Lehrkräfte" waren „sofort aus der Schule zu entfernen", das Rektorat sollte „sofort durch einen zuverlässigen Demokraten" besetzt werden und vom Ministerium waren „Massnahmen für die Überprüfung und Veränderung des gesamten Lehrerkollegiums zu treffen." Tatsächlich kam es in den folgenden Monaten im Kollegium zu umfangreichen Personalveränderungen.[456] Noch vor Beginn des Schuljahres 1948/49 wurden mehrere Lehrer entlassen, darunter der genannte Dr. Kabel und der Geschichtslehrer Zeiske, der auf einer Konferenz von einer Frontstellung zwischen Kollegium und

---

Bl. 39 f. Ähnlich Oyen, Zeitgeist und Bildung (2005), S. 403: „[N]icht die Ex-Nazis, sondern der bürgerliche und sozialistische Idealismus wurden angegriffen und man entfernte solche gestandenen Antifaschisten, um sie durch Kader auch zweifelhafter Herkunft zu ersetzen – Hauptsache, sie waren nur willfährig genug." Zur integrativen Haltung der SED gegenüber ehemaligen „Pgs." vgl. auch van Melis, Antifaschismus (2001).

[453] Gahler, Bericht über Rostocker Schulen, 5. 7. 1948, LHAS, 10.34-2, Nr. 224, Bl. 29.
[454] Hierzu und zum Folgenden Aktenvermerk von Grünberg, 9. 7. 1948, LAG, Rep. 200, 8.1.1, Nr. 374, Bl. 5 f.
[455] LHAS, 10.34-2, Nr. 224, Bl. 35–38.
[456] Lehrkräfte der Rostocker Oberschule, o. D. (Herbst 1948), LHAS, 10.34-1, Nr. 495, Bl. 277.

Regierungsvertretern gesprochen und sich als „nicht auf dem Boden des Materialismus" stehend bezeichnet hatte.[457] Im November 1948 wurde Walther Neumann von seinem Posten als Rektor der Oberschule abberufen, blieb aber zunächst weiter als Fachlehrer dort beschäftigt, bis er ein knappes Jahr später an eine andere Schule versetzt wurde.[458] Neumanns Nachfolger wurde der erst 34-jährige Hans Eggert, Mitglied der SED, der zuvor Grundschulleiter und Bezirksschulrat gewesen war.[459] Einem Dokument von Ende 1948 zufolge sollten vom 39-köpfigen Kollegium 14 Lehrer entlassen oder versetzt werden.[460] Warum Grünberg einen derartig umfassenden Personalaustausch für notwendig hielt, geht auch aus dem Resümee eines Berichts über die Oberschulen in Ribnitz, Bad Doberan und Rostock hervor, der mit folgenden Sätzen schließt: „Das reaktionäre Bürgertum hat sich die Position in den Schulen eindeutig gesichert. Dieser Zustand darf nicht von Bestand bleiben, denn seine Gefahren liegen ja auf der Hand."[461]

Schule und Zweijahrplan

Von Entlassungen und Versetzungen größeren Stils blieb die Schweriner Oberschule zunächst verschont. Rektor Gernentz hatte im April 1948 von sich aus beim Ministerium ein Rücktrittsgesuch eingereicht. Grund war eine Schülerversammlung mit Minister Grünberg, „die ein ungünstiges Bild auf unsere Schüler geworfen" hatte. Da er als Leiter „für den Geist seiner Schule verantwortlich" sei, habe er sein Amt zur Verfügung gestellt.[462] Das Ministerium lehnte das Gesuch in Ermangelung eines geeigneten Nachfolgers ab, kündigte aber für das kommende Jahr einen Rektoratswechsel an.[463] Doch auch unabhängig von Personalveränderungen hinterließ der verschärfte politische Kurs in Schwerin seine Spuren. Ministerialdirektor Allwardt hatte im Mai 1948 im Zusammenhang mit Überlegungen zur Vereinigung der beiden Schweriner Oberschulen die künftige Rolle des Rektors dargelegt: Dieser müsse „in erster Linie politischer Leiter" sein und „die po-

[457] Aktenvermerk von Grünberg, 9. 7. 1948, LAG, Rep. 200, 8.1.1, Nr. 374, Bl. 5.
[458] Im Juli 1950 ließ Neumann sich zum Zwecke wissenschaftlicher Arbeit beurlauben und wurde am 30. 11. 1950 „auf eigenen Wunsch" aus dem Schuldienst des Landes Mecklenburg entlassen. Vorausgegangen war im Februar 1950 eine Pressekampagne gegen den in der CDU engagierten Lehrer, in deren Folge er sämtliche politischen Ämter niederlegte. Vgl. dazu Scharnhorst, Walther Neumann (2005), S. 121. Hintergrund der Kampagne war den Erinnerungen eines ehemaligen Schülers zufolge ein Aufsatz Neumanns aus den 1930er Jahren, „der in seinen Formulierungen den Nazis in einigen Punkten nach dem Munde redete." Schulz, Rostock, Hamburg und Shanghai (2009), S. 96. Ein knappes Jahr später verstarb Neumann in Berlin.
[459] Zur Biographie siehe Kreis Rostock-Stadt, Schulrat Setzkorn, Beurteilung über Hans Eggert, 14. 9. 1951, LAG, Rep. 200, 8.1.1, Nr. 171, Bl. 183.
[460] Liste der Lehrkräfte der Rostocker Oberschule, LHAS, 10.34–1, Nr. 495, Bl. 277.
[461] Bericht des Genossen Grünberg, 29. 10. 1948, LHAS, 10.34–1, Nr. 224, Bl. 47.
[462] Oberschule für Jungen Schwerin, Konferenzbuch 1948–1950, Protokoll vom 10. 4. 1948, StASch, S 6, Nr. 337, Bl. 306–310. Was auf besagter Schülerversammlung vorgefallen war, ließ sich nicht ermitteln. Das Kollegium wollte ursprünglich eine Abordnung zum Minister schicken, um die durch die Versammlung entstandenen „Irrtümer" zu klären, sah dann aber davon ab.
[463] Oberschule für Jungen Schwerin, Konferenzbuch 1948–1950, Protokoll vom 2. 9. 1948, StASch, S 6, Nr. 337, Bl. 317–320. Im Mai 1948 schlug Regierungsdirektor Allwardt zwecks Einführung der Koedukation die Zusammenlegung der Schweriner Jungen- und Mädchenoberschule vor. Rektorin sollte die bisherige Fachreferentin für Deutsch im Ministerium, Regierungsrätin Schmidt, werden (Aktenvermerk, 5. 5. 1948, LHAS, 6.11–21, Nr. 1314, Bl. 119). Weder die Vereinigung noch die Umbesetzung wurden jedoch zum kommenden Schuljahr umgesetzt. Die Ablösung Gernentz' erfolgte erst mit dem Schuljahr 1949/50.

litische Tätigkeit der Lehrer und Schüler" überwachen, während die Verwaltungs-
arbeit dem Konrektor zufiele.[464] Wie diese politische Tätigkeit aussehen konnte,
zeigte die Feierstunde zu Beginn des Schuljahres 1948/49. Viel stärker als in bisherigen Ansprachen, ja geradezu ultimativ formulierte Gernentz in seiner Festrede
den Anspruch auf politisches Engagement der Schüler.[465] Er forderte von den
Schülern „eine geistige Haltung, deren Ausprägung und Fortentwicklung zu einer
klaren demokratischen Einstellung führt." Der Kontext und das Epitheton „klar"
machen deutlich, dass Gernentz den Begriff „demokratisch" hier nicht dem westlichen Verständnis nach, sondern im Sinne der Vorstellungen der SED vom politischen und gesellschaftlichen Neuaufbau Deutschlands verwandte. Weiter betonte
er, es sei die *Pflicht* der Schüler, sich „ernstlich mit den Ideen des demokratischen
Staatsaufbaus zu beschäftigen", nicht nur theoretisch, sondern auch „praktisch
durch eigene aktive Mitarbeit" – etwa durch die Beteiligung an Aktionen der FDJ
für den Wiederaufbau. Bisher war es lediglich die Pflicht der *Lehrer* gewesen, die
Schüler zu diesem Engagement anzuhalten. Verbunden war dieser Appell mit einer latenten Drohung durch den Hinweis darauf, dass die Schüler vom Staate nur
dann Förderung erwarten könnten, wenn sie „eine besondere aktive Mitarbeit am
demokratischen Aufbau nachweisen" konnten. Hinzu kamen scharfe Attacken
auf „Kräfte" im „Westen", die eine „neue kriegerische Auseinandersetzung" plan-
ten. Der Verweis auf das anstehende Gedächtnisjahr für Goethe und das Bekenntnis zum „Geist von Weimar", das in früheren Ansprachen des Rektors im Vordergrund gestanden hatte, traten gegenüber den politischen Anteilen der Rede völlig
zurück. Analog dazu überwogen bei den außerunterrichtlichen Veranstaltungen
der Schule diesmal deutlich die politischen die kulturellen; erstere machten mehr
als zwei Drittel des Festkalenders im Schuljahr 1948/49 aus.[466]
Das Schuljahr sollte ganz im Zeichen des Zweijahrplanes stehen, dessen Beginn
im Januar 1949 an der Schule – wie in zahlreichen Betrieben – mit einer Feierstunde begangen wurde. Nach einem politisch einseitigen Rückblick auf das Jahr
1948, ein Jahr „schwerster Prüfungen", das „die Zerreißung Deutschlands vollendet" habe, appellierte Rektor Gernentz in seiner Festansprache an die Schüler, ihre
Arbeit ganz in den Dienst des Zweijahrplans zu stellen, der „für uns in der Schule
ebenso eine wichtige Rolle zu spielen [hat] wie in den Produktionsstätten."[467] Die
Einbindung der Schüler in den wirtschaftlichen Aufbau und der Kontakt zu einem Patenbetrieb sollten nicht nur den Abstand verringern, der „vielfach noch
zwischen der werktätigen und lernenden Jugend besteht", sondern die Schüler
auch „vor einer übertriebenen Wertschätzung der intellektuellen Bildung" bewahren. Dies steht im klaren Gegensatz zu den wenige Jahre zuvor geäußerten
Klagen Gernentz' und seines Rostocker Kollegen Neumann über die Verflachung
der geistigen Bildung und die „Verächtlichmachung des sogenannten Intellektua-

---

[464] Der Rektor entscheide zudem in allen Personalfragen allein. Aktenvermerk, 5. 5. 1948, LHAS,
6.11–21, Nr. 1314, Bl. 119.

[465] „Wortlaut des Schlusses der Ansprache" anlässlich der Feierstunde zu Beginn des Schuljahres
1948/49 am 1. 9. 1948, StASch, S 6, Nr. 805. Hieraus alle folgenden Zitate.

[466] Oberschule für Jungen Schwerin, Schulchronik 1948/49, StASch, S 6, Nr. 805.

[467] Manuskript der Ansprache anlässlich der Eröffnung des Zweijahrplans am 10. 1. 1949, StASch, S 6,
Nr. 805. Hieraus alle folgenden Zitate.

lismus" durch die Nationalsozialisten.[468] Konkret gefordert wurden Fleiß und gute Leistungen im Unterricht – die Schüler sollten „arbeiten – immer wieder arbeiten" – ebenso wie die Übernahme zusätzlicher Aufgaben für den Wiederaufbau im Rahmen der FDJ. Denn, so Gernentz am Schluss der Rede, nur „wenn Ihr, liebe Schüler, Euch freudig bereit findet, einmal einen solchen demokratischen Staat mit zu errichten, habt ihr ein Anrecht darauf, Schüler einer Oberschule zu sein." Die Lehrer hatten die Schüler ideologisch auf ihre Aufgaben vorzubereiten – durch die Beschäftigung mit dem Zweijahrplan und dem Verfassungsentwurf des Deutschen Volksrates im Unterricht. Stilistisch ist die Rede eine merkwürdige Mischung aus dem für Gernentz typischen Pathos und dem floskel- und phrasenhaften SED-Jargon. Der Eindruck, dass er nicht voll hinter dem Gesagten stand, drängt sich auf. Die Ansprache ist denn auch nicht als Ausdruck der persönlichen Haltung des Rektors zu werten. Vielmehr manifestiert sich in ihr der Beginn der von der SED postulierten Indienstnahme der schulischen Bildung nicht nur für ideologische Ziele, sondern auch für den wirtschaftlichen Wiederaufbau. Dem konnte sich auch der alte Humanist und Philologe Wilhelm Gernentz nicht entziehen.

Die Oberschulrevision im Januar 1949

Die Angriffe auf die Schweriner Oberschule vom Frühjahr 1948 hatten keine personellen Konsequenzen nach sich gezogen, auch weil sie eher unbestimmt geblieben waren, und, mit Ausnahme des Geschichtslehrers Walter Schroeder, keine Namen genannt worden waren. Ein Jahr später wurde erneut Kritik laut, diesmal im Rahmen einer umfassenden Überprüfung der Schule. Nun wurden die Lehrkräfte, die die Schulverwaltung als problematisch oder nicht tragbar einstufte, namentlich genannt. Die Überprüfung war Teil einer systematischen zonenweiten Revision von insgesamt 153 Oberschulen (etwa 40 Prozent aller Oberschulen der SBZ) im Januar und Februar 1949, die als „wissenschaftliche" und nichtpropagandistische Untersuchung verlässliche Aussagen über den politischen und pädagogischen Stand der Oberschulen erbringen sollte.[469] „Wissenschaftlich" und „verlässlich" waren diese Urteile nach heutigem Verständnis selbstverständlich nicht, und insofern ist Stefan A. Oyen darin zuzustimmen, dass die in den Revisionsberichten getroffenen Aussagen nicht für „bare Münze" genommen werden dürfen.[470] Dass aber für etwaiges „Versagen" der überprüften Lehrer lediglich „allgemein formulierte und nicht nur jedem aufgeschlossenen Demokraten einleuchtende Argumente" wie „mangelndes Verständnis, schlechte Bildungsarbeit, zweifelhafte NS-Vergangenheit [und] Benachteiligung anderer nur aufgrund der sozialen Herkunft", angeführt wurden, trifft nicht zu. Vielmehr wurden die Hauptkriterien der Beurteilung, die „Erziehung zum demokratischen Staatsbewusstsein" und die

[468] Ansprache von Rektor Gernentz auf dem Elternabend des Gymnasiums am 1. 7. 1946, StASch, S 6, Nr. 805; Walther Neumann, Bericht über das Schuljahr 1944/45, o.D. (Sommer 1945), AHRO, 1.1.21.1, Nr. 453.
[469] Werner Dorst: *Die Überprüfung der Oberschulen*, in: dns, 4. Jg., 1949, Nr. 9, S. 277 f. Zur Revision vgl. auch Geißler, Geschichte des Schulwesens (2000), S. 240–244; Oyen, Zeitgeist und Bildung (2005), S. 404–406; zu Mecklenburg Mietzner, Enteignung (1998), S. 115–117.
[470] Oyen, Zeitgeist und Bildung (2005), S. 404 f. Hieraus auch die folgenden Zitate.

„Gegenwartsnähe" des Unterrichts, explizit gemacht. Fachliche und pädagogische Mängel wurden zwar ebenfalls vermerkt, standen aber nicht im Vordergrund. In Mecklenburg wurden auf Initiative der SED-Landesleitung sogar sämtliche Oberschulen überprüft.[471] Die Revision war umfassend; sie erstreckte sich auf die Erfüllung des Stunden- und Lehrplansolls, die soziale Herkunft der Schüler, die Verteilung von Freistellen und Stipendien sowie auf die politische und gesellschaftliche Arbeit der Lehrer.[472] Den größten Raum nahm die Überprüfung der politischen Erziehung der Schüler ein, die anhand von Kriterien wie der Mitgliedschaft in der FDJ und in Parteien, der Tätigkeit des Schülerrats und der Behandlung gegenwartskundlicher Themen im Unterricht erfolgte. Typisch ist dabei der Hang zu quantifizierbaren, vermeintlich objektiven Kriterien, wie er aus dem Fragebogen ersichtlich wird: „In wieviel Klassen ist die Ruhrfrage besprochen [worden]?", „Wieviel Aufsätze sind in diesem Schuljahr an der Schule geschrieben [worden]? Wieviele davon politischen Inhalts?"[473] Im Zentrum der Revision standen Unterrichtshospitationen in den Fächern Deutsch, Geschichte, Erdkunde und Biologie. An der Revision des Schweriner Gymnasiums beteiligten sich Kreisschulrat Jarmer, Kreisbildungsleiter Winkelmann, Holdine Stachel vom SED-Landesvorstand sowie die Referenten für Geschichte und Deutsch im Volksbildungsministerium, Bernitt und Schmidt.

Verglichen mit Revisionen der vergangenen Jahre fiel das Ergebnis schlecht aus. Zwar stellte der Vorsitzende der Kommission, Oberregierungsrat Bernitt, „Ansätze zu fortschrittlicher Arbeit" fest, doch war der allgemeine Eindruck weniger positiv.[474] Der Abschlussbericht macht deutlich, dass es der Kommission selbst schwer fiel zu begründen, wie sie zu diesem Urteil kam: „Es ist den einzelnen Lehrkräften wenig Negatives in ihrem Unterricht nachzuweisen, aber der Geist des Kollegiums ist derartig, dass es geraten wäre, wenn eine grössere Anzahl dort ausscheiden würde."[475] Ganz offensichtlich passte den Revisoren „die ganze Richtung" nicht, insbesondere die Tatsache, dass an der Schule fast ausschließlich Altlehrer und nur wenige SED-Mitglieder unterrichteten. Dass das Urteil so schwer zu begründen war, lag an der prinzipiellen Problematik solcher Kontrollen: Die Mehrzahl der überprüften Lehrer und auch die Schüler waren in Anwesenheit der Kommission unsicher und gehemmt. Sie wichen politischen Fragen aus oder behandelten sie rein formal. Hermann Giesecke beschränkte sich im Deutschunterricht auf „öde[s] Abfragen[]"; Bezüge zum Nationalsozialismus, die die Schüler

---

[471] SED-LL, Abt. Schule und Erziehung, Stachel, an ZS der SED, 4. 9. 1948, LHAS, 10.34–1, Nr. 478, Bl. 93–95, hier Bl. 94.

[472] Hierzu und zum Folgenden Anweisung zur Revision der Oberschulen vom 17. bis 29. 1. 1949 (einschließlich Fragebogen), StASch, S 6, Nr. 805.

[473] In der sich der Revision anschließenden Aussprache kritisierte Paul Strömer eben diese Herangehensweise: „Er [Strömer] ist weiter der Ansicht, dass eine rein zahlenmässige Zusammenstellung der Aufsätze auch ein schiefes Bild ergibt." Protokoll über die Schlusskonferenz an der Knaben-Oberschule in Schwerin (Abschrift), o.D. (Januar 1949), LHAS, 6.11–21, Nr. 530, Bl. 39–44, hier Bl. 42.

[474] Protokoll über die Schlusskonferenz an der Knaben-Oberschule in Schwerin (Abschrift), o.D. (Januar 1949), LHAS, 6.11–21, Nr. 530, Bl. 39–44, hier Bl. 39.

[475] MfV, Abteilung Schulen, Referat Geschichte, Oberregierungsrat Bernitt, Bericht über die Revision an der Oberschule für Knaben in Schwerin am 28./29. 1. 1949, 4. 2. 1949, LHAS, 6.11–21, Nr. 530, Bl. 75 f.

auf Nachfrage herstellten, wirkten „genau einstudiert", und Walter Schroeder, ein erfahrener Geschichtslehrer, sprach dem Bericht zufolge in „schleppendem, stotterndem Tone".[476] Andere Lehrer versuchten, die Erwartungen der Kommissionsmitglieder zu erfüllen, und gerieten dadurch aus dem Konzept, wie der bis dahin gut beurteilte Geschichtslehrer Friedrich Seemann in einer Stunde über die politische Entwicklung unter Heinrich I. und Otto I.:

> „[Seemann stellt] zunächst die Frage nach dem Wesen des historischen Materialismus. Will diesen, als die Schüler nichts darüber wissen, umständlich entwickeln. Auf die Frage eines Mitglieds der Revisionskommission nach dem Thema der Lektion (das bis dahin überhaupt noch nicht genannt wurde), bricht Seemann plötzlich beim historischen Materialismus ab und will zum Thema kommen, gerät jedoch für einige Zeit aus dem Konzept und kommt erst am Schluß der Stunde wieder hinein. Was er dann bringt, ist fachlich einwandfrei."

Hier offenbart sich der gescheiterte Versuch eines Lehrers, den – tatsächlichen oder vermeintlichen – Erwartungen der Kommission zu entsprechen. Seine Schwierigkeiten, die ideologischen Vorgaben auf das Thema der Stunde zu beziehen, legen die Vermutung nahe, dass er im Unterrichtsalltag üblicherweise darauf verzichtete.

Auf der anderen Seite zeugt der in vielen Punkten vage Bericht von der Voreingenommenheit der Kommission, die offenbar gezielt nach Mängeln gesucht hat, um strukturelle und personelle Änderungen zu legitimieren. So überwiegen bei den kritischen Punkten im Revisionsbericht relative Aussagen, beispielsweise dahingehend, dass Aufsatzthemen „zu einem grossen Teil" nicht zeitnah waren, dass „nicht in allen Klassen genügend antifaschistische Literatur" behandelt wurde und dass eine „bessere Zusammenarbeit" mit Elternschaft und Schülerrat zu fordern sei.[477] Als Belege für die Mängel mussten oft Kleinigkeiten herhalten, etwa die Anrede von Schülern als „Gymnasiasten" oder Aufsatzthemen wie „Welche Folgen hat die zunehmende Papierknappheit?" und „Das Kino – eine Bildungsstätte, aber auch eine Gefahr für die Jugend", an dem Bernitt bemängelte, eine solche Fragestellung verkenne, „dass heute die Schundfilme verschwunden sind und dass heute von einer Gefahr nicht mehr zu sprechen ist."[478] Zwei Kritikpunkte betrafen überdies einen Lehrer, der bereits seit Monaten nicht mehr an der Schweriner Oberschule tätig war.[479] Bezeichnend ist auch, dass die beiden Lehrer Schroeder und Karsten, die im Kreisvorstand der LDP bzw. der CDU aktiv waren, besonders kritisch beäugt wurden,[480] während Neulehrer und SED-Mitglied Helmut Prehn positiv beurteilt wurde, ohne dass Kriterien wie „Gegenwartsnähe"

---

[476] Oberschule für Jungen Schwerin, Stundenbesichtigungen, 29./30. 1. 1949, LHAS, 6.11–21, Nr. 530, Bl. 79 f. Hieraus auch das folgende Zitat.

[477] MfV, Abteilung Schulen, Referat Geschichte, Oberregierungsrat Bernitt, Bericht über die Revision an der Oberschule für Knaben in Schwerin am 28./29. 1. 1949, 4. 2. 1949, LHAS, 6.11–21, Nr. 530, Bl. 75 f.

[478] Protokoll über die Schlusskonferenz an der Knaben-Oberschule in Schwerin (Abschrift), o. D. (Januar 1949), LHAS, 6.11–21, Nr. 530, Bl. 39–44, hier Bl. 40 f.

[479] Edmund Hartung war zum 1. 9. 1948 an die Oberschule Boizenburg versetzt worden. Oberschule für Jungen Schwerin an Kreisschulrat Schwerin, 17. 12. 1948, StASch, S 6, Nr. 1461.

[480] MfV, Personalabteilung, i. A. Barteck, an SMA Mecklenburg, Leutnant Petroff, 21. 5. 1949, LHAS, 6.11–21, Nr. 530, Bl. 45 f.

oder „demokratische Erziehung" bei der Beurteilung seines Unterrichts überhaupt berücksichtigt wurden.[481] In der Aussprache, die sich der Revision anschloss, verteidigten sich die Lehrer gegen die von Bernitt in seinem einleitenden Referat erhobenen Vorwürfe.[482] Dabei argumentierten sie geschickt, bekundeten ihren Willen, den Anforderungen zu entsprechen, und machten sachliche und fachliche Gründe für die festgestellten Probleme geltend. Betont wurde etwa der Mangel an Büchern und Unterrichtsmaterialien, der die Behandlung mancher vorgegebener Themen und ihre sinnvolle didaktische Aufbereitung unmöglich mache. Insbesondere aber wiesen die Lehrer auf die den schulpolitischen Forderungen der SED inhärenten Widersprüche und Zielkonflikte hin.[483] Die Regierung schreibe bestimmte Themen vor, verlange aber von jeder Unterrichtsstunde einen Gegenwartsbezug, der nicht bei allen Themen herstellbar sei. So bezeichnete es Walter Schroeder als „stillos, wenn ich von der Kunst spreche, und nun plötzlich auf die Ruhrfrage komme." Edmund Schroeder parierte den Vorwurf, keine antifaschistische Literatur zu behandeln, mit dem Hinweis darauf, dass der Lehrplan in der betreffenden Klassenstufe das Mittelhochdeutsche vorschreibe. Überhaupt sei angesichts der Stofffülle die eingehende Behandlung von Gegenwartsfragen, bei der auch mit den Schülern diskutiert werde, nicht durchführbar. Wie dieses Problem auch gut gemeinte Initiativen untergraben konnte, verdeutlichte der Neulehrer Prehn: „Ich wollte eine Lenin-Feier machen. Aber gleich stiess ich auf Unklarheiten, die erst geklärt werden mussten. Ich kam nicht mehr dazu." Martin Karsten reflektierte die grundsätzliche Problematik, eine Schule anhand von wenigen einzelnen Unterrichtsstunden zu beurteilen. Die künstliche Situation, die sich daraus ergab, beschrieb er so:

„Bei dieser Revision sind wir in einer höchst unglücklichen Lage. Wir wissen, die Schule soll zeigen, dass wir hier einen gegenwartsbezogenen Unterricht haben. Aber dieser hier ist ein fortlaufender Unterricht. Wir suchen uns nicht die Themen heraus. Wir haben z.B. ein Thema, das nicht gegenwartsnah bezogen werden kann, diese Geschichte [geht] dann vollkommen daneben."

Zudem seien die Schüler während einer Überprüfung „scheu" und „gehemmt in ihrer Art, sich zu äußern." Alle Lehrer beklagten darüber hinaus die gravierende Arbeitsüberlastung, die die an sie gestellten Forderungen mit sich brächten. Gegenüber den Argumenten der Lehrer gerieten die Kommissionsmitglieder – sie waren immerhin zu fünft – sichtlich in die Defensive und hielten sich überwiegend zurück. Schulrat Jarmer erkannte immerhin die grundsätzliche Problematik

---

[481] Über seine Geschichtsstunde hieß es lediglich: „Behandelt werden die Kämpfe zwischen Kaisertum und Papsttum. Der Unterricht ist fachlich in Ordnung, dazu lebhaft und interessant." Oberschule für Jungen Schwerin, Stundenbesichtigungen, 29./30. 1. 1949, LHAS, 6.11–21, Nr. 530, Bl. 80. Vgl. auch die positive Beurteilung Prehns vom März 1949. Oberschule für Jungen an MfV, 26. 3. 1949, StASch, S 6, Nr. 212.

[482] Protokoll über die Schlusskonferenz an der Knaben-Oberschule in Schwerin (Abschrift), o.D. (Januar 1949), LHAS, 6.11–21, Nr. 530, Bl. 39–44, hier Bl. 42–44. Hieraus alle folgenden Zitate. Der merkwürdige Satzbau mancher Zitate ergibt sich daraus, dass das Protokoll eine Mischung aus wörtlichen Zitaten und indirekter Wiedergabe darstellt.

[483] Vgl. dazu am Beispiel der Oberschulrevision in Brandenburg von 1950 auch Kluchert/Leschinsky, Schwierigkeiten mit der Erziehung (1997), S. 99–104.

einer von oben verordneten politischen Erziehung: „Diese Fragen werden oft nicht mit dem heissen Herzen bearbeitet. Es wird gemacht, weil es sein muss und auch nur schleppend." Der Kommissionsvorsitzende Bernitt beschränkte sich auf sinnfreie Appelle zu mehr Leistung und Disziplin: „‚Es geht nicht!' das gibt es nicht, es geht alles!" Schließlich brach er die Diskussion vorzeitig ab; den letzten Anstoß hierzu hatte offenbar die Bemerkung eines Lehrers gegeben, die Jungen würden „in diesem Betrieb zu oberflächlichen Schwätzern." Das Kollegium hatte die Aussprache eigensinnig umfunktioniert: Statt ihre eigenen Fehler zu diskutieren und Selbstkritik zu üben, nutzten die Lehrer sie als Forum, um die Schulpolitik der Regierung zu kritisieren.

Aus Bernitts Bericht über die Revision geht hervor, dass es weniger die während der Hospitationen festgestellten Mängel im Unterricht als die renitente Haltung der Lehrer in der Diskussion waren, die ihn zu dem Schluss kommen ließen, „dass das Kollegium der Schule zum grossen Teil nicht die Gewähr dafür bietet, dass der Unterricht dort in allen Teilen fortschrittlich erteilt wird."[484] Verständnislos beklagte er, dass sich das Kollegium bei der Schlussbesprechung „sehr wenig entgegenkommend" gezeigt habe und die Lehrer nur ihre Überlastung beklagt hätten. Obwohl nicht einmal die Hälfte der an der Schweriner Oberschule für Jungen unterrichtenden Lehrer überhaupt überprüft worden war, hielt er es für angezeigt, 50 Prozent der Lehrkräfte ausscheiden zu lassen. Die Personalabteilung schlug wenige Monate später der SMA fünf Lehrer für eine Versetzung an die Grundschule vor: Walter Schroeder, Martin Karsten, Paul Strömer, Edmund Schroeder und Richard Stahl – mit Ausnahme des Neulehrers Prehn alle diejenigen, die sich in besagter Diskussion kritisch geäußert hatten.[485] Hermann Giesecke sollte wegen „Unfähigkeit" entlassen werden, Fritz Becker „unter scharfer Beobachtung" an der Oberschule verbleiben.[486] Für einen „politisch motivierte[n] Generationswechsel"[487] spricht die Tatsache, dass bei allen Lehrern das Alter angegeben war – keiner war jünger als 58 Jahre. Voraussetzung für den Austausch war allerdings, dass „geeignete Junglehrer als Ersatz zur Verfügung" gestellt werden konnten; da dies nicht der Fall war, blieben alle genannten Lehrer vorläufig im Amt. Allerdings entzog das Ministerium Karsten und Walter Schroeder mit Beginn des Schuljahres 1949/50 die Genehmigung für den Geschichtsunterricht.[488] Beschlossen wurde auch die Ablösung des Schweriner Stadtschulrats Jarmer zum Ende des Schuljahres. Jarmer sei, so der SED-Kreisvorstand, „zwar organisatorisch gut, genügt jedoch nicht den politischen Anforderungen, die an ihn in dieser Funktion gestellt werden müssen. Er führt zwar selbst alle Anträge durch, ist aber nicht selbst Ini-

---

[484] MfV, Abteilung Schulen, Referat Geschichte, Oberregierungsrat Bernitt, Bericht über die Revision an der Oberschule für Knaben in Schwerin am 28./29. 1. 1949, 4. 2. 1949, LHAS, 6.11–21, Nr. 530, Bl. 75 f.

[485] Das Schreiben besteht denn auch weitgehend aus wörtlichen Wiedergaben der Diskussionsbeiträge der betreffenden Lehrer. MfV, Personalabteilung, Barteck, an SMA Mecklenburg, Leutnant Petroff, LHAS, 6.11–21, Nr. 530, Bl. 45 f.

[486] Hierzu und zum Folgenden MfV, Referent für Oberschulen Allwardt, an „P" (i. e. vermutlich Leutnant Petroff, SMA), 1. 3. 1949, LHAS, 6.11–21, Nr. 530, Bl. 81.

[487] Von einem solchen spricht Geißler, Geschichte des Schulwesens (2000), S. 327.

[488] Kreisschulrat Schwerin-Stadt an MfV, Abt. Personal, 31. 8. 1949, LHAS, 6.11–21, Nr. 1314, Bl. 177.

tiator."[489] Sein Nachfolger wurde der Neulehrer und bisherige Schulrat von Ueckermünde, Hans-Joachim Laabs (SED), der später eine steile Karriere machte, die ihn innerhalb kurzer Zeit und im Alter von nur 33 Jahren bis an die Spitze des Volksbildungsministeriums der DDR führte.[490] Die Entlassung des über die SPD in die SED gelangten Schulrats Jarmer reiht sich ein in den Prozess der Entfernung ehemals sozialdemokratischer Kader aus der Schulverwaltung, dem bis 1952 fast alle Schulräte in der DDR zum Opfer fielen.[491] Aufschlussreich ist, dass die Personalentscheidung im SED-Kreisvorstand getroffen und direkt dem Landesvorstand mitgeteilt wurde, während die eigentlich zuständige Personalabteilung des Ministeriums lediglich informiert wurde: Die Einheitspartei hatte die Personalpolitik inzwischen ganz in die eigenen Hände genommen.[492]

Auch die Rostocker Oberschule wurde im Rahmen der zonenweiten Oberschulrevision im Januar 1949 überprüft. Das Ergebnis fiel deutlich besser aus als in Schwerin. Von den 17 Lehrern, bei denen hospitiert wurde, wurden zwölf mit „gut" oder „sehr gut" beurteilt und lediglich zwei mit „ungenügend" bzw. „kaum genügend".[493] Die Inspektoren bescheinigten den Lehrern fast durchweg „Gegenwartsnähe" und lobten etwa die Verknüpfung des Stoffes mit dem Verfassungsentwurf des Deutschen Volksrates oder mit den Volksrichtern in der SBZ. Es überwog der Eindruck, „daß die Schüler alle Gegenwartsfragen beherrschen und dazu Stellung nehmen" und die Geschichtslehrer „durchaus auf dem Boden des historischen Materialismus" stehen. Das bessere Abschneiden der Rostocker Oberschule hatte seine Ursache zu einem guten Teil darin, dass hier bereits vor dem Jahreswechsel über ein Drittel des Kollegiums ausgetauscht worden war.[494] Das Gesamtergebnis der Oberschulrevision im Land Mecklenburg spiegelt dagegen eher die für Schwerin ermittelten Mängel und Schwierigkeiten. Durch alle Berichte ziehen sich die gleichen drei Kritikpunkte: Die Lehrerschaft der Oberschulen sei überaltert, in ihrer politischen Einstellung überwiegend konservativ und

---

[489] SED Kreisvorstand, Abt. Kultur und Erziehung, an LV SED, Abt. Kultur Erziehung, 10. 3. 1949, LHAS, 10.34–2, Nr. 288, Bl. 79.

[490] Kreisschulrat Schwerin-Stadt an MfV, Abt. Personal u. a., 6. 9. 1949, LHAS, 6.11–21, Nr. 530, Bl. 64. Zu Laabs vgl. das Interview in Borchardt/Koniecky, Zwischen Hoffnung und Verzweiflung (1995), S. 222–255; Charakteristik vom 21. 8. 1950, LHAS, 6.11–21, Nr. 513, Bl. 339f.; Geißler, Geschichte des Schulwesens (2000), S. 390, Anm. 1740. Ursprünglich war der Schweriner Grundschulrektor Günter Schär (SED) als neuer Schulrat vorgeschlagen worden (SED Kreisvorstand, Abt. Kultur und Erziehung, an LV SED, Abt. Kultur Erziehung, 10. 3. 1949, LHAS, 10.34–2, Nr. 288, Bl. 79). Schär wurde aber schon am 1. 5. 1949 zum Kreisbildungsleiter in Schwerin berufen (Laabs, Charakteristik des Kreisbildungsleiters Günter Schär, o. D., LHAS, 6.11–21, Nr. 513, Bl. 353). Ein knappes Jahr später trat er dann die Nachfolge von Laabs an.

[491] Vgl. Hohlfeld, „Massenorganisation" Schule (1994), S. 442f. Zu Mecklenburg Mietzner, Enteignung (1998), S. 107f. Zur Personalpolitik in der Schulverwaltung insgesamt Geißler, Geschichte des Schulwesens (2000), S. 324–333.

[492] Das oft rücksichtslose Vorgehen der SED-Landesparteiorganisationen bei der Entlassung von Schulfunktionären auf unterer Ebene, bei denen es sich ja immerhin um Genossen handelte, stieß in der Berliner Parteizentrale allerdings auf Kritik. Zumindest die Gewerkschaft müsse in diesen Fällen einbezogen werden. SED-Parteivorstand, Abt. Kultur, an SED-Landesvorstand, Abt. Kultur und Erziehung, 24. 6. 1950, LHAS, 10.34–1, Nr. 484, Bl. 158.

[493] Revision der Oberschule Rostock, Kurzberichte über Unterrichtshospitationen, 17.–21. 1. 1949, LHAS, 6.11–21, Nr. 1318, Bl. 165–172. Hieraus auch die folgenden Zitate. Ein zusammenfassender Bericht liegt hier nicht vor.

[494] Liste der Lehrkräfte der Rostocker Oberschule, LHAS, 10.34–1, Nr. 495, Bl. 277.

Kollegium der Großen Stadtschule Rostock, 1949
Quelle: Olaf Wild (Hrsg.): 425 Jahre Große Stadtschule Rostock, Rostock 2005, S. 170

vermittle vorrangig Fachwissen, ohne „den Stoff für die Erfordernisse der Gegenwart auszuschöpfen."[495]

Konflikte zwischen FDJ und Schülerrat in Rostock

Doch auch an der Großen Stadtschule in Rostock standen die Verhältnisse nicht so günstig, wie die Revision vom Januar 1949 vermuten ließ. Dies wurde im weiteren Verlauf des Jahres an einem Konflikt zwischen FDJ und Schülerrat sichtbar, der noch heftiger eskalierte als die prinzipiell ähnliche Auseinandersetzung im Jahr zuvor in Schwerin. Anlass für den Konflikt war – wie so oft – eine eigentlich völlig unpolitische Angelegenheit: Es ging um die Zuständigkeit für die Organisation des Rostocker Theaterjugendringes, den der Schülerrat der Oberschule gemeinsam mit dem Rostocker Stadtrat für Kultur und Volksbildung im Oktober 1948 aus der Taufe gehoben hatte, um Schülern preiswerte Theaterbesuche zu ermöglichen.[496] Seit April 1949 beanspruchte die FDJ die Zuständigkeit für den Theaterjugendring mit der Begründung, die kulturpolitische Arbeit mit der Jugend sei allein ihre Aufgabe. Hintergrund dieses Vorgehens war offenbar die

---

[495] Schlussfolgerungen aus den Ergebnissen der Oberschulrevision, 10.3.1949, LHAS, 6.11-21, Nr. 1318, Bl. 50–52, Zitat Bl. 50.
[496] Einen knappen Abriss der Vorgänge auf der Grundlage von privat gesammelten Unterlagen und Zeitungsartikeln bietet Münter, Konflikt (1997), S. 61–67. Vgl. auch den Erinnerungsbericht von Jönsson, Auflösung (2006). Es wäre lohnend, den Konflikt auf der Basis von Archivmaterial eingehender zu analysieren. Zahlreiche Unterlagen, unter anderem Verhörprotokolle, finden sich in LHAS, 10.34–1, Nr. 495.

schwache Stellung der FDJ an der Schule, die mit Hilfe des populären Jugendrings verbessert werden sollte: Nur 4,6 Prozent der Schüler gehörten im Januar 1949 der FDJ an, womit die Rostocker Oberschule von allen Oberschulen des Landes am schlechtesten dastand.[497] Im Juni gelang es dem Kreisvorstand der FDJ mit Hilfe des Dezernenten des Volksbildungsamtes, den Jugendring aufzulösen und seine Funktionen in die eigenen Hände zu bekommen. Der Schülerratsvorsitzende Schepler, der bei der betreffenden Sitzung anwesend war, protestierte öffentlich gegen diese handstreichartige Aktion: In einem Artikel für die Wandzeitung der Oberschule schilderte er die mit „diktatorischen Holzhammermethoden" erzwungene Auflösung in einer Form, die an Deutlichkeit nichts zu wünschen übrig ließ, und bat die Schüler um Stellungnahme:[498]

„Mit diesem Vorgehen hat man wiederum eine Einrichtung, die durch ihre fruchtbare Arbeit ihre Existenzberechtigung bewiesen hat, durch undemokratische Mittel an die Wand gedrückt. Wenn es auch nicht das erste Mal ist, daß man diesen Weg der ‚Neugestaltung‘ beschreitet, so muß doch in aller Klarheit festgestellt werden, daß diese Methoden nicht dazu geeignet sind, die Freudigkeit zur Mitarbeit am demokratischen Aufbau in der Jugend zu bestärken."

Der Aufforderung von Rektor Eggert, den Artikel zu entfernen, kam der Schülerrat nicht nach. Damit war der willkommene Anlass gegeben, den Schülerrat ganz aufzulösen.[499] Die Vorstandsmitglieder wurden zu einer Sitzung mit dem Rektor, einigen Lehrern sowie Vertretern der Schulverwaltung und der FDJ zitiert.[500] Unter Druck unterschrieben sie ein vorgefertigtes Rücktrittspapier und stimmten der Bildung einer „Arbeitsgemeinschaft" zu, bestehend aus zwei Vorstandsmitgliedern des bisherigen Schülerrats und zwei Vertretern der FDJ-Oberschulgruppe, die die Schülerselbstverwaltung kommissarisch übernehmen sollte. Der Beschluss wurde an der Wandzeitung veröffentlicht.[501] Damit wäre der Konflikt im Grunde genommen erledigt gewesen, hätten die Vorstandsmitglieder nicht wenige Tage später ihre Unterschriften zurückgezogen, unter Berufung darauf, dass „Erklärungen, die unter Drohungen oder nach arglistiger Täuschung abgegeben wurden, anfechtbar sind".[502] Bei der Formulierung hatte sie der Jurastudent und LDP-Funktionär Arno Esch beraten.[503] Der Schülerrat amtierte somit wieder und verfasste eine Resolution zur Einberufung einer Schülervollversammlung, die von fast allen Schulklassen unterzeichnet wurde.[504] Die Schulverwaltung war aber

[497] Im Landesdurchschnitt waren es 28,2%. Die Oberschule nach der Revision vom 17.–29. 1. 1949, 23. 3. 1949, LHAS, 6.11–21, Nr. 1318, Bl. 53–61, hier Bl. 55.
[498] Hierzu und zum Folgenden *Ein Husarenstreich der FDJ. Theaterjugendring aufgeflogen*, Abschrift des Wandzeitungsartikels, o. D. (Juni 1949), LHAS, 10.34–1, Nr. 495, Bl. 291.
[499] Das Folgende nach SED, LV Mecklenburg, Abt. Kultur und Erziehung, Jarzembowski, an Sekretariat des LV, 30. 7. 1949, LHAS, 10.34–1, Nr. 495, Bl. 278–280.
[500] Hierzu ausführlicher Münter, Konflikt (1997), S. 63.
[501] *An die Schülerschaft der Rostocker Oberschule!*, o. D. (16./17. 7. 1949), LHAS, 10.34–1, Nr. 495, Bl. 290.
[502] *An die Schülerschaft der Rostocker Oberschule. Erklärung des Vorstandes des Schülerrates der Oberschule*, 18. 7. 1949, LHAS, 10.34–1, Nr. 495, Bl. 289.
[503] Esch wurde wenige Monate später aufgrund dieser und anderer oppositioneller Aktivitäten verhaftet und am 24. 1. 1951 in der Sowjetunion ermordet. Vgl. dazu Köpke/Wiese, Mein Vaterland ist die Freiheit (1997).
[504] Zum Verlauf der Vollversammlung vgl. Münter, Konflikt (1997), S. 65 f.

inzwischen entschlossen, der „reaktionären Untergrundbewegung"[505] an der Rostocker Oberschule ein Ende zu bereiten. Sie zog gemeinsam mit Vertretern der
Schulleitung und der FDJ die Führung der Schülervollversammlung an sich und
machte aus ihr eine Kundgebung, deren einziger Tagesordnungspunkt eine Erklärung von Volksbildungsminister Grünberg zur „Lage an der Oberschule" war. In
Anwesenheit von Vertretern der SMA erklärte dieser die Vorstandsmitglieder des
Schülerausschusses zu „Saboteuren und Agenten des kapitalistischen Westens",
ordnete die Auflösung des Ausschusses an und übertrug die Schülerselbstverwaltung der FDJ. Die Schulleitung leitete gegen die betroffenen Schüler ein Disziplinarverfahren ein, das mit mehreren Schulverweisen endete.[506] Dieses Ereignis war
ein Vorgeschmack auf die wenige Jahre später abgehaltenen schauprozessartigen
Versammlungen im Zusammenhang mit dem Kampf gegen die „Junge Gemeinde".

Der Verlauf und der Ausgang der Ereignisse zeigen, dass die Schule und die lokale Schulverwaltung aus sich heraus nicht in der Lage waren, die Auseinandersetzungen zwischen FDJ und Schülerrat zu stoppen oder auch nur einzudämmen.
Und dies, obwohl bereits ein sehr weitgehendes politisch motiviertes Revirement
im Kollegium stattgefunden hatte und als neuer Rektor ein linientreues Mitglied
der SED eingesetzt worden war. Es bedurfte des Eingriffs von höchster Stelle in
Gestalt des Volksbildungsministers, um den Konflikt zu beenden und der FDJ die
von ihr selbst beanspruchte und von der SED zugewiesene Stellung in der Schülerselbstverwaltung zu sichern. Die anschließende Schuldzuweisung entsprach
dem üblichen Muster: Obwohl der Verlauf der Ereignisse klar zeigte, dass der
Konflikt seine Hauptursache in dem handstreichartigen Vorgehen der FDJ hatte,
stand für das Volksbildungsministerium fest, dass die „Schuld für diese Vorkommnisse in erster Linie das Kollegium trage."[507]

Strukturelle und personelle Konsequenzen

Die Vorgänge in Rostock hatten nicht nur für die Schüler, sondern auch für die
Lehrer Konsequenzen. Die SED schlug umfangreiche Struktur- und Personalveränderungen für die Rostocker Oberschule vor, unter anderem sollte der – noch
nicht einmal ein Jahr amtierende – Rektor Eggert abgesetzt werden. Erwogen
wurde sogar die Versetzung des gesamten Kollegiums an eine andere Schule im
Land.[508] Diese drastischen Vorschläge wurden jedoch nicht unmittelbar in die Tat
umgesetzt, weil es an personellen Alternativen mangelte. Umgehend entlassen
wurde aber der zuständige Schulrat, dessen „lasche und schwächliche Haltung"

---

[505] So im Rückblick die Abt. Kultur und Erziehung des LV SED in ihrem Beitrag zum Rechenschaftsbericht der Landesdelegierten-Konferenz im Dezember 1949, o.D., LHAS, 10.34-1, Nr. 483,
Bl. 291–301, hier Bl. 298.

[506] Die Verhörprotokolle der Untersuchungskommission mit den betroffenen Schülern befinden sich
in LHAS, 10.34-1, Nr. 495, Bl. 296–308.

[507] SED, LV Mecklenburg, Abt. Kultur und Erziehung, Jarzembowski, an Sekretariat des LV, 30. 7.
1949, LHAS, 10.34-1, Nr. 495, Bl. 278–280, hier Bl. 279. An dieser Stelle findet sich ein entlarven-
der Tippfehler: Ursprünglich hatte in dem Schreiben anstelle von „Kollegium" „Ministerium" gestanden – womit man der Wahrheit wohl etwas näher gekommen wäre.

[508] SED, LV Mecklenburg, Abt. Kultur und Erziehung, Jarzembowski, an Sekretariat des LV, 16. 8.
1949, LHAS, 10.34-1, Nr. 495, Bl. 293–295.

die SED für die Verhältnisse in Rostock mitverantwortlich machte.[509] Da ähnliche Vorkommnisse wie die in Rostock auch an anderen Oberschulen des Landes beobachtet worden waren,[510] mussten sich die Rektoren zum Alleinvertretungsanspruch der FDJ an den Schulen schriftlich bekennen. Auf einer Konferenz am 2. August 1949 unterschrieben die Rektoren sämtlicher Oberschulen Mecklenburgs eine Entschließung, nach der „[n]ur die FDJ als überparteiliche Organisation" als „Trägerin der Schülerselbstverwaltung und der Jugendarbeit der Schule" anerkannt wurde. Sie allein garantiere „die antifaschistisch-demokratische Erziehung unserer Jugend": „Wir protestieren daher gegen das Vorhandensein anderer Erscheinungsformen organisierter Jugendarbeit."[511] Damit war nicht nur ein Schlussstrich unter die unabhängige Schülerselbstverwaltung gezogen, sondern auch der Grundstein für die kommenden Auseinandersetzungen mit der „Jungen Gemeinde" gelegt.

In Schwerin standen zwei auf den ersten Blick gegenläufige Tendenzen am Ende des Schuljahres 1948/49. Auf der personellen Seite waren die Bestrebungen, einen „neuen Geist" in die Oberschulen zu tragen, unverkennbar. Neben Schulrat Jarmer wurde auch der seit 1919 an der Schule tätige Altphilologe Gernentz als Rektor der Oberschule für Jungen abgelöst. Ihm wurde bescheinigt „guten Willens" zu sein, doch könne er sich „nicht genügend gegenüber der bewußt oder unbewußt reaktionären Gesinnung der Lehrerschaft durchsetzen".[512] Das Volksbildungsministerium hatte offenbar Schwierigkeiten, einen geeigneten Nachfolger zu finden. Zunächst wurde das Kollegiumsmitglied Werner Drews als „geschäftsführender Rektor" eingesetzt.[513] Drews war erst wenige Monate zuvor von der SED als besonders „fortschrittlich" gelobt worden; eine Übernahme des Rektorats scheiterte offenbar an seiner früheren NSDAP-Mitgliedschaft, möglicherweise auch an seiner geringen Akzeptanz im Kollegium. Den Posten des Rektors übernahm Ende Oktober schließlich der bisherige Regierungsdirektor im Volksbildungsministerium Emil Neels. Mit ihm kam die Schulleitung in die Hände eines langjährigen KPD-Mitglieds und erfahrenen Schulfunktionärs, der sich zudem im Widerstand gegen den Nationalsozialismus bewährt hatte.[514] Ihm traute man offenbar zu, das Kollegium auf Linie zu bringen. Angesichts seines hohen Alters von 63 Jahren konnte er aber nur eine Übergangslösung sein.

[509] SED, LV Mecklenburg, Abt. Kultur und Erziehung, Jarzembowski, an Sekretariat des LV, 5. 8. 1949, LHAS, 10.34–1, Nr. 495, Bl. 314.
[510] Vgl. Henning/Kluchert/Leschinsky, Interessenartikulation (1997), S. 366f.
[511] LHAS, 10.34–1, Nr. 495, Bl. 311.
[512] Die Oberschule nach der Revision vom 17.–29. 1. 1949, 23. 3. 1949, LHAS, 6.11–21, Nr. 1318, Bl. 53–61, hier Bl. 56. Ähnlich lautete das Urteil schon zwei Jahre zuvor: „Seine [Gernentz'] persönliche Einstellung zu den Gegenwartsforderungen der Schulreform ist entschieden positiv. Es wäre nur zu wünschen, dass sich das Lehrerkollegium von ihm anregen ließe, die gesamte Erziehung und Unterrichtstätigkeit im Sinne der Leitideen des demokratischen Schulgesetzes zu gestalten." Bericht über die Besichtigung der Oberschule für Jungen Schwerin, Mai 1947, LHAS, 6.11–21, Nr. 1314, Bl. 52–56, hier Bl. 56.
[513] Oberschule für Jungen Schwerin, Konferenzbuch 1948–1950, Protokolle vom 1. 9. und 27. 9. 1948, StASch, S 6, Nr. 337, S. 340–343.
[514] Neels war 1932 von der SPD zur KPD übergetreten und in der NS-Zeit wegen Unterstützung der KPD-Untergrundarbeit zu einer zweieinhalbjährigen Zuchthausstrafe verurteilt worden. Vgl. Herbstritt, „… den neuen Menschen schaffen." (1996), S. 23; Präsident Mecklenburg, Abt. Kultur und Volksbildung, Personalien der Schulräte, 1. 10. 1945, BAB, DR 2, Nr. 408, Bl. 22f.

Die symbolische Repräsentation der Schule nach außen orientierte sich demgegenüber an bürgerlichen Bildungstraditionen. Zum 200. Geburtstag von Johann Wolfgang von Goethe fanden in der gesamten sowjetischen Besatzungszone Goethe-Feiern statt.[515] Aus diesem Anlass wurde die Schweriner Oberschule in „Goethe-Schule"[516] umbenannt. Die Anregung für diese Namensgebung hatte schon im Dezember 1947 der damalige Leiter des Schweriner Kultur- und Volksbildungsamtes auf der Goethe-Feier der Oberschule für Jungen gegeben.[517] Die ursprünglich an allen Schulen des Landes für September 1949 vorgesehene Goethe-Feier wurde auf den Juli vorgezogen, um sie mit der für diesen Monat geplanten Kulturwoche der Schule und der feierlichen Umbenennung zu verbinden. Im Rahmen dieser Feierlichkeiten boten Lehrer und Schüler noch einmal ein umfangreiches kulturelles Programm mit Vorträgen, Konzerten, Rezitationen und Schüleraufführungen von Stücken des Dichters. Mit einer Aussprache zwischen „lernender und werktätiger Jugend" und Arbeitseinsätzen der Schüler fand auch die viel beschworene „Verbindung der Schule mit dem demokratischen Leben" Berücksichtigung.[518] Diesem Thema war auch die Ausstellung „Lebensnahe Schule" gewidmet, in der Schülerarbeiten präsentiert wurden, um die „praktische Seite des lebensnahen Unterrichts an der neuen Schule" zu demonstrieren.[519] In seiner Begrüßungsansprache zur Umbenennung – seiner letzten Rede als Rektor des früheren Gymnasiums – betonte Gernentz angesichts der sich abzeichnenden Spaltung Deutschlands vor allem den Symbolcharakter Goethes für die kulturelle und nationale Einheit des Landes. Mit der Verleihung des Namens Goethe-Schule sei die Verpflichtung „zu einem leidenschaftlichen Bekenntnis für ein einheitliches Deutschland und zu einem unermüdlichen Kampfe für die Erreichung dieses Ziels verbunden."[520] Paul Strömer hob in seinem Vortrag über „Individuum und Gemeinschaft in Goethes Gedankenwelt und Dichtung" hervor, dass man in Goethe keinen „schrankenlosen Individualisten" sehen könne, da fast alle seine Werke „das Verhältnis des Einzelnen zur Gemeinschaft" behandelten.[521] Damit war ein Appell an die auch von der SED postulierte „Erziehung zur Gemeinschaft" verbunden. Zu einem Zeitpunkt, als die Umgestaltung der Oberschule in personeller und inhaltlicher Hinsicht einen zweiten Höhepunkt erreicht hatte, demonstrierte

---

[515] Zum Goethe-Jahr in der SBZ vgl. Dietrich, Politik und Kultur (1993), S. 181–189.
[516] Die Schreibweise schwankt sowohl in den Unterlagen der Schule und der Schulverwaltung als auch in Veröffentlichungen der Schule wie den Jahrbüchern zwischen „Goetheschule", „Goethe-Schule" und „Goethe-Oberschule". In dieser Arbeit wird durchgehend die am häufigsten vorkommende Schreibweise „Goethe-Schule" verwendet. Dies dient auch zur Unterscheidung der gleichnamigen Oberschule in Rostock, die konsequent als „Goethe-Oberschule" bezeichnet wird.
[517] Oberschule für Jungen, Rektor Gernentz, an MfV, 28. 3. 1949, StASch, S 6, Nr. 341.
[518] Goethe-Schule, Oberschule für Jungen Schwerin, Programmheft der Goethe-Feier, 17. 7. 1949, StASch, S 6, Nr. 341; Kulturwoche der Oberschule für Jungen Schwerin, Programmheft, Juli 1949, ebd.
[519] -kp-: *Einst Domschule jetzt Goethe-Schule. Feierliche Umbenennung in der Aula – Ausstellung „Lebensnahe Schule"*, in: Der Demokrat, 18. 7. 1949.
[520] Begrüßungsansprache des Rektors zur Goethe-Feier, Manuskript, 17. 7. 1949, StASch, S 6, Nr. 341.
[521] Die Kernthesen des Vortrags in: Bm.: *Vom Fürsteninstitut zur Goetheschule. Umbenennung der Schweriner Oberschule für Jungen*, in: Landeszeitung, 18. 7. 1949. Siehe auch javo.: *Schweriner Oberschule jetzt „Goethe-Schule"*, in: Norddeutsche Zeitung, 18. 7. 1949.

die Umbenennung der Schule nach dem „größten deutschen Dichter"[522] somit nach außen die Fortsetzung humanistischer Bildungstraditionen. Dabei stand die Gedankenwelt Goethes nicht für sich, sondern wurde für die gerade aktuellen politischen und erzieherischen Ziele der Regierung instrumentalisiert.[523]

Fazit

Das Schuljahr 1948/49 markiert einen Umbruch in der Geschichte der Oberschulen in Schwerin und Rostock – wie in der Geschichte des Schulwesens der SBZ überhaupt.[524] Der Ende 1947 eingeleitete Kurswechsel in der Bildungs- und Schulpolitik machte sich jetzt konkret an den Schulen bemerkbar. In Reden und Ansprachen wurde ebenso wie im Hinblick auf die Inhalte von außerschulischen Veranstaltungen und Feiern eine stärkere Politisierung und Ideologisierung sichtbar. Dies gilt insbesondere für die zweite Hälfte des Schuljahres, die ganz im Zeichen des Zweijahrplanes stand und in der sich die Schule den Zielsetzungen der Planwirtschaft unterzuordnen hatte: Die „Erfüllung der Lehrpläne" stand zunehmend im Fokus. Parallel dazu machte die FDJ, gestützt von der SED, ihren Machtanspruch an den Oberschulen, an denen sie bisher nur geringen Einfluss hatte, verstärkt geltend und verdrängte die unabhängige Schülerselbstverwaltung. Für die Lehrer besonders gravierend waren die zunehmenden Kontrollen. Der Vorwurf an die Kollegien der Oberschulen, die Schüler nicht im „demokratischen Geiste" zu erziehen, „reaktionäre" Haltungen der Schüler zu decken oder solche gar selbst zu vertreten, wurde zur Regel. Bemühungen, die skeptische Haltung der Schüler wie in den Jahren zuvor mit ihren Erfahrungen im Dritten Reich zu erklären und den ehemaligen Studienräten aufgrund ihrer Sozialisation und Ausbildung eine konservativere Haltung zuzugestehen, waren nicht mehr erkennbar. Stattdessen wurde das Gros der Altlehrer pauschal als „reaktionär" oder „antidemokratisch" abgestempelt. Das Ziel war eindeutig: Möglichst bald sollten die Altlehrer entlassen und durch neue, nach 1945 ausgebildete Kader ersetzt werden. Diesem Ziel stand allerdings der Mangel an geeignetem Nachwuchs entgegen. An der Rostocker Oberschule, an der die Lehrerschaft aus Sicht von Volksbildungsverwaltung und SED besonders „rückschrittlich[]" und „politisch gefährlich[]" war,[525] behalf man sich mit Austauschversetzungen; zudem wurde der bisherige, bereits seit 1924 amtierende Schulleiter im Herbst 1948 durch ein linientreues SED-Mitglied ersetzt. Die Eskalation des Konflikts zwischen Schülerrat und FDJ im Sommer 1949 konnten diese Maßnahmen jedoch nicht verhindern. Das Volksbildungsministerium fasste daher weitere Schritte ins Auge, wie eine vollständige Umstrukturierung des höheren Schulwesens der Stadt. In Schwerin, wo die im

---

[522] -kp-: *Einst Domschule jetzt Goethe-Schule. Feierliche Umbenennung in der Aula – Ausstellung „Lebensnahe Schule"*, in: Der Demokrat, 18. 7. 1949.

[523] Eine der drei Oberschulen Rostocks, die 1949 durch Teilung entstanden, wurde ebenfalls „Goethe-Oberschule" genannt. Hier sind ähnliche Feierlichkeiten zur Namensgebung nicht nachzuweisen. Dies hing möglicherweise damit zusammen, dass die Schule ihren Namen dem Goetheplatz verdankte, an dem sich das Schulgebäude befand. Vgl. dazu auch die Jubiläumsschrift 75 Jahre Schule am Goetheplatz (2005).

[524] Dazu Geißler, Zurückbleiben (2000).

[525] SED-LL, Abt. Schule und Erziehung, Stachel, an ZS der SED, 4. 9. 1948, LHAS, 10.34–1, Nr. 478, Bl. 93–95, Zitate Bl. 93.

Januar 1949 durchgeführte Oberschulrevision nicht zufriedenstellend verlaufen war, konnten Entlassungen oder Versetzungen mangels für den Oberschulunterricht geeigneter Neulehrer im laufenden Schuljahr nicht vorgenommen werden. Jedoch waren die im Zuge der Revision kritisierten Lehrer gewissermaßen „angezählt"; sie standen zur Disposition und konnten künftig aus geringsten Anlässen vom Schuldienst entfernt werden, sobald geeigneter Ersatz zur Verfügung stand. Zunächst aber setzte der Personalaustausch oben an: Sowohl der Schweriner Stadtschulrat Jarmer als auch Rektor Gernentz wurden im Sommer 1949 durch zuverlässige SED-Kader ersetzt. Zur gleichen Zeit demonstrierte die Volksbildungsverwaltung durch die Umbenennung der Oberschule für Jungen in „Goethe-Schule" die Anknüpfung an die Tradition der humanistischen Bildung.

3. Anpassung, Dissens und Opposition: Die Oberschullehrer im ersten Jahrzehnt der DDR

In der zentralen und regionalen Schulverwaltung herrschte über die Gründung der DDR am 7. Oktober 1949 hinaus personell wie institutionell weitgehend Kontinuität. An der Spitze des neu gegründeten Ministeriums für Volksbildung (MfV) der DDR stand der bisherige Präsident der DVV Paul Wandel. Der Zuständigkeitsbereich des Ministeriums war gegenüber dem seiner Vorläuferinstitution auf die allgemeinbildenden Schulen, die staatlichen Kindergärten und Heime sowie die nichtuniversitären Lehrerbildungseinrichtungen beschränkt.[526] Die Durchsetzungsmöglichkeiten des MfV waren, ähnlich wie bei seiner Vorgängerinstitution, schwächer ausgeprägt als die anderer Ressorts. Das Ministerium konnte die Arbeit in den Ländern und Kreisen kaum unmittelbar kontrollieren, weshalb nach wie vor regionale und lokale Unterschiede bestanden und „der Schulrat vor Ort noch immer erheblichen Handlungsspielraum" behielt.[527] Erweiterte Handlungsspielräume ergaben sich auch aus der Auflösung der SMAD. Deren Nachfolgeorganisation, die Sowjetische Kontrollkommission (SKK), verfügte über keine genau fixierte bildungspolitische Zuständigkeit und beschränkte sich auf das routinemäßige Einholen von Berichten.[528] Potentiell erhöhte sich dadurch der schulpolitische Einfluss der SED, jedoch war die zuständige Abteilung noch immer durch personelle Unterbesetzung und hohe Fluktuation geschwächt.[529] Dies eröffnete wiederum Spielräume für die staatlichen Institutionen der Schulverwaltung auf regionaler und lokaler Ebene. In Mecklenburg blieb Gottfried Grünberg bis Ende 1950 an der Spitze des MfV, für die Oberschulen war weiterhin Gustav Allwardt zuständig.

---

[526] Für die Universitäten, Hoch- und Fachschulen, die berufliche Bildung und die Bereiche Kultur und Verlagswesen entstanden eigene Fachministerien bzw. Staatssekretariate. Vgl. Geißler, Geschichte des Schulwesens (2000), S. 254.
[527] Geißler, Zurückbleiben (2000), S. 217.
[528] So Geißler, Geschichte des Schulwesens (2000), S. 253. Zur SKK grundlegend Scherstjanoi, SKK-Statut (1998).
[529] Zu „Führungsanspruch und Durchsetzungsvermögen der SED" in der Schulpolitik nach der Staatsgründung vgl. Geißler, Geschichte des Schulwesens (2000), S. 256–263.

Auch in inhaltlicher Hinsicht bedeutete die Staatsgründung keine tiefe Zäsur für die höheren Schulen. Die Verfassung der DDR enthielt zum Schulwesen keine Bestimmungen, die signifikant über das Reformgesetz von 1946 und die entsprechenden Paragraphen der Länderverfassungen hinausgingen. Vielmehr griff sie bis in die Formulierungen hinein auf eben jene Gesetze zurück und betonte die föderative Ausrichtung des Schulwesens.[530] Wichtige Weichen hin zu einer Neuausrichtung der Schulpolitik waren zudem schon früher, seit der Jahreswende 1947/48, gestellt worden. Dieser Prozess der „Stalinisierung des Bildungswesens" (Sonja Häder) war mit dem IV. Pädagogischen Kongress in Leipzig im August 1949 abgeschlossen.

a) Strukturelle Konsolidierung und zunehmende Politisierung: Die Schulen nach der Staatsgründung

An den Oberschulen in Schwerin und Rostock machten sich nach der Staatsgründung die ersten personellen und strukturellen Konsequenzen der „schulpolitischen Tendenzwende" bemerkbar. In beiden Städten wurde der Schulrat abgelöst; in Schwerin wurde darüber hinaus der bisherige Rektor Wilhelm Gernentz durch den SED-Schulfunktionär Emil Neels ersetzt und in Rostock das Oberschulwesen als Ganzes neu strukturiert.

Fortgesetzte Kritik, Widerstand und Repression an den Schweriner Oberschulen

Trotz des Wechsels in der Schulleitung setzte sich die Kritik an der Schweriner Oberschule unvermindert fort. Sie ging jetzt nicht mehr allein von der Schulbehörde und der FDJ aus, sondern auch von Teilen der Elternschaft sowie von Kollegen anderer Schulen. Der Rektor der Oberschule Boizenburg beschwerte sich beim MfV darüber, dass einer seiner Schüler, der zuvor die Schweriner Oberschule besucht hatte, dort „aufgrund seiner fortschrittlichen Einstellung zur heutigen Zeit" Schwierigkeiten gehabt habe und wahrscheinlich sitzengeblieben wäre, während er in Boizenburg zu den besten Schülern zähle.[531] Zudem sei der Schüler, Mitglied der SED und designierter Vorsitzender der FDJ-Schulgruppe, in Schwerin als „‚Kommunist' verschrien" gewesen. Hieraus und aus einem anderen, ähnlich gelagerten Fall leitete der Direktor den Verdacht ab, dass in Schwerin „wenig von einer demokratischen Oberschule zu spüren ist" und forderte das Ministerium auf, „eindeutige Schritte zur Demokratisierung" der Schule zu unternehmen. Ganz ähnlich argumentierte der Vater eines anderen Schülers, der sich über einzelne Lehrer beschwerte. Der Lehrer Hermann Giesecke unterrichtete dem Schreiben zufolge in seiner eigenen Klasse keine Gegenwartskunde und ließ dieses Vorgehen durch den Vertrauensschüler decken.[532] Zudem benachteilige er bei der

---

[530] „Die Einrichtung des öffentlichen Schulwesens und die Durchführung des Schulunterrichtes obliegen den Ländern." Die Zentralregierung sollte lediglich „einheitliche gesetzliche Grundbestimmungen" erlassen. Die Verfassung der Deutschen Demokratischen Republik, 7. 10. 1949, auszugsweise in: Baske/Engelbert, Zwei Jahrzehnte I (1966), S. 147 f.

[531] Schreiben vom 27. 8. 1949, LHAS, 6.11–21, Nr. 1314, Bl. 173 f. Hieraus auch die folgenden Zitate.

[532] Hierzu und zum folgenden Schreiben an LV SED, Abt. Schule, 15. 8. 1949 (Abschrift), LHAS, 6.11–21, Nr. 1314, Bl. 190 f.

Versetzung Schüler, die der SED angehörten. Der in klassenkämpferischem Duktus argumentierende Vater, selbst Mitglied der SED, richtete sein Schreiben nicht an die Schulleitung oder das Ministerium, sondern an die zuständige Abteilung des SED-Landesvorstands. Unter Verweis auf den geringen Prozentsatz von Arbeiterkindern an der Oberschule und den hohen Anteil von Schülern, die den bürgerlichen Parteien angehören, schrieb er weiter:

„Die Reaktion erkennt sehr wohl, daß man unbedingt den Aufstieg der fortschrittlichen Kräfte verhindern muß, auch wenn sie an Zahl noch so gering sind, denn sie werden eines Tages die führenden Stellen einzunehmen haben. […] Die fortschrittlichen Kräfte der Arbeiterklasse sind aber nicht gewillt, diesen Gang der Dinge einfach hinzunehmen. Als Mitglied der SED und illegaler Kämpfer gegen den Faschismus während der 12 Jahre bin ich nicht gewillt, den Vorgängen an dieser Lehranstalt einfach zuzusehen".

Eindringlich forderte er die Partei auf, die angebliche Benachteiligung von in der SED oder in der FDJ engagierten Schülern zu beenden, in der er die Ursache für die in seinen Augen ungünstige Zusammensetzung der Oberschülerschaft sah.

Auf einer wenig später erstellten Liste des Schweriner Schulrats mit Vorschlägen für Austauschversetzungen tauchten die kritisierten Lehrer nicht auf. Stattdessen enthielt die Liste neben Rektor Gernentz, dessen Versetzung als Lehrer an die Oberschule Güstrow bereits beschlossene Sache war, mit einer Ausnahme diejenigen Lehrer, die schon im Ergebnis der Revision vom Anfang des Jahres an Grundschulen versetzt werden sollten: Martin Karsten, Richard Stahl, Walter Schroeder und Edmund Schroeder.[533] Anstelle von Paul Strömer stand Fritz Becker auf der Liste, dessen Verbleib an der Schule das MfV schon zuvor nur unter „scharfer Beobachtung" genehmigt hatte. Wieder einmal jedoch wurden die anvisierten Versetzungen nicht in die Tat umgesetzt; mit einer Ausnahme unterrichteten alle genannten Lehrer sogar noch bis 1953 oder darüber hinaus an der Goethe-Schule. Offenkundig mangelte es an Grundschullehrern, die für den Einsatz an einer Oberschule in Frage kamen. Zudem war das Kollegium durch den plötzlichen Tod zweier Lehrer geschrumpft.[534]

Anfang 1950 kam es an der Schweriner Oberschule für Jungen zu einer Reihe von Ereignissen, die Ausdruck einer Zuspitzung der Konflikte waren. Zum einen machte die Landesregierung nach zahlreichen Ankündigungen Ernst mit der Entlassung politisch unerwünschter Lehrer; zum anderen regte sich an der Schule erstmals organisierter Widerstand gegen die Umgestaltung der Oberschule und die politische Entwicklung in der DDR insgesamt. Zwei Lehrer standen im Brennpunkt dieser Ereignisse: Martin Karsten, Mitbegründer und Vorsitzender der CDU in Schwerin, und Walter Schroeder, zweiter Kreisvorsitzender der Schweriner LDP. Beide waren in den Jahren zuvor bereits mehrfach vom Ministerium kritisiert worden. Zu Beginn des Schuljahres 1949/50 hatte man ihnen außerdem die Erlaubnis zur Erteilung von Geschichtsunterricht entzogen. Dass bei den

---

[533] Schulrat Schwerin-Stadt, i. V. Schär, an MfV, Abt. Personal, 31. 8. 1949, LHAS, 6.11–21, Nr. 1314, Bl. 177.

[534] Der Altphilologe Wilhelm Hoth war Anfang des Jahres gestorben; der Mathematiklehrer Otto Schröder erlag im September 1949 einem Schlaganfall. Siehe die entsprechenden Mitteilungen des Schweriner Schulrates an das MfV vom 11. 2. bzw. 19. 9. 1949, LHAS, 6.11–21, Nr. 1314, Bl. 165, 195.

Angriffen auf die Lehrer nie versäumt wurde, auf ihre politischen Funktionen hinzuweisen, legt die Vermutung nahe, dass ihre exponierte Rolle in den bürgerlichen Parteien ein Grund war, gegen sie vorzugehen.[535] Eine Entlassung von Karsten und Schroeder war bisher nicht nur an fehlendem Ersatz gescheitert, sondern auch an ihrem hohen öffentlichen Ansehen und der Tatsache, dass nichts Handfestes gegen sie vorlag. Anfang 1950 startete die SED gegen beide Lehrer eine Pressekampagne, um einen Vorwand für ihre Entlassung zu schaffen.[536] Es begann mit einer Resolution der FDJ-Betriebsgruppe der Schweriner Eisengießerei, die am Schwarzen Brett des Betriebes ausgehängt wurde. In dem Aushang prangerte die FDJ das „undemokratische Verhalten der Lehrer und eine[s] Teil[s] der Schülerschaft der Schweriner Oberschule" an und forderte eine „Säuberung unserer Oberschule in Schwerin von diesen reaktionären Elementen."[537] Berichte über das angeblich „undemokratische" Verhalten der Lehrer waren der Betriebsgruppe von FDJlern der Oberschule zugetragen worden. Verwiesen wurde in der Resolution darauf, dass „die Jugend, die heute die Oberschule besucht, [...] morgen die leitende Funktion unserer Demokratischen Republik übernehmen" werde. Die FDJ argumentierte damit in der gleichen Weise wie der eingangs zitierte Vater eines Schülers.

Anlass für die Angriffe auf Martin Karsten war ein Bericht des Landessenders Schwerin, demzufolge der Lehrer auf einer Bauernversammlung geäußert habe, die CDU hätte sich nur gezwungenermaßen an der Regierung der DDR beteiligt und erkenne die Oder-Neiße-Linie nicht als „Friedensgrenze" an. Die FDJ-Gruppe der Oberschule informierte das MfV über den Bericht, forderte eine Prüfung und gegebenenfalls die Entlassung Karstens. Andernfalls, so drohte die FDJ, würden „die fortschrittlichen Schüler der Oberschule die Teilnahme an seinem Unterricht verweigern."[538] Die SED-eigene „Landeszeitung" veröffentlichte wenige Tage später den Brief und forderte ihrerseits die Entlassung dieses „,demokratisch' getarnten reaktionären Hetzer[s]" von der Schule und seinen Ausschluss aus der CDU.[539] Die Blockpartei stellte sich jedoch hinter ihr Mitglied und veröffentlichte in ihrer Zeitung, dem „Demokrat", eine Gegendarstellung.[540] Mitglieder aller Parteien einschließlich der SED sowie Vertreter des FDGB, die an besagter Versammlung teilgenommen hatten, widersprachen darin der Darstellung des Landessenders und wiesen darauf hin, dass Karsten sich vielmehr „ganz entschieden für eine Friedenspolitik sowie eine Erfüllungspolitik im Sinne der Abma-

---

[535] Dafür spricht auch die rückblickende Aussage des SED-Parteivorstands: „Eine Anzahl Oberschullehrer, die noch [!] Mitglied in der CDU und LDP sind, mussten wegen reaktionärer Propaganda an den Schulen entfernt werden." Schreiben an alle Landesvorstände, 26. 5. 1950, zitiert nach Mietzner, Enteignung (1998), S. 148. Damit waren Lehrer wie Schroeder und Karsten gemeint, die offenbar keine Einzelfälle waren.

[536] Vgl. dazu auch Herbstritt, „... den neuen Menschen schaffen." (1996), S. 24–26. Inszenierte Pressekampagnen waren in dieser Zeit ein typisches Mittel zur Diskreditierung bürgerlicher Politiker. Vgl. etwa Matthiesen, Bürgerliches Milieu (1999), S. 384 f.; Großbölting, SED-Diktatur (2001), S. 54, 64.

[537] Entschließung der FDJ-Betriebsgruppe, 9. 1. 1950 (2. Fassung). Hieraus auch das folgende Zitat. Eine Abschrift der beiden Fassungen der Entschließung in StASch, S 6, Nr. 151.

[538] Vorstand der Zentralen FDJ-Schulgruppe an MfV, 27. 1. 1950, StASch, S 6, Nr. 151.

[539] *Karsten muß den Laufpaß erhalten. Fortschrittliche Schüler fordern Entfernung reaktionärer Lehrkräfte*, in: Landeszeitung, Nr. 26, 31. 1. 1950.

[540] *Es war wieder einmal ganz anders*, in: Der Demokrat, 2. 2. 1950.

chungen von Jalta und Potsdam ausgesprochen" habe.[541] Die Schüler aus Karstens Klasse schickten eine Erklärung an die Schulbehörde und mehrere Zeitungen, in der sie ihn als „unbedingte[n] Vertreter der Friedenspolitik" verteidigten.[542] Nachdem die Vorwürfe sich somit als unbegründet erwiesen hatten, änderte die „Landeszeitung" ihre Argumentation und hielt Karsten nun seine Mitgliedschaft im NSLB und seine Betätigung als „aktiver Funktionär" in der NSV vor, die er verschwiegen habe.[543] Tatsächlich hatte Karsten dem NSLB angehört und war Block- und Zellenwalter des NSV gewesen.[544] Aus der Zugehörigkeit zum NSLB, dessen Organisationsgrad bei über 97 Prozent lag, und einem unbedeutenden Amt in der NSV, diesem „Refugium aller gegenüber dem NS Zurückhalten-den"[545], in dem über eine Million Deutsche ehrenamtlich tätig gewesen waren, aber eine „faschistische Gesinnung" zu konstruieren, war ebenso absurd wie der Vorwurf, Karsten habe ständig „um die Gunst der Nazigrößen Schwerins" ge-buhlt. Vielmehr hatten die Nationalsozialisten dem bekennenden Pazifisten den Geschichtsunterricht entzogen; 1936 war er zudem strafversetzt worden.[546] Ange-sichts der Haltlosigkeit der Vorwürfe erklärten sich 144 Schüler der Goethe-Schule, darunter Mitglieder der FDJ, mit ihrem Lehrer solidarisch und unter-schrieben eine Resolution, in der sie nicht nur Karsten als „vorbildlichen Pädago-gen, aufrechten Demokraten und fortschrittlichen Menschen" verteidigten, son-dern auch die Anschuldigungen der Landeszeitung als „groben Fehler in der Po-litik der Nationalen Front" bezeichneten.[547] Die Resolution sandten die Schüler an die drei großen Zeitungen des Landes und zur Kenntnisnahme an Schulrat Hans-Joachim Laabs. Die „Landeszeitung" argumentierte zwar in einer „Ant-wort an einige Oberschüler" noch einmal damit, dass Karsten über seine Vergan-genheit „die demokratische Oeffentlichkeit belogen" habe und daher „abtreten" müsse.[548] Doch damit fanden die öffentlichen Angriffe ein Ende, und Karsten blieb noch bis zum Schuljahr 1952/53 an der Goethe-Schule tätig.

Im Gegensatz zu Karsten vermochte sich sein Kollege Walter Schroeder nicht erfolgreich gegen eine ähnliche Kampagne zur Wehr zu setzen. Schroeder hatte die Aufsätze zweier Schüler, die sich kritisch mit der FDJ auseinandersetzten, po-sitiv bewertet und sich eines inhaltlichen Kommentars enthalten. Bezeichnender-weise war es Werner Drews, der die inkriminierten Aufsätze an Direktor Neels

---

[541] CDU-Ortsvereinigung Breesen an Kreisvorstand Schwerin-Land der CDU, 29. 1. 1950 (Ab-schrift), StASch, S 6, Nr. 151.

[542] Erklärung der Klasse 12 B der Goethe-Schule Schwerin zum Artikel der Landeszeitung vom 31. 1. 1950 betreffs Herrn Karstens, 3. 2. 1950, StASch, S 6, Nr. 151.

[543] F-n.: *Karsten verschwieg seine Vergangenheit*, in: Landeszeitung, Nr. 32, 7. 2. 1950. Hieraus auch die folgenden Zitate.

[544] NSLB-Mitgliedskarte von Martin Karsten, BAB, BDC, Nr. B 0017.

[545] So Kluchert, Biographie und Institution (2006), S. 25.

[546] Lebenslauf von Martin Karsten, o. D. (nach 1945), StASch, S 6, Nr. 151. Zu Karstens christlich-de-mokratischer und pazifistischer Gesinnung vgl. auch Herbstritt, Im Wandel der Zeit (1996).

[547] Resolution mit Unterschriften, 7. 2. 1950, ziert nach „Tatort Goethe-Schule" (o. J.). Vgl. auch die Notiz *Schüler sprachen für ihren Lehrer*, in: Der Demokrat, Nr. 35, 9. 2. 1950, S. 3. Nach Ermitt-lungen des MfS spielten bei der Aktion Mitglieder der LDP eine maßgebliche Rolle. Auszug aus einem Bericht von X-Mann (= IM) Schultz, 6. 4. 1950, BStU, MfS, BV Schwerin, AOP, Nr. 47/50, Bl. 19.

[548] lz.: *Karsten hat die Oeffentlichkeit belogen*, in: Landeszeitung, Nr. 35, 10. 2. 1950.

weitergeleitet hatte.[549] Das SED-Mitglied Drews war ein knappes Jahr zuvor von Schroeder und anderen Kollegen wegen seiner nationalsozialistischen Vergangenheit angegriffen, von seiner Partei aber wegen seiner besonders „fortschrittlichen" Einstellung verteidigt worden.[550] Direktor Neels gab die Aufsätze an den Schulrat und die SED weiter, deren Organ, die „Landeszeitung", einen Artikel zu dem Vorfall veröffentlichte: Schroeder habe es versäumt, „die falschen Auffassungen der Schüler sofort und energisch zu bekämpfen", „antidemokratische und friedensfeindliche Ansichten" gefördert und dadurch die Arbeit der Nationalen Front „sabotiert".[551] Daher sei er aus der deutschen demokratischen Schule entfernt worden. Erneut stellten die Schüler sich mit einer an die Presseorgane gerichteten Resolution hinter ihren Lehrer und forderten Schroeders sofortige Wiedereinstellung in den Schuldienst.[552] Doch diesmal blieb der Protest wirkungslos. Schulrat und Ministerium hielten an ihrer Entscheidung fest, und Schroeder wurde zum Ende des Quartals entlassen.[553] Wenig später verließ er die DDR.[554]

Die Vorfälle zeigen, dass es Anfang der 1950er Jahre nicht so ohne weiteres möglich war, einen politisch missliebigen Lehrer gegen den Widerstand der Öffentlichkeit loszuwerden, zumindest dann nicht, wenn ihm fachliches oder politisches Fehlverhalten nicht konkret nachgewiesen werden konnte. Die Solidarität der eigenen Partei, im „Block der antifaschistisch-demokratischen Parteien" gemeinsam mit der SED aktiv, und die Unterstützung durch eine große Zahl von Schülern schützten Martin Karsten vor willkürlichen Angriffen von Einheitspartei und FDJ. Für eine Unterstützung des Lehrers von Seiten seiner Kollegen finden sich keine Hinweise.[555] Möglicherweise fürchteten diese, selbst in die Schusslinie zu geraten. Dass diese Befürchtung durchaus berechtigt war, zeigt ein Schreiben Grünbergs, in dem er schon die passive Haltung der Lehrerschaft zu den Ereignissen heftig kritisierte.[556] Nebenbei wird deutlich, dass zu diesem Zeitpunkt in der DDR noch eine zumindest begrenzt pluralistische Presselandschaft vorhanden war. Dass die Proteste gegen die Entlassung Walter Schroeders nicht erfolgreich waren, hatte vor allem zwei Gründe: Zum einen ließ sich bei ihm – in den Augen der SED – „undemokratisches" Verhalten unmittelbar nachweisen; schriftliche Beweise lagen in Form der von ihm nicht beanstandeten Aufsätze vor. Zum anderen konnte es sich die SED nicht leisten, ein zweites Mal innerhalb kurzer Zeit vor dem Protest von Oberschülern „einzuknicken". Hinzu kam, dass Schroeders Entlassung bereits beschlossene Sache war, bevor die Angelegenheit

---

[549] Drews hatte während der betreffenden Klassenarbeit Aufsicht geführt. Goethe-Schule, Rektor Neels, Bericht über den Lehrer Walter Schroeder, 9. 2. 1950, StASch, S 6, Nr. 230.
[550] Siehe dazu oben, Kap. IV.2.f).
[551] -l-: *Ein ungeeigneter Erzieher wurde entfernt*, in: Landeszeitung, 22. 2. 1950.
[552] Resolution mit 116 Unterschriften (Abschrift), o.D. (Februar 1950), StASch, S 6, Nr. 230.
[553] Auf eine fristlose Kündigung wurde demnach verzichtet. Schulrat Schwerin-Stadt Schär an MfV, 6. 5. 1950, LHAS, 6.11–21, Nr. 530, Bl. 51.
[554] Ein IM „Manfred" berichtete am 14. 3. 1951 über den Plan eines Schweriner Oberschülers, in West-Berlin mit Walter Schroeder Kontakt aufzunehmen. BStU, MfS, BV Schwerin, AP, Nr. 143/ 55, Bl. 35–37.
[555] Im Konferenzbuch der Schule findet sich keine diesbezügliche Eintragung.
[556] MfV, Grünberg, an den Block der antifaschistisch-demokratischen Parteien, 10. 3. 1950, LHAS, 6.11–21, Nr. 1314, Bl. 207. Dokument als Faksimile bei Herbstritt, „... den neuen Menschen schaffen." (1996), S. 98 f.

über die Presse an die Öffentlichkeit kam. Mit Schroeders Entfernung von der
Schule sollte ein Exempel statuiert werden, das auch der Einschüchterung und
Disziplinierung der übrigen Lehrer und der Schüler diente. Dies wird auch dadurch unterstrichen, dass der „Fall Schroeder" in der Folgezeit mehrfach als Beispiel dafür diente, „daß es in den Kollegien der Oberschule [...] immer noch reaktionäre Kreise gibt, die hemmend auf die fortschrittliche Entwicklung der Kollegien einwirken."[557] Noch ein Jahr später, im Januar 1951, führte Hans-Joachim
Laabs, mittlerweile Volksbildungsminister in Mecklenburg, in einer Rede vor dem
Schweriner Landtag Schroeder als Beispiel für „Objektivismus" an den Schulen
an.[558]

Oppositionelles Verhalten von Schülern fand jedoch nicht nur in Solidaritäts-
erklärungen Ausdruck, sondern auch in Widerstandsaktionen. Seit etwa Ende
Oktober 1949 hatte sich in Schwerin eine Widerstandsgruppe von Schülern der
Oberschule formiert. Die Gruppe verteilte an verschiedenen Orten Schwerins,
darunter auch in Räumlichkeiten der Goethe-Schule, Flugblätter, Handzettel und
Plakate, die sich gegen die Politik von SED und Besatzungsmacht richteten.[559]
Hinter diesen Aktionen stand eine Gruppe von Oberschülern, die der LDP ange-
hörten und die zum Teil Kontakte zur West-Berliner Widerstandsorganisation
„Kampfgruppe gegen Unmenschlichkeit" hatten. Erst im Juli 1950 konnten die
Vorfälle mit Hilfe des MfS geklärt und die beteiligten Schüler verhaftet werden.
Diese Widerstandsaktionen und die Vorkommnisse, die zur Entlassung Walter
Schroeders führten, beunruhigten die Volksbildungsverwaltung. In einem Brief an
den Block der antifaschistisch-demokratischen Parteien vom März 1950 bezeichnete Grünberg die Goethe-Schule als „schlechteste Oberschule des Landes", die
einzige in Mecklenburg „mit einer gespaltenen Jugend, an der sich illegale Jugend-
organisationen, angeblich konfessioneller Art" – gemeint waren Anhänger der
„Jungen Gemeinde" – sowie „Agenten der Imperialisten" bemerkbar machten.[560]
Der Lehrer Schroeder habe die Jugend „systematisch vergiftet", der Rest des Kollegiums habe angesichts dieser Zustände „vollkommen versagt" und es „nicht verstanden, eine demokratische Erziehung zu gewährleisten." Die Schuld daran gab
Grünberg Martin Karsten, den die SED wenige Wochen zuvor vergeblich von der
Schule zu entfernen versucht hatte:

„Die Zustände im Lehrerkollegium konnten nur entstehen, weil einer der Lehrer, nämlich
Herr Karsten, im politischen Leben eine hervorragende Rolle spielte. Er ist Kreisvorsitzender der CDU, er ist Mitglied im Block der Antifaschistischen Parteien, er ist Mitglied der
Stadtverordnetenversammlung, er tritt in den Organisationen, die der Nationalen Front angehören, aktiv auf. Man kann also sagen, Karsten ist politisch verantwortlich für die Haltung

---

[557] MfV, i.A. Laabs, an SKK, Viktorowitzsch, 15.3.1950, LHAS, 6.11–21, Nr. 1155, Bl. 17–23, hier
Bl. 23. Siehe auch Stadt Schwerin an MfV, Schulabteilung, 21.2.1950, ebd., Bl. 2f.
[558] Vgl. Herbstritt, „... den neuen Menschen schaffen." (1996), S. 25.
[559] Diese Aktionen und ihre „Aufklärung" durch das MfS sind ausführlich dargestellt bei Herbstritt,
„... den neuen Menschen schaffen." (1996), S. 33, 36–38, und Bispinck, Dissens, Widerstand und
Repression (2007), S. 278–281. Die MfS-Unterlagen dazu (Einzelvorgang 88/50 „Nachtfalter")
finden sich in BStU, MfS, BV Schwerin, AOP, Nr. 47/50. Siehe auch den Zwischenbericht der Verwaltung für Staatssicherheit Mecklenburg, 7.7.1950, BStU, MfS, BV Schwerin, AU, Nr. 314/50,
Bl. 28–33; für eine Darstellung aus Sicht eines der betroffenen Schüler vgl. den Erinnerungsbericht
von Eduard Lindhammer in Drescher, Haft am Demmlerplatz (2001), S. 105–122.
[560] Schreiben vom 10.3.1950, LHAS, 6.11–21, Nr. 1314, Bl. 207. Hieraus auch die folgenden Zitate.

des Lehrerkollegiums. Karstens Haltung in der Schule ist jedoch so zweideutig, dass es unmöglich ist, ein kämpferisch demokratisches Lehrerkollegium zusammenzusetzen, solange er an der Schule ist. Ich halte es für dringend erforderlich, dass Karsten aus dem Lehrerkollegium ausscheidet."

Eben jenes politische und gesellschaftliche Engagement, das von den Lehrern in den vorangegangenen Jahren immer wieder eingefordert worden war, wendet der Minister hier gegen Karsten, indem er aus dessen politischen Funktionen eine besondere Verantwortung ableitet. An seine Entfernung von der Schule, die Grünberg für notwendig hielt, war angesichts des gerade erst gescheiterten Versuchs vorläufig aber nicht zu denken. Das Ziel, die Lehrerschaft einzuschüchtern und zu disziplinieren, war indes bereits mit der Entlassung Walter Schroeders erreicht worden. In einem MfS-Bericht von Ende April gab ein IM als einen Grund für die derzeitig „auffallend ruhig[e]" Lage an der Goethe-Schule an, „der Fall [Schroeder], der fristlos entlassen wurde", habe „den anderen [Lehrern] zu bedenken [!]" gegeben.[561] Die etwa zur gleichen Zeit durchgeführte politische Überprüfung aller Lehrkräfte, als deren Ergebnis die Entlassung, Pensionierung oder Versetzung von zehn Lehrern zum Schuljahresende beschlossen wurde, trug ebenfalls zur Disziplinierung des Kollegiums bei.[562] Gegen die Schüler, die sich in den vergangenen Monaten besonders oppositionell gezeigt hatten, wurde mit einer tribunalartig inszenierten Versammlung vorgegangen.[563] Fünf Schüler hatten sich auf einer von der FDJ initiierten Schülerkonferenz wegen „antidemokratischer Äusserungen" zu verantworten. Eine Kommission aus Schulfunktionären, dem Vorstand der FDJ-Schulgruppe, Rektor Neels und drei weiteren Lehrern verwies zwei von ihnen am 15. Mai der Oberschule. Der Kommission gehörte auch Martin Karsten an.[564] Dass ausgerechnet er an der Entscheidung über die Entlassung beteiligt wurde, war vermutlich kein Zufall. Nach den Anfang des Jahres gegen ihn erhobenen Vorwürfen stand er unter Druck und konnte sich daher der Mitwirkung an einer politisch motivierten Relegierung von Schülern möglicherweise nicht entziehen.

Die Schweriner Oberschule für Mädchen wurde in der ersten Jahreshälfte 1950 ähnlich negativ beurteilt wie die Goethe-Schule. Dort war es zwar im Gegensatz zur Jungenschule bisher nicht zu Widerstandaktionen oder zur Relegierung von Schülerinnen gekommen. Deren politische Haltung ließ aber zumindest in den Augen der FDJ noch stärker zu wünschen übrig. Anfang 1950 schrieb die Zentrale Schulgruppe der Schweriner Oberschulen an Schulrat Laabs, die politische Arbeit an der Mädchenoberschule sei „ausserordentlich schlecht" und die Einstellung zur gesellschaftlichen Ordnung in der DDR „nicht so, wie man es von Schülerin-

[561] Bericht, gez. Sgraja, 29. 4. 1950, BStU, MfS, BV Schwerin, AOP, Nr. 47/50, Bl. 23. (Der Name ist in der Kopie geschwärzt, aus dem Zusammenhang lässt sich aber erschliessen, dass es sich um Schroeder handelt.) Darüber hinaus wird auf das bevorstehende Abitur verwiesen.
[562] Bericht von IM „Walter Leiser", 3. 5. 1950 (Abschrift), BStU, MfS, BV Schwerin, AOP, Nr. 47/50, Bl. 24 f. Das Ergebnis wurde zwar geheim gehalten, war dem Bericht zufolge aber „durchgesickert[]".
[563] Bericht von IM „Walter Leiser", 12. 5. 1950, BStU, MfS, BV Schwerin, AOP, Nr. 47/50, Bl. 31; Stadtschulamt Schwerin, Schär, an MfV, 12. 5. 1950, LHAS, 6.11–21, Nr. 1314, Bl. 211.
[564] Georg Herbstritt, „... die neuen Menschen schaffen." (1996), der Karsten in den Mittelpunkt seiner Untersuchung über die Goethe-Oberschule stellt, erwähnt dessen Beteiligung nicht, obwohl er das entsprechende Dokument zitiert.

nen, die einmal leitende Funktionen im öffentlichen Leben einnehmen werden, erwarten kann."[565] Als ein Indiz für die schlechte politische Haltung der Oberschülerinnen galt der geringe Anteil an FDJ-Mitgliedern.[566] Da die Schüler bzw. Schülerinnen beider Oberschulen in einer gemeinsamen FDJ-Gruppe zusammengefasst waren, ergaben sich durch die getrennte Lage der Schulen „kaum zu überwindende organisatorische Schwierigkeiten" für die politische Jugendarbeit. Die FDJler forderten daher eine Zusammenlegung mit der Goethe-Schule und beriefen sich dabei auf einen entsprechenden Beschluss einer Konferenz mecklenburgischer Schulfunktionäre vom Dezember 1949.[567] Der Schulrat kündigte die Zusammenlegung der beiden Oberschulen für den Beginn des neuen Schuljahres an, wohl wissend, dass er dazu erhebliche Widerstände gegen die Koedukation, vor allem von Seiten der Eltern, überwinden musste.[568]

An den Rostocker Oberschulen blieb es in diesem Zeitraum vergleichsweise ruhig. Die Berichte über die Oberschulen vermeldeten im Schuljahr 1949/50 keine besonderen Vorkommnisse.[569] Auch die politische Arbeit der Lehrer wurde überwiegend positiv bewertet.[570] In Rostock hatte die Schulverwaltung aus den Auseinandersetzungen zwischen FDJ und Schülerrat im Sommer 1949 Konsequenzen gezogen. Diese waren in erster Linie struktureller Art. Der Beschluss der SED-Schulabteilung, die Rektoren der beiden städtischen Oberschulen, Hugo Alm von der Großen Stadtschule I[571] und Hans Eggert von der Goethe-Oberschule, an zwei kleinstädtische Schulen zu versetzen, wurde nicht umgesetzt.[572] Beide Rektoren behielten ihr Amt, das sie jeweils erst kurz zuvor angetreten hatten. Verwirklicht wurde dagegen das Vorhaben, die zwei großen Oberschulen in vier kleinere aufzuteilen, denen jeweils ein eigener Stadtbezirk zugewiesen wurde. Die

---

[565] Schreiben o. D. (Anfang Februar 1950), LHAS, 6.11–21, Nr. 1314, Bl. 203. Hieraus auch die folgenden Zitate. Auch hier taucht wieder das Argument auf, dass ihre politische Haltung gerade vor dem Hintergrund, dass sie als *Ober*schülerinnen künftig zur gesellschaftlichen oder politischen Elite zählen würden, bedenklich sei.

[566] Ende 1949 gehörten an der Oberschule für Mädchen Schwerin 141 von 385 Schülerinnen (37,7%) der FDJ an. Protokoll der Schulbegehung am 12. 11. 1949, LHAS, 6.11–21, Nr. 4183.

[567] Eine Zusammenlegung der beiden Oberschulen war bereits knapp zwei Jahre zuvor erwogen, aber wieder verworfen worden. MfV, Referat Oberschulen, Aktenvermerk, 5. 5. 1948, LHAS, 6.11–21, Nr. 1314, Bl. 119.

[568] Schulrat Laabs an die Zentrale Schulgruppe der FDJ, 8. 2. 1950, LHAS, 6.11–21, Nr. 1314, Bl. 202. Welche Widerstände dabei zu überwinden waren, zeigt ein Zeitungsartikel, der vor einer zu raschen Einführung der Koedukation warnte und sich darauf berief, dass „auch die in schulischer Hinsicht fortschrittliche Sowjetunion" sie ablehne. H.-D. F.: *Eltern aufgepaßt!*, in: Norddeutsche Zeitung, 2. 7. 1949. Vgl. auch Prehn/Buxnowitz/Koch, 20 Jahre demokratische Schulreform (1966), S. 13, denen zufolge die Koedukation an den Schweriner Oberschulen erst nach „zum Teil heftigen Diskussionen" verwirklicht werden konnte.

[569] Siehe etwa die Protokolle über die am 29. bzw. 30. 10. 1949 durchgeführten Schulbegehungen an der Goethe-Oberschule sowie an der Großen Stadtschule I und II (jeweils Abschrift), LHAS, 6.11–21, Nr. 4180.

[570] Schulaufsicht Rostock-Stadt, Schulrat Setzkorn, an MfV, Abt. Schulen, 8. 3. 1950, LHAS, 6.11–21, Nr. 1155, Bl. 88.

[571] Die Große Stadtschule war zusätzlich in die zwei Schulen I und II unterteilt. Da die Große Stadtschule II als Zehnklassenschule nicht zum Abitur führte, stellte sie keine Oberschule im engeren Sinne dar und wurde daher in die Oberschulrevision vom Mai 1950 nicht einbezogen. MfV, Peverstorf, Bericht über die Überprüfung der Oberschulen im Kreise Rostock-Stadt, 25. 5. 1950, LHAS, 6.11–21, Nr. 1322, Bl. 77–79.

[572] Hierzu und zum Folgenden LV SED, Abt. Schule, an Sekretariat, 16. 8. 1949, LHAS, 10.34–1, Nr. 495, Bl. 293–295.

zwei neuen Oberschulen, Karl-Liebknecht-Schule und Borwin-Schule, entstanden durch Aufstockung achtklassiger Grundschulen, so dass mit der Großen Stadtschule I insgesamt drei sogenannte Vereinigte Grund- und Oberschulen entstanden. Von der Neuaufteilung der Einzugsgebiete und der Zusammenführung von Grund- und Oberschulen erhoffte sich die SED eine stärkere personelle Durchmischung von Alt- und Neulehrern, die dazu dienen sollte, „der Reaktion unter der Lehrer- und Schülerschaft entgegen zu wirken."[573] An den beiden neu entstandenen Oberschulen blieben die bisherigen Grundschulrektoren im Amt, so dass nunmehr an allen Rostocker Oberschulen lediglich seminaristisch ausgebildete Lehrer amtierten bzw. an der Karl-Liebknecht-Oberschule mit Albrecht Steiner ein Neulehrer. Alle Rektoren gehörten der SED an.[574]

Die Oberschulrevision im Mai 1950

Nur wenige Wochen nach der politischen Überprüfung des Lehrkörpers fand Ende Mai 1950 eine umfassende Überprüfung der Schweriner und Rostocker Oberschulen statt, und zwar im Rahmen der DDR-weiten Revision aller 388 Oberschulen.[575] Diese Maßnahme, die in ihrer Vollständigkeit einmalig blieb, diente einer umfassenden „schulpolitischen Bestandsaufnahme" (Geißler) nach der Staatsgründung. Ziel der SED war es, einen genauen Überblick über die Mängel und Schwächen der Arbeit an den Oberschulen zu erhalten. Schwerpunktmäßig sollten der ideologische Stand der Lehrer und des Unterrichts sowie der Kampf gegen „reaktionäre Elemente" überprüft werden. Besonderes Augenmerk sollte auf diejenigen Lehrer gerichtet werden, die einer der bürgerlichen Parteien angehörten. Dass am Ende der Prüfung eine „Bereinigung der Oberschulen", sprich: die Entlassung von Lehrern stehen würde, stand von vornherein fest. Die SED machte daraus ebenso wenig ein Hehl wie aus der Tatsache, dass die Überprüfung kein „rein pädagogisches Problem, sondern eine allgemeine politische Frage" war.[576]

Auch bei der Oberschulrevision zeigten sich deutliche Unterschiede zwischen den beiden Städten. Die Rostocker Oberschulen schnitten insgesamt sehr positiv ab, insbesondere die Große Stadtschule schien den Erwartungen der Überprüfungskommission geradezu vorbildlich zu entsprechen.[577] Das fachliche Können der Lehrer stehe „außer Frage", und auch in politischer Hinsicht wurden sie positiv beurteilt: „Es scheint sich [...] um ein fortschrittliches Kollegium zu handeln.

---

[573] LV SED, Abt. Kultur und Erziehung, Beitrag zum Rechenschaftsbericht der Landesdelegiertenkonferenz im Dezember 1949, LHAS, 10.34–1, Nr. 483, Bl. 291–301, hier Bl. 298. In diesem Dokument ist fälschlicherweise von einer Aufteilung in *drei* kleinere Einheiten die Rede, möglicherweise ein Zeichen dafür, dass auch die Parteibürokratie die permanente Umstrukturierung des Rostocker Schulwesens und die häufigen Umbenennungen nicht mehr ganz durchblickte. Die Große Stadtschule wird in den Akten wegen ihrer Lage in der Straße „Am Wall" zudem häufig als „Wallschule" tituliert, was zusätzlich Verwirrung stiftete.

[574] Leiter der Oberschulen im Lande Mecklenburg, 19. 9. 1950, LHAS, 6.11–21, Nr. 500, Bl. 102.

[575] Dazu ausführlich Geißler, Geschichte des Schulwesens (2000), S. 297–320. Siehe auch Mietzner, Enteignung (1998), S. 148–150; Häder, Schülerkindheit (1998), S. 79–85; mit Blick auf Thüringen Oyen, Zeitgeist und Bildung (2005), S. 439–442.

[576] SED-Parteivorstand an die Landesvorstände, 26. 5. 1950, zitiert nach Mietzner, Enteignung (1998), S. 148 f.

[577] Zum Folgenden siehe Bericht über die Überprüfung der Großen Stadtschule in Rostock am 22.–24. 5. 1950, 24. 5. 1950, LHAS, 6.11–21, Nr. 1322, Bl. 90–97.

Irgendwelche rückständigen Einstellung[en] wurden nicht beobachtet." Zudem würden die Lehrer die FDJ „nach besten Kräften" unterstützen. Diese an Lobhudelei grenzende Beurteilung lässt – auch angesichts der politischen Auseinandersetzungen der vergangenen Jahre an der Schule – den Verdacht aufkommen, dass der Bericht die tatsächlichen Verhältnisse schön färbte. Tatsächlich sprechen die einzelnen Hospitationsberichte eine andere Sprache. Der Unterricht wird hier eher durchschnittlich bis gut als sehr gut beurteilt. Auch erwähnte die Kommission, dass, der angeblich „fortschrittlichen" Haltung des Kollegiums zum Trotz, nur bei den drei Parteimitgliedern unter den Lehrern eine „klare politische Stellungnahme" vorhanden sei.

Zurückhaltender urteilte die Kommission über die Rostocker Goethe-Oberschule. Auch hier lobte sie fachliches und methodisches Können der Lehrer sowie die Zusammenarbeit mit der FDJ und der Gewerkschaft.[578] Für eine politische Beurteilung des Kollegiums aber habe die Zeit nicht ausgereicht. Überhaupt sei die Überprüfung zu einem ungünstigen Zeitpunkt erfolgt, da ein Großteil der Schüler zur Vorbereitung des Deutschlandtreffens der Jugend beurlaubt war, und die Lehrkräfte durch die parallel abgehaltenen Abiturprüfungen stark belastet waren. Immerhin konnte die Kommission resümieren, dass sich „schwerwiegende Mängel nicht ergeben" hätten.[579]

Für die Schweriner Oberschule bestätigte die Revision hingegen die im März 1950 von Grünberg geäußerte Kritik, kleidete sie aber in weniger drastische Worte.[580] Bei der Beurteilung der Lehrer fällt erstmals die fortwährende Differenzierung zwischen „älteren" und „jüngeren" Lehrern auf, wobei es sich bei Letzteren nicht zwangsläufig um Neulehrer handeln musste. Zum Zeitpunkt der Überprüfung waren 20 Mitglieder des insgesamt 30-köpfigen Kollegiums älter als 55 Jahre, vier waren über 40 Jahre alt, nur drei waren jünger als 30 Jahre. 24 Lehrer hatten eine Universitäts- oder Hochschulausbildung absolviert, drei eine seminaristische bzw. Volksschullehrerausbildung *vor* 1945, darunter der Direktor Emil Neels und sein Nachfolger Bruno Buxnowitz, und nur drei waren „echte" Neulehrer, unter ihnen der spätere Parteisekretär.[581] Damit dominierte noch immer, wie schon seit Mitte der 1920er Jahre, die „Frontgeneration",[582] deren Angehörige ihre Sozialisation und Ausbildung im Kaiserreich genossen und zu einem großen Teil als Soldaten am Ersten Weltkrieg teilgenommen hatten. Gegenüber den 1920er Jahren hatte sich das Kollegium durch die Entnazifizierung, den Zuzug von Flüchtlingslehrern, durch Versetzungen sowie infolge von Zusammenlegungen und Umstrukturierungen der höheren Schulen personell neu zusammenge-

---

[578] Bericht über die Überprüfung der Goethe-Oberschule in Rostock vom 22. bis 24. 5. 1950, LHAS, 6.11–21, Nr. 1322, Bl. 98–107.

[579] Die im Rahmen der Umstrukturierung der Rostocker Oberschullandschaft entstandene kleine Borwin-Schule wurde ebenfalls überwiegend positiv beurteilt. Bericht zur Überprüfung der Oberschulen im Gebiet der Stadt Rostock vom 22. bis 24. 5. 1950, LHAS, 10.34–1, Nr. 495, Bl. 246–248.

[580] Hierzu und zum Folgenden Stadtschulamt Schwerin, Überprüfung der Oberschulen, an MfV, Hauptabteilung Unterricht und Erziehung, Referat Oberschulen, 1. 6. 1950, LHAS, 6.11–21, Nr. 1322, Bl. 139–149.

[581] Goethe-Oberschule, Leitendes und pädagogisches Personal, 1. 6. 1950, BAB, DR 2, Nr. 5718, Bl. 375.

[582] Zum Begriff vgl. Peukert, Weimarer Republik (1997), S. 27–30, und oben, Kap. II.4.b).

setzt. Im Hinblick auf die Altersstruktur und die Ausbildungswege der Lehrer gab es hingegen kaum Veränderungen. Bei den älteren Lehrkräften, so der Revisionsbericht, sei „oft nur ein formales Wissen" vorhanden, zudem mache sich bei diesen ein „Mangel an methodischen Kenntnissen" bemerkbar.[583] Schuld daran sei, dass diese Lehrer sich im Rahmen ihrer Fortbildung und auf den Konferenzen lediglich mit der „Vertiefung ihres Fachwissens" bzw. „organisatorischen Schulfragen" beschäftigten, „nicht aber mit methodisch-pädagogischen und politischen Problemen". Daher seien die älteren Lehrkräfte durch die jüngeren, „die laufend an ihrer Weiterbildung arbeiten", bereits „erreicht oder überholt" worden. In politischer Hinsicht beurteilte der Bericht das Kollegium ebenfalls kritisch:

> „An der Schule ist eine kleine Gruppe fortschrittlicher, politisch klarer Lehrer vorhanden, die den verschiedenen Parteien angehören und sich aktiv für die Demokratisierung der Schule einsetzen. Der größte Teil des Lehrkörpers ist politisch völlig indifferent. Auch ausgesprochen reaktionäre Erscheinungen traten auf, deren Urheber z. Zt. von der Schule entfernt werden. [...] Der fortschrittliche Teil des Lehrkörpers ist aktiv tätig als Funktionäre der Partei und der Gesellschaft, der Gewerkschaft, der Volkshochschule und im Kulturbund."

Diese Einschätzung und die Einteilung der Kollegien in einen kleinen Teil „fortschrittlicher" und „aktiver" und eine Mehrheit „politisch indifferenter" und sich „passiv" verhaltender Lehrer ist in den frühen 1950er Jahren für Berichte über Oberschulen, vor allem in größeren Städten, ebenso typisch wie irreführend. Denn oft waren es gerade die politisch und gesellschaftlich engagierten Lehrer, die mit der SED oder der Schulverwaltung in Konflikt gerieten und deshalb ihre Entlassung befürchten mussten. Dies zeigen nicht nur die skizzierten Fälle von Martin Karsten und Walter Schroeder, sondern auch weitere Lehrer der Goethe-Schule, die zum Schuljahresende entlassen wurden, obwohl sie in einer der Blockparteien, im Kulturbund, in der Gesellschaft für deutsch-sowjetische Freundschaft (DSF) oder an der Volkshochschule tätig waren. Zwar gab es gerade unter den älteren Lehrern einige, die sich von politischer und gesellschaftlicher Aktivität ganz fernhielten, doch waren diese deutlich in der Minderheit.[584] „Politisch indifferent" waren die meisten Oberschullehrer allenfalls insofern, als sie sich mit öffentlichen Meinungsäußerungen zurückhielten, wenn sie davon ausgehen mussten, dass diese nicht mit der politischen Linie der SED konform gingen. Die aus Sicht der Überprüfungskommission überwiegend mangelhafte politische und pädagogische Haltung des Kollegiums wurde in ebenfalls typischer Manier der nächsthöheren Führungsebene, in diesem Fall Schulleiter Emil Neels, angelastet. Dieser habe es nicht verstanden, die Gruppe von acht – nicht namentlich genannten, aber zum Teil erschließbaren – „fortschrittlichen" Lehrern zu einem „Kollektiv zusammenzuschließen, um mit diesem einen Einfluß auf das übrige Kollegium auszuüben und dieses zu gewinnen."[585] Neels' Einfluss auf das „politisch-pädagogische Leben der Schule" sei „äußerst gering". Ausdrücklich positiv hervorgeho-

---

[583] Stadtschulamt Schwerin an MfV, 1. 6. 1950, LHAS, 6.11–21, Nr. 1322, Bl. 139–149. Hieraus auch die folgenden Zitate.

[584] Lediglich drei Mitglieder des Kollegiums der Goethe-Oberschule konnten kein politisches oder gesellschaftliches Engagement außerhalb der Schule vorweisen. Politische und kulturelle Betätigung außerhalb der Schule, o. D. (Schuljahr 1948/49), StASch, S 6, Nr. 264.

[585] Hierzu und zum Folgenden Stadtschulamt Schwerin an MfV, 1. 6. 1950, LHAS, 6.11–21, Nr. 1322, Bl. 139–149.

ben wurden lediglich zwei Lehrer. Der Neulehrer Helmut Prehn und der 1948 aus
sowjetischer Kriegsgefangenschaft zurückgekehrte ehemalige Volksschullehrer
Bruno Buxnowitz. Ersterer habe sich als Geschichtslehrer und Leiter des Inter-
nats um die „Demokratisierung des Schullebens" und die FDJ-Arbeit bemüht;
Letzterer verfüge über „gutes politisches Wissen, besonders in Bezug auf die Sowjet-Union", und habe dies den Schülern zu vermitteln und sie zu überzeugen ver-
mocht. Beide wurden später mit Leitungsfunktionen bedacht.[586]
    Im Ergebnis der Revision wurde angeordnet, insgesamt sechs Lehrer von der
Schule zu entfernen: Rektor Neels sollte ausgetauscht, drei Lehrer, die die Pensionsgrenze überschritten hatten, in den Ruhestand versetzt,[587] zwei wegen ihrer
„mangelnden fachlichen Leistungen" aus dem Schuldienst entlassen und zwei
weitere an eine andere Oberschule des Landes versetzt werden.[588] Im Gegensatz
zu früheren Ankündigungen über Versetzungen und Entlassungen wurde diese
tatsächlich in vollem Umfang in die Tat umgesetzt, so dass es zum ersten Mal seit
der Schulreform zu einem umfänglichen Personalaustausch an der Schweriner
Goethe-Schule kam.[589] Ersetzt wurden die ausgeschiedenen Lehrer ausschließlich
durch sehr junge Neulehrer, von denen nur einer älter war als 30 Jahre.[590] Der
erste Schritt zu einem Generationswechsel war damit getan; ihm folgte der Wechsel in der Schulleitung. An die Stelle des als zu schwach geltenden Emil Neels trat
Bruno Buxnowitz, der seit Ende 1948 als Russischlehrer an der Schule tätig war.
Der 37-jährige Buxnowitz, Umsiedler und Arbeitersohn, Mitglied der SED und
Schweriner Ortsgruppenvorsitzender der DSF, verfügte über eine seminaristische
Ausbildung und hatte sich seine Russischkenntnisse während seiner über sieben
Jahre dauernden Kriegsgefangenschaft erworben.[591] Im Lager hatte er darüber hi-
naus Kurse über Marxismus-Leninismus besucht und Vorträge zu politischen
Fragen gehalten. Zudem hatte er sich bei der Verhaftung von Schülern durch den
sowjetischen Geheimdienst kooperativ gezeigt.[592]

Die Oberschule für Mädchen und die Einführung der Koedukation

Die Überprüfung der Oberschule für Mädchen im Mai 1950 im Rahmen der
Oberschulrevision kam zu ähnlichen Ergebnissen wie die der Goethe-Schule.[593]

---

[586] Buxnowitz wurde Schulleiter der Goethe-Schule I, Prehn stellvertretender Stadtschulrat in Schwerin.
[587] Dies war schon im April beschlossen worden. Stadtschulrat Schwerin, Schär, an MfV, Abteilung
   Personal, 14. 4. 1950, LHAS, 6.11–21, Nr. 530, Bl. 31.
[588] Stadtschulamt Schwerin an MfV, 1. 6. 1950, LHAS, 6.11–21, Nr. 1322, Bl. 139–149, hier Bl. 143.
[589] Vgl. die Schreiben des Stadtschulamts Schwerin, Schär, an das MfV, Abt. Personal, vom 5. 7. und
   19. 9. 1950, LHAS, 6.11–21, Nr. 530, Bl. 33, 24. Die beiden innerhalb des Landes zu versetzenden
   Lehrer, Richard Stahl und Fritz Becker, wurden allerdings lediglich an die seit dem Schuljahr 1950/
   51 in Goethe-Schule II umbenannte bisherige Schweriner Oberschule für Mädchen versetzt und
   blieben daher am Ort.
[590] Stadtschulamt Schwerin, Schär, an MfV, Abt. Personal, 13. 6. 1950, LHAS, 6.11–21, Nr. 530, Bl. 37.
[591] Zu Buxnowitz' Biographie siehe Oberschule für Jungen Schwerin an Kreisschulrat Schwerin,
   Personalstatistik, 25. 3. 1949, StASch, S 6, Nr. 264; Goethe-Schule II, Kaderspiegel, 6. 10. 1956,
   StASch, S 6, Nr. 265.
[592] Vgl. Herbstritt, „... den neuen Menschen schaffen." (1996), S. 37.
[593] Hierzu und zum Folgenden Stadtschulamt Schwerin an MfV, Hauptabteilung Unterricht und Erziehung, Referat Oberschulen, Überprüfung der Oberschulen, 1. 6. 1950, BAB, DR 2, Nr. 5718,
   Bl. 348–352.

Auch hier wurden die fachliche und die pädagogische Kompetenz der Lehrer „zufriedenstellend" beurteilt, während es an methodischen Fähigkeiten mangele. Geschichts- und Erdkundeunterricht würden zumeist „rein formal" erteilt; im Sprachunterricht neigten viele Lehrerinnen „zu einem reinen Ästhetizismus". Bemängelt wurde auch die politische Indifferenz des Kollegiums: Zwar gehörte etwa die Hälfte der Lehrkräfte politischen Parteien an, von diesen besäßen aber nur wenige eine „wirklich klare politische Einstellung", die sie auch nach außen verträten. Lediglich zwei Lehrerinnen verstünden es, im Unterricht „die gesellschaftlichen Zusammenhänge aufzuzeigen und Parallelen zur Gegenwart zu ziehen." Als Ursache dafür sah die Kommission die Zusammensetzung des Kollegiums im Hinblick auf Alter und Ausbildung an, die im Wesentlichen der der Goethe-Schule entsprach.[594] Ein weiterer Grund sei Schulleiter Ulrich Sothmann, dessen Beurteilung wiederum der seines Kollegen von der Goethe-Schule stark ähnelt: Sothmann sei aufgrund seines Alters „nicht in der Lage, einen starken Einfluß auf das Kollegium auszuüben", in dem sich einige „ausgesprochene Individualisten" befänden.[595] Er sollte daher durch eine „jüngere Kraft" ersetzt werden. Darüber hinaus wurden drei Lehrer, die das 65. Lebensjahr überschritten hatten, entlassen und zwei weitere an eine Grundschule versetzt.[596] An ihre Stelle traten neun überwiegend sehr junge und nach 1945 ausgebildete Lehrkräfte.[597] Neue Schulleiterin wurde die 40-jährige Maria Roller, eine ausgebildete Volksschullehrerin. Die Bäckerstochter und Umsiedlerin war Mitglied der SED, hatte vor 1945 eine seminaristische Ausbildung erhalten und zuvor eine Grundschule im Schweriner Umland geleitet. Sie galt als fachlich und politisch einwandfrei.[598]

Anfang der 1950er Jahre kam es an den Schweriner und Rostocker Oberschulen zu einer strukturellen Stabilisierung. Zum 1. September 1950 wurden in Schwerin die Jungen- und die Mädchenoberschule stärker miteinander verbunden. Erstere nannte sich nun Goethe-Schule I und Letztere zog als Goethe-Schule II in das Gebäude des ehemaligen Gymnasiums Fridericianum am Pfaffenteich.[599] Koedukation gab es zunächst nur in den 9. Klassen, doch auch in den höheren Stufen fand ein gegenseitiger Austausch von Schülern statt. Die Zusammenlegung war zunächst nur eine räumliche; institutionell blieben die Schulen getrennt und verfügten jeweils über einen eigenen Rektor. Unterrichtet wurde in zwei Schichten. Durch häufige Austauschversetzungen von Lehrern, schulübergreifende FDJ- und Parteigruppen und gemeinsam abgehaltene Fachkonferenzen waren die beiden Schulen miteinander verzahnt. Die Austauschversetzungen dienten nicht nur zur Deckung von akutem Unterrichtsbedarf, es sollten damit auch bestehende Cliquen innerhalb der Kollegien aufgebrochen bzw. ihrer Entstehung vorgebeugt

---

[594] Von 21 Lehrerinnen und Lehrern waren zehn über 55 Jahre und fünf über 40 Jahre alt. Nur ein Lehrer, der Anwärter Günter Sietmann, war jünger als 30 Jahre. Bis auf ihn und zwei weitere Lehrkräfte hatten alle ihre (universitäre) Ausbildung vor 1945 absolviert. Oberschule für Mädchen, Leitendes und pädagogisches Personal, 1. 6. 1950, LHAS, 6.11–21, Nr. 1322, Bl. 153.

[595] Stadtschulamt Schwerin an MfV, 1. 6. 1950, BAB, DR 2, Nr. 5718, Bl. 348–352, Zitat Bl. 351.

[596] Stadtschulamt Schwerin, Schär, an MfV, Abt. Personal, 5. 7. 1950, LHAS, 6.11–21, Nr. 530, Bl. 33.

[597] Goethe-Oberschule II, Liste der Lehrkräfte, 11. 10. 1951, LHAS, 6.11–21, Nr. 1314, Bl. 291.

[598] Biographische Angaben nach Schreiben vom 22. 4. 1948, LHAS, 10.34–2, Nr. 288, Bl. 56–60, hier Bl. 57; Goethe-Schule II, Kaderspiegel, 6. 10. 1956, StASch, S 6, Nr. 265.

[599] Zur Zusammenlegung vgl. Ramsenthaler, 50 Jahre Goethe-Schule (1999), S. 10f.

werden. Die neue Organisationsstruktur blieb bis zur endgültigen Fusionierung im Sommer 1958 bestehen, weshalb die beiden Schulen im Folgenden als Einheit betrachtet werden.

Ein Jahr später als in Schwerin konsolidierte sich auch in Rostock das Oberschulwesen. Hier blieben nach Jahren ständiger Umstrukturierungen, Zusammenlegungen und Aufspaltungen zu Beginn des Schuljahres 1951/52 zwei innerstädtische Oberschulen übrig, die zum Abitur führten: Die Goethe-Oberschule und die Große Stadtschule I, die über einen altsprachlichen Zweig verfügte.[600] Eine enge Zusammenarbeit der Oberschulen wie in Schwerin gab es in Rostock nicht; eher standen die beiden Anstalten in einem Konkurrenzverhältnis zueinander.[601] Austauschversetzungen zwischen den beiden höheren Schulen waren aber auch hier nicht selten.

Das Gesicht der Schulen hatte sich gegenüber der unmittelbaren Nachkriegszeit stark verändert. Alle vier Oberschulen wurden mittlerweile von nicht akademisch ausgebildeten Lehrern geleitet, die erst sehr kurze Zeit überhaupt an einer Oberschule unterrichteten oder sogar direkt von einer Grundschule als Direktoren an die Oberschule versetzt worden waren. Verglichen mit dem relativ hohen Durchschnittsalter der Kollegien waren die neuen Leiter zudem recht jung: Im Jahr 1950 waren Hans Eggert (Goethe-Oberschule Rostock) und Bruno Buxnowitz (Goethe-Schule Schwerin I) 37 Jahre, Albrecht Steiner (Große Stadtschule Rostock I ab 1951/52) und Maria Roller (Goethe-Schule Schwerin II) 40 Jahre alt. Alle Rektoren gehörten der SED an und waren Funktionsträger in der Einheitspartei, der Gewerkschaft oder anderen Massenorganisationen. Auch die Zusammensetzung der Kollegien und der Schülerschaft hatte sich verändert. An den Schweriner Oberschulen war inzwischen über ein Drittel der Lehrer jünger als 35 Jahre; knapp die Hälfte von ihnen verfügte als Neulehrer oder ehemalige Grundschullehrer nicht über eine akademische Ausbildung. Hinzu kamen die ersten Lehrkräfte, die in der SBZ/DDR ein akademisches Lehramtsstudium absolviert hatten.[602] Ganz ähnlich, bei einem leicht höheren Altlehreranteil, sah das Verhältnis an den Rostocker Oberschulen aus.[603] Noch bildeten aber die älteren, vor 1945 akademisch ausgebildeten Lehrer die Mehrheit. Die soziale Zusammensetzung der Schülerschaft hatte sich ebenfalls deutlich geändert, ohne allerdings den Er-

---

[600] Die erst zwei Jahre zuvor eingerichteten „Zwergoberschulen" Borwinschule und Karl-Liebknecht-Schule wurden geschlossen Als Grund gab das MfV die Hebung des Leistungsstandes an. Auch sollte der an der Karl-Liebknecht-Schule bisher isoliert bestehende altsprachliche Zweig mit einer größeren Schule zusammengelegt werden, da „mit den in der Mehrzahl bürgerlichen Schülern des altsprachlichen Zugs nur schwer eine fortschrittliche Schularbeit zu erreichen war." MfV, Drewelow, Analyse über die Lage an den Oberschulen Mecklenburgs, o.D. (Sommer/Herbst 1951), LHAS, 6.11–21, Nr. 1262, Bl. 1–7, hier Bl. 1. Die Große Stadtschule war seit dem Schuljahr 1951/52 zweigeteilt. Die Große Stadtschule II führte nicht zum Abitur, sondern war eine der am 1. 9. 1951 eröffneten 100 Zehnklassenschulen, die zum Studium an Ingenieurschulen oder ähnlichen Bildungseinrichtungen berechtigten. Mit diesem Schultyp wollte die DDR-Regierung den Mangel an technischen Fachkräften beheben und Arbeiter- und Bauernkindern verstärkt den Zugang zu höherer Bildung verschaffen. Vgl. Häder, Schülerkindheit (1998), S. 63 f.; Anweiler, Schulpolitik (1998), S. 51 f.

[601] Vgl. den Erinnerungsbericht von Herrnbrodt-Fechhelm, „Weißt Du noch?" (2005), S. 189.

[602] Eigene Berechnungen nach Goethe-Schule I, Liste der Lehrkräfte, o.D. (1951/52), StASch, S 6, R 31, Nr. 5; Goethe-Schule II, Statistik der Lehrer, 11. 10. 1951, LHAS, 6.11–21, Nr. 1314, Bl. 291.

[603] Siehe die Personallisten vom September 1950, LHAS, 6.11–21, Nr. 1277, Bl. 69–76.

wartungen der SED voll zu entsprechen. An der Großen Stadtschule Rostock und an der Schweriner Goethe-Schule II war über ein Viertel, an der Goethe-Schule I etwa ein Drittel der Schüler Kinder von Arbeitern und Bauern.[604] Demgegenüber hatte der Anteil im Schuljahr 1945/46 bei nur fünf Prozent, in den 1920er Jahren sogar unter drei Prozent gelegen.[605] Da aber der Anteil der Arbeiter- und Bauernkinder an ländlichen Oberschulen bis zu 70 Prozent und im Landesdurchschnitt über 50 Prozent betrug, strebte das MfV für die Schweriner und Rostocker Oberschulen eine weitere Steigerung an.[606]

b) Zunehmende Planungseuphorie und erhöhte Kontrolldichte: Die Oberschulen im Zeichen des Fünfjahrplans

Planung, Kontrolle und Bürokratie

Mit Beginn der 1950er Jahre setzte an den Oberschulen eine zunehmende Reglementierung ein. Die staatlichen Vorgaben wurden enger und verbindlicher, die Kontrolldichte nahm weiter zu. Die Schulen mussten sich mehr und mehr der politischen und vor allem der wirtschaftlichen Entwicklung der jungen Republik unterordnen. Eines der erklärten Ziele des 1951 beginnenden Fünfjahrplans war die enge Verzahnung der Wirtschaftspolitik mit anderen Politikfeldern.[607] Für die Schulen hatte das in zweierlei Hinsicht Konsequenzen. Erstens wurden für die Umsetzung des Planes, der ein enorm hohes Wirtschaftswachstum voraussetzte,[608] zahlreiche Fachkräfte benötigt. Von den Lehrern erwartete die Regierung, den dafür notwendigen Nachwuchs möglichst rasch fachlich und ideologisch zu qualifizieren.[609] Zweitens übertrug die SED-Führung die Ideen und Methoden der Planwirtschaft auch auf andere politische und gesellschaftliche Bereiche und bezog dabei auch die Schulen mit ein. Die Konsequenz war eine aufwendige Planungstätigkeit vom Volksbildungsministerium bis hinunter zu den einzelnen Schulen und sogar Klassen.

Von 1950 an mussten die Schulleiter für jedes Schuljahr einen Jahresarbeitsplan aufstellen, in dem der Unterrichtsstoff, Hospitationen, Konferenzen, Betriebsbesichtigungen, Elternbesuche und außerschulische Veranstaltungen genau festge-

---

[604] Vgl. die Berichterstattungen der Schulen zum Volkswirtschaftsplan 1951, III. Quartal, 15. 9. 1951, BAB, DR 2, Nr. 5718, Bl. 184, 340, 361. Die Schulen lagen damit etwa im DDR-weiten Durchschnitt großstädtischer Oberschulen. Vgl. Geißler, Geschichte des Schulwesens (2000), S. 298.

[605] Dies gilt für die höheren Schulen in Schwerin, für die eine ausführliche Analyse vorliegt. Vgl. Hans Joachim Gernentz, Die Veränderung der soziologischen Struktur der Schweriner Oberschulen in den Jahren 1945–1949, Mskr. o.D., StASch, S 6, Nr. 805.

[606] MfV, Drewelow, Analyse über die Lage an den Oberschulen Mecklenburgs, o.D. (Sommer/Herbst 1951), LHAS, 6.11–21, Nr. 1262, Bl. 1–7, hier Bl. 6; BL SED Rostock, Abt. Volksbildung, Maßnahmen zur Erhöhung des Prozentsatzes der Arbeiter- und Bauernkinder an Ober- und Zehnklassenschulen, 18. 11. 1952, LAG, Rep. IV/2/9.02, Nr. 1109, Bl. 49–52.

[607] Vgl. Hoffmann, DDR unter Ulbricht (2003), S. 170.

[608] Die Schwerindustrieproduktion sollte binnen fünf Jahren auf 208 Prozent, die Nahrungsgüterproduktion auf 187 Prozent gesteigert werden. Vgl. Staritz, Geschichte der DDR (1996), S. 54 f.

[609] Im Jahresbericht 1950 der Abt. Unterricht und Erziehung wird auf die Notwendigkeit zur Hebung des Leistungsstandes der Lehrer und Schüler der Oberschulen hingewiesen, die sich aus dem großen wirtschaftlichen Aufschwung ergebe. Bericht an das MfV der DDR, 15. 1. 1951, LHAS, 6.11–21, Nr. 1140, Bl. 202–234, hier Bl. 214. Auch die Einführung der Zehnklassenschule 1951 hing mit dem Fünfjahrplan zusammen.

legt waren. Für bestimmte Aufgaben wurden konkrete Zielvorgaben vereinbart, etwa für die FDJ-Arbeit, die Zusammenarbeit mit den Eltern und die Werbung von Arbeiter- und Bauernkindern.[610] Die Lehrer waren verpflichtet, laufend Wochenpläne aufzustellen, die von der Schulleitung überprüft wurden, und die Direktoren mussten dreimal im Jahr dem Schulrat über die Erfüllung ihrer Aufgaben Bericht erstatten.[611] Die Einbindung der Schulen in die Planwirtschaft dokumentieren die Quartalsberichte zum Volkswirtschaftsplan mit Angaben über die Schüler- und Lehrerzahl, die Anzahl der erteilten Unterrichtsstunden, die Summe der vergebenen Stipendien usw.[612] Das amtliche Berichtswesen fand seine Parallele in der Parteibürokratie: Die Betriebsparteiorganisationen der SED an den Schulen – auch Grundorganisationen genannt – reichten monatlich Arbeitspläne mit genauer Terminstellung ein, deren Erfüllung die SED-Kreisleitung regelmäßig kontrollierte.[613] Auch auf die Schüler sollte sich die Planungseuphorie übertragen: Die Lehrerkonferenz der Schweriner Goethe-Schule I beschloss im November 1950, die Schüler zwecks rascher Bewältigung der Hausaufgaben zu einer Planung ihrer Tages- und Wochenarbeit zu erziehen.[614]

In den Kontext der Planung gehörten auch kollektive und individuelle Selbstverpflichtungen von Lehrern. So legte das Kollegium der Schweriner Goethe-Schule II verbindlich fest, dass jeder Lehrer für einen bestimmten Zeitraum ein Prozent seines Monatsgehalts für die Unterstützung bedürftiger FDJ-Mitglieder spendete.[615] Zusätzlich gaben viele Lehrer individuelle Selbstverpflichtungen ab, zumeist im Rahmen von Einzelverträgen.[616] Darin verpflichteten sich beispielsweise die Direktoren der beiden Rostocker Oberschulen zur Intensivierung der FDJ-Arbeit, zur Werbung einer bestimmten Anzahl von Abiturienten für den Lehrerberuf, zur Hebung der „Wissenschaftlichkeit des Unterrichts", aber auch zu Leistungen außerhalb der Schulsphäre, wie etwa dem Erwerb eines Sportabzeichens.[617] Als Gegenleistung sicherten die Einzelverträge den Lehrern materielle und immaterielle Vergünstigungen zu; letztere konnten etwa in der Zusage bestehen, dass die Kinder der Vertragsnehmer trotz ihrer sozialen Herkunft die Oberschule besuchen konnten. Die Verträge erfüllten somit eine doppelte Funktion: Sie privilegierten die betreffenden Lehrer und sollten dadurch die Abwanderung

---

[610] Siehe die Jahresarbeitspläne der Schweriner Goethe-Schule, StASch, S 6, Nr. 805 und Nr. 806 sowie der Rostocker Goethe-Oberschule, LHAS, 6.11–21, Nr. 1249, Bl. 175–181.

[611] Siehe etwa Goethe-Schule II, Jahresdrittelbericht, 26. 4. 1951; Goethe-Schule I Schwerin, Jahresarbeitsplan 1950/51, o.D., StASch, S 6, Nr. 805.

[612] Die Quartalsberichte der Rostocker und Schweriner Oberschulen zum Volkswirtschaftsplan 1951 finden sich in BAB, DR 2, Nr. 5718.

[613] Verbesserung der politischen Situation an den Oberschulen Schwerins, o.D. (September 1950), LHAS, 10.34–2, Nr. 288, Bl. 96–99, hier Bl. 98 f.

[614] Goethe-Schule I, Protokoll der Gesamtlehrerkonferenz, 17. 11. 1950, LHAS, 6.11–21, Nr. 1314, Bl. 224 f.

[615] Goethe-Schule II, Jahresdrittelbericht, o.D. (Frühjahr 1951), StASch, S 6, Nr. 805.

[616] Derartige Einzelverträge gab es auch für andere Berufsgruppen der Intelligenz, vorrangig für Ärzte und Ingenieure. Vgl. zu Ersteren Ernst, Prophylaxe (1997), S. 116f., zu Letzteren Augustine, Frustrierte Technokraten (1996), S. 58 f. Zu Hochschullehrern vgl. Jessen, Akademische Elite (1999), S. 208–212.

[617] Siehe die Selbstverpflichtungen zu den Einzelverträgen von Hans Eggert (Goethe-Schule), 8. 9. 1951, Albrecht Steiner (Große Stadtschule I), 12. 7. 1952, LAG, Rep. 200, 8.1.1, Nr. 111, Bl. 150, 182, und Bruno Buxnowitz (Goethe-Schule I Schwerin), 7. 1. 1953, StASch, S 6, Nr. 347.

in andere Berufe oder in den Westen verhindern. Gleichzeitig verpflichteten sie sie zu besonderer Loyalität und überdurchschnittlichem Arbeitseinsatz.

Der Zwang zu Planung und Kontrolle setzte sich bis in die konkrete Ausgestaltung des Unterrichts fort. Schon in den 1940er Jahren hatte die Schulverwaltung die Lehrer verpflichtet, jede einzelne Unterrichtsstunde schriftlich vorzubereiten, woran sich freilich die wenigsten Lehrer gehalten hatten.[618] Mit der „Verordnung über die Unterrichtsstunde als Grundform der Schularbeit" vom 7. Juli 1950 erließ das MfV erstmals exakte Richtlinien für die Unterrichtsplanung.[619] Jeder Stundenentwurf musste neben Unterrichtsziel und -ergebnis auch die Struktur der Stunde, die Methodik, die verwendeten Lehr- und Lernmittel, die Hausaufgaben und eine genaue Zeiteinteilung der Stunde enthalten. Die Verordnung war Höhepunkt und Abschluss der bereits Ende 1947 eingeleiteten Abkehr von reformpädagogischen Ansätzen hin zu einer Übernahme der Prinzipien der Sowjetpädagogik, in deren Mittelpunkt straffe Unterrichtsführung, exakte Lehr- und Stoffpläne und die „führende Rolle des Lehrers im Unterrichtsprozess" standen, gegenüber der die Selbsttätigkeit der Schüler in den Hintergrund trat.[620] Die Anwendung dieser didaktischen Prinzipien sahen Schulverwaltung und SED als Voraussetzung für die Erfüllung der Lehrpläne an, die zusammen mit dem „Kampf gegen das Sitzenbleibertum" zunehmend ins Zentrum der Schulrevisionen rückte.

Die für alle Lehrer verbindliche Verordnung bedeutete neben einer höheren Arbeitsbelastung auch einen weiteren Eingriff in die autonome Gestaltung ihres Unterrichts.[621] Der Zwang zur Verschriftlichung machte nun auch Stunden, in denen keine Kontrolleure anwesend waren, überprüfbar. Zudem legte die dreieinhalb Seiten umfassende Anweisung zahlreiche Details fest. Sie stieß daher bei den Oberschullehrern vielfach auf Ablehnung. Das Kollegium der Großen Stadtschule Rostock bemängelte vor allem die genaue Einhaltung der vorab festgelegten Zeiteinteilung als „undurchführbar".[622] Sie würde zudem einem lebendigen Unterricht im Wege stehen, da für Zwischenfragen der Schüler kein Platz mehr sei. Den Lehrern erschien zudem das tägliche Aufzählen der verwendeten Lehrmittel überflüssig. Kritisiert wurde auch die Formulierung, Ziel des Unterrichts sei die Ausbildung „gesellschaftlich wertvolle[r] Fertigkeiten", die die Pädagogen schlicht durch „Fähigkeiten" ersetzt wissen wollten. In dieser Kritik spiegelt sich die Affinität der Oberschullehrer zum humanistischen Bildungsideal, dessen Ziel die allgemeine Menschenbildung und nicht die praktische Nutzanwendung war, welche die Formulierung „gesellschaftlich wertvoll" implizierte. Mit der Unterordnung schulischer Bildung unter wirtschaftspolitische Zielsetzungen konnten sich die Lehrer nur schwer anfreunden.[623] Positiv aufgenommen wurde hingegen

---

[618] Vgl. Hilmar Römhild: *Gute Vorbereitung – gute Unterrichtsergebnisse*, in: dns, 9. Jg., 1954, Nr. 13, S. 13 f.

[619] Die Verordnung ist abgedruckt in der Zeitschrift Pädagogik, 5. Jg., 1950, Nr. 6, S. 27–30.

[620] Vgl. Anweiler, Schulpolitik (1988), S. 46.

[621] Geißler, Geschichte des Schulwesens (2000), S. 282, spricht von einer „nachhaltige[n] Normierung des Unterrichts."

[622] Hierzu und zum Folgenden Große Stadtschule I Rostock, Protokoll der Konferenz über die „Verordnung über die Unterrichtsstunde als Grundform der Schularbeit", 18. 11. 1950, BAB, DR 2, Nr. 5718, Bl. 185.

[623] Vgl. auch die in Kap. IV.2.b) zitierte Ablehnung des „platten Nützlichkeitsprinzips" der schulischen Bildung durch den Schweriner Gymnasialdirektor Wilhelm Gernentz.

der Absatz über die „führende Rolle des Lehrers im Unterricht". Die damit verbindlich gemachte Abkehr von reformpädagogischen Methoden begrüßten vor
allem die älteren Lehrer, weil sie für diese eine Rückkehr zu den gewohnten Methoden aus der Vorkriegszeit bedeutete. Sie bekundeten, sie hätten durch eigene
Versuche festgestellt, dass der Arbeitsunterricht „keine guten Resultate erzielen
kann."

Die mit der Planungs- und Kontrolltätigkeit einhergehende Bürokratisierung
und das zunehmende Berichtswesen stießen dagegen bei Lehrern und Schulverwaltung auf Kritik. Laufend forderten unterschiedlichste Behörden vom Schulrat
über die Länderministerien bis zum Ministerium für Volksbildung der DDR Berichte über Lehrplanerfüllung, den Stand der FDJ-Arbeit, personelle Veränderungen, Schulspeisung und andere Themen an. Diese belasteten die Lehrer und vor allem die Schulleiter und beeinträchtigten so deren eigentliche Arbeit. Die Schulen
kritisierten insbesondere die häufig sehr kurzen Abgabefristen und forderten eine
erhebliche Einschränkung der Berichte.[624] Diese kam jedoch nicht zustande, auch
weil die verschiedenen Behörden auf die Kritik in erster Linie mit gegenseitigen
Schuldzuweisungen reagierten und die unteren Instanzen die Berichte als Arbeits-
und Kontrollnachweise benötigten.[625] Schwächen in der Unterrichts- und Erziehungsarbeit wurden nämlich sehr häufig auf mangelnde Planung und Kontrolle
zurückgeführt. Beides war nicht Selbstzweck – auch wenn es in der alltäglichen
Praxis oft genug dazu verkam. Vielmehr standen hinter dem Planungs- und Be-
richts(un)wesen die „schulpolitischen Machbarkeitsphantasien" der SED-Führung, die „erzieherische Ziele für kalkulier- und steuerbar – im Vokabular sozialistischer Schulpolitik: planbar – hielten."[626] Die quantitative Zunahme der Pläne
und Berichte ging mit einer inhaltlichen Redundanz und Verflachung einher. Immer stärker dominierten darin Floskeln und Phrasen wie die „Hebung der Wissenschaftlichkeit des Unterrichts", „Hauptaufgabe eines jeden Oberschülers ist
das Lernen" oder die Erziehung der Jugend zu „allseitig entwickelten und arbeits-
freudigen Persönlichkeiten".[627]

Wachsender politischer Druck

Parallel zum Anwachsen von Bürokratisierung und Berichtswesen stiegen auch
die Politisierung der Schularbeit und der politische Druck auf die Lehrer. Ganz
unverblümt benannte die SED mittlerweile die Funktionalisierung der Schule für
ihre politischen Ziele:

---

[624] MfV, Hauptabteilung Unterricht und Erziehung, Abt. Allgemeinbildende Schulen, an MfV DDR,
Hauptabteilung Unterricht und Erziehung, 12. 4. 1951, LHAS, 6.11–21, Nr. 1140, Bl. 158. Siehe
auch den Artikel *Berichtsunwesen erstickt den Schulleiter*, in: dns, 6. Jg., 1951, Nr. 7.

[625] Siehe das Schreiben des MfV DDR an die Länderministerien vom 15. 2. 1951, in dem es die Kreis-
schulämter für den größten Teil der Berichte verantwortlich macht. LHAS, 6.11–21, Nr. 1140,
Bl. 159.

[626] So Gruner, Musterbeispiel (1999), S. 248.

[627] Zitate aus: Kreisschulrat Rostock-Land an MfV, Jahresdrittelbericht, 25. 4. 1951, LHAS, 6.11–21,
Nr. 1151, Bl. 112 f.; MfV, Drewelow, Analyse über die Lage an den Oberschulen Mecklenburgs,
o. D. (Sommer 1951), LHAS, 6.11–21, Nr. 1262, Bl. 1–7; Goethe-Schule I, Jahresarbeitsplan für das
Schuljahr 1952/53, StASch, S 6, Nr. 806.

„Die deutsche demokratische Schule ist ein Instrument der Arbeiter- und Bauernmacht in unserer Republik. Die Werktätigen bestimmen das Erziehungs- und Bildungsziel. Sie bestimmen, was und wie in der Schule unterrichtet wird und wer unsere Jugend erzieht und bildet."[628]

Da die SED sich als legitime Repräsentantin der Arbeiter und Bauern verstand, bedeutete dies selbstverständlich, dass sie die Kompetenz in der Schulpolitik für sich selbst beanspruchte. Unter *Bildung* verstand die Einheitspartei dabei die fachliche Qualifizierung der Schüler; mit *Erziehung* war ihre politisch-ideologische Schulung gemeint. Letzteres Ziel trat zunehmend in den Vordergrund. Nicht Kenntnisse und Fähigkeiten an sich waren ausschlaggebend, sondern das Ziel, für das die Schüler sie später einsetzen würden. Entscheidend sei, so heißt es in einem Vermerk vom September 1950, dass „wir politisch verantwortungsbewußte Wissenschaftler heranbilden, die ihr Wissen in den Dienst des Friedens stellen, und nicht, wie es in der Vergangenheit der Fall war, gedankenlos zum Werkzeug der Kriegstreiber werden."[629] Dass das „Friedenslager" sich auf der östlichen Seite des Eisernen Vorhangs befand, verstand sich dabei von selbst. Dieser Zielsetzung entsprechend hatte Wilhelm Pieck als Präsident der DDR auch das Motto gewählt, unter dem das Schuljahr 1950/51 stand: „Wir lehren und lernen für den Frieden."[630] Noch stärker appellativen Charakter hatte die Losung des folgenden Schuljahres: „Jugend erziehen heisst, sie zu begeisterten Kämpfern für den Frieden und das neue Leben zu machen."[631] Kaum ein Jahresarbeitsplan, kaum eine Direktorenrede kam ohne scharfe Attacken gegen die westlichen Alliierten und ohne Lobgesänge auf die wirtschaftlichen und technologischen Erfolge der Sowjetunion aus, die ganz im Dienste des Friedens stünden. Auch Bezugnahmen auf den Fünfjahrplan, der der Beitrag der DDR zum Erhalt des Friedens sei, waren omnipräsent. Abgeleitet wurde daraus die Verpflichtung der Schulen, den Kampf für den Frieden durch gute Leistungen zu unterstützen. Die Oberschüler seien, so der Schweriner Direktor Buxnowitz, angesichts der „riesigen Geldmittel", die für ihre Ausbildung ausgegeben würden, in besonderem Maße dazu verpflichtet.[632] Über Fleiß und gute Leistungen hinaus formulierte der Direktor auch die Erwartung, dass sich die Oberschüler gesellschaftlich betätigten: Engagement in FDJ, in schulischen Arbeitsgemeinschaften und Lernkollektiven seien die Voraussetzung für ein Hochschulstudium in der DDR. Buxnowitz verband diese Appelle mit der Drohung, diejenigen Schüler von der Schule zu entfernen, die diesen Ansprüchen nicht genügten.

Die politischen Forderungen blieben nicht bloße Rhetorik, sondern schlugen sich ganz konkret im Alltag der Schüler und vor allem der Lehrer nieder. Die Er-

---

[628] BL SED Rostock, Sekretariatsvorlage: „Ursachen für die Schwankungen unter einem Teil der Lehrer an den allgemeinbildenden Schulen und die notwendigen Maßnahmen, die sich daraus ergeben", o. D., LAG, Rep. IV/2/9.02, Nr. 1110, Bl. 47–58, Zitat Bl. 47.

[629] „Verbesserung der politischen Situation an den Oberschulen Schwerins", o. D. (September 1950), LHAS, 10.34–1, Nr. 288, Bl. 96–99, Zitat Bl. 96.

[630] Goethe-Schule I, Jahresarbeitsplan 1950/51, StASch, S 6, Nr. 805. Siehe dazu auch den Grundsatzartikel von Hans Siebert: *Wir lehren und lernen für den Frieden. Hans Siebert über die Verbesserung des Unterrichts im Schuljahr 1950/51*, in: dns, 5. Jg., 1950, Nr. 25, S. 652–669.

[631] Goethe-Schule I, Jahresarbeitsplan 1951/52, LHAS, 6.11–21, Nr. 1249, Bl. 203–208, Zitat Bl. 203.

[632] Hierzu und zum Folgenden Ansprache des Rektors Buxnowitz an die Abiturienten des Schuljahres 1950/51, o. D. (Frühjahr 1951), StASch, S 6, Nr. 805.

teilung des Unterrichts im Geiste des Marxismus-Leninismus und die Anwendung der Sowjetpädagogik wurden für alle Lehrer verbindlich. Regelmäßig mussten die Lehrer entsprechende Fortbildungskurse besuchen.[633] Engagement in Parteien oder Massenorganisationen, wozu die Schulverwaltung die Lehrer schon unmittelbar nach dem Krieg aufgefordert hatte, machte sie jetzt zur Pflicht.[634] Jede Lehrerkonferenz begann mit einem Überblick über die aktuelle politische Lage und die Arbeit der Friedenskomitees. Auf den Konferenzen hatten die Lehrer zu „allen wichtigen politischen Ereignissen" Stellung zu nehmen.[635] Zu verschiedenen politischen Anlässen sollten Lehrer und Schüler auch schriftlich Stellung beziehen oder vorgefertigte Briefe oder Protestnoten unterschreiben. Anfang Februar 1951 unterzeichneten die Schüler der Goethe-Schule II eine unterstützende Resolution zum Appell der Volkskammer zur Bildung eines Gesamtdeutschen Rates.[636] Im gleichen Schuljahr schickten sie Briefe an Ministerpräsident Grotewohl, Bundeskanzler Adenauer und die Europäische Arbeiterkonferenz und verabschiedeten eine Entschließung zur Einheit Deutschlands.[637] Ende Juni 1951 protestierte das Kollegium der Goethe-Schule I geschlossen gegen das FDJ-Verbot in Westdeutschland.[638] Nominell war die Unterzeichnung derartiger Entschließungen oder Proteste freiwillig. Faktisch war der Druck, sich anzuschließen, so groß, dass nur sehr selten Schüler ihre Unterschriften verweigerten. Taten sie es doch, wurden sie mit Strafen belegt, die bis zum Schulverweis reichen konnten.

Auch die Feierkalender der Schulen spiegelten die zunehmende Politisierung wider. Hatten in den 1940er Jahren noch kulturelle Anlässe für Schulfeiern im Vordergrund gestanden, die nur zum Teil politisch aufgeladen waren, finden sich in den Jahresarbeitsplänen von 1950 an fast ausschließlich Veranstaltungen mit politischem Hintergrund. An der Schweriner Goethe-Schule I standen beispielsweise im Schuljahr 1950/51 folgende Programmpunkte auf dem Plan: Friedenstag, Gründungstag der DDR, Weltjugendtag, Jahrestag der Oktoberrevolution, 75. Geburtstag Wilhelm Piecks, Internationaler Frauentag, 1. Mai, Tag der Befreiung. Dem standen mit einem Schulkonzert und der Abschlussfeier nur zwei nichtpolitische Feiern gegenüber.[639] Die Programme der Schulen unterschieden sich in den 1950er Jahren kaum noch voneinander, da das MfV der DDR, ähnlich wie das Reichserziehungsministerium in der NS-Zeit, seit 1949 zentrale Anweisungen für

---

[633] Bericht über die Arbeit der Goethe-Schule I in der Zeit vom 1. 9. 1950–20. 4. 1951, o. D., StASch, S 6, Nr. 805; Goethe-Schule II, Jahresarbeitsplan Schuljahr 1951/52, 1. 9. 1951, LHAS, 6.11–21, Nr. 1249, Bl. 209–215, hier Bl. 210.

[634] „Jeder Lehrer muss politisch aktiv sein. Mitarbeit in einer Partei oder in einer demokratischen Massenorganisation muss von ihm verlangt werden." Goethe-Schule I, Protokoll der Lehrerkonferenz, 3. 11. 1950, LHAS, 6.11–21, Nr. 1314, Bl. 226.

[635] Goethe-Schule II, Jahresdrittelbericht, o. D. (Frühjahr 1951), StASch, S 6, Nr. 805.

[636] Stellungnahme der Klase 10 B 2 zum Appell der Volkskammer, 2. 2. 1951, StASch, S 6, Nr. 805. Siehe auch das Dankesschreiben von Volkskammerpräsident Johannes Dieckmann, 20. 2. 1951, ebd. Zum außen- und deutschlandpolitischen Hintergrund des Appells vgl. Staritz, Geschichte der DDR (1996), S. 87.

[637] Goethe-Schule II, Jahresdrittelbericht o. D. (April 1951), StASch, S 6, Nr. 805.

[638] Goethe-Schule I, Buxnowitz, 30. 6. 1951, StASch, S 6, Nr. 805.

[639] Goethe-Schule I, Jahresarbeitsplan 1950/51, StASch, S 6, Nr. 805. Der Festkalender des folgenden Jahres war fast identisch. LHAS, 6.11–21, Nr. 1249, Bl. 207.

verbindliche Feiern und ihre Gestaltung herausgab.[640] Umso mehr war die Leitung der Goethe-Schule auf eine „ordnungsgemässe und termingerechte" Vorbereitung und Durchführung der Veranstaltungen bedacht.

Wie gingen die Lehrer mit den gestiegenen politischen und ideologischen Ansprüchen, dem erhöhten Druck zur Leistungssteigerung und Lehrplanerfüllung und den zunehmenden Kontrollen um? Die Berichte über die Situation an den Oberschulen aus den frühen 1950er Jahren sind von dem Bestreben gekennzeichnet, die Lage positiv zu schildern, die Fortschritte gegenüber früheren Inspektionen herauszustreichen und vor allem die *Bemühungen* der Lehrer, insbesondere der Altlehrer, um Verbesserung ihres Unterrichts zu betonen. Die positiven Aspekte sind aber zumeist in floskelhafte Formulierungen gegossen und wirken daher wenig überzeugend. So heißt es in einem Bericht über die Arbeit der Goethe-Schule I vom April 1951:

> „Die Wissenschaftlichkeit des Unterrichts wurde ohne Zweifel durch das Pflichtstudium des Marxismus-Leninismus in entscheidender Weise gefördert. Es muss betont werden, dass sich auch gerade die älteren Lehrkräfte mit diesen Fragen ausserordentlich ernsthaft auseinandersetzen."[641]

Inhaltlich fast identisch lautet der Bericht des Rostocker Schulrats über die Oberschulen ebenfalls vom April 1951:

> „Die seit Beginn des Schuljahres durchgeführte allgemeine Schulung im Marxismus-Leninismus zeigt ihre Erfolge allgemein in der Hebung der Wissenschaftlichkeit des Unterrichts. [...] Anzuerkennen ist im allgemeinen das Streben der Lehrkräfte nach Verbesserung des demokratischen Inhalts des Unterrichts".[642]

Einschränkungen dieser verhalten positiven Aussagen folgen in den meisten Fällen auf dem Fuße. Das Wissen der Schüler um gesellschaftliche Dinge sei „oft nur formal"[643], und in Schwerin seien Fälle von „Objektivismus" aufgetreten, wobei die betreffenden Lehrer von ihren Kollegen selbstverständlich sofort „zur Einsicht gebracht" worden seien.[644] An den Rostocker Oberschulen fehlte den Berichten zufolge die „Verbindung der Theorie mit der Praxis", und die Anwendung des Prinzips der Gegenwartsbezogenheit glückte nicht immer.[645] Zudem versuchten viele Lehrkräfte, „formal dem Erziehungsziel in Worten gerecht zu werden", ließen aber eine „kämpferische Haltung und innere Parteinahme" vermissen.[646]

---

[640] Vgl. Häder, Schülerkindheit (1998), S. 251, die auch auf die Spielräume, die die Schulen bei der konkreten Ausgestaltung der Feiern besaßen, hinweist.

[641] Bericht über die Zeit vom 1. 9. 1950–20. 4. 1951, o. D., StASch, S 6, Nr. 805. Ganz ähnlich die Formulierung in der „Analyse des vergangenen Schuljahres" im Jahresarbeitsplan der Goethe-Schule II vom 1. 9. 1951: „Das Kollegium hat geschlossen und regelmäßig an den Seminaren zum Studium des Marxismus-Leninismus und der Sowjetpädagogik teilgenommen. Dadurch wurde die Wissenschaftlichkeit des Unterrichts gesteigert." LHAS, 6.11–21, Nr. 1249, Bl. 209–215, hier Bl. 210.

[642] Kreisschulrat Rostock an MfV, Hauptabteilung Unterricht und Erziehung, Abt. Allgemeinbildende Schulen, Jahresdrittelbericht, 25. 4. 1951, LHAS, 6.11–21, Nr. 1151, Bl. 112f.

[643] RdK Güstrow, Schulrat an MfV, Hauptabteilung Unterricht und Erziehung, 19. 6. 1951, LHAS, 6.11–21, Nr. 1314, Bl. 244. Der Güstrower Schulrat war Leiter der Kommission, die vom 6. bis 16. 6. 1951 die Schweriner Goethe-Schule I überprüfte.

[644] Goethe-Schule I, Bericht über die Zeit vom 1. 9. 1950–20. 4. 1951, o. D., StASch, S 6, Nr. 805.

[645] Kreisschulrat Rostock an MfV, Hauptabteilung Unterricht und Erziehung, Abt. Allgemeinbildende Schulen, Jahresdrittelbericht, 25. 4. 1951, LHAS, 6.11–21, Nr. 1151, Bl. 112f.

[646] Bericht über die Überprüfung der Oberschulen des Bezirks Rostock, Dezember 1952, LAG, Rep. IV/2/9.02, Nr. 1110, Bl. 29–46, hier Bl. 31.

Hier werden die objektiven Grenzen deutlich, an die die Bildungspolitiker der SED bei dem Versuch stießen, den Unterricht in ihrem Sinne ideologisch und politisch auszurichten. Unterrichtsinhalte und -methoden, Prinzipien wie Gegenwartsbezogenheit und parteiliche Stellungnahme konnten vorgegeben und auch überprüft werden, innere Überzeugungen ließen sich dagegen nicht auf administrativem Wege beeinflussen.

Die Suche nach den Ursachen für die nach außen hin bestenfalls politisch indifferente Haltung des überwiegenden Teils der Oberschullehrer bewegte sich im Rahmen der üblichen Erklärungsmuster. Als Hauptgrund nannten zahlreiche Berichte die Überalterung der Lehrkörper und ihre überwiegend „bürgerliche" oder „kleinbürgerliche" Einstellung sowie ihr mangelndes Klassenbewusstsein.[647] Im Gegensatz zu den ländlichen und kleinstädtischen Oberschulen sei es in den größeren Städten – ein Bericht des Volksbildungsministeriums nannte neben Rostock und Schwerin auch Stralsund und Greifswald – noch nicht gelungen, einen „entscheidenden Wechsel" in den Oberschulkollegien vorzunehmen.[648] Der Einsatz neuer, jüngerer und sozialistisch eingestellter Schulleiter reichte offenbar nicht aus, um einen Wandel in der geistigen Haltung der Kollegien zu bewirken. Den Rektoren wurde zwar sowohl in Rostock als auch in Schwerin eine gute fachliche und politische Qualifikation bescheinigt. Trotz ihrer großen Aktivität gelänge es ihnen aber oft nicht, einen durchschlagenden Einfluss auf die Kollegien auszuüben und sie zu gesellschaftlicher Aktivität zu bewegen. Ein rascher Personalaustausch war an den Oberschulen nicht möglich, da es sich bei den älteren Lehrern überwiegend um Naturwissenschaftler und Fremdsprachenlehrer handelte und Ersatzkräfte mit den nötigen Fachkenntnissen nicht zur Verfügung standen.[649] Dabei erscheint es fraglich, ob ein stärkerer Einsatz von Nachwuchskräften die Situation aus Sicht der SED entscheidend verbessert hätte. Das Volksbildungsministerium jedenfalls sah die erste Generation der Universitätsabsolventen mit kritischen Augen. Diese besäßen kein ausreichendes gesellschaftspolitisches Wissen, setzten sich mit politischen Fragen nicht „kämpferisch" auseinander und hätten nicht genug praktische Erfahrung. Zudem würden sie „stark überspitzte Forderungen" in bezug auf materielle Vorteile stellen. Offenkundig leitete auch die neue, in der DDR ausgebildete Generation von Lehrern aus ihrer akademischen Ausbildung den Anspruch auf einen gehobenen sozialen Status ab. Die von der Grundschule an die Oberschule versetzten Lehrer zeigten demgegenüber nach Ansicht des Ministeriums eine bessere Einstellung zur Arbeit.[650]

---

[647] RdK Güstrow, Schulrat an MfV, Hauptabteilung Unterricht und Erziehung, 19. 6. 1951, LHAS, 6.11–21, Nr. 1314, Bl. 244; BL SED Rostock, Sekretariatsvorlage: „Ursachen für die Schwankungen unter einem Teil der Lehrer […]", LAG, Rep. IV/2/9.02, Nr. 1110, Bl. 47–58.

[648] Hierzu und zum Folgenden MfV, Drewelow, Analyse über die Lage an den Oberschulen Mecklenburgs unter besonderer Berücksichtigung der Lehrkräfte, o.D. (Sommer 1951), LHAS, 6.11–21, Nr. 1262, Bl. 1–7.

[649] Bericht über die Überprüfung der Oberschulen des Bezirks Rostock, Dezember 1952, LAG, Rep. IV/2/9.02, Nr. 1110, Bl. 29–46, hier Bl. 37; Kreisschulrat Rostock-Land an MfV, Hauptabteilung Unterricht und Erziehung, Abt. Allgemeinbildende Schulen, Jahresdrittelbericht, 25. 4. 1951, LHAS, 6.11–21, Nr. 1151, Bl. 112f.

[650] MfV, Drewelow, Analyse über die Lage an den Oberschulen Mecklenburgs unter besonderer Berücksichtigung der Lehrkräfte, o.D. (Sommer 1951), LHAS, 6.11–21, Nr. 1262, Bl. 1–7, hier Bl. 4.

Die II. Parteikonferenz der SED und ihre Folgen

Die II. Parteikonferenz der SED im Juli 1952, auf der Walter Ulbricht als Generalsekretär des ZK die „planmäßige [...] Errichtung der Grundlagen des Sozialismus" proklamierte, verschärfte den Politisierungsschub an den Oberschulen.[651] Wenige Wochen später verabschiedete das Politbüro der SED den Beschluss „über die Erhöhung des wissenschaftlichen Niveaus des Unterrichts und die Verbesserung der Parteiarbeit an den allgemeinbildenden Schulen".[652] Er markierte auch formal den endgültigen Abschluss der „antifaschistisch-demokratischen Schulreform" und läutete eine neue Phase der Schulpolitik ein, die im Zeichen des „Aufbaus des Sozialismus" und des „verschärften Klassenkampfes" an den Schulen stand. Es galt nun, die Jugendlichen zum „demokratischen Patriotismus" zu erziehen und sie zu „begeisterten Erbauern des Sozialismus" zu machen, „die fähig und bereit sind, die Errungenschaften unserer Werktätigen mit allen Kräften zu verteidigen" – eine Formulierung, die die beginnende Militarisierung der Jugendarbeit anzeigte.[653] Voraussetzung dafür sei die „politisch-ideologische Erziehung" der Lehrer, die zu einer „bewußte[n] kämpferische[n] Einstellung zum Aufbau des Sozialismus" führen sollte. „Ideologische Unklarheiten und feindliche Auffassungen" würden „nicht mehr geduldet". Reformpädagogische Ansätze, die bereits seit 1949 der Sowjetpädagogik hatten weichen müssen, wurden jetzt als „reaktionäre imperialistische Schultheorien" diffamiert und sollten bekämpft werden. Gleichzeitig wies der Beschluss den SED-Schulparteiorganisationen, die gerade an den Oberschulen bisher schwach geblieben waren, konkrete Aufgaben zu, wobei die Anleitung und Kontrolle der ideologischen Erziehung im Vordergrund stand.[654] Der Politbürobeschluss stellte keine grundsätzlich neue schulpolitische Linie der SED dar, vielmehr war er die beschleunigte und verschärfte Fortsetzung des Kurses, den die SED-Bildungspolitiker bereits seit dem IV. Pädagogischen Kongress in Leipzig im August 1949 verfolgt hatten. Der Beschluss wurde in den folgenden Wochen auf Lehreraktivtagungen und Schulkonferenzen ausgewertet und drückte den Jahresarbeitsplänen der Oberschulen für das Schuljahr 1952/53 seinen Stempel auf.[655]

---

[651] „Zur gegenwärtigen Lage und zu den Aufgaben im Kampf für Frieden, Einheit, Demokratie und Sozialismus". Beschluss der II. Parteikonferenz (9. bis 12. Juli 1952), in: Dokumente der SED IV (1954), S. 70–78, Zitat S. 73. Zur Konferenz und ihren Folgen vgl. Weber, DDR (2006), S. 36–41; Hoffmann, DDR unter Ulbricht (2003), S. 38–55; Staritz, Geschichte der DDR (1996), S. 94–100. Zu den Auswirkungen auf das Schulwesen vgl. Häder, Schülerkindheit (1998), S. 86–96.

[652] In: Dokumente der SED IV (1954), S. 116–128. Hieraus auch die folgenden Zitate. Mit dem Kurswechsel ging auch ein Wechsel an der Spitze des MfV der DDR einher. Paul Wandel wurde am 14. 8. 1952 von der bisherigen Staatssekretärin Else Zaisser abgelöst, die durch ihre langjährige Tätigkeit als Lehrerin in der UdSSR als gute Kennerin des sowjetischen Bildungswesens galt und von der sich die SED-Führung eine konsequentere Durchsetzung der Parteilinie erhoffte. Vgl. Häder, Schülerkindheit (1998), S. 89. Zur Biographie Zaissers vgl. Geißler, Geschichte des Schulwesens (2000), S. 259f., Anm. 1145.

[653] Vgl. dazu Skyba, Massenorganisation (2003), S. 245f. Wenig später, am 1. 8. 1952, wurde die Kasernierte Volkspolizei (KVP) geschaffen. Zu Vorgeschichte und Aufbau der KVP vgl. Wenzke, Kaderarmee (1994).

[654] KL SED Rostock-Stadt, Abt. Kultur und Erziehung, Sekretariatsvorlage über einen Instrukteureinsatz an Grund- und Oberschulen der Stadt Rostock, 29. 10. 1952, LAG, Rep. IV/4/07, Nr. 448, Bl. 10–12.

[655] Siehe etwa Goethe-Schule I Schwerin, Protokoll der Lehrerkonferenz, 27. 8. 1952, StASch, S 6, Nr. 806; KL SED Rostock-Stadt, Abt. Kultur und Erziehung, Protokoll über die Lehreraktiv-

Ausdruck fand der verschärfte Kurs nach der II. Parteikonferenz auch in dem kampagnenartigen Kampf gegen „Objektivismus" im Unterricht, der ebenso wie „Kosmopolitismus" und „Pazifismus" als „gegnerische Ideologie" angesehen wurde.[656] Direktor Buxnowitz definierte den Begriff auf einer Sitzung des Pädagogischen Rates, wie die monatliche Lehrerkonferenz inzwischen genannt wurde, Anfang 1953 folgendermaßen:

> „Objektivismus liegt vor, wenn nur Tatsachen ohne Stellungnahme gebracht werden u[nd] wenn man den Problemen der Gegenwart ausweicht. Auch das Aneinanderreihen von Tatsachen bei der Wochenübersicht in G[e]g[en]w[arts]k[unde] kann zum Objektivismus führen. Ästhetische Behandlung [von Literatur] wird leicht objektivistisch. Auch dabei kritisch Stellung nehmen."[657]

Der Vorwurf des „Objektivismus" traf damit alle Lehrer, die versuchten, im Unterricht neutral oder unpolitisch zu bleiben und bei der Behandlung politischer Themen die Perspektive beider Seiten, also von West und Ost, einzunehmen. Typischer Ausdruck „objektivistischer" Haltung war etwa die Auffassung, man müsse auch westdeutsche Presseerzeugnisse und Medien zur Kenntnis nehmen, um sich ein eigenes, unabhängiges Bild von der politischen Lage zu machen. Das Verdikt des Objektivismus konnte aber auch den Deutsch- oder Fremdsprachenlehrer treffen, der Literatur rein nach künstlerisch-ästhetischen Gesichtspunkten behandelte. Gefordert war stattdessen eine „parteiliche" Haltung der Lehrer, parteilich selbstredend im Sinne der SED. Aus ihrer Sicht stand „Parteilichkeit" nicht im Widerspruch zur Erteilung eines Unterrichts auf wissenschaftlicher Grundlage. Nach kommunistischer Auffassung war Parteilichkeit vielmehr die „Voraussetzung wissenschaftlicher Erkenntnis" überhaupt, was eine „Absage an ein traditionelles ,bürgerliches Ideal' wertfreier Wissenschaft" bedeutete.[658] Dies musste insbesondere den Altlehrern gegen den Strich gehen, deren berufliches Selbstverständnis zu einem großen Teil auf eben diesem bürgerlichen Wissenschaftsideal beruhte. Nicht von ungefähr waren es die ehemaligen Studienräte, bei denen die

---

tagung der SED, 20. 9. 1952, LAG, Rep. IV/2/9.02, Nr. 1126, Bl. 73–85; Bericht über die bisher durchgeführten Maßnahmen zur Verwirklichung des Beschlusses des Politbüros (PB) des ZK vom 29. 7. 1952 „über die Erhöhung des wissenschaftlichen Niveaus des Unterrichts und die Verbesserung der Parteiarbeit an den allgemeinbildenden Schulen", o. D. (Sommer 1952), LHAS, 10.34–2, Nr. 288, Bl. 262–269; Goethe-Schule I Schwerin, Jahresarbeitsplan für das Schuljahr 1952/53, StASch, S 6, Nr. 806.

[656] MfV, Drewelow, Analyse über die Lage an den Oberschulen Mecklenburgs, o. D. (Sommer/Herbst 1951), LHAS, 6.11–21, Nr. 1262, Bl. 1–7, hier Bl. 4. Siehe auch den Vortrag des Rostocker Oberschulrektors Steiner auf der Lehreraktivtagung der SED in Rostock, Protokoll vom 20. 9. 1952, LAG, Rep. IV/2/9.02, Nr. 1126, Bl. 73–85, hier Bl. 84. Für den Umgang mit Objektivismus an den Schulen instruktiv war der Artikel von W. Groth: *Über den Objektivismus in der Erziehung*, in: dns, 5. Jg., 1950, Nr. 23, S. 606–608.

[657] Goethe-Schule I, Protokoll der 6. (außerordentlichen) Sitzung des Pädagogischen Rates, 2. 2. 1953, StASch, S 6, Nr. 324. Zum „Objektivismus" als „Propaganda- und Kampfbegriff" siehe auch Gruner, Musterbeispiel (1999), S. 238–242; mit Blick auf die Hochschulen Feige, Bürgerlicher Objektivismus (1995). „Objektivismus" ist dabei nicht zu verwechseln mit der „objektiven Methode der Wissensvermittlung". Darunter verstand die DDR-Pädagogik die Methode des dialektischen Materialismus. Siehe Vermerk „Über die objektive Methode der Wissensvermittlung im Unterricht", 31. 8. 1953, LAG, Rep. IV/2/9.02, Nr. 1126, Bl. 111 f.

[658] So Gruner, Musterbeispiel (1999), S. 239.

Schulinspektoren besonders häufig „objektivistische Tendenzen" im Unterricht beanstandeten.[659]
Überhaupt bekamen die Altlehrer, die in Rostock und Schwerin noch die Mehrheit in den Oberschulkollegien bildeten, die Folgen der II. Parteikonferenz besonders zu spüren. Sie waren ein eigenständiges Unterrichten gewöhnt. Selbstbestimmt, von äußeren Eingriffen weitgehend unbehelligt arbeiten zu können, war ein wichtiges Element ihres beruflichen Selbstverständnisses. Seit dem Ende des Krieges hatten sie in dieser Hinsicht bereits Abstriche hinnehmen müssen. Nun zeigte sich, dass neue inhaltliche und pädagogische Vorgaben und die politisch-ideologische Überwachung keine vorübergehenden Phänomene einer Übergangszeit waren, die im Zeichen der Überwindung des Nationalsozialismus und des Aufbaus eines neuen, demokratischen Deutschland stand. Vielmehr verstetigte und verstärkte sich der Prozess der Politisierung und Ideologisierung der Schul- und Unterrichtsarbeit, und die Kontrolldichte nahm weiter zu. Bisher waren die älteren Oberschullehrer den veränderten politischen und ideologischen Ansprüchen recht erfolgreich mit Ausweichstrategien begegnet. Genau diese Lehrer nahm der Schweriner Rektor Buxnowitz in einer Rede zum Beginn des Jahres 1953 ins Visier, als er ankündigte, Fehler und Schwächen nicht mehr vertuschen zu wollen. Er sprach das dahinterstehende Problem auch direkt an: „[D]er Großteil von Ihnen steht durchaus noch nicht mit vollem Herzen hinter dem, was in unserer DDR vor sich geht".[660] Vielfach kritisiert wurde überdies das „Versöhnlertum" und die „falsche Kollegialität" der Altlehrer, die diese daran hindere, sich „offensiv" mit „reaktionären imperialistischen Ideologien" und „objektivistischen Tendenzen" ihrer Kollegen auseinanderzusetzen. Dieses „Zurückweichen vor der kämpferischen Diskussion" stärke die „bürgerliche Ideologie".[661] Die Loyalität gegenüber den eigenen Kollegen war bei den Oberschullehrern offenkundig größer als die gegenüber den Machthabern des neuen Staates – zudem konnten sie sich auf Konferenzen hinter dem Kollektiv des Kollegiums verstecken, solange von ihnen keine individuellen Stellungnahmen eingefordert wurden. Doch die Strategie vieler Lehrer, die politischen Anforderungen zu umgehen, sie formal zu erfüllen oder sie auf Stunden zu beschränken, in denen sie vom Schulleiter oder von Schulinspektoren überprüft wurden, ließ sich zunehmend schwieriger anwenden. Denn Kontrollen erfolgten mittlerweile nicht mehr nur sichtbar und von außen, sondern auch verdeckt. Zum einen spielte die an den Oberschulen inzwischen erstarkte FDJ[662] dabei eine Rolle. Einige ihrer Mitglieder denunzier-

---

[659] MfV, Drewelow, Analyse über die Lage an den Oberschulen Mecklenburgs unter besonderer Berücksichtigung der Lehrkräfte, o. D. (Sommer 1951), LHAS, 6.11–21, Nr. 1262, Bl. 1–7, hier Bl. 4; Goethe-Schule I, Protokoll der Lehrerkonferenz, 27. 8. 1952, StASch, S 6, Nr. 806.

[660] Mskr. der Ansprache, o. D. (Januar 1953), StASch, S 6, Nr. 806.

[661] MfV, Schulinspektor Drusenthal, Protokoll über die Auswertungskonferenz im Kreis Schwerin-Stadt am 4. 2. 1953, 9. 3. 1953, StASch, R 31, Nr. 80; Redemanuskript: „Wie wurde der Beschluss des PB des ZK der SED vom 29. 7. 1952 im Kreise Rostock-Stadt verwirklicht?", o. D., LAG, Rep. IV/4/07, Nr. 552, Bl. 19–35, hier Bl. 31. Siehe auch den Bericht über die bisher durchgeführten Maßnahmen zur Verwirklichung des Beschlusses des PB des ZK vom 29. 7. 1952 „über die Erhöhung des wissenschaftlichen Niveaus des Unterrichts [...]", o. D. (Sommer 1952), LHAS, 10.34–2, Nr. 288, Bl. 262–269.

[662] An der Schweriner Goethe-Schule I waren mittlerweile 83% der Schüler in der FDJ organisiert.

ten Lehrer, die der politischen Linie nicht folgten, beim Schulleiter oder bei übergeordneten Instanzen. Wichtiger noch war das Ministerium für Staatssicherheit
(MfS), das seit seiner Gründung an den Oberschulen der DDR präsent war. Allein
an der Schweriner Goethe-Schule waren bereits im Jahr 1950 mindestens drei
Inoffizielle Mitarbeiter (IM) tätig.[663]
   In die Kritik gerieten zunehmend auch die Eltern der Oberschüler, deren Einfluss immer noch groß war. Ende 1952 lag der Anteil der Arbeiter- und Bauernkinder an den Oberschulen in Rostock und Schwerin noch immer bei wenig mehr
als einem Drittel und damit weit unter dem Landesdurchschnitt.[664] In den höheren Jahrgängen und in den altsprachlichen Zügen war der Prozentsatz noch geringer. Dementsprechend dominierten bürgerliche Elternhäuser, die den Veränderungen des Schulsystems und der Unterrichtsinhalte oft ebenso skeptisch gegenüberstanden wie der sozialistischen Regierung überhaupt.[665] Der Schweriner
Direktor Buxnowitz sprach dieses Problem unverblümt an und warf den Eltern
Illoyalität vor: „In vielen Fällen verhält sich das Elternhaus nicht einmal loyal gegenüber unseren Erziehungsmaßnahmen – ganz zu schweigen von aktiver Unterstützung – sondern arbeitet uns entgegen." Daher sei es dringend notwendig, auch
an der Formung eines neuen Bewusstseins der Eltern zu arbeiten. Auch diese Er-
ziehungsaufgabe sollte den Lehrern zufallen[666] – wenn dies ernst genommen
wurde, bedeutete das eine weitere Entgrenzung der Lehrerrolle. Den Eltern gegenüber hielten sich die Oberschullehrer jedoch mit politischen Äußerungen und
Appellen im Sinne der SED-Schulpolitik verständlicherweise besonders stark zurück. Dies nicht zuletzt deshalb, weil sie zu einem großen Teil aus dem gleichen
Milieu stammten und die skeptische Haltung vieler bürgerlicher Eltern gegenüber
der neuen Bildungspolitik teilten. Diese Zurückhaltung zeigte sich etwa bei der
Durchführung der Elternbeiratswahlen an der Großen Stadtschule in Rostock im

Bericht über die Arbeit der Goethe-Schule I in der Zeit vom 1. 9. 1950–20. 4. 1951, April 1951,
StASch, S 6, Nr. 805.

[663] Mitte der 1950er Jahre stieg die Zahl sogar auf elf. Vgl. Bispinck, Dissens, Widerstand und Repression (2007), S. 278. Zum schulischen Widerstand und seiner Unterdrückung durch das MfS liegt
eine Reihe von Fallstudien vor. Siehe Kreutzmann u. a., Widerstand (1999), zur Oberschule Genthin; Moeller, ... sie waren noch Schüler (2000), zur John-Brinckman-Schule Güstrow; Kausch,
... sie wollten sich nicht verbiegen lassen (2006), zu den Oberschulen in Bad Doberan, Bützow,
Grevesmühlen, Ludwigslust und Rostock. Eine umfassendere Analyse der Tätigkeit des MfS an
den Oberschulen steht für den Zeitraum bis zum Mauerbau noch aus. Ulrich Wiegmann hat jüngst
eine zusammenfassende Studie zum Thema vorgelegt, klammert aber die 1950er Jahre aus, obwohl
er darauf hinweist, dass „das Interesse des MfS vor allem am Schul- und Hochschulwesen bereits
für das Gründungsjahr des Staatssicherheitsdienstes nachweisbar" ist und „in erster Linie die Leh-
rer- und die Oberschülerschaft [...] in das Visier der Staatssicherheit" gerieten. Wiegmann, Pädagogik und Staatssicherheit (2007), S. 149f. und S. 15, Anm. 1. Siehe auch Wiegmann, Sicherungsraum Volksbildungswesen (2004); Wiegmann, Erziehungsideologie (1996). Grundlegend zur
Struktur und Arbeit des MfS Gieseke, Mielke-Konzern (2006).

[664] An der Großen Stadtschule Rostock stammten 34,6%, an der Rostocker Goethe-Oberschule
36,7% der Schüler aus Arbeiter- und Bauernfamilien. KL SED Rostock-Stadt, Abt. Kultur und
Erziehung, Sekretariatsvorlage über die FDJ-Arbeit an den Oberschulen, 11. 11. 1952, LAG, Rep.
IV/4/07, Nr. 558, Bl. 1–8.

[665] „Die soziale Zusammensetzung der Elternbeiräte ist besonders an den Oberschulen unbefriedigend, was allerdings nicht verwunderlich ist, wenn wir nur 32% A[rbeiter] + B[auern] Kinder in
den Rostocker Oberschulen haben." Redemanuskript: „Wie wurde der Beschluss des PB des ZK
der SED vom 29. 7. 1952 im Kreise Rostock-Stadt verwirklicht?", o.D., LAG, Rep. IV/4/07,
Nr. 552, Bl. 19–35, hier Bl. 27.

[666] Goethe-Schule I, Protokoll der Lehrerkonferenz, 27. 8. 1952, StASch, S 6, Nr. 806.

Herbst 1952. Die Eltern äußerten Kritik an der Einrichtung dieser neuen Institution, die nur deshalb notwendig sei, weil die Lehrer aufgrund der Abschaffung der Prügelstrafe mit den Schülern nicht mehr fertig würden.[667] Während Schulleiter Albrecht Steiner einschritt und zu der „antidemokratischen Äußerung" Stellung nahm, blieben die übrigen Mitglieder des Kollegiums zurückhaltend: Sie hätten, so der Bericht, „nicht in der richtigen Weise" reagiert, sondern versucht, „mit formalen Entschuldigungen und Hinweisen die Dinge abzutun."

Parteiarbeit an den Oberschulen

Die Parteiarbeit an den Oberschulen wurde insbesondere nach der II. Parteikonferenz immer wieder kritisiert. Dabei hatte die SED in quantitativer Hinsicht durchaus Erfolge verbuchen können. Ende der 1940er Jahre hatten die bürgerlichen Parteien an den Rostocker und Schweriner Oberschulen zusammen noch mehr Mitglieder unter den Lehrern als die SED, während etwa die Hälfte der Lehrer parteilos geblieben war. Zu Beginn des Schuljahres 1952/53 dominierte dagegen die SED mit jeweils über 40 Prozent Mitgliederanteil klar. Die CDU lag in Schwerin bei zwölf und in Rostock bei 15 Prozent, während LDP und NDPD unbedeutend blieben. Der Anteil der parteilosen Lehrer war leicht zurückgegangen.[668] Dies spiegelt in etwa die Verhältnisse im Land Mecklenburg insgesamt wieder, wobei an den kleinstädtischen Oberschulen die von der SED gesteuerte Retortenpartei NDPD stärker vertreten war.[669]

Der Mitgliederanstieg der SED in den Kollegien schlug sich jedoch nicht in einer stärkeren Stellung der Partei oder einer intensiveren Arbeit der Grundorganisationen nieder. Die Kritik an der schwachen und unselbstständigen Parteiarbeit zieht sich durch sämtliche Berichte. Auf den Parteiversammlungen käme es zu „keiner kämpferischen Diskussion", Themen würden lediglich „formal" behandelt, und die Diskussionsbeiträge der Lehrer wiesen „große ideologische Schwächen" auf, so lautete das Resümee eines Brigadeeinsatzes an der Großen Stadtschule Rostock.[670] Zudem fehle die Verbindung zwischen politischer und pädagogischer Arbeit. Auch an den Schweriner Oberschulen war die „führende Rolle der Partei" nicht verwirklicht und eine „eigene, selbständige Parteiarbeit in der Grundorganisation" kam nicht zustande.[671] Grund für die schwache Parteiarbeit

---

[667] Hierzu und zum Folgenden Redemanuskript: „Wie wurde der Beschluss des PB des ZK der SED vom 29. 7. 1952 im Kreise Rostock-Stadt verwirklicht?", o.D., LAG, Rep. IV/4/07, Nr. 552, Bl. 19–35, hier Bl. 27.

[668] Zahlen nach KL SED Rostock-Stadt, Abt. Kultur und Erziehung, Sekretariatsvorlage über die FDJ-Arbeit an den Oberschulen, 11. 11. 1952, LAG, Rep. IV/4/07, Nr. 558, Bl. 1–8; Goethe-Schule I und II Schwerin, Listen der Lehrkräfte, Schuljahr 1952/53, beide in StASch, R 31, Nr. 5.

[669] MfV, Drewelow, Analyse über die Lage an den Oberschulen Mecklenburgs unter besonderer Berücksichtigung der Lehrkräfte, o.D. (Sommer 1951), LHAS, 6.11–21, Nr. 1262, Bl. 1–7, hier Bl. 3. Zur Gründung der NDPD und ihrer Steuerung durch die SED im Land Mecklenburg siehe die aufschlussreiche Darstellung bei Matthiesen, Greifswald (2000), S. 567–595.

[670] KL SED Rostock-Stadt, Abt. Kultur und Erziehung, Bericht an das Sekretariat, 16. 12. 1952, LAG, Rep. IV/4/07, Nr. 558, Bl. 13–19, hier Bl. 14. Ähnlich: „Wie wurde der Beschluss des PB des ZK der SED vom 29. 7. 1952 im Kreise Rostock-Stadt verwirklicht?", o.D., LAG, Rep. IV/4/07, Nr. 552, Bl. 19–35.

[671] Verbesserung der politischen Situation an den Oberschulen Schwerins, o.D. (September 1950), LHAS, 10.34–2, Nr. 288, Bl. 96–99, Zitat Bl. 96; „Bericht über die Durchführung des Beschlusses des Politbüros vom 29. 07. 52 ‚Zur Erhöhung des wissenschaftlichen Niveaus des Unterrichts und

war den Berichten zufolge die unzureichende Anleitung durch übergeordnete Parteiinstanzen. Diese überließen die Schulparteiorganisationen sich selbst; keine einzige SED-Kreisleitung im Bezirk Schwerin sei in der Lage, Auskunft über die Ergebnisse der Parteiversammlungen an den Schulen zu geben.[672] Kritisiert wurden auch die Parteisekretäre der Oberschulen. Heinrich Ihm von der Rostocker Goethe-Oberschule warf die SED-Kreisleitung mangelnde Aktivität vor; seinem Kollegen Franz Manthei von der Großen Stadtschule bescheinigte sie zwar ein „gutes politisches Bewußtsein", doch habe er organisatorische Schwächen und es fehle ihm die „kämpferische Haltung".[673] Dem Parteisekretär der Goethe-Schule II, Gerd Tack, zugleich stellvertretender Schulleiter, warf ein IM sogar vor, mit seinen Argumenten reaktionäre Kräfte an der Schule zu unterstützen, „weil seine Worte zwei Zungen haben".[674] Tack war mehrfach ohne Genehmigung in den Westen gereist und hatte eine Kollegin, der ein Parteiverfahren drohte, gewarnt, so dass sie noch rechtzeitig nach Westdeutschland flüchten konnte.[675] Kurz darauf wurde Tack als Parteisekretär und stellvertretender Schulleiter abgelöst. Von da an machte er überhaupt keinen Hehl mehr daraus, dass für ihn in schulischen Belangen die Direktion und nicht die SED die maßgebliche Instanz war. Im Frühsommer 1952 weigerte er sich, den Parteiauftrag der Kreisleitung auszuführen und die Schule zu einer Kundgebung am Markt marschieren zu lassen. Er begründete dies wie folgt: „Ich erhalte nur Anweisung von der Schulleitung, was die Partei sagt, gilt für mich nicht."[676] Allein den Direktoren, die sämtlich der SED angehörten, bescheinigten die Bezirksleitungen eine gute Parteiarbeit. So seien die Erfolge bei den Elternbeiratswahlen an der Großen Stadtschule Rostock nicht etwa den Parteiorganisationen, sondern der Schulleitung zu verdanken.[677] Auch an der Goethe-Schule II in Schwerin galt die Direktorin Maria Roller als das einzige Parteimitglied, das vorbildliche politische Arbeit leiste.[678] Die SED resümierte daher, dass sich die Parteileitungen an den Oberschulen im „Schlepptau" der Schullei-

zur Verbesserung der Parteiarbeit an den allgemeinbildenden Schulen' im Kreis Schwerin-Stadt", o. D., LHAS, 10.34–2, Nr. 288, Bl. 270–275. Siehe auch Schulinspektor Drusenthal, Protokoll der Auswertungskonferenz im Kreis Schwerin-Stadt am 4. 2. 1953, 9. 2. 1953, StASch, R 31, Nr. 80; KL SED Rostock-Stadt, Sekretär Burmeister, Aktenvermerk, 20. 2. 1954, LAG, Rep. IV/4/07, Nr. 552, Bl. 66.

[672] Bericht über die bisher durchgeführten Maßnahmen zur Verwirklichung des Beschlusses des PB des ZK vom 29. 7. 1952, o. D. (Sommer 1952), LHAS, 10.34–2, Nr. 288, Bl. 262–269.

[673] KL SED Rostock-Stadt, Abt. Kultur und Erziehung, Sekretariatsvorlage über die FDJ-Arbeit an den Oberschulen, 11. 11. 1952, LAG, Rep. IV/4/07, Nr. 558, Bl. 1–8, hier Bl. 5, 8. Heinrich Ihms Schwäche wurde mit einer schweren Krankheit erklärt. Siehe auch das Portrait Ihms aus der Sicht eines ehemaligen Schülers, das den Eindruck einer schwachen Persönlichkeit und geringer Autorität bestätigt. Spychala, So lernten wir für das Leben (2005), S. 143 f., 147.

[674] IM „Otto", Bericht über die Tätigkeit der Jungen Gemeinde im Kreis Schwerin, o. D. (1952), BStU, MfS, BV Schwerin, AIM, Nr. 2973/51, Bl. 79–87, Zitat Bl. 80 (Name des Parteisekretärs aufgrund der Bestimmungen des Stasi-Unterlagengesetzes pseudonymisiert).

[675] FDJ, Grundeinheit Goethe-Schule II an MfS, Bezirksleitung Schwerin, 17. 2. 1953 (Abschrift), BStU, MfS, BV Schwerin, AOP, Nr. 3/54, Bl. 62–64.

[676] MfS, Mecklenburg, Meister Schulz, Aufstellung der Personen der Goethe-Schule II, die bereits aufgefallen sind, o. D. (Sommer 1952), BStU, MfS, BV Schwerin, AP, Nr. 71/54, Bl. 109–112, hier Bl. 111.

[677] Redemanuskript: „Wie wurde der Beschluss des PB des ZK der SED vom 29. 7. 1952 im Kreise Rostock-Stadt verwirklicht?", o. D., LAG, Rep. IV/4/07, Nr. 552, Bl. 19–35.

[678] RdS Schwerin, Abt. Volksbildung, Schulinspektion, Protokoll über die Überprüfung der Goethe-Schule II (Oberschule) vom 14. 1.–17. 1. 1953, 6. 2. 1953, StASch, R 31, Nr. 125.

tungen befänden, obwohl es eigentlich ihre Aufgabe sei, diese politisch anzuleiten.[679] Das größte Problem bestand in der fehlenden Identifikation der SED-Mitglieder unter den Oberschullehrern mit ihrer Partei. Die Bezirksleitung Rostock beklagte die „mangelnde Parteiverbundenheit" und das politische Niveau der Oberschullehrer, das gegenüber dem der Arbeiter zurückgeblieben sei: „Die Genossen Lehrer haben zum überwiegenden Teil noch nicht das feste Vertrauen zur Partei und sind sich der Stärke der Partei nicht bewusst."[680] Dies fand auch darin Ausdruck, dass sich viele von ihnen nicht öffentlich zu ihrer SED-Mitgliedschaft bekannten. Die wenigsten Genossen trugen ihr Parteiabzeichen in Gegenwart von Schülern oder Eltern und steckten es bestenfalls zu Versammlungen an.[681] Andere, wie der Musiklehrer und frühere Studienrat an der Schweriner Goethe-Schule Hans Erdmann, lehnten es ab, sich als „Genossen" anreden zu lassen.[682] Von Kollegen geduzt zu werden, widersprach ganz offensichtlich seinem bürgerlichen Habitus. Erdmann war als früheres NSDAP-Mitglied nach dem Krieg entlassen worden und hatte sich der Einheitspartei offenbar vor allem angeschlossen, um seine Chancen auf Wiedereinstellung in den Schuldienst zu verbessern. Nicht von ungefähr beantragte die Betriebsparteiorganisation im April 1953, ihn wegen Inaktivität und unklarer ideologischer Haltung aus der SED auszuschließen.[683] Wie Erdmann waren auch andere Oberschullehrer aus Anpassungsdruck oder Opportunismus der SED beigetreten. Wieder andere, die dies aus Überzeugung getan hatten, waren desillusioniert. Es war ihnen daher unangenehm, die Parteilinie in Gegenwart von parteilosen Kollegen, von Eltern oder Schülern zu vertreten und zu verteidigen. Eine erfolgreiche Parteiarbeit im Sinne der SED war mit solchen Mitgliedern schlechterdings nicht möglich.

Die Gleichgültigkeit der Partei gegenüber, die die Berichte den Genossen Lehrern attestierten, war jedoch zu Ende, wenn sich die SED-Funktionäre anmaßten, in den unmittelbaren Kompetenzbereich der Lehrer einzugreifen: in den Unterricht und die Leistungsbeurteilung von Schülern. Ein Schüler, der sich als „Arbeiterkind" bezeichnete und der SED angehörte, bestand im Juni 1951 seine Abiturprüfung nicht und beklagte sich darüber beim Parteisekretär der Schule. Dieser zitierte den Schulleiter, ebenfalls SED-Mitglied, zu sich und erklärte ihm, er hätte die Pflicht gehabt, sich für das Bestehen gerade dieses Schülers einzusetzen. Als der Schulleiter auf seinem Standpunkt beharrte, erteilte ihm der Parteisekretär

[679] Weiter heißt es: „Die Direktoren und Schulleiter sind relativ die politisch stärkeren und fachlich die qualifiziertesten Kräfte, was bei den Parteisekretären und Mitgliedern der [Partei-] Leitungen nicht der Fall ist." BL SED Rostock, Sekretariatsvorlage: „Ursachen für die Schwankungen unter einem Teil der Lehrer [...]", LAG, Rep. IV/2/9.02, Nr. 1110, Bl. 47–58, hier Bl. 53. Ulbricht bezeichnete die Arbeit der Schulparteiorganisationen auf dem IV. Parteitag der SED als „völlig ungenügend". *Die gegenwärtige Lage und der Kampf um das neue Deutschland*, in: Neues Deutschland, Nr. 78, 2. 4. 1954.
[680] BL SED Rostock, Sekretariatsvorlage: „Ursachen für die Schwankungen unter einem Teil der Lehrer [...]", LAG, Rep. IV/2/9.02, Nr. 1110, Bl. 47–58, hier Bl. 52.
[681] KL SED Rostock-Stadt, Abt. Kultur und Erziehung, Protokoll über die Lehreraktivtagung der SED, 20. 9. 1952, LAG, Rep. IV/2/9.02, Nr. 1126, Bl. 73–85.
[682] „Bericht über die Durchführung des Beschlusses des Politbüros vom 29. 07. 52 [...] im Kreis Schwerin-Stadt", o. D., LHAS, 10.34–2, Nr. 288, Bl. 270–275, hier Bl. 272.
[683] Goethe-Schule I, Direktor Buxnowitz, Beurteilung von Dr. Hans Erdmann, 24. 4. 1953, StASch, S 6, Nr. 347.

kraft seines Amtes den Parteiauftrag, dem fraglichen Schüler den erfolgreichen Abschluss der Reifeprüfung zu ermöglichen.[684] Der Schulleiter weigerte sich und trug den Vorfall dem Rostocker Schulrat vor. Dieser stärkte dem Schulleiter den Rücken. Das Verhalten des Parteisekretärs sei „parteiwidrig und parteischädigend", und er könne dieses Vorgehen „unter keinen Umständen" billigen.[685] Hier zeigten die eigenen Genossen einem Parteifunktionär ganz deutlich die Grenzen seines Einflusses auf. Bezeichnend ist allerdings, dass dafür nicht schulische Gründe geltend gemacht wurden, sondern der Schaden, den das Verhalten des Parteisekretärs für das Ansehen der SED bedeutete.

Lehrer im Visier des Staatssicherheitsdienstes

Dass vielen Lehrern die innere Überzeugung fehlte und eine Diskrepanz zwischen ihrem regulären Unterricht und den Lehrproben bestand, war den SED-Bildungspolitikern durchaus bewusst. Eine Möglichkeit, einen Blick „hinter die Kulissen" zu werfen und sich einen Eindruck von den tatsächlichen Gegebenheiten im Unterricht zu verschaffen, ebnete der konspirative Weg. An beiden Schweriner Goethe-Schulen warb das MfS daher mehrere Schüler als IM an, die über ihre Lehrer und Mitschüler berichten sollten. Anlass für die Anwerbungen waren die Widerstandsaktionen an der Schule gewesen, die mit Hilfe von Spitzeln aufgedeckt werden konnten.[686] Die IM wurden in der Folgezeit aber auch eingesetzt, um über die politische Stimmung an der Schule, Meinungsäußerungen zu bestimmten politischen Ereignissen sowie das Verhalten der Lehrer im Unterricht zu berichten.

Die Berichte der IM lassen erkennen, dass auch Lehrer, die in Inspektionsberichten bisher gut abgeschnitten und ihre Nähe zum politischen System der DDR durch Mitgliedschaft in der SED und gesellschaftliches Engagement scheinbar unter Beweis gestellt hatten, in ihren Unterrichtsstunden eine andere Haltung zeigten oder zumindest indirekt durchscheinen ließen. Der Geschichtslehrer Friedrich Seemann etwa war einer der wenigen Altlehrer der Goethe-Schule, die bis dato durchgängig positiv beurteilt wurden. Auch war er der einzige Lehrer, der nach 1950 aufgrund seiner Fähigkeiten und seiner „fortschrittlichen" Haltung trotz Erreichen der Altersgrenze weiter unterrichten konnte und sollte.[687] Der über ihn berichtende IM bescheinigte Seemann auch jetzt großen Fleiß und eine sozialistische Einstellung, wies aber auf zahlreiche Versprecher hin, die ihm „beinahe als beabsichtigt" erschienen und mit denen er die Klasse regelmäßig zum Lachen brachte.[688] Die Biologielehrerin Ursula von Appen, eine Neulehrerin, war

[684] Niederschrift des Schulleiters, Rostock, 18. 6. 1951, LHAS, 6.11–21, Nr. 1306, Bl. 67.

[685] RdS Rostock, Dezernat Volksbildung, Abt. Unterricht und Erziehung, Schulrat Setzkorn, an MfV, Hauptabteilung Unterricht und Erziehung, Referat Oberschulen, 22. 6. 1951, LHAS, 6.11–21, Nr. 1306, Bl. 64 f.

[686] Für die Rostocker Oberschulen konnte die BStU trotz mehrfacher Nachfragen keine MfS-Unterlagen ermitteln. Dies ist wahrscheinlich der für die 1950er Jahre noch nicht abgeschlossenen Archivschließung geschuldet, da davon auszugehen ist, dass auch hier Schüler und Lehrer als IM eingesetzt wurden.

[687] Schulrat Schwerin-Stadt, Schär, an MfV, Abt. Personal, 14. 4. 1950, LHAS, 6.11–21, Nr. 530, Bl. 31.

[688] IM „Wilke", Versuch einer Charakteristik von Herrn [Name geschwärzt], Geschichtslehrer an der Goethe-Schule II, 25. 2. 1952, BStU, MfS, BV Schwerin, AP, Nr. 71/54, Bl. 17. Der IM nannte als

nach dem Eindruck eines Stasi-Spitzels „vollkommen bürgerlich im schlechten Sinne" eingestellt. Sie behandele in ihrem Unterricht zwar den dialektischen Materialismus, mache ihn aber durch die Art der Behandlung zu einer „nebensächlichen Angelegenheit, mit der man sich auf Anordnung einer höheren Stelle als notwendiges Übel abplagen müßte."[689] Der Zeichen- und Musiklehrer Rudolf Gahlbeck, der an beiden Schweriner Oberschulen unterrichtete, war im Kulturbund, im FDGB und in der DSF engagiert.[690] Er sorgte für die künstlerische Ausgestaltung von Schulfeiern, unabhängig davon, ob sie kulturellen oder politischen Inhalts waren. Beispielsweise entwarf er die Plakate für die Sichtwerbung zur Vorbereitung der III. Weltfestspiele der Jugend und Studenten in Berlin.[691] Bei Schulrevisionen war er stets positiv beurteilt worden. Durch die Denunziation eines Schweriner Bürgers geriet er Ende 1951 in das Blickfeld des MfS.[692] Der daraufhin auf den Kunstlehrer angesetzte IM berichtete dem Ministerium von abfälligen Äußerungen Gahlbecks über die schlechte Qualität sowjetischer Erzeugnisse – die in seinen Augen unbrauchbare Kreide bezeichnete er als „Russengips" – und über die Rote Armee, die für den Verlust seines Arbeitsmaterials nach Kriegsende verantwortlich sei. Als Ursache für diese Haltung wurde in typischer Weise seine „bürgerliche Herkunft" ausgemacht, von der er noch stark beeinflusst sei. Als Indiz für seine „bürgerliche" Einstellung nannte der IM die Beschwerde Gahlbecks über einen Mitarbeiter, der im Haus des Kulturbundes in Hemdsärmeln herumgelaufen war, zudem sei er angeblich „ziemlich hinter dem Geld her".[693] Ähnlich wie bei den Nationalsozialisten[694] wurde auch hier eine Verbindung zwischen bürgerlicher Herkunft und materialistischer Einstellung hergestellt.

Ernsthafte Folgen für die betroffenen Lehrer hatten diese Berichte nicht. Friedrich Seemann unterrichtete noch bis zum Ende des Schuljahres weiter und trat dann im Alter von fast 68 Jahren in den Ruhestand.[695] Ursula von Appen blieb bis Ende 1958 an der Goethe-Schule. Die Schwächen ihrer politischen Erziehungsarbeit waren zwar auch der Schulleitung nicht verborgen geblieben, doch sie galt als „entwicklungsfähig".[696] Auch Rudolf Gahlbeck, ein über Schwerin hinaus anerkannter Künstler und Graphiker,[697] blieb noch bis zum Erreichen der Alters-

---

Beispiel für die Versprecher das falsch wiedergegebene Stalin-Zitat: „Die Hitler kommen und gehen, aber das deutsche Volk, der deutsche Soldat bleibt."

[689] Bericht von IM „Inge Stein", 12. 3. 1952, BStU, MfS, BV Schwerin, AP, Nr. 71/54, Bl. 27.

[690] Personal-Fragebogen 1946/47, StASch, S 6, Nr. 1458; Goethe-Schule, Politische und kulturelle Betätigung [der Lehrkräfte] außerhalb der Schule, o. D. (Schuljahr 1948/49), StASch, S 6, Nr. 264.

[691] Goethe-Schule I, Arbeitsplan des Komitees zur Vorbereitung der III. Weltfestspiele der Jugend und Studenten in Berlin, o. D. (Frühjahr 1951), StASch, S 6, Nr. 805.

[692] Schreiben an die Überwachungsabteilung der Staatlichen Sicherheit des Landes Mecklenburg, 10. 11. 1951, BStU, MfS, BV Schwerin, S/AP, Nr. 517/55, Bl. 8.

[693] Bericht von IM „Kuhn", 15. 1. 1952; Bericht über eine Aussage, 3. 11. 1952; Auszug aus einem Bericht der Goethe-Schule I Schwerin, o. D., BStU, MfS, BV Schwerin, S/AP, Nr. 517/55, Bl. 2, 9, 10 f.

[694] NSLB-Funktionär Freimann hatte über die Philologen geäußert: „Das Bürgerliche und Materialistische sitzt [...] zu tief drin." Bericht über die organisatorische Lage in Mecklenburg-Schwerin, 12. 11. 1933, LHAS, 10.65–1, Nr. 3.

[695] Hinweise darauf, dass die Versetzung in den Ruhestand nicht allein aus Altersgründen erfolgte, finden sich in Seemanns Personalakte nicht. StASch, S 6, Nr. 235.

[696] Beurteilung vom 23. 4. 1954, StASch, S 6, Nr. 2021. 1958 wurde sie gegen ihren Willen an eine Polytechnische Oberschule versetzt. Schriftl. Mitt. von Ursula von Appen, 17. 6. 2010.

[697] Zu Gahlbecks künstlerischer Tätigkeit siehe die Monographie von Stockfisch, Farbenklänge (1995).

grenze Lehrer an der Goethe-Schule.[698] Die über ihn ermittelten Vorkommnisse waren offenbar zu harmlos; zudem waren seine Unterrichtsfächer weniger politisch relevant als etwa Geschichte oder Gegenwartskunde.

Galten die Unterrichtsfächer als politisch heikel und exponierten sich die Lehrer deutlicher, mussten sie hingegen mit Konsequenzen rechnen. Dies zeigt das Beispiel der jungen Geschichts- und Gegenwartskundelehrerin Brigitte Hofmann, bei der die Diskrepanz zwischen äußerer und innerer Haltung besonders auffällig war. Als aus einer Arbeiterfamilie stammende Neulehrerin und als Mitglied von SED und FDJ erfüllte sie alle äußeren Voraussetzungen, die für eine politisch engagierte und vorbildliche Pädagogin sprachen. IM „Schlosser" berichtete jedoch im Februar 1952 über Hofmann, dass sie „selten einen festen Standpunkt" einnehme, „sehr wenig die Politik unserer Partei [i. e. der SED]" vertrete und sich zwar zum Sozialismus bekenne, aber die „Methoden, die auf dem Wege dazu angewandt werden", ausdrücklich ablehne.[699] Zudem lasse sie in Diskussionen stets unterschiedliche politische Meinungen, also auch die „feindlichen Argumente" stehen und äußere die Ansicht, man müsse sowohl westliche als auch östliche Nachrichten hören und sich daraus eine eigene Meinung bilden – geradezu ein Paradebeispiel für eine „objektivistische" Haltung. Obwohl sie selbst der Jugendorganisation angehörte, warnte sie die Schüler vor Denunziationen durch FDJler.[700] Zu Recht, wie sich herausstellte: Einige FDJ-Mitglieder ihrer Klasse meldeten diese Vorfälle dem Schulamt, vor das sie umgehend zitiert wurde. Zugleich sollte ein Parteiverfahren gegen sie eingeleitet werden. Diesen Maßnahmen entzog sich Hofmann durch die Flucht in den Westen. Der Fall löste Proteste der Schüler aus und schadete dem Ansehen der FDJ an der Schule erheblich.[701]

Im Laufe des Schuljahres 1952/53 gerieten weitere Lehrer in die Kritik. Wie unterschiedlich sie damit umgingen, soll anhand einiger Beispiele demonstriert werden. Anna Werner, die Deutsch, Englisch und Kunst unterrichtete, war 1952 mit 37 Jahren die jüngste Altlehrerin an der Schweriner Oberschule. Werner galt als fachlich und pädagogisch besonders versierte Lehrerin und war bei den Schülern sehr beliebt.[702] Schon früh attestierten ihr die Inspektoren aber eine „gewisse [...] Eigenwilligkeit", später wurde sie mit kritischem Unterton als „ausgesprochene Individualist[in]" bezeichnet.[703] Schon Anfang des Jahres hatte ein als IM tätiger

---

[698] Kollegiumsliste vom Schuljahr 1960/61, in: Jahrbuch des Goethe-Gymnasiums Schwerin (1998/99), S. 33.

[699] Diese und die folgenden Zitate aus einem Bericht vom 27. 2. 1952, BStU, MfS, BV Schwerin, AP, Nr. 71/54, Bl. 20 (Name der Lehrerin aufgrund der Bestimmungen des Stasi-Unterlagengesetzes pseudonymisiert).

[700] IM „Otto", Informationen über die Lage an den Schweriner Oberschulen, insbesondere Goethe-Schule II, 28. 2. 1952, BStU, MfS, BV Schwerin, AIM, Nr. 2973/51, Bl. 62–64, hier Bl. 63.

[701] MfS, BV Schwerin, Meister Schulz: Aufstellung der Personen der Goethe-Schule II, die bereits aufgefallen sind, o. D. (1952); BStU, MfS, BV Schwerin, AP, Nr. 71/54, Bl. 109–112, hier Bl. 111. Ausführlicher zu diesem Fall und seinen Folgen Bispinck, Dissens, Widerstand und Repression (2007), S. 288 f.

[702] Das geht hervor aus verschiedenen Revisionsberichten: Schulrevision Oberschule für Mädchen Schwerin, 28. 4. 1947, LHAS, 6.11–21, Nr. 1314, Bl. 5; Sothmann, Bericht über die Lehrkräfte der Oberschule für Mädchen Schwerin, o. D. (1947), ebd., Bl. 38; MfV, Dowe, Beurteilung des Unterrichts, 16. 1. 1948, ebd., Bl. 88 (Name der Lehrerin aufgrund der Bestimmungen des Stasi-Unterlagengesetzes pseudonymisiert).

[703] Dr. Ruthenberg, Protokoll der Stundenbesichtigung von Anna Werner, 13. 5. 1947, LHAS, 6.11–21, Nr. 1314, Bl. 10; Stadtschulamt Schwerin an MfV, Hauptabteilung Unterricht und Erziehung,

Schüler über Werner berichtet und die Vermutung geäußert, sie sei Pazifistin und habe eine „innerliche, nicht ausgesprochene Abneigung gegen unsere Politik".[704] Ihren Unterricht bezeichnete der Schüler, der mit offenkundiger Sympathie über die Lehrerin schrieb, als „fortschrittlich (wenn auch widerwillig)". Aus der Tatsache, dass Werner vor 1945 Gegnern und Verfolgten des NS-Regimes geholfen hatte, leitete der IM nicht etwa eine vorbildliche „antifaschistische" Haltung ab, sondern, in einigermaßen perfider Argumentation, einen Verdacht unter umgekehrtem politischen Vorzeichen: Er äußerte die Vermutung, „dass sie auch heute keine Gefahr scheuen würde, aus reiner Menschenliebe auch politische Feinde unseres Staates zu unterstützen."

Im Rahmen einer erneuten Revision im Januar 1953 wurde die Kritik an Werner in schärferer Form wiederholt. Der Lehrerin wurden nun mangelnde Parteilichkeit und objektivistische Tendenzen vorgeworfen. Sie habe „völlig falsche Auffassungen" der Schüler im Raum stehen lassen.[705] Die Lehrerin konterte und gab zu verstehen, dass sie aus Menschen doch „keine Schablonen machen" könne. Kurz darauf konfrontierte die Kreisschulinspektorin Margarete Drusenthal die Lehrerin auf einer Sitzung des Pädagogischen Rates erneut mit dem Vorwurf des Objektivismus.[706] Daran schloss sich eine erregte Diskussion an, die sich im Kern um die Frage drehte, wie weit ein Lehrer eine freie Diskussion der Schüler zulassen dürfe. Während die Schulinspektorin eine „unbedingte Parteilichkeit" der Lehrerin verlangte und der Ansicht war, die Schüler dürften nicht mit einer falschen Meinung aus der Stunde gehen, vertrat Werner den Standpunkt, dass die Schüler das Problem selber lösen sollten. Sie weigere sich, „die Schüler beim Begriff der Freiheit so hinzurichten [!], wie es gewünscht wird." Lieber ziehe sie die Konsequenz und kündige. Einige ihrer Kollegen unterstützten Werner in der Diskussion. Dabei argumentierten sie jedoch defensiv, indem sie geltend machten, dass die betreffende Klasse sich generell passiv und apathisch verhalte und Werner am Tag der Inspektion indisponiert gewesen sei. Ursula von Appen hielt die Vorwürfe für „überspitzt" und regte an, die Diskussion zu vertagen. Die Volksbildungsfunktionäre beharrten jedoch auf ihrem Standpunkt. Zweck der Diskussion sei es, der Lehrerin ihren Fehler vor Augen zu führen, sie solle ihn einsehen und zu überwinden suchen. Doch gerade dazu war Anna Werner nicht bereit, weshalb sie noch im selben Monat an eine Grundschule versetzt wurde.[707]

Referat Oberschulen, Bericht über die Überprüfung der Oberschule für Mädchen Schwerin, 1. 6. 1950, BAB, DR 2, Nr. 5718, Bl. 348–352, hier Bl. 351. Ihre Prüfung hatte sie mit „sehr gut" bestanden. Oberschule für Mädchen Schwerin an Präsident Mecklenburg, Abt. Kultur und Volksbildung, z. Hd. Kreisschulrat Jarmer, 27. 6. 1946, StASch, S 6, Nr. 185.

[704] Hierzu und zum Folgenden IM „Wilke", Bericht über Anna Werner, 25. 2. 1952, BStU, MfS, BV Schwerin, AP, Nr. 71/54, Bl. 19.

[705] Hierzu und zum Folgenden RdS Schwerin, Abt. Volksbildung, Schulinspektion, Protokoll über die Überprüfung der Goethe-Schule II vom 14. 1.–17. 1. 1953, 6. 2. 1953, StASch, R 31, Nr. 125. Kurz zuvor war ein Schulinspektor zu dem Ergebnis gekommen, Werners Unterricht sei „pazifistisch verseucht" und „unwissenschaftlich". RdB Schwerin, Abt. Volksbildung, Schulinspektion, Kreisschulinspektor Fleßing, Bericht über die Deutschstunde der Klasse 11 A 3 von Anna Werner, 4. 10. 1952, StASch, R 31, Nr. 124.

[706] Hierzu und zum Folgenden Goethe-Schule II, Protokoll der 6. Sitzung des Pädagogischen Rates, 22. 1. 1953, StASch, S 6, Nr. 324.

[707] RdS Schwerin, Abt. Volksbildung, Rosahl, an Anna Werner, 29. 1. 1953, StASch, S 6, Nr. 155. Schon im Revisionsbericht hatte es geheißen, dass eine weitere Beschäftigung Werners an der

Fast zeitgleich mit Anna Werner musste Martin Karsten die Oberschule verlassen, nachdem ein erster Entlassungsversuch drei Jahre zuvor am Widerstand der Schüler und der Öffentlichkeit gescheitert war. Jetzt stellte die Schulinspektion auch bei ihm „objektivistische Erscheinungen" und eine „idealistische" Darbietung des Stoffes fest. Hinweise auf ökonomische Grundlagen, auf Marx und Engels fehlten, der Unterricht sei „völlig unwissenschaftlich".[708] Zu einer Diskussion im Pädagogischen Rat kam es in diesem Fall nicht. Karsten wurde ohne Umschweife an eine Grundschule versetzt, an der er bis zu seiner Pensionierung blieb.[709] Gerade jüngeren Lehrern wurde hingegen oft noch die Chance gegeben, sich zu bewähren, wenn sie sich dem Ritual der Kritik und Selbstkritik unterwarfen und zu erkennen gaben, dass sie sich um eine Verbesserung ihrer Arbeit bemühten:[710] Während der gleichen Revision, die die Entlassung Martin Karstens nach sich zog, wurde auch der Unterricht eines Geschichts- und Gegenwartskundelehrers (Jahrgang 1923) überprüft. Zusätzlich zu den stereotypen Kritikpunkten des Objektivismus und der mangelnden Parteilichkeit wurden ihm auch pädagogische Schwächen attestiert; das Gesamturteil lautete in beiden Fächern „mangelhaft".[711] Trotzdem konnte er an der Schule verbleiben, nachdem er sich bereit erklärt hatte, regelmäßig bei Kollegen zu hospitieren und dem Direktor seine Unterrichtsentwürfe einzureichen.[712] Eine Russischlehrerin hingegen weigerte sich, ein negatives Urteil über ihren Unterricht anzuerkennen. Die von Direktor Buxnowitz vorgeschlagenen Qualifizierungsmaßnahmen lehnte sie mit der Begründung ab, sie sei durch ihre abgelegten Prüfungen bereits zu einem guten Unterricht befähigt.[713] Zum Ende des Schuljahres schied sie aus dem Kollegium der Schweriner Oberschule aus.

Andere Lehrer gaben von sich aus auf, um sich dem politischen Druck zu entziehen. So gab eine Rostocker Oberschullehrerin freiwillig den Gegenwartskunde-Unterricht ab, „weil sie die Kritik nicht einsah."[714] Auch in Rostock war es im Gefolge der II. Parteikonferenz vermehrt zu Entlassungen von Oberschullehrern wegen mangelnder „Parteilichkeit" oder „ideologischer Unklarheiten" gekommen. Hans-Jürgen Ortstein, Geschichtslehrer an der Großen Stadtschule,

Oberschule „nicht mehr zu verantworten" sei. RdS Schwerin, Abt. Volksbildung, Schulinspektion, Protokoll über die Überprüfung der Goethe-Schule II (Oberschule) vom 14. 1.–17. 1. 1953, 6. 2. 1953, StASch, R 31, Nr. 125.
[708] RdS Schwerin, Bericht über die Überprüfung der Goethe-Schule I am 29./30. 1. 1953, 7. 2. 1953, StASch, R 31, Nr. 151.
[709] Goethe-Schule I, Protokoll der 6. (außerordentlichen) Sitzung des Pädagogischen Rates, 2. 2. 1953, StASch, S 6, Nr. 324. Erst lange nach seiner Pensionierung im Alter von 84 Jahren, entschloss Karsten sich zur Übersiedlung in die Bundesrepublik. Vgl. Herbstritt, Im Wandel der Zeit (1996).
[710] Vgl. auch den von Gruner, Musterbeispiel (1999), untersuchten Fall.
[711] Schulinspektorin Drusenthal, Protokoll zweier Stundenbesichtigungen, jeweils vom 30. 1. 1953, StASch, R 31, Nr. 124.
[712] RdS Schwerin, Bericht über die Überprüfung der Goethe-Schule I am 29./30. 1. 1953, 7. 2. 1953, StASch, R 31, Nr. 151. Gleiches galt für eine Biologielehrerin, die trotz mehrfach beanstandeter fehlender Parteilichkeit an der Schule blieb, bis sie auf eigenen Wunsch ausschied. Schulinspektorin Drusenthal, Protokoll der Stundenbesichtigung, 30. 1. 1953, StASch, R 31, Nr. 124; Goethe-Schule I, Buxnowitz, Aktenvermerk, 24. 1. 1956, StASch, S 6, Nr. 1461.
[713] Goethe-Schule I, Buxnowitz, an Stadtschulamt Schwerin, 25. 10. 1952, StASch, R 31, Nr. 151; Goethe-Schule I, Buxnowitz, Beurteilung, 19. 1. 1953, StASch, S 6, Nr. 347.
[714] KL SED Rostock-Stadt, Abt. Kultur und Erziehung, Protokoll über die Lehreraktivtagung der SED, 20. 9. 1952, LAG, Rep. IV/2/9.02, Nr. 1126, Bl. 73–85, hier Bl. 78.

machte seinen Schülern gegenüber keinen Hehl aus seiner kritischen Haltung zum SED-Regime und zu einigen der zu vermittelnden Unterrichtsinhalte. Bei der Erläuterung der Marxschen Mehrwerttheorie wies er darauf hin, dass er sie weder verstehe noch an sie glaube.[715] Zudem hatte er den Mut, den Kampf der KPD gegen die parlamentarische Demokratie von Weimar zu erwähnen.[716] Wegen „ideologischer Unklarheiten" und „unwissenschaftlicher Unterrichtsführung" wurde er im Dezember 1952 mit sofortiger Wirkung vom Dienst entbunden.[717] Mit der gleichen Begründung wurden auch ein Gegenwartskundelehrer sowie eine Englisch- und Französischlehrerin entlassen. Bei keinem der drei Lehrer versäumte es die SED, auf ihre bürgerliche Herkunft zu verweisen; bei Letztgenannter wurde zusätzlich erwähnt, dass sie Theologentochter sei. Nicht konforme Einstellungen und Verhaltensweisen wurden mit dem sozialen und religiösen Hintergrund der Lehrer erklärt.

Fazit

Im Laufe der 1950er Jahre verschärften sich die politischen Auseinandersetzungen an den Oberschulen. Die SED hatte bis 1950 mit der Durchsetzung der „schulpolitischen Tendenzwende", dem Personalaustausch in der Schulverwaltung und der Auswechslung der Schulleitungen in den Bereichen, auf die sie unmittelbaren Zugriff hatte, die Voraussetzungen für die Umsetzung ihrer schulpolitischen Vorstellungen geschaffen. Deren Implementierung im Schulalltag stieß aber auf Gegenkräfte – Lehrer, Schüler und Eltern –, die sich nicht ohne weiteres überwinden ließen.

Eine Widerstandsgruppe, die 1950 gegen SED und Besatzungsmacht gerichtete Flugblätter verteilte, konnte das MfS mit Hilfe von Spitzeln aufdecken und zerschlagen. In den folgenden Jahren kam es zu keinen derart Aufsehen erregenden Aktionen mehr. Unspektakulärer, aber für die SED mindestens ebenso problematisch war der Widerstand von Schülern gegen die Entlassung zweier Lehrer, der in einem Fall erfolgreich war. Die Schüler erreichten mit Hilfe der CDU und Teilen der Presse, dass ihr Lehrer Martin Karsten an der Schule verbleiben konnte. Hier wurden der SED die Grenzen ihrer schulpolitischen Macht aufgezeigt.

In der Folgezeit passten sich Schüler und Lehrer äußerlich an, wie es sich etwa anhand der Mitgliedschaft in der FDJ, in Parteien und Massenorganisationen ablesen lässt. Dagegen ließ sich die passive bis ablehnende Haltung der Mehrheit der Lehrer gegenüber der Neuausrichtung der Unterrichtsinhalte und -methoden sowie der politischen Erziehungsziele vorerst nicht überwinden. Auch hier zeigt sich die begrenzte Reichweite der SED-Schulpolitik in den frühen 1950er Jahren. Den meisten Oberschullehrern, die in den Jahren zuvor die Schulreform mehr oder weniger willig mitgetragen hatten, gelang es, weitergehende Eingriffe in ihren beruflichen Alltag abzuwehren oder zu umgehen. Ihre fachliche Kompetenz ließen sie sich nicht streitig machen. Dabei überwog die Strategie, den politischen

---

[715] Vgl. Spychala, So lernten wir für das Leben (2005), S. 146.
[716] Vgl. Schulz, Rostock, Hamburg und Shanghai (2009), S. 97.
[717] Hierzu und zum Folgenden Bericht über die Überprüfung der Oberschulen des Bezirks Rostock, Dezember 1952, LAG, Rep. IV/2/9.02, Nr. 1110, Bl. 29–46, hier Bl. 35.

Vorgaben formal Rechnung zu tragen, darüber hinaus aber in und außerhalb des Unterrichts den eigenen fachlichen Ansprüchen und erzieherischen Auffassungen zu folgen. Das war den Schulfunktionären durchaus bewusst. Ihre Handhabe dagegen war aber beschränkt, und zwar aus drei Gründen: Erstens entzog sich die Arbeit der Lehrer, der Unterricht, im Kern der unmittelbaren Kontrolle und Steuerung. Zweitens stand die SED-Schulpolitik an den großstädtischen Oberschulen nicht nur dem Selbstbehauptungswillen der Lehrer, sondern auch dem der Schüler und der Elternschaft gegenüber, die überwiegend dem bürgerlichen Milieu zuzuordnen waren und deren Interessen mit denen der Lehrer zum großen Teil konvergierten. Eine wirkungsvolle Gegenmacht an den Schulen aufzubauen, gelang nicht: Die Parteiorganisationen und die FDJ-Leitungen waren schwach und besaßen wenig Autorität, und auch die überwiegend linientreuen Schulleitungen hatten Mühe, sich in den Kollegien durchzusetzen. Drittens, und das war entscheidend, stand der naheliegendsten Lösung, einem umfangreichen Austausch von Lehrkräften, die Personalnot an den Oberschulen entgegen. Es war nicht möglich, in kurzer Zeit kompetente Fachlehrer insbesondere für Fremdsprachen und Naturwissenschaften auszubilden.

Nur in den Fällen, in denen Lehrer Anpassungs- und Kooperationsbereitschaft offen ablehnten oder zu politischen Abweichungen fachliche und pädagogische Defizite hinzutraten, schritt die Schulverwaltung ein und entließ Lehrer oder versetzte sie an Grundschulen. Diese Maßnahmen liefen aber selten ohne Konflikte mit dem übrigen Kollegium und der Schülerschaft ab – wie die Beispiele von Walter Schroeder und Brigitte Hofmann zeigen. Derartige Auseinandersetzungen waren aus Sicht der SED notwendige Folge des seit der II. Parteikonferenz der SED „verschärften Klassenkampfes" an den Oberschulen, der im Frühjahr 1953 mit dem Konflikt um die Junge Gemeinde einen ersten Höhepunkt erreichte.

c) Loyalität zum Staat oder Solidarität mit den Schülern? Die Lehrer während der Kampagnen gegen die Junge Gemeinde im Frühjahr 1953

Die kirchlichen Jugendgruppen an den Oberschulen

Auch in ihrer Politik gegenüber den Kirchen verfolgte die SED seit der II. Parteikonferenz einen härteren Kurs. Diesen hatte das wenige Wochen zuvor abgehaltene IV. Parlament der FDJ in Leipzig eingeleitet.[718] Im Vordergrund stand der Kampf gegen die Junge Gemeinde, die Jugendgruppen der evangelischen Kirche. Sie stellte keine eigenständige Jugendorganisation dar – als solche war ausschließlich die FDJ zugelassen –, ihre Anhänger waren aber durch den regelmäßigen Besuch von Gruppennachmittagen und das Tragen des Kugelkreuzes als Abzeichen öffentlich wahrnehmbar. Gerade an den Oberschulen, speziell an solchen mit altsprachlichem Zweig, hatte die Junge Gemeinde viele Anhänger, so dass sie zunehmend zu einer Konkurrenz der FDJ wurde. Mecklenburg galt dabei als einer von

---

[718] Die Darstellung folgt im Wesentlichen dem grundlegenden Aufsatz von Wentker, Kirchenkampf (1994). Siehe auch Geißler, Geschichte des Schulwesens (2000), S. 363–375. Zum verschärften kirchenpolitischen Kurs der SED nach der II. Parteikonferenz siehe Hartweg, SED und Kirche I (1995), S. 33–42.

mehreren Schwerpunkten.[719] Der große Zulauf zu den kirchlichen Jugendgruppen resultierte nicht allein aus der religiösen Bindung der Schüler, sondern auch aus dem attraktiveren Kultur- und Freizeitangebot dieser Gruppen. Zudem unterstützte die Junge Gemeinde Jugendliche, die sich gegen die Militarisierung der FDJ und die Werbung für die Kasernierte Volkspolizei (KVP) wehrten.[720] Weil sie der FDJ mehr und mehr das Wasser abzugraben drohte, sah sich die kirchliche Jugendarbeit schon seit 1950 Einschränkungen von staatlicher Seite ausgesetzt. Mitte 1952 begannen sich die Auseinandersetzungen zu verschärfen, die hauptsächlich an den Oberschulen ausgetragen wurden. Diese Ereignisse sind bereits mehrfach aus der Perspektive der Staats- und Kirchenführung[721] und im Rahmen von Fallstudien[722] untersucht worden. Hier geht es in erster Linie um die Rolle der Lehrer in diesem Konflikt.

Tauchten die Junge Gemeinde und ihre Anhänger in den Revisionsberichten zu den Oberschulen bis Anfang der 1950er Jahre, wenn überhaupt, nur am Rande auf, so änderte sich dies ab Mitte 1952 grundlegend. Von nun an berichteten Schulinspektoren und andere Kontrollinstanzen regelmäßig über die kirchlichen Jugendgruppen und ihren Einfluss an den Schulen, zumeist in Gegenüberstellung zur FDJ-Arbeit. Sie versuchten außerdem die Anhängerschaft zu quantifizieren, was nur ansatzweise gelang, da es keine formale Mitgliedschaft gab und nicht alle Anhänger das Kugelkreuz trugen. Im November 1952 schätzte ein Informationsbericht die Zahl der Schüler, die in den kirchlichen Jugendgruppen tätig waren, an den beiden Rostocker Oberschulen auf 167, wobei hinzugefügt wurde, dass die tatsächliche Zahl „wahrscheinlich weit höher" liege. Bei einer Gesamtzahl von 1023 gehörten demgegenüber 850 Schüler der FDJ an.[723] An der Schweriner Goethe-Schule II gab die FDJ-Grundeinheit die Zahl der Anhänger der Jungen Gemeinde Anfang 1953 mit etwa 155 an. Von den insgesamt 418 Schülern, die die Schule besuchten, waren 357 Mitglieder der FDJ.[724] Die Mitgliedschaft in der FDJ und die Zugehörigkeit zur Jungen Gemeinde schlossen sich nicht aus; es gab sogar in der kirchlichen Jugendarbeit aktive Schüler, die Mitglied der Zentralen Schulgruppenleitung (ZSGL) der FDJ waren und dort ihren Einfluss geltend machen

[719] Weitere waren Ost-Sachsen, das Wismutgebiet und die Oberschulen entlang der Demarkationslinie. Analyse der Abt. Leitende Organe der Partei und der Massenorganisationen des ZK der SED zur Tätigkeit der Jungen Gemeinde an den Oberschulen der DDR, 16. 12. 1952, in: Hartweg, SED und Kirche I (1995), S. 80–82.

[720] Vgl. Wentker, Kirchenkampf (1994), S. 105. Zur Militarisierung der FDJ siehe Skyba, Massenorganisation (2003), S. 245–250.

[721] Vgl. neben den genannten Arbeiten von Wentker und Geißler auch Stappenbeck, Freie Deutsche Jugend (1994), Ueberschär, Junge Gemeinde (2003), S. 176–203, sowie die Längsschnittuntersuchung von Helmberger, Blauhemd und Kugelkreuz (2008). Für die Sicht westdeutscher Zeitgenossen vgl. Köhler, Kampf (1953); Lange, Totalitäre Erziehung (1954), S. 408–411.

[722] Vgl. zu Leipzig: Kaufmann, Agenten (1995), S. 63–68; zu Guben: Peter, Kampf (1994); zu Schwerin: Herbstritt, „... den neuen Menschen schaffen." (1996), S. 43–47; zu einer Oberschule im Norden Mecklenburgs: Mietzner, Enteignung (1998), S. 192–199; zu Güstrow: Zeddies, Verfolgung (2000), sowie die literarische Verarbeitung bei Johnson, Ingrid Babendererde (1992) und Johnson, Jahrestage 4 (1993), S. 1848.

[723] KL SED Rostock-Stadt, Abt. Kultur und Erziehung, Sekretariatsvorlage, Informationsbericht über die FDJ-Arbeit an den Oberschulen, 11. 11. 1952, LAG, Rep. IV/4/07, Nr. 558, Bl. 1–8, hier Bl. 1.

[724] FDJ, Grundeinheit Goethe-Schule II, an MfS, BV Schwerin, 17. 2. 1953, BStU, MfS, BV Schwerin, AOP, Nr. 3/54, Bl. 62–64, hier Bl. 62.

konnten. Dieser äußerte sich beispielsweise in der Zurückhaltung der FDJ-Mitglieder bei der Werbung für die paramilitärische Gesellschaft für Sport und Technik (GST), wie die SED kritisch registrierte.[725]
Weitere Anschuldigungen, die gegen die Junge Gemeinde vorgebracht wurden,
reichten von der pauschalen Diffamierung ihrer Anhänger als Schlägertypen,
„Westkultanhänger" und „Amikultjünger", die „bürgerliche Ideologien" verträten,[726] bis hin zum Vorwurf der systematischen Unterwanderung der staatlichen
Jugendorganisation: Es sei, so ein Bericht über die Oberschulen des Bezirks Rostock von Ende 1952, „mit Sicherheit anzunehmen, dass bestimmte Mitglieder der
jungen Gemeinde den Auftrag erhalten, in der FDJ aktiv mitzuarbeiten, um in die
Leitungen des Verbandes zu gelangen"[727]. Die SED sah das Engagement der
kirchlich orientierten Jugendlichen in der FDJ folglich nicht als Indiz für deren
„fortschrittliche" Haltung, sondern im Gegenteil als Beweis für ihre Gefährlich-
keit. Für das Erstarken der Jungen Gemeinde machte die Einheitspartei in erster
Linie die schwache FDJ-Arbeit an den Oberschulen verantwortlich – ein weiteres
Zeichen dafür, dass die Organisation in einen Gegensatz zur FDJ gestellt wurde.
Die ZSGL der Goethe-Schule II bezeichnete die Junge Gemeinde gar pauschal als
„Klassengegner".[728] Die Schweriner Kreisschulinspektorin Drusenthal betonte
zwar Ende Januar 1953 auf einer Sitzung des Pädagogischen Rates der Goethe-
Schule II, dass der Staat „keinen Kulturkampf mit der Kirche" führe und daher
nichts gegen das Bestehen der Jungen Gemeinde einzuwenden hätte, wies aber
zugleich darauf hin, dass einige ihrer Anhänger „unter diesem Deckmantel feindliche Tätigkeit gegen unsere Ordnung durchführen." Daher sei „Wachsamkeit"
erforderlich.[729]
Die Inspektorin reproduzierte damit allerdings nur die offizielle Haltung der
Staats- und Parteiführung, in deren Augen die Junge Gemeinde eine von „westdeutschen und amerikanischen imperialistischen Kräften" dirigierte „Tarnorganisation für Kriegshetze, Sabotage und Spionage" darstellte.[730] Zum Zeitpunkt von
Drusenthals Äußerung, Anfang 1953, waren die Vorbereitungen der SED-Spitze
für eine Reihe von Maßnahmen gegen die Junge Gemeinde bereits in vollem
Gange: Das MfS wurde mit der Beobachtung und Unterwanderung der kirchlichen Jugendgruppen beauftragt und die Junge Gemeinde sollte öffentlich als
Spionage- und Sabotageorganisation entlarvt werden. Im Kreis Schwerin hatte
schon in der ersten Jahreshälfte 1952 ein geheimer Informant dem MfS ausführlich
über die Tätigkeit der Jungen Gemeinde berichtet.[731] Ende Januar 1953 warb der

---

[725] KL SED Rostock-Stadt, Abt. Kultur und Erziehung, Sekretariatsvorlage, Informationsbericht
über die FDJ-Arbeit an den Oberschulen, 11. 11. 1952, LAG, Rep. IV/4/07, Nr. 558, Bl. 1–8, hier
Bl. 7.

[726] Ebd., Bl. 3; Bericht über die Überprüfung der Oberschulen des Bezirks Rostock, Dezember 1952,
LAG, Rep. IV/2/9.02, Nr. 1110, Bl. 29–46, hier Bl. 42f.

[727] LAG, Rep. IV/2/9.02, Nr. 1110, Bl. 29–46, hier Bl. 43.

[728] Schreiben an das MfS, BV Schwerin, 17. 2. 1953, BStU, MfS, BV Schwerin, AOP, Nr. 3/54, Bl. 62–
64, hier Bl. 63.

[729] Goethe-Schule II, Protokoll der 6. Sitzung des Pädagogischen Rates, 22. 1. 1953, StASch, S 6,
Nr. 324.

[730] Hierzu und zum Folgenden ausführlich Wentker, Kirchenkampf (1994), S. 109–116.

[731] IM „Otto", Bericht über die Tätigkeit der Jungen Gemeinde im Kreis Schwerin, o.D. (April/Mai
1952), BStU, MfS, BV Schwerin, AIM, Nr. 2973/51, Bl. 79–87.

Staatssicherheitsdienst weitere IM für die Bespitzelung der kirchlichen Jugendgruppen an.[732] Höhepunkt dieser Aktionen waren schauprozessartige Schülerversammlungen an allen Oberschulen der DDR im März und April 1953, auf denen Anhänger der Jungen Gemeinde von FDJ-Funktionären scharf angegriffen und zahlreiche von ihnen relegiert wurden.[733] Die Versammlungen wurden zentral vorbereitet; die Namen der zu verweisenden Schüler standen von vornherein fest. Die Volkspolizei nahm den Betroffenen vorab die Personalausweise ab, um Fluchtversuchen vorzubeugen.[734] Am 31. März 1953 fanden die Schülervollversammlungen, auf denen auch Vertreter der Elternschaft, aus der Verwaltung sowie aus örtlichen Betrieben anwesend waren, an der Großen Stadtschule Rostock und der Goethe-Schule II Schwerin statt. Hier wurden jeweils sechs Schüler der Schule verwiesen.[735] Einen Tag später fand die Versammlung an der Goethe-Schule I Schwerin statt, auf der vier Schüler ausgeschlossen wurden.[736] In den folgenden Wochen bis zur Verkündung des „Neuen Kurses" wurden weitere Schüler und auch Lehrer von den Oberschulen entfernt.

Das Verhalten der Lehrer

Wie verhielten sich die Lehrer während und im Umfeld dieser Aktionen? Wie gingen sie mit diesen von außen vorgenommenen Eingriffen in ihre Schule um? Die Versammlungen wurden jeweils am Tag zuvor von der SED-Grundorganisation der betreffenden Schule vorbereitet. Die Protokolle dieser Sitzungen zeigen, dass die Lehrer alles andere als die treibende Kraft hinter den Aktionen waren. An der Goethe-Schule II versuchten sie vielmehr, die Gefahr, die von der Jungen Gemeinde angeblich ausging, herunterzuspielen.[737] Andere gaben an, gar nicht zu wissen, welche Schüler die führenden Köpfe der kirchlichen Jugendgruppen seien, und versteckten sich dahinter, dass sie in jeder Klasse nur wenige Stunden unterrichteten. Auch der Parteisekretär der Schule, Bruno Hildebrandt, machte hierbei keine Ausnahme. Darüber hinaus brachten die Lehrer während der Sitzung zum Ausdruck, dass auch die Anhänger der Jungen Gemeinde ausschließlich nach ihrer Leistung und nicht nach ihrer politischen Einstellung beurteilt werden müss-

---

[732] MfS, BV Schwerin, Sachbearbeiter Schulz, Bericht über die durchgeführte Werbung von IM „Nagel", 2. 2. 1953, BStU, MfS, BV Schwerin, AIM, Nr. 489/55, Bl. 32 f.

[733] Vgl. Wentker, Kirchenkampf (1994), S. 116 f. Zahlenangaben zu den ausgeschlossenen Oberschülern bei Geißler, Geschichte des Schulwesens (2000), S. 368–370; Ueberschär, Junge Gemeinde (2003), S. 198.

[734] BdVP Schwerin, Abt. PM, an alle VPKA, Entfernung von reaktionären Elementen von den Oberschulen, 27. 3. 1953, LHAS, 7.12–1, Nr. 13/91, Bl. 5. Faksimile bei Herbstritt, „… den neuen Menschen schaffen." (1996), S. 113.

[735] Nur an neun anderen Oberschulen der DDR wurden mehr Schüler ausgeschlossen. Vgl. Geißler, Geschichte des Schulwesens (2000), S. 369 f.

[736] Vgl. zu Schwerin die ausführliche Darstellung der Ereignisse bei Herbstritt, „… den neuen Menschen schaffen." (1996), S. 43–47, sowie die Erinnerungsberichte von Krüger, Aufbruch (1996), S. 54 f., Haker, Zentrum (1992), und der Lehrerin Ursula von Appen, in: Lange/Roß, 17. Juni (2004), S. 56. Zu Rostock RdS Rostock, Abt. Volksbildung, Bericht über die am 31. 3. 1953 in der Großen Stadtschule I durchgeführte Schülervollversammlung, o. D. (April 1953), LAG, Rep. IV/2/9.02, Nr. 1126, Bl. 92 f.

[737] Hierzu und zum Folgenden VPKA, Abt. PM, Hauptwachtmeister Strauss, Bericht über die am 30. 3. 1953 durchgeführte Parteileitungssitzung der Goethe-Schule II, 31. 3. 1953, LHAS, 7.12–1, 13/91, Bl. 11.

ten.[738] Wie schwierig es für die SED war, die anwesenden Parteigenossen von der Notwendigkeit der Einberufung der Schülerversammlung zu überzeugen, lässt sich auch daran ablesen, dass die Sitzung insgesamt sechseinhalb Stunden dauerte, von 20 Uhr abends bis 2.30 Uhr am nächsten Morgen! Anscheinend wandte die SED-Kreisleitung dabei eine Art Zermürbungstaktik an, denn in einem späteren Bericht heißt es, dass das Lehrerkollektiv „[e]rst nach einer sechsstündigen Diskussion" überzeugt werden konnte.[739] Der Berichterstatter nannte die Haltung der Lehrer „versöhnlicher" und schloss aus dem Verlauf der Sitzung, dass die SED-Mitglieder „nicht in der Lage sind, sich gegenüber den parteilosen Kollegen und den Kollegen, die den Blockparteien angehören, durchzusetzen." Er hielt daher eine Veränderung des Kollegiums für „unbedingt erforderlich". Die entsprechende Versammlung der Grundorganisation der Goethe-Schule I fand am folgenden Abend statt.[740] Hier hatte der Vertreter der SED-Kreisleitung, Kirschnick, weniger Probleme, die Lehrer zu überzeugen, auch wenn diese Sitzung ebenfalls über fünf Stunden dauerte. Die Anwesenden standen ganz offensichtlich unter dem Eindruck der Schülerversammlung der Goethe-Schule II, die am selben Tag stattgefunden hatte. Außer Direktor Buxnowitz, der die Lehrer ebenso wie Kirschnick wegen ihrer Duldung der „schamlosen Elemente der so genannten bürgerlichen Schüler" scharf kritisierte, ergriffen nur der Parteisekretär und ein weiterer Neulehrer das Wort. Beide argumentierten im Sinne der SED-Kreisleitung. Am Schluss der Sitzung gab Kirschnick den Verlauf der geplanten Schülerversammlung genau vor. Zwei Schüler, die der SED angehörten, sollten als Versammlungsleiter bzw. Hauptredner fungieren, die Diskussionsbeiträge wurden auf „gute FDJler" verteilt.

Der Verlauf der Schülerversammlungen spiegelt den der Vorbereitungssitzungen wider. An der Goethe-Schule II kam es zu zahlreichen Zwischenrufen und Beifallsbekundungen zugunsten der angefeindeten Angehörigen der Jungen Gemeinde. Von den Lehrern äußerte sich nur die Direktorin Maria Roller, die indes sehr defensiv argumentierte und sich in ihrem Schlusswort bei den Diskussionsrednern dafür bedankte, ihr „die Augen geöffnet" zu haben.[741] An der Goethe-Schule I verlief die Versammlung demgegenüber relativ reibungslos. Hier sprachen sich auch zwei Lehrkräfte offen für die Relegierung der Schüler aus. Aller-

---

[738] In den Worten des Volkspolizei-Hauptwachtmeisters klang das freilich etwas anders. Er unterschied zwischen „formalem Wissen" und der „wirkliche[n] Einstellung, d.h. das Bewußtsein".
[739] Das Folgende nach VPKA Schwerin, VP-Kommandeur Fischer, an BdVP Schwerin, Abt. PM, 7. 4. 1953, LHAS, 7.12–1, 13/91, Bl. 25 f. Faksimile bei Herbstritt, „... den neuen Menschen schaffen." (1996), S. 131 f.
[740] Zum Folgenden KL SED Schwerin, Kulturabteilung, Bericht über die Mitgliederversammlung am 31. 3. 1953 in der Goethe-Schule I, 2. 4. 1953, LHAS, IV/4/10, Nr. 262, Bl. 7–9; VPKA Schwerin, Abt. PM, 2. 4. 1953, LHAS, 7.12–1, 13/91, Bl. 20. Beide Dokumente auch bei Herbstritt, „... den neuen Menschen schaffen." (1996), S. 123–126.
[741] KL SED Schwerin, Bericht über die Schülervollversammlung der Goethe-Schule am 31.3. 1953, 1. 4. 1953, LHAS, 10.34–2, Nr. 262, zitiert nach Herbstritt, „... den neuen Menschen schaffen." (1996), S. 122. Siehe auch den Bericht des VPKA Schwerin, o.D., LHAS, 7.12–1, 13/91, Bl. 9f. Roller hatte schon ein knappes Jahr zuvor im Rahmen einer Schülervollversammlung recht hilflos agiert, als es ihr nicht gelang, die Schüler zur Verabschiedung einer Entschließung für die Bereitschaft zur bewaffneten Verteidigung der DDR zu bringen. Bericht vom 23. 5. 1952, BStU, MfS, BV Schwerin, AP, Nr. 71/54, Bl. 51–53. Vgl. dazu Bispinck, Dissens, Widerstand und Repression (2007), S. 284. Zum erfolglosen Versuch Rollers, Parteipolitik von der Schule fernzuhalten, vgl. auch Vierneisel, 17. Juni (2004), S. 43.

dings kam es kurz vor dem Ende zu einem Zwischenfall: Als die Versammlung über den Ausschluss der Schüler abstimmen wollte, sprang die Lehrerin Ilse Martens auf und rief „Halt – Nicht abstimmen". Eine Abstimmung war danach unmöglich. Die Versammlung wurde unterbrochen und der Pädagogische Rat der Schule entschied – ebenso wie an der Goethe-Schule II – im kleinen Kreis über das Schicksal der Schüler.[742] An der Goethe-Schule II kam es im Pädagogischen Rat zu einer langen und kontroversen Diskussion, an der auch die Vertreter der Schweriner Betriebe teilnahmen.[743] Viele Lehrer hielten die Vorwürfe gegen die Schüler für überzogen und wollten einen Schulverweis verhindern. Im Bericht der Volkspolizei heißt es: „Nicht ein einziger Lehrer nahm in unserem Sinne gegenüber dem reaktionären Treiben Stellung." Unter dem Druck der anwesenden Funktionäre beschloss der Rat schließlich doch den Ausschluss der Schüler. Nur eine Lehrerin, Annaliese Lemcke, stimmte dagegen.[744] An der Goethe-Schule I erfolgte der Ausschluss von vier Schülern ohne längere Diskussion einstimmig.[745]

In Rostock betrafen die Auseinandersetzungen mit der Jungen Gemeinde den Schulleiter selbst. Albrecht Steiner, Direktor der Großen Stadtschule I, war bis dahin geradezu das Musterbeispiel eines fachlich qualifizierten, gesellschaftspolitisch engagierten und ideologisch gefestigten Lehrers gewesen. Von aller Kritik, der das Kollegium seiner Schule immer wieder ausgesetzt war, war er stets ausgenommen worden: „Er bezieht jederzeit eine klare Stellung und vertritt diese konsequent, besonders in seinem in politischen Dingen zurückhaltenden Kollegium."[746] Auch die Kampagne gegen die Junge Gemeinde trug er anfangs voll mit. Noch zu Beginn des Jahres 1953 hatte er ihren Anhängern gedroht, sie von der Schule zu verweisen. Ende März, wenige Tage vor der Schülerversammlung, floh Steiner mit seiner Familie nach Westdeutschland.[747] Der Grund war ein privater:

---

[742] BdVP Schwerin, Abt. PM, an HVDVP, Entfernung von reaktionären Elementen von den Oberschulen, 15. 4. 1953, LHAS, 7.12–1, 13/91, Bl. 30. In dem Dokument selbst ist von einer Frau Marx die Rede. Da es eine Lehrerin dieses Namens an der Goethe-Schule im fraglichen Zeitraum nicht gegeben hat, schließe ich mich der Interpretation Herbstritts, „… den neuen Menschen schaffen." (1996), S. 46, an, dass es sich um Frau Martens gehandelt haben muss. Merkwürdigerweise findet dieses Ereignis in keinem der anderen Berichte über die Versammlung Erwähnung. Im Bericht des VPKA Schwerin vom 7. 4. 1953 (LHAS, 7.12–1, 13/91, Bl. 25 f.) heißt es sogar ausdrücklich, es habe keine besonderen Vorkommnisse gegeben.

[743] Hierzu der Bericht des VPKA Schwerin, o.D., LHAS, 7.12–1, 13/91, Bl. 9 f. Die Sitzung dauerte etwa dreieinhalb Stunden. Das Protokoll ist nicht überliefert.

[744] Lemcke stimmte in drei der sechs verhandelten Fälle gegen einen Verweis. Nach dem Erinnerungsbericht von Ursula von Appen waren es sogar zwei Lehrkräfte – beides Altlehrer –, die gegen den Verweis stimmten. Bericht in Lange/Roß, 17. Juni (2004), S. 56.

[745] Hier wurde eine weitere Schülerin relegiert, die auf der Schülerversammlung angeblich eine abfällige Aussage gemacht hatte. Goethe-Schule I, Protokoll der 10. (außerordentlichen) Sitzung des Pädagogischen Rates, 1. 4. 1953, StASch, S 6, Nr. 324. Der Verweis der Schülerin wurde später zurückgenommen, weil eine Verwechslung vorlag. Laut Bericht der BdVP stimmte Ilse Martens im Pädagogischen Rat gegen die Ausschlüsse, was aber im Widerspruch zum Sitzungsprotokoll steht.

[746] RdS Rostock, Dezernat Volksbildung, Abt. Unterricht und Erziehung, stellv. Kreisschulrätin Naumann, Beurteilung von Albrecht Steiner, 15. 7. 1952, LAG, Rep. 200, 8.1.1, Nr. 111, Bl. 159 f. Ende 1952 hieß es über Steiner: „Er zeigt jederzeit eine eindeutige und klare Haltung in gesellschaftlichen Fragen. Er leistet eine gute schulische Arbeit." KL SED Rostock-Stadt, Abt. Kultur und Erziehung, Sekretariatsvorlage über die FDJ-Arbeit an den Oberschulen, 11. 11. 1952, LAG, Rep. IV/4/07, Nr. 558, Bl. 1–8, hier Bl. 5. Siehe auch: „Wie wurde der Beschluss des PB des ZK der SED vom 29. 7. 1952 im Kreise Rostock-Stadt verwirklicht?", o.D., LAG, Rep. IV/4/07, Nr. 552, Bl. 19–35, hier Bl. 27.

[747] Vgl. hierzu und zum Folgenden Spychala, So lernten wir für das Leben (2005), S. 154 f. Siehe auch

Seine eigene Tochter, die die 10. Klasse der Schule besuchte, gehörte der Jungen
Gemeinde an. Außer ihm billigten viele andere Lehrer der Großen Stadtschule die
Maßnahmen der Regierung gegen die kirchliche Jugendbewegung nicht. In der
Vollversammlung drohte die Stimmung, ähnlich wie an der Goethe-Schule II, zu
kippen. Nur eine „ernsthaft ermahnende und revolutionäre" Rede des neuen Direktors Paul Wartberg verhinderte dies und führte dazu, dass der Verweis von
sechs Schülern beschlossen wurde.[748] Wartberg, der als Hardliner bekannt war,[749]
hatte zusätzlich zur Leitung der Zehnklassenschule kurzfristig auch die der Großen Stadtschule I übernommen. Über die Flucht seines Vorgängers verlor er auf
der Versammlung kein Wort.

Mit den Vollversammlungen und den auf ihnen ausgesprochenen Verweisen
war der Kampf gegen die Junge Gemeinde keinesfalls beendet. In den folgenden
Monaten agitierte die FDJ weiter, und den Schülern, die sich von der Gruppe
nicht lossagen wollten, wurde der Verweis angedroht. Parallel dazu sollte die FDJ-
Arbeit und die Werbung von Mitgliedern an den Schulen verbessert werden.[750]
Die meisten Jugendlichen beugten sich dem Druck, einige wenige jedoch weigerten sich und mussten die Schule verlassen.[751] Insgesamt wurden allein an den
Schweriner Oberschulen bis Ende Mai weitere neun Schüler ausgeschlossen.[752]
Das FDJ-Organ „Junge Welt" begleitete diese Maßnahmen mit einer wahren Flut
von verleumderischen Artikeln gegen die Junge Gemeinde.[753] Parallel zum Ausschluss von Schülern fand auch eine Überprüfung des Lehrkörpers statt, die sieben Entlassungen nach sich zog.[754] Die Maßnahmen sorgten zwar für eine Diszi-

---

den Hinweis auf Steiners Flucht in einem Aktenvermerk seines Nachfolgers Wartberg, 16. 5. 1953,
LAG, Rep. IV/2/9.02, Nr. 1126, Bl. 94 f.

[748] RdS Rostock, Abt. Volksbildung, Bericht über die am 31. 3. 1593 in der Großen Stadtschule I
durchgeführte Schülervollversammlung, o.D. (April 1953), LAG, Rep. IV/2/9.02, Nr. 1126,
Bl. 92 f. Siehe auch den Erinnerungsbericht von Kausch, Schülervollversammlung (2006).

[749] Er schritt beispielsweise rigoros ein, als Schüler anlässlich der Berliner Außenministerkonferenz
im Januar 1953 eine Schweigeminute verabredeten. Vgl. Stier, Schweigeminute (2005). Wartbergs
Werdegang und eine Beurteilung vom 15. 7. 1952 finden sich in LAG, Rep. 200, 8.1.1, Nr. 111,
Bl. 163–166.

[750] Vgl. die Protokolle der Sitzungen des Pädagogischen Rates der Goethe-Schule II vom 22. 4. 1953
(Thema: „Die Verschärfung des Klassenkampfes in der Periode der Schaffung der Grundlagen des
Sozialismus in der DDR") und der Goethe-Schule I vom 30. 4. 1953, StASch, S 6, Nr. 324; KL
SED Rostock, Sekretariatsvorlage über patriotische Erziehung, 12. 5. 1953, LAG, Rep. IV/4/07,
Nr. 552, Bl. 45–50, hier Bl. 49.

[751] An der Goethe-Schule I wurden fünf Schüler ausgeschlossen. Nur in einem Fall gab es eine Gegen-
stimme. Protokoll der 13. Sitzung des Pädagogischen Rates, 15. 5. 1953, StASch, S 6, Nr. 324.

[752] Vgl. Herbstritt, „... den neuen Menschen schaffen." (1996), S. 45. Im Bezirk Schwerin waren es
nach unterschiedlichen Angaben 30 oder 46, im Bezirk Rostock 42. Vgl. ebd. sowie Geißler, Geschichte des Schulwesens (2000), S. 369.

[753] Siehe z. B. Junge Welt, 7. Jg.: „Duldet nicht die Agenten Adenauers! Weitere Tatsachen über die
republikfeindliche Tätigkeit der ‚Jungen Gemeinde'" (20. 3. 1953); „Die Aufklärungsarbeit an den
Oberschulen überzeugender führen"; „Ich will nicht Werkzeug der USA-Imperialisten sein'.
Junge Christen entlarven die ‚Junge Gemeinde' als ein Instrument der Kriegstreiber" (beide 15. 4.
1953); „Junge Gemeinde' – Tarnorganisation für Kriegshetze, Sabotage und Spionage im USA-
Auftrag", (16. 4. 1953); „Jugendliche treten aus der ‚Jungen Gemeinde' aus. Zu den Enthüllungen
über die republikfeindliche Tätigkeit der ‚Jungen Gemeinde'" (19. 4. 1953).

[754] RdS Schwerin, Abt. Volksbildung, an Oberbürgermeister, 3. 7. 1953, StASch, R 31, Nr. 151. Insgesamt wurden im Bezirk Schwerin von 200 Oberschullehrern 15 entlassen und acht an eine Grundschule versetzt. Im Bezirk Rostock wurden von 261 Oberschullehrern 27 entlassen und 18 an eine
Grundschule versetzt. DDR-weit kam es zu 558 Entlassungen und 315 Versetzungen bei einer Gesamtzahl von 5893 Oberschullehrern. Zahlen nach Häder, Schülerkindheit (1998), S. 101.

plinierung und Einschüchterung von Schülern und Lehrern, zeitigten aber auch
unbeabsichtigte Nebenwirkungen. Nicht wenige Schüler entzogen sich dem
Druck durch die Flucht in den Westen. Allein von der Goethe-Schule II verließen
im zeitlichen Umfeld der Kampagne zwölf Schüler die DDR.[755] Einige Lehrer, die
mit den Aktionen nicht einverstanden waren, quittierten von sich aus den
Dienst.[756] Im Mai ging zudem bei mehreren Lehrern und dem FDJ-Sekretär der
Goethe-Schule I ein mit „Widerstandsbewegung Mecklenburg" unterzeichneter
Drohbrief ein, in dem schwere Vorwürfe gegen die Adressaten erhoben wur-
den.[757]

Fazit

Die Aktion gegen die Junge Gemeinde und die tribunalartigen „Denunziations-
orgien", wie der damalige Schulrat Günther Rosahl die Schülerversammlungen im
Rückblick nannte,[758] gingen nicht von Lehrern oder Schülern der betroffenen
Oberschulen aus. Vielmehr waren sie Teil einer generalstabsmäßig geplanten
Kampagne der SED, die sie den Schulen aufoktroyierte. Federführend waren die
SED-Kreisleitung und die FDJ, im Hintergrund wirkten das MfS und die Volkspolizei mit. Bestellte Arbeiter aus lokalen Betrieben sollten den Anschein erwe-
cken, als werde die Öffentlichkeit einbezogen. Die Schüler wurden vom Verlauf
der Versammlungen vollkommen überrumpelt – ursprünglich sollte es auf ihnen
lediglich um die Verabschiedung einer Protestresolution gegen die Hinrichtung
des Ehepaares Julius und Ethel Rosenberg in den USA gehen.[759] Die Lehrer wurden erst am Tag zuvor informiert. Sie trugen die Maßnahmen nur widerwillig mit
und versuchten, zumindest an der Schweriner Goethe-Schule II, sie zu verhindern
oder abzuschwächen. Dies gilt auch für die meisten Mitglieder der SED und teilweise auch für Funktionsträger der Partei. Nur wenige Lehrer traten aktiv im
Sinne der SED-Politik gegen die Junge Gemeinde in Erscheinung, darunter Bruno
Buxnowitz, der sich als Direktor gegenüber Schulverwaltung und Parteileitung zu
verantworten hatte und sich möglicherweise profilieren wollte. Im besonderen
Maße exponierte sich der Parteisekretär der Goethe-Schule I, der in der entscheidenden Sitzung des Pädagogischen Rates weitere belastende Details über die
Schüler bekannt gab. Diese hatte er bereits seit Anfang 1951 in seiner Eigenschaft
als IM des MfS gesammelt.[760] Aufgrund seiner Jugend und seiner besonderen

[755] Goethe-Schule II, Liste der republikflüchtigen Schüler, 24. 4. 1953, StASch, R 31, Nr. 151.
[756] Siehe z.B. RdS Schwerin, Abt. Volksbildung, an Max Wiegandt, Bestätigung der Entlassung auf
eigenen Wunsch zum 31. 8. 1953, StASch, S 6, Nr. 1461.
[757] Schreiben vom 7. 5. 1953, BStU, MfS, BV Schwerin, AU, Nr. 95/53, Bl. 380.
[758] Vgl. Rosahl, Stadtschulrat (2001), S. 89. Seine eigene damalige Haltung beschreibt er folgendermaßen: „Obwohl mich dieses Vorgehen abstieß, wagte ich nichts dagegen zu unternehmen, hatte aber
ein schlechtes Gewissen danach."
[759] So IM „Nagel": „Die [...] Schülerschaft befand sich in starker Erregung, weil niemand auf so etwas
gefaßt war und alles zu überraschend kam." Bericht vom 2. 4. 1953, BStU, MfS, BV Schwerin,
AIM, Nr. 489/55, Bl. 19f. Vgl. auch das Schreiben des Vaters eines der relegierten Schüler an Buxnowitz, 16. 4. 1953, in dem er von „völlig ahnungslosen" Schülern spricht. StASch, S 6, Nr. 770.
[760] Das MfS warb ihn am 24. 2. 1951 an. Als Grund wurde unter anderem angegeben, dass er das Vertrauen vieler Jugendlicher besitze. Plan für die weitere Arbeit mit dem GM „Manfred", o.D.
(März 1951), BStU, MfS, BV Schwerin, AP, Nr. 143/55, Bl. 22–28, hier Bl. 22. Siehe auch die Berichte von IM „Schwarz" vom 27.3., 1.5. und 10. 5. 1951, BStU, MfS, BV Schwerin, AP, Nr. 219/
55, Bl. 1f.; ebd., Nr. 143/55, Bl. 63.

Nähe zu den Schülern, die ihm mehrfach attestiert wurde,[761] kam er relativ leicht an belastendes Material heran und war genau aus diesem Grund auch vom MfS angeworben worden. In einer weiteren Sitzung am Nachmittag desselben Tages tat der Parteisekretär in einer Diskussion über den Klassenkampf an der Schule mit Blick auf die soeben ausgeschlossenen Schüler seine Auffassung kund: „Menschlichkeit darf negativen Elementen gegenüber keine Rolle spielen."[762] Der Neulehrer, der Erdkunde, Geschichte und Gegenwartskunde unterrichtete, war seit Ende der 1940er Jahre von der SED und von der Schulleitung immer wieder wegen seines gesellschaftspolitischen Engagements, seiner parteilichen Haltung im Unterricht und seines positiven Einflusses auf die Schüler gelobt worden.[763] Er übte zahlreiche Funktionen in der Partei und an der Schule aus und war schon im Alter von 25 Jahren zum stellvertretenden Schulleiter befördert worden.[764]

Andere Lehrer verweigerten sich. Der Direktor der Großen Stadtschule entzog sich einer Beteiligung durch die Flucht in den Westen. Zwei Lehrerinnen bekundeten ihren Protest öffentlich: Ilse Martens und Annaliese Lemcke. Ilse Martens war bei Schulrevisionen bisher nicht aufgefallen, war aber neben Anna Werner eine der beiden Lehrerinnen, die 1950 im Rahmen der Oberschulrevision als „ausgesprochene Individualisten" bezeichnet worden waren.[765] Sie verließ kurz nach den Ereignissen die DDR.[766] Annaliese Lemcke, Pastorentochter und Mitglied der CDU, war bisher nicht aufgefallen. Sie setzte sich aber auch in den Folgemonaten im Pädagogischen Rat mehrfach vehement für Schüler ein, die entlassen werden sollten. So protestierte sie im Mai 1953 gegen den Ausschluss zweier Mädchen ihrer eigenen Klasse und beklagte sich darüber, dass die Schulleitung nicht zuvor das Gespräch mit ihr gesucht habe. Neben ihr stimmten noch zwei weitere Lehrer gegen den Ausschluss.[767] Der Fall Lemcke zeigt, dass abweichendes Verhalten und

---

[761] „Auch ausserhalb des Unterrichts bewährt er sich als Freund und Kamerad seiner Schüler." Oberschule für Jungen, Gernentz, an MfV, 26. 3. 1949; in einer anderen Beurteilung ist von seiner „jugendnahen kameradschaftlichen Einstellung zu seinen Schülern" die Rede. Beide Dokumente in StASch, S 6, Nr. 212.

[762] Goethe-Schule I, Protokoll der 11. Sitzung des Pädagogischen Rates, 1. 4. 1953, StASch, S 6, Nr. 324.

[763] Siehe u. a. Goethe-Schule I, Buxnowitz, Beurteilung, 26. 1. 1953, StASch, S 6, Nr. 347. Vgl. auch das Schreiben des damaligen Rektors Gernentz an das MfV (26. 3. 1949), in dem dieser auf seine Unentbehrlichkeit hinweist, um dessen Versetzung zu verhindern: Als Geschichtslehrer sei er „kaum zu ersetzen": „[E]r steht fest auf dem Boden sozialistischer Weltanschauung und erteilt einen Unterricht, der dieser Anschauung voll gerecht wird. Sein politisch-erzieherischer Einfluss auf seine Schüler ist erfreulich. Er setzt sich mit Eifer ein für die enge Zusammenarbeit der Schule mit der Freien Deutschen Jugend." StASch, S 6, Nr. 212.

[764] Er war unter anderem Leiter des FDJ-Zirkels und der Geschichtsarbeitsgemeinschaft an der Goethe-Schule II sowie Gründer und Leiter einer Kandidatengruppe der SED unter den Schülern. Goethe-Schule II, Jahresdrittelbericht, April 1951, StASch, S 6, Nr. 805; Stadt Schwerin an MfV, Schulabteilung, 21. 2. 1950, LHAS, 6.11–21, Nr. 1155, Bl. 2 f.

[765] Stadtschulamt Schwerin an MfV, Hauptabteilung Unterricht und Erziehung, Referat Oberschulen, Bericht über die Überprüfung der Oberschule für Mädchen Schwerin, 1. 6. 1950, BAB, DR 2, Nr. 5718, Bl. 348–352, hier Bl. 351.

[766] In den Lehrerverzeichnissen der Goethe-Schule taucht Martens seit Frühjahr 1953 nicht mehr auf. Im Jahrbuch der Goethe-Schule I von 1955, S. 26, heißt es, dass sie in den Westen verzogen sei. Wann genau und unter welchen Umständen dies geschah, muss offen bleiben.

[767] Goethe-Schule II, Protokoll der außerordentlichen Sitzung des Pädagogischen Rates, 21. 5. 1953, StASch, S 6, Nr. 324. Die anderen beiden Gegenstimmen sind nicht namentlich genannt, aus dem Verlauf der Diskussion ist aber zu schließen, dass es sich um Lieselotte Prösch und Paul Strömer, zwei Altlehrer, handelte.

öffentlicher Protest auch in einer politisch hoch aufgeladenen Situation wie der Kampagne gegen die Junge Gemeinde durchaus möglich waren und nicht zwangsläufig zur Entlassung führen mussten: Die Lehrerin konnte weiter an der Goethe-Schule unterrichten und blieb dort bis zu ihrer regulären Pensionierung im Jahr 1958.[768] Nicht unerwähnt bleiben sollte in diesem Zusammenhang die Tatsache, dass zwei Kollegen, deren bisheriges Verhalten die Annahme nahelegt, dass sie sich ebenfalls gegen den Ausschluss von Schülern gewandt hätten, kurz vor Beginn der Kampagne entlassen wurden: Anna Werner und Martin Karsten. Dass dies mit Blick auf die bevorstehenden Auseinandersetzungen, gleichsam präventiv, geschehen war, lässt sich nur vermuten.

d) Vorübergehende Liberalisierung? Der „Neue Kurs" und der Volksaufstand vom 17. Juni 1953

Die Kampagne gegen die Junge Gemeinde und ihre Anhänger fand mit dem am 9. Juni 1953 vom Politbüro der SED beschlossenen und am 11. Juni im „Neuen Deutschland" veröffentlichten „Neuen Kurs" ein abruptes Ende. Angesichts der sich zuspitzenden gesellschaftlichen Krise, die sich vor allem in der massenhaften Flucht von DDR-Bürgern niederschlug, hatte die Moskauer Führung die SED-Spitze zu einer deutlichen Kurskorrektur gezwungen.[769] Diese schlug sich auch im Volksbildungswesen nieder; eine entsprechende Anordnung erließ das MfV am 15. Juni.[770] Für die Schulen bedeutete dies in erster Linie eine Zurücknahme der antikirchlichen Maßnahmen: Die im Zusammenhang mit dem Kampf gegen die Junge Gemeinde religierten Schüler und die im Rahmen der Oberschulüberprüfung entlassenen Lehrer sollten wieder zum Unterricht zugelassen werden. In Schwerin kehrten sieben von 19 religierten Oberschülern bis zum 17. Juni an ihre Schule zurück. Fünf weitere, die die 12. Klasse besuchten, erhielten die Möglichkeit, nachträglich ihr Abitur abzulegen. Sechs Schüler waren in die Bundesrepublik geflüchtet, ein weiterer befand sich auf einer kirchlichen Schule in Ost-Berlin.[771] Die gegen sieben Lehrer ausgesprochenen Kündigungen wurden zurückgenommen.[772] Das Volksbildungsministerium beschloss ferner, den Oberschulzugang für Akademikerkinder zu erleichtern. Allein in Schwerin wurden nachträglich zusätzliche 100 Schüler für den Besuch der Oberschule zugelassen.[773]

---

[768] Goethe-Schule II, Liste der Lehrer im Schuljahr 1957/58, StASch, R 31, Nr. 5.
[769] Kommuniqué des Politbüros vom 9. Juni 1953, in: Dokumente der SED IV (1955), S. 428–431. Zum „Neuen Kurs" und seinen Folgen vgl. Hoffmann, DDR unter Ulbricht (2003), S. 51–57; Staritz, Geschichte der DDR (1996), S. 100–116.
[770] Anordnung des MfV, 15. 6. 1953, in: Geißler/Blask/Scholze, Streng vertraulich! (1996), S. 326. Zur Durchführung des Beschlusses siehe den Bericht des MfV vom 27. 7. 1953, in: ebd., S. 354–356.
[771] SED-BL Schwerin, Kulturabteilung, Bericht über die Goethe-Schule I und II, 17. 6. 1953, Faksimile bei Herbstritt, „… den neuen Menschen schaffen." (1996), S. 138 f.
[772] Lediglich in zwei Fällen hielt die Abteilung Volksbildung sie auf Wunsch der Betroffenen aufrecht, da sie die Altersgrenze überschritten hatten. RdS Schwerin, Abt. Volksbildung, Drusenthal, an Oberbürgermeister, 3. 7. 1953, StASch, R 31, Nr. 151. Für die DDR-weite Entwicklung vgl. Häder, Schülerkindheit (1998), S. 106–111; Geißler, Geschichte des Schulwesens (2000), S. 378–381.
[773] RdS Schwerin, Abt. Volksbildung, Drusenthal, an Oberbürgermeister, 3. 7. 1953, StASch, R 31, Nr. 151.

Die Reaktionen der Lehrer auf den „Neuen Kurs"

Der überwiegende Teil der Oberschullehrer begrüßte den „Neuen Kurs". Erleichterung machte sich breit. An der Schweriner Goethe-Schule II äußerte sich das Kollegium vor allem erfreut über die Rückkehr der entlassenen Lehrer und Schüler.[774] Zugleich waren viele Funktionäre, Lehrer und Schüler wegen des plötzlichen Kurswechsels verunsichert. Stadtschulrat Rosahl sah sich zu seiner Überraschung Kritik ausgesetzt, weil er als Leiter der Aufnahmekommission fast ausschließlich Arbeiter- und Bauernkinder in die Oberschule aufgenommen und sogar den Sohn des Landesbischofs abgelehnt hatte.[775] Einige hielten den „Neuen Kurs" sogar für falsch, darunter diejenigen FDJ-Funktionäre und Lehrer, die sich in besonderem Maße im Kampf gegen die Junge Gemeinde hervorgetan hatten und mit der neuen Politik der SED ihr bisheriges Verhalten in Frage gestellt sahen. So gingen einem Lehrer der Schweriner Goethe-Schule II die Zugeständnisse an die Kirche zu weit, und er lehnte es daher ab, weiterhin an einer Oberschule zu unterrichten. Der Direktor der Großen Stadtschule Rostock, Paul Wartberg, verwahrte sich gegen den Vorwurf der SED-Kreisleitung, seine Schule sei im Kampf gegen die Junge Gemeinde zu weit gegangen:

„Ich möchte hier erklären, daß niemals Überspitzungen stattgefunden haben. Wenn ein Pamphlet an die DDR verlesen wird, und unser Präsident beleidigt wird, und die Sache der Arbeiterklasse in den Dreck gezogen wird, dann gehe ich nicht davon ab, daß wir eingreifen müssen."[776]

Bei den meisten Lehrern überwog aber die Verärgerung darüber, dass ihnen Dinge zugemutet worden waren, die gegen ihre Überzeugung gingen. Außerdem waren sie unsicher, wie sie in Zukunft mit der Jungen Gemeinde umgehen sollten. Die bisherigen Maßnahmen, so betonten mehrere Lehrer der Großen Stadtschule mit Recht, seien schließlich nicht von den Schulen ausgegangen; vielmehr sei der Kampf „unter direkter Anleitung der Partei" geführt worden.[777]

Die Ereignisse vom 17. Juni und insbesondere die Verhängung des Ausnahmezustands am 18. Juni trugen weiter zur Verunsicherung der Lehrer bei, obwohl die direkten Auswirkungen des Volksaufstands auf die Rostocker und Schweriner Oberschulen gering blieben. Das Aufstandsgeschehen, das sich in den drei Nordbezirken ohnehin verzögert und abgeschwächt abspielte,[778] tangierte die Schulen dieser Region kaum. Zu Störungen des Schulbetriebs kam es in Rostock und

[774] Hierzu und zum Folgenden SED-BL Schwerin, Abt. Volksbildung, Einschätzung der Stimmung unter den Lehrern, o. D. (nach 17. 6. 1953), LHAS, 10.34–3, Nr. 1383, Bl. 40–42.
[775] Rosahl, Stadtschulrat (2001), S. 89 f. Rosahl erfuhr die für die DDR typische Individualisierung von Problemen und Konflikten am eigenen Leib: „Der neue Kurs der SED lenkte nämlich die Unzufriedenheit bürgerlicher Intellektueller und der Kirchenkreise auf untergebene Mitarbeiter der Verwaltung ab, obgleich die lediglich staatliche Verfügungen gesetzestreu befolgt hatten." Vgl. dazu auch van Melis/Bispinck, Republikflucht (2006), S. 112 f.
[776] Parteiaktivtagung in Rostock-Stadt, 29. 8. 1953, LAG, Rep. IV/2/9.02, Nr. 1126, Bl. 106–110, hier Bl. 107. Zur Verunsicherung regimetreuer Lehrer durch den „Neuen Kurs" vgl. auch Kowalczuk, Volkserhebung (1995), S. 148 f.
[777] Beitrag eines Lehrers der Großen Stadtschule I, ebd. Siehe auch Bericht über die Parteiaktivtagung der Lehrer des Kreises Rostock-Stadt am 25. 6. 1953, 26. 6. 1953, LAG, Rep. IV/2/9.02, Nr. 1126, Bl. 96–100.
[778] Vgl. Schwabe, Aufstand an der Küste (2003), S. 6: „Die Nordbezirke der DDR gehörten gewiss nicht zu den Schwerpunkten des Aufstandes." Vgl. auch Vierneisel, 17. Juni (2003), S. 4.

Schwerin nicht. Die Lehrer hätten, so ein Bericht der Schweriner SED-Bezirks-
leitung, „ruhig und besonnen" weitergearbeitet.[779] Dazu trug auch bei, dass der
Volksaufstand hier mit den Abschlussprüfungen der 12. Klasse zusammenfiel.
Aus Schwerin ist überliefert, dass die Oberschule am 18. Juni von sowjetischen
Panzern umstellt war, was bei den Schülern Verunsicherung auslöste, zumal die
Kanonen auf das Schulgebäude gerichtet waren.[780] An der Großen Stadtschule
Rostock bewachten mit Luftgewehren der GST ausgerüstete Schülertrupps in der
Nacht vom 18. zum 19. Juni das Schulgebäude, ohne dass es zu Angriffen kam.[781]
Auf Lehrerkonferenzen und im Pädagogischen Rat waren die Juni-Ereignisse
trotzdem kein Thema. Doch diskutierten die Oberschullehrer in den folgenden
Wochen, in denen für kurze Zeit Meinungsfreiheit möglich schien, offen über
zahlreiche Probleme des Schulalltags und ihrer beruflichen und materiellen Lage.
Die Abteilung Volksbildung des Bezirks Schwerin registrierte Anfang Juli:

> „Als eine wesentliche Reaktion der Lehrer und Erzieher ist seit dem 9. 6. 1953 eine immer
> größer werdende Aufgeschlossenheit und Ehrlichkeit in der Meinungsäußerung festzustel-
> len. Dies trifft besonders für viele Kollegen zu, die bislang verbittert geschwiegen haben."[782]

Die überlieferten Diskussionen ermöglichen einen guten Einblick in die Nöte und
Probleme, die die Oberschullehrer in dieser Zeit bewegten. Sie geben darüber hinaus Aufschluss über ihr berufliches und soziales Selbstverständnis. Die Lehrer
brachten zahlreiche Kritikpunkte und Beschwerden, die sie schon in den Jahren
zuvor vereinzelt oder indirekt geäußert hatten, in dieser Zeit erstmals laut und
deutlich vor. Die Kritik bezog sich dabei bei weitem nicht nur auf die Folgen der
seit der II. Parteikonferenz der SED eingeleiteten politischen Maßnahmen. Auch
betraf sie Fragen von Politik und Ideologie nur am Rande. Vielmehr standen die
Unterrichtsmethodik, die Arbeitsüberlastung sowie die mangelnde gesellschaftliche und materielle Anerkennung der Lehrer im Mittelpunkt der Diskussion: So
seien die vom Volksbildungsministerium und dem Deutschen Pädagogischen
Zentralinstitut (DPZI) ausgearbeiteten Lehrpläne zu umfangreich und die Stofffülle so groß, dass sie unmöglich in der vorgegebenen Zeit umgesetzt werden
könnten. Verbunden war diese Kritik mit dem Appell an die in diesen Institutionen tätigen „Theoretiker", sie sollten „mehr in die Schulen gehen, um die Praxis
kennenzulernen".[783] Hinzu kämen das ausufernde Berichtswesen, die schriftli-

---

[779] Einschätzung der Stimmung unter den Lehrern, o.D. (nach 17. 6. 1953), LHAS, 10.34–3, Nr. 1383,
   Bl. 40–42, hier Bl. 40. Vgl. auch Geißler, Geschichte des Schulwesens (2000), S. 381, sowie die Berichte der Bezirke Schwerin und Rostock über das Verhalten der Schulen und der Schulorgane am
   17./18. 6. 1953, in: Geißler/Blask/Scholze, Streng vertraulich! (1996), S. 327. Nicht an allen Oberschulen der DDR blieb es in diesen Tagen so ruhig. Vgl. zu den DDR-weiten Ereignissen Geißler,
   Geschichte des Schulwesens (2000), S. 381–386; Kowalczuk, Volkserhebung (1995), S. 150 f.
[780] Vgl. Herbstritt, „... den neuen Menschen schaffen (1996), S. 47.
[781] Vgl. Spychala, So lernten wir für das Leben (2005), S. 155 f.
[782] Bericht an das MfV, Zaisser, 4. 7. 1953, in: Geißler/Blask/Scholze, Streng vertraulich! (1996),
   S. 327 f.
[783] So Wartberg auf der Parteiaktivtagung in Rostock-Stadt am 25. 6. 1953, Bericht vom 26. 6. 1953,
   LAG, Rep. IV/2/9.02, Nr. 1126, Bl. 96–100, hier Bl. 99 f. Hieraus auch das folgende Zitat. Die Kritik an der Praxisferne der Erziehungswissenschaftler und Bildungsfunktionäre im Gefolge des
   „Neuen Kurses" hatte in der pädagogischen Wissenschaft mittelfristig eine Verschiebung der
   Schwerpunkte zugunsten schulpädagogisch relevanter und praxisorientierter Themen zur Folge.
   Vgl. Wiegmann, 17. Juni (2004), S. 22, 31–35.

chen Unterrichtsvorbereitungen und die zahlreichen Beratungen, Sitzungen und Tagungen. Die Belastung sei so groß, dass fast alle Lehrer, die ihre Arbeit ernst nähmen, zu Beginn der Ferien „körperlich fertig" seien. Diesem enormen Arbeitspensum stünde eine nur geringe ideelle und materielle Anerkennung ihres Berufsstandes gegenüber. Die Lehrer kritisierten daher den geplanten Wegfall der steuerlichen Anerkennung von Werbungskosten und forderten die Gleichstellung mit den übrigen Angehörigen der Intelligenz bezüglich der Berechtigung zum Einkauf in den sogenannten Intelligenzgeschäften.[784]

Heftig beklagten die Lehrer sich auch über die permanente Gängelung durch übergeordnete Behörden. Die Überfülle von Anweisungen, Verordnungen und Veranstaltungen an den Schulen hemme die Initiative der Lehrer, statt sie zu fördern.[785] Die zentrale Steuerung der Abschlussprüfungen schränke die Lehrerpersönlichkeit ein und degradiere den Pädagogen zum Buchhalter. Außerdem stelle sie die Lehrer vor den Schülern bloß.[786] Wie schon in den Jahren zuvor wehrten sich die Oberschullehrer vor allem gegen Eingriffe und Kritik von solchen Personen, die über eine geringere berufliche Qualifikation verfügten. Die Schulinspektoren seien zu einer „Landplage" geworden und besäßen nicht die Kompetenz, die Arbeit eines „alten erfahrenen Lehrers" zu überprüfen. Gleiches gelte für die FDJ-Instrukteure, die „keine Ahnung" hätten.[787] Entlassungen und Versetzungen von Lehrern nehme der Rat des Bezirkes auf administrativem Wege vor, ohne die Betroffenen oder die Schulleiter zu konsultieren. Auf Kritik stieß dabei insbesondere die Entlassung von älteren Lehrkräften kurz vor Erreichen der Pensionsgrenze. Auch die Erhöhung des Lehrdeputats um zwei Stunden sei auf dem Verordnungswege erfolgt, ohne mit den Lehrern darüber zu diskutieren.[788] In diesem Zusammenhang warfen die Lehrer auch der Gewerkschaft schwere Versäumnisse vor: Ihre Aufgabe, so ein Lehrer von der Großen Stadtschule, sei es, die Interessen der Kollegen zu vertreten, tatsächlich aber agiere sie als staatliches Organ.[789] Die Auffassung der Vertreterin der Bezirksparteileitung, nach der die Hauptaufgabe der Gewerkschaft sei, die Lehrer für den „Neuen Kurs" zu begeistern und auf diese Weise als der viel zitierte „Transmissionsriemen" von Partei und Regierung zu fungieren, wiesen die Genossen Lehrer zurück:

---

[784] So die Forderung des Schulgewerkschaftsgruppensekretärs der Großen Stadtschule Rostock. Bericht über die Aussprache des Sekretärs der SED-BL Rostock, Rentsch, mit den Lehrern der Großen Stadtschule Rostock am 4. 7. 1953, 7. 7. 1953, LAG, Rep. IV/2/9.02, Nr. 1126, Bl. 103–105, hier Bl. 103.

[785] RdB Schwerin, Abt. Volksbildung, Greese, an MfV, 4. 7. 1953, in: Geißler/Blask/Scholze, Streng vertraulich! (1996), S. 327 f.

[786] Bericht über die Aussprache des Sekretärs der SED-BL Rostock, Rentsch, mit den Lehrern der Großen Stadtschule Rostock am 4. 7. 1953, 7. 7. 1953, LAG, Rep. IV/2/9.02, Nr. 1126, Bl. 103–105 (hieraus auch die folgenden Zitate). Form und Inhalt der Abschlussprüfungen stießen auch überregional auf Kritik. Vgl. Uhse, Laienbetrachtungen (1953).

[787] Im Juli 1953 forderten die Lehrer Schutz vor Eingriffen in die Schulen durch die Kreisleitungen der SED und der FDJ. MfV, Bericht über die Durchführung des Ministerratsbeschlusses vom 11. 6. 1953, 27. 7. 1953, in: Geißler/Blask/Scholze, Streng vertraulich! (1996), S. 354–356.

[788] Parteiaktivtagung in Rostock-Stadt, 29. 8. 1953, LAG, Rep. IV/2/9.02, Nr. 1126, Bl. 106–110, hier Bl. 107.

[789] Bericht über die Aussprache des Sekretärs der SED-BL Rostock, Rentsch, mit den Lehrern der Großen Stadtschule Rostock am 4. 7. 1953, 7. 7. 1953, LAG, Rep. IV/2/9.02, Nr. 1126, Bl. 103–105, hier Bl. 105.

„Das wird der Gewerkschaft nicht gelingen, besonders wenn sie auf dem alten Kurs weiter-
arbeitet. In erster Linie ist es die Aufgabe der Gewerkschaften, daß der Lehrer in der Schule
und in seinem privaten Leben unter den bestmöglichen Bedingungen arbeiten kann. Das hat
die Gewerkschaft bisher nicht immer unbedingt getan."[790]

Im Zusammenhang mit der Kritik an den schlechten Arbeitsbedingungen warnten
die Lehrer auch davor, dass der Lehrerberuf unattraktiv werde und schon bald
nicht mehr genug Nachwuchs zur Verfügung stehe. Schon jetzt gingen die meisten
Absolventen der Pädagogischen Fakultäten nicht in den Schuldienst, sondern in
die Produktion.[791] Aufgrund ihrer eigenen Erfahrungen könnten sie auch selbst
junge Menschen nicht guten Gewissens für den Lehrerberuf werben.[792] Tatsächlich war die Fluktuation unter den Lehrern – sowohl in andere Berufe, als auch
nach Westdeutschland[793] – in dieser Zeit überdurchschnittlich hoch. Der Weggang
von Lehrern führte zu personellen Engpässen und erhöhte die Arbeitsbelastung
der verbliebenen Lehrer weiter. Nicht zuletzt deshalb reagierten diese empört und
verärgert auf willkürlich anmutende Entlassungen von Kollegen, die die ohnehin
angespannte Personalsituation weiter verschärften.

Der Volksaufstand vom 17. Juni und die ihn begleitenden Unruhen im ganzen
Land waren an den Oberschulen weitgehend vorübergegangen. Dies bedeutete
jedoch keineswegs, dass die Oberschullehrer mit ihrer beruflichen und materiellen
Situation weniger unzufrieden waren als andere Berufsgruppen. In den Wochen
und Monaten nach dem Aufstand schlug den Schulfunktionären von Partei und
Regierung, die die Lehrer selbst dazu aufgefordert hatten, ihnen „unverblümt die
Meinung zu sagen"[794], der geballte Unmut der Oberschullehrerschaft entgegen.
Davon, dass eine „Fehlerdiskussion" im Sommer 1953 an den Schulen „kaum auf-
gekommen" sei, kann daher nicht die Rede sein.[795] Die kritischen Diskussionen
wurden nicht nur von solchen Lehrern geführt, die schon in den vergangenen Jahren ihre Distanz gegenüber der politischen Führung der DDR gezeigt hatten. Gerade Mitglieder der SED erhoben schwere Vorwürfe, wie die Diskussionen auf
den Parteiaktivtagungen zeigen. Altlehrer ebenso wie Neulehrer und die jungen
Absolventen der pädagogischen Fakultäten beteiligten sich daran. Auch bisher
völlig linientreue Genossen wie der Direktor der Großen Stadtschule Rostock,
Wartberg, sparten nicht mit Kritik. Die aktuellen Ereignisse, die Konflikte um die
Junge Gemeinde, wurden vor allem unter dem Aspekt des zukünftigen Umgangs

---

[790] Diskussionsbeitrag auf der Parteiaktivtagung in Rostock-Stadt, 29. 8. 1953, LAG, Rep. IV/2/9.02,
Nr. 1126, Bl. 106–110, hier Bl. 107.
[791] Diskussionsbeitrag von Direktor Wartberg auf der Parteiaktivtagung der Lehrer in Rostock-Stadt,
26. 6. 1953, LAG, Rep. IV/2/9.02, Nr. 1126, Bl. 96–100, hier Bl. 98. Auf die Unbeliebtheit des Lehrerberufs bei Abiturienten und ihre Ursachen wies im Oktober 1953 aus eigener Erfahrung auch
Victor Klemperer hin. Vgl. Klemperer, Zum Unterricht (1953), S. 878 f. Von den 1953 an den Pädagogischen Fakultäten ausgebildeten Lehrern ging nur knapp die Hälfte in den Schuldienst. Vgl.
Kersten, Schulen unter kommunistischer Kontrolle (1954), S. 214.
[792] Bericht über die Aussprache des Sekretärs der SED-BL Rostock, Rentsch, mit den Lehrern der
Großen Stadtschule Rostock am 4. 7. 1953, 7. 7. 1953, LAG, Rep. IV/2/9.02, Nr. 1126, Bl. 103–
105, hier Bl. 104.
[793] Vgl. dazu unten, Kap. IV.4., zur Republikflucht.
[794] So der Sekretär der SED-Bezirksleitung Rostock, Rentsch, vor der Aussprache mit den Lehrern an
der Großen Stadtschule am 4. 7. 1953, Bericht vom 7. 7. 1953, LAG, Rep. IV/2/9.02, Nr. 1126,
Bl. 103–105, hier Bl. 103.
[795] So jedoch Geißler, Geschichte des Schulwesens (2000), S. 397.

mit der kirchlichen Jugend besprochen. Im Mittelpunkt der Diskussionen standen aber grundsätzliche Probleme, die schon länger akut waren. Die Hauptforderungen der Lehrer – materielle Besserstellung, Reduzierung der Arbeitsbelastung und ein Ende der Eingriffe in den Schulbetrieb durch geringer oder nicht einschlägig qualifizierte Kräfte – glichen denen, die die Philologen in den 1920er und 1930er Jahren gestellt hatten. Die damalige Orientierung an den Richtern und anderen höheren Staatsbeamten hinsichtlich ihrer Gehaltsforderungen fand in der DDR ihre Entsprechung in der Forderung nach Gleichstellung mit der übrigen Intelligenz. Die Zurückweisung der Kontrolle durch nicht akademisch ausgebildete Schulinspektoren und FDJ-Instrukteure gemahnt an den Widerwillen der Philologen im Dritten Reich, sich NSLB-Funktionären unterzuordnen, die lediglich Volksschullehrer waren, und an die Versuche, Eingriffe der Hitlerjugend in den Schulalltag abzuwehren. Die Diskussionen sind daher ein Zeichen dafür, dass – jenseits individueller oder berufs- bzw. klassenspezifischer politischer Präferenzen – die Oberschullehrer sich weiterhin als gehobener Berufsstand begriffen, dem eine sozial privilegierte Stellung zukam und dem eine von administrativen Eingriffen so weit wie möglich unbehelligte selbstständige Ausübung ihres Berufes ermöglicht werden sollte.

Rückkehr zum alten Kurs?

Der „Neue Kurs" hatte für die Oberschulen in der DDR kaum nachhaltige Folgen. Die grundsätzliche schulpolitische Linie wurde nicht in Frage gestellt, es kam lediglich zu einigen kosmetischen Korrekturen. Allein der Beschluss zur Reorganisation des Schulwesens vom 15. Mai 1953, mit dem das Schulsystem nach sowjetischem Muster umstrukturiert und die Oberschule auf drei Jahre verkürzt werden sollte,[796] wurde noch im Juni 1953 kassiert. Beibehalten wurde dagegen die geplante Neuordnung der Lehrerausbildung. Der Protest führender Fachwissenschaftler konnte die damit verbundene Aufhebung der Pädagogischen Fakultäten, die zum 1. September 1953 vorgesehen war, nur verzögern, aber nicht verhindern.[797] Spätestens die Pädagogische Konferenz vom Oktober 1953 in Halle machte klar, dass sich die prinzipielle Ausrichtung der Bildungspolitik kaum verändern würde. So hieß es in der Entschließung der Konferenz:

> „Entsprechend der richtigen Generallinie der Regierung war auch die schulpolitische Linie richtig und entsprach den nationalen Interessen des deutschen Volkes. Daraus folgt, daß diese schulpolitische Linie konsequent weiterzuführen ist."[798]

Die Kontinuität in der Schulpolitik zeigte sich zu Beginn des Jahres 1954 auch in zwei kurz nacheinander erlassenen Verordnungen des MfV. Die am 4. März veröffentlichte Verordnung zur „Verbesserung der Arbeit an den allgemeinbildenden Schulen" beschwor ritualartig die „Hebung des wissenschaftlichen Niveaus des Unterrichts" und die Verbesserung der „patriotischen Erziehung". Die Arbeits-

---

[796] Dazu Lange, Totalitäre Erziehung (1954), S. 405–408; Häder, Schülerkindheit (1998), S. 98.
[797] Vgl. dazu ausführlich Häder, Kollektiver Protest (2004).
[798] „Die Aufgaben der deutschen demokratischen Schule bei der Durchführung des neuen Kurses unserer Regierung". Beilage zur Zeitschrift dns, 8. Jg., 1953, Nr. 44. Zitiert nach Mietzner, Enteignung (1998), S. 207.

pläne und Auswertungsberichte der Oberschulen zu dieser Verordnung sind vollkommen inhaltsleer und selbstreferentiell.[799] Die „Dienstordnung für Lehrer an
allgemeinbildenden Schulen", die knapp eine Woche später erging, versagte den
außerschulischen Organisationen zwar das „Eingriffsrecht in die geplante Schularbeit" und stellte sich damit gegen die bisher gängige Praxis. Die in der Verordnung enthaltene Verpflichtung aller Lehrkräfte zur Zusammenarbeit mit der FDJ
und anderen Massenorganisationen konterkarierte diese Bestimmung jedoch.[800]
Ein Artikel im „Neuen Deutschland" vom März 1954 kritisierte, dass infolge des
„Neuen Kurses" Entlassungen von Lehrern wieder rückgängig gemacht wurden.[801] Auf dem wenige Wochen später abgehaltenen IV. Parteitag der SED wurden wieder die üblichen Parolen von der „Verbesserung der patriotischen Erziehung", der „Hebung des wissenschaftlichen Niveaus" und des „ständigen
Kampf[s] um die fachliche Qualifizierung und um die ideologische Klarheit über
die politischen Fragen" ausgegeben.[802] Ein politischer Richtungswechsel ist darin
beim besten Willen nicht zu erkennen.

Den sichtbarsten Einschnitt gab es noch an der Spitze der Volksbildungsverwaltung. Die Ministerin Else Zaisser trat am 30. September 1953 von ihrem Amt
zurück. Nachdem sie gut ein Jahr zuvor eigens zur Durchsetzung der seit der
II. Parteikonferenz der SED verfolgten harten Linie eingesetzt worden war, warf
Ulbricht ihr auf der 16. Tagung des ZK der SED nunmehr „schematische Übertra-
gung der Erfahrungen der Sowjetpädagogik und der Sowjetschule" und „Einen-
gung der Kritik von unten" vor.[803] Im Kern ging es aber darum, innerparteiliche
Gegner auszuschalten – Zaissers Ehemann, der bisherige Minister für Staatssicherheit Wilhelm Zaisser, hatte zum engeren Kreis der gegen Ulbricht opponie-
renden Politbüro-Mitglieder gehört, und auch Else Zaisser selbst hatte noch vor
Verkündung des „Neuen Kurses" Kritik am Generalsekretär geübt.[804] Zaissers
zunächst nur kommissarischer Nachfolger wurde der erst 33-jährige Hans-Joachim Laabs, bisher Staatssekretär und zuvor Volksbildungsminister in Mecklenburg, der jedoch nur eine Übergangslösung war und kaum eigene Akzente zu
setzen vermochte. Schon am 1. Dezember 1954 wurde er von dem früheren Volksschullehrer und bisherigen Vorsitzenden der Zentralen Kommission für Staatliche
Kontrolle Fritz Lange abgelöst.[805] Zu einem Wechsel kam es mit einiger Verzögerung auch an der Spitze der Gewerkschaft, allerdings aus ganz anderen Gründen.
Die Lehrergewerkschaft, die im Zuge des „Neuen Kurses" wegen ihrer Staatsnähe

---

[799] Goethe-Schule I, Arbeitsplan zur Verwirklichung der Ministerratsverordnung zum 4. 3. 1954,
StASch, S 6, Nr. 806; Bericht über die Popularisierung und Durchführung der Verordnung vom
4. 3. 1954 zur Verbesserung der Arbeit an den allgemeinbildenden Schulen in Rostock-Stadt, o.D.,
LAG, Rep. IV/2/9.02, Nr. 1126, Bl. 117–121. Die Verordnung selbst in: Neues Deutschland,
Nr. 62, 4. 3. 1954.

[800] Vgl. dazu Geißler, Geschichte des Schulwesens (2000), S. 404 f.

[801] *Auch die Schulen sind Stätten des Klassenkampfes*, in: Neues Deutschland, Nr. 59, 11. 3. 1954.

[802] SED-KL Rostock, Bericht über die gegenwärtige politische Lage an den allgemeinbildenden Schulen (Entwurf), o.D. (Juni 1955), LAG, Rep. IV/4/07, Nr. 552, Bl. 70–92, hier Bl. 74 f.

[803] *Für einen entscheidenden Umschwung in der Arbeit des Ministeriums für Volksbildung*, in: dns,
8. Jg., 1953, Nr. 41, S. 4–6.

[804] Vgl. zu den Auseinandersetzungen innerhalb der SED-Spitze Hoffmann, Grotewohl als Vermittler? (2004), sowie umfassend Görldt, Rudolf Herrnstadt (2002).

[805] Vgl. Geißler, Geschichte des Schulwesens (2000), S. 427, Anm. 1893. Laabs wurde wieder Staatssekretär.

von der Basis kritisiert worden war, hatte versucht, sich wieder stärker als Interessenvertretung ihrer Mitglieder zu positionieren und ihrerseits scharfe Kritik an
der Arbeit des MfV geübt.[806] Ein halbes Jahr später wurde der Vorsitzende Karl
Ellrich unter dem Vorwurf des „Sozialdemokratismus", des „Versöhnlertum[s]"
und mangelhafte[r] Wachsamkeit" abgelöst und kurzzeitig inhaftiert. In den folgenden Monaten kam es unter den Funktionären zu weiteren personellen Säuberungen.[807] Im Ergebnis dieser Aktion verlor der Verband endgültig seine Funktion als Forum politischer Interessenartikulation seiner Mitglieder und fungierte
fortan weitgehend zuverlässig als Transmissionsriemen der Interessen von SED-
Führung und MfV.[808]

Die Folgen für die Oberschulen

Ein Blick auf die Situation an den Oberschulen in Schwerin und Rostock zeigt,
dass sich in den auf die Verkündung des „Neuen Kurses" und den Volksaufstand
folgenden Schuljahren der Schulalltag und die Situation der Lehrer kaum änder-
ten. Der Jahresarbeitsplan der Goethe-Schule I für 1953/54 nahm in seinem Rückblick auf das vorangegangene Schuljahr in keiner Weise auf die dramatischen Ereignisse Bezug.[809] Für das kommende Schuljahr sah er in typisch floskelhafter
Formulierung die „Förderung der Bewußtseinsentwicklung der Schüler" und die
„Verbesserung der patriotischen Erziehung" vor.[810] Bei den Leistungskontrollen
sollte der „erzieherische [...] Charakter stärker in den Vordergrund" treten, was
nichts anderes bedeutete, als der politischen Haltung der Schüler mehr Gewicht
einzuräumen als ihren fachlichen Kenntnissen und Fähigkeiten. Der Plan forderte
eine „klare politische Linie des gesamten Kollegiums". Die einzige einigermaßen
bedeutsame Neuerung bestand in der Auslagerung von politischen Themen aus
dem Pädagogischen Rat, damit dieser sich „voll und ganz den pädagogischen Aufgaben widmen kann" – eine Maßnahme, die schon wenig später wieder beanstandet wurde. Politische Themen sollten stattdessen auf den monatlichen Gewerk-
schaftsversammlungen besprochen werden. Selbst der Kampf gegen die Junge Gemeinde wurde nur scheinbar abgebrochen. Zwar blieben die Anhänger der kirchlichen Jugendbewegung von offener Verfolgung verschont, doch wurde ihre Bekämpfung auf konspirativem Wege fortgesetzt. Schon Anfang September 1953 bereitete das Staatssekretariat für Staatssicherheit (SfS)[811] an der Goethe-Schule II

---

[806] Vgl. das Schreiben des Gewerkschaftsvorstands an Else Zaisser, 11. 7. 1953, in: Geißler/Blask/
Scholze, Streng vertraulich! (1996), S. 131–134.
[807] *Jeder Lehrer ein Funktionär unserer Arbeiter- und Bauernmacht*, in: dns, 9. Jg., 1954, Nr. 10.
[808] Zu diesen Vorgängen Geißler, Geschichte des Schulwesens (2000), S. 400 f.
[809] Goethe-Schule I, Arbeitsplan für das Schuljahr 1953/54, StASch, S 6, Nr. 806. Hieraus alle folgenden Zitate.
[810] Im Folgejahr sahen die Aufgaben kaum anders aus: „Förderung der Bewußtseinsentwicklung von
Lehrern und Schülern" sowie „Kampf um gute Lernergebnisse bei besonderer Berücksichtigung
der A[rbeiter]- und B[auern]-Kinder." Goethe-Schule I, Jahresanalyse für das Schuljahr 1954/55,
o. D., StASch, R 31, Nr. 82.
[811] Im Zuge des Machtkampfes im Politbüro hatte Ulbricht den bisherigen Minister für Staatssicherheit Wilhelm Zaisser seines Amtes enthoben; das Ministerium selbst wurde als Staatssekretariat
dem Ministerium des Innern unterstellt. Neuer Chef des Staatssicherheitsdienstes wurde Ernst
Wollweber.

die Anwerbung eines neuen GI vor, der die Junge Gemeinde ausspionieren sollte.[812]

Kontrollen und Unterrichtsinspektionen wurden gegenüber dem vorangegangenen Schuljahr, in dem sich die Inspektoren die Klinke in die Hand gegeben hatten, zwar seltener, die Kriterien, nach denen Schularbeit und Unterricht beurteilt wurden, blieben aber dieselben. Ein Instrukteureinsatz an der Goethe-Schule I vom Januar 1954 bewertete die besuchten Stunden überwiegend positiv, doch kritisierten die Instrukteure die mangelnde marxistisch-leninistische Fundierung des Unterrichts, fehlende Bezugnahme auf Stalin und das nicht ausreichende Bemühen um „patriotische Erziehung".[813] Den Lehrern legten sie nahe, sich verstärkt mit den Klassikern des Marxismus-Leninismus auseinanderzusetzen. Die Instrukteure bemängelten auch die Beschränkung des Pädagogischen Rates auf pädagogische Aufgaben, in der die „Trennung der schulischen Arbeit von der politisch-ideologischen Erziehungsarbeit" zum Ausdruck käme.[814] Besonders deutlich wird die Rückkehr zur vor dem „Neuen Kurs" verfolgten Politik an der Kritik der FDJ-Arbeit. Hier zeigt sich, dass aus bereits vor vielen Monaten erkannten Fehlern keine Konsequenzen gezogen wurden: Hatte die SED schon im Dezember 1952 festgestellt, dass ein wichtiger Grund für das Erstarken der Jungen Gemeinde im mangelnden Kultur- und Freizeitangebot der FDJ lag,[815] bemängelten die Instrukteure gut ein Jahr später ausgerechnet die Tatsache, dass die FDJ die Kulturarbeit in den Vordergrund stelle und darüber die politische Erziehungsarbeit vernachlässige.[816]

Ebenso wie die schulpolitische Linie selbst sich kaum von der in den vorangegangenen Jahren verfolgten unterschied, blieb auch ihre Durchschlagskraft weiterhin begrenzt. Die Berichte über die Oberschulen zeigen, dass die Umsetzung politischer Entscheidungen schwierig blieb und die Probleme aus Sicht von Partei und Regierung auf fast allen Feldern der Schulpolitik noch immer erheblich waren. So war die FDJ-Arbeit an den Oberschulen nach wie vor unbefriedigend. Zwar hatte sich der Organisationsgrad auf hohem Niveau stabilisiert – an der Schweriner Goethe-Schule I lag er bei über 90 Prozent[817] – doch mangele es an der „Bewußtseinsentwicklung", wie etwa an der geringen Diskussionsfreude der Mitglieder zu politischen Themen abzulesen sei.[818] Es war kein Geheimnis, dass viele

---

[812] MdI, SfS, BV Schwerin, Abt. VIII, Baenz, an Abt. V, Ermittlungsbericht über den Oberschüler [Name geschwärzt], 5. 9. 1953, BStU, MfS, BV Schwerin, AGL, Nr. 560/55 (PA), Bl. 8; MdI, SfS, BV Schwerin, Abt. V, Hauptmann Schubert, Vorschlag zur Anwerbung eines Oberschülers als GI, Oktober 1953, ebd. Bl. 6 f. Die eigentliche Anwerbung erfolgte am 16. 1. 1954, der Oberschüler wählte den Decknamen „Rudolf K.". SfS, BV Schwerin, Leutnant Wagner, Vermerk betr. durchgeführter Werbung, 20. 1. 1954, BStU, MfS, BV Schwerin, AGL, Nr. 560/55, Bl. 8.

[813] Hierzu und zum Folgenden Auswertung des Instrukteureinsatzes an der Goethe-Schule I Schwerin in der Zeit vom 11. bis 13. 1. 1954, o. D., LHAS, 10.34–3, Nr. 1360, Bl. 34–41.

[814] In diesem Zusammenhang wurde darauf verwiesen, dass Ulbricht eine solche Trennung bereits auf dem 16. Plenum des ZK der SED kritisiert habe.

[815] SED-BL Rostock, Bericht über die Überprüfung der Oberschulen, Dezember 1952, LAG, Rep. IV/2/9.02, Nr. 1110, Bl. 29–46, hier Bl. 43.

[816] Siehe dazu auch Bericht über die Arbeit der ZSGL an der Goethe-Schule I, o. D. (Januar 1954), LHAS, 10.34–3, Nr. 1360, Bl. 42 f.: „In der FDJ-Gruppenarbeit kommt die politische Arbeit zu kurz."

[817] Auswertung des Instrukteureinsatzes an der Goethe-Schule I Schwerin in der Zeit vom 11. bis 13. 1. 1954, o. D., LHAS, 10.34–3, Nr. 1360, Bl. 34–41, hier Bl. 35.

[818] Bericht über die Arbeit der ZSGL an der Goethe-Schule I, o. D. (Januar 1954), LHAS, 10.34–3,

Schüler dem Verband aus Opportunismus beitraten. Kritisiert wurden vor allem die hauptamtlichen Mitarbeiter der FDJ. Zahlreiche Sitzungen, Tagungen und Besprechungen hielten die FDJ-Schulsekretäre von ihrer eigentlichen Arbeit ab, und die Funktionäre der Kreisleitung leiteten die Arbeit lediglich „kampagnemäßig" an und wüssten „nicht über die schulischen Probleme Bescheid."[819] An der Goethe-Schule II war keine wirkungsvolle Jugendarbeit möglich, da der FDJ-Sekretär keine Verbindung zur Schülerschaft besaß und von dieser mehrheitlich abgelehnt wurde.[820] Demgegenüber war die Junge Gemeinde wieder erstarkt und wurde zum Teil auch von den Lehrern unterstützt. Als besonders alarmierend sah die Rostocker SED-Kreisleitung ein überregionales Treffen der kirchlichen Jugendbewegung in der Stadt an.[821] Solche Veranstaltungen galten als Ausweis einer *organisierten* Jugendarbeit, wie sie neben der FDJ nicht bestehen durfte. Wie sollte aber auch eine im Sinne der SED erfolgreiche politische Jugendarbeit an den Oberschulen zum Tragen kommen, wenn, wie ein Informant des MfS über die Goethe-Schule II berichtete, selbst die Schulparteisekretärin Dombesichtigungen für gute FDJ-Arbeit hielt?[822]

Auch das politische Bewusstsein der Schüler ließ aus SED-Sicht weiterhin zu wünschen übrig. Konstant zieht sich durch die Berichte die Klage, „dass die Erziehungsarbeit hinter der Bildungsarbeit zurückgeblieben ist."[823] Die Lehrer bemühten sich um eine politische Erziehung nach den offiziellen Vorgaben und auch die Schüler gaben – zumindest in Gegenwart von Inspektoren – die erwarteten Antworten. Bei den Zuhörern entstand aber der Eindruck, „als wenn die Schüler den Stoff zu sehr auswendig lernen."[824] Die Lehrer würden die Schüler zu wenig zum selbstständigen Denken anregen.[825] Dass auswendig gelernter Stoff und „Phrasendrescherei" aber gerade die zwangsläufigen Konsequenzen der engen politischen Vorgaben von SED und Schulverwaltung waren, konnten oder wollten die kontrollierenden Instanzen nicht erkennen. Hier werden die inneren Widersprüche und Zielkonflikte der SED-Schulpolitik deutlich, wie sie Achim Leschinsky und Gerhard Kluchert formuliert haben: Die Schüler sollten einerseits

---

Nr. 1360, Bl. 42 f. Auch der zu dieser Zeit an der Goethe-Schule II tätige GI „Rudolf K." war der Auffassung, dass die positiven Ergebnisse der FDJ-Arbeit etwa in Form von Sammlungen und der Ableistung von Aufbaustunden „keinen wahren Aufschluß über die ideologische Haltung" der Mitglieder gäben. Bericht vom 29. 6. 1954, BStU, MfS, BV Schwerin, AGL, Nr. 560/55, Bl. 43.

[819] Auswertung des Instrukteureinsatzes an der Goethe-Schule I Schwerin in der Zeit vom 11. bis 13. 1. 1954, o.D., LHAS, 10.34–3, Nr. 1360, Bl. 34–41, hier Bl. 38.

[820] Berichte von GI „Rudolf K." vom 11. 2. und 25. 2. 1954, BStU, MfS, BV Schwerin, AGL, Nr. 560/55, Bl. 14, 20.

[821] SED-KL Rostock, Bericht über die gegenwärtige politische Lage an den allgemeinbildenden Schulen (Entwurf), o.D. (Juni 1955), LAG, Rep. IV/4/07, Nr. 552, Bl. 70–92, hier Bl. 84; zu Schwerin siehe den Bericht von GI „Rudolf K.", o.D. (1954), BStU, MfS, BV Schwerin, AGL, Nr. 560/55, Bl. 31.

[822] Bericht von GI „Rudolf K.", 29. 6. 1954, BStU, MfS, BV Schwerin, AGL, Nr. 560/55, Bl. 43.

[823] SED-KL Rostock, Bericht über die gegenwärtige politische Lage an den allgemeinbildenden Schulen (Entwurf), o.D. (Juni 1955), LAG, Rep. IV/4/07, Nr. 552, Bl. 70–92, hier Bl. 83. Fast wortgleich: Goethe-Schule I, Jahresanalyse für das Schuljahr 1954/55, o.D. (Juli 1955), StASch, R 31, Nr. 82.

[824] Goethe-Schule I, Protokoll über den Besuch des Geschichtsunterrichts, 11. 1. 1954, LHAS, 10.34–3, Nr. 1360, Bl. 34.

[825] RdS Schwerin, Abt. Volksbildung, Schulinspektion, Kontrollbericht über die durchgeführte Gesamtkontrolle an der Goethe-Schule II in der Zeit vom 18. bis 27. 2. 1955, 8. 3. 1955, StASch, R 31, Nr. 125.

„selbständig denken und Eigeninitiative entwickeln", andererseits aber nicht „die festgelegten Wahrheiten in Frage" stellen.[826] Erst ein Jahr später, während des sogenannten Tauwetters, nahm auch ein führender Erziehungswissenschaftler der DDR offen dazu Stellung. Die Lehrer, so der Chefredakteur der Deutschen Lehrerzeitung, sähen

„mit Schrecken, wie Phrase auf Phrase dem Munde unserer Schüler entströmt, wie automatisch Marx mit dem Etikett ‚der Friedenskämpfer' belegt wird [...]; wie oft von der Verteidigung der Errungenschaften unserer Republik geredet und geschrieben wird, ohne daß eine feste Überzeugung dahintersteht. Nirgends ist der Verbalismus so ins Kraut geschossen wie im Bereich der Erziehung. Die gelehrte Schülerantwort ‚Monopol-Kapitalismus' oder ‚Imperialistischer Krieg' kommt wie aus der Pistole geschossen und hemmt geradezu eine Vertiefung, ein wirkliches Begreifen, die Bildung von Überzeugungen, die die Grundlage zum Handeln bilden kann."[827]

Es liegt auf der Hand, dass auf diese Weise keine wirkliche politische Überzeugungsarbeit geleistet werden konnte, und dies zeigte sich auch an der tatsächlichen Haltung vieler Schüler, die sich an MfS-Berichten ablesen lässt. Mitte der 1950er Jahre wurde die politische Diskussion vor allem von zwei Themen beherrscht: von der außen- und deutschlandpolitischen Entwicklung, die mit der Anerkennung der Souveränität der DDR durch die Sowjetunion, den Gipfelkonferenzen der vier Siegermächte und der Verkündung der Zwei-Staaten-Theorie durch Chruschtschow eine neue Dynamik erhielt, und von den Vorbereitungen zur Wiederbewaffnung der DDR.[828] Die Stimmung der Schüler zu den Berliner Außenministerkonferenzen, so GI „Rudolf K.", sei massiv durch westliche Rundfunksender beeinflusst, weswegen die Position der Sowjetunion „teilweise scharf kritisiert" würde.[829] Dem erwarteten Wehrgesetz standen die Schüler der Goethe-Schule II angstvoll und ablehnend gegenüber;[830] auch an der Großen Stadtschule Rostock waren die Schüler trotz intensiver Diskussionen nicht von der Notwendigkeit der Verteidigungsbereitschaft und der Gründung von GST-Gruppen überzeugt.[831] Die innerlich ablehnende politische Haltung vieler Oberschüler äußerte sich inzwischen nicht mehr, wie noch Anfang der 1950er Jahre, in vereinzelten Widerstandsaktionen oder offen provokatorischem Verhalten – die Schüler hatten aus den Erfahrungen des Jahres 1953 offenbar gelernt.[832] Sie kam aber in betont indifferentem Verhalten zum Ausdruck. So beteiligten die Schüler der Goethe-

---

[826] Kluchert/Leschinsky, Schwierigkeiten (1997), S. 103. Ähnlich Kluchert/Leschinsky/Henning, Erziehung (1996), S. 248: „Die Selbständigkeit der Schüler fand in dem Verständnis [...] der (schul-) politisch Verantwortlichen ihre Grenze an materiell vorgegebenen Gesinnungsinhalten [...], die den einzelnen nur das politisch bzw. pädagogisch Vorgegebene ‚von sich aus tun ließen'."

[827] Ernst Z. Ichenhäuser: *Bild und Vorbild. Diskussionsbeitrag zu Fragen der patriotischen Erziehung*, in: DLZ, 3. Jg., 1956, Nr. 16, S. 5.

[828] Hierzu Hoffmann, DDR unter Ulbricht (2003), S. 58 f., 62 f.

[829] Bericht vom 29. 1. 1954, BStU, MfS, BV Schwerin, AGL, Nr. 560/55, Bl. 17.

[830] Bericht von GI „Rudolf K.", 5./8. 3. 1954, BStU, MfS, BV Schwerin, AGL, Nr. 560/55, Bl. 25.

[831] SED-KL Rostock-Stadt. „Die gegenwärtige politische Lage an den allgemeinbildenden Schulen und die nächsten Aufgaben", 11. 5. 1955, LAG, Rep. IV/4/07, Nr. 552, Bl. 121–124, hier Bl. 121 f.

[832] Dass die Erfahrungen mit den Ereignissen vom Juni 1953 in den Köpfen der Schüler ein Jahr später noch stark präsent waren, wird etwa dadurch belegt, dass Schweriner Oberschüler im Anschluss an den Besuch des Films „Ernst Thälmann – Sohn seiner Klasse!" darüber diskutierten, ob die im Film gezeigten Methoden im Falle eines zweiten „17. Juni" angewandt würden. Bericht von GI „Rudolf K.", o. D. (1954), BStU, MfS, BV Schwerin, AGL, Nr. 560/55, Bl. 31.

Schule II sich zwar vollzählig an einem politischen Demonstrationszug und blieben „allgemein ruhig", doch kam es zu „keine[r] positive[n] Teilnahme an den Ausführungen der Redner", vielmehr wurde „stärkste Interesselosigkeit" offenbar. Auch die Auszeichnung einiger Schüler mit der Friedensmedaille blieb „ohne besondere Wirkung."[833]

Die Erklärung für dieses Verhalten durch die Staatspartei und die Schulbehörden blieb den üblichen stereotypen Mustern verhaftet: Die Rostocker SED-Kreisleitung rügte die schlechte soziale Zusammensetzung der Schülerschaft, insbesondere in den altsprachlichen Zweigen. So waren in einer C-Klasse der Großen Stadtschule acht Schüler Kinder von Pastoren, drei von Professoren, sechs von selbstständigen Kaufleuten und Handwerkern und nur zwei von Arbeitern und Bauern. Noch dazu strebten elf dieser Schüler ein Theologiestudium an. Dies sei „natürlich ein unhaltbarer Zustand."[834] An den beiden Schweriner Oberschulen machte der MfS-Informant, ganz offenkundig den Erwartungen seiner Führungsoffiziere entgegenkommend, „zwei Gruppen von Söhnen und Töchtern von wohlhabenden Eltern" als „wesentlichen Faktor der antidemokratischen Ordnung [!]" an der Schule ausfindig. Konkret benennen konnte der GI den Personenkreis indes nicht.[835]

Politische Haltung der Lehrerschaft

Verantwortlich für den schlechten Zustand der Schülerschaft waren in den Augen der SED selbstverständlich die Lehrer. Ihre politische Haltung wurde Mitte der 1950er Jahre als „völlig unbefriedigend" charakterisiert,[836] weil ihr ideologisches Bewusstsein hinter ihrer fachlichen Qualifikation zurückbleibe. Daher verstünden sie es auch nicht, „die Erziehungsarbeit mit der Wissensvermittlung zu verbinden."[837] Ähnlich wie die Schüler hielten sich die meisten Oberschullehrer in politischen Diskussionen zurück. In den Berichten wurde immer wieder bemängelt, dass sie aus „falsch gemeinte[r] Kollegialität" vor „kämpferischen Auseinandersetzungen" zurückwichen. Auf politischen Seminaren würden Stellungnahmen der Referenten allenfalls formal, ohne Auseinandersetzung, bejaht.[838] Vereinzelt nahmen die Oberschullehrer auch „negativ" zu politischen Themen Stellung, etwa zur sowjetischen Deutschlandpolitik oder zur Erhöhung der Verteidigungs-

[833] Bericht von GI „Rudolf K.", 5./8. 3. 1954, BStU, MfS, BV Schwerin, AGL, Nr. 560/55, Bl. 25.
[834] SED-KL Rostock-Stadt, Abt. Kultur und Erziehung, Sekretär Burmeister, Stellungnahme zur Situation an den Schulen, 20. 2. 1954, LAG, Rep. IV/4/07, Nr. 552, Bl. 66–68.
[835] Bericht von IM „Rudolf K." über die Goethe-Schule I und II, 3. 5. 1954, BStU, MfS, BV Schwerin, AGL, Nr. 560/55, Bl. 42.
[836] SED-BL Rostock, Büro, Schult, an SED-KL Rostock-Stadt, 26. 8. 1955, LAG, Rep. IV/4/07, Nr. 552, Bl. 159.
[837] Hierzu und zum Folgenden RdB Rostock, Bericht über die Ergebnisse des Schuljahres 1953/54 und die Aufgaben auf dem Gebiete der Volksbildung im Schuljahr 1954/55, o. D., LAG, Rep. 200, 8.1.1, Nr. 112, Bl. 1–12, Zitate Bl. 3, 8.
[838] SED-KL Rostock-Stadt, „Die gegenwärtige politische Lage an den allgemeinbildenden Schulen und die nächsten Aufgaben", 11. 5. 1955, LAG, Rep. IV/4/07, Nr. 552, Bl. 121–124, hier Bl. 121. Ähnlich die Stellungnahme zur Analyse über die Erziehung der Jugend in den Schulen, 15. 7. 1955, ebd., Bl. 133: „Es ist uns bekannt, dass nur in wenigen pädagogischen Ratssitzungen politische Themen behandelt und demnach auch keine konkreten Beschlüsse zur politisch-erzieherischen Arbeit gefasst werden. Ein Meinungsstreit findet nur selten statt."

bereitschaft. Hier äußerten sie in ganz ähnlicher Weise Kritik wie ihre Schüler.[839]
Auch auf Parteiversammlungen an den Schulen war kaum einer der anwesenden
Genossen bereit, derartige, aus Sicht der SED falsche Auffassungen zu korrigie-
ren. Geschah dies doch, vermutete die SED, sicherlich nicht zu Unrecht, dahinter
das Motiv, die betreffenden Redner zu warnen und so vor Konsequenzen zu
schützen. Der Rostocker Oberschulleiter Hugo Alm wollte beispielsweise einen
kritischen Genossen mit dem Zwischenruf „Jetzt ist's genug!" ganz offensichtlich
davor bewahren, sich um Kopf und Kragen zu reden.[840]
Überhaupt war die politische Haltung der SED-Mitglieder unter den Oberschullehrern den Berichten zufolge kaum besser als die der parteilosen oder den
bürgerlichen Parteien angehörenden Lehrer. Auch die Genossen diskutierten auf
den Parteiversammlungen statt der „politischen Hauptfragen" lieber fachliche
Themen.[841] An keiner der Oberschulen war die „führende Rolle der Partei" verwirklicht; die Parteileitungen besaßen nur geringe Autorität. An der Rostocker
Goethe-Oberschule drangen die Mängel in der Parteiarbeit ausgerechnet durch
die Meldung eines Kandidaten der Partei zur SED-Kreisleitung durch. Die übrigen Genossen an der Schule betrachteten dies als Denunziantentum und verurteil-
ten das Verhalten des Kandidaten scharf. Die kollegiale Solidarität stand bei ihnen
anscheinend weit über der Loyalität zur eigenen Partei. Von Seiten der Kreisleitung wurde eine solche Haltung freilich als „Versöhnlertum" gebrandmarkt.[842]
Wie wenig sich die meisten Mitglieder mit der Einheitspartei identifizierten, zeigt
auch die Tatsache, dass an vielen Schulen, darunter auch die Große Stadtschule
Rostock, nicht einmal die Parteisekretäre das Parteiabzeichen trugen.[843]
Besonders alarmiert mussten die SED-Funktionäre allerdings darüber sein, dass
die indifferente bis ablehnende politische Haltung der Oberschullehrer nicht allein ältere, vor 1945 ausgebildete Kräfte, oder Neulehrer betraf. Im Gegenteil,
gerade die Absolventen der Universitäten, die einen wachsenden Anteil der Oberschullehrerschaft stellten, brachten nach Ansicht der Schulverwaltung „nicht das
erforderliche Bewusstsein für die Erziehungsarbeit mit."[844] Und dies, obwohl im
Rahmen ihrer Ausbildung der Besuch von Kursen zum Marxismus-Leninismus
verpflichtend war. Volksbildungsminister Fritz Lange zufolge waren die Lehramtsstudenten „noch in falschen Vorstellungen einer bürgerlichen Staatsideologie
befangen". Bei einem Teil der Studenten paare sich „Kleinmütigkeit mit kleinbür-
gerlich-spießigem Denken und Handeln" sowie mit „maßlose[r] Überheblich-

[839] SED-KL Schwerin-Stadt, Abt. Kultur, Bericht über die Meinungen der Lehrer nach den letzten
historischen Ereignissen, 14. 10. 1955, LHAS, 10.34–3, Nr. 1383, Bl. 54 f.; SED-KL Rostock, Bericht über die gegenwärtige politische Lage an den allgemeinbildenden Schulen (Entwurf), o.D.
(Juni 1955), LAG, Rep. IV/4/07, Nr. 552, Bl. 70–92, hier Bl. 86 f.
[840] SED-KL Rostock, Bericht über die gegenwärtige politische Lage an den allgemeinbildenden Schulen (Entwurf), o.D. (Juni 1955), LAG, Rep. IV/4/07, Nr. 552, Bl. 70–92, hier Bl. 87.
[841] SED-KL Rostock-Stadt, Abt. Kultur und Erziehung, Bericht über die Aktiv-
tagung der Genossen Lehrer, 26. 3. 1954, LAG, Rep. IV/2/9.02, Nr. 1126, Bl. 133.
[842] SED-KL Rostock-Stadt an SED-BL Rostock, 21. 12. 1955, LAG, Rep. IV/4/07, Nr. 552, Bl. 192.
[843] SED-KL Rostock-Stadt, Abt. Kultur und Erziehung, Sekretär Burmeister, Stellungnahme zur
Situation an den Schulen, 20. 2. 1954, LAG, Rep. IV/4/07, Nr. 552, Bl. 66–68.
[844] RdB Rostock, Bericht über die Ergebnisse des Schuljahres 1953/54 und die Aufgaben auf dem Gebiete der Volksbildung im Schuljahr 1954/55, o.D., LAG, Rep. 200, 8.1.1, Nr. 112, Bl. 1–12, hier
Bl. 3.

keit" und Arroganz. Sie wichen prinzipiellen Diskussionen aus, bevorzugten die vermeintlich unpolitischen naturwissenschaftlichen Fächer und stellten ihre „persönliche Bequemlichkeit" und ihre „materiellen Vorteile" in den Vordergrund.[845] Die SED zog daraus die Konsequenz, unter Arbeiter- und Bauernkindern stärker für den Beruf des Oberschullehrers zu werben.[846] Doch auch dies erwies sich als schwierig, weil Arbeiter es häufig auch dann ablehnten, ihre Kinder auf die Oberschule zu schicken, wenn deren Leistungen sehr gut waren.[847] Die Einheitspartei hatte also nicht nur Schwierigkeiten mit der politisch-ideologischen Erziehung bürgerlicher Kräfte, sondern auch mit der Entwicklung des Bewusstseins der von ihr gehätschelten Arbeiterklasse.

Berufliche Probleme und materielle Ansprüche der Lehrer

Nicht nur aus der Perspektive von Partei und Staat blieb die Entwicklung der Oberschulen in der DDR nach der Proklamation des „Neuen Kurses" problematisch. Auch die Sorgen und Nöte der Lehrkräfte waren die gleichen geblieben. In Rostock äußerten sie die Ansicht, dass ihre Interessen von der Partei und der Schulverwaltung nicht gemäß der zentralen Anordnungen vertreten würden. Sie fühlten sich gegenüber anderen Berufsgruppen der Intelligenz zurückgesetzt. Mit Blick auf die erwähnte Verordnung des Ministerrats über die „Verbesserung der Arbeit an den allgemeinbildenden Schulen" äußerten sie beispielsweise, dass diese nur hinsichtlich der Pflichten der Lehrer umgesetzt würde, während die ebenfalls in der Verordnung angesprochene Verbesserung der materiellen Versorgung „nur schleppend" vor sich gehe.[848] Auch in Einzelaussprachen mit der Rostocker SED-Kreisleitung beschwerten sich die Oberschullehrer wiederholt über Arbeitsüberlastung und fehlende materielle und ideelle Anerkennung. Der Lehrer, so die Meinung der Kollegen der Rostocker Oberschule, würde „nicht genügend als Intelligenz betrachtet. Die technische Intelligenz wird zu weit nach vorne geschoben, erhält Einzelverträge und Prämien." Dies sei auch der Hauptgrund für die hohe Fluktuation in der Lehrerschaft.[849] Ein Jahr später erarbeitete der Leiter der Gewerkschaftsgruppe der Schweriner Goethe-Schule I, Werner Heidrich, eine Aufstellung über die Arbeitsbelastung der Oberschullehrer.[850] Er kam dabei auf ein tägliches Arbeitspensum von zehneinhalb Stunden, wobei Schulveranstaltungen, Sprechstunden, Weiterbildung, Fernstudium sowie „der gesamte ausserschulische Einsatz" noch nicht eingerechnet seien. Die „lawinenhafte Steigerung" von amtlichen Bestimmungen und Verfügungen in den vergangenen Jahren spreche der im Februar 1952 vom MfV erlassenen „Anordnung über die Entlastung der Lehrer"

[845] Fritz Lange: *Über die Verbesserung der Lehrerbildung*, Beilage der DLZ, 3. Jg., Nr. 11, S. 6 f.
[846] SED-KL Rostock, Bericht über die gegenwärtige politische Lage an den allgemeinbildenden Schulen (Entwurf), o. D. (Juni 1955), LAG, Rep. IV/4/07, Nr. 552, Bl. 70–92, hier Bl. 91.
[847] SED-KL Rostock-Stadt, Stellungnahme zur Analyse über die Erziehung der Jugend in den Schulen, 15. 7. 1955, LAG, Rep. IV/4/07, Nr. 552, Bl. 130–135, hier Bl. 134.
[848] SED-KL Rostock-Stadt. „Die gegenwärtige politische Lage an den allgemeinbildenden Schulen und die nächsten Aufgaben", 11. 5. 1955, LAG, Rep. IV/4/07, Nr. 552, Bl. 121–124, hier Bl. 124.
[849] Bericht über die Popularisierung und Durchführung der Verordnung vom 4. 3. 1954 zur Verbesserung der Arbeit an den allgemeinbildenden Schulen in Rostock-Stadt, o. D., LAG, Rep. IV/2/9.02, Nr. 1126, Bl. 117–121, Zitat Bl. 119.
[850] Hierzu und zum Folgenden Schreiben des Gruppenorganisators Heidrich, 7. 2. 1955, LHAS, 10.34–3, Nr. 1383, Bl. 33 f.

Hohn. Die folgende Auflistung Heidrichs über die Aufgaben der Lehrer außerhalb des Unterrichts spricht für sich:

„Elternbesuche, Elternversammlungen, Elternseminare, Elternbeiratswahlen, ordentliche und ausserordentliche Sitzungen des Pädagogischen Rats, Arbeit im Pädagogischen Kabinett, zeitraubende Kleinarbeit in der Funktion des Klassenlehrers, Hospitationen, FDJ-Gruppenratsbesprechungen, Gruppenversammlungen, Heimabende, Leitung von Arbeitsgemeinschaften, Ferienbetreuungen, Betätigung im Schulklub, Mitwirkung in Schulsportgruppen und viele andere Aufgaben."

Angesichts dessen sei „heute kein Lehrer mehr in der Lage, seine Aufgaben zu erfüllen." Die hohe Arbeitsbelastung sei auch der Hauptgrund für den ständig wachsenden Ausfall von Lehrkräften. Eindringlich forderte er das MfV auf, „endlich die Grenzen menschlicher Leistungsfähigkeit" anzuerkennen und für die „dringend erforderliche Entlastung" zu sorgen.

Durch die Abwanderung in andere Berufe und verstärkt auch in den westlichen Teil Deutschlands verschärfte sich der Lehrermangel Mitte der 1950er Jahre zusehends. Dieses Problem nahm auch die Schulverwaltung allmählich wahr. Zudem hatte man Anfang 1954 immerhin erkannt, dass der akute Notstand auch auf die rigorose Entlassungspraxis der vergangenen Jahre zurückzuführen war.[851] Doch anstatt die Nöte der Lehrer ernst zu nehmen und für die immer wieder geforderte Entlastung zu sorgen, reagierten die Behörden nur mit administrativen Maßnahmen. Die bürokratischen Hürden für Entlassungen wurden erhöht, so mussten etwa ausführliche Begründungen der Betriebsparteiorganisation und der Schulgewerkschaftsgruppe beigefügt werden. Umgekehrt durften staatliche Dienststellen und Volkseigene Betriebe ausgebildete Lehrer nicht ohne Zustimmung des MfV einstellen.[852] Zudem sollten die Schulen versuchen, vorzeitig entlassene und freiwillig ausgeschiedene Lehrkräfte zurückzugewinnen. Letzteres betraf vor allem Lehrer*innen*, die nach ihrer Heirat gekündigt hatten. Konkrete Angebote, die den Lehrern gemacht werden konnten, enthielt die entsprechende Verordnung nicht. Sie verharrte in floskelhaften Appellen zum „beharrlichen Kampf gegen das vorzeitige Ausscheiden von Lehrern" und forderte die Schulleiter auf, „um die Weiterarbeit jedes einzelnen Lehrers zu ringen". Der Erfolg dieser Rückgewinnungsversuche war begrenzt. Auch Lehrer, die gar nicht freiwillig aus dem Dienst geschieden waren, gingen häufig nicht auf Angebote zur Wiedereinstellung ein. Dies war beispielsweise bei Paul Strömer der Fall, einem altgedienten Studienrat, der zuletzt an der Goethe-Schule II unterrichtet hatte. Seine Begründung ist für den Umgang der Schulbehörden mit den Oberschullehrern ebenso aufschlussreich wie für ihre Wirkung auf die Betroffenen:

„Die Begleiterscheinungen meiner Kündigung und der Zeit vor meinem Ausscheiden [...] waren für mich unerfreulich, ja bisweilen kränkend. Auf Einzelheiten will ich nicht eingehen. Jedenfalls wurde ich lebhaft an jene Zeit vor drei Jahren erinnert, als man in einem dreizeiligen Entlassungsschreiben mich ohne Altersversorgung auf die Straße setzen wollte. Damals schon habe ich unter diesen Dingen schwer gelitten, und jetzt hat es wiederum Monate gekostet, bis ich darüber hinweggekommen bin. Nun bringt mir Ihr Angebot neue Zweifel.

---

[851] Hierzu und zum Folgenden RdS Schwerin, Schulrat Rosahl, Rundschreiben an die Schweriner Schulen, 29. 4. 1954, StASch, S 6, Nr. 1461.
[852] Vgl. Kersten, Schulen unter kommunistischer Kontrolle (1954), S. 214.

Wer garantiert mir dafür, daß ich nicht Ende jedes Monats oder Tertials oder des Schuljahres die gleiche Behandlung erfahre? Dieser Gefahr möchte ich mich ungern aussetzen. Der Abschied von der Schule und der Jugend hat mich tief geschmerzt und schmerzt mich noch, aber es scheint besser, man macht endgültig Schluß, solange es in Ehren und unter Wahrung der eigenen Würde geschieht."[853]

Hier wurde ein erfahrener und engagierter Lehrer, der in seinem Beruf aufging,[854] zweimal innerhalb von wenigen Jahren auf unschöne Weise in die Wüste geschickt. Dies traf ihn nicht nur materiell sehr hart, sondern kränkte ihn auch menschlich und in seiner beruflichen Ehre. Die Volksbildungsverwaltung hatte weder auf das eine noch auf das andere die geringste Rücksicht genommen. Vor diesem Hintergrund erscheint seine Furcht vor einer Wiederholung solcher Vorgänge ebenso berechtigt wie sein Entschluss, nicht wieder in den Schuldienst zu gehen, verständlich. Strömers Behandlung war beileibe kein Einzelfall. Mit ihm waren im Frühjahr 1953 viele andere Oberschullehrer entlassen und wenige Monate später wieder eingestellt worden. Sie befürchteten – gemeinsam mit älteren Fachlehrern – noch anderthalb Jahre später, „daß man ihnen zur gegebenen Zeit wieder blaue Briefe zuschicken" werde.[855] Mit administrativen Maßnahmen allein war das Problem des Lehrermangels jedenfalls nicht zu lösen. Vielmehr sollte sich die Personalnot in den kommenden Jahren verschärfen.

e) Entstalinisierungskrise und „Tauwetter"

Der XX. Parteitag der KPdSU und seine Folgen

Im Februar 1956 fand in Moskau der XX. Parteitag der Kommunistischen Partei der Sowjetunion (KPdSU) statt, auf dem sich die Führung der Sowjetunion von Stalin distanzierte. Der erste Sekretär des ZK der KPdSU, Chruschtschow, verurteilte in seiner berühmten Geheimrede den Personenkult um Stalin und rechnete mit dessen Verbrechen ab. Der Parteitag hatte die Länder des sowjetischen Machtbereichs schwer erschüttert.[856] Die Führungsspitze der SED, die mit einer hochrangigen Delegation an dem Parteitag teilnahm, trafen die Enthüllungen unvorbereitet. Ulbricht, der die Folgen für die SED-Herrschaft und damit für seine eigene Machtposition ahnte, versuchte die Bedeutung der Ereignisse für die DDR herunterzuspielen und bemerkte im „Neuen Deutschland" lakonisch: „Zu den Klassikern des Marxismus kann man Stalin nicht mehr rechnen."[857] Eine „Fehlerdiskus-

---

[853] Paul Strömer an den Direktor der Goethe-Schule II, Greiser, 23. 8. 1956, StASch, S 6, Nr. 238. Strömer gehörte zu den Lehrern, die im Rahmen der Überprüfung der Oberschulen im Frühjahr 1953 entlassen und nach Proklamation des „Neuen Kurses" wieder eingestellt wurden.

[854] Auch die Schulleitung war dieser Ansicht. Strömer habe „fachlich sehr gutes geleistet" und habe „großes pädagogisches Geschick" bewiesen. Auch sei er sicherlich nicht von ungefähr zur wissenschaftlichen Mitarbeit ins DPZI berufen worden. Lediglich bei der patriotischen Erziehung habe er sich stark zurückgehalten. Vgl. die Beurteilung von Direktor Greiser, 14. 11. 1956, StASch, S 6, Nr. 238.

[855] RdB Rostock, Abt. Inneres, Wolff, Aktenvermerk, 28. 9. 1954, LAG, Rep. 200, 7.1, Nr. 7, Bl. 1.

[856] Das Folgende nach Hoffmann, DDR unter Ulbricht (2003), S. 64–73; Staritz, Geschichte der DDR (1996), S. 144–169. Zu den Auswirkungen auf die inneren Verhältnisse in der DDR jüngst Granville, Ulbricht in October 1956 (2006); Wentker, Bedroht von Ost und West (2008). Zum Parteitag selbst vgl. Hildermeier, Geschichte der Sowjetunion (1998), S. 762–764.

[857] „Stalin ist kein Klassiker des Marxismus", in: Neues Deutschland, 4. 3. 1956, zitiert nach Staritz, Geschichte der DDR (1996), S. 147.

sion" über die eigene Politik wollte er unbedingt vermeiden. Weil aber weitere Informationen über die westliche Presse durchsickerten, konnte die SED-Führung nicht verhindern, dass große Teile der Bevölkerung, vor allem überzeugte Parteimitglieder, irritiert waren. Die kommunistischen Intellektuellen reagierten entsetzt. Die konkreten politischen Auswirkungen des mit der Geheimrede Chruschtschows einsetzenden sogenannten Tauwetters blieben in der DDR indes geringer als in anderen Staaten des Ostblocks.[858] Ulbricht war allenfalls zu taktischen Zugeständnissen bereit, darunter die Entlassung von politischen Häftlingen und die Rehabilitierung verstoßener Parteimitglieder. Andere Mitglieder der SED-Spitze und Parteiintellektuelle entwickelten weitergehende Reformvorstellungen, ohne sie verwirklichen zu können.

Die Ereignisse gingen auch an den Schulen der DDR nicht spurlos vorüber. Die Lehrer, unter ihnen besonders die Mitglieder der SED, waren verunsichert.[859] Bisher hatte Stalin als unantastbar, als leuchtendes Vorbild für die Jugend gegolten. Wie sollte man den Schülern jetzt die plötzliche Abkehr vom Sowjetführer vermitteln? Die aus dieser Zeit überlieferten Diskussionen unter den Lehrern zeugen von der großen Verwirrung an den Schulen. Auf einer Beratung der Schulparteisekretäre in Rostock im März 1956 verlangten diese von der Kreisleitung klare Auskünfte über die Haltung der SED zu Stalin.[860] Sie sahen sich an ihren Schulen mit Fragen ihrer Kollegen konfrontiert, die sie nicht zu beantworten vermochten. Auch im Unterricht ergaben sich Schwierigkeiten. Die Lehrer erwarteten konkrete Informationen darüber, worin die Verbrechen und Fehler Stalins bestanden und weshalb er nicht mehr als Klassiker anzusehen sei. Doch auch die Funktionäre der Kreisleitung und der Rostocker Schulrat konnten ihnen diese Fragen nicht beantworten, und die Diskussion nahm streckenweise absurde Züge an: Schulrat Setzkorn verkündete, man wisse „heute nicht mehr", wer Stalin zum Klassiker gemacht habe. Genosse Simon von der Kreisleitung äußerte, es sei noch nicht bekannt, in welchen Werken Stalin sich geirrt habe, und das würde auch erst später bekannt gegeben. Die Funktionäre bemühten sich, vom Thema abzulenken und spielten den Ball an die Sitzungsteilnehmer zurück: So fragte Setzkorn den Parteisekretär der Goethe-Oberschule rhetorisch, warum sich dessen Kollegen plötzlich so sehr für Stalin interessierten, obwohl sie doch bisher nichts von ihm hätten wissen wollen. Er forderte die Lehrer auf, sich intensiver mit dem Marxismus-Leninismus zu befassen, dann würde ihnen schon alles klarer werden. Mit derartigen Ablenkungsmanövern wollten die Funktionäre ihre eigene Unsicherheit überspielen und verhindern, dass die Diskussion auf die Verhältnisse in der DDR übergriff, wie das zum Teil auch geschah. So äußerten einige SED-Mitglieder unter den Lehrern die Ansicht, dass auch um Wilhelm Pieck ein Personenkult

---

[858] Siehe auch die Beiträge in Engelmann/Großbölting/Wentker, Kommunismus in der Krise (2008).

[859] Wie hart Lehrer, die überzeugte Kommunisten waren, von den Enthüllungen über Stalin getroffen wurden, zeigt am Beispiel des früheren Volksbildungsministers von Mecklenburg, Hans-Joachim Laabs, und einer mecklenburgischen Oberschullehrerin eindrucksvoll Mietzner, Enteignung (1998), S. 231–236.

[860] Zum Folgenden siehe das Protokoll der Beratung vom 15. 3. 1956, LAG, Rep. IV/4/07, Nr. 557, Bl. 23–31.

getrieben würde.[861] Im Ergebnis wurden die Lehrer – ähnlich wie drei Jahre zuvor nach Verkündung des „Neuen Kurses" – mit dem ideologischen Kurswechsel alleingelassen. Es blieb ihnen selbst überlassen, wie sie den Schülern die plötzliche Abkehr von Stalin erklärten.

Übergang zur sozialistischen Schule? – der V. Pädagogische Kongress

Mitten in die Entstalinisierungskrise fiel der V. Pädagogische Kongress, der, seit Anfang der 1950er Jahre immer wieder verschoben, schließlich im Mai 1956 in Leipzig stattfand.[862] Auf dem Kongress sollte als Ziel der schulischen Bildung die „Erziehung zum sozialistischen Menschen" festgelegt und damit „eine zweite Schulreform […], die sozialistische Phase der Schulreform" eingeleitet werden.[863] Zwei wichtige Weichen schulorganisatorischer Art wurden gestellt: Zum einen die Einführung der zehnklassigen allgemeinbildenden Mittelschule, die künftig für alle Kinder obligatorisch werden sollte.[864] Dies hätte bedeutet, die Oberschule mittelfristig auf die zwei Jahrgangsstufen 11 und 12 zu reduzieren. Zum anderen die Entschließung zur schrittweisen Einführung der polytechnischen Bildung an allen Schultypen, die auf eine Forderung Ulbrichts auf der III. Parteikonferenz der SED von Ende März zurückging.[865]

Auch die Erziehungsinhalte waren ein zentrales Thema der Konferenz. Hier schlug Volksbildungsminister Fritz Lange deutliche Töne an:

> „Die Erziehung zum Patriotismus, zur grenzenlosen Ergebenheit und unerschütterlichen Treue zu unserer Republik, zur Sache des Sozialismus, zur Arbeiterklasse und ihrer Partei muß die zentrale Aufgabe jeder Erziehung sein."[866]

Diesen radikalen Vorstellungen standen auf dem Kongress jedoch zahlreiche moderatere und reformorientierte Stimmen gegenüber. Denn in der Folge des XX. Parteitags der KPdSU wurden auch erziehungswissenschaftliche Fragen mit größerer Offenheit diskutiert. Führende pädagogische Wissenschaftler der DDR hatten schon im Vorfeld der Konferenz Kritik an der Konzeption der patriotischen Erziehung und der „Phrasendrescherei" im Schulunterricht geübt.[867] Auch auf der Konferenz selbst prangerten einige Teilnehmer die Erstarrung des Schullebens an, machten auf Entwicklungsprobleme des Schulwesens aufmerksam und plädierten dafür, das Verhältnis zur Reformpädagogik, die in den Jahren zuvor als „reaktionär" gebrandmarkt worden war, neu zu definieren.[868] Hinzu kam, dass zahlreiche Reden und Diskussionsbeiträge den gesamtdeutschen Aspekt betonten. Gerade weil die Schulverhältnisse in der DDR nach Auffassung vieler Teilnehmer Vor-

---

[861] SED-KL Rostock, Abt. Partei und Massenorganisationen, Friedrich, an Abt. Kultur und allgemeinbildende Schulen, 19. 4. 1956, LAG, Rep. IV/4/07, Nr. 553.

[862] Zum Kongress vgl. Anweiler, Schulpolitik (1988), S. 52–54; Häder, Schülerkindheit (1998), S. 135 f.

[863] Herbert Becher: *Zweite Phase der* Schulreform, in: Neues Deutschland, Nr. 70, 22. 3. 1956. Vgl. dazu aus zeitgenössischer westdeutscher Perspektive, Kersten, Zweite Phase (1956).

[864] Vgl. Anweiler, Schulpolitik (1988), S. 52.

[865] Vgl. Anweiler, Schulpolitik (1988), S. 61 f.

[866] Aufgaben und Probleme der deutschen Pädagogik. Referat von Volksbildungsminister Fritz Lange auf dem V. Pädagogischen Kongress. Zitiert nach Häder, Schülerkindheit (1998), S. 136.

[867] Vgl. Karl Sothmann: *Sozialistischer Realismus in der Erziehung*, in: Neues Deutschland, Nr. 62, 13. 3. 1956; Ernst Z. Ichenhäuser: *Bild und Vorbild. Diskussionsbeitrag zu Fragen der patriotischen Erziehung*, in: DLZ, 3. Jg., 1956, Nr. 16, S. 5.

[868] Vgl. hierzu und zum Folgenden Anweiler, Schulpolitik (1988), S. 53.

bildcharakter für das Schulwesen in einem künftigen vereinigten Deutschland haben sollten, schien eine Abkehr vom Dogmatismus in der Pädagogik notwendig. Von der DDR-Schulgeschichtsschreibung wurde der Kongress im Rückblick zwiespältig bewertet, weil „konkrete Festlegungen zur Durchsetzung der sozialistischen Schule" unterblieben waren.[869] Tatsächlich wurden die zwei wichtigsten auf dem Kongress beschlossenen Maßnahmen, der Aufbau der zehnklassigen obligatorischen Mittelschule und die Einführung der polytechnischen Bildung, „in den beiden folgenden Jahren nur begrenzt verwirklicht.[870]

Die Ergebnisse des Pädagogischen Kongresses wurden auch an den Schulen offen diskutiert. Bei den Rostocker Oberschullehrern stieß die Einführung der polytechnischen Erziehung auf Kritik. Sie verwiesen darauf, dass die technischen und räumlichen Voraussetzungen für seine Durchführung nicht gegeben seien. Auch laufe die Zusammenarbeit mit den Patenbetrieben der Oberschulen schlecht.[871] Dies waren aber vorgeschobene Argumente. Vielmehr behagte den Oberschullehrern die Zielsetzung des polytechnischen Unterrichts nicht, Stoff und Methode auf die praktische Nutzanwendung hin auszurichten. Sie stand im Widerspruch zum humanistischen Ideal allgemeiner Menschenbildung. Den Vorwurf der „Weltfremdheit" der Oberschüler, der von den Befürwortern der polytechnischen Bildung erhoben wurde, wies ein Lehrer der Großen Stadtschule denn auch zurück.[872] Andere forderten eine größere Handlungsfreiheit im Unterricht. Dringend müssten neue, von Stoffballast befreite Lehrpläne herausgebracht werden, die dem Lehrer mehr Spielraum ließen, da die Schüler sonst bestenfalls formales Wissen erwürben – ein Punkt, der auch auf dem Pädagogischen Kongress bemängelt worden war.

Die Lehrer wandten sich auch gegen die immer neuen bürokratischen Hürden, die für eine Westreise zu überwinden waren: Sie mussten die Genehmigung der Abteilung Volksbildung *und* der SED-Kreisleitung einholen; SED-Mitgliedern waren Fahrten in den Westen ganz verboten. Im Mai 1956 wurde darüber hinaus ein Westreiseverbot für Schüler verhängt.[873] Nach Auffassung der Rostocker Oberschullehrer ließen sich diese Maßnahmen nicht mit dem – offiziell noch immer angestrebten – Ziel der Wiedervereinigung vereinbaren; zudem war für sie ganz Deutschland, nicht die DDR ihr Vaterland. Wie die Mehrheit der DDR-Bevölkerung dachten auch sie noch in der zweiten Hälfte der 1950er Jahre in nationalen, gesamtdeutschen Kategorien.[874] Kritisiert wurde in diesem Zusammenhang auch die politisch-ideologische Gängelung durch die SED. In Anspielung auf die Aussprachen, die vor der Genehmigung von Westreisen geführt wurden und in denen sie sich verpflichten mussten, während ihres Aufenthaltes in der Bundesrepublik die DDR und das sozialistische Bildungswesen zu verteidigen, äußerte ein

---

[869] Gläser/Lost, Entwicklung des Volksbildungswesens (1981), S. 38.
[870] Vgl. Anweiler, Schulpolitik (1988), S. 62 f.
[871] SED, BL Rostock, Auswertung der Beratung mit Oberschullehrern, 29. 5. 1956, LAG, Rep. IV/4/07, Nr. 557, Bl. 43 f.
[872] Hierzu und zum Folgenden SED, KL Rostock-Stadt, Protokoll der Beratung mit den Parteisekretären der allgemeinbildenden Schulen am 31. 5. 1956, 6. 6. 1956, LAG, Rep. IV/4/07, Nr. 557, Bl. 36–42, hier Bl. 37 f.
[873] Vgl. Häder, Schülerkindheit (1998), S. 136.
[874] Vgl. Kößling, Republikflucht (1996), S. 242 f.

Lehrer: „Wir Lehrer brauchen nicht, wenn wir nach Westdeutschland fahren wollen, immer die Bewusstseinsspritze der Kreisleitung."[875]

Die Ereignisse in Polen und Ungarn

Gravierendere Auswirkungen auf die Oberschulen als der XX. Parteitag der KPdSU hatten die im Herbst 1956 ausbrechenden politischen Unruhen in Polen und vor allem in Ungarn. In Ungarn war es in zahlreichen Städten zu Demonstrationen von Arbeitern und Studenten gekommen; Partei- und Staatsapparat hatten die Lage nicht mehr unter Kontrolle. Sowjetische Truppen griffen Anfang November ein und schlugen den Aufstand innerhalb weniger Tage nieder.[876] Die Unruhen griffen auch auf die DDR über, namentlich auf die Universitäten. Die Studenten solidarisierten sich mit den Aufständischen und stellten ihrerseits Forderungen, etwa nach einem unabhängigen Studentenverband und der Abschaffung des gesellschaftswissenschaftlichen Grundstudiums.[877]

Die Lehrer waren, wie schon zu Beginn des Jahres, stark verunsichert, vor allem aber waren sie verärgert über die unvollständige und einseitige Informationspolitik der DDR-Presse. In ungewohnter Offenheit kritisierten Lehrer und selbst Funktionäre der SED die Informationen der DDR-Medien als „lückenhaft" und „teilweise nicht wahrheitsgemäss" und gaben zu, westliche Rundfunksender zu hören, „um besser informiert zu sein."[878] Dies war schon allein deshalb notwendig, weil die Schüler sie im Unterricht mit Informationen aus eben diesen Medien konfrontierten. Der Parteisekretär der Goethe-Schule I, Rein, machte daher auch in Gegenwart der Schüler keinen Hehl daraus, dass er Westsender hörte. Bis auf zwei Ausnahmen wurde er in der Parteiversammlung der Schule von allen Genossen in dieser Haltung unterstützt. In der Diskussion wurde der SED-Führung angesichts ihrer Pressepolitik mehrfach „geistige Einsperrung" der Bürger vorgeworfen.[879] Andere Lehrer weigerten sich, überhaupt noch mit ihren Schülern über die politischen Ereignisse zu diskutieren, weil sie den Zickzackkurs von Partei und Regierung nicht mehr länger glaubwürdig vermitteln konnten. Ein Lehrer verdeutlichte dieses Dilemma, indem er darauf verwies, er habe „damals die Verurteilung von Rajk[880] vor den Schülern vertreten und müsse ihnen jetzt das Gegenteil verständlich machen." Ein solches Vorgehen musste die Glaubwürdigkeit und damit die Autorität des Lehrers gegenüber seinen Schülern untergraben.

---

[875] SED, BL Rostock, Auswertung der Beratung mit Oberschullehrern, 29. 5. 1956, LAG, Rep. IV/4/07, Nr. 557, Bl. 43.

[876] Vgl. Staritz, Geschichte der DDR (1996), S. 160; von Klimó/Kunst, Krisenmanagement (2004), S. 293–300.

[877] Vgl. beispielhaft die Erinnerungen eines Studenten der Universität Greifswald: Seiring, Mein einsamster Geburtstag (2004).

[878] SED-KL Rostock-Stadt, „Einige Meinungen der Rostocker Lehrer zu den augenblicklichen politischen Fragen", 10. 11. 1956, LAG, Rep. 200, 8.1.1, Nr. 553; Bericht über die Aussprache mit den Lehrern der Zentralschule Brüel vom 16. 11. 1956, o. D., LHAS, 10.34–3, Nr. 1383, Bl. 56–58, hier Bl. 57.

[879] SED-BL Schwerin, Abt. Allgemeinbildende Schulen, Bericht zur politischen Situation an den Oberschulen des Bezirkes, 1. 12. 1956, LHAS, 10.34–3, Nr. 1361, Bl. 40–44, hier Bl. 41. Hieraus auch die folgenden Zitate.

[880] Der ungarische Außenminister László Rajk war 1949 nach einem Schauprozess hingerichtet worden. Im Oktober 1956 wurde er rehabilitiert. Vgl. Wentker, Bedroht von Ost und West (2008), S. 156, Anm. 27.

Die Verunsicherung der Lehrer und vermutlich auch ihre Solidarität mit den Aufständischen in Ungarn führten dazu, dass sie bei Protestaktionen von Schülern nicht eingriffen. An der Schweriner Goethe-Schule I forderten Schüler aus Protest gegen das Eingreifen der Roten Armee in Ungarn die sowjetischen Komsomolzen, die zu einem gemeinsamen Treffen eingeladen waren, auf, nicht zu erscheinen. Eine Klasse blieb der Zusammenkunft geschlossen fern. Entsprechend frostig war die Atmosphäre auf dem Treffen.[881] In Rostock und an anderen Oberschulen des Bezirks kam es zu Störungen des Unterrichts, etwa durch die Beteiligung der Schüler an einer Schweigeminute, die von westlichen Rundfunksendern als Zeichen der Solidarität mit den Aufständischen in Ungarn initiiert worden war.[882] Die meisten Lehrer gingen über derartige Aktionen hinweg oder taten, als bemerkten sie sie nicht. Ans Licht gelangten sie durch Meldungen linientreuer Schüler.

Noch Anfang 1957 waren viele Lehrer über die Entwicklungen im sowjetischen Machtbereich irritiert. Wenn die Rostocker SED-Kreisleitung im Februar in üblicher Rhetorik davon sprach, „dass es bei unseren Genossen Lehrern noch eine ganze Reihe politischer Unklarheiten gibt", traf sie damit ausnahmsweise den Nagel auf den Kopf.[883] Die Lehrer konnten die wechselhafte Einstellung der Einheitspartei zu den Ereignissen in Ungarn ebenso wenig nachvollziehen wie die plötzliche Verhaftung des bisher als fortschrittlich geltenden Berliner Philosophieprofessors Wolfgang Harich. Sie wiesen auf widersprüchliche Informationen auch innerhalb der DDR-Presse hin und fragten sich, wie sie zukünftig die Rolle Stalins im Unterricht behandeln sollten. Die verwirrenden Ereignisse des vergangenen Jahres und die schwankende Haltung der SED waren nicht dazu angetan, die immer wieder eingeforderte „Parteilichkeit" der Lehrer im Unterricht zu fördern. Voraussetzung dafür war – wenn schon nicht innere Überzeugung – zumindest eine konstante politische Linie der Hegemonialpartei. Eben diese war aber nicht gegeben.

Das Ende des Tauwetters und die Kampagne gegen den „Revisionismus"

Die Ereignisse in Ungarn hatten der SED-Führung vor Augen geführt, wie schnell Reformbemühungen zur Erosion der eigenen Machtbasis führen konnten. Die blutige Niederschlagung des Volksaufstands beendete daher auch in der DDR die Phase zaghafter Liberalisierungsversuche. Die Machtfrage stand jetzt wieder im Vordergrund. Auf dem 30. Plenum des ZK der SED rechnete Walter Ulbricht mit seinen innerparteilichen Kritikern ab und bezichtigte sie des „Opportunis-

---

[881] SED-BL Schwerin, Abt. Allgemeinbildende Schulen, Bericht zur politischen Situation an den Oberschulen des Bezirkes, 1. 12. 1956, LHAS, 10.34–3, Nr. 1361, Bl. 40–44, hier Bl. 40; MfV, Abt. Inspektion, Information betr. Lage an den Oberschulen des Bezirkes Schwerin, 30. 11. 1956, BAB, DR 2, Nr. 2769, Bl. 42 f.

[882] FDJ, BL Rostock, Sekretariatsvorlage, Schlussfolgerungen aus den Brigadeeinsätzen in Wismar und Rostock-Stadt, 4. 11. 1956, LAG, Rep. 200, 8.1.1, Nr. 130, Bl. 134–142, hier Bl. 134. Über ähnliche Vorgänge an den Schulen in Ost-Berlin berichtet Häder, Schülerkindheit (1998), S. 136–138. Vgl. auch die autobiographisch gefärbte Studie von Garstka, Das schweigende Klassenzimmer (2007), zur Oberschule Storkow. Zu Formen passiven Protestes von Lehrern und Schülern vgl. auch Granville, Last of the Mohicans (2004), S. 90.

[883] Schreiben an die SED-BL Rostock, 1. 2. 1957, LAG, Rep. IV/4/07, Nr. 557, Bl. 68–71, Zitat Bl. 68.

mus" und des „Revisionismus".[884] Spätestens im März 1957 führten die gegen den intellektuellen Kritiker Wolfgang Harich und die um ihn herum konstruierte „konspirative staatsfeindliche Gruppe" inszenierten Prozesse der Öffentlichkeit das Ende der vorsichtigen Reformbemühungen vor Augen.[885] Dies schlug sich auch im Bereich der Bildungspolitik nieder: Die von der Abteilung Volksbildung beim ZK der SED ausgegangene Initiative zur „Auseinandersetzung mit revisionistischen und anderen bürgerlichen Tendenzen in der [...] pädagogischen Theorie und Praxis"[886] im April 1957 markierte den Abbruch der ein Jahr zuvor begonnenen offeneren pädagogischen Diskussion. Dem „Kampf gegen den Revisionismus", der auf der 33. Sitzung des ZK im Oktober 1957 in seine heiße Phase trat, fielen in der Folgezeit zahlreiche Volksbildungsfunktionäre zum Opfer: Auf der Tagung selbst wurde Paul Wandel als ZK-Sekretär für Kultur und Erziehung abgesetzt, Ende März 1958 Hans Joachim Laabs von seiner Funktion als Staatssekretär im MfV entbunden, womit die steile Karriere des jungen Funktionärs jäh endete.[887] Darüber hinaus wurden mehrere Abteilungsleiter und Referenten des Ministeriums sowie zahlreiche führende Mitarbeiter der Bezirksleitungen in diesem bis Mitte 1958 andauernden Prozess ausgewechselt. Der Personalaustausch betraf auch die unteren Funktionärsebenen: Sowohl in Rostock als auch in Schwerin wurden im Laufe des Jahres 1958 neue Schulräte eingesetzt.[888]

In inhaltlicher Hinsicht bemühte sich die Volksbildungsverwaltung, von der Zentralebene ausgehend, die auf dem V. Pädagogischen Kongress in Leipzig vom Mai 1956 proklamierte, aber zunächst stecken gebliebene Überleitung von der „allgemein-demokratischen" Entwicklung zur „sozialistischen Erziehung"[889] in die Praxis umzusetzen. Den Anstoß dazu gab Minister Fritz Lange in einer Rede am „Tag des Lehrers" im Juni 1957.[890] Lange bekundete darin, dass „gutes fachliches Wissen und sogenannte Loyalität zu unserem Staate" nicht mehr genügten und forderte von jedem Lehrer „die klare und eindeutige Entscheidung für die Sache des Sozialismus". Praktische Konsequenzen hatte das für die Lehrer insofern, als der Minister daraus ableitete, dass Reisen von Lehrern nach Westdeutschland „ohne zwingenden Grund" nicht mehr tragbar seien. Zweiter Schwerpunkt der Rede war die Forderung, dass sich die Schule „noch stärker auf die Probleme des sozialistischen Aufbaus in Industrie und Landwirtschaft orientiert" – ein klarer Hinweis darauf, dass mit der Einführung des polytechnischen Unterrichts nun Ernst gemacht werden sollte. Anfang März warf Kurt Hager,

---

[884] Vgl. Hoffmann, DDR unter Ulbricht (2003), S. 74.

[885] Vgl. Staritz, Geschichte der DDR (1996), S. 163 f., sowie den autobiographischen Bericht von Harich, Keine Schwierigkeiten (1993).

[886] Entwurf eines Arbeitsplanes für das II. Quartal 1957, 10. 4. 1957, zitiert nach Häder, Schülerkindheit (1998), S. 138. Zum Folgenden vgl. ebd., S. 138–141; Geißler, Geschichte des Schulwesens (2000), S. 460–491.

[887] Laabs selbst gibt als Grund für seine Entlassung sachliche und persönliche Konflikte mit Walter Ulbricht sowie mit seinem direkten Vorgesetzten Fritz Lange an. Vgl. das Interview mit Laabs in Borchardt/Koniecky, Zwischen Hoffnung und Verzweiflung (1995), S. 242–245.

[888] In Rostock wurde der schon seit 1950 amtierende Gerhard Setzkorn durch Schulrat Arend ersetzt. In Schwerin löste Werner Beu Ende des Jahres Herbert Lau ab und war damit bereits der neunte Stadtschulrat seit Kriegsende. Vgl. Schulze, Chronik (1991).

[889] Dazu Kersten, Zweite Phase (1956).

[890] Fritz Lange: *Parteiisch für das Volk*, in: Neues Deutschland, Nr. 136, 12. 6. 1957.

ZK-Sekretär und Vorsitzender der Schulkommission beim Politbüro, auf der III. Hochschulkonferenz den „Genossen Pädagogen" vor, ein unklares Verhältnis zu Politik und Weltanschauung der SED zu haben. Sie hätten nicht energisch genug für die Durchsetzung des Marxismus-Leninismus in der Pädagogik gekämpft.[891] Zugleich machten mehrere Grundsatzartikel in verschiedenen pädagogischen Fachzeitschriften deutlich, dass die selbstkritische Erneuerung „zu Ende war, ehe sie recht begonnen hatte." Zusammen mit dem skizzierten Kaderwechsel in der Schulverwaltung markierte diese Generalabrechnung mit dem „pädagogischen Revisionismus", so Oskar Anweiler, den Beginn einer „neue[n] Periode der dezidiert ‚sozialistischen Schulentwicklung' seit 1958".

Die Auswirkungen auf die Oberschulen

Die Oberschulen in Rostock und Schwerin bekamen das Ende des „Tauwetters" in der Bildungspolitik schon bald zu spüren, und zwar in Form personeller Konsequenzen. Zum Schuljahr 1957/58 musste Bruno Buxnowitz sein Amt als Leiter der Schweriner Goethe-Schule I abgeben. Die Abteilung Volksbildung warf ihm Fehler bei der Organisation eines Schüleraustausches mit dem Leibniz-Gymnasium in Hannover vor,[892] mit dem die Goethe-Schule seit einigen Jahren in freundschaftlichem Kontakt stand. Buxnowitz habe dabei eine „völlig falsche […] Auffassung über die gesamtdeutsche Arbeit" gezeigt und nicht erkannt,

„daß hinter den Bestrebungen westdeutscher Schulen, mit ihnen Verbindung aufzunehmen, der westdeutsche Imperialismus und das Bonner Kaiser-Ministerium mit ihrem Geld stehen und versuchen, unsere Oberschüler irre zu führen."[893]

Der Direktor war über das gewandelte Verständnis von gesamtdeutscher Arbeit auf Schulebene gestolpert. Es ging nicht mehr in erster Linie um die Förderung von Kontakten zwischen Schülern in West und Ost, sondern nur noch darum, den westdeutschen Schulen die angebliche Überlegenheit des Schulsystems in der DDR zu demonstrieren und dafür Propaganda zu machen.[894] An die Stelle von Buxnowitz rückte Rudolf Habermann, der zuvor als stellvertretender Schulrat in Malchin gewirkt hatte.[895] Wie Buxnowitz verfügte auch der neue Direktor lediglich über eine Volksschullehrerausbildung, zudem war er Mitglied der SED und zahlreicher Massenorganisationen und hatte eine kommunistische Parteischule

---

[891] Dies und das Folgende nach Anweiler, Schulpolitik (1988), S. 54 f. Vgl. auch Kersten, Schulen nach Parteimodell (1958).
[892] Vgl. Herbstritt, „… den neuen Menschen schaffen" (1996), S. 69, Anm. 178.
[893] RdB Schwerin, Abt. Volksbildung, Schulinspektion, an MfV, Abt. Hauptschulinspektion, Bericht über die Durchführung der Oberschulkonferenz am 29. 3. 1957 und Maßnahmen zur Verbesserung der Arbeit an den Oberschulen, 22. 5. 1957, BAB, DR 2, Nr. 2769, Bl. 106–115, hier Bl. 108.
[894] Welch großer Wert auf eine positive Darstellung der eigenen Schule im Westen gelegt wurde, zeigt ein kurioses Detail aus den Akten der Schweriner Goethe-Schule. Wie in jedem Jahr sollte ein Teil der Auflage des Jahrbuchs der Goethe-Schule auch 1957 an befreundete Schulen in Westdeutschland geschickt werden. Wegen Engpässen beim Kunstdruckpapier hatte der Rat des Bezirks 1957 aber die Druckgenehmigung für 1000 Exemplare der Festschrift versagt. Der Direktor bat daraufhin, wenigstens die 250 für Westdeutschland bestimmten Exemplare in Kunstdruckpapier aufzulegen, „um damit den repräsentativen Charakter unserer Schule als Institution unserer DDR zu wahren". Schreiben an RdB Schwerin, Referat Druckgenehmigung, 5. 11. 1957, StASch, S 6, Nr. 2101.
[895] Jahrbuch 1957 der Goethe-Schule I Schwerin, S. 59.

besucht.[896] Mit 38 Jahren trat Habermann sein Amt in etwa dem gleichen Alter an wie sein Vorgänger. Der tatsächliche Grund für die Ablösung von Buxnowitz wurde nicht publik gemacht; offiziell hieß es, er habe sein Amt auf eigenen Wunsch aus gesundheitlichen Gründen zur Verfügung gestellt.[897] Dies geschah vermutlich deshalb, weil Buxnowitz weiterhin als Russischlehrer an der Schule benötigt wurde – er unterrichtete das Fach bis in die 1970er Jahre – und deshalb nicht öffentlich diskreditiert werden sollte. Maria Roller war als Leiterin der Goethe-Schule II schon einige Zeit früher durch Eckart Greiser ersetzt worden, der über einen ähnlichen biographischen Hintergrund verfügte wie Habermann.[898] Auch Roller blieb als Fachlehrerin bis zu den 1970er Jahren an der Goethe-Schule tätig.

Mit dem rigoros die Interessen der Staatspartei verfolgenden schulpolitischen Kurs ging auch ein schärferes Vorgehen gegen die Kirche und ihre Jugendarbeit einher.[899] Direktoren und Schulräte drängten religiös gebundene Lehrer, aus der Kirche auszutreten. Diese gerieten in Gewissenskonflikte, weil sie nun ganz ausdrücklich die sozialistische Weltanschauung im Unterricht vertreten mussten.[900] Erstmals seit dem Frühjahr 1953 war auch wieder von der „Schädlingsarbeit" der Jungen Gemeinde an den Oberschulen die Rede. Lehrer und FDJ sollten daher ihre „politisch-pädagogische Propaganda" verstärken und Aussprachen mit Schülern führen, die der Kirche nahestanden.[901] An der Schweriner Goethe-Schule warb das MfS im Frühjahr 1957 den FDJ-Sekretär als IM mit dem Ziel an, Informationen über die Arbeit der Jungen Gemeinde an der Schule zu gewinnen.[902] Im Laufe des Jahres 1958 wurden zum gleichen Zweck auch drei Schüler rekrutiert.[903] Vermehrt mussten Schüler aus geringfügigen Anlässen die Schule verlassen. Als

---

[896] Biographische Angaben nach MfV, Abt. Personal, Liste der stellvertretenden Schulräte, o. D. (1951), LHAS, 6.11–21, Nr. 500, Bl. 49.

[897] Vgl. das Grußwort von Stadtschulrat Herbert Lau im Jahrbuch 1957 der Goethe-Schule I, S. 5f. Siehe auch das Schreiben Buxnowitz' an RdK Schwerin-Stadt vom 22. 12. 1956, StASch, R 31, Nr. 151.

[898] Eckart Greiser, Jg. 1918, verfügte ebenfalls nur über eine seminaristische Ausbildung, gehörte der SED sowie zahlreichen Massenorganisationen an und hatte 1950 eine Parteischule besucht. Er trat sein Amt als Direktor der Goethe-Schule II spätestens zum Schuljahr 1953/54 oder 1954/55 an. In den Lehrerlisten beider Schuljahre werden sowohl er als auch Maria Roller aufgeführt; keiner von beiden führt aber die Bezeichnung Direktor. Das von Ramsenthaler, 50 Jahre Goethe-Schule (1999), S. 12, als Beginn von Greisers Amtszeit angegebene Jahr 1952 ist definitiv zu früh, da Maria Roller zum Zeitpunkt der Kampagne gegen die Junge Gemeinde (Frühjahr 1953) noch Direktorin war. Biographische Angaben nach Liste der Leiter der Oberschulen im Land Mecklenburg, 19. 9. 1950, LHAS, 6.11–21, Nr. 500, Bl. 102; Goethe-Schule II, Kaderspiegel, 6. 10. 1956, StASch, S 6, Nr. 265.

[899] Zu den Hintergründen Geißler, Geschichte des Schulwesens (2000), S. 492–495.

[900] SED-KL Rostock-Stadt, Abt. Kultur und Volksbildung, Bericht über den politisch-moralischen Zustand der Lehrer und über die sozialistische Erziehung an den allgemeinbildenden Schulen, 4. 2. 1958, LAG, Rep. IV/4/07, Nr. 553; Analyse über die Republikflucht der Lehr- und Erzieherkräfte (Bezirk Rostock), o. D. (März 1958), LAG, Rep. 200, 8.1.1, Nr. 226, Bl. 46–49.

[901] RdB Rostock, Bezirksschulrat Reimann, an alle Kreise, 4. 3. 1958, LAG, Rep. 200, 8.1.1, Nr. 238, Bl. 5f. Der Appell ging zurück auf ein Schreiben von Volksbildungsminister Lange an sämtliche Räte der Bezirke vom 19. 2. 1958, StASch, R 31, Nr. 64.

[902] MfS, BV Schwerin, Abt. V/6, Bericht über durchgeführte Werbung von IM „Egbert", 26. 3. 1957, BStU, MfS, BV Schwerin, AIM, Nr. 1209/79, Bd. I, Bl. 24f.

[903] Die Anwerbung diente dem „Aufbau der Residentur Oberschule Schwerin". MfS, BV Schwerin, Abt. V/6, Perspektivplan für GI „Egbert", 13. 5. 1958, BStU, MfS, BV Schwerin, AIM, Nr. 1209/ 79, Bd. I, Bl. 47–51.

Grund für einen Verweis reichte beispielsweise an der Goethe-Schule I die Weigerung, einen Protest gegen die Atomaufrüstung in Westdeutschland zu unterschreiben oder als FDJ-Mitglied das Abzeichen zu tragen. Dem Verweis ging jeweils ein einstimmiger Beschluss der ZSGL zum Ausschluss aus der FDJ und die Aufforderung an den Pädagogischen Rat voraus, die Betreffenden der Schule zu verweisen. In einem Fall machte der FDJ-Sekretär darauf aufmerksam, dass selbst der Klassenlehrer den Schüler an der Oberschule nicht mehr für tragbar hielt, da er ein Gegner der Arbeiterklasse und der DDR sei – und das, obwohl der Klassenlehrer parteilos und Altlehrer sei und im kommenden Jahr pensioniert werde.[904] Da die FDJ-Leitung ein gegen einen unangepassten Schüler abgelegtes Zeugnis von einem parteilosen Altlehrer offensichtlich am wenigsten erwartete, führte sie diese Tatsache als Nachweis dafür an, dass ein Vorgehen gegen den Schüler gerechtfertigt sei. Ironischerweise war es in einem anderen Fall an der gleichen Schule ausgerechnet ein ebenfalls kurz vor der Pensionierung stehender parteiloser Altlehrer, der im Pädagogischen Rat als Einziger gegen die Relegierung des Schülers stimmte.[905]

Wie diese Fälle zeigen, geht die oft von Parteifunktionären vorgenommene pauschale Zuweisung eigensinnigen Verhaltens zur Gruppe der Altlehrer bei gleichzeitiger Annahme größerer Anpassungsbereitschaft der Neulehrer in die Irre. Auch aus der Zugehörigkeit zur SED lässt sich konformes Verhalten nicht so ohne weiteres ableiten. Indirekt zeigte sich das auch in Rostock. Angesichts der chronischen Schwäche der Parteiorganisationen der Oberschulen ging man hier dazu über, die „besten Lehrer", unabhängig davon, ob sie der SED, einer der anderen Blockparteien oder gar keiner Partei angehörten, in sogenannten Aktiven zusammenzufassen, deren Aufgabe es war, Schüler und Kollegen für den Sozialismus zu gewinnen und die Arbeit der FDJ zu unterstützen.[906]

Schulverwaltung und SED waren mit der Situation an den Oberschulen nach wie vor unzufrieden. Die Rostocker SED-Kreisleitung sah im Mai 1957 an den Oberschulen der Stadt eine Reihe „ernster Mängel, die der sozialistischen Entwicklung entgegengesetzt sind und sie hemmen".[907] Der Rat des Bezirks Schwerin konstatierte, dass in der „Erziehung der Schüler zu staatsbewußten Menschen" an den Schweriner Oberschulen noch „Schwächen vorhanden" seien.[908] Als Indiz wurde genannt, dass sich hier nur zwei von 201 Schülern für die Nationale Volksarmee gemeldet hätten, während an ländlichen Oberschulen des Bezirks über

---

[904] Goethe-Schule I, FDJ-Sekretär, Stellungnahme zur Zusammenarbeit mit den jungen Christen, o. D. (Mai 1958), StASch, S 6, Nr. 288.

[905] Goethe-Schule I, Direktor Habermann, an RdS Schwerin, Abt. Volksbildung, 22. 4. 1958, StASch, S 6, Nr. 1459. Der betreffende Lehrer argumentierte damit, dass der betreffende Schüler kurz vor dem Abitur stehe. Der Schüler konnte sein Abitur anscheinend an einer anderen Oberschule ablegen. Die Oberschule Wittenberge forderte am 27. 5. 1958 seine Unterlagen für die Reifeprüfung von der Goethe-Schule an. StASch, S 6, Nr. 1459.

[906] SED-BL Rostock-Stadt, 1. Sekretär Mewis, Telefonat an alle 1. Kreissekretäre, 31. 5. 1957, LAG, Rep. IV/2/9.02, Nr. 1108, Bl. 52.

[907] SED, KL Rostock-Stadt, „Zur Verbesserung der Arbeit auf dem Gebiet der Volksbildung in der Stadt Rostock", 19. 8. 1958, LAG, Rep. IV/4/07, Nr. 553.

[908] Hierzu und zum Folgenden RdB Schwerin, Abt. Volksbildung, Schulinspektion, an MfV, Abt. Hauptschulinspektion, Bericht über die Durchführung der Oberschulkonferenz am 29. 3. 1957 und Maßnahmen zur Verbesserung der Arbeit an den Oberschulen des Bezirks Schwerin, 22. 5. 1957, BAB, DR 2, Nr. 2769, Bl. 106-115, hier Bl. 107 f.

zehn Prozent der Schüler für die Armee gewonnen worden seien. Auch würden hier nur sehr wenige Abiturienten ein landwirtschaftliches Studium aufnehmen. Dass städtische Oberschüler eine geringere Neigung zu dieser Fachrichtung besaßen als solche, die vom Land kamen, hätte die Schulverwaltung eigentlich nicht verwundern dürfen. Trotzdem machte sie die Lehrer dafür verantwortlich, die „ganz offensichtlich die Notwendigkeit nicht erkannt [hätten], die Oberschüler für bestimmte für unsere Volkswirtschaft und unseren Staat besonders wichtige Aufgaben zu gewinnen und zu begeistern." Überhaupt würden die Oberschullehrer die „erzieherische Seite im Unterricht sehr vernachlässigen", was sich auch daran zeige, dass Geschichtslehrer als Hauptaufgabe ihres Unterrichts die „objektive [...] Wissensvermittlung" sähen und deshalb die Schüler zu „keiner parteilichen Stellungnahme" führten.

Ein weiteres Anzeichen dafür, dass die von den Lehrern geforderte „politische Erziehungsarbeit" nicht den gewünschten Erfolg brachte, waren die Schwächen in der FDJ-Arbeit. Zwar lag der Organisationsgrad des Verbandes, den Ulbricht inzwischen zur „sozialistischen Jugendorganisation" erklärt hatte,[909] an der Goethe-Schule I Anfang 1957 bei über 90 Prozent,[910] doch sagte das über die tatsächliche Haltung seiner Mitglieder wenig aus. Die ZSGL musste darauf hinweisen, dass die FDJ keine „Feierabend- oder Kulturinstitution' [sei], sondern eine politische Kampforganisation der Deutschen Jugend", und beklagte das „unkritische [...] und unkämpferische [...] Verhalten", besonders aber die „Doppelzüngigkeit einiger Mitglieder".[911] Im Staatsbürgerkundeunterricht redeten sie dem Lehrer nach dem Munde, außerhalb des Unterrichts aber träten sie gegen den Sozialismus auf. Wie stark der Beitritt zu der Jugendorganisation von Druck und Opportunismus geprägt war und wie wenig sich die Mitglieder mit dem Verband identifizierten illustriert auch die Tatsache, dass ein bestelltes Kontingent von FDJ-Hemden kaum an den Mann zu bringen war. „In der gegenwärtigen Situation bedarf es grosser Überzeugungsarbeit, um die FDJ-Kleidung zu verkaufen", bemerkte die Leitung der FDJ-Grundeinheit dazu lakonisch und verband dies mit der Bitte, zunächst nur eine Teilzahlung für die gelieferten Hemden leisten zu dürfen.[912]

Fazit und Ausblick

Ähnlich wie der „Neue Kurs" bewirkte auch das „Tauwetter" in der DDR nur eine bescheidene und kurzfristige Lockerung der politischen Verhältnisse. Die Auswirkungen auf die Bildungspolitik der SED blieben gering. In der pädagogischen Wissenschaft war kurzzeitig eine offenere, reformorientierte Diskussion möglich. Einige Weichenstellungen auf dem Weg hin zur Schaffung eines „sozialistischen" Schulwesens wurden verschoben. Auch für die Lehrerschaft war das „Tauwetter" spürbar. Offener als gewöhnlich konnten sie zu den bestehenden Schulverhältnissen Stellung nehmen, wobei sich die Kritik diesmal auf die ge-

---

[909] Vgl. Skyba, Massenorganisation (2003), S. 260f.

[910] Goethe-Schule I Schwerin, Bericht über die Arbeit von FDJ und GST, 16. 2. 1957, StASch, S 6, Nr. 287.

[911] Hierzu und zum Folgenden Goethe-Schule I, ZSGL, Rechenschaftsbericht für 1957, o.D., StASch, S 6, Nr. 288.

[912] Goethe-Schule I und II, FDJ-Grundeinheit an HO-Industriewaren Schwerin-Stadt, 21. 12. 1957, StASch, S 6, Nr. 288.

plante Umstrukturierung des höheren Schulwesens, die Einführung des polytechnischen Unterrichts und die Einschränkung von Westreisen konzentrierte. Andererseits sorgten der politische Kurswechsel in Moskau und die Unruhen in Polen
und Ungarn aber auch für Irritation und Verunsicherung. Denn es war den Lehrern vorbehalten, diese Ereignisse und den damit verbundenen Zickzackkurs der
SED den Schülern zu vermitteln. Unterstützung von der Schulbürokratie oder der
Partei erhielten sie dabei kaum.

Schon Anfang 1957 zog die SED die Zügel wieder straffer. Reformerische Ansätze in der Erziehungswissenschaft wurden mit dem Revisionismus-Verdikt belegt und zahlreiche Funktionäre der Schulverwaltung aus ihren Ämtern entfernt.
An den Oberschulen machte sich die neue politische Linie durch erhöhten politischen Druck auf Lehrer und Direktoren sowie ein schärferes Vorgehen gegen
kirchliche Einflüsse bemerkbar. Von den Schülern wurde verstärkte Anpassungsbereitschaft erwartet. Wieder einmal wurde den Lehrern vor Augen geführt, dass
sie zwar jeden politisch-ideologischen Kurswechsel der Hegemonialpartei mitzu-
gehen und im Unterricht zu vermitteln hatten, sich an ihrer beruflichen Situation
aber nichts änderte: Ihre Kritik an der Einführung der polytechnischen Bildung
blieb ebenso unberücksichtigt wie ihre Forderung nach mehr Handlungsfreiheit
im Unterricht. Religiös gebundene Lehrer und solche mit Kontakten nach Westdeutschland wurden in ihrer persönlichen Freiheit eingeschränkt. Zum zweiten
Mal nach 1953 wurden damit Hoffnungen auf eine Verbesserung der Verhältnisse
enttäuscht. Die Desillusionierung in der Oberschullehrerschaft wuchs. Immer
mehr Lehrer neigten daher in den folgenden Jahren dazu, eine radikalere Option
zu wählen, um ihre Situation zu verbessern: Sie flüchteten in den Westen.[913]

Bis zum Jahr 1961 kam es an den Oberschulen in Schwerin und Rostock zu
einigen Veränderungen, die vorrangig schulorganisatorischer Art waren und im
Folgenden knapp skizziert werden. In Schwerin fusionierten die beiden Goethe-
Schulen, die sich bereits seit Anfang der 1950er Jahre dasselbe Schulgebäude teilten, zur „Goethe-Oberschule Schwerin" als „Bildungs- und Erziehungsstätte für
alle Jungen und Mädchen der Stadt, die das Abitur erwerben möchten".[914] Mit
Heinz Koch erhielt die Schule einen neuen Direktor, der nicht aus der Praxis kam,
sondern in den Jahren zuvor als Schulinspektor und wissenschaftlicher Mitarbeiter des Pädagogischen Bezirkskabinetts Schwerin tätig gewesen war.[915] Der aktuelle Anlass für die Zusammenführung ist unklar; weder im Jahrbuch noch in anderen Unterlagen der Schule oder der Abteilung Volksbildung beim Rat der Stadt
wird näher auf die Gründe eingegangen. Angesichts der gemeinsamen Unterbringung und der engen Kooperation der beiden Schulen lag ein Zusammengehen, das
in den vorangegangenen Jahren schon mehrfach vorgeschlagen worden war, aber
nahe.

Auch in Rostock wurden die beiden innerstädtischen Oberschulen, Große
Stadtschule I und Goethe-Oberschule, zusammengelegt. Die so entstandene neue
Schule hieß schlicht „Oberschule Rostock" und bezog das Gebäude der bisheri-

---

[913] Vgl. dazu Kap. IV.4.
[914] Schulze, Chronik (1991), Bl. 11.
[915] Jahrbuch 1958 der Goethe-Oberschule Schwerin, S. 2. Die bisherigen Schulleiter übernahmen
    Aufgaben in der Schulverwaltung.

Kollegium der Goethe-Oberschule Schwerin, 1958
Quelle: Stadtarchiv Schwerin

gen Goethe-Oberschule, weshalb sie in den Akten zuweilen auch nach 1958 noch
unter diesem Namen geführt wird. Damit endete die fast 400-jährige Tradition des
Namens „Große Stadtschule" in Rostock, für dessen Erhalt sich der damalige
Rektor Walther Neumann unmittelbar nach dem Krieg noch erfolgreich eingesetzt hatte.[916] Für die Fusion der Schulen gab die SED-Kreisleitung ausdrücklich
politische Gründe an:

„Um die politische und organisatorische Zersplitterung und ideologische Zersetzung an den
Oberschulen schneller zu überwinden, wird vorgeschlagen, die Grosse Stadtschule I und die
Goethe-Oberschule zu einer Oberschule zusammenzulegen. Die Zusammenlegung dieser
beiden Oberschulen ermöglicht gleichzeitig, das richtige politische Verhältnis der Zusammensetzung der Lehrer und Schüler einzuhalten und richtiger zu planen."[917]

Die Zusammenlegung diente mithin der Durchmischung von Lehrer- und Schülerschaft, mit der bestehende Cliquen in den Kollegien aufgebrochen werden sollten. Ähnliches hatte man am Anfang des Jahrzehnts in Schwerin mit der Einführung der Koedukation und einer Reihe von Austauschversetzungen erreichen
wollen. Auch erhoffte sich die SED-Kreisleitung von der Zusammenführung anscheinend eine bessere Kontrollmöglichkeit. Schenkt man ihr Glauben, war diese

---

[916] Walther Neumann an Oberbürgermeister Schulz, 24. 6. 1946, AHRO, 2.1.0, Nr. 415, Bl. 36 f. Siehe
auch das positive Antwortschreiben des Oberbürgermeisters vom 20. 7. 1946, ebd., Bl. 38.
[917] SED-KL Rostock-Stadt, „Zur Verbesserung der Arbeit auf dem Gebiet der Volksbildung in der
Stadt Rostock", 19. 8. 1958, LAG, Rep. IV/4/07, Nr. 553.

Maßnahme schon nach wenigen Wochen von Erfolg gekrönt. Ende Oktober hieß es, dass sich die Zusammenlegung der Oberschulen als „politisch richtig" erwiesen habe und nun eine „konzentrierte politische Arbeit mit den Lehrern und Schülern" möglich sei. Nach „anfänglichen Schwierigkeiten" habe sich ein Lehrerkollektiv zusammengefunden, in dem eine „offene Atmosphäre" herrsche. Lediglich die Schüler bildeten noch kein „festes Kollektiv".[918] Direktor der vereinigten Oberschule wurde der bisherige Leiter der Großen Stadtschule I, Paul Wartberg. Wartberg, „Verdienter Lehrer des Volkes", galt als linientreu und hatte sich in den vergangenen Jahren in politischen Konflikten aus Sicht der SED mehrfach bewährt. Ein Jahr zuvor hatte die Rostocker Bezirksleitung ihn noch wegen seiner Arbeit mit der Parteiorganisation an der Großen Stadtschule gelobt, die ein „Beispiel für den ganzen Bezirk gegeben" habe.[919]

Ein Jahr später, mit Beginn des Schuljahres 1958/59, wurden die beiden Schulen, wie alle Oberschulen der DDR, zu „Erweiterten Oberschulen" (EOS). Die neue Bezeichnung stand im Zusammenhang mit der Schaffung einer neuen Schulstruktur und der Einführung der zehnklassigen „Polytechnischen Oberschule" (POS) als allgemeiner Pflichtschule, die den formellen Abschluss des 1956 eingeleiteten Übergangs von der „antifaschistisch-demokratischen Schule" zur „sozialistischen Schule" markiert.[920] Nichtsdestotrotz blieben die vierjährige Dauer und die Einteilung in drei Zweige an den Erweiterten Oberschulen in Schwerin und Rostock erhalten. Dies sollte sich erst im Jahr 1965 mit dem Gesetz über das einheitliche Sozialistische Bildungssystem von 1965 ändern, das eine neue Phase in der Geschichte des Schulwesens der DDR einläutete.

4. Bürgerliche Selbstbehauptung: Flucht in den Westen

Die Option, die DDR Richtung Westen zu verlassen, stand Lehrern, die mit ihrer beruflichen oder wirtschaftlichen Situation unzufrieden waren oder sich politischem Druck ausgesetzt sahen, seit dem Ende des Zweiten Weltkriegs offen. Jenseits der bis zum Mauerbau durchlässigen deutsch-deutschen Grenze bot sich ihnen mit der Bundesrepublik eine „alternative Heimat"[921]. Eine Abwanderung musste daher weder in die kulturelle Fremde führen noch den Verlust staatlicher Ordnung und Protektion bedeuten. In Westdeutschland wurden die geflüchteten Lehrer als gleichberechtigte Staatsbürger aufgenommen und konnten in der Regel in ihrem angestammten Beruf tätig bleiben, wobei Altlehrern, die die gleiche Ausbildung genossen hatten wie ihre westdeutschen Kollegen, die berufliche Integration leichter fiel als Neulehrern oder solchen, die ihr Studium in der DDR absol-

[918] SED-KL Rostock, Abt. Kultur und Volksbildung, Zwischenbericht über den Beginn des Schuljahres 1958/59, 28. 10. 1958, LAG, Rep. IV/4/07, Nr. 553.
[919] SED-BL Rostock-Stadt, 1. Sekretär Mewis, Telefonat an alle 1. Kreissekretäre, 31. 5. 1957, LAG, Rep. IV/2/9.02, Nr. 1108, Bl. 52. In seiner Ansprache zum Schuljahresbeginn betonte Wartberg den „Sieg des Sozialismus" als Ziel des Erziehungsprogramms der neuen Schule, das von jedem Schüler anerkannt werden müsse. Siehe E.B.: *Neue Oberschule Rostock*, in: Norddeutsche Zeitung, Nr. 204, 3. 9. 1958.
[920] Dazu Anweiler, Schulpolitik (1988), S. 63 f.
[921] So Ross, Constructing Socialism (2000), S. 153 („alternative homeland").

viert hatten. Zwischen 1953 und 1961 machten knapp 20 000 Lehrer aus der DDR von der Möglichkeit Gebrauch, in den Westen zu gehen.[922] Nach den Ärzten waren die Lehrer damit die Berufsgruppe der Intelligenz mit dem höchsten Fluchtanteil.

Frühe Flucht

Der Exodus der Lehrer begann schon in der Besatzungszeit. In den ersten Jahren nach dem Zweiten Weltkrieg war die Fluktuation unter den Lehrern außerordentlich hoch. Vor allem Neulehrer gaben in Scharen ihren Beruf auf.[923] Die Gründe waren vielfältig: Überforderung, Arbeitsüberlastung, Wohnungsmangel sowie bessere Verdienstmöglichkeiten in anderen Berufen. Allein im Jahre 1949 schieden in Mecklenburg 831 Lehrer aus dem Schuldienst aus; das waren rund zehn Prozent aller Lehrer des Landes.[924] 81 von ihnen gingen in den Westen.[925] Hinzu kamen diejenigen Lehrer, die *nach* ihrer Entlassung im Zuge der Entnazifizierung ihr Glück im Westen suchten. Diese wurden von der Statistik nicht erfasst: Die Volksbildungsverwaltung interessierte sich nicht dafür, was die Lehrer nach ihrer Entlassung taten, sondern lediglich für die Zahl derer, die sie ersetzen musste, denn die massive Fluktuation aus dem Lehrerberuf war angesichts des ohnehin gravierenden Personalmangels zu einem großen Problem geworden.[926] Oberschullehrer waren unter den geflüchteten Lehrern in dieser Zeit unterrepräsentiert. Differenzierte Zahlen liegen nur für begrenzte Zeiträume vor, doch lässt sich feststellen, dass in Mecklenburg Anfang der 1950er Jahre die Fluchtquote der Oberschullehrer nur etwa halb so hoch war wie die der übrigen Lehrer.[927] Das lag zum einen daran, dass die Neulehrer im Durchschnitt viel jünger waren als die Altlehrer, und junge Menschen aus nachvollziehbaren Gründen besonders stark zur Abwanderung neigten – etwa die Hälfte der Flüchtlinge aus der DDR in den 1950er Jahren war unter 25 Jahre alt.[928] Zum anderen waren die Neulehrer aufgrund ihres jugendlichen Alters und der extrem kurzen Ausbildung mit ihrer Aufgabe oft völlig überfordert und warfen rasch das Handtuch.

[922] Vgl. die Tabelle bei Bispinck, Republikflucht (2003), S. 307. Die Statistik differenzierte nicht zwischen Grund- und Oberschullehrern.

[923] In den Akten der Volksbildungsverwaltung aus dieser Zeit finden sich unzählige Listen mit „vertragsbrüchig" gewordenen Lehrern. Siehe etwa LHAS, 6.11–21, Nr. 507, Nr. 508, Nr. 509, Nr. 514.

[924] Bericht über die Schulen 1949 und die Perspektiven für 1950, o.D., LHAS, 10.34–1, Nr. 484, Bl. 1–6.

[925] MfV, Tabelle über Entlassungsgründe des Jahres 1949, o.D., LHAS, 6.11–21, Nr. 509, Bl. 38.

[926] Die SED-Landesleitung mahnte deshalb Ende 1949 beim MfV eine „ernste [...] Untersuchung der Ursachen dieser Erscheinung" und „Maßnahmen zur Bekämpfung der Fluktuation" an. Bericht über die Schulen 1949 und die Perspektiven für 1950, o.D., LHAS, 10.34–1, Nr. 484, Bl. 1–6. Siehe auch die Auswertung einer Sitzung von Mitarbeitern des MfV, Funktionären der Lehrergewerkschaft und einigen Lehrern und Schulräten zur Lehrerfluktuation, 13.10.1950, LHAS, 10.34–1, Nr. 483, Bl. 366.

[927] Während der Anteil der Oberschullehrer an den geflüchteten Lehrern 3,2% betrug, lag ihr Anteil an der Gesamtlehrerschaft bei 6,3%. Eigene Berechnungen nach MfV DDR, Personalabteilung, monatliche Abgangsmeldungen von Lehrkräften für das Land Mecklenburg, September 1950 bis Oktober 1951, LHAS, 6.11–21, Nr. 514.

[928] Vgl. Heidemeyer, Flucht und Zuwanderung (1994), S. 281. Zu jugendlichen DDR-Flüchtlingen siehe auch Hoffmann, Junge Zuwanderer (1999). Zur Fluktuation unter den Neulehrern vgl. Hohlfeld, Neulehrer (1992), S. 341–348.

Die Volksbildungsverwaltung betrachtete die Abwanderungen in dieser Zeit noch als Einzelfälle und nicht als Symptome einer allgemeinen Tendenz zur Lehrerflucht. Sofern die DDR-Behörden überhaupt Ermittlungen anstellen ließen, dienten diese nicht in erster Linie der Ursachenforschung zwecks Verhinderung weiterer Abgänge, sondern galten den Umständen des Weggangs, den Aktivitäten der abgewanderten Lehrer im Westen oder den Rückwirkungen auf das Klima an den betroffenen Schulen. Für den Lehrer der Schweriner Oberschule Walter Schroeder etwa interessierte sich nach seiner Flucht nur das MfS, und zwar deshalb, weil einige seiner ehemaligen Schüler ihn in den Ferien in West-Berlin besuchten und der Staatssicherheitsdienst dadurch negative Einflüsse befürchtete.[929] Im Fall seiner Kollegin Brigitte Hofmann versuchten die Mitarbeiter des MfS herauszufinden, welcher Lehrer sie gewarnt und ihr bei der Flucht geholfen hatte. Auch interessierte sie, zu welchen Schülern die Lehrerin zuvor engeren Kontakt gehabt hatte, da ihre Flucht in einigen Klassen Unruhe ausgelöst hatte.[930] Andere Abgänge nahm das Stadtschulamt in dieser Zeit achselzuckend zur Kenntnis: Es stellte „politische Indifferenz" als Motiv fest und bat das MfV um die formale Entlassung der betreffenden Lehrer.[931] Diese Haltung korrespondiert mit dem prinzipiellen Desinteresse, das die Partei- und Regierungsstellen bis etwa Mitte 1952 gegenüber der Abwanderungsbewegung an den Tag legten, die sie in erster Linie als soziale und politische Entlastung betrachteten.[932] Die Schulen selbst nahmen in dieser Zeit noch nicht offiziell zu einzelnen Fällen von Flucht oder Abwanderung Stellung; auch fanden noch keine diesbezüglichen Diskussionen in schulischen Gremien statt.

Anstieg der Fluchtzahlen Ende der 1950er Jahre

In der zweiten Hälfte der 1950er Jahre erreichte die Fluchtbewegung unter den Lehrern eine neue Dimension. Die Zahlen stiegen dramatisch an: Im Bezirk Rostock verdoppelte sich 1957 die Zahl der geflüchteten Lehrer gegenüber dem Vorjahr; 1958 stieg sie noch einmal um 60 Prozent.[933] DDR-weit zeigte sich ein ähnliches Bild: Während die Gesamtzahl der Flüchtlinge 1958 nicht zuletzt infolge der verschärften Passgesetzgebung stark zurückging, stieg die der geflüchteten Lehrer weiter an. Ihr Anteil an der gesamten Fluchtbewegung hatte sich innerhalb eines Jahres verdoppelt.[934] Der Problemdruck wuchs: Die fehlenden Lehrer waren nur schwer zu ersetzen; zudem brachten die Fluchtfälle Unruhe in die Schulen und verhinderten eine kontinuierliche Unterrichts- und Erziehungsarbeit. Schulleitungen und Schulverwaltung konnten das Problem nicht mehr länger ignorie-

---

[929] Bericht von IM „Manfred", 14. 3. 1951, BStU, MfS, BV Schwerin, AP, Nr. 143/55, Bl. 35–37.

[930] Vgl. dazu Bispinck, Dissens, Widerstand und Repression (2007), S. 288 f.

[931] So im Fall des Ehepaars Frehse und einiger anderer zu dieser Zeit aus Schwerin geflüchteter Lehrer. RdS Schwerin, stellv. Schulrat Prehn, an MfV, Abt. Personal, 9. 10. 1951, LHAS, 6.11–21, Nr. 530, Bl. 2.

[932] Dazu van Melis/Bispinck, Republikflucht (2006), S. 19–46.

[933] Analyse über die Republikflucht der Lehr- und Erzieherkräfte, o. D. (März 1958), LAG, Rep. 200, 8.1.1, Nr. 226, Bl. 46–59; RdB Rostock, Abt. Innere Angelegenheiten, Bericht über die gegenwärtige Lage am einem Gebiet der Bevölkerungsbewegung, o. D. (Ende 1958), LAG, Rep. 200, 7.1, Nr. 33, Bd. 1, Bl. 142–147.

[934] Berechnungen nach der Tabelle bei Bispinck, Republikflucht (2003), S. 317. Zum Anstieg der Lehrerflucht seit 1958 vgl. auch Geißler, Republikflucht von Lehrern (1992), S. 470 f.

ren. In den folgenden Jahren bis zum Mauerbau wurde die „Republikflucht" von Lehrern daher zum beherrschenden Thema in den Pädagogischen Räten, auf Lehrerkonferenzen, in der Schulverwaltung sowie in den zuständigen Gremien der Partei.

Die Zunahme von Lehrerfluchten zeigte sich auch an den Oberschulen in Schwerin und Rostock. Bisher war es hier noch nie vorgekommen, dass in ein und demselben Jahr mehr als zwei Lehrer die DDR verließen. Im Jahr 1958 aber flüchteten von der Schweriner Goethe-Schule fünf Lehrer – ein Siebtel des Kollegiums der in diesem Jahr vereinigten Oberschule –, davon allein drei während der Sommerferien. An der Rostocker Oberschule waren es 1959 drei und im darauf folgenden Jahr zwei.[935] Was bewog diese Lehrer, die größtenteils schon viele Jahre an den Schulen unterrichteten, zum Verlassen der DDR?

Bei drei der im Sommer 1958 aus Schwerin geflüchteten Oberschullehrer ist das Motiv eindeutig: Hugo Jacobs, Hans Erdmann und Bernhard Warncke sollten an eine Mittel- oder Grundschule versetzt werden. Eine solche Versetzung bedeutete für die Oberschullehrer nicht nur einen Statusverlust, sondern war auch mit erheblichen Einkommenseinbußen verbunden. Damit wollten die Lehrer sich nicht abfinden. Jacobs und Erdmann waren altgediente, promovierte Studienräte, die seit Jahrzehnten an höheren Schulen unterrichteten. Bei Erdmann gab der Schweriner Schulrat Herbert Lau als Begründung für die Versetzung an, er habe seinen Erziehungsauftrag nicht erfüllt, was er unter anderem daran festmachte, dass der von ihm geleitete Chor zu wenig fortschrittliche Lieder gesungen habe.[936] Jacobs sollte an die örtliche Volkshochschule versetzt werden, weil er es nicht geschafft hatte, seinen Sohn, der nach dem Abitur die DDR verlassen hatte, zur Rückkehr zu bewegen. Bernhard Warncke war ursprünglich Mittelschullehrer, hatte sich aber für den Unterricht in der Oberstufe qualifiziert. Er sollte strafversetzt werden, da die Abteilung Volksbildung eine vom Rest des Kollegiums angeblich isolierte Gruppe von ehemaligen NSDAP-Mitgliedern und Wehrmachtsoffizieren an der Goethe-Schule beseitigen wollte.[937] Ein weiterer Lehrer flüchtete bereits vor Beginn der Sommerferien, nachdem er wegen der schlechten Vorbereitung des Schulsportfestes kritisiert worden war. Auch er sollte an eine Mittelschule versetzt werden, war darüber aber offiziell noch nicht informiert worden.[938]

Die Lehrer, die erst kurz vor Beginn des neuen Schuljahres von ihren geplanten Versetzungen erfuhren, protestierten bei der Abteilung Volksbildung, wo ihnen

---

[935] Auch an der Oberschule einer Kleinstadt im Norden Mecklenburgs waren die Jahre 1958 und 1959 Höhepunkt der Lehrerflucht. Vgl. die Tabelle bei Mietzner, Enteignung (1998), S. 381.

[936] RdS, Abt. Volksbildung, Schulorganisation, Schulrat Lau, Ratsbericht zur Republikflucht der Lehrer, 4. 9. 1958, StASch, R 31, Nr. 112.

[937] „In der Goethe-Schule hatten wir bisher auf Grund der kaderpolitischen Zusammensetzung aus früheren NSDAP-Mitgliedern und Offizieren der faschistischen Wehrmacht eine so genannte Isolierschicht. Wir haben zum neuen Schuljahr einiges verändert." RdS Schwerin, Abt. Volksbildung, Ratsbericht zur Republikflucht der Lehrer, 26. 11. 1958 (Abschrift), StASch, R 31, Nr. 112. Warncke gehörte zu den ehemaligen Wehrmachtsoffizieren.

[938] RdS Schwerin, Abt. Volksbildung, Schulrat Lau, Bericht über die Republikflucht von Werner Bollow, 8. 7. 1958, StASch, R 31, Nr. 112. Das Motiv des letzten Flüchtlings des Jahres 1958, Werner Heidrich, ist unklar; Direktor Koch mutmaßte, es hinge mit Heidrichs Dissertation zur Literatur des Zweiten Weltkriegs zusammen, die er überarbeiten sollte. RdS Schwerin, Abt. Volksbildung, Protokoll über die am 15. 1. 1959 erfolgte Auswertung der Republikflucht, 17. 1. 1959, StASch, R 31, Nr. 112.

die geballte Arroganz des Schulrats entgegenschlug. Erdmann, ein anerkannter Musikpädagoge, der für seine Arbeit noch 1952 ausgezeichnet worden war,[939] betrachtete die Versetzung an eine Mittelschule als Beleidigung und Degradierung, die er nicht hinzunehmen bereit war. Auf seinen Protest hin beschied ihm Schulrat Lau: „Wenn Sie sich nicht um 180° drehen, müssen wir eine Entscheidung herbeiführen."[940] Kurz darauf verließ Erdmann die DDR. Seinem Kollegen Jacobs teilte der Schulrat in Anspielung auf seinen geflüchteten Sohn mit, „daß er nicht Kader für den Aufbau des Sozialismus erziehen könne, wenn er es nicht in seiner eigenen Familie schaffe."[941] Als sich Bernhard Warncke über seine Versetzung an eine Mittelschule beim Schulrat beschwerte und meinte, dort würde er ohne rechte Lust arbeiten, antwortete dieser: „Dann arbeiten sie eben lustlos!"[942] Dieses überhebliche und anmaßende Verhalten gegenüber Angehörigen der „Intelligenz", von höheren Stellen als „Sektierertum" gebrandmarkt, war typisch für die häufig noch recht jungen Staats- und Parteifunktionäre – Schulrat Lau war zu diesem Zeitpunkt 31 Jahre alt. Nicht selten gab genau dieses Verhalten, wie in den skizzierten Fällen, den letzten Anstoß für das Verlassen der DDR.[943]

Ein Jahr später kam es an der Oberschule Rostock zu einer ähnlichen Häufung von Fluchtfällen. Im Sommer 1959 flüchteten von dort die Lehrer Heinrich Ihm, Fritz Ewald und Hans-Erich Brandt.[944] Alle drei waren Neulehrer, hatten ihre Ausbildung also erst nach 1945 absolviert. Zwei von ihnen, Ewald und Ihm, hatten zeitweilig als Parteisekretäre der Großen Stadtschule fungiert. Ein Blick auf ihre Biographien vermittelt den Eindruck, dass sie in den ersten Jahren ihrer Berufstätigkeit überzeugte oder zumindest anpassungsbereite Anhänger des Sozialismus waren, aber nach und nach auf Distanz zur Staatspartei gingen. Ewald galt anfangs als politisch besonders zuverlässig, weil er sich während der Auseinandersetzungen mit der Jungen Gemeinde als der „schärfste Vertreter" der Parteilinie erwiesen hatte. Der „Neue Kurs" und die Zurücknahme der Schülerverweise hatten jedoch einen Umschwung hervorgerufen. Seither nahm Ewald keine politischen Funktionen mehr wahr und hielt sich mit Stellungnahmen zurück. Sein Unterricht in Geschichte und Staatsbürgerkunde geriet in die Kritik; nach der Reifeprüfung 1959 entzog die Schulleitung ihm einen Großteil der Klassen in diesen

---

[939] Liste der prämierten Lehrer zum „Tag des Lehrers", Juni 1952, LHAS, 10.34-2, Nr. 288, Bl. 249–251.

[940] „Bericht über die politisch-ideologische Situation unter den Lehrern der allgemeinbildenden Schulen. Schlußfolgerungen für die Verbesserung der ideologischen Arbeit durch die Gewerkschaft Unterricht und Erziehung und die Volksbildungsorgane des Staatsapparates", o. D., LHAS, 10.34-3, Nr. 1383, Bl. 59–69, hier Bl. 68.

[941] RdS Schwerin, Abt. Volksbildung, Ratsbericht zur Republikflucht der Lehrer, 26. 11. 1958 (Abschrift), StASch, R 31, Nr. 112.

[942] Bericht über die Lage auf dem Gebiet der Volksbildung nach dem 4. Plenum des ZK in der Stadt Schwerin, o. D. (Mai 1959), LHAS, 10.34-3, Nr. 1375, Bl. 72–88, hier Bl. 74.

[943] Auch das Politbüro hatte registriert, dass „Fragen des Takts, des Benehmens, anständiger menschlicher Beziehungen [...] von der Intelligenz besonders ernst genommen" werden und Verstöße dagegen zu Unzufriedenheit und im Extremfall zur Republikflucht führen konnten. Vgl. Ernst, Vom Du zum Sie (1993), S. 199 f.

[944] Im Sommer zuvor war bereits Günther Schmidt von der Rostocker Goethe-Oberschule geflüchtet, wie seine Schweriner Kollegen vermutlich deshalb, weil er versetzt werden sollte. RdS Rostock, Abt. Volksbildung, Kurzbiographie Günther Schmidt, LAG, Rep. IV/2/9.02, Nr. 1134, Bl. 62.

Fächern.[945] In den anschließenden Sommerferien verließ er die DDR. Ähnlich lag der Fall bei Heinrich Ihm, der seine Flucht in einem Abschiedsbrief mit der „Behandlung, die ich im Verlaufe des letzten Schuljahres durch Direktion und BPO [Betriebsparteiorganisation] der Oberschule Rostock erfuhr", begründete.[946] Von Letzterer war er in der Vergangenheit scharf kritisiert worden, und die Schulleitung hatte ihm einen Teil seines Unterrichts, die politisch sensiblen Fächer Geschichte und Gegenwartskunde, wegen „unwissenschaftlicher Darstellung" abgenommen. Auslöser für die Flucht war schließlich die Ablehnung eines Westreiseantrags durch die Abteilung Volksbildung, nachdem Schulleitung und Parteiorganisation sie bereits genehmigt hatten.[947] Ähnlich wie seine Schweriner Kollegen sah er sich der arroganten Haltung der dortigen Mitarbeiter ausgesetzt. Ihm wollte seinen kriegsbeschädigten und deshalb reiseunfähigen Bruder besuchen, worauf ihm mitgeteilt wurde, dass er ihn „nicht eher zu sehen bekäme, [als] bis er tot sei." In diesem Fall musste selbst die übergeordnete Behörde einräumen, dass diese Behandlung wohl den letzten Anstoß für Ihms Flucht gegeben hatte.[948] Weniger eindeutig ist das Fluchtmotiv bei Brandt. Direktor Wartberg attestierte ihm eine „schwankende" Haltung. Mal sei er, beispielsweise während des Kampfes gegen die Junge Gemeinde und während der Ereignisse in Ungarn 1956, „scharf und leidenschaftlich" für die Sache der Partei eingetreten, in anderen Fällen hätte er sich mit dem von der SED eingeschlagenen Weg beim Aufbau des Sozialismus nicht einverstanden erklärt.[949]

Direktor Wartberg bemühte sich, Erklärungen zu finden, die ihn selbst als Schulleiter und die Schulpolitik der SED insgesamt entlasteten. Die Tatsache der „Republikflucht" sollte auf äußere Einflüsse oder die persönliche Haltung der Flüchtlinge zurückgeführt werden. Brandts Flucht erklärte Wartberg mit der Beeinflussung durch seine kirchlich gebundene zweite Ehefrau und der Aussicht auf eine Erbschaft in Westdeutschland.[950] Bei Fritz Ewald wies er auf dessen „kleinbürgerlichen" Lebenswandel und die von ihm in den vergangenen Jahren unternommenen Westreisen hin. Darüber hinaus habe Ewald zu dem ein Jahr zuvor nach Westdeutschland geflüchteten Rostocker Oberschullehrer Günther Schmidt Kontakt gehabt, was den Verdacht der „Abwerbung" nahelege.[951] Heinrich Ihm unterstellte Wartberg, die Ablehnung seines Westreiseantrags sei lediglich ein Vor-

[945] EOS Rostock, Direktor Wartberg, Bericht über Fritz Ewald, 11. 9. 1959 (Abschrift), LAG, Rep. 200, 8.1.1, Nr. 46, Bl. 61 f.

[946] Heinrich Ihm an RdS Rostock, Abt. Volksbildung, 20. 8. 1959 (Abschrift), LAG, Rep. IV/2/9.02, Nr. 1134, Bl. 89.

[947] Oberschule Rostock, Direktor Wartberg, Bericht zur Flucht von Heinrich Ihm, o.D. (September 1959) (Abschrift), LAG, Rep. IV/2/9.02, Nr. 1134, Bl. 89 f.

[948] RdB Rostock, Abt. Volksbildung, Schönfeld, Angaben über die Republikflucht von Lehrern aus Rostock-Stadt, 19. 9. 1959 (Abschrift), LAG, Rep. IV/2/9.02, Nr. 1131, Bl. 67. Dass derartige Ausfälle keine Einzelfälle waren, zeigt die Reaktion eines Mitarbeiters des Volkspolizeikreisamtes auf die Bitte eines Arztes um eine Reisegenehmigung nach Westdeutschland für den Besuch seines schwerkranken Vaters: „Warten Sie doch lieber, bis Ihr Vater gestorben ist, denn zweimal bekommen Sie die Genehmigung nicht." Zitiert nach Bispinck, Republikflucht (2003), S. 303 f.

[949] EOS Rostock, Direktor Wartberg, Bericht über Hans-Erich Brandt, 28. 10. 1959 (Abschrift), LAG, Rep. 200, 8.1.1, Nr. 46, Bl. 43 f.

[950] Ebd.

[951] EOS Rostock, Direktor Wartberg, Bericht über Fritz Ewald, 11. 9. 1959 (Abschrift), LAG, Rep. 200, 8.1.1, Nr. 46, Bl. 61 f.

wand für seine schon lange geplante Flucht gewesen.[952] Derartige Erklärungen standen in Einklang mit der Rhetorik der übergeordneten Behörden. Die Abteilung Volksbildung beim Rat des Bezirks Rostock sah den Hauptgrund für die Republikflucht in dem „ungenügend entwickelten ideologisch-politischen Bewußtsein" der Lehrkräfte;[953] die Abteilung Innere Angelegenheiten sprach von der „planmäßigen Abwerbung von Bürgern" durch die Bundesrepublik, die sich in jüngster Zeit unter anderem auf Lehrer konzentriere.[954]

Angesichts der massiven Häufung von Lehrerfluchten am Ende der 1950er Jahre kamen die verantwortlichen Stellen nicht umhin, jenseits der offiziellen Verlautbarungen nach den tatsächlichen Ursachen für die zunehmende Flucht zu fragen. In Schwerin hatte die Flucht der fünf seit vielen Jahren an der Goethe-Schule tätigen Lehrer im Sommer 1958 großes Aufsehen erregt. Die Fälle wurden noch Monate später diskutiert. Auf einer Versammlung von Schulfunktionären zur „Auswertung der Republikflucht von Lehrern" aus Schwerin waren einige der Anwesenden nicht mehr bereit, den üblichen offiziellen Erklärungsmustern von „ideologischen Unklarheiten" und „Abwerbung" zu folgen und wurden konkret. Einer der Teilnehmer äußerte zum Fall Warncke:

„Dieser hat, soviel ich gehört habe, seinen Dienst gut versehen. Es muss diesen Kollegen unerhört geschmerzt haben, von der Oberschule versetzt zu werden, weil er Offizier war. Er hat es nicht eingesehen, dass andere Kollegen an die Schule kamen, die in ideologischer Hinsicht nicht besser sind als er. Hat man ihm die Notwendigkeit wirklich richtig erklärt?"[955]

Ein anderer Kollege ergänzte, die Beurteilungen Warnckes seien positiv gewesen; der Hauptgrund für die Republikflucht sei in Warnckes Behandlung durch die Abteilung Volksbildung zu suchen. Noch deutlicher wurde Warnckes früherer Kollege Bruno Buxnowitz auf der Vollversammlung der Vertrauensleute der Schweriner Schulen, die wenige Tage später stattfand:

„Zur Versetzung der Koll[egen] Türk, Tieth und Warncke von der Oberschule möchte ich zum Ausdruck bringen, daß dies eine unmenschliche Behandlung ist. Den Koll[egen] Warncke hat man förmlich zum Westen getrieben. Ich kenne den Kollegen Warncke in seiner Arbeit und schätze ihn als Mensch. Er wäre bestimmt nicht gegangen. Er war sehr verärgert über seine Versetzung".[956]

Selbst die Schweriner SED-Bezirksleitung, die als „entscheidende Ursache" für die Republikflucht den „Unglauben an den historisch gesetzmäßigen Sieg des Sozialismus" und westliche „Abwerbung" proklamierte, musste in diesem Zusammenhang einräumen, dass bei zahlreichen Versetzungen „wenig durchdacht und

[952] Oberschule Rostock, Direktor Wartberg, Bericht zur Flucht von Heinrich Ihm, o.D. (September 1959) (Abschrift), LAG, Rep. IV/2/9.02, Nr. 1134, Bl. 89f.
[953] Analyse über die Republikflucht der Lehr- und Erzieherkräfte, o.D. (März 1958), LAG, Rep. 200, 8.1.1, Nr. 226, Bl. 46–59.
[954] Bericht über die gegenwärtige Lage auf dem Gebiet der Bevölkerungsbewegung und des innerdeutschen Reiseverkehrs, o.D. (September 1958), LAG, Rep. 200, 7.1, Nr. 33, Bd. 1, Bl. 142–147, hier Bl. 143.
[955] RdS Schwerin, Abt. Volksbildung, Protokoll über die am 15.1.1959 erfolgte Auswertung der Republikflucht, 17.1.1959, StASch, R 31, Nr. 112.
[956] Protokoll der Vertrauensleutevollversammlung der Schweriner Schulen, 20.1.1959, LHAS, 10.34-3, Nr. 1381, Bl. 70–76, hier Bl. 73.

sogar ungesetzlich" verfahren wurde und dies zur Flucht von Lehrern beitrug.[957] Parteifunktionäre verhielten sich im Umgang mit den Lehrern häufig „herzlos, bürokratisch und teilweise stur", wobei ausdrücklich Schulrat Lau genannt wurde, der wenig später von seiner Funktion entbunden wurde.[958] Der Bericht brachte weitere Probleme der Oberschullehrer offen zur Sprache: die Überlastung durch Konferenzen und organisatorische Arbeit, Wohnungsnöte und das Verbot von Reisen nach Westdeutschland. In ungewöhnlicher Klarheit erkannte die Bezirksleitung auch das Kernproblem der älteren, vor dem Zweiten Weltkrieg ausgebildeten Lehrer:

„Viele der alten Lehrer [...] meinen, sie werden auf ein totes Gleis geschoben und hätten keine Perspektive mehr, da sie früher einmal Mitglied der NSDAP, Offizier oder Feldwebel der faschistischen Wehrmacht waren. Sie haben den Eindruck, daß sie beim Aufbau des Sozialismus eine zweitrangige Rolle spielen, da sie einen solchen ‚Klotz am Bein' haben und dann entlassen würden, wenn genügend ausgebildete Lehrer zur Verfügung stehen. Da solche Kollegen oft keinen anderen Ausweg zu sehen glauben, verlassen sie unsere Republik."

Besser lassen sich die Sorgen und Nöte zahlreicher Altlehrer, die gegen Ende der 1950er Jahre noch an Oberschulen der DDR unterrichteten, kaum zusammenfassen. Lehrer wie Hugo Jacobs oder Hans Erdmann sahen durch ihre Versetzungen eben jene Befürchtungen bestätigt, die der Bericht der Bezirksleitung ansprach. Vom Ärger über die Versetzung und die arrogante Behandlung durch Schulfunktionäre abgesehen, fürchteten sie auch um ihren beruflichen und sozialen Status. In den 1920er Jahren hatten die Philologen ihren gehobenen Status durch die Abgrenzung von den Volksschullehrern zu sichern versucht. Nun fürchteten die Oberschullehrer, die an Grundschulen versetzt wurden, um ihre Zugehörigkeit zur Intelligenz, da dies Folgen für ihr Gehalt und ihre Altersversorgung und damit für ihre materielle Lage hatte.[959] Sie empfanden die Versetzung an eine Grundschule daher nicht nur als berufliche Degradierung, sondern auch als sozialen Abstieg. Dass die Zugehörigkeit zur Intelligenz ein wichtiges Kriterium für die Oberschullehrer war, zeigt auch ihre Reaktion auf die Veröffentlichung des Kommuniqués des Politbüros für die medizinische Intelligenz im September 1958. Das Politbüro stellte den Ärzten darin unter anderem verbesserte Fortbildungsmöglichkeiten, häufigere Privat- und Kongressreisen, eine zusätzliche Altersversorgung und die Studienzulassung für ihre Kinder in Aussicht.[960] In diesem Zusammenhang tauchte die Frage auf, inwieweit das Kommuniqué auch für die Oberschullehrer gelte bzw. ob sie die gleichen Vergünstigungen erhalten würden.[961]

---

[957] Hierzu und zum Folgenden SED-BL Schwerin, Bericht über die politisch-ideologische Situation unter den Lehrern der allgemeinbildenden Schulen, o.D. (Anfang 1959), LHAS, 10.34–3, Nr. 1383, Bl. 59–69.

[958] Ob die Entlassung aufgrund seines überharten und selbstherrlichen Umgangs mit Westreiseanträgen erfolgte oder ob sie im Zusammenhang mit dem Austausch von Schulfunktionären des Jahres 1958 steht, lässt sich nicht sagen. Lau nahm nach seiner Entlassung ein Studium an der Akademie für Staat und Recht in Babelsberg auf. Vgl. Schulze, Chronik (1991), S. 14.

[959] Protokoll der Vertrauensleutevollversammlung der Schweriner Schulen, 20. 1. 1959, LHAS, 10.34–3, Nr. 1381, Bl. 70–76, hier Bl. 74.

[960] Zum Kommuniqué Ernst, Prophylaxe (1997), S. 52, 108.

[961] SED-BL Schwerin, Bericht über die politisch-ideologische Situation unter den Lehrern der allgemeinbildenden Schulen, o.D. (Anfang 1959), LHAS, 10.34–3, Nr. 1383, Bl. 59–69, hier Bl. 69.

Doch erst zwei Jahre später, im Dezember 1960, beschloss das Politbüro ähnliche Maßnahmen auch für die Lehrer, ohne dabei jedoch die Oberschullehrer besonders herauszuheben.[962] In Westdeutschland herrschte zur gleichen Zeit insbesondere an weiterführenden Schulen ein großer Lehrermangel, der ab Mitte der 1950er Jahre stark zunahm.[963] Lehrer, die aus der DDR kamen, hatten gute Aussichten, rasch eine Stelle zu erhalten. Waren sie in der DDR ausgebildet worden, mussten sie zwar – je nach Fachrichtung – Qualifikationen nachholen, dafür winkten ihnen in der Bundesrepublik eine feste Anstellung, der Beamtenstatus, ein besseres Einkommen[964] und die Aussicht, künftig frei von politischen Drangsalierungen unterrichten zu können. Für die älteren Jahrgänge unter den Oberschullehrern kam hinzu, dass in der Bundesrepublik das dreigliedrige höhere Schulsystem erhalten geblieben war und Lehrpläne und Unterrichtsmethoden sich an denen der Weimarer Republik orientierten.[965] Der altsprachliche Unterricht und das humanistische Bildungsideal spielten an den westdeutschen Gymnasien nach wie vor eine wichtige Rolle. Dass zahlreiche Oberschullehrer es angesichts dieser Alternative vorzogen, in den Westen zu gehen, ist unschwer nachzuvollziehen.

Fazit

In der ersten Hälfte der 1950er Jahre blieben Oberschullehrer, die in den Westen abwanderten oder flüchteten, Einzelfälle. Akute Konflikte oder vorausgegangene Entlassungen waren die häufigsten Ursachen; daneben spielten auch private und wirtschaftliche Gründe eine Rolle. Seit 1957 wandelte sich dieses Bild. Immer mehr Oberschullehrer flüchteten in die Bundesrepublik. Die flüchtenden und abwandernden Lehrer konnten nun nicht mehr als Einzelfälle betrachtet werden. Sie waren Teil einer Fluchtbewegung, die auch andere Berufsgruppen der Intelligenz erfasste, allen voran die Ärzte. Die meisten der spät geflüchteten Lehrer hatten schon lange Jahre an einer DDR-Oberschule unterrichtet. Bisher hatten sie einen Weg gefunden, mit der zunehmenden Politisierung des Unterrichtsalltags und mit dem wechselhaften schulpolitischen Kurs der SED umzugehen. Sie hatten sich angepasst, Kompromisse gemacht, sich in Nischen eingerichtet oder sich schlicht mit ihrer Situation abgefunden. Ende der 1950er Jahre mussten sie erkennen, dass ihre beruflichen Bedingungen sich weiter verschlechterten. Auch Lehrer, die jahrelang weitgehend unbehelligt unterrichtet hatten, die der SED angehörten und ihren gesellschaftlichen Verpflichtungen nachkamen, konnten plötzlich in Bedrängnis geraten. Von Entlassung, Versetzung oder dem Entzug einzelner Unterrichtsfächer oder Klassen bedroht, sahen sie ihre materielle Lebensgrundlage gefährdet und sich in ihrer beruflichen Ehre gekränkt. Hinzu kam die damit verbun-

[962] *Beschluss des Politbüros des ZK der SED und des Ministerrates der DDR zur weiteren Förderung und Sicherung der schöpferischen Arbeit der Lehrer*, in: DLZ, 7. Jg., 1960, Nr. 50.
[963] Vgl. Titze, Zyklische Überproduktion (1984); Bölling, Sozialgeschichte (1983), S. 161; Enzelberger, Sozialgeschichte des Lehrerberufs (2001), S. 198.
[964] In Westdeutschland konnte ein Fachlehrer 1960 fast doppelt so viel verdienen wie in der DDR. Vgl. Geißler, Republikflucht von Lehrern (1992), S. 473 f.
[965] Zur „Restauration des dreigliedrigen Schulsystems" in Westdeutschland vgl. Enzelberger, Sozialgeschichte des Lehrerberufs (2001), S. 193–195; Kraul, Gymnasium (1984), S. 194–206.

dene Demütigung insbesondere für Altlehrer, die ihren Beruf schon seit Jahrzehnten ausübten. Für eine Degradierung genügte eine frühere Mitgliedschaft in der NSDAP oder ein Offiziersgrad in der Wehrmacht, die längst erledigt schienen. Auch Kontakte zu kirchlichen Kreisen oder geflüchtete Angehörige konnten die Lehrer in Schwierigkeiten bringen. Das Verbot von Reisen nach Westdeutschland, das als unzumutbare Einschränkung der persönlichen Freiheit betrachtet wurde, und die überhebliche und arrogante Art, die Staats- und Parteifunktionäre ihnen gegenüber an den Tag legten, taten ein Übriges.[966] Solche Ereignisse standen häufig nur am Ende einer langen Reihe von Zumutungen, die die möglicherweise schon länger erwogene Option, die DDR zu verlassen, zum festen Entschluss reifen ließen. Mit der Flucht in den Westen nutzten die Lehrer die letzte Möglichkeit, ihren beruflichen und sozialen Status zu erhalten bzw. wiederzuerlangen. Zugleich war dies der einzige Weg der Selbstbehauptung, gegen den die Staats- und Parteibürokratie weitgehend machtlos war.

Die Volksbildungsverwaltung erkannte, dass das Problem der Lehrerflucht aus dem Ruder zu laufen drohte, konnte aber wenig dagegen unternehmen. Dies hing auch damit zusammen, dass schon die Untersuchung der Fluchtursachen durch politische Vorgaben eingeschränkt war. Auch für die im Bereich der Volksbildung tätigen Staats- und Parteifunktionäre waren gemäß der Generallinie aller mit der Republikflucht befassten Behörden und Parteidienststellen zumindest für offizielle Verlautbarungen nur drei Erklärungsmuster zugelassen: die Externalisierung der Fluchtmotive durch Zurückführung auf westliche Einflüsse oder Abwerbung, die Individualisierung, mit der das Fehlverhalten einzelner, subalterner Funktionäre für die Flucht verantwortlich gemacht wurde, und die Zuweisung der Schuld auf die Geflüchteten selbst, denen „falsches Bewusstsein" oder „politisch-ideologische Unaufgeklärtheit" unterstellt wurde.[967] Der eingeschränkten Wahrnehmung der Fluchtmotive entsprechend blieben auch die eingeleiteten Gegenmaßnahmen halbherzig und wenig wirksam. Zum 1. März 1959 wurden die Gehälter für Lehrer angehoben und ihre Altersversorgung verbessert.[968] Auch das Politbüro reagierte und veröffentlichte Ende 1960 ein Kommuniqué für die Lehrer, ähnlich dem, das zwei Jahre zuvor für die Ärzte herausgegeben worden war. Das Kommuniqué versprach unter anderem, die Lehrer von außerschulischen Aufgaben zu entlasten, ihnen bevorzugt Wohnraum zur Verfügung zu stellen und von Versetzungen während des laufenden Schuljahres abzusehen.[969] Die Schulbehörden wurden angewiesen, bei Versetzungen von Lehrern zurückhaltender zu verfahren oder sie, falls sie sich nicht vermeiden ließen, zumindest rechtzeitig anzukündigen. Tatsächlich kam es in Schwerin und Rostock in der Folgezeit nur noch vereinzelt zu Versetzungen. Spezielle Regelungen für Oberschullehrer sah das Kommuniqué nicht vor. Dass es sich ohnehin nur um taktische Zugeständ-

---

[966] Einen Eindruck von den individuellen Schicksalen und Konflikten, die hinter diesen Fluchtursachen standen, vermittelt die Sammlung von Abschiedsbriefen geflüchteter Lehrer bei Hohmann, Lehrerflucht (2000), S. 67–94.

[967] Dazu ausführlich Bispinck, Republikflucht (2003), S. 301–305.

[968] Vgl. Geißler, Republikflucht von Lehrern (1992), S. 473.

[969] *Beschluss des Politbüros des ZK der SED und des Ministerrates der DDR zur weiteren Förderung und Sicherung der schöpferischen Arbeit der Lehrer*, in: DLZ, 7. Jg., 1960, Nr. 50 (9. 12. 1960).

nisse handelte, zeigte sich schon kurze Zeit später. Kaum war mit dem Bau der Berliner Mauer keine Möglichkeit zur Flucht mehr gegeben, beschloss die Schweriner SED-Kreisleitung, vier Lehrer der Erweiterten Oberschule wegen „ungenügender Erziehungsarbeit" auszuwechseln.[970]

---

[970] SED-KL Schwerin, Kurzbericht über die Lage an der EOS Schwerin (Goethe-Oberschule) nach dem Mauerbau, o.D. (September 1961), LHAS, 10.34-3, Nr. 1362, Bl. 190f.

V. Epochenübergreifende Analyse und zusammenfassende Betrachtung

Bildungsinhalte, Unterrichtsmethoden und Erziehungsziele an der Schule als zentrale öffentliche Bildungseinrichtung sind stets abhängig von ihrem gesellschaftlichen und politischen Umfeld. In Deutschland, wo der Staat im Schulwesen traditionell eine dominierende Rolle spielt,[1] gilt dies in besonderem Maße. Welche Inhalte an den Schulen vermittelt und welche Methoden zum Zweck der Vermittlung angewandt werden sollen, wurde und wird maßgeblich von dem jeweils herrschenden politischen System und dessen Akteuren bestimmt. Dies gilt insbesondere für die *höhere* Schule als der Institution, die sowohl nach eigenem Selbstverständnis als auch in der Praxis die geistige, kulturelle und wirtschaftliche Elite einer Gesellschaft prägt und sie auf Studium und Beruf vorbereitet. Die Aufgabe, die jeweiligen Bildungsinhalte an der Schule zu vermitteln, kommt dem Lehrer zu, in diesem Fall dem Gymnasial- bzw. Oberschullehrer. Dem staatlichen Bildungsauftrag entspricht sein Status als Beamter oder staatlich Angestellter. Aus der Sicht des Staates ist es seine Funktion, die durch Gesetze und Verordnungen vorgegebenen Bildungsinhalte an die Jugend zu vermitteln und die Erfolge der Vermittlung zu überprüfen.

Diesen von staatlicher Seite vorgegebenen Aufgaben steht der Lehrer als Subjekt mit seinem beruflichen Selbstverständnis gegenüber. Die Lehrer an höheren Schulen, so lautete eine Prämisse dieser Arbeit, zeichneten sich durch ihren Status als Bildungsbürger aus. Bildungsbürger, so die hier zugrunde gelegte formale Definition, gründen ihre bürgerliche Existenz auf die Ausübung eines Berufs, der eine akademische Ausbildung mit staatlich anerkanntem Abschluss zur Voraussetzung hat. Daraus leiten sich drei zentrale Elemente seines Selbstverständnisses ab: erstens (auf der sozialen Ebene) der Anspruch auf eine materielle Absicherung durch den Staat in einer Höhe, die ihm einen bürgerlichen Lebensstil ermöglicht, zweitens (auf der beruflichen Ebene) die Auffassung, Unterricht auf wissenschaftlicher Grundlage zu erteilen und eine Elite zu prägen, und drittens die Überzeugung, in der Berufsausübung, das heißt in der konkreten Unterrichtspraxis relativ autonom zu sein.

In der Region Mecklenburg hat es im 20. Jahrhundert eine rasche Abfolge höchst unterschiedlicher politischer Systeme gegeben. Drei dieser Systeme, die Weimarer Republik als parlamentarische Demokratie, das Dritte Reich als nationalsozialistische Diktatur sowie die SBZ und frühe DDR als kommunistische Diktatur sind in dieser Arbeit untersucht worden. In den drei Systemen herrschten jeweils ganz eigene Vorstellungen von Erziehung und höherer Bildung und

---

[1] Vgl. Tenorth, Bildungsgeschichte der DDR (1997), S. 75.

damit von den Aufgaben der Lehrer an höheren Schulen. Trotz dieser fundamentalen Unterschiede zwischen den Bildungs- und Erziehungsambitionen der Systeme kennzeichnete sie ein langfristiger, die politischen Zäsuren übergreifender Trend: Das Bestreben des Staates, die Lehrer zu steuern und zu kontrollieren und ihre Arbeit politisch zu beeinflussen, nahm im Zeitverlauf, besonders in den beiden Diktaturen, zu. Damit einher ging eine Tendenz zur Zentralisierung des Bildungswesens, von der Aufnahme reichsweit einheitlicher Grundsätze für das Schulwesen in die Verfassung und der Aufhebung der städtischen Oberhoheit über einzelne höhere Schulen in der Weimarer Republik über die Schaffung eines zentralen Ministeriums für das gesamte Bildungswesen im Nationalsozialismus bis hin zur zentralen Planung und Kontrolle des gesamten Unterrichtswesens in der DDR. Begleitet war diese Entwicklung von einer zunehmenden Unterordnung des höheren Schulwesens unter finanzpolitische Zwänge und ökonomische Zielsetzungen: In der Weimarer Republik wurden aufgrund der chronischen Finanzknappheit des Staates Gehälter reduziert und Stellen abgebaut, die Nationalsozialisten verkürzten aus wirtschafts- und militärpolitischen Interessen die gymnasiale Schulzeit, und in der DDR mussten sich Lehrer und Schüler den Vorgaben der zentralen Planwirtschaft unterordnen.

Die eingangs aufgestellte Hypothese lautete, dass die staatliche Schulpolitik und die Erziehungsambitionen, so verschieden sie in ihrer Ausrichtung und ihrer intendierten Reichweite waren, an den höheren Schulen nicht ungebrochen durchgesetzt werden konnten, dass vielmehr die Lehrer, die mit ihrer Umsetzung beauftragt waren, hierbei als retardierender Faktor, mithin herrschaftsbegrenzend, wirkten. Anhand dieser These sollen die eingangs formulierten Fragestellungen im Folgenden systemübergreifend und systemvergleichend zu beantworten versucht werden.

Staatliche Zielsetzungen

Für die Weimarer Republik als parlamentarische, pluralistische Demokratie lassen sich die politischen Zielsetzungen im Hinblick auf die höheren Schulen nur schwer auf einen Nenner bringen. Sie waren abhängig von den häufig wechselnden Regierungskoalitionen. Die in der Weimarer Reichsverfassung verankerten Grundsätze zur Schulpolitik blieben vage und unbestimmt. Eine reichseinheitliche gesetzliche Grundlage für das gesamte Schulwesen, wie von der Verfassung vorgesehen, kam nicht zustande. Das einzige parteiübergreifende Ziel, die Verstaatlichung und Vereinheitlichung des höheren Schulwesens, wurde bis Mitte der 1920er Jahre durchgesetzt. Die mecklenburgische Verfassung ging mit der Festlegung auf die Einheitsschule einen Schritt weiter als die Reichsverfassung, doch auch hier kam es nicht zu einer Umsetzung, da die Parteien unter diesem Begriff höchst Unterschiedliches verstanden. SPD und DDP, die als einzige demokratische Parteien eine durchgreifende Reform des Schulwesens anstrebten, erlangten nach Inkrafttreten der Verfassung weder in Mecklenburg noch im Reich je wieder eine parlamentarische Mehrheit und konnten ihre Vorstellungen von der Einheitsschule schon auf der Gesetzgebungsebene nicht durchsetzen. Hinsichtlich der inneren Gestaltung der Schulen stellte, da die Lehrpläne im Wesentlichen beibehalten wurden, lediglich die Einführung der staatsbürgerlichen Erziehung eine Neuerung dar.

Im Dritten Reich blieb die äußere Form des höheren Schulwesens zunächst erhalten. Die Schulreform von 1937/38 vereinheitlichte die verschiedenen Typen höherer Schulen zur Oberschule, verbunden mit einer Verkürzung der Schulzeit um ein Jahr. Einige Gymnasien, darunter die beiden hier untersuchten, blieben aber als Sonderform bestehen und erfuhren durch ihre größere Exklusivität indirekt eine Aufwertung. Wichtiger als die Veränderungen auf schulorganisatorischem Gebiet waren die Eingriffe in die innere Gestaltung der Schulen. Die Unterrichtsinhalte, vor allem in den Fächern Biologie, Geschichte und Deutsch hatten sich der nationalsozialistischen Ideologie zu unterwerfen. „Charakterliche Bildung" im Sinne des Nationalsozialismus und körperliche Ertüchtigung hatten Vorrang vor Wissensvermittlung und humanistischer Bildung, die als „Intellektualismus" abgewertet wurden. Auch mussten sich die Erziehungs- und Bildungsziele in wachsendem Maße den militärpolitischen Zielen des Regimes unterordnen. Außerschulische Erziehungsinstanzen wie die Hitlerjugend gewannen an Bedeutung und übernahmen zunehmend genuin schulische Erziehungsaufgaben. Für die langfristige Heranbildung einer nationalsozialistischen Elite wurden neue Formen höherer Schulen geschaffen, die Nationalpolitischen Erziehungsanstalten und die Adolf-Hitler-Schulen, die aber quantitativ unbedeutend blieben.

In der SBZ und der DDR wurden die mit Abstand umfassendsten Eingriffe in das höhere Schulwesen vorgenommen. Die Schulreform von 1946 bedeutete das Ende des Gymnasiums und der anderen Typen höherer Schulen; an ihre Stelle trat die einheitliche Oberschule, die nur noch die vier oberen Klassen umfasste und die auf einer ebenfalls einheitlichen, acht Klassen umfassenden Grundschule aufbaute. Hinter der Fassade der einheitlichen Oberschule blieb aber durch die Schaffung der altsprachlichen, neusprachlichen und mathematisch-naturwissenschaftlichen Zweige die klassische Dreiteilung des höheren Schulwesens zunächst erhalten. Vollzogen wurde die endgültige Trennung von Staat und Kirche; der Religionsunterricht wurde zunächst noch geduldet, später aber zunehmend an den Rand gedrängt. Die Unterrichtsinhalte orientierten sich anfänglich an denen der Weimarer Republik; ihre zunehmende Ausrichtung an der marxistisch-leninistischen Ideologie und an sozialistischen Erziehungsvorstellungen begann erst mit der „schulpolitischen Tendenzwende", die Ende 1947 einsetzte.

Regulierende Eingriffe und retardierende Faktoren

Die Wirksamkeit der Versuche politischer Einflussnahmen auf die Schulen war in allen drei Systemen begrenzt. Hier muss allerdings eingeräumt werden, dass sich diese Frage für die Weimarer Republik und das Dritte Reich aufgrund der Quellenlage mit geringerer Tiefenschärfe beantworten lässt, als für SBZ und DDR. Das Ziel der Regierungen der Weimarer Republik, mit Hilfe des staatsbürgerlichen Unterrichts das demokratische Bewusstsein der Schüler zu stärken, wurde kaum erreicht. Die Anforderungen wurden zwar formal erfüllt, doch eine effektive Kontrolle erfolgte nicht. Die mangelnde Identifikation der Lehrer mit der neuen Staatsform führte dazu, dass die demokratischen Inhalte des staatsbürgerlichen Unterrichts und der Verfassungsfeiern von nationalen und revisionistischen Ideen überlagert wurden. Die Verklärung des untergegangenen Kaiserreichs war stets präsent.

Im Nationalsozialismus ist bei den Lehrern, die der herrschenden Ideologie kritisch gegenüberstanden, ein Ausweichen auf rein fachliche Fragen festzustellen. Kam es zu Beanstandungen des Unterrichts von politischer Seite, wurden die Versäumnisse mit unpolitischen Faktoren wie Arbeitsüberlastung und persönlichen Schwierigkeiten erklärt, und die Lehrer gaben gleichzeitig Lippenbekenntnisse zur Politik und Ideologie des Nationalsozialismus ab. In der SBZ machte die Rückkehr zu den Unterrichtsinhalten der Weimarer Republik und die wiedergewonnene Wertschätzung der humanistischen Bildung es den Lehrern zunächst relativ leicht, den neuen Anforderungen zu entsprechen. Die geforderte Gegenwartsnähe des Unterrichts ließ sich auf die gewohnten Unterrichtsinhalte und -methoden ohne allzu große Umstellung anwenden. Die Verpflichtung auf die Sowjetpädagogik, die die „führende Rolle des Lehrers" im Unterricht proklamierte und die ab Ende der 1940er Jahre verbindlich wurde, kam vielen Altlehrern entgegen, da sie ihrer gewohnten Arbeitsweise eher entsprach als die in den Jahren zuvor propagierten reformpädagogischen Ansätze, in deren Mittelpunkt das freie Unterrichtsgespräch als wichtigste Methode stand. Letztlich entzog sich die konkrete Gestaltung des Unterrichts durch die Lehrer im Kern bürokratischer Kontrolle. Auch häufige Inspektionen und Hospitationen konnten eine solche nur begrenzt gewährleisten, da in vielen Fällen der hier gezeigte Unterricht nicht dem tatsächlichen Schulalltag entsprach. Der Einsatz von Schülern als Spitzel der Staatssicherheit schränkte diese Möglichkeit aber zunehmend ein. Die Verwirklichung der Erziehungsambitionen der SED im Hinblick auf die Schulen stieß aber auch aufgrund ihrer inneren Widersprüche und Zielkonflikte an Grenzen: Einerseits sollte den Schülern eine bestimmte, konkret vorgegebene politische Haltung vermittelt werden, andererseits sollten „Phrasendrescherei" und das reine Auswendiglernen von Stoff vermieden und die Schüler zu selbstständigem Denken erzogen werden. Die Erkenntnis, dass beides nicht miteinander zu vereinbaren war, setzte sich nur bei wenigen Schulfunktionären durch.

Verbände und Massenorganisationen

In der Weimarer Republik verfügten die Philologen über eine starke Interessenvertretung, in der nahezu alle Lehrer der höheren Schulen organisiert waren und die hauptsächlich standespolitische Ziele verfolgte. Der Verein Mecklenburgischer Philologen nahm über die im Landtag vertretenen Parteien Einfluss auf die Landespolitik, sein Dachverband, der Deutsche Philologenverband, stellte im Reich einen wichtigen Einflussfaktor dar. Den Philologen gelang es mit Hilfe der bürgerlich-konservativen Parteien, eine umfassende Schulreform zu verhindern und die privilegierte Stellung der höheren Schulen, insbesondere der Gymnasien, zu erhalten. Im Hinblick auf soziale Forderungen der Lehrer blieb seine Wirksamkeit indes begrenzt.

Weder im Nationalsozialismus noch in der DDR hat es wieder einen eigenständigen verbandsmäßigen Zusammenschluss der Gymnasial- bzw. Oberschullehrer gegeben. Im Nationalsozialismus wurden die verschiedenen Lehrerverbände nach und nach ausgeschaltet und alle Lehrertypen, vom Erzieher bis zum Hochschullehrer, im Nationalsozialistischen Lehrerbund als einheitlicher, streng hierarchisch organisierter Massenorganisation zusammengefasst. Im NSLB sollten die

Interessengegensätze zwischen den verschiedenen Ständen aufgehoben werden und die Einzelinteressen der verschiedenen Lehrergruppen sich im Sinne der nationalsozialistischen „Volksgemeinschaft" dem „Gemeinwohl" unterordnen. Die Aktivitäten des Verbandes auf Landesebene erschöpften sich weitgehend in der Organisation von fachlicher, vor allem aber politisch-ideologischer Fortbildungsarbeit; das Engagement der Philologen innerhalb des Verbandes war schwach ausgeprägt. Wie der Gleichschaltungsprozess des Mecklenburgischen Philologenvereins zeigt, wehrte sich dieser weniger aufgrund ideologischer Vorbehalte gegenüber dem Nationalsozialismus als vielmehr aus standespolitischen Gründen gegen sein Aufgehen im NSLB. Die Philologen wollten nicht gemeinsam mit als nicht gleichrangig angesehenen Lehrergruppen verbandsmäßig organisiert sein und fürchteten, von den Volksschullehrern, die den NSLB zahlenmäßig dominierten, an den Rand gedrängt zu werden.

In der SBZ/DDR wurden die Lehrer aller Schultypen ebenfalls einheitlich organisiert, und zwar in der Gewerkschaft der Lehrer und Erzieher, die Ende der 1940er Jahre einen Organisationsgrad von nahezu 100 Prozent aufwies. Abgesehen davon, dass die Oberschullehrer auch hier von den Volksschullehrern majorisiert wurden, nahm die Gewerkschaft die Funktion einer Interessenvertretung nur in der Anfangszeit und auch hier nur in Ansätzen war. Ihre wichtigsten Aufgaben waren, ähnlich wie beim NSLB, die ideologische und fachliche Schulung der Lehrer sowie die Mobilisierung ihrer Mitglieder für Wahlen und Kampagnen. Der Versuch der Gewerkschaft, sich nach Kritik von Seiten der Basis im Zuge des „Neuen Kurses" wieder stärker als Interessenvertretung ihrer Mitglieder zu profilieren, endete ein halbes Jahr später mit der Auswechslung ihrer führenden Funktionäre.

Sozialer Status der Oberschullehrer

Ihren im Kaiserreich erlangten sozialen Status konnten die Gymnasiallehrer in der Weimarer Republik nicht halten, vielmehr befanden sie sich in dieser Zeit im ständigen Kampf gegen den sozialen Abstieg. Wie die Angehörigen anderer bildungsbürgerlicher Berufsgruppen und der gehaltsabhängigen Mittelschichten der Angestellten und Beamten insgesamt trafen sie die Folgen des Ersten Weltkriegs und die Wirtschaftskrise zu Beginn der 1920er Jahre besonders hart. Darüber hinaus waren die Gymnasiallehrer von Gehaltskürzungen, Stellenabbau und damit einhergehender steigender Arbeitsbelastung betroffen und gerieten vor dem Hintergrund staatlicher Sparzwänge zunehmend zur fiskalischen Manövriermasse der Finanzbürokratie. Ihre soziale Distanz zu den Volksschullehrern konnten die Gymnasiallehrer aber im Großen und Ganzen wahren. Im Dritten Reich verbesserte sich die soziale Lage der Lehrer – trotz gegenteiliger Hoffnungen – nicht. In Ermangelung einer echten Interessenvertretung konnten die Philologen ihre materiellen Ansprüche gegenüber dem Staat nun nicht mehr kollektiv, sondern allenfalls noch individuell geltend machen. In der SBZ veränderte sich mit der Aufhebung des Berufsbeamtentums der soziale Status der Oberschullehrer entscheidend. Vor dem Hintergrund der zahlreichen Entlassungen im Zuge der Entnazifizierung und der extremen materiellen Notlage der Nachkriegszeit, von der die gesamte Bevölkerung betroffen war, traten standespolitische Interessen aber in den Hintergrund. Die Sicherung der Existenz an sich, nicht der bürgerlichen Existenz, war zunächst das Entscheidende. Erst seit Anfang der 1950er Jahre machten die Oberschullehrer in der DDR auch wieder materielle Ansprüche geltend. Bezugspunkt für diese Ansprüche waren die Angehörigen anderer Berufsgruppen der „Intelligenz", insbesondere die Ärzte.

Lehrerrolle

Die Funktion des Gymnasiallehrers als Vermittler humanistischer Bildung auf wissenschaftlicher Grundlage, wie sie sich im Kaiserreich etabliert hatte, blieb in der Weimarer Republik erhalten. Daran änderte auch die neu hinzugekommene Aufgabe, den Schülern staatsbürgerliche Erziehung angedeihen zu lassen, kaum etwas. Gänzlich anders sah dies im Dritten Reich und in der DDR aus. Sowohl die Nationalsozialisten als auch die Kommunisten stellten gegenüber der Jugend die (politische) *Erziehung*saufgabe über die *Bildung*saufgabe. Die Ausrichtung der Schüler auf die jeweilige Ideologie, die Erziehung zum aktiven Einsatz für die Ziele des Regimes sowie die körperliche Ertüchtigung und die vormilitärische Ausbildung wurden wichtiger als Wissensvermittlung und humanistische Bildung. Der entscheidende Unterschied zwischen den beiden Systemen bestand darin, dass im Nationalsozialismus vorrangig außerschulische Organisationen und Einrichtungen, allen voran die Hitlerjugend, diese Erziehungsaufgaben übernahmen. Die Bedeutung des Lehrers als staatlichem Erzieher trat demgegenüber zurück. Der Schule wurde durch die Einbindung der Schüler in die HJ-Arbeit Zeit für ihre eigentlichen Kernaufgaben entzogen. Die Einführung des hausaufgabenfreien Nachmittags und die – wenn auch nach zwei Jahren wieder abgeschaffte – Etablierung des Samstags als schulfreiem „Staatsjugendtag" im Sommer 1934 sind dafür die markantesten Beispiele.

In der DDR war es umgekehrt. Hier wurde dem Lehrer die Aufgabe der politischen Erziehung zugewiesen. Zwar übernahm auch die FDJ politisch-erzieherische Funktionen, doch wurden für Erfolg und Misserfolg der Jugendorganisation die Lehrer zur Rechenschaft gezogen. Auch die Entwicklung des politischen Bewusstseins der eigenen Kollegen, ja selbst die der Elternschaft, fiel in die Verantwortung der Lehrer, nicht nur, aber vor allem dann, wenn sie – wie viele – Mitglieder der SED waren. Hinzu kam die an alle Lehrer gestellte Forderung, sich in Parteien, Massenorganisationen, in der fachlichen und politischen Fortbildung, bei kulturellen Veranstaltungen oder in der Volkshochschulbildung zu engagieren. In diesem Zusammenhang kann von einer Entgrenzung der Lehrerrolle in der DDR gesprochen werden; die Lehrer mutierten gleichsam zu „Multifunktionären"[2]. Die Folge war, dass viele Lehrer eine extreme Arbeitsüberlastung beklagten und sich nicht selten völlig überfordert fühlten.

Kontinuität und Wandel

Hinsichtlich der Frage nach personellen und institutionellen Kontinuitäten über die politischen Systemwechsel hinweg lässt sich Folgendes festhalten: Im Über-

---

[2] So der Titel eines zeitgenössischen westdeutschen Artikels aus dem SBZ-Archiv: Dr. T.T., „Multifunktionäre" statt Erzieher (1952). Zutreffender wäre hier allerdings die Kennzeichnung als „Multifunktionäre *und* Erzieher".

gang von der Monarchie zur Republik waren die Kontinuitäten auf beiden Feldern sehr groß. Weder in der Schulverwaltung, noch in den Schulleitungen, noch bei den Lehrern kam es zu einem politisch begründeten Austausch von Personal. Neu besetzt wurde lediglich die Spitze des Unterrichtsministeriums. Auch behielt die Schulverwaltung auf Landesebene ihre Struktur bei. Einzige Neuerungen waren die Aufhebung des – ohnehin unbedeutend gewordenen – Scholarchats als intermediärer Instanz und die Verstaatlichung der städtischen höheren Schulen.

Im Übergang zum Nationalsozialismus kam es mit der Schaffung des Reichsministeriums für Wissenschaft, Erziehung und Volksbildung zu einem Zentralisierungsschub. In der Schulverwaltung wurden auf Landesebene die Spitzenämter mit nationalsozialistischen Kadern besetzt, sozialdemokratische und liberale Schulfunktionäre wurden entlassen oder in den Schuldienst zurückversetzt. Mehrere politisch motivierte Wechsel gab es in den Schulleitungen, in der Lehrerschaft jedoch nur vereinzelt: Gymnasiallehrer, die der KPD, der SPD oder diesen Parteien nahestehenden Verbänden angehörten, waren im Untersuchungsgebiet ebenso selten wie solche jüdischer Herkunft. Die ständig latent präsente Drohung, aufgrund einer bestimmten, gegenwärtigen oder früheren, politischen Einstellung entlassen werden zu können, sorgte aber für eine Einschüchterung und Disziplinierung der Lehrer.

Den tiefsten Einschnitt markiert auch hier das Jahr 1945. In der Schulverwaltung wurden im Zuge der Entnazifizierung bis auf wenige Ausnahmen alle führenden Mitarbeiter entlassen und durch aus dem Exil zurückgekehrte Kommunisten oder von den Nationalsozialisten entlassene bzw. degradierte liberale oder sozialdemokratische Schulfunktionäre der Weimarer Republik ersetzt. Mit Blick auf die Lehrerschaft sieht die Lage ambivalent aus. Zwar wurden im Zuge der Entnazifizierung massenhaft Lehrer entlassen, doch waren die Oberschullehrer davon weniger stark betroffen als die Volksschullehrer. Zudem bestand an den Oberschulen durch die Verkürzung auf die oberen vier Klassen ein verhältnismäßig geringer Lehrerbedarf. Während die Schulleiter bis zur Gründung der DDR fast vollständig durch Neulehrer oder vor 1945 ausgebildete Volksschullehrer ersetzt wurden, waren in den Kollegien der städtischen Oberschulen bis zum Beginn der 1950er Jahre die Altlehrer noch in der Mehrheit. Einem rascheren Austausch, der politisch durchaus gewollt war, waren bei den Oberschullehrern qualifikationsbedingt Grenzen gesetzt, insbesondere in den Fremdsprachen und den mathematisch-naturwissenschaftlichen Fächern. Die letzten Altlehrer schieden erst in den 1960er Jahren aus. Von einer „abrupten sozialen Revolutionierung"[3], von der Ralph Jessen für die Lehrer an allgemeinbildenden Schulen im Gegensatz zu den Hochschullehrern ausgeht, kann im Hinblick auf die Oberschullehrer daher nicht gesprochen werden.

Schlussfolgerungen

Insgesamt hat sich aus der Untersuchung ergeben, dass das Verhalten der Lehrer in den unterschiedlichen politischen Systemen, insbesondere in den beiden Diktaturen, nicht in erster Linie unter dem Aspekt ihrer Affinität zu Ideologie und

---

[3] Jessen, Ostdeutsche Gelehrtenschaft (1995), S. 125 f.

Politik der verschiedenen Regime betrachtet und erklärt werden kann. Die Zufriedenheit mit und die Loyalität zum jeweiligen System hing weniger vom Grad der Konvergenz der politischen Einstellung zwischen Herrschern und Beherrschten ab, als vielmehr davon, ob und inwieweit sich die oben skizzierten Elemente des sozialen und beruflichen Selbstverständnisses der Lehrer in den verschiedenen Systemen jeweils ausprägen konnten. Die Möglichkeit zur Interessenartikulation war in den drei untersuchten Zeiträumen unterschiedlich. Aus dem, was aus Forderungen oder kritischen Äußerungen der Lehrer direkt oder indirekt fassbar ist, lassen sich aber einige Konstanten ableiten, die sich durch alle drei Systeme hindurchzogen und von denen hier nur einige beispielhaft genannt werden sollen: die Abwehr von Eingriffen in die eigene Berufsausübung, in die Unterrichtspraxis, besonders wenn sie von Personen vorgenommen wurden, die von den Oberschullehrern als rangniedriger oder fachfremd angesehen wurden. Ob dies der Volksschullehrer war, der als NSLB-Kreisleiter einem Gymnasiallehrer Anweisungen gab, der nicht akademisch ausgebildete Schulinspektor, der sich anmaßte, die Arbeit der Oberschullehrer zu beurteilen, oder der SED-Parteisekretär, der einen Schulleiter durch Parteiauftrag dazu zwingen wollte, ein Arbeiterkind das Abitur bestehen zu lassen, war dabei von untergeordneter Bedeutung. Ähnlich waren im Nationalsozialismus und in der DDR auch die Strategien, die Umsetzung politischer Vorgaben für den Unterricht zu umgehen: Die Lehrer erfüllten die Anforderungen entweder nur formal, nur in Anwesenheit von kontrollierenden Instanzen oder zogen sich auf das rein Fachliche zurück – was ihrer Auffassung von ihrem Beruf als in erster Linie wissenschaftliche Tätigkeit ohnehin eher entsprach.[4] Gezeigt werden konnte auch, dass die Solidarität der Kollegen untereinander und die Fürsorge der Schulleiter für die ihnen unterstellten Lehrer in der Regel über der Loyalität zum politischen Regime – gleich welcher Couleur – stand. Auch akzeptierten die Lehrer fachliche Autoritäten eher als politische oder bürokratische – sei es in Gestalt eines Verwaltungsjuristen der Weimarer Republik oder in Gestalt eines Parteifunktionärs im Nationalsozialismus oder in der DDR.

Die ständigen Klagen über Arbeitsüberlastung ziehen sich ebenfalls durch den Untersuchungszeitraum hindurch: In der Weimarer Republik wird dies an der Forderung nach Reduzierung der Stundendeputate sichtbar, in der DDR an der Ablehnung der Übernahme zusätzlicher Ämter in Parteien und Massenorganisationen. Der Maßstab für die Beurteilung, ob die eigene materielle Versorgung ausreichend war, blieb über die Jahre hinweg ebenfalls der Gleiche: So wie die Oberschullehrer in der Weimarer Republik ihre Gehaltsforderungen mit dem Verweis auf andere bildungsbürgerliche Berufsgruppen wie Juristen und Mediziner begründeten, so wollten sie in der DDR in „Intelligenzläden" einkaufen dürfen, forderten nach der Veröffentlichung des Politbüro-Kommuniqués für die Ärzte ein ebensolches für sich und beanspruchten generell, im Einkommen mit den übrigen Berufen der „Intelligenz" gleichgestellt zu werden. Selbst nach einem die DDR so erschütternden Ereignis wie dem Volksaufstand vom 17. Juni 1953 oder während des „Tauwetters" drehten sich die – kurzzeitig in größerer Offenheit möglichen –

---

[4] Kluchert, Oberschullehrer als Aktivist (1999), S. 251, kennzeichnet diesen Rückzug ins Fachliche zutreffend als „Bemühen um die Aufrechterhaltung professioneller Standards".

Diskussionen der Lehrer weniger um genuin politische Fragen als um ihre materielle und ideelle Anerkennung sowie um die Unzulänglichkeit und Praxisferne der neuen Lehrpläne.[5] Damit soll den Lehrern nicht etwa unterstellt werden, sie wären vollkommen unpolitisch und ausschließlich auf ihre materiellen Interessen orientiert gewesen. Schließlich gab es auch an den hier untersuchten Schulen sowohl politische Überzeugungstäter als auch Lehrer, die sich uneigennützig für Kollegen und Schüler einsetzten. Vielmehr soll darauf verwiesen werden, dass Reaktionen auf politische Entscheidungen in der Regel primär von deren Auswirkungen auf die eigene private und berufliche Sphäre bestimmt werden.[6] Und das gilt in einer Demokratie ebenso wie in einer Diktatur.

Der Oberschullehrer – ein bildungsbürgerlicher Beruf in der DDR?

Geht man von der eingangs aufgestellten, am formalen Ausbildungsweg orientierten Definition des Bildungsbürgers aus, kann die Frage, ob die Oberschullehrer am Ende des Untersuchungszeitraums noch als bildungsbürgerliche Berufsgruppe zu bezeichnen sind, mit Einschränkungen bejaht werden. Nach wie vor stellte der Oberschullehrer einen Beruf dar, der eine abgeschlossene akademische Ausbildung zur Voraussetzung hatte. Zwar rückten sowohl Neulehrer als auch vor 1945 ausgebildete Volksschullehrer in die Oberschulen nach und übernahmen sogar Leitungspositionen, doch auch sie mussten sich per Fernstudium oder in Weiterbildungskursen zumindest nachträglich qualifizieren, um dauerhaft als Fachlehrer in den oberen Klassen unterrichten zu können. Das Hochschulstudium war nicht mehr der einzige Weg zum Oberschullehrerberuf, an seine Stelle mussten aber gleichwertige bzw. als gleichwertig erachtete Qualifikationen treten.

Was die weiteren Kriterien angeht, die zugleich für die Kennzeichnung des Oberschullehrerberufs als „Profession" von Bedeutung sind, ergibt sich ein uneinheitliches Bild. Eine wichtiges Kriterium für die Einordnung als Profession erfüllten die Oberschullehrer in der DDR – wie schon im Nationalsozialismus – nicht: Sie verfügten nicht mehr über einen eigenen Berufsverband, mit dem sie die Interessen ihres Standes vertreten konnten, da für alle, die im Bildungswesen tätig waren, nur die Einheitsgewerkschaft der Lehrer und Erzieher als Berufsorganisation zur Verfügung stand. Ein Standesbewusstsein blieb den Oberschullehrern gleichwohl erhalten. Auch in der DDR begriffen sie sich als gehobener Berufsstand und achteten auf die Trennungslinie zu den Grundschullehrern. Versetzungen an Grundschulen betrachteten sie als Degradierung – nicht umsonst waren gerade diese Versetzungen ein häufiger Anlass zur Flucht. In Status und Einkommen maßen sie sich mit anderen akademischen Berufsgruppen, die traditionell als bildungsbürgerlich gekennzeichnet werden, wie den Ärzten oder den Juristen. Da-

---

[5] Ähnliches konstatiert Sonja Häder für die Volksschullehrer. Diese hätten sich während des „Tauwetters" nicht an Reformdiskussionen beteiligt, sondern „beschränkten sich in ihrer Kritik auf praktische Fragen ihres Berufsalltages. Sie kritisierten die überfrachteten Lehrpläne, ihre unzureichende Ausbildung, die ausufernde bürokratische Gängelei; besonders aber klagten sie über ihre permanente Überlastung, die sie den vielen fachfremden, vor allem politisch begründeten Zusatzaufgaben zuschrieben." Häder, Schülerkindheit (1998), S. 340.

[6] Dies im Gegensatz zu Stefan A. Oyen, der politische und religiöse Überzeugungen für das Verhalten der Lehrer in Diktaturen für entscheidender hält als ihr berufliches Selbstverständnis und die Ideale des Bildungshumanismus. Vgl. Oyen, Zeitgeist und Bildung (2005), S. 510–512.

bei beriefen sie sich freilich nicht mehr auf das – in der DDR negativ konnotierte – Attribut „bürgerlich", sondern auf die sozialistische Kategorie der „Intelligenz". Entscheidend ist aber, dass sie Gleichrangigkeit mit den anderen dieser Kategorie zugeordneten Berufsgruppen beanspruchten. Dies alles galt nicht nur für die Altlehrer, sondern auch für die in der DDR akademisch ausgebildeten Lehrer. Auch bei ihnen mussten die SED-Funktionäre zu ihrer Enttäuschung feststellen, dass sie „vermeintlich unpolitische" Fächer bevorzugten und sehr auf ihren persönlichen materiellen Vorteil bedacht waren. Das verpflichtende Grundstudium des Marxismus-Leninismus immunisierte offenbar nicht gegen eine solche Haltung, die von Volksbildungsminister Fritz Lange abwertend als „kleinbürgerlich-spießig" charakterisiert wurde.[7]

In der Autonomie der Berufsausübung wurden die Oberschullehrer in der DDR zunehmend eingeschränkt. Die Lehrpläne ließen aufgrund ihrer Stofffülle wenig Spielraum, die Unterrichtsmethode der Sowjetpädagogik war vorgegeben, die Pflicht zur schriftlichen Vorbereitung und die häufigen Hospitationen durch unterschiedlichste Personen und Institutionen schränkten die Freiheit der Unterrichtsgestaltung ein. Die geheimdienstliche Überwachung und die Anwesenheit linientreuer FDJler weiteten die Kontrolle auch über die offiziellen Inspektionen hinaus aus. Politische und ideologische Vorgaben lösten die – im bürgerlichen Sinne – wissenschaftlichen Grundlagen des Unterrichts ab. Es wurde für die Lehrer immer schwieriger, innerhalb dieser enger werdenden Spielräume ihrem beruflichen Ethos, das darauf gründete, auf wissenschaftlicher Grundlage zu unterrichten und die Schüler zu selbstständigem Denken zu erziehen, gerecht zu werden.

Zahlreiche Oberschullehrer wollten sich aber nicht in dieser Weise auf die Rolle des Staatsfunktionärs reduzieren lassen. Sie verließen die DDR in Richtung Bundesrepublik, von der sie sich bessere Lebens- und vor allem Arbeitsbedingungen erhofften. Hier war das traditionelle höhere Schulwesen restauriert worden, hier blieb der Unterricht von politischen Eingriffen weitgehend unberührt und hier konnten sich die Gymnasiallehrer in einer eigenen Standesorganisation, dem wiedergegründeten Philologenverband, organisieren. Der Schritt in den westdeutschen Teilstaat, den in den letzten Jahren vor dem Mauerbau immer mehr Oberschullehrer der DDR wählten, ist vor diesem Hintergrund auch als ein Akt (bildungs-)bürgerlicher Selbstbehauptung zu betrachten.

---

[7] Fritz Lange: *Über die Verbesserung der Lehrerbildung*, Beilage der DLZ, 3. Jg., 1956, Nr. 11, S. 7.

Quellen- und Literaturverzeichnis

Archivquellen

Archiv der Hansestadt Rostock (AHRO)

Bestand 1.1.20.2, Städtische Schulverwaltung: Nr. 1, 6, 602, 616
Bestand 1.1.21.1, Große Stadtschule (Gymnasium): Nr. 15, 35, 40, 57, 232, 290, 309, 310, 315, 392, 434, 451, 452, 453
Bestand 2.1.0, Stadtverordnetenversammlung und Rat der Stadt (1953–1990): Nr. 415
Bestand 2.1.7, Schulaufsicht Rostock-Stadt: Nr. 15, 57

Berlin Document Center im Bundesarchiv Berlin (BAB, BDC)

Bestand Mitgliederkartei des NS-Lehrerbundes: Nr. A 0031, A 0056, A 0075, A 0081, B 0017

Bundesarchiv Berlin (BAB)

Bestand DR 2, Ministerium für Volksbildung der DDR: Nr. 51, 65, 407, 408, 421, 548, 651, 656, 659, 669, 967, 1121, 2769, 4821, 5718
Bestand NS 12, Hauptamt für Erzieher / Reichswaltung des NS-Lehrerbundes: Nr. 41, 637, 826, 869, 908, 909, 910, 916, 926, 1132, 1689, 1690
Bestand R/4901, Reichsministerium für Wissenschaft, Erziehung und Volksbildung: Nr. 4384, 4385, 4486

Bundesarchiv Berlin, NS-Archiv des Ministeriums für Staatssicherheit (BAB, NS-Archiv des MfS)

Bestand ZA V, Reichsministerien, Wehrmacht: Nr. 136

Die Bundesbeauftragte für die Unterlagen des Staatssicherheitsdienstes der ehemaligen DDR (BStU), Außenstelle Schwerin

MfS, BV Schwerin, AGL, Nr. 560/55, 560/55 (PA)
MfS, BV Schwerin, AIM, Nr. 2973/51, 489/55, 1209/79
MfS, BV Schwerin, AOP, Nr. 47/50, 3/54
MfS, BV Schwerin, AP, Nr. 71/54, 143/55, 219/55
MfS, BV Schwerin, AU, Nr. 314/50, 95/53
MfS, BV Schwerin, S/AG, Nr. 633/66
MfS, BV Schwerin, S/AP, Nr. 517/55

Landesarchiv Greifswald (LAG)

Bestand Rep. 200, 7.1, Rat des Bezirkes Rostock, Abteilung Inneres: Nr. 7, 33
Bestand Rep. 200, 8.1.1, Rat des Bezirkes Rostock, Abteilung Volksbildung: Nr. 46, 111, 112, 130, 171, 226, 238, 374

Bestand Rep. IV/4/07, Kreisleitung Rostock-Stadt: Nr. 448, 552, 553, 557, 558
Bestand Rep. IV/2/9.02, Bezirksleitung der SED Rostock, Abteilung Kultur und Volksbildung: Nr. 1108, 1109, 1110, 1126

Landeshauptarchiv Schwerin (LHAS)

Bestand 5.12–2, Mecklenburg-Schwerinscher Landtag: Nr. 253
Bestand 5.12–7/1, Mecklenburg-Schwerinsches Ministerium für Unterricht, Kunst, geistliche und Medizinalangelegenheiten: Nr. 212, 213, 214, 219, 2915a, 3596, 4700, 4701, 4752, 4765, 4766, 4922
Bestand 5.12–7/1 A, Mecklenburg-Schwerinsches Ministerium für Unterricht, Kunst, geistliche und Medizinalangelegenheiten, Personalakten: Nr. 101
Bestand 6.11–21, Ministerium für Volksbildung: Nr. 59, 92, 500, 507, 508, 509, 510, 513, 514, 530, 536, 537, 1140, 1151, 1155, 1162, 1164a, 1241, 1249, 1252, 1262, 1264, 1277, 1278, 1303, 1306, 1314, 1317, 1318, 1322, 4166, 4180, 4183
Bestand 7.12–1, Bezirksbehörde der deutschen Volkspolizei: Nr. 13/91
Bestand 10.34–1, Landesleitung SED Mecklenburg: Nr. 224, 288, 478, 479, 480, 481, 482, 483, 484, 488, 495
Bestand 10.34–2, Kreisleitungen der SED: Nr. 224, 288
Bestand 10.34–3, Bezirksleitung der SED Schwerin: Nr. 1360, 1361, 1362, 1375, 1381, 1383
Bestand 10.31–1, Landesleitung der KPD Mecklenburg-Vorpommern: Nr. 13
Bestand 10.65–1, Verein Mecklenburgischer Philologen: Nr. 1, 2, 3, 4, 4b, 5a, 6, 7b, 7c, 10a, 10b, 10c, 11, 12, 13, 15, 20b, 20f

Stadtarchiv Greifswald (StAG)

Bestand Rep. 6 Ia, Rat der Stadt Greifswald: Nr. 116

Stadtarchiv Schwerin (StASch)

Bestand M, Magistrat der Stadt Schwerin: Nr. 4593
Bestand R 31, Rat der Stadt Schwerin, Abteilung Volksbildung: Nr. 5, 64, 80, 82, 112, 124, 125, 128, 151, 156
Bestand S 6, Gymnasium Fridericianum / Goethe-Oberschule Schwerin: Nr. 5, 45, 61, 63, 73, 84, 91, 99, 129, 131, 134, 140, 144, 145, 150, 151, 154, 155, 159, 168, 169, 170, 176, 185, 189, 190, 192, 197, 212, 226, 227, 230, 233, 235, 237, 238, 239, 240, 241, 245, 248, 264, 265, 287, 288, 324, 337, 338, 341, 347, 400, 770, 771, 802, 803, 804, 805, 806, 958, 959, 1167, 1172, 1458, 1459, 1461, 1482, 2016, 2021, 2042, 2101, 2104, 2200, 2218, 2235

Stiftung Archiv der Parteien und Massenorganisationen der DDR im Bundesarchiv Berlin (SAPMO)

Bestand DY/51, Gewerkschaft Unterricht und Erziehung: Nr. 190, 326, 1420
Bestand RY, 1/I, 3/15, KPD, Bezirk Mecklenburg: Nr. 14
Bestand RY, 1, 2/5, Sekretariat des ZK der KPD: Nr. 40
Bestand DY/30/IV, 2/9.05, Zentralkomitee der SED, Abteilung Volksbildung: Nr. 80

Periodika

Allgemeine deutsche Lehrerzeitung. Hauptblatt des Deutschen Lehrervereins, Berlin 1919–1933.

Amtsblatt der Landesverwaltung Mecklenburg-Vorpommern, Schwerin 1946–1947.

Arbeit und Sozialfürsorge, hrsg. vom Ministerium für Sozialwesen, Berlin 1949–1950.

Der Demokrat. Tageszeitung der Christlich-Demokratischen Union, Rostock 1945 ff.

Deutsche Lehrerzeitung. Organ der deutschen demokratischen Schule, Berlin/Leipzig 1954 ff.

Die deutsche Schulfeier. Amtliche Zeitschrift für die Spiel-, Feier- und Freizeitgestaltung der deutschen Schulen und Schulgemeinden, hrsg. von der Reichswaltung des NS-Lehrerbundes Bayreuth 1936–1944.

Deutsche Wissenschaft, Erziehung und Volksbildung. Amtsblatt des Reichsministeriums für Wissenschaft, Erziehung und Volksbildung und der Unterrichtsverwaltungen der Länder, Berlin 1935 ff.

Deutsches Philologenblatt. Korrespondenz-Blatt für den akademisch gebildeten Lehrerstand, Leipzig 1912–1935.

Das freie Wort. Organ der Sozialdemokratischen Partei für Süd- und Westmecklenburg, Rostock 1919–1933.

Gesetzblatt der Deutschen Demokratischen Republik, hrsg. vom Büro des Ministerrates der Deutschen Demokratischen Republik, Berlin 1949 ff.

Jahrbuch Arbeit und Sozialfürsorge, hrsg. von der Hauptverwaltung Arbeit und Sozialfürsorge der Deutschen Wirtschaftskommission für die Sowjetische Besatzungszone, Berlin 1945/47.

Jahrbuch der Lehrer der höheren Schulen. Kunzes Kalender, Uslar/Hannover 1935/36–1942/43.

Kalender für das höhere Schulwesen Preußens und einiger anderer deutscher Staaten, Breslau 1918–1923.

Landeszeitung. Organ der SED für Mecklenburg-Vorpommern, Ausgabe Schwerin 1946 ff.

Mecklenburgische Schulzeitung, Wismar 1918–1938.

Mecklenburgische Volks-Zeitung. Organ der sozialdemokratischen Partei beider Mecklenburg, Rostock 1918–1933.

Mecklenburgische Zeitung, Schwerin 1918–1943.

Mecklenburgisches Philologenblatt, Rostock 1926–1931.

Mitteilungen des Vereins Mecklenburgischer Philologen, Rostock 1923–1926.

die neue schule. Blätter für demokratische Erneuerung in Unterricht und Erziehung, Berlin/Leipzig 1946–1954.

Neues Deutschland. Organ des Zentralkomitees der Sozialistischen Einheitspartei Deutschlands, Berlin 1946 ff.

Niederdeutscher Beobachter. Kampfblatt der NSDAP Mecklenburg, Schwerin 1925–1945.

Norddeutsche Zeitung. Organ der Liberal-Demokratischen Partei Deutschlands, Schwerin 1946 ff.

Pädagogik. Beiträge zur Erziehungswissenschaft, Berlin 1946 ff.

Philologen-Jahrbuch für das höhere Schulwesen Preußens und einiger anderer deutscher Länder. Kunzes Kalender, Breslau 1924–1933/34.

Regierungsblatt für Mecklenburg-Schwerin, Schwerin 1918–1933.

Reichsgesetzblatt, hrsg. vom Reichsministerium des Innern, Berlin 1918–1945.

Rostocker Anzeiger. Wirtschaftsblatt für Mecklenburg, Vorpommern und Prignitz, Rostock 1918–1945.

Rostocker Nachrichten, 1930–1932.

Volksbildung. Mitteilungsblatt für die Schulen, Volksbildungsämter und kulturellen Einrichtungen des Landes Mecklenburg, hrsg. vom Ministerium für Volksbildung, Schwerin 1948–1950.

Zentralblatt für die gesamte Unterrichtsverwaltung in Preußen, hrsg. vom Ministerium für Wissenschaft, Kunst und Volksbildung, Berlin 1918–1934.

Zentralverordnungsblatt. Amtliches Organ der Deutschen Wirtschaftskommission und ihrer Hauptverwaltungen sowie der Deutschen Verwaltungen für Inneres, Justiz und Volksbildung, hrsg. von der Deutschen Justizverwaltung der sowjetischen Besatzungszone in Deutschland, Berlin 1947–1949.

Gedruckte Quellen und Literatur

[Dr. T. T.], „Multifunktionäre" statt Erzieher. Die Lage der Lehrer in der Sowjetzone, in: SBZ-Archiv 3 (1952) 9/10, S. 136–138.

425 Jahre Große Stadtschule Rostock. Festschrift zum Schuljubiläum 2005, hrsg. im Auftrag des Vereins der Freunde des Gymnasiums Große Stadtschule e.V. von Olaf Wild, Rostock 2005.

75 Jahre Schule am Goetheplatz in Rostock. Erinnerungen – Impressionen – Ausblicke, hrsg. vom Schulverein Goethegymnasium Rostock e.V., Rostock 2005.

Akten und Verhandlungen des Landtags des Landes Mecklenburg-Vorpommern 1946–1952, Bd. I.2: Sitzungsprotokolle der 1. Wahlperiode, 32.–61. Sitzung, 22. 6. 1948–6. 10. 1950, Frankfurt am Main 1992 [Reprint].

Albisetti, James C.: Secondary School Reform in Imperial Germany, Princeton 1983.

Ammer, Thomas: Die „sozialistische Schule" – Erziehung und Bildung in der DDR, in: Eppelmann, Rainer/Faulenbach, Bernd/Mählert, Ulrich (Hrsg.): Bilanz und Perspektiven der DDR-Forschung, Paderborn u. a. 2003, S. 293–299.

Anweiler, Oskar: Bildungspolitik, in: Hoffmann, Dierk/Schwartz, Michael (Bandverantwortliche): Geschichte der Sozialpolitik in Deutschland seit 1945, hrsg. vom Bundesministerium für Arbeit und Sozialordnung und vom Bundesarchiv, Bd. 8: Deutsche Demokratische Republik 1949–1961. Im Zeichen des Aufbaus des Sozialismus, Baden Baden 2005, S. 553–588.

Anweiler, Oskar: Bildungspolitik, in: Wengst, Udo (Bandverantwortlicher): Geschichte der Sozialpolitik in Deutschland seit 1945, hrsg. vom Bundesministerium für Arbeit und Sozialordnung und vom Bundesarchiv, Bd. 2/1: 1945–1949 – Die Zeit der Besatzungszonen. Sozialpolitik zwischen Kriegsende und der Gründung zweier deutscher Staaten, Baden Baden 2001, S. 697–732.

Anweiler, Oskar: Schulpolitik und Schulsystem in der DDR, Opladen 1988.

Apel, Hans-Jürgen u. a. (Hrsg.): Professionalisierung pädagogischer Berufe im historischen Prozess, Bad Heilbrunn 1999.

Appel, Rolf/Oberheide, Jens (Hrsg.): Freiheit, Gleichheit, Brüderlichkeit. Deutschsprachige Dichter und Denker zur Freimaurerei, Graz 1986.

Augustine, Dolores L.: Frustrierte Technokraten. Zur Sozialgeschichte des Ingenieurberufs in der Ulbricht-Ära, in: Bessel/Jessen, Grenzen der Diktatur (1996), S. 49–78.

Aus der Geschichte des Fridericianums, in: Gymnasium Fridericianum Schwerin. Mitteilungen, Jg. 1994, S. 6–10.

Bartels, Olaf: Der Architekt Hermann Willebrand 1816–1899, hrsg. vom Staatlichen Museum Schwerin und der Architektenkammer Mecklenburg-Vorpommern, Hamburg/ München 2001.

Barth, Boris: Dolchstoßlegenden und politische Desintegration. Das Trauma der deutschen Niederlage im Ersten Weltkrieg 1914–1933, Düsseldorf 2003.

Baske, Siegfried: Allgemeinbildende Schulen, in: Handbuch der deutschen Bildungsgeschichte 6/2 (1998), S. 159–202.

Baske, Siegfried/Engelbert, Martha (Hrsg.): Zwei Jahrzehnte Bildungspolitik in der Sowjetzone Deutschlands. Dokumente, 1. Teil: 1945–1958, Berlin 1966.

Bauerkämper, Arnd (Hrsg.): Die Praxis der Zivilgesellschaft. Akteure, Handeln und Strukturen im internationalen Vergleich, Frankfurt am Main/New York 2003.

Bäumer, Gertrud: Deutsche Schulpolitik, Karlsruhe 1928.

Becker, Hellmut/Kluchert, Gerhard: Die Bildung der Nation. Schule, Gesellschaft und Politik vom Kaiserreich zur Weimarer Republik, Stuttgart 1993.

Behrens, Beate: Mit Hitler zur Macht. Aufstieg des Nationalsozialismus in Mecklenburg und Lübeck 1922–1933, Rostock 1998.

Behrens, Beate/Jahnke, Karl Heinz/Urbschat, Kerstin/Wendt, Inge: Mecklenburg in der Zeit des Nationalsozialismus 1933–1945. Eine Dokumentation, 2. durchges. u. erw. Aufl. Rostock 1998 ([1]1993).

Benner, Dietrich/Sladek, Horst: Das Erziehungsprogramm von 1947. Seine kontroverse Diskussion und das allmähliche Entstehen der Staatspädagogik in der SBZ/DDR, in: Zeitschrift für Pädagogik 41 (1995), S. 63–79.

Berg, Hannelore: Die Entwicklung der antifaschistisch-demokratischen Oberschule auf dem Gebiet der heutigen Deutschen Demokratischen Republik in der Zeit vom Mai 1945 bis 1948, Berlin (Diss. päd.) 1969.

Berghahn, Volker R.: Der Stahlhelm. Bund der Frontsoldaten 1918–1935, Düsseldorf 1966.

Berling, Horst-Gösta (Hrsg.): Mecklenburgische Schulmeister. Lebensbilder von Lehrerinnen und Lehrern zwischen Neubrandenburg und Schwerin, Neukloster und Parchim, Schwerin o. J. [1998].

Bernett, Hajo: Sportunterricht an der nationalsozialistischen Schule. Der Schulsport an den höheren Schulen Preußens 1933–1940, Sankt Augustin 1985.

Bessel, Richard/Jessen, Ralph (Hrsg.): Die Grenzen der Diktatur. Staat und Gesellschaft in der DDR, Göttingen 1996.

Birke, Adolf M.: Nation ohne Haus. Deutschland 1945–1961, Berlin 1989.

Bispinck, Henrik u. a. (Hrsg.): Aufstände im Ostblock. Zur Krisengeschichte des realen Sozialismus, Berlin 2004.

Bispinck, Henrik: „Republikflucht". Flucht und Ausreise als Problem für die DDR-Führung, in: Hoffmann/Schwartz/Wentker, Vor dem Mauerbau (2003), S. 285–309.

Bispinck, Henrik: Die Schweriner Goethe-Oberschule in der ersten Hälfte der 1950er Jahre – Dissens, Opposition und Widerstand im Visier der Staatssicherheit, in: Zeitgeschichte regional 13 (2009) 1, S. 18–26.

Bispinck, Henrik: Dissens, Widerstand und Repression. Die Schweriner Goethe-Oberschule im Spiegel von IM-Berichten der fünfziger Jahre, in: Gieseke, Staatssicherheit und Gesellschaft (2007), S. 275–294.

Bispinck, Henrik: Geschichtspolitik unter sowjetischer Besatzung. Zur Einführung des Geschichtsunterrichts in der SBZ/DDR (1945–1951), Magisterarbeit, Berlin 1999.

Bispinck, Henrik/Hoffmann, Dierk/Schwartz, Michael/Skyba, Peter/Uhl, Matthias/Wentker, Hermann: Die Zukunft der DDR-Geschichte. Potentiale und Probleme zeithistorischer Forschung, in: VfZ 53 (2005) 4, S. 547–570.

Bispinck, Henrik/van Melis, Damian/Wagner, Andreas (Hrsg.): Nationalsozialismus in Mecklenburg und Vorpommern, Schwerin 2001.

Bittner, Stefan: Das „Gesetz zur Wiederherstellung des Berufsbeamtentums" vom 7. April 1933 und seine Durchführung im Bereich der Höheren Schule, in: Bildung und Erziehung 40 (1987) 2, S. 167–181.

Boese, Friedhelm: Zur Entwicklung der Verbindung von Schule und Leben nach der Befreiung vom Faschismus (am Beispiel einer Schweriner Oberschule), in: Wissenschaftliche Zeitschrift der Universität Rostock. Gesellschaftswissenschaftliche Reihe 38 (1989) 1, S. 71 f.

Boldt, Hans: Die Weimarer Reichsverfassung, in: Bracher, Karl Dietrich/Funke, Manfred/Jacobsen, Hans-Adolf (Hrsg.): Die Weimarer Republik 1918–1933. Politik – Wirtschaft – Gesellschaft, Bonn [2]1988 ([1]1987), S. 44–62.

Bölling, Rainer: Sozialgeschichte der deutschen Lehrer. Ein Überblick von 1800 bis zur Gegenwart, Göttingen 1983.

Bölling, Rainer: Zum Organisationsgrad der deutschen Lehrerschaft im ersten Drittel des 20. Jahrhunderts, in: Heinemann, Lehrer (1977), S. 121–134.

Bölling, Rainer: Zur Entwicklung und Typologie der Lehrerorganisationen in Deutschland, in: Heinemann, Lehrer (1977), S. 23–37.

Borchardt, Jürgen/Koniecny, Brigitte (Hrsg.): Zwischen Hoffnung und Verzweiflung. Protokolle von Zeitzeugen aus Schwerin 1945–1952, hrsg. im Auftrag des Kulturamts der Landeshauptstadt Schwerin und der Zukunftswerkstatt Schwerin e.V., Schwerin 1995.

Bouvier, Herma/Geraud, Claude: Napola. Les écoles d'élites du troisième Reich, Paris/Montreal 2000.

Brodesser, Gisela: Spuren der Diktatur. Studie über das politische Schicksal und das Verhalten von Karlsruher Gymnasiallehrern während des Dritten Reiches und die Ergebnisse ihrer Entnazifizierung, Karlsruhe (phil. Diss. masch.) 2000.

Broszat, Martin (Hrsg.): Bayern in der NS-Zeit, 6 Bde., München 1977–1983.

Broszat, Martin: Der Staat Hitlers. Grundlegung und Entwicklung seiner inneren Verfassung, München [14]1995 ([1]1969).

Broszat, Martin/Weber, Hermann (Hrsg.): SBZ-Handbuch. Staatliche Verwaltungen, Parteien, gesellschaftliche Organisationen und ihre Führungskräfte in der Sowjetischen Besatzungszone Deutschlands 1945–1949, München [2]1993 ([1]1990).

Brunner, Detlev (Bearb.): Die Landesregierung in Mecklenburg-Vorpommern unter sowjetischer Besatzung 1945 bis 1949, Bd. 1: Die ernannte Landesverwaltung, Mai 1945 bis Dezember 1946. Eine Quellenedition, hrsg. von Müller, Werner/Röpcke, Andreas, Bremen 2003.

Brunner, Detlev: Der Schein der Souveränität. Landesregierung und Besatzungspolitik in Mecklenburg-Vorpommern 1945–1949, Köln/Weimar/Wien 2006.

Brunner, Detlev: Einleitung: Mecklenburg-Vorpommern 1945/46, in: Brunner, Ernannte Landesverwaltung (2003), S. 11–94.

Brunner, Detlev/Müller, Werner/Röpcke, Andreas (Hrsg.): Land – Zentrale – Besatzungsmacht. Landesverwaltung und Landesregierung in der Sowjetischen Besatzungszone, Frankfurt am Main 2003.

Brunner, Detlev: Inventar der Befehle der Sowjetischen Militäradministration Mecklenburg(-Vorpommern) 1945–1949, hrsg. im Auftrag des Instituts für Zeitgeschichte, München 2003.

Buchmann, Liane: Mecklenburg-Vorpommern im historischen Rückblick – Ein Überblick von 1840–1990 (Diskussionspapier des Rostocker Zentrums zur Erforschung des Demografischen Wandels), Rostock 2006.

Buddrus, Michael: Totale Erziehung für den totalen Krieg. Hitlerjugend und nationalsozialistische Jugendpolitik, München 2003.

Conze, Werner: Eine bürgerliche Republik? Bürgertum und Bürgerlichkeit in der westdeutschen Nachkriegsgesellschaft, in: Geschichte und Gesellschaft 30 (2004), S. 527–542.

Dahse, Fritz: Klassenmützen, in: 425 Jahre Große Stadtschule (2005), S. 75–77.

Datenhandbuch zur deutschen Bildungsgeschichte, Bd. II: Höhere und mittlere Schulen, 1. Teil: Sozialgeschichte und Statistik des Schulsystems in den Staaten des Deutschen Reiches 1800–1945, hrsg. von Müller, Detlef K./Zymek, Bernd, unter Mitarb. von Herrmann, Ulrich G., Göttingen 1987.

Datenhandbuch zur deutschen Bildungsgeschichte, Bd. II: Höhere und mittlere Schulen, 2. Teil: Regionale Differenzierung und gesamtstaatliche Systembildung. Preußen und seine Provinzen – Deutsches Reich und seine Staaten, 1800–1945, hrsg. von Herrmann, Ulrich G., Göttingen 2003.

Datenhandbuch zur deutschen Bildungsgeschichte, Bd. VI: Akademische Karrieren 1850–1940, hrsg. von Müller-Benedict, Volker, unter Mitarbeit von Janßen, Jörg/Sander, Tobias, Göttingen 2008.

Datenhandbuch zur deutschen Bildungsgeschichte, Bd. IX: Schulen und Hochschulen in der Deutschen Demokratischen Republik 1949–1989, hrsg. von Köhler, Helmut, unter Mitarbeit von Rochow, Thomas, Göttingen 2008.

DDR Handbuch, hrsg. vom Bundesministerium für innerdeutsche Beziehungen, 3., überarb. u. erw. Aufl., Köln 1985.

DDR-Handbuch, hrsg. vom Bundesministerium für innerdeutsche Beziehungen, Köln 1975.

Deutsche Verwaltungsgeschichte, hrsg. von Jeserich, Kurt G. A./Pohl, Hans/von Unruh, Georg-Christoph, Bd. 4: Das Reich als Republik und in der Zeit des Nationalsozialismus, Stuttgart 1985.

Die Neuordnung des preußischen höheren Schulwesens. Denkschrift des Preußischen Ministeriums für Wissenschaft, Kunst und Volksbildung, Berlin 1924.

Diederich, Georg: Geistige Heimat Kirche: Zur Situation der Flüchtlinge und Vertriebenen in Mecklenburg-Vorpommern nach dem Zweiten Weltkrieg, in: Werz, Nikolaus/Nuthmann, Reinhard (Hrsg.): Abwanderung und Migration in Mecklenburg und Vorpommern, Wiesbaden 2004, S. 91–111.

Dietrich, Gerd: Politik und Kultur in der Sowjetischen Besatzungszone Deutschlands (SBZ) 1945–1949, Bern u. a. 1993.

Dithmar, Reinhard: Schule und Unterricht im Dritten Reich, Neuwied 1989.

Dokumente der Sozialistischen Einheitspartei Deutschlands. Beschlüsse und Erklärungen des Zentralkomitees sowie seines Politbüros und seines Sekretariats, Bd. IV, Berlin 1954.

Dokumente zur Geschichte der demokratischen Schulreform in Mecklenburg, zsgest. u. hrsg. vom Staatsarchiv Schwerin, Schwerin 1966.

Dopp, Ernst: Aktenstücke zur Geschichte des Rostocker Schulwesens im sechzehnten Jahrhundert, in: Kollegium der Grossen Stadtschule zu Rostock (Hrsg.): Festschrift für Karl Ernst Hermann Krause zum 25. Jahrestage seiner Einführung als Director der Grossen Stadtschule zu Rostock, Rostock o. J. [1890], S. 3–6.

Dräger, Beatrix: Die Rezeption des „Johann-Albrecht-Stils". Staatsbauten des 19. Jahrhunderts, in: Der Johann Albrecht Stil: Terrakotta-Architektur der Renaissance und des Historismus. Publikation zur Ausstellung in der Hofdornitz im Schloß zu Schwerin, 7. 6.–24. 9. 95, hrsg. von der Koordinierungsstelle 100 Jahre Mecklenburg der Landeshauptstadt Schwerin, Schwerin 1995, S. 123–144.

Drescher, Anne: Haft am Demmlerplatz. Gespräche mit Betroffenen. Sowjetische Militärtribunale Schwerin 1945 bis 1953, hrsg. vom LStU Mecklenburg-Vorpommern, Schwerin 2001.

Eggers, Philipp: Bildungswesen, in: Deutsche Verwaltungsgeschichte 4 (1985), S. 349–373.

Eilers, Rolf: Die nationalsozialistische Schulpolitik. Eine Studie zur Funktion der Erziehung im totalitären Staat, Köln/Opladen 1963.

Engelmann, Roger/Großbölting, Thomas/Wentker, Hermann (Hrsg.): Kommunismus in der Krise. Die Entstalinisierung 1956 und ihre Folgen, Göttingen 2008.

Enzelberger, Sabina: Sozialgeschichte des Lehrerberufs. Gesellschaftliche Stellung und Professionalisierung von Lehrerinnen und Lehrern von den Anfängen bis zur Gegenwart, Weinheim/München 2001.

Erger, Johannes: Der Kapp-Lüttwitz-Putsch. Ein Beitrag zur deutschen Innenpolitik 1919/1920, Düsseldorf 1967.

Ernst, Anna-Sabine: „Die beste Prophylaxe ist der Sozialismus". Ärzte und medizinische Hochschullehrer in der SBZ/DDR 1945–1961, Münster 1997.

Ernst, Anna-Sabine: Vom Du zum Sie. Die Rezeption der bürgerlichen Anstandsregeln in der DDR der 1950er Jahre, in: Mitteilungen aus der kulturwissenschaftlichen Forschung 16 (1993) 33, S. 190–209.

Erziehung und Unterricht in der höheren Schule, hrsg. vom Reichs- und Preußischen Ministerium für Wissenschaft, Erziehung und Volksbildung, Berlin 1938.

Fait, Barbara: Mecklenburg (-Vorpommern), in: Broszat/Weber, SBZ-Handbuch (1993), S. 103–125.

Falter, Jürgen W./Lindenberger, Thomas/Schumann, Siegfried: Wahlen und Abstimmungen in der Weimarer Republik, München 1986.

Fattmann, Rainer: Bildungsbürger in der Defensive. Die akademische Beamtenschaft und der „Reichsbund der höheren Beamten" in der Weimarer Republik, Göttingen 2001.

Feige, Hans-Uwe: Die SED und der „bürgerliche Objektivismus" 1949/50, in: Deutschland Archiv 28 (1995) 10, S. 1074–1083.

Feiten, Willi: Der Nationalsozialistische Lehrerbund – Entwicklung und Organisation. Ein Beitrag zum Aufbau und zur Organisationsstruktur des nationalsozialistischen Herrschaftssystems, Weinheim/Basel 1981.

Feller, Barbara/Feller, Wolfgang: Die Adolf-Hitler-Schulen. Pädagogische Provinz versus ideologische Zuchtanstalt, Weinheim/München 2001.

Fischer, Alexander (Hrsg.): Teheran – Jalta – Potsdam. Die sowjetischen Protokolle von den Kriegskonferenzen der „Großen Drei", Köln ³1985.

Flessau, Kurt-Ingo: Schule der Diktatur. Lehrpläne und Schulbücher des Nationalsozialismus, Frankfurt am Main 1979.

Fluck, Bernhard: Gymnasium – Auftrag – Fortschritt. Deutscher Philologenverband und Gymnasium im 19. und 20. Jahrhundert, Düsseldorf 2003.

Foitzik, Jan: Die Sowjetische Militäradministration in Deutschland. Aspekte ihrer Tätigkeit aus landeshistorischer Sicht, in: Brunner/Müller/Röpcke, Land – Zentrale – Besatzungsmacht (2003), S. 171–186.

Foitzik, Jan: Inventar der Befehle des Obersten Chefs der Sowjetischen Militäradministration in Deutschland (SMAD) 1945–1949, hrsg. im Auftrag des Instituts für Zeitgeschichte, München u. a. 1995.

Foitzik, Jan: Sowjetische Militäradministration in Deutschland (SMAD) 1945–1949. Struktur und Funktion, Berlin 1999.

Foitzik, Jan: Weder „Freiheit" noch „Einheit": Methoden und Resultate der kulturpolitischen Umorientierung in der sowjetischen Besatzungszone. Einleitung, in: Foitzik/Timofejewa, Politik der SMAD (2005), S. 31–57.

Foitzik, Jan/Timofejewa, Natalja P. (Bearb.): Die Politik der Sowjetischen Militäradministration in Deutschland (SMAD): Kultur, Wissenschaft und Bildung 1945–1949. Ziele, Methode, Ergebnisse. Dokumente aus russischen Archiven, hrsg. von Möller, Horst/Tschubarjan, Alexandr O., München 2005.

Föllmer, Moritz: Die Verteidigung der bürgerlichen Nation. Industrielle und hohe Beamte in Deutschland und Frankreich 1900–1930, Göttingen 2002.

Franz, Heike: Zwischen Markt und Profession. Betriebswirte in Deutschland im Spannungsfeld von Bildungs- und Wirtschaftsbürgertum (1900–1945), Göttingen 1998.

Frerich, Johannes/Frey, Martin: Handbuch der Geschichte der Sozialpolitik in Deutschland, Bd. 2: Sozialpolitik in der Deutschen Demokratischen Republik, München/Wien 1993.

Führ, Christoph: Zur Schulpolitik der Weimarer Republik. Die Zusammenarbeit von Reich und Ländern im Reichsschulausschuß (1919–1923) und im Ausschuß für das Unterrichtswesen (1924–1933). Darstellung und Quellen, Weinheim/Berlin/Basel 1970.

Füssl, Karl-Heinz: Die Umerziehung der Deutschen. Jugend und Schule unter den Siegermächten des Zweiten Weltkriegs 1945–1955, Paderborn u. a. 1994.

Garner, Curt: Schlußfolgerungen aus der Vergangenheit? Die Auseinandersetzungen um die Zukunft des Berufsbeamtentums nach dem Ende des Zweiten Weltkriegs, in: Volkmann, Hans-Erich: Ende des Dritten Reiches – Ende des Zweiten Weltkriegs. Eine perspektivische Rückschau, München 1995, S. 607–674.

Garstka, Dietrich: Das schweigende Klassenzimmer. Eine wahre Geschichte über Mut, Zusammenhalt und den Kalten Krieg, Berlin ³2007 (¹2006).

Geiger, Wolfgang: Staatsbürgerkunde in der Weimarer Republik, in: Dithmar, Reinhard/Willer, Jörg (Hrsg.): Schule zwischen Kaiserreich und Faschismus. Zur Entwicklung des Schulwesens in der Weimarer Republik, Darmstadt 1981, S. 52–76.

Geißler, Gert: Die Republikflucht von Lehrern im Spiegel interner Materialien der SED-Führung 1958–1961, in: Pädagogik und Schulalltag 47 (1992) 5, S. 469–476.

Geißler, Gert: Die Schulgruppen des „Vereins für das Deutschtum im Ausland". Das Beispiel Groß-Berlin in den Jahren 1920 bis 1940, in: Jahrbuch für Historische Bildungsforschung 8 (2002), S. 229–258.

Geißler, Gert: Geschichte des Schulwesens in der sowjetischen Besatzungszone und in der Deutschen Demokratischen Republik 1945 bis 1962, Frankfurt am Main 2000.

Geißler, Gert: Das schulpolitische System der SBZ/DDR, in: Geißler/Wiegmann: Pädagogik und Herrschaft (1996), S. 1–160.

Geißler, Gert: Vom Zurückbleiben der Schulreform. Bemerkungen zum Bildungswesen im Umkreis der Staatsgründung der DDR, in: Hoffmann/Wentker, Das letzte Jahr (2000), S. 207–220.

Geißler, Gert: Zur bildungspolitischen Tendenzwende in der SBZ 1947 bis 1949, in: Pädagogik und Schulalltag 46 (1991) 5, S. 529–543.

Geißler, Gert/Blask, Falk/Scholze, Thomas (Hrsg.): Schule: Streng vertraulich! Die Volksbildung der DDR in Dokumenten. Eine Publikation des Ministeriums für Bildung, Jugend und Sport des Landes Brandenburg, Berlin 1996.

Geißler, Gert/Wiegmann, Ulrich: Bildungshistorische Forschung zur SBZ/DDR nach der „Wende", in: Handbuch der deutschen Bildungsgeschichte 6/2 (1998), S. 397–408.

Geißler, Gert/Wiegmann, Ulrich: Pädagogik und Herrschaft in der DDR. Die parteilichen, geheimdienstlichen und vormilitärischen Erziehungsverhältnisse, Frankfurt am Main u. a. 1996.

Geschichte der Landesparteiorganisation der SED Mecklenburg 1945–1952, hrsg. von den Bezirksleitungen der SED Neubrandenburg, Rostock und Schwerin, Rostock 1986.

Geudtner, Otto/Hengsbach, Hans/Westerkamp, Sibille (Hrsg.): „Ich bin katholisch getauft und Arier". Aus der Geschichte eines Kölner Gymnasiums, Köln 1985.

Gieseke, Jens (Hrsg.): Staatssicherheit und Gesellschaft. Studien zum Herrschaftsalltag in der DDR, Göttingen 2007.

Gieseke, Jens: Der Mielke-Konzern. Die Geschichte der Stasi 1945–1990, erw. und aktualisierte Neuausgabe, Stuttgart/München 2006.

Gimmel, Jürgen: Die politische Organisation kulturellen Ressentiments. Der „Kampfbund für deutsche Kultur" und das bildungsbürgerliche Unbehagen an der Moderne, Münster/Hamburg/London 2001.

Gläser, Lothar/Lost, Christine: Zur Entwicklung des Volksbildungswesens in der Deutschen Demokratischen Republik in den Jahren 1956–1958, Berlin 1981.

Görldt, Andrea: Rudolf Herrnstadt und Wilhelm Zaisser. Ihre Konflikte in der SED-Führung im Kontext innerparteilicher Machtsicherung und sowjetischer Deutschlandpolitik, Frankfurt am Main 2002.

Gosewinkel, Dieter/Rucht, Dieter/van den Daele, Wolfgang/Kocka, Jürgen (Hrsg.): Zivilgesellschaft – national und transnational, Berlin 2004.

Gotschlich, Helga (Hrsg.): „Links und links und Schritt gehalten …". Die FDJ: Konzepte – Abläufe – Grenzen, Berlin 1994.

Grams, Wolfram: Kontinuität und Diskontinuität der bildungspolitischen und pädagogischen Planungen aus Widerstand und Exil im Bildungswesen der BRD und DDR. Eine vergleichende Studie, Frankfurt am Main u. a. 1990.

Granville, Johanna: The Last of the Mohicans. How Walter Ulbricht Endured the Hungarian Crisis of 1956, in: German Politics and Society 22 (2004) 4, S. 88–121.

Granville, Johanna: Ulbricht in October 1956: Survival of the Spitzbart during Destalinization, in: Journal of Contemporary History 41 (2006) 3, S. 477–502.

Grewing, Ben: Die Mentalität des „neuen Bürgertums" im 19. Jahrhundert: Studien zur rheinischen Gymnasiallehrerschaft im Kontext bürgerlicher Aufbrüche, Siegburg 2008.

Grewolls, Grete: Wer war wer in Mecklenburg-Vorpommern?, Ein Personenlexikon, Bremen 1995.

Großbölting, Thomas: Bürgertum, Bürgerlichkeit und Entbürgerlichung in der DDR: Niedergang und Metamorphosen, in: Aus Politik und Zeitgeschichte 9–10/2008 (25. Februar 2008), S. 3–9.

Großbölting, Thomas: Exklusives Bürgertum? Inkludierende Bürgerlichkeit? – Bürgerliche Handlungsfelder in ost- und westdeutschen Städten der Nachkriegszeit, in: Blätter für deutsche Landesgeschichte 139/140 (2003/2004), S. 129–144.

Großbölting, Thomas: SED-Diktatur und Gesellschaft. Bürgertum, Bürgerlichkeit und Entbürgerlichung in Magdeburg und Halle, Halle 2001.

Großherzoglich Mecklenburg-Schwerinscher Staatskalender, hrsg. vom Großherzoglichen Statistischen Amt, 142. Jg., Schwerin 1917.

Großherzoglich Mecklenburg-Schwerinscher Staatskalender, hrsg. vom Großherzoglichen Statistischen Amt, 143. Jg., Schwerin 1918.

Gruner, Petra: „Laien" im Lehrerberuf. Professionsgeschichtliche Aspekte der Neulehrergewinnung in der SBZ/DDR, in: Apel u. a., Professionalisierung (1999), S. 207–233.

Gruner, Petra: „Musterbeispiel für Objektivismus". Eine Fallstudie zur Erziehungspraxis Anfang der 50er Jahre, in: Leschinsky/Gruner/Kluchert, Schule als moralische Anstalt (1999), S. 220–252.

Gruner, Petra: Die Neulehrer – ein Schlüsselsymbol der DDR-Gesellschaft. Biographische Konstruktionen von Lehrern zwischen Erfahrungen und gesellschaftlichen Erwartungen, Weinheim 2000.

Günther-Arndt, Hilke: Volksschullehrer und Nationalsozialismus. Oldenburgischer Landeslehrerverein und Nationalsozialistischer Lehrerbund in den Jahren der politischen und wirtschaftlichen Krise 1930–1933, Oldenburg 1983.

Günther, Karl-Heinz/Uhlig, Gottfried (Hrsg.): Dokumente zur Geschichte des Schulwesens in der DDR, Teil I: 1945–1955, Berlin 1970.

Häder, Sonja: Feiern und Feste im Schulalltag der SBZ und frühen DDR. Selbstbestimmte Kultur oder parteistaatliche Erziehung?, in: Leschinsky/Gruner/Kluchert, Schule als moralische Anstalt (1999), S. 203–219.

Häder, Sonja: Kollektiver Protest. Das „Memorandum der Pädagogischen Fakultäten in der DDR zur Lehrerbildung" vom 9. 12. 1953 im Kontext der Ereignisse vom Juni 1953, in: Häder/Wiegmann, „Am Rande des Bankrotts ..." (2004)

Häder, Sonja: Schülerkindheit in Ost-Berlin. Sozialisation unter den Bedingungen der Diktatur (1945–1958), Köln/Weimar/Wien 1998.

Häder, Sonja: Von der „demokratischen Schulreform" zur Stalinisierung des Bildungswesens – der 17. Juni 1953 in Schulen und Schulverwaltung Ost-Berlins, in: Kocka, Jürgen (Hrsg.): Historische DDR-Forschung. Aufsätze und Studien, Berlin 1993, S. 191–213.

Häder, Sonja/Tenorth, Heinz-Elmar: Bildungsgeschichte einer Diktatur. Bildung und Erziehung in SBZ und DDR im historisch-gesellschaftlichen Kontext, Weinheim 1997.

Häder, Sonja/Wiegmann, Ulrich (Hrsg.): „Am Rande des Bankrotts ..." Intellektuelle und Pädagogik in Gesellschaftskrisen der Jahre 1953, 1956 und 1968 in der DDR, Ungarn und der ČSSR, Baltmannsweiler 2004.

Haker, Dieter: Das Zentrum der Reaktion, in: Rickers, Günter (Hrsg.): Schulerinnerungen aus Mecklenburg, Husum o. J. [1992], S. 98–102.

Hamburger, Franz: Lehrer zwischen Kaiser und Führer. Der Deutsche Philologenverein in der Weimarer Republik. Eine Untersuchung zur Sozialgeschichte der Lehrerorganisationen, Heidelberg (sozialwiss. Diss.) 1974.

Hamburger, Franz: Pädagogische und politische Orientierung im Selbstverständnis des Deutschen Philologenverbandes in der Weimarer Republik, in: Heinemann, Lehrer (1977), S. 263–272.

Handbuch der deutschen Bildungsgeschichte, Bd. 4: 1870–1918: Von der Reichsgründung bis zum Ende des Ersten Weltkriegs, hrsg. von Berg, Christa, München 1991.

Handbuch der deutschen Bildungsgeschichte, Bd. 5: 1918–1945: Die Weimarer Republik und die nationalsozialistische Diktatur, hrsg. von Langewiesche, Dieter/Tenorth, Heinz-Elmar, München 1989.

Handbuch der deutschen Bildungsgeschichte, Bd. 6: 1945 bis zur Gegenwart, Teilband 2: Deutsche Demokratische Republik und neue Bundesländer, hrsg. von Führ, Christoph/Furck, Carl-Ludwig, München 1998.

Handro, Saskia: Geschichtsunterricht und historisch-politische Sozialisation in der SBZ und DDR (1945–1961). Eine Studie zur Region Sachsen-Anhalt, Weinheim 2002.

Handschuck, Martin: Auf dem Weg zur sozialistischen Hochschule. Die Universität Rostock in den Jahren 1945–1955, Bremen 2004.

Harich, Keine Schwierigkeiten mit der Wahrheit. Zur nationalkommunistischen Opposition 1956 in der DDR, Berlin 1993.

Hartweg, Fréderic (Hrsg.): SED und Kirche. Eine Dokumentation ihrer Beziehungen, Bd. 1: 1946–1967, bearb. von Joachim Heise, Neukirchen-Vluyn 1995.

Haupt, Joachim: Neuordnung im Schulwesen und Hochschulwesen, Berlin 1933.

Heidemeyer, Helge: Flucht und Zuwanderung aus der SBZ/DDR 1945/1949–1961. Die Flüchtlingspolitik der Bundesrepublik bis zum Bau der Berliner Mauer, Düsseldorf 1994.

Heinemann, Manfred (Hrsg.): Der Lehrer und seine Organisation, Stuttgart 1977.

Heinemann, Manfred (Hrsg.): Erziehung und Schulung im Dritten Reich, 2 Teile, Stuttgart 1980.

Heinz, Jacob: Zur Hilfe der Bildungsoffiziere der SMA-Mecklenburg bei der Entwicklung eines antifaschistisch-demokratischen Schulwesens, in: Imig, Werner (Hrsg.): Die Befreiung vom Faschismus durch die Sowjetunion – entscheidende Voraussetzung für den weiteren Übergang vom Kapitalismus zum Sozialismus. Protokoll der Konferenz an der Ernst-Moritz-Arndt-Universität Greifswald vom 3./4. April 1975, Greifswald 1976, S. 333–342.

Heinz, Jakob: Karl Schneeberg, in: Berling, Mecklenburgische Schulmeister (1998), S. 182–188.

Heinz, Jakob: Mecklenburgische Schulgeschichte. Der Landeslehrerverein Mecklenburg-Schwerin 1868–1933. Eine Chronik, Schwerin 1996.

Heinz, Jakob: Rudolf Puls, in: Berling, Mecklenburgische Schulmeister (1998), S. 189–193.

Helmberger, Peter: Blauhemd und Kugelkreuz. Konflikte zwischen der SED und den christlichen Kirchen um die Jugendlichen in der SBZ/DDR, München 2008.

Henning, Uwe/Kluchert, Gerhard/Leschinsky, Achim: Interessenartikulation oder Konfliktausgrenzung? Schülervertretung in der SBZ und der frühen DDR, in: Häder/Tenorth: Bildungsgeschichte einer Diktatur (1997), S. 351–372.

Herbst, Ludolf: Das nationalsozialistische Deutschland 1933–1945. Die Entfesselung der Gewalt: Rassismus und Krieg, Darmstadt 1997.

Herbstritt, Georg: „... den neuen Menschen schaffen." Schule und Erziehung in Mecklenburg-Vorpommern und die Konflikte um die Schweriner Goetheschule von 1945 bis 1953, Schwerin 1996.

Herbstritt, Georg: Im Wandel der Zeit sich selber treu geblieben. Martin Karsten verstarb im Alter von 105 Jahren, in: Schweriner Volkszeitung, 6. 1. 1996.

Herrlitz, Hans-Georg/Hopf, Wulf/Titze, Hartmut: Deutsche Schulgeschichte von 1800 bis zur Gegenwart. Eine Einführung, Weinheim 1998.

Herrmann, Ulrich G.: Schulplanung und Schulentwicklung in den Provinzen des Staates Preußen, 1890–1914, in: Datenhandbuch Bildungsgeschichte II/2 (2003), S. 75–148.

Herrnbrodt-Fechhelm, Maria: „Weißt Du noch?", in: 425 Jahre Große Stadtschule (2005), S. 175–192.

Hettling, Manfred: Bürgerlichkeit im Nachkriegsdeutschland, in: Hettling/Ulrich, Bürgertum nach 1945 (2005), S. 7–37.

Hettling, Manfred/Ulrich, Bernd (Hrsg.): Bürgertum nach 1945, Hamburg 2005.

Heydemann, Günther/Schmiechen-Ackermann, Detlef: Zur Theorie und Methodologie vergleichender Diktaturforschung, in: Heydemann, Günther/Oberreuter, Heinrich (Hrsg.): Diktaturen in Deutschland – Vergleichsaspekte. Strukturen, Institutionen und Verhaltensweisen, Bonn 2003, S. 9–54.

Hildermeier, Manfred: Geschichte der Sowjetunion 1917–1991. Entstehung und Niedergang des ersten sozialistischen Staates, München 1998.

Hildermeier, Manfred/Kocka, Jürgen/Conrad, Christoph (Hrsg.): Europäische Zivilgesellschaft in Ost und West. Begriffe, Geschichte, Chancen, Frankfurt am Main 2000.

Hitzer, Bettina: Schlüssel zweier Welten. Politisches Lied und Gedicht von Arbeitern und Bürgern 1848–1875, Bonn 2001.

Höffkes, Karl: Hitlers politische Generale. Die Gauleiter des Dritten Reiches. Ein biographisches Nachschlagewerk, Tübingen 1986.

Hoffmann, Dierk: Die DDR unter Ulbricht. Gewaltsame Neuordnung und gescheiterte Modernisierung, Zürich 2003.

Hoffmann, Dierk: Grotewohl als Vermittler? Zum Krisenmanagement der SED-Machtelite 1953, in: Bispinck u. a., Aufstände im Ostblock (2004), S. 97–112.

Hoffmann, Dierk/Schwartz, Michael/Wentker, Hermann (Hrsg.): Vor dem Mauerbau. Politik und Gesellschaft in der DDR der fünfziger Jahre, München 2003.

Hoffmann, Dierk/Wentker, Hermann (Hrsg.): Das letzte Jahr der SBZ. Politische Weichenstellungen und Kontinuitäten im Prozeß der Gründung der DDR, München 2000.

Hoffmann, Frank: Junge Zuwanderer in Westdeutschland. Struktur, Aufnahme und Integration junger Flüchtlinge aus der SBZ und der DDR in Westdeutschland (1945–1961), Frankfurt am Main u. a. 1999.

Hohlfeld, Brigitte: „Kommunisten-Lümmel" oder „Propagandisten des gesellschaftlichen Fortschritts"? Die Neulehrer in der SBZ/DDR 1945–1953, in: Häder/Tenorth, Bildungsgeschichte einer Diktatur (1997), S. 257–274.

Hohlfeld, Brigitte: „Massenorganisation" Schule. Der Zugriff der SED auf das allgemeinbildende Schulwesen in der Frühphase der SBZ/DDR 1945–1953, in: GWU 45 (1994) 7, S. 434–454.

Hohlfeld, Brigitte: Die Neulehrer in der SBZ/DDR 1945–1953. Ihre Rolle bei der Umgestaltung von Gesellschaft und Staat, Weinheim 1992.

Hohmann, Joachim S. (Hrsg.): Lehrerflucht aus SBZ und DDR 1945–1961, Frankfurt am Main u. a. 2000.

Hoßbach, Rebecca: Friedrich Hildebrandt, in: Buchsteiner, Ilona (Hrsg.): Mecklenburger in der deutschen Geschichte des 19. und 20. Jahrhunderts, Rostock 2001, S. 273–283.

Hüttenberger, Peter: Interessenvertretung und Lobbyismus im Dritten Reich, in: Hirschfeld, Gerhard/Kettenacker, Lothar (Hrsg.): Der „Führerstaat": Mythos und Realität. Studien zur Struktur und Politik des Dritten Reiches, Stuttgart 1981, S. 429–455.

Hüttenberger, Peter: Nationalsozialistische Polykratie, in: Geschichte und Gesellschaft 2 (1976), S. 417–423.

Inachin, Kyra T.: Durchbruch zur demokratischen Moderne. Die Landtage von Mecklenburg-Schwerin, Mecklenburg-Strelitz und Pommern während der Weimarer Republik, Bremen 2004.

Jacobmeyer, Wolfgang: 1918 bis 1945. Das Paulinum vom Beginn der Weimarer Republik bis zum Ende des Zweiten Weltkriegs, in: Lassalle, Günter, unter Mitarbeit von Derpmann, Manfred/Müller, Armin/Müller, Peter (Hrsg.): 1200 Jahre Paulinum in Münster 797–1997, Münster 1997, S. 123–144.

Jahrbuch der Goethe-Oberschule – Erweiterte Oberschule Schwerin, 1961 bis 1966, Schwerin 1961–1966.

Jahrbuch der Goethe-Oberschule I Schwerin, 1955 bis 1960, Schwerin 1955–1960.

Jahrbuch des Johann-Wolfgang-von-Goethe-Gymnasiums Schwerin, Jg. 1998/99 (Jubiläumsausgabe), Schwerin 1999.

Jarausch, Konrad H.: Die Krise des deutschen Bildungsbürgertums im ersten Drittel des 20. Jahrhunderts, in: Kocka, Jürgen (Hrsg.): Bildungsbürgertum im 19. Jahrhundert, Teil IV: Politischer Einfluss und gesellschaftliche Formation, Stuttgart 1989, S. 180–205.

Jarausch, Konrad H.: Die unfreien Professionen. Überlegungen zu den Wandlungsprozessen im deutschen Bildungsbürgertum 1900–1955, in: Kocka, Jürgen: Bürgertum im 19. Jahrhundert. Deutschland im europäischen Vergleich. Eine Auswahl, Bd. II: Wirtschaftsbürger und Bildungsbürger, Göttingen 1995, S. 200–222.

Jarausch, Konrad H.: The Unfree Professions. German Lawyers, Teachers, and Engineers, 1900–1950, New York/Oxford 1990.

Jessen, Ralph: Akademische Elite und kommunistische Diktatur. Die ostdeutsche Hochschullehrerschaft in der Ulbricht-Ära, Göttingen 1999.

Jessen, Ralph: Zur Sozialgeschichte der ostdeutschen Gelehrtenschaft (1945–1970), in: Sabrow, Martin/Walter, Peter Th. (Hrsg.): Historische Forschung und sozialistische Diktatur. Beiträge zur Geschichtswissenschaft der DDR, Leipzig 1995, S. 121–143.

Jessen, Ralph/Reichardt, Sven/Klein, Ansgar (Hrsg.): Zivilgesellschaft als Geschichte. Studien zum 19. und 20. Jahrhundert, Wiesbaden 2004.

John, Anke: Freistaat, Preußische Provinz oder Reichsland? Die Selbstbehauptung der mecklenburgischen Länder in der Weimarer Republik, in: Mecklenburgische Jahrbücher 120 (2005), S. 157–173.

Johnson, Uwe: Ingrid Babendererde. Reifeprüfung 1953, Frankfurt am Main 1992 (¹1985).

Johnson, Uwe: Jahrestage. Aus dem Leben von Gesine Cresspahl, Bd. 4, Frankfurt am Main 1993 (¹1983).

Jönsson, Per: Die Auflösung des Schülerrates an der Großen Stadtschule Rostock, in: Kausch u.a., ... sie wollten sich nicht verbiegen lassen (2006), S. 65–69.

Jureit, Ulrike/Wildt, Michael (Hrsg.): Generationen. Zur Relevanz eines wissenschaftlichen Grundbegriffs, Hamburg 2005.

Karge, Wolf/Münch, Ernst/Schmied, Hartmut: Die Geschichte Mecklenburgs von den Anfängen bis zur Gegenwart, 4., erw. Aufl., Rostock 2004 (¹1993).

Kasten, Bernd: Die bürgerlichen Parteien in Mecklenburg-Schwerin 1918–1926, in: Mecklenburgische Jahrbücher 120 (2005), S. 115–131.

Kasten, Bernd: Die Regierung Schröder auf der Suche nach einer parlamentarischen Mehrheit in Mecklenburg-Schwerin 1926–1929: Vom „Hüten einer Flohherde", in: Mecklenburgische Jahrbücher 110 (1995), S. 155–167.

Kasten, Bernd: Franz Jüttners republikfeindliche Karikaturen in den „Mecklenburger Nachrichten" im Jahr 1919, in: Mecklenburgische Jahrbücher 120 (2005), S. 239–256.

Kasten, Bernd: Friedrich Hildebrandt, in: Biographisches Lexikon für Mecklenburg, Bd. 2, hrsg. von Pettke, Sabine, Rostock 1999, S. 132–135.

Kasten, Bernd: Konflikte zwischen dem Gauleiter Friedrich Hildebrandt und dem Staatsministerium in Mecklenburg 1933–1939, in: Mecklenburgische Jahrbücher 112 (1997), S. 157–175.

Kasten, Bernd/Rost, Jens-Uwe: Schwerin. Geschichte der Stadt, Schwerin 2005.

Kater, Michael H.: Die „Technische Nothilfe" im Spannungsfeld von Arbeiterunruhen, Unternehmerinteressen und Parteipolitik, in: VfZ 27 (1979) 1, S. 30–78.

Kater, Michael H.: Hitler Youth, Cambridge (Mass.)/London 2004.

Kater, Michael H.: Hitlerjugend und Schule im Dritten Reich, in: HZ 228 (1979) 3, S. 572–623.

Kaufmann, Christoph: Agenten mit dem Kugelkreuz. Leipziger Junge Gemeinde zwischen Aufbruch und Verfolgung, Leipzig 1995.

Kausch, Dietmar: Die Schülervollversammlung vom 31. 3. 1953 an der Großen Stadtschule Rostock, in: Kausch u.a., ... sie wollten sich nicht verbiegen lassen (2006), S. 94–96.

Kausch, Dietmar, unter Mitarbeit von Augsburg, u.a.: ... sie wollten sich nicht verbiegen lassen. Repressalien – Widerstand – Verfolgung an den Oberschulen in Bad Doberan, Bützow, Grevesmühlen, Ludwigslust und Rostock 1945–1989, hrsg. vom Verband Ehemaliger Rostocker Studenten (VERS), Rostock 2006.

Keim, Wolfgang: Erziehung unter der Nazi-Diktatur, Bd. 1: Antidemokratische Potentiale, Machtantritt und Machtdurchsetzung, Darmstadt 1995.

Keim, Wolfgang: Erziehung unter der Nazi-Diktatur, Bd. 2: Kriegsvorbereitung, Krieg und Holocaust, Darmstadt 1997.

Keiner, Edwin/Tenorth, Heinz-Elmar: Schulmänner – Volkslehrer – Unterrichtsbeamte. Ergebnisse und Probleme neuerer Studien zur Sozialgeschichte des Lehrers in Deutschland, in: Internationales Archiv für Sozialgeschichte der deutschen Literatur 6 (1981), S. 198–222.

Keipke, Bodo: Die Stadt in der Nachkriegszeit. 1945 bis 1949, in: Schröder, Geschichte der Stadt Rostock (2004), S. 253–268.

Keipke, Bodo: Die Stadt in der Zeit der Weimarer Republik. 1918 bis 1933, in: Schröder, Geschichte der Stadt Rostock (2004), S. 167–211.

Kershaw, Ian: Bayern in der NS-Zeit: Grundlegung eines neuen Widerstandskonzeptes, in: Möller, Horst/Wengst, Udo (Hrsg.): 50 Jahre Institut für Zeitgeschichte. Eine Bilanz, München 1999, S. 315–329.

Kershaw, Ian: The Nazi Dictatorship. Problems and Perspectives of Interpretation, London ³1993.

Kersten, Heinz: Die zweite Phase der kommunistischen Schulreform, in: SBZ-Archiv 7 (1956) 11, S. 162–167.

Kersten, Heinz: Schulen nach Parteimodell, in: SBZ-Archiv 9 (1958) 2, S. 18–23.

Kersten, Heinz: Schulen unter kommunistischer Kontrolle. Die Situation des sowjetzonalen Schulwesens, in: SBZ-Archiv 5 (1954) 14, S. 213–217.

Kitowski, Karin: Wieder mal Verfassungsfeier! Zum Verfassungstag der Weimarer Republik in den Schulen, in: Kitowski/Wulf, Die Liebe zu Volk und Vaterland (2000), S. 43–72.

Kitowski, Karin/Wulf, Rüdiger: Die Liebe zu Volk und Vaterland. Erziehung zum Staatsbürger in der Weimarer Republik, Dortmund 2000.

Kleiminger, Rudolf: Die Geschichte der Großen Stadtschule zu Wismar von 1541 bis 1945. Ein Beitrag zur Geschichte des Schulwesens in Mecklenburg und zur Stadtgeschichte Wismars, hrsg. von Grehn, Joachim, Kiel 1991.

Klein, Thomas: Freistaat Mecklenburg-Schwerin, in: Deutsche Verwaltungsgeschichte 4 (1985), S. 612–619.

Klemperer, Victor: Zum Unterricht an der Universität und der Oberschule, in: Aufbau. Kulturpolitische Monatsschrift 9 (1953) 19, S. 874–879.

Kleßmann, Christoph: Die Beharrungskraft traditioneller Milieus in der DDR, in: Hettling, Manfred (Hrsg.): Was ist Gesellschaftsgeschichte? Positionen, Themen, Analysen, München 1991, S. 146–154.

Kleßmann, Christoph: Politische Rahmenbedingungen der Bildungspolitik in der SBZ/DDR 1945–1952, in: Heinemann, Manfred (Hrsg.): Umerziehung und Wiederaufbau. Die Bildungspolitik der Besatzungsmächte in Deutschland und Österreich, Stuttgart 1981, S. 229–244.

Kleßmann, Christoph: Relikte des Bildungsbürgertums in der DDR, in: Kaelble, Hartmut/Kocka, Jürgen/Zwahr, Helmut (Hrsg.): Sozialgeschichte der DDR, Stuttgart 1994, S. 254–271.

Kleßmann, Christoph: Zwei Staaten, eine Nation. Deutsche Geschichte 1955–1970, Bonn 1988.

Kleßmann, Christoph/Ernst, Anna-Sabine: Bürgerliche Traditionselemente in Sozialstruktur und Lebensweise der Intelligenz der DDR, in: Wissenschaftliche Zeitschrift der Humboldt-Universität zu Berlin. Gesellschaftswissenschaftliche Reihe 39 (1990) 6, S. 605–609.

Klimó, Árpád von/Kunst, Alexander M.: Krisenmanagement und Krisenerfahrung. Die ungarische Parteiführung und die Systemkrisen 1953, 1956 und 1968, in: Bispinck u. a., Aufstände im Ostblock (2004), S. 287–307.

KLL (i. e. Redaktion Kindlers Literatur Lexikon): Die Illegalen, in: Kindlers Neues Literatur Lexikon, hrsg. von Jens, Walter, Bd. 17, München 1992, S. 495 f.

Kluchert, Gerhard: Biographie und Institution. Ein deutsches Gymnasium und seine Lehrer in verschiedenen politischen Systemen, in: Jahrbuch für Historische Bildungsforschung 12 (2006), S. 9–36.

Kluchert, Gerhard: Der Oberschullehrer als Aktivist. Die Neubestimmung der Berufsrolle in der Sowjetischen Besatzungszone und frühen DDR, in: Apel u. a., Professionalisierung (1999), S. 234–253.

Kluchert, Gerhard/Leschinsky, Achim: Schule in der Transformation – Transformation der Schule? Was man aus Gesprächen mit ehemaligen Schülern über die Schule „zwischen zwei Diktaturen" erfahren kann, in: Zeitschrift für Pädagogik 44 (1998) 4, S. 543–564.

Kluchert, Gerhard/Leschinsky, Achim: Schwierigkeiten mit der Erziehung. Die Schule der früheren DDR im Spiegel von Revisionsberichten, in: Die Deutsche Schule 89 (1997) 1, S. 88–105.

Kluchert, Gerhard/Leschinsky, Achim: Zwischen zwei Diktaturen. Gespräche über die Schulzeit im Nationalsozialismus und in der SBZ/DDR, Weinheim 1997.

Kluchert, Gerhard/Leschinsky, Achim/Henning, Uwe: Erziehung durch oder gegen die Schule?, in: Benner, Dietrich/Merkens, Hans/Gatzemann, Thomas (Hrsg.): Pädagogische Eigenlogiken im Transformationsprozeß von SBZ, DDR und neuen Ländern. Neue Ergebnisse aus der an der Freien Universität Berlin und der Humboldt-Universität zu Berlin eingerichteten Forschergruppe, Berlin 1996, S. 229–255.

Kluge, Ulrich: Die deutsche Revolution 1918/19. Staat, Politik und Gesellschaft zwischen Weltkrieg und Kapp-Putsch, Darmstadt 1997 ([1]1985).

Koch, Heinz: Die staatsrechtlichen Veränderungen in Mecklenburg-Schwerin durch die Novemberrevolution 1918 und die Verwaltung des Landes während der Weimarer Republik, in: Jahrbuch für Regionalgeschichte 15 (1988) 2, S. 219–229.

Koch, Heinz: Politik in Mecklenburg während der Weimarer Republik (1918–1933), in: Karge, Wolf/Rakow, Peter-Joachim/Wendt, Ralf (Hrsg.): Ein Jahrtausend Mecklenburg und Vorpommern. Biographie einer norddeutschen Region in Einzeldarstellungen, Rostock 1995, S. 308–315.

Kocka, Jürgen: Bürger und Bürgerlichkeit im Wandel, in: Aus Politik und Zeitgeschichte 9–10/2008 (25. Februar 2008), S. 3–9.

Köhler, Hans: Der Kampf gegen die Junge Gemeinde, in: SBZ-Archiv 4 (1953) 8, S. 138.

Köhler, Roland: Die Zusammenarbeit der SED mit der SMAD bei der antifaschistisch-demokratischen Erneuerung des Hochschulwesens 1945–1949, Berlin 1985.

Koinzer, Thomas: Feiern in der Krise. Republikanisch-staatsbürgerliche Erziehung und Verfassungsfeiern in Berliner und Potsdamer Schulen der Weimarer Republik, unveröffentl. Mskr., Berlin 2002.

Kolz, Hans Heinrich: Zur Geschichte der Großen Stadtschule und ihrer Tochtergründungen Realgymnasium, Oberrealschule, Studienanstalt, Rostock 1992.

Köpke, Horst/Wiese, Friedrich-Franz (Hrsg.): Mein Vaterland ist die Freiheit. Das Schicksal des Studenten Arno Esch, hrsg. vom Verband ehemaliger Rostocker Studenten, Rostock [2]1997.

Kößling, Rainer: „Republikflucht" – das behördlich nicht genehmigte Verlassen der DDR im Spiegel der Sprache, in: Hertel, Volker (Hrsg.): Sprache und Kommunikation im Kulturkontext. Beiträge zum Ehrenkolloquium aus Anlass des 60. Geburtstages von Gotthard Lerchner, Frankfurt am Main 1996, S. 239–250.

Kowalczuk, Ilko-Sascha: Legitimation eines neuen Staates. Parteiarbeiter an der historischen Front Geschichtswissenschaft in der SBZ, Berlin 1997.

Kowalczuk, Ilko-Sascha: Volkserhebung ohne ‚Geistesarbeiter'? Die Intelligenz in der DDR, in: Kowalczuk, Ilko-Sascha/Mitter, Armin/Wolle, Stefan (Hrsg.): Der Tag X. 17. Juni 1953. Die ‚Innere Staatsgründung' der DDR als Ergebnis der Krise 1952/54, Berlin 1995, S. 129–169.

Kraul, Margret: Das deutsche Gymnasium 1780–1980, Frankfurt am Main 1984.

Krause-Vilmar, Dietfried (Hrsg.): Lehrerschaft, Republik und Faschismus. Beiträge zur Geschichte der organisierten Lehrerschaft in der Weimarer Republik, Köln 1978.

Kreutzmann, Antje u. a.: Widerstand junger Liberaler an der Oberschule Genthin 1947–1949, hrsg. von der LStU Sachsen-Anhalt, Magdeburg 1999.

Krüger, Renate: Aufbruch unter Diktaturen. Eine autobiographische Skizze, hrsg. von der Landeszentrale für Politische Bildung Mecklenburg-Vorpommern, Schwerin 1996.

Kunz, Lothar: Höhere Schule und Philologenverband. Untersuchungen zur Geschichte der Höheren Schule und ihrer Standesorganisation im 19. Jahrhundert und zur Zeit der Weimarer Republik, Frankfurt am Main 1984.

Küppers, Heinrich: Weimarer Schulpolitik in der Wirtschafts- und Staatskrise der Republik, in: VfZ 28 (1980) 1, S. 20–46.

Lampe, Felix/Franke, Georg H. (Hrsg.): Staatsbürgerliche Erziehung, hrsg. im Auftrage des Zentralinstituts für Erziehung und Unterricht, erw. Ausgabe, Breslau 1926.

Lange, Max Gustav: Totalitäre Erziehung. Das Erziehungssystem der Sowjetzone Deutschlands, Stuttgart/Düsseldorf 1954.

Lange, Peter/Roß, Sabine (Hrsg.): 17. Juni 1953 – Zeitzeugen berichten, Münster 2004.

Langer, Hermann: „Kerle statt Köpfe!". Zur Geschichte der Schule in Mecklenburg und Vorpommern 1932–1945, Frankfurt am Main u. a. 1995.

Langer, Kai: Die Gleichschaltung der Schulen in Mecklenburg 1932–1934, Weimar/Rostock 1997.

Laubach, Hans-Christoph: Die Politik des Philologenverbandes im Deutschen Reich und in Preußen während der Weimarer Republik. Die Lehrer an höheren Schulen mit Universitätsausbildung im politischen und gesellschaftlichen Spannungsfeld der Schulpolitik von 1918–1933, Frankfurt am Main u. a. 1986.

Laubach, Hans-Christoph: Die Politik des Philologenverbandes im Reich und in Preußen während der Weimarer Republik, in: Heinemann, Lehrer (1977), S. 249–271.

Lehberger, Reiner/Lorent, Hans-Peter de (Hrsg.): „Die Fahne hoch". Schulpolitik und Schulalltag in Hamburg unterm Hakenkreuz, Hamburg 1986.

Lehmann, Albrecht: Militär und Militanz zwischen den Weltkriegen, in: Handbuch der deutschen Bildungsgeschichte 5 (1989), S. 407–424.

Lemcke, Anna-Maria/Ramsenthaler, Ramona: „Tatort Goethe-Schule" – Die Geschichte der Schweriner Goethe-Oberschule in den Jahren 1949 bis 1953, in: Zeitgeschichte regional 8 (2004) 2, S. 69–72.

Lepsius, M. Rainer: Das Bildungsbürgertum als ständische Vergesellschaftung, in: ders. (Hrsg.): Bildungsbürgertum im 19. Jahrhundert, Teil III: Lebensführung und ständische Vergesellschaftung, Stuttgart 1992, S. 9–18.

Leschinsky, Achim/Gruner, Petra/Kluchert, Gerhard (Hrsg.): Die Schule als moralische Anstalt. Erziehung in der Schule: Allgemeines und der ‚Fall DDR‘, Weinheim 1999.

Lindenberger, Thomas: Die Diktatur der Grenzen. Zur Einleitung, in: ders. (Hrsg.): Herrschaft und Eigen-Sinn in der Diktatur. Studien zur Gesellschaftsgeschichte der DDR, Köln/Weimar/Wien 1999, S. 13–44.

Lindenberger, Thomas: SED-Herrschaft als soziale Praxis, Herrschaft und „Eigen-Sinn": Problemstellung und Begriffe, in: Gieseke, Staatssicherheit und Gesellschaft (2007), S. 23–47.

Linhardt, Andreas: Die Technische Nothilfe in der Weimarer Republik, Norderstedt 2006.

Lost, Christine: „Sowjetpädagogik". Zur Verabschiedung untauglicher Interpretationsmuster der Bildungs- und Pädagogikgeschichte der SBZ/DDR, in: Jahrbuch für Historische Bildungsforschung 4 (1998), S. 299–341.

Lüdtke, Alf (Hrsg.): Herrschaft als soziale Praxis. Historische und sozialanthropologische Studien, Göttingen 1991.

Lundgreen, Peter (Hrsg.): Sozial- und Kulturgeschichte des Bürgertums. Eine Bilanz des Bielefelder Sonderforschungsbereichs (1986–1997), Göttingen 2000.

Lundgreen, Peter: Bildung und Bürgertum, in: Lundgreen, Sozial- und Kulturgeschichte des Bürgertums (2000), S. 173–194.

Lundgreen, Peter: Sozialgeschichte der deutschen Schule im Überblick, Teil II: 1918–1980, Göttingen 1981.

Mählert, Ulrich: Die Freie Deutsche Jugend 1945–1949. Von den „Antifaschistischen Jugendausschüssen" zur SED-Massenorganisation. Die Erfassung der Jugend in der Sowjetischen Besatzungszone, Paderborn 1995.

Mai, Joachim: Die Sowjetische Militäradministration des Landes Mecklenburg-Vorpommern (SMAM), in: Brunner/Müller/Röpcke, Land – Zentrale – Besatzungsmacht (2003), S. 187–200.

Matthiesen, Helge: Bürgerliches Milieu und Politik in Greifswald zwischen Selbstbehauptung, Resignation und Zerstörung, in: van Melis, Sozialismus auf dem platten Land (1999), S. 357–388.

Matthiesen, Helge: Die NSDAP als Kern der Volksgemeinschaft. Bürgerlich-nationales Lager in Greifswald und die neue Partei, in: Bispinck/van Melis/Wagner, Nationalsozialismus (2001), S. 11–23.

Matthiesen, Helge: Greifswald in Vorpommern. Konservatives Milieu im Kaiserreich, in Demokratie und Diktatur 1900–1990, Düsseldorf 2000.

Mecklenburg-Schwerinsches Staatshandbuch, hrsg. vom Mecklenburg-Schwerinschen Statistischen Amt, 144. Ausgabe, Schwerin 1923.

Mecklenburg-Schwerinsches Staatshandbuch, hrsg. vom Mecklenburg-Schwerinschen Statistischen Landesamt, 145. Ausgabe, Schwerin 1927.

Mecklenburg-Schwerinsches Staatshandbuch, hrsg. vom Mecklenburg-Schwerinschen Statistischen Landesamt, 146. Ausgabe, Schwerin 1930.

Mecklenburg-Strelitzsches Staatshandbuch 1920, hrsg. vom Mecklenburg-Strelitzschen Statistischen Büro, Neustrelitz 1920.

Mecklenburg-Strelitzsches Staatshandbuch für 1926, hrsg. vom Mecklenburg-Strelitzschen Staatsministerium, Neustrelitz 1926.

Meißner, Stefan: Zivilgesellschaftsdiskurs und Bürgertumsdebatte. (Re)Konstruktion eines Beziehungsgeflechts, in: vorgänge. Zeitschrift für Bürgerrechte und Gesellschaftspolitik 44 (2005) 2, S. 45–52.

Melis, Damian van (Hrsg.): Sozialismus auf dem platten Land. Transformation und Tradition in Mecklenburg-Vorpommern 1945–1952, Schwerin 1999.

Melis, Damian van: „Angabe nicht möglich" – Integration statt Entnazifizierung der Flüchtlinge in Mecklenburg-Vorpommern, in: Hoffmann, Dierk/Schwartz, Michael (Hrsg.): Geglückte Integration? Spezifika und Vergleichbarkeiten der Vertriebenen-Eingliederung in der SBZ/DDR, München 1999.

Melis, Damian van: „Sie waren wohl Mitglieder der NSDAP, aber keine Faschisten". Antifaschismus in Mecklenburg-Vorpommern, in: Bispinck/van Melis/Wagner, Nationalsozialismus (2001), S. 137–159.

Melis, Damian van: Einleitung, in: van Melis, Sozialismus auf dem platten Land (1999), S. 7–16.

Melis, Damian van: Entnazifizierung in Mecklenburg-Vorpommern. Herrschaft und Verwaltung 1945–1948, München 1999.

Melis, Damian van/Bispinck, Henrik (Hrsg.): „Republikflucht". Flucht und Abwanderung aus der SBZ/DDR 1945 bis 1961, München 2006.

Mergel, Thomas: Die Bürgertumsforschung nach 15 Jahren, in: Archiv für Sozialgeschichte 41 (2001), S. 515–538.

Mertens, Lothar: Die Neulehrer. Die „grundlegende Demokratisierung der deutschen Schule" in der SBZ und die Veränderungen in der Lehrerschaft, in: Deutsche Studien 26 (1988) 102, S. 195–209.

Meyer, Hans-Jürgen: Meine Schulzeit in der Großen Stadtschule, in: 425 Jahre Große Stadtschule (2005), S. 43–47.

Michels, Marko: Einheitszwang oder Einheitsdrang?! Der Vereinigungsprozeß von KPD und SPD zwischen 1945 und 1950 in Mecklenburg-Vorpommern, Schwerin 1999.

Mierau, Katrin: Von den Gelehrtenschulen zum höheren Schulsystem im Großherzogtum Mecklenburg-Schwerin, 1871–1918, Bochum (phil. Diss.) 1998.

Mietzner, Ulrike: Enteignung der Subjekte – Lehrer und Schule in der DDR. Eine Schule in Mecklenburg von 1945 bis zum Mauerbau, Opladen 1998.

Moeller, Peter, unter Mitarbeit von Kausch, Dietmar, u. a.: ... sie waren noch Schüler. Repressalien – Widerstand – Verfolgung an der John-Brinckman-Schule in Güstrow, hrsg. vom Verband ehemaliger Rostocker Studenten, 2., erw. Aufl., Rostock 2000 (¹1999).

Mommsen, Hans: Beamtentum im Dritten Reich. Mit ausgewählten Quellen zur nationalsozialistischen Beamtenpolitik, Stuttgart 1966.

Mommsen, Hans: Die Auflösung des Bürgertums seit dem späten 19. Jahrhundert, in: Kocka, Jürgen (Hrsg.): Bürger und Bürgerlichkeit im 19. Jahrhundert, Göttingen 1987, S. 288–315.

Mrotzek, Fred: Der Kapp-Lüttwitz-Putsch im März 1920, in: Mecklenburgische Jahrbücher 120 (2005), S. 133–155.

Müller-Benedict, Volker: Das höhere Lehramt, in: Datenhandbuch Bildungsgeschichte VI (2008), S. 187–220.

Müller-Rolli, Sebastian: Lehrer, in: Handbuch der deutschen Bildungsgeschichte 5 (1989), S. 241–257.

Müller, Sebastian F.: Die höhere Schule Preußens in der Weimarer Republik. Zum Einfluss von Parteien, Verbänden und Verwaltung auf die Schul- und Lehrplanreform der höheren Schule, Tübingen (phil. Diss.) 1975.

Müller, Werner/Mrotzek, Fred/Köllner, Johannes: Die Geschichte der SPD in Mecklenburg und Vorpommern, Bonn 2002.

Münter, Christian: Der Konflikt an der Rostocker Oberschule, in: Köpke/Wiese, Mein Vaterland ist die Freiheit (1997), S. 53–68.

Nath, Axel: Der Studienassessor im Dritten Reich. Eine sozialhistorische Studie zur „Überfüllungskrise" des höheren Lehramts in Preußen 1932–1942, in: Zeitschrift für Pädagogik 27 (1981), S. 281–306.

Nath, Axel: Die Studienratskarriere im Dritten Reich. Systematische Entwicklung und politische Steuerung einer zyklischen „Überfüllungskrise" – 1930 bis 1944, Frankfurt am Main 1988.

Neumann, Walther (Hrsg.): Die Große Stadtschule zu Rostock in 3½ Jahrhunderten. Eine Jubiläumsschrift, Rostock 1930.

Neumann, Walther: Geschichte der Großen Stadtschule, in: Neumann, Große Stadtschule (1930), S. 7–95.

Die Neuordnung des preußischen höheren Schulwesens. Denkschrift des Preußischen Ministeriums für Wissenschaft, Kunst und Volksbildung, Berlin 1924.

Niethammer, Lutz: War die bürgerliche Gesellschaft in Deutschland 1945 am Ende oder am Anfang?, in: ders. (Hrsg.): Bürgerliche Gesellschaft in Deutschland. Historische Einblicke, Fragen, Perspektiven, Frankfurt am Main 1990, S. 515–532.

Nörenberg, Lutz: Zur Entwicklung des mecklenburg-schweriner Landschulwesens in der revolutionären Nachkriegskrise (1919–1923), Rostock (Diss. A) 1987.

Nörenberg, Lutz: Zur Neuregelung des Mecklenburg-Schweriner Landschulwesens in der Weimarer Republik, in: Jahrbuch für Erziehungs- und Schulgeschichte 28 (1988), S. 124–136.

Nübel, Birgit/Tröger, Beate: Herder in der Erziehung der NS-Zeit, in: Schneider, Jost (Hrsg.): Herder im „Dritten Reich", Bielefeld 1994, S. 51–73.

Nyssen, Elke: Schule im Nationalsozialismus, Heidelberg 1979.

Orlow, Dietrich: Die Adolf-Hitler-Schulen, in: VfZ 13 (1965), S. 272–284.

Ortmeyer, Benjamin: Schulzeit unterm Hitlerbild. Analysen, Berichte, Dokumente, Frankfurt am Main 1996.

Ostmann, Konrad: Reinhold Lobedanz. Opportunist aus Konsequenz, in: SBZ-Archiv 5 (1954) 15, S. 235.

Oyen, Stefan A.: Zeitgeist und Bildung. Das Nachkriegsabitur an Gymnasien in Hildesheim, Weimar und Erfurt (1947–1950), Köln 2005.

Pädagogisches Lexikon, hrsg. in Verbindung mit der Gesellschaft für evangelische Pädagogik und unter Mitwirkung zahlreicher Fachmänner von Hermann Schwartz, Bd. 3, Bielefeld/Leipzig 1930.

Parak, Michael: Hochschule und Wissenschaft in zwei deutschen Diktaturen. Elitenaustausch an sächsischen Hochschulen 1933–1952, Köln/Weimar/Wien 2004.

Pedersen, Ulf: Bernhard Rust. Ein nationalsozialistischer Bildungspolitiker vor dem Hintergrund seiner Zeit, Braunschweig/Gifhorn 1994.

Peter, Andreas: Der Kampf gegen die Junge Gemeinde Anfang der 50er Jahre. Das Beispiel Guben, in: Gotschlich, Links und links (1994), S. 198–205.

Peukert, Detlev J. K.: Die Weimarer Republik. Krisenjahre der klassischen Moderne, Darmstadt 1997 ([1]1987).

Polzin, Martin: Kapp-Putsch in Mecklenburg. Junkertum und Landproletariat in der revolutionären Krise nach dem 1. Weltkrieg, Rostock 1966.

Popplow, Ulrich: Schulalltag im Dritten Reich. Fünfzig Jahre Schulgebäude des heutigen Felix Klein Gymnasiums, Göttingen 1979.

Prade, Delphine: Das Reismann-Gymnasium im Dritten Reich. Nationalsozialistische Erziehungspolitik an einer Paderborner Oberschule, Köln 2005.

Prehn, Helmut/Buxnowitz, Bruno/Koch, Heinz: 20 Jahre demokratische Schulreform im Spiegel der Entwicklung der Goethe-Schule, in: Jahrbuch der Goethe-Schule. Erweiterte Oberschule Schwerin 1966, S. 8–21.

Rackow, Heinz-Gerd: Einheitlichkeit und Differenziertheit an allgemeinbildenden Schulen – Ansprüche und Ergebnisse in den Anfangsjahren unserer Schule – Beispiel Mecklenburg, in: Wissenschaftliche Zeitschrift der Universität Rostock. Gesellschaftswissenschaftliche Reihe 39 (1990) 10, S. 7–19.

Rakow, Peter-Joachim: Das mecklenburgische Volksbildungsministerium 1945–1952. Struktur und Funktionsgeschichte eines Landesministeriums, in: Archivmitteilungen 17 (1967) 4, S. 143–149.

Rakow, Peter-Joachim: Ständische und bürgerliche Schulpolitik in Mecklenburg, dargestellt am Bestand Mecklenburg-Schwerinsches Ministerium für Unterricht 1849–1945, in: Beiträge des Mecklenburgischen Landeshauptarchivs Schwerin, gehalten auf der Arbeitstagung der Staatlichen Archivverwaltung „Die Arbeit der Archivare unter dem Banner der Ideen des nationalen Dokuments" vom 27. bis 29. Juni 1962 in Potsdam, o. O. [Schwerin] 1962.

Ramsenthaler, Ramona: 50 Jahre Goethe-Schule. Ein historischer Rückblick, in: Jahrbuch des Johann-Wolfgang-von-Goethe-Gymnasiums (1999), S. 9–25.

Rohkrämer, Thomas: Eine andere Moderne? Zivilisationskritik, Natur und Technik in Deutschland 1880–1933, Paderborn 1998.

Rosahl, Günther: 1952 bis 1956 – Stadtschulrat in Schwerin, in: Zeitgeschichte regional 5 (2001) 2, S. 88–91.

Ross, Corey: Constructing Socialism at the Grass-Roots. The Transformation of East Germany, 1945–1965, Basingstoke u. a. 2000.

Sabrow, Martin: Der Rathenaumord. Rekonstruktion einer Verschwörung gegen die Republik von Weimar, München 1994.

Sachse, H.: Die Entwicklung der Bildungsorganisation und ihr gegenwärtiger Zustand in Deutschland, in: Nohl, Herman/Pallat, Ludwig (Hrsg.): Handbuch der Pädagogik, Bd. 1: Die Theorie und die Entwicklung des Bildungswesens, Berlin/Leipzig 1933 (Neudruck 1966), S. 377–463.

Sander, Tobias: Die doppelte Defensive. Soziale Lage, Mentalitäten und Politik der Ingenieure in Deutschland 1890 – 1933, Wiesbaden 2009.

Sander, Tobias: Professionalisierung und Bürgertum, in: Datenhandbuch Bildungsgeschichte VI (2008), S. 59–70.

Schaar, Torsten/Behrens, Beate: Von der Schulbank in den Krieg. Mecklenburgische Schüler und Lehrlinge als Luftwaffen- und Marinehelfer 1943–1945, Rostock 1999.

Scharnhorst, Jürgen: Dr. Walther Neumann, in: 425 Jahre Große Stadtschule (2005), S. 111–122.

Schausberger, Norbert: Intentionen des Geschichtsunterrichts im Rahmen der nationalsozialistischen Erziehung, in: Heinemann, Erziehung und Schulung (1980), Teil 1: Kindergarten, Schule, Jugend, Berufserziehung (1980), S. 251–263.

Schenk, Joachim: Zu den Auseinandersetzungen um das Reichsschulgesetz in der Zeit der Weimarer Republik (1919–1933), in: Wissenschaftliche Zeitschrift der Universität Potsdam. Gesellschaftswissenschaftliche Reihe 30 (1986) 4, S. 643–646.

Scherstjanoi, Elke (Bearb.): Das SKK-Statut. Zur Geschichte der Sowjetischen Kontrollkommission in Deutschland 1949 bis 1953. Eine Dokumentation, hrsg. vom Institut für Zeitgeschichte, München 1998.

Scherstjanoi, Elke: Die deutschlandpolitischen Absichten der UdSSR 1948. Erkenntnisstand und forschungsleitende Problematisierungen, in: Hoffmann/Wentker, Das letzte Jahr (2000), S. 39–54.

Schmidt, Uwe: Lehrer im Gleichschritt. Der Nationalsozialistische Lehrerbund Hamburg, Hamburg 2006.

Schmidt, Gottfried: Wir saßen alle in einem Boot, in: 425 Jahre Große Stadtschule (2005), S. 49–63.

Schmiechen-Ackermann, Detlef: Diktaturen im Vergleich, Darmstadt 2002.

Schmitz, Klaus: Militärische Jugenderziehung. Preußische Kadettenhäuser und nationalpolitische Erziehungsanstalten zwischen 1807 und 1936, Köln/Weimar/Wien 1997.

Schneider, Barbara: Die Höhere Schule im Nationalsozialismus. Zur Ideologisierung von Bildung und Erziehung, Köln u. a. 2000.

Scholtz, Harald: Erziehung und Unterricht unterm Hakenkreuz, Göttingen 1985.

Scholtz, Harald: NS-Ausleseschulen. Internatsschulen als Herrschaftsmittel des Führerstaates, Göttingen 1973.

Schoon, Steffen: Wählerverhalten und politische Tradition in Mecklenburg und Vorpommern (1871–2002), Düsseldorf 2007.

Schreier, Gerhard: Von der Oberschule zur Erweiterten Oberschule – Fragen zur Geschichte der höheren Schulen in der SBZ/DDR 1946–1960, in: Wissenschaftliche Zeitschrift der Universität Rostock. Gesellschaftswissenschaftliche Reihe 39 (1990) 10, S. 150–160.

Schröder, Karsten (Hrsg.): In deinen Mauern herrsche Eintracht und allgemeines Wohlergehen. Eine Geschichte der Stadt Rostock von ihren Ursprüngen bis zum Jahre 1990, Rostock 2004.

Schulreform und höhere Schule in Mecklenburg, hrsg. vom Verein Mecklenburgischer Philologen, Schwerin o. J. [1922].

Schultes, Karl: Gesetzgebung und Verordnungsrecht in der sowjetischen Besatzungszone, in: Demokratischer Aufbau 1 (1946) 9, S. 258 f.

Schultz-Naumann, Joachim: Mecklenburg 1945, München 1989.

Schulz, Peter: Rostock, Hamburg und Shanghai. Erinnerungen eines Hamburger Bürgermeisters, Bremen 2009.

Schulze, Werner: Chronik zur Entwicklung des Bildungswesens in Schwerin von 1945–1990, 6 Bde., Schwerin 1991 (Unikat im Stadtarchiv Schwerin).

Schwabe, Klaus: Aufstand an der Küste. Ursachen, Verlauf und Ergebnisse des 17. Juni 1953, hrsg. von der Landeszentrale für politische Bildung Mecklenburg-Vorpommern, Schwerin 2003.

Schwabe, Klaus: Die Zwangsvereinigung von KPD und SPD in Mecklenburg-Vorpommern, hrsg. von der Friedrich-Ebert-Stiftung, Landesbüro Mecklenburg-Vorpommern, Schwerin [4]1998.

Schwabe, Klaus: Zwischen Krone und Hakenkreuz. Die Tätigkeit der sozialdemokratischen Fraktion im Mecklenburg-Schwerinschen Landtag 1919–1932, Sindelfingen 1994.

Schwartz, Michael: „Vom Umsiedler zum Staatsbürger". Totalitäres und Subversives in der Sprachpolitik der SBZ/DDR, in: ders./Hoffmann, Dierk/Krauss, Marita (Hrsg.): Vertriebene in Deutschland. Interdisziplinäre Ergebnisse und Forschungsperspektiven, München 2000, S. 135–165.

Schwartz, Michael: Regionalgeschichte und NS-Forschung. Über Resistenz – und darüber hinaus, in: Dillmann, Edwin (Hrsg.): Regionales Prisma der Vergangenheit. Perspektiven der modernen Regionalgeschichte (19./20. Jhd.), St. Ingbert 1996, S. 197–218.

Schwarz, Roswita: Vom expressionistischen Aufbruch zur inneren Emigration. Günther Weisenborns weltanschauliche und künstlerische Entwicklung in der Weimarer Republik und im 3. Reich, Frankfurt am Main 1995.

Schwießelmann, Christian: Reinhold Lobedanz, in: Biographisches Lexikon für Mecklenburg, Bd. 5, hrsg. von Röpcke, Andreas unter Mitwirkung von Jörn, Nils u. a., Rostock 2009, S. 201–204.

Seeligmann, Chaim: Zur politischen Rolle der Philologen in der Weimarer Republik. Gesammelte Aufsätze über Lehrerverbände, Jugendbewegung und zur Antisemitismus-Diskussion, Köln/Wien 1990.

Seemann, Margret: Zu den schulpolitischen Auseinandersetzungen im Mecklenburg-Schwerinschen Landtag über das höhere Schulwesen und dessen Entwicklung in der Weimarer Republik, Rostock (Diss. päd.) 1990.

Seiring, Wilfried: Mein einsamster Geburtstag oder die Wende meines Lebens. Hintergründe und Folgen der Flucht eines Studenten aus Greifswald, in: Zeitgeschichte regional 8 (2004) 2, S. 63–68.

Siegrist, Hannes: Der Akademiker als Bürger. Die westdeutschen gebildeten Mittelklassen 1945–1965 in historischer Perspektive, in: Fischer-Rosenthal, Wolfram/Alheit, Peter (Hrsg.): Biographien in Deutschland. Soziologische Rekonstruktionen gelebter Gesellschaftsgeschichte, Opladen 1995, S. 118–136.

Siegrist, Hannes: Ende der Bürgerlichkeit? Die Kategorien „Bürgertum" und „Bürgerlichkeit" in der westdeutschen Gesellschaft und Geschichtswissenschaft der Nachkriegsperiode, in: Geschichte und Gesellschaft 20 (1994), S. 549–583.

Skyba, Peter: Massenorganisation ohne Massen. Jugendpolitik, Militarisierung und das Scheitern der FDJ, in: Hoffmann/Schwartz/Wentker, Vor dem Mauerbau (2003), S. 235–263.

Sontheimer, Kurt: Antidemokratisches Denken in der Weimarer Republik. Die politischen Ideen des deutschen Nationalismus zwischen 1918 und 1933, München [4]1994 ([1]1978, Originalausgabe 1962).

Spychala, Franz: So lernten wir für das Leben. Erinnerungen an die Große Stadtschule Rostock 1951 bis 1954, in: 425 Jahre Große Stadtschule (2005), S. 141–158.

Staatshandbuch für Mecklenburg, hrsg. vom Mecklenburgischen Statistischen Landesamt, 147.–149. Jg., Schwerin 1937–1939.

Stachura, Peter D.: Das Dritte Reich und Jugenderziehung. Die Rolle der Hitlerjugend 1933–1939, in: Heinemann, Erziehung und Schulung (1980), Teil 1: Kindergarten, Schule, Jugend, Berufserziehung, S. 90–112.

Stappenbeck, Christian: Freie Deutsche Jugend und Junge Gemeinde 1952/53, in: Gotschlich, Links und links (1994), S. 141–156.

Staritz, Dietrich: Geschichte der DDR 1949–1990, erw. Neuausgabe, Darmstadt 1996.

Statistik des Schulwesens der sowjetischen Besatzungszone, bearb. vom Referat Statistik der Deutschen Verwaltung für Volksbildung, o. O. [Berlin] 1949.

Stier, Claus: Schweigeminute zur Außenministerkonferenz am 25. 1. 1953 und ihre Folgen, in: 425 Jahre Große Stadtschule (2005), S. 167–169.

Stockfisch, Werner: Farbenklänge. Der Künstler Rudolf Gahlbeck, Schwerin 1995.

Stuhr, Friedrich: Geschichtlicher Rückblick auf die verflossenen 350 Schuljahre, in: Das Gymnasium Fridericianum zu Schwerin 1553–1903 [Festschrift], hrsg. vom Großherzoglichen Gymnasium Schwerin, S. 5–29.

„Tatort Goethe-Schule". Die Ereignisse an der Schweriner Goethe-Schule in den Jahren 1949 bis 1953. CD-ROM zur Ausstellung zur Geschichte der Schweriner Goethe-Schule in den Jahren 1949 bis 1953, erarbeitet von den Projektkursen „Schulgeschichte" und „Informatik" des Schweriner Goethe-Gymnasiums, Schwerin o.J.

Tenfelde, Klaus: Stadt und Bürgertum im 20. Jahrhundert, in: Tenfelde, Klaus/Wehler, Hans-Ulrich (Hrsg.): Wege zur Geschichte des Bürgertums. Vierzehn Beiträge, Göttingen 1994, S. 317–353.

Tenorth, Heinz-Elmar: Die Bildungsgeschichte der DDR – Teil der deutschen Bildungsgeschichte?, in: Häder/Tenorth, Bildungsgeschichte einer Diktatur (1997), S. 69–96.

Timm, Gustav: Die Gründung der Grossen Stadtschule zu Rostock und ihr erster Rektor M. Nathan Chytraeus, Rostock 1880.

Timofejewa, Natalia P.: Nemezkaja intelligenzija i politika reform. Sistema obra-sowanija w Wostotschnoi Germanii [Deutsche Intelligenz und Reformpolitik. Das Bildungssystem in Ostdeutschland] 1945–1949, Woronesch 1996.

Titze, Hartmut: Der Akademikerzyklus. Historische Untersuchungen über die Wiederkehr von Überfüllung und Mangel an akademischen Karrieren, Göttingen 1990.

Titze, Hartmut: Die Zyklische Überproduktion von Akademikern im 19. und 20. Jahrhundert, in: Geschichte und Gesellschaft 10 (1984) 1, S. 92–121.

Titze, Hartmut: Überfüllungskrisen in akademischen Karrieren: Eine Zyklustheorie, in: Zeitschrift für Pädagogik 27 (1981), S. 187–224.

Titze, Hartmut/Nath, Axel/Müller-Benedict, Volker: Der Lehrerzyklus. Zur Wiederkehr von Überfüllung und Mangel im höheren Lehramt in Preußen, in: Zeitschrift für Pädagogik 31 (1983), S. 97–126.

Ueberschär, Ellen: Junge Gemeinde im Konflikt. Evangelische Jugendarbeit in SBZ und DDR 1945–1961, Stuttgart 2003.

Ueberschär, Gerd R./Müller, Rolf-Dieter: 1945. Das Ende des Krieges, Darmstadt 2005.

Uhse, Bodo: Laienbetrachtungen zu einigen Fragen unseres Schulwesens, in: Aufbau. Kulturpolitische Monatsschrift 9 (1953) 8, S. 617–622.

Ullmann, Hans-Peter: Interessenverbände in Deutschland, Frankfurt am Main 1988.

Ulrich, Bernd: Zettelbotschaften in lateinischer Sprache. Aufstieg oder Niedergang? Zur Entwicklung des Bürgertums im zwanzigsten Jahrhundert, in: Frankfurter Rundschau, 27. 3. 2002.

Vierneisel, Beatrice: Der 17. Juni 1953 in Mecklenburg und Vorpommern. Begleitheft zur Ausstellung, hrsg. vom LStU Mecklenburg-Vorpommern, Schwerin 2003.

Vollnhals, Clemens, in Zusammenarbeit mit Schlemmer, Thomas (Hrsg.): Entnazifizierung. Politische Säuberung und Rehabilitierung in den vier Besatzungszonen 1945–1949, München 1991.

Von der Fürstenschule zum Fridericianum 1553–2003. 450 Jahre Humanistische Bildung in Schwerin, hrsg. vom Gymnasium Fridericianum, Schwerin 2003.

Wandel, Paul: Demokratische Einheitsschule – Rückblick und Ausblick. Rede, gehalten auf dem Pädagogischen Kongreß, Berlin/Leipzig o. J. [1947].

Wandel, Paul: Zur Demokratisierung der Schule. Rede, gehalten auf dem Pädagogischen Kongreß in Berlin am 15. 8. 1946, Berlin/Leipzig o. J. [1946].

Weber, Hermann: Die DDR 1945–1990, München [4]2006.

Wegweiser durch das höhere Schulwesen des Deutschen Reiches, hrsg. von der Reichsstelle für Schulwesen Berlin, 2. Jg., Berlin 1937.

Wehler, Hans-Ulrich: Deutsche Gesellschaftsgeschichte. Fünfter Band: Bundesrepublik und DDR 1949–1990, München 2008.

Wehler, Hans-Ulrich: Deutsche Gesellschaftsgeschichte. Vierter Band: Vom Beginn des Ersten Weltkriegs bis zur Gründung der beiden deutschen Staaten, München [3]2008 ([1]2003).

Wehler, Hans-Ulrich: Deutsches Bürgertum nach 1945: Exitus oder Phönix aus der Asche?, in: Geschichte und Gesellschaft 27 (2001), S. 617–634.

Welsh, Helga A.: Deutsche Zentralverwaltung für Volksbildung (DVV), in: Broszat/Weber, SBZ-Handbuch (1993), S. 229–238.

Wengst, Udo: Zwischen Aufrechterhaltung der Einheit und Teilung der Nation: Das Jahr 1948 in der deutschen Geschichte, in: Hoffmann/Wentker, Das letzte Jahr (2000), S. 25–38.

Wentker, Hermann: „Kirchenkampf" in der DDR. Der Konflikt um die Junge Gemeinde 1950–1953, in: VfZ 42 (1994), S. 95–127.

Wentker, Hermann: Bedroht von Ost und West. Die Entstalinisierungskrise von 1956 als Herausforderung für die DDR, in: Engelmann/Großbölting/Wentker, Kommunismus in der Krise (2008), S. 149–166.

Wenzke, Rüdiger: Auf dem Wege zur Kaderarmee. Aspekte der Rekrutierung, Sozialstruktur und personellen Entwicklung des entstehenden Militärs in der SBZ/DDR bis 1952/53, in: Thoß, Bruno (Hrsg.): Volksarmee schaffen – ohne Geschrei! Studien zu den Anfängen einer ‚Verdeckten Aufrüstung' in der SBZ/DDR 1947–1952, München 1994, S. 202–275.

Wieden, Helge bei der: Die mecklenburgischen Regierungen und Minister 1918–1952, 2., ergänzte Aufl., Köln/Wien 1978 ([1]1977).

Wiegmann, Ulrich: Das antifaschistische Argument in der pädagogischen Publizistik der Sowjetischen Besatzungszone 1946, in: Jahrbuch für Pädagogik 1995, S. 127–144.

Wiegmann, Ulrich: Der 17. Juni 1953 und die pädagogische Wissenschaft in der DDR, in: Häder/Wiegmann, „Am Rande des Bankrotts …" (2004), S. 17–37.

Wiegmann, Ulrich: Erziehungsideologie und -praxis des MfS, in: Geißler, Gert/Wiegmann, Ulrich: Pädagogik und Herrschaft in der DDR. Die parteilichen, geheimdienstlichen und vormilitärischen Erziehungsverhältnisse, Frankfurt am Main u. a. 1996, S. 161–257.

Wiegmann, Ulrich: Pädagogik und Staatssicherheit. Schule und Jugend in der Erziehungsideologie und -praxis des DDR-Geheimdienstes, Berlin 2007.

Wiegmann, Ulrich: Sicherungsraum Volksbildungswesen. Schule, Lehrerschaft und Staatssicherheit im bildungsgeschichtlichen Aufriss, in: Horch und Guck 13 (2004) 47, S. 54–61.

Wietstruk, Siegfried: Der Aufbau und die Entwicklung der staatlichen Volksbildungsorgane bei der Durchführung der demokratischen Schulreform in der sowjetischen Besatzungszone Deutschlands 1945 bis 1949, Berlin (Diss. B) 1982.

Winkler, Heinrich August: Der lange Weg nach Westen, Bd. 1: Deutsche Geschichte vom Ende des Alten Reiches bis zum Untergang der Weimarer Republik, 5. durchges. Aufl., München 2002 ([1]2000).

Winkler, Heinrich August: Weimar 1918–1933. Die Geschichte der ersten deutschen Demokratie, 4., durchges. Aufl., München 2005 ([1]1993).

Wirsching, Andreas: Nationalsozialismus in der Region. Tendenzen der Forschung und methodische Probleme, in: ders./Möller, Horst/Ziegler, Walter (Hrsg.): Nationalsozialismus in der Region. Beiträge zur regionalen und lokalen Forschung und zum internationalen Vergleich, München 1996, S. 25–46.

Wirsching, Andreas: Vom Weltkrieg zum Bürgerkrieg. Politischer Extremismus in Deutschland und Frankreich 1918–1933/39. Berlin und Paris im Vergleich, München 1998.

Zeddies, Helmut: Die Verfolgung der Jungen Gemeinde 1953, in: Moeller, … sie waren noch Schüler (2000), S. 134–140.

Zymek, Bernd: Die Entwicklung des Schulsystems während der Weimarer Republik und der nationalsozialistischen Herrschaft in Deutschland, in: Datenhandbuch Bildungsgeschichte II/1 (1987), S. 121–140.

Zymek, Bernd: Die Schulentwicklung in der DDR im Kontext einer Sozialgeschichte des deutschen Schulsystems. Historisch-vergleichende Analyse lokaler Schulangebotsstrukturen in Mecklenburg, in: Häder/Tenorth, Bildungsgeschichte einer Diktatur (1997), S. 25–53.

Zymek, Bernd: Historisch-vergleichende Anmerkungen zum Strukturwandel des höheren und mittleren Schulwesens in Westfalen und Mecklenburg während der ersten Hälfte des 20. Jh.s, in: Wissenschaftliche Zeitschrift der Universität Rostock. Gesellschaftswissenschaftliche Reihe 39 (1990) 10, S. 35–43.

Zymek, Bernd: Schulen, in: Handbuch der deutschen Bildungsgeschichte 5 (1989), S. 155–208.

Zymek, Bernd: War die nationalsozialistische Schulpolitik sozialrevolutionär? Praxis und Theorie der Auslese im Schulwesen während der nationalsozialistischen Herrschaft in Deutschland, in: Heinemann, Erziehung und Schulung (1980), Teil 2: Hochschule, Erwachsenenbildung, S. 264–274.

Abkürzungsverzeichnis

Abt.	Abteilung
ADLZ	Allgemeine Deutsche Lehrerzeitung
AHRO	Archiv der Hansestadt Rostock
Anm.	Anmerkung
BAB	Bundesarchiv Berlin
BDC	Berlin Document Center
BdVP	Bezirksbehörde der Volkspolizei
BhB	Bund höherer Beamter
BL	Bezirksleitung
Bl.	Blatt
BPO	Betriebsparteiorganisation
BStU	Die Bundesbeauftragte für die Unterlagen des Staatssicherheitsdienstes der ehemaligen DDR
BV	Bezirksverwaltung
CDU	Christlich-Demokratische Union
DBB	Deutscher Beamtenbund
DDP	Deutsche Demokratische Partei
DEG	Deutsche Erziehergemeinschaft
DLZ	Deutsche Lehrerzeitung
dns	die neue schule
DNVP	Deutschnationale Volkspartei
DPhV	Deutscher Philologenverband
DPZI	Deutsches Pädagogisches Zentralinstitut
DSF	Gesellschaft für deutsch-sowjetische Freundschaft
DVP	Deutsche Volkspartei
DVV	Deutsche (Zentral-)Verwaltung für Volksbildung
DWEV	Deutsche Wissenschaft, Erziehung und Volksbildung
DWK	Deutsche Wirtschaftskommission
EOS	Erweiterte Oberschule
FDGB	Freier Deutscher Gewerkschaftsbund
FDJ	Freie Deutsche Jugend
FDNS	Freunde der neuen Schule
GBl. DDR	Gesetzblatt der DDR
Gen.	Genosse
GI	Geheimer Informant
GST	Gesellschaft für Sport und Technik
GWU	Geschichte in Wissenschaft und Unterricht
HJ	Hitlerjugend
HO	Handelsorganisation
HVDVP	Hauptverwaltung Deutsche Volkspolizei
HZ	Historische Zeitschrift
IM	Inoffizieller Mitarbeiter
Kap.	Kapitel
KL	Kreisleitung
KPD	Kommunistische Partei Deutschlands

KVP	Kasernierte Volkspolizei
LAG	Landesarchiv Greifswald
LDP	Liberaldemokratische Partei Deutschlands
LHAS	Landeshauptarchiv Schwerin
LhB	Landesverband der höheren Beamten
LL	Landesleitung
LStU	Landesbeauftragte/r für die Unterlagen des Staatssicherheitsdienstes der ehemaligen DDR
LV	Landesvorstand
MdI	Ministerium des Innern
MfS	Ministerium für Staatssicherheit
MfU	Mecklenburgisches bzw. Mecklenburg-Schwerinsches Ministerium für Unterricht, geistliche und Medizinalangelegenheiten
MfV	Ministerium für Volksbildung
Mitt. VMPh	Mitteilungen des Vereins Mecklenburgischer Philologen
MPhBl	Mecklenburgisches Philologenblatt
MSchZ	Mecklenburgische Schulzeitung
Mskr.	Manuskript
MSM	Mecklenburgisches Staatsministerium
NB	Niederdeutscher Beobachter
NDPD	Nationaldemokratische Partei Deutschlands
NF	Neue Folge
NPEA	Nationalpolitische Erziehungsanstalten
NS	Nationalsozialismus / nationalsozialistisch
NSDAP	Nationalsozialistische Deutsche Arbeiterpartei
NSKK	Nationalsozialistisches Kraftfahrer-Korps
NSLB	Nationalsozialistischer Lehrerbund
NSV	Nationalsozialistische Volkswohlfahrt
o. D.	ohne Datum
OStDir	Oberstudiendirektor
OStR	Oberstudienrat
PA	Personalakte
PB	Politbüro
Pg.	Parteigenosse
PM	Pass- und Meldewesen
PO	Parteiorgane
POS	Polytechnische Oberschule
RBl.	Regierungsblatt für Mecklenburg-Schwerin bzw. Mecklenburg
RdB	Rat des Bezirkes
RdK	Rat des Kreises
RdS	Rat der Stadt
Rep.	Repositur
RGBl.	Reichsgesetzblatt
RhB	Reichsbund höherer Beamter
RMWEV	Reichsminister(-ium) für Wissenschaft, Erziehung und Volksbildung
SAPMO	Stiftung Archiv der Parteien und Massenorganisationen im Bundesarchiv
SED	Sozialistische Einheitspartei Deutschlands
SfS	Staatssekretariat für Staatssicherheit
SKK	Sowjetische Kontrollkommission
SMA(D)	Sowjetische Militäradministration (in Deutschland)
Sp.	Spalte
SPD	Sozialdemokratische Partei Deutschlands
StAG	Stadtarchiv Greifswald
StASch	Stadtarchiv Schwerin

StAss	Studienassessor
StDir	Studiendirektor
StR	Studienrat
StRef	Studienreferendar
VdA	Verein für das Deutschtum im Ausland
VfZ	Vierteljahrshefte für Zeitgeschichte
VMPh	Verein Mecklenburgischer Philologen
VMSch	Verein Mecklenburgischer Schulmänner
VP	Volkspolizei
VPKA	Volkspolizeikreisamt
WEV	Wissenschaft, Erziehung und Volksbildung (Abt. im MSM)
ZK	Zentralkomitee
ZS	Zentralsekretariat
ZSGL	Zentrale Schulgruppenleitung

Personenregister

(Seitenzahlen, auf denen die Namen ausschließlich in den Fußnoten erscheinen, sind *kursiv* gesetzt)